Dr. Viktor Lüpertz

Volkswirtschaftliches Handeln

Strukturen – Probleme – Maßnahmen

5. Auflage

Bestellnummer 6080

Verwendete Symbole

Beispiel	Beispiele	**excel**	Hinweis am Seitenrand bei einzelnen Aufgaben. Diese Aufgaben eignen sich zur Lösung mithilfe des Tabellenkalkulationsprogramms Excel.
Aufgabe	Verweis am Seitenrand der Sachdarstellung auf die Nummer einer thematisch zugehörigen Aufgabe am Ende des Kapitels.	**Internet WWW.**	Hinweis am Seitenrand bei einzelnen Aufgaben. Für die Lösung dieser Aufgaben ist eine Internetrecherche nötig.
Kapitel	Querverweis am Seitenrand der Sachdarstellung auf vorausgehende oder nachfolgende Kapitel, in denen der jeweilige Sachverhalt näher erläutert ist.	**Gruppe**	Hinweis am Seitenrand bei einzelnen Aufgaben. Für die Lösung dieser Aufgaben bietet sich eine Gruppenarbeit an.
Vorlagen	Hinweis am Seitenrand bei einzelnen Aufgaben. Für diese Aufgaben enthält die Begleit-CD-ROM (Best.-Nr. 6082) Kopiervorlagen für Arbeitsblätter zur Aufgabenlösung.	**Referat**	Hinweis am Seitenrand bei einzelnen Aufgaben. Diese Aufgaben eignen sich für Referate und/oder Präsentationen.
power point	Hinweis am Seitenrand. Zu dieser Darstellung bzw. Aufgabe liegt eine (animierte) PowerPoint-Folie auf CD-ROM (Best.-Nr. 6082) vor.		Blauer Streifen am Seitenrand: Diese Inhalte sind nur für das Profil **Finanzmanagement** relevant.

Die in diesem Produkt gemachten Angaben zu Unternehmen (Namen, Internet- und E-Mail- Adressen, Handelsregistereintragungen, Bankverbindungen, Steuer-, Telefon- und Faxnummern und alle weiteren Angaben) sind i. d. R. fiktiv, d. h., sie stehen in keinem Zusammenhang mit einem real existierenden Unternehmen in der dargestellten oder einer ähnlichen Form. Dies gilt auch für alle Kunden, Lieferanten und sonstigen Geschäftspartner der Unternehmen wie z. B. Kreditinstitute, Versicherungsunternehmen und andere Dienstleistungsunternehmen. Ausschließlich zum Zwecke der Authentizität werden die Namen real existierender Unternehmen und z. B. im Fall von Kreditinstituten auch deren IBANs und BICs verwendet.

Die in diesem Werk aufgeführten Internetadressen sind auf dem Stand zum Zeitpunkt der Drucklegung. Die ständige Aktualität der Adressen kann vonseiten des Verlages nicht gewährleistet werden. Darüber hinaus übernimmt der Verlag keine Verantwortung für die Inhalte dieser Seiten.

Druck: westermann druck GmbH, Braunschweig

service@winklers.de
www.winklers.de

Bildungshaus Schulbuchverlage Westermann Schroedel Diesterweg Schöningh Winklers GmbH, Postfach 33 20, 38023 Braunschweig

ISBN 978-3-8045-**6080**-2

© Copyright 2016: Bildungshaus Schulbuchverlage Westermann Schroedel Diesterweg Schöningh Winklers GmbH, Braunschweig
Das Werk und seine Teile sind urheberrechtlich geschützt. Jede Nutzung in anderen als den gesetzlich zugelassenen Fällen bedarf der vorherigen schriftlichen Einwilligung des Verlages.
Hinweis zu § 52a UrhG: Weder das Werk noch seine Teile dürfen ohne eine solche Einwilligung eingescannt und in ein Netzwerk eingestellt werden. Dies gilt auch für Intranets von Schulen und sonstigen Bildungseinrichtungen.

Vorwort

Informationen zu diesem Buch (5. Auflage)

Inhalt

Dem Buch liegen die aktuellen Lehrpläne für **Volkswirtschaft an Wirtschaftsgymnasien** (einschließlich dem **Profil Finanzmanagement**) in Baden-Württemberg zugrunde. Die für das Profil Finanzmanagement abiturrelevanten Inhalte sind am Rand farblich gekennzeichnet.

Gliederung

Jedes der zehn Kapitel ist wie folgt gegliedert:

▌**Warum ist dieses Kapitel wichtig?**
Problemstellung und Bedeutung des jeweiligen Kapitels für den Gesamtzusammenhang werden verdeutlicht.

▌**Überblick und Zusammenhänge**
Strukturübersichten mit erkenntnisleitenden Fragestellungen geben einen ersten inhaltlichen Überblick und zeigen die Zusammenhänge zwischen den einzelnen Unterkapiteln auf.

▌**Sachdarstellung**
Die Sachdarstellung wird durch zahlreiche Grafiken, Schaubilder, Übersichten und Tabellen ergänzt und veranschaulicht. Wichtige Definitionen und Merksätze sind fett gedruckt und farbig unterlegt.

▌**Zusammenfassende Übersichten**
Die Übersichten am Ende eines jeden Kapitels dienen der Veranschaulichung der Strukturzusammenhänge.

▌**Fragen zur Kontrolle des Grundwissens**
Zu jedem Kapitel gehört ein umfangreicher Fragenkatalog zur Kontrolle des Grundwissens. Die Beantwortung der Fragen ergibt sich unmittelbar aus der jeweiligen vorangehenden Sachdarstellung.

▌**Aufgaben und Probleme zur Erarbeitung und Anwendung von Wissen**
Die zahlreichen realitätsbezogenen Problemstellungen decken unterschiedliche Schwierigkeitsgrade und Anforderungsbereiche ab. Neben der Anwendung und Erschließung von thematischem Wissen ermöglichen sie auch die Einübung unterschiedlicher Arbeitstechniken und Lösungsverfahren sowie die Förderung von Sozial- und Methodenkompetenzen.

Anhang

Der Anhang enthält Hinweise

▌zur Problemlösetechnik bei wirtschaftspolitischen Fallstudien,
▌zu dem im Lehrplan vorgesehenen Einsatz eines grafikfähigen Taschenrechners am Beispiel der Analyse von Kostenkurven und der Monopolpreisbildung.

Formelsammlung

Am Ende des Buches befindet sich eine Zusammenfassung aller im Buch verwendeter Formeln.

Begleitmaterial

▌**Lehrerhandbuch** (Best. Nr. 6081)
Ergänzend zu diesem Lehr- und Aufgabenbuch liegt ein Lehrerhandbuch mit ausführlichen Lösungen zu den Aufgaben und Problemen sowie Hintergrund- und Zusatzinformationen vor.

▌**CD-ROM** (Best. Nr. 6082) mit
– Zusammenfassenden Übersichten zu den volkswirtschaftlichen Inhalten der Eingangsklassen (PDF-Dateien),
– Abbildungen und Zusammenfassungen aus dem Lehrbuch (PDF-Dateien),
– Kopiervorlagen für Arbeitsblätter zur Aufgabenlösung (PDF-Dateien),
– Aufgaben und Zusatzmaterialien für handlungsorientierte Themenbearbeitung (PDF-Dateien),
– PowerPoint-Präsentationen (mit denen per Mausklick schrittweise in didaktisch gestufter Form Schaubilder aus dem Lehrbuch und Lösungen zu den Aufgaben strukturiert und entwickelt werden können).

Verfasser und Verlag sind für Verbesserungsvorschläge dankbar.

Oberried, Frühjahr 2016

Der Verfasser
E-Mail: luepertz@t-online.de

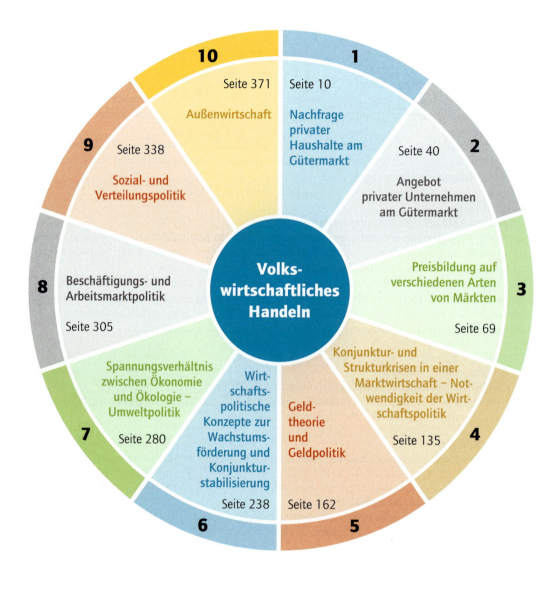

Inhaltsverzeichnis

1	**Nachfrage privater Haushalte am Gütermarkt**	10
1.1	Grundannahmen der Nachfragetheorie	10
1.2	Bestimmungsfaktoren der Nachfrage eines einzelnen Haushalts	11
1.2.1	Allgemeine und spezielle Nachfragefunktion eines Haushalts	11
1.2.2	Abhängigkeit der Nachfrage eines Haushalts vom Preis des nachgefragten Gutes (Preis-Konsum-Kurve)	13
1.2.3	Abhängigkeit der Nachfrage eines Haushalts von den Preisen anderer Güter	15
1.2.4	Abhängigkeit der Nachfrage eines Haushalts vom Einkommen und Vermögen (Einkommens-Konsum-Kurve)	17
1.2.5	Bedürfnisstruktur und Zukunftserwartungen als Bestimmungsfaktoren der Nachfrage eines Haushalts	18
1.3	Gesamtnachfrage (Marktnachfrage) für ein Gut	19
1.3.1	Ableitung der Gesamtnachfrage aller Haushalte für ein Gut	19
1.3.2	Bestimmungsfaktoren der Gesamtnachfrage	20
1.3.3	Veränderungen der Gesamtnachfrage	21
1.4	Preiselastizität der Nachfrage	23
1.4.1	Begriff der Elastizität	23
1.4.2	Direkte Preiselastizität der Nachfrage	23
1.4.3	Indirekte Preiselastizität der Nachfrage (Kreuzpreiselastizität)	29
1.4.4	Anwendungsfälle der Nachfrageelastizitäten im Überblick	30

Zusammenfassende Übersicht		31
Fragen zur Wiederholung		33
Aufgaben und Probleme zur Erarbeitung und Anwendung von Wissen		34

2	**Angebot privater Unternehmen am Gütermarkt**	40
2.1	Grundannahmen der Angebotstheorie	41
2.2	Bestimmungsfaktoren des Angebots eines einzelnen Unternehmens	42
2.2.1	Allgemeine und spezielle Angebotsfunktion eines Unternehmens	42
2.2.2	Einfluss von Preis und Kosten auf die Angebotsmenge	43
2.3	Gewinnmaximum und Angebotsverhalten eines Unternehmens bei linearem Verlauf der Gesamtkostenkurve	45
2.4	Gewinnmaximum und Angebotsverhalten eines Unternehmens bei s-förmigem Verlauf der Gesamtkostenkurve	48
2.4.1	Zusammenhang zwischen Erlös, Kosten und Gewinn	48
2.4.2	Gewinnmaximum	49
2.4.3	Zusammenhang zwischen Gewinnmaximum, Grenzkostenkurve und Angebotskurve	53
2.5	Individuelle Angebotskurve	56
2.5.1	Abhängigkeit des Angebots eines Unternehmens vom Preis	56
2.5.2	Abhängigkeit des Angebots eines Unternehmens von den Produktionskosten	58
2.6	Gesamtangebot (Marktangebot) für ein bestimmtes Gut	60
2.6.1	Ableitung der Gesamtangebotskurve aller Unternehmen einer Branche für ein Gut	60
2.6.2	Bestimmungsfaktoren des Gesamtangebots	61
2.6.3	Veränderung des Gesamtangebots	62

Zusammenfassende Übersicht	63
Fragen zur Wiederholung	65
Aufgaben und Probleme zur Erarbeitung und Anwendung von Wissen	66

3 Preisbildung auf verschiedenen Arten von Märkten ... 69

3.1	Marktformen und Marktmacht	70
3.2	Preisbildung auf Wettbewerbsmärkten	71
3.2.1	Zustandekommen und Eigenschaften des Gleichgewichtspreises	71
3.2.2	Konsumenten- und Produzentenrente	76
3.2.3	Anpassungsprozesse bei Ungleichgewichten	76
3.2.4	Änderung des Gleichgewichtspreises	78
3.3	Staatliche Eingriffe in die Preisbildung auf Wettbewerbsmärkten	80
3.3.1	Wohlfahrtsverluste bei Störung des Preismechanismus	80
3.3.2	Marktkonforme Maßnahmen	81
3.3.3	Marktkonträre Maßnahmen	85
3.4	Preisbildung des Angebotsmonopols	90
3.4.1	Marktform des Angebotsmonopols	90
3.4.2	Erlösmaximum des Angebotsmonopolisten	91
3.4.3	Gewinnmaximum des Angebotsmonopolisten	95
3.4.4	Marktversorgung: Vergleich zwischen Monopol und Polypol	101
3.4.5	Preisdifferenzierung des Angebotsmonopolisten	103
3.5	Monopolistischer Preisspielraum: Polypol auf dem unvollkommenen Markt	106
3.5.1	Doppelt geknickte Preis-Absatz-Kurve	106
3.5.2	Gewinnmaximum und Preisbildung	108
3.6	Mögliche Verhaltensweisen der Anbieter beim Oligopol	111

Zusammenfassende Übersicht	113
Fragen zur Wiederholung	114
Aufgaben und Probleme zur Erarbeitung und Anwendung von Wissen	116

4 Konjunktur- und Strukturkrisen in einer Marktwirtschaft – Notwendigkeit der Wirtschaftspolitik ... 135

4.1	Inlandsprodukt als Messgröße gesamtwirtschaftlicher Leistung	136
4.1.1	Aufgaben und Ansatzpunkte der Volkswirtschaftlichen Gesamtrechnung	136
4.1.2	Ermittlung des Inlandsprodukts: Entstehungsrechnung	136
4.1.3	Nominales und reales Inlandsprodukt	139
4.1.4	Kritik am Inlandsprodukt als Wohlstandsindikator	141
4.2	Konjunkturelle Schwankungen	144
4.2.1	Konjunkturzyklus	144
4.2.2	Konjunkturindikatoren	146
4.2.3	Ursachen der Konjunkturzyklen	147
4.3	Ziele, Bereiche und Träger der Wirtschaftspolitik	148
4.3.1	Ziele der Wirtschaftspolitik	148
4.3.2	Bereiche und Träger der Wirtschaftspolitik	152

Zusammenfassende Übersicht	154
Fragen zur Wiederholung	156
Aufgaben und Probleme zur Erarbeitung und Anwendung von Wissen	156

Inhaltsverzeichnis

5	**Geldtheorie und Geldpolitik**	162

5.1	Zusammenhang zwischen Geldmenge, Gütermenge und Preisniveau	163
5.1.1	Ungleichgewicht zwischen Geld- und Gütermenge als Ursache für Inflation und Deflation	163
5.1.2	Quantitätsgleichung des Geldes (FISHERsche Verkehrsgleichung)	166
5.2	Aufgaben und Aufbau des Europäischen Systems der Zentralbanken (ESZB) und des Eurosystems	168
5.3	Geldmengenbegriffe	171
5.4	Geldschöpfung	173
5.4.1	Geldproduzenten	173
5.4.2	Geldschöpfung der Zentralbank	173
5.4.3	Geldschöpfung einer einzelnen Geschäftsbank	176
5.4.4	Geldschöpfung des gesamten Geschäftsbankensystems (Geldschöpfungsmultiplikator)	178
5.5	Binnenwert des Geldes	182
5.5.1	Kaufkraft und Preisniveau	182
5.5.2	Messung des Preisniveaus: Verbraucherpreisindex	182
5.5.3	Realeinkommen	188
5.6	Ursachen und Auswirkungen von Geldwertminderungen	190
5.6.1	Begriff und Arten der Inflation	190
5.6.2	Geldmenge als Inflationsursache	190
5.6.3	Gesamtwirtschaftliche Nachfrage als Inflationsursache	192
5.6.4	Gesamtwirtschaftliches Angebot als Inflationsursache	194
5.6.5	Wechselwirkungen zwischen verschiedenen Inflationsarten	196
5.6.6	Inflationswirkungen	198
5.7	Deflation	200
5.8	Geldpolitische Instrumente des Europäischen Systems der Zentralbanken	201
5.8.1	Geldpolitische Strategie und Instrumente im Überblick	201
5.8.2	Offenmarktpolitik	204
5.8.3	Ständige Fazilitäten	210
5.8.4	Mindestreservepolitik	211
5.9	Probleme geldpolitischer Maßnahmen bei der Beeinflussung wirtschaftspolitischer Ziele	213
5.9.1	Typische Probleme der Geldpolitik	213
5.9.2	Besondere Probleme der Geldpolitik im Euro-Währungsgebiet	214
5.9.3	Herausforderungen für die Geldpolitik durch die Finanz- und Schuldenkrise	217

Zusammenfassende Übersicht	219
Fragen zur Wiederholung	222
Aufgaben und Probleme zur Erarbeitung und Anwendung von Wissen	224

6	**Wirtschaftspolitische Konzepte zur Wachstumsförderung und Konjunkturstabilisierung**	238

6.1	Grundpositionen der Stabilisierungspolitik: Fiskalismus – Monetarismus	239
6.2	Grundzüge angebotsorientierter Wirtschaftspolitik (Wachstumspolitik)	242
6.2.1	Wachstumspolitik	242
6.2.2	Grundannahmen und Ziele angebotsorientierter Wirtschaftspolitik	243
6.2.3	Ansatzpunkte und Maßnahmen angebotsorientierter Wirtschaftspolitik	244
6.2.4	Probleme und Kritik angebotsorientierter Wirtschaftspolitik	246
6.3	Grundzüge nachfrageorientierter Wirtschaftspolitik (Konjunkturpolitik)	248
6.3.1	Konjunkturpolitik	248

6.3.2	Grundannahmen und Ziele nachfrageorientierter Wirtschaftspolitik: Antizyklische Fiskalpolitik	248
6.3.3	Ansatzpunkte und Maßnahmen antizyklischer Fiskalpolitik	249
6.3.4	Probleme und Kritik antizyklischer Fiskalpolitik	251
6.4	Kombinierter Einsatz wirtschaftspolitischer Instrumente	253
6.4.1	Konjunktursteuerung durch Staat, Zentralbank und Tarifparteien	253
6.4.2	Praktische Wirtschaftspolitik als Ergebnis politischer Kompromisse	256
6.5	Ergebnisse der Wachstums- und Konjunkturpolitik in Deutschland	258
6.5.1	Zusammenhang zwischen Wirtschaftswachstum, Beschäftigung und Inflation	258
6.5.2	Einnahmen und Ausgaben des Staates – Staatsverschuldung	259
6.5.3	Strukturelle Probleme: West-Ost-Gefälle	265
6.5.4	Aktuelle Probleme der Konjunkturpolitik	268

Zusammenfassende Übersicht	269
Fragen zur Wiederholung	271
Aufgaben und Probleme zur Erarbeitung und Anwendung von Wissen	272

7 Spannungsverhältnis zwischen Ökonomie und Ökologie – Umweltpolitik 280

7.1	Grenzen des Wirtschaftswachstums	281
7.2	Ursachen und Ausmaß der Umweltprobleme	284
7.3	Ziele und Prinzipien der Umweltpolitik	285
7.4	Instrumente der Umweltpolitik	288
7.4.1	Umweltpolitik durch Auflagen (Ordnungsrecht)	288
7.4.2	Marktwirtschaftliche Lösung über den Preis: Umweltabgaben (Ökosteuer)	290
7.4.3	Marktwirtschaftliche Lösung über die Menge: Handel mit Verschmutzungsrechten (Umweltlizenzen)	292
7.5	Aktuelle Entwicklungen und Probleme der Klimapolitik	295

Zusammenfassende Übersicht	297
Fragen zur Wiederholung	298
Aufgaben und Probleme zur Erarbeitung und Anwendung von Wissen	299

8 Beschäftigungs- und Arbeitsmarktpolitik. 305

8.1	Ausmaß und Struktur der Arbeitslosigkeit	306
8.2	Arbeitslosigkeit als wirtschaftliches und soziales Problem	309
8.3	Ursachen und Formen der Arbeitslosigkeit	311
8.3.1	Klassische (lohnkostenbedingte) und keynesianische (nachfragebedingte) Arbeitslosigkeit	311
8.3.2	Konjunkturelle und strukturelle Arbeitslosigkeit	312
8.3.3	Strukturelle Arbeitslosigkeit in Form von Mismatch-Arbeitslosigkeit	312
8.4	Lohnpolitik der Tarifvertragsparteien	315
8.4.1	Koalitionsfreiheit – Tarifautonomie – Tarifverträge	315
8.4.2	Lohnkosten	317
8.4.3	Produktivitäts- und beschäftigungsorientierte Lohnpolitik	319
8.4.4	Weitere Lohntheorien	319
8.5	Instrumente und Maßnahmen zur Beschäftigungsförderung	321
8.5.1	Überblick	321
8.5.2	Vorschläge der Tarifvertragsparteien zur Arbeitsmarktpolitik	321
8.5.3	Neuordnung des Niedriglohnsektors: Kombilöhne, Mindestlöhne, Minijobs	325
8.6	Aktuelle Arbeitsmarktprobleme: Zukunft der Arbeit – Arbeit der Zukunft	327

Zusammenfassende Übersicht 329
Fragen zur Wiederholung 330
Aufgaben und Probleme zur Erarbeitung und Anwendung von Wissen 331

9 Sozial- und Verteilungspolitik 338

9.1	Einkommensentstehung – Einkommensverteilung – Einkommensumverteilung	339
9.2	Einkommens- und Vermögensverteilung in Deutschland.	342
9.3	Ziele, Ansatzpunkte und Maßnahmen der Sozial- und Verteilungspolitik	346
9.4	Grundprinzipien und Einrichtungen der sozialen Sicherung.	351
9.5	Probleme des Systems der sozialen Sicherung.	353
9.5.1	Grenzen des Sozialstaates.	353
9.5.2	Alterssicherung: Probleme und Lösungsansätze	355
9.5.3	Gesundheitssystem: Probleme und Lösungsansätze	359

Zusammenfassende Übersicht 363
Fragen zur Wiederholung 364
Aufgaben und Probleme zur Erarbeitung und Anwendung von Wissen 365

10 Außenwirtschaft 371

10.1	Außenhandel und Zahlungsbilanz in Deutschland	372
10.2	Ursachen und Vorteile des Außenhandels	375
10.2.1	Unterschiedliche Produktionskosten.	375
10.2.2	Verfügbarkeit von Rohstoffen und anderen Produktionsfaktoren	381
10.3	System freier Wechselkurse	383
10.3.1	Kursbildung.	383
10.3.2	Zusammenhang zwischen Wechselkurs und Außenhandel	388
10.3.3	Erklärungsansätze zur Höhe des Wechselkurses: Kaufkraftparitäten – Zinsparitäten – spekulative Erwartungen	390
10.3.4.	Internationale Finanzmärkte	399
10.4	Instrumente der Außenwirtschaftspolitik.	403
10.4.1	Überblick über Bereiche, Ziele und Maßnahmen der Außenwirtschaftspolitik . .	403
10.4.2	Wirkung von Importzöllen – Wohlfahrtsverluste.	404
10.5	Außenwirtschaftliche Ziele und Probleme der Europäischen Union.	409
10.5.1	Integrationsstufen und EU-Erweiterung.	409
10.5.2	Ziele und Konstruktionsmängel der Europäischen Währungsunion (EWU)	412

Zusammenfassende Übersicht 419
Fragen zu Wiederholung 422
Aufgaben und Probleme zur Erarbeitung und Anwendung von Wissen 424

Anhang 434

Hinweise zur Problemlösetechnik bei wirtschaftspolitischen Fallstudien 434
Einsatz eines grafikfähigen Taschenrechners (GTR) Texas Instruments TI-84 435
Sachwortverzeichnis 441
Bildquellenverzeichnis 444
Formelsammlung 445

1 Nachfrage privater Haushalte am Gütermarkt

Warum ist dieses Kapitel wichtig?

Problem

Jeder einzelne Konsument trägt durch seine Kaufentscheidungen dazu bei, die Höhe und Zusammensetzung der Nachfrage nach einzelnen Gütern zu bestimmen. Die Nachfrage der Konsumenten ist neben dem Angebot der Unternehmen die entscheidende Größe, die in einer Marktwirtschaft das Zustandekommen und die Höhe der Preise für einzelne Güter bestimmt. Um die Preisbildung an Gütermärkten verstehen zu können, muss daher zunächst geklärt werden, wie die Nachfrage an Gütermärkten entsteht und wovon sie abhängt.

Welche Faktoren beeinflussen die Nachfrage der Konsumenten (Haushalte) und welche Veränderungen ergeben sich für die Nachfrage, wenn sich diese Faktoren ändern?

Überblick und Zusammenhänge

1.1 Grundannahmen der Nachfragetheorie

Die Nachfragetheorie untersucht, von welchen Zielsetzungen und Bestimmungsfaktoren das Nachfrageverhalten und die Kaufentscheidungen der privaten Haushalte (= Verbraucher, Konsumenten, Nachfrager) abhängig sind.

Dabei wird von folgenden **Annahmen** ausgegangen:

(1) Jeder private Haushalt hat das **Ziel**, sein Einkommen so zu verwenden, dass er seine individuellen Bedürfnisse möglichst weitgehend befriedigt und den größtmöglichen individuellen Nutzen erzielt **(Nutzenmaximierung)**.

(2) Um dieses Ziel zu erreichen, muss ein Haushalt folgende **Entscheidungen** treffen:

- Welcher Teil des Einkommens soll gespart werden?
- Wie sollen die für den Konsum vorgesehenen Einkommensteile (= Konsumsumme) möglichst nutzbringend auf die einzelnen Konsumgüterarten aufgeteilt werden (= optimaler Konsumplan)?

Bestimmungsfaktoren der Nachfrage eines einzelnen Haushalts

1.2 Bestimmungsfaktoren der Nachfrage eines einzelnen Haushalts

1.2.1 Allgemeine und spezielle Nachfragefunktion eines Haushalts

Bestimmungsfaktoren der Nachfrage

Am Beispiel des Nachfrageverhaltens der Schülerin Manuela in Bezug auf Butterbrezeln lassen sich u. a. folgende **Bestimmungsfaktoren der Nachfrage** ableiten. Dabei wird die von Manuela nachgefragte Menge an Butterbrezeln (= Gut$_1$) mit x_1^N bezeichnet.

▎ **Preis des Gutes (p_1):** Wenn der Preis von Butterbrezeln auf 1,00 € steigt, würde Schülerin Manuela weniger Butterbrezeln kaufen wollen. Fiele der Preis dagegen auf 0,20 €, würde sie mehr kaufen wollen. Normalerweise steigt die geplante Nachfragemenge mit sinkendem Preis und sinkt mit steigendem Preis.

▎ **Einkommen (y):** Die Nachfrage der Schülerin Manuela nach Butterbrezeln hängt möglicherweise auch von der Höhe ihres Taschengeldes und ihrer sonstigen Einkünfte ab. Wenn die Nachfrage nach einem Gut bei steigendem Einkommen zunimmt, handelt es sich um ein **höherwertiges (superiores) Gut.** Bei bestimmten Gütern liegt aber ein umgekehrter Zusammenhang vor: Die Nachfrage geht mit zunehmendem Einkommen zurück, weil die bisher nachgefragten Güter durch höherwertige ersetzt werden (z. B. Margarine durch Butter). In diesem Fall handelt es sich um ein **geringwertigeres (inferiores) Gut.** Ändert sich dagegen die Nachfrage trotz einer Einkommenserhöhung nicht, konnte der Bedarf bereits mit dem bisherigen Einkommen vollkommen gedeckt werden. Dann liegt ein **Sättigungsgut** vor.

▎ **Preise anderer Güter (p_2 ... p_n):** Sinkt beispielsweise der Preis für andere Pausensnacks, würde die Schülerin Manuela möglicherweise statt Butterbrezeln süße Teilchen kaufen. Ihre Nachfrage nach Butterbrezeln nimmt dann ab. Da Butterbrezeln und süße Teilchen (oder andere Backwaren) ähnliche Bedürfnisse befriedigen und sich gegenseitig **ersetzen** können, handelt es sich um **Substitutionsgüter** wie z. B. Würstchen und Hamburger, Sweatshirt und Pulli, Kino und Theater. Bei manchen Gütern besteht aber ein umgekehrter Zusammenhang: Bei sinkendem Preis eines Gutes (und steigender nachgefragter Menge) steigt zusätzlich auch die Nachfrage nach einem anderen Gut. Da sich solche Güter gegenseitig **ergänzen**, werden sie als **Komplementärgüter** bezeichnet, wie z. B. Autos und Benzin, Computer und Software, Skier und Liftkarten.

▎ **Bedürfnisstruktur, Nutzeneinschätzung und Zukunftserwartungen:** Eine Gesundheitskampagne, die vor dem Verzehr von zu viel Laugengebäck warnt, könnte bei Schülerin Manuela zu einem erhöhten Gesundheitsbewusstsein und damit zu einer Abnahme der Nachfrage nach Butterbrezeln führen. Denselben Effekt könnte es haben, wenn Manuela aufgrund ihres hohen Konsums an Pausensnacks Gewichtsprobleme hat und verstärkt auf die „schlanke Linie" achten will. Auch wenn Manuela ein geringerer Teil ihres Taschengeldes zur freien Verfügung steht, weil sie auf die Anschaffung eines DVD-Players spart, könnte das zu einer Abnahme der Nachfrage nach Butterbrezeln führen.

Allgemeine Nachfragefunktion

Der beschriebene Zusammenhang lässt sich als **allgemeine Nachfragefunktion eines einzelnen Konsumenten** folgendermaßen darstellen:

$$x_1^N = f\ (p_1, p_2, ... p_n, y,\ \text{Bedürfnisstruktur, Nutzen, Zukunftserwartungen} ...)$$

nachgefragte Menge = Wirkung   Bestimmungsfaktoren = Ursachen

Die Nachfragefunktion für einen **einzelnen** Konsumenten wird auch als **individuelle** Nachfragefunktion bezeichnet. Die Zusammenhänge des Nachfrageverhaltens sind jedoch nur sehr schwer zu erkennen, wenn sich mehrere Bestimmungsfaktoren gleichzeitig ändern. Deshalb werden nacheinander jeweils nur die Wirkungen eines dieser Einflussfaktoren untersucht. Alle anderen Faktoren werden dabei als unverändert (konstant) angenommen.

Ursachenanalyse mithilfe der Ceteris-paribus-Bedingung

Bei dem Versuch, die Analyse wirtschaftlicher Zusammenhänge zu vereinfachen und die vielfältigen Beziehungen der Realität auf bestimmte Ausschnitte zu beschränken, spielt in der Volkswirtschaftslehre die *Ceteris-paribus-Bedingung* eine wesentliche Rolle. Ceteris paribus (c. p.) bedeutet so viel wie *„unter sonst gleichen Bedingungen"*. Dies besagt, dass die Wirkungen **einer** verursachenden Größe unter der Annahme untersucht werden, dass alle anderen Einflussfaktoren unverändert (konstant) bleiben. Auf diese Weise lassen sich aus Manuelas **allgemeiner Nachfragefunktion** mehrere spezielle **Nachfragefunktionen ableiten.**

Anwendung der Ceteris-paribus-Bedingung

Die Nachfragetheorie kommt zu dem Ergebnis, dass die nachgefragte Menge eines Konsumgutes mehr oder weniger stark von verschiedenen Größen (z. B. Preis des Gutes, Bedürfnisstruktur, Einkommen der Konsumenten, Werbung, Qualität) beeinflusst wird. Eine solche Aussage, dass die Nachfrage von vielen Faktoren abhängt, ist aber völlig inhaltsleer. Eine überprüfbare Behauptung (Hypothese) unter Verwendung der *Ceteris-paribus-Annahme* könnte wie folgt lauten: **„Die Nachfrage nach einem Gut ist** *ceteris paribus* **(c. p.) von seinem Preis abhängig."** Alle anderen Einflussfaktoren werden also gedanklich als konstant unterstellt.

Spezielle Nachfragefunktion

Dies führt dann z. B. zu einer funktionalen Beziehung

- zwischen der nachgefragten Menge eines Gutes (x_1) in Abhängigkeit vom Preis dieses Gutes (p_1) in Form einer Preis-Konsum-Kurve oder

- zwischen der nachgefragten Menge eines Gutes (x_1) und dem Einkommen eines Konsumenten (y) in Form einer Einkommens-Konsum-Kurve.

Wird in der Volkswirtschaftslehre von einer Nachfragefunktion (Nachfragekurve) gesprochen, so ist üblicherweise damit die **spezielle Nachfragefunktion** gemeint, bei der **nur** die Wirkung des Preises eines Gutes (p_1) auf die nachgefragte Menge dieses Gutes (x_1) untersucht wird:

$$x^N_1 = f(p_1).$$

Der Preis ist dabei die **einzige** Ursache. Für alle übrigen Einflussgrößen wird angenommen, dass sie unverändert bleiben.

Bestimmungsfaktoren der Nachfrage eines einzelnen Haushalts

1.2.2 Abhängigkeit der Nachfrage eines Haushalts vom Preis des nachgefragten Gutes (Preis-Konsum-Kurve)

Beispiel

Bei einer Umfrage über das Konsumverhalten von Jugendlichen hat die Schülerin Manuela auf die Frage „Wie viele Butterbrezeln würdest du pro Woche nachfragen, wenn der Preis soundso viel Euro betragen würde?" für unterschiedliche Preise die in der nebenstehenden Tabelle angegebenen Mengen genannt.

Manuelas Nachfragetabelle für Butterbrezeln	
Preis (€)	Menge (Stück pro Woche)
0,00	12
0,20	10
0,40	8
0,60	6
0,80	4
1,00	2
1,20	0

Die Tabelle spiegelt Manuelas Verbrauchsplan für Butterbrezeln für einen bestimmten Zeitraum (z. B. während einer Woche im Oktober) wider. Sie stellt den funktionalen Zusammenhang zwischen der geplanten Nachfragemenge an Butterbrezeln (= abhängige Größe) und dem Preis für Butterbrezeln (= unabhängige Größe) dar. Zu einem anderen Zeitpunkt könnte aber Manuelas Nachfrageverhalten völlig anders aussehen, weil sich beispielsweise ihre Einkommensverhältnisse oder die Preise für andere Backwaren geändert haben oder weil sie zum Geburtstag eine Großpackung Chips geschenkt bekommen hat.

> Die von einem Konsumenten bei unterschiedlichen Preisen jeweils geplanten Nachfragemengen ergeben die Preis-Mengen-Kombinationen, bei denen er unter den vorliegenden Bedingungen seinen größtmöglichen Nutzen erzielt (= optimaler Verbrauchsplan).

Nachfragekurve

Werden die Preis-Mengen-Kombinationen der Tabelle in ein Koordinatensystem übertragen und die einzelnen Punkte miteinander verbunden, ergibt sich eine von links oben nach rechts unten fallende **Nachfragekurve**. Da diese Kurve nur für einen bestimmten Konsumenten gilt, handelt es sich um eine **individuelle Nachfragekurve**.

Aufgabe 1.1, S. 34

Nachfragekurve als mathematische Funktion

Die Zuordnung der abhängigen Größe (Menge = Wirkung) und der unabhängigen Größe (Preis = Ursache) zu den Koordinatenachsen erfolgt bei der Nachfragekurve anders als in der Mathematik üblich. An der **y-Achse** steht der **Preis,** obwohl es sich dabei **immer** um die **un**abhängige Variable handelt. An der **x-Achse** steht als abhängige Variable die **nachgefragte Menge.** Eigentlich lassen sich die Werte der Nachfragetabelle in einem Koordinatensystem nur durch einzelne Punkte, die bestimmte Preis-Mengen-Kombinationen wiedergeben, abbilden. Der Einfachheit halber wird aber unterstellt, dass sich aus der Verbindung dieser (theoretisch unendlich vielen) Punkte eine stetige Kurve konstruieren lässt, die – wie im vorliegenden Fall – zudem eine konstante Steigung (= linearer Verlauf) hat.

Unter Berücksichtigung der gegenüber der üblichen mathematischen Darstellung vertauschten Achsen lässt sich die Steigung der abgebildeten Nachfragekurve wie folgt ermitteln:

Verhältnis von Horizontalunterschied zu Höhenunterschied (Steigungsdreieck)

Δx (Menge) : Δp (Preis) = $-2 : 0{,}20 = -10$. Der Schnittpunkt mit der x-Achse liegt im Punkt $(0|12)$. – Die Nachfragefunktion lautet demzufolge: $x = -10p + 12$

1 Nachfrage privater Haushalte am Gütermarkt

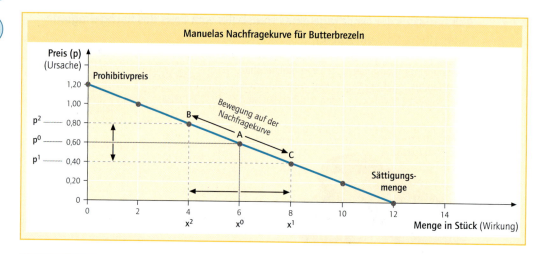

Die individuelle Nachfragekurve zeigt, wie viele Mengeneinheiten eines Gutes ein Konsument jeweils bei unterschiedlichen Preisen dieses Gutes in einer bestimmten Zeiteinheit nachzufragen plant.

Ob der Konsument allerdings seinen Verbrauchs**plan** verwirklichen und die **geplanten** Mengen tatsächlich **kaufen** kann, hängt u. a. davon ab, ob zu dem jeweiligen Preis überhaupt entsprechende Mengen angeboten werden.

Gesetz der Nachfrage

Bei normalem Verhalten der Konsumenten hat die Nachfragekurve eine negative Steigung. In diesem Kurvenverlauf kommt das **Gesetz vom abnehmenden Nutzenzuwachs** zum Ausdruck. Da jede zusätzlich konsumierte Einheit eines Gutes einem Haushalt im Normalfall einen geringeren Nutzenzuwachs stiftet, fragt der Haushalt nur dann mehr von diesem Gut nach, wenn der Preis dieses Gutes sinkt.

Die normale Nachfragekurve hat eine negative Steigung („Gesetz der Nachfrage"), das heißt,
- je höher der Preis ist, umso geringer ist die geplante Nachfragemenge,
- je niedriger der Preis ist, umso höher ist die geplante Nachfragemenge.

Ändert sich der Preis des Gutes und bleiben alle anderen Bestimmungsgründe der Nachfrage gleich, so ergibt sich eine neue Preis-Mengen-Kombination für dieses Gut. Dies löst eine Bewegung auf der Kurve aus.

In Grenzfällen können sich auch Schnittpunkte der Kurve mit den Achsen ergeben, die sich folgendermaßen erklären lassen: Beim Schnittpunkt mit der Mengenachse liegt die **Sättigungsmenge**. Dieser nachgefragten Menge entspricht ein Preis von null, das heißt, der Konsument möchte keine zusätzliche Mengeneinheit dieses Gutes konsumieren, selbst wenn er das Gut kostenlos erhält. Beim Schnittpunkt mit der Preisachse, dem eine nachgefragte Menge von null entspricht, ist ein Preis erreicht, zu dem der Konsument nicht mehr bereit oder in der Lage ist, auch nur eine einzige Mengeneinheit des Gutes nachzufragen (**Prohibitivpreis**[1]).

---

[1] prohibitiv *(lat.)*: verhindernd

1.2.3 Abhängigkeit der Nachfrage eines Haushalts von den Preisen anderer Güter

Die von der Schülerin Manuela nachgefragte Menge an Butterbrezeln (x^N_1) kann außer vom Preis für Butterbrezeln (p_1) u. a. auch von den Preisen anderer Güter ($p_2, \dots p_n$) abhängen. Die entsprechende spezielle Nachfragefunktion lässt sich dann bei Nichtbeachtung (Konstanz) aller anderen Einflussfaktoren als $x^N_1 = f(p_2, \dots p_n)$ darstellen. Wird die Untersuchung auf den Zusammenhang zwischen der nachgefragten Menge des Gutes 1 (x^N_1) und dem Preis des Gutes 2 (p_2), also auf $x^N_1 = f(p_2)$ beschränkt, lassen sich drei Fälle unterscheiden. Steigt p_2, so kann x^N_1 entweder steigen, sinken oder unverändert bleiben, je nachdem, ob sich die beiden Güter 1 und 2 ersetzen, ergänzen oder nicht beeinflussen.

Aufgabe 1.2, S. 34

Substitutionsgüter[1]

Steigt als Folge einer Preissteigerung für Gut 2 die Nachfrage nach Gut 1 (und umgekehrt), so sind die Güter 1 und 2 Substitutionsgüter. **Substitutionsgüter können sich gegenseitig ersetzen.**

Beispiel

Substitutionsgüter: Butterbrezeln und süße Teilchen

Steigt der Preis für süße Teilchen, wird Manuela möglicherweise mehr Butterbrezeln nachfragen, weil sie süße Teilchen durch Butterbrezeln ersetzt.

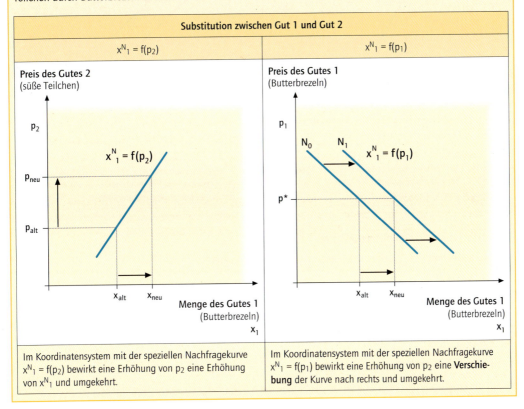

| Im Koordinatensystem mit der speziellen Nachfragekurve $x^N_1 = f(p_2)$ bewirkt eine Erhöhung von p_2 eine Erhöhung von x^N_1 und umgekehrt. | Im Koordinatensystem mit der speziellen Nachfragekurve $x^N_1 = f(p_1)$ bewirkt eine Erhöhung von p_2 eine **Verschiebung** der Kurve nach rechts und umgekehrt. |

Weitere Substitutionsgüter

Kaffee und Tee, Wurst und Käse, Rindfleisch und Schweinefleisch

Beispiel

---

[1] Substitution *(lat.):* Ersetzung

Komplementärgüter[1]

Sinkt als Folge einer Preissteigerung für Gut 2 die Nachfrage nach Gut 1 (und umgekehrt), so sind die Güter 1 und 2 Komplementärgüter. **Komplementärgüter ergänzen sich gegenseitig.** Die Verwendung eines Gutes bedingt in diesem Fall zwangsweise die Verwendung eines anderen Gutes.

Komplementärgüter: Benzin und Autos

Steigt der Preis für Benzin, wird ein Haushalt möglicherweise auf den Kauf eines Zweitwagens verzichten.

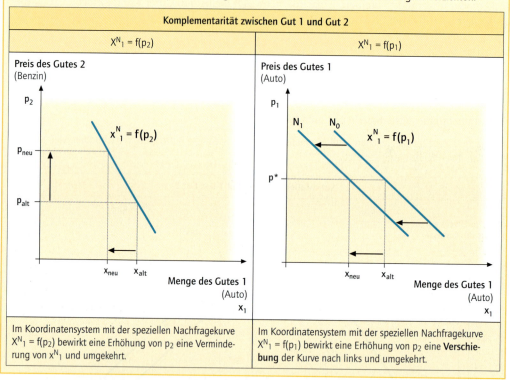

Komplementarität zwischen Gut 1 und Gut 2	
$x^N_1 = f(p_2)$	$x^N_1 = f(p_1)$
Im Koordinatensystem mit der speziellen Nachfragekurve $x^N_1 = f(p_2)$ bewirkt eine Erhöhung von p_2 eine Verminderung von x^N_1 und umgekehrt.	Im Koordinatensystem mit der speziellen Nachfragekurve $x^N_1 = f(p_1)$ bewirkt eine Erhöhung von p_2 eine **Verschiebung** der Kurve nach links und umgekehrt.

Weitere Beispiele für Komplementärgüter

Computer und Software, Telefon und Telefonnetz, Brief und Briefmarke

Indifferente Güter[2]

Hat eine Preisveränderung von Gut 2 keine Auswirkungen auf die Nachfrage nach Gut 1, bestehen zwischen beiden Gütern keine Preis-Mengen-Beziehungen.

Indifferente Güter: Schokoriegel und T-Shirts

Steigt der Preis für Schokoriegel, bleibt die Nachfrage nach T-Shirts normalerweise unverändert.

Änderungen der Preise anderer Güter führen zu einer Verschiebung der individuellen Nachfragekurve (Preis-Konsum-Kurve), sofern es sich nicht um indifferente Güter handelt.

---

[1] komplementär *(lat.)*: ergänzend
[2] indifferent *(lat.)*: gleichgültig, unerheblich

Bestimmungsfaktoren der Nachfrage eines einzelnen Haushalts

1.2.4 Abhängigkeit der Nachfrage eines Haushalts vom Einkommen und Vermögen (Einkommens-Konsum-Kurve)

Steigt das Einkommen (y) der Schülerin Manuela, erhöhen sich normalerweise auch ihre Konsumausgaben. Von dem Mehrkonsum sind aber nicht alle Güter gleichermaßen betroffen. Werden bei der Untersuchung des Zusammenhangs zwischen der nachgefragten Menge (x^N) eines Gutes 1 und dem Haushaltseinkommen (y) alle anderen Einflussfaktoren als konstant angesehen, lässt sich die entsprechende spezielle Nachfragefunktion als $x^N_1 = f(y)$ (Einkommens-Konsum-Funktion) in einem Einkommen-Mengen-Diagramm darstellen. Als Reaktion der nachgefragten Menge des Gutes 1 auf eine Veränderung des Haushaltseinkommens lassen sich dabei grundsätzlich drei Fälle unterscheiden. Steigt das Haushaltseinkommen y, so kann x^N_1 entweder steigen, sinken oder unverändert bleiben, je nachdem, ob es sich bei Gut 1 um ein **superiores Gut** (= höherwertiges Gut, Nichtsättigungsgut), ein **inferiores Gut** (= geringwertiges Gut) oder ein **Sättigungsgut** handelt. Je nach Einkommenshöhe kann ein und dasselbe Gut sowohl superior als auch inferior sein oder zum Sättigungsgut werden.

Aufgabe
1.2, S. 34

Superiore und inferiore Güter – Sättigungsgüter

Einkommens-Konsum-Funktion		
1. Superiore Güter (Nichtsättigungsgüter)	**2. Inferiore Güter**	**3. Sättigungsgüter**
Steigt als Folge einer Einkommenserhöhung die Nachfrage nach Gut 1 (und umgekehrt), so handelt es sich bei Gut 1 um ein **superiores** (höherwertiges) Gut (Luxusgut). Güter, die bei einer Einkommenserhöhung vermehrt nachgefragt werden, werden auch als **Nichtsättigungsgüter** bezeichnet, weil bei ihnen die Sättigungsmenge noch nicht erreicht ist.	Sinkt als Folge einer Einkommenserhöhung die Nachfrage nach Gut 1 (und umgekehrt), so handelt es sich bei Gut 1 um ein **inferiores** (geringwertiges) Gut (Nicht-Luxusgut). Inferiore Güter werden bei steigendem Einkommen durch superiore Güter ersetzt. Ein Gut gilt aber erst ab einer bestimmten Einkommenshöhe (Abb. S. 18: y_{alt}) als inferior. Unterhalb dieser Einkommensschwelle ist dieses Gut superior, da sich sein Konsum bei steigendem Einkommen zunächst erhöht.	Hat eine Einkommensveränderung keine Auswirkungen auf die Nachfrage nach Gut 1, so handelt es sich bei Gut 1 um ein **Sättigungsgut**. Bei Sättigungsgütern konnte der Bedarf mit dem bisherigen Einkommen (Abb. S. 18: y_{alt}) bereits vollkommen gedeckt werden.
Beispiel: Für die meisten Haushalte dürften Sekt, Kaviar und andere Luxusgüter superiore Güter sein.	**Beispiel:** Ab einer bestimmten Einkommenshöhe dürfte Margarine im Normalfall ein inferiores Gut sein, weil bei zunehmendem Einkommen Margarine durch Butter ersetzt wird. Oder: Beim Fischkonsum wird Hering durch Lachs ersetzt.	**Beispiel:** Ab einer bestimmten Einkommenshöhe dürfte die Nachfrage nach Salz oder Streichhölzern im Normalfall trotz einer Einkommenserhöhung unverändert bleiben.

Im Koordinatensystem mit der speziellen Nachfragekurve $x^N_1 = f(p_1)$ (= Preis-Konsum-Kurve) bewirkt eine Einkommenserhöhung bei superioren Gütern eine **Verschiebung der Kurve** nach rechts und umgekehrt. Eine Rechtsverschiebung bedeutet, dass der Haushalt bei dem als konstant angenommenen Preis des Gutes 1 mehr von Gut 1 zu konsumieren plant. Bei inferioren Gütern verläuft die Entwicklung in umgekehrter Richtung. Bei Sättigungsgütern bleibt die Lage der Preis-Konsum-Kurve dagegen trotz einer Einkommensänderung unverändert.

> Änderungen des Einkommens führen zu einer Verschiebung der individuellen Nachfragekurve (Preis-Konsum-Kurve) eines Konsumenten, sofern es sich nicht um ein Sättigungsgut handelt.

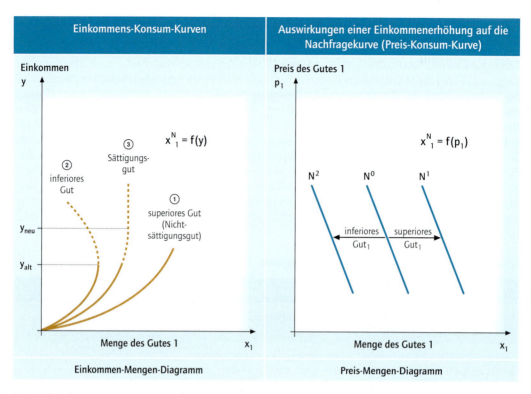

Die Höhe der Konsumausgaben hängt u. a. auch davon ab, ob und in welchem Umfang der Haushalt über Vermögen verfügt, das gegebenenfalls in Einkommen umgewandelt werden kann. Ein Haushalt, der über Vermögenswerte verfügt, hat normalerweise eine andere Befürfnisstruktur als ein vermögensloser Haushalt. Daraus ergeben sich Unterschiede hinsichtlich des Nachfrageverhaltens dieser beiden Haushalte.

1.2.5 Bedürfnisstruktur und Zukunftserwartungen als Bestimmungsfaktoren der Nachfrage eines Haushalts

Die Nachfrage eines Haushalts nach einem Gut kann sich ändern, obwohl der Preis des Gutes, die Preise aller anderen Güter sowie das Einkommen unverändert geblieben sind. Mögliche Ursache dafür ist eine **Änderung der Bedürfnisstruktur** des Haushalts. In diesem Fall hat sich seine Nutzeneinschätzung für eines oder mehrere Güter im Zeitablauf geändert. Das kann u. a. bedingt sein durch zunehmendes Alter der Haushaltsmitglieder, Veränderung der Zahl der Haushaltsmitglieder, Modeerscheinungen und gesundheitsbewusstere Lebensweise. Häufig ist dies aber auch auf eine **Beeinflussung der Konsumenten durch die Produzenten** zurückzuführen, die mithilfe von Marketingmaßnahmen wie Werbung, Produktgestaltung und Verkaufsförderung Bedarf wecken, stimulieren und lenken. Dabei werden auch soziologische und psychologische Konsumeinflüsse genutzt, indem in der Werbung bestimmte Güter mit begehrten sozialen Rollen, gehobenem Status und bekannten Persönlichkeiten in Verbindung gebracht werden.

Auch die **Zukunftserwartungen** spielen möglicherweise für die Konsumentscheidungen eines Haushalts eine Rolle. Bei erwarteten Preissteigerungen kommt es zu „Hamsterkäufen" über den gegenwärtigen Bedarf hinaus. Drohende Arbeitslosigkeit und eine damit einhergehende künftige Minderung des Haushaltseinkommens wird möglicherweise zum gegenwärtigen Zeitpunkt zu einer Verringerung der Konsumausgaben und zu einer Erhöhung der Ersparnisse („Notgroschen") führen.

1.3 Gesamtnachfrage (Marktnachfrage) für ein Gut

1.3.1 Ableitung der Gesamtnachfrage aller Haushalte für ein Gut

Werden die bei unterschiedlichen Preisen von den Konsumenten gewünschten individuellen Nachfragemengen für ein bestimmtes Gut addiert, ergibt sich die **Gesamtnachfrage** (Marktnachfrage) für dieses Gut.

Tabellarische Ermittlung der Gesamtnachfrage

Preis (€)	Manuelas individuelle Nachfragemengen in Stück	+	Heikos individuelle Nachfragemengen in Stück	+	alle anderen individuellen Nachfragemengen in Stück	=	Gesamtnachfrage (Marktnachfrage) in Stück
0,00	12	+	18	+	15 970	=	16 000
0,20	10	+	15	+	13 975	=	14 000
0,40	8	+	12	+	11 980	=	12 000
0,60	6	+	9	+	9 985	=	10 000
0,80	4	+	6	+	7 990	=	8 000
1,00	2	+	3	+	5 995	=	6 000
1,20	0	+	0	+	4 000	=	4 000
1,40	0	+	0	+	2 000	=	2 000
1,60	0	+	0	+	0	=	0

Wären Manuela und Heiko die einzigen Konsumenten von Butterbrezeln, ergäbe sich durch Zusammenfassung (Aggregation) der beiden individuellen Nachfragekurven die in Abb. 3 dargestellte Gesamtnachfragekurve.

Grafische Ermittlung der Gesamtnachfrage

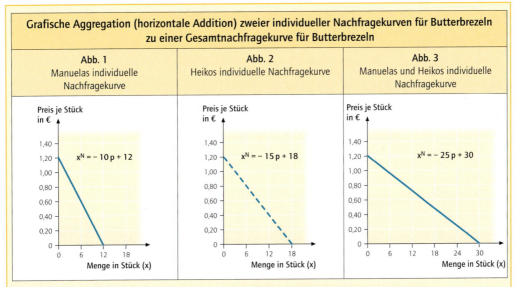

Grafische Aggregation (horizontale Addition) zweier individueller Nachfragekurven für Butterbrezeln zu einer Gesamtnachfragekurve für Butterbrezeln

Abb. 1 Manuelas individuelle Nachfragekurve: $x^N = -10p + 12$

Abb. 2 Heikos individuelle Nachfragekurve: $x^N = -15p + 18$

Abb. 3 Manuelas und Heikos individuelle Nachfragekurve: $x^N = -25p + 30$

Werden auch die individuellen Nachfragekurven aller übrigen Konsumenten von Butterbrezeln in einer Stadt hinzuaddiert, ergibt sich folgender Verlauf der Gesamtnachfrage (Marktnachfrage).

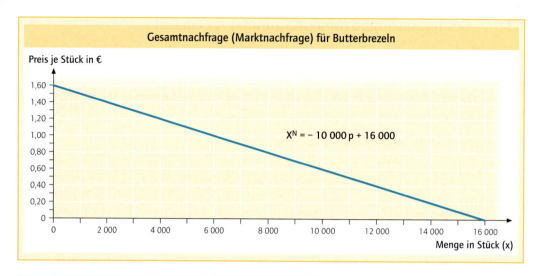

Die Gesamtnachfrage (Marktnachfrage) nach einem bestimmten Gut ergibt sich durch Zusammenfassung (Aggregation) der nach diesem Gut bestehenden individuellen Nachfrage der einzelnen Konsumenten.

1.3.2 Bestimmungsfaktoren der Gesamtnachfrage

Während die individuelle Nachfrage nach dem Gut 1 u. a. vom Preis des Gutes (p_1), den Preisen anderer Güter ($p_2, \dots p_n$), dem Einkommen, dem Vermögen und der Nutzeneinschätzung des Haushalts abhängig ist, sind für die Höhe der Gesamtnachfrage nach einem Gut noch zusätzliche Einflussfaktoren von Bedeutung. Dazu gehört u. a. die **Einkommens- und Vermögensverteilung** in einer Volkswirtschaft. Die Art und Weise, wie das gesamtwirtschaftliche Einkommen und Vermögen auf die einzelnen Haushalte einer Volkswirtschaft verteilt sind, beeinflusst die Höhe des insgesamt für Konsumzwecke verwendeten Einkommens und damit auch die Gesamtnachfrage nach einzelnen Gütern. Die Konsumgewohnheiten von Haushalten mit hohem Einkommen sind anders als von Haushalten mit niedrigem Einkommen. Daneben ist die Gesamtnachfrage nach einem Gut auch von der **Zahl der Haushalte**, die dieses Gut nachfragen, abhängig. Bevölkerungswachstum, eine den Bekanntheitsgrad des Produkts steigernde Werbung u. Ä. können somit zu einer Änderung der Gesamtnachfrage nach einem Gut führen.

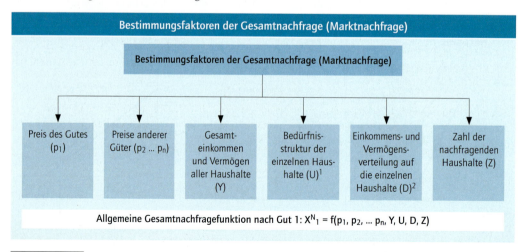

---

1 U steht hier für *utility* (Nutzen).
2 D steht hier für *distribution* (Verteilung).

Gesamtnachfrage (Marktnachfrage) für ein Gut

1.3.3 Veränderungen der Gesamtnachfrage

Wenn sich einzelne Einflussfaktoren der Gesamtnachfrage ändern, muss deutlich unterschieden werden, ob durch diese Änderung im Preis-Mengen-Diagramm eine **Bewegung auf einer gegebenen Nachfragekurve** (= Steigen oder Sinken der nachgefragten Menge) oder eine **Verschiebung der Nachfragekurve** (= Zunahme oder Abnahme der Nachfrage) ausgelöst wird. Dabei lassen sich vier Fälle unterscheiden.

> **Unterscheidung zwischen Nachfrage und nachgefragter Menge**
>
> Auch sprachlich sollte der Unterschied zwischen den vier folgenden Fällen immer deutlich werden, indem bei einer Bewegung auf der Kurve von Steigen oder Sinken der **nachgefragten Menge** und bei einer Verschiebung der Kurve von Zunahme oder Abnahme der **Nachfrage** gesprochen wird.

Bewegung auf der Nachfragekurve

Ändert sich der **Preis** des Gutes, während alle anderen Einflussfaktoren unverändert bleiben, bewirkt das im Preis-Mengen-Diagramm eine **Bewegung auf der Nachfragekurve**.

- Eine **Preiserhöhung** bewirkt eine **Bewegung auf der Nachfragekurve nach oben links**, weil die **nachgefragte Menge sinkt** (z. B. sinkt als Folge einer Preiserhöhung für Butterbrezeln die nachgefragte Menge).

- Eine **Preissenkung** bewirkt eine **Bewegung auf der Nachfragekurve nach unten rechts**, weil die **nachgefragte Menge steigt** (z. B. steigt als Folge einer Preissenkung für Butterbrezeln die nachgefragte Menge).

Verschiebung der Nachfragekurve

Ändert sich dagegen **eine der anderen Einflussgrößen**, drückt sich das im Preis-Mengen-Diagramm in einer **Verschiebung der Nachfragekurve** aus.

- Zu einer **Linksverschiebung der Nachfragekurve** kommt es dann, wenn nach dem auslösenden Ereignis **zu jedem Preis weniger nachgefragt** wird. Die Nachfrage nimmt ab (z. B. Werbeverbot für alkoholhaltige Limonade: bei jedem denkbaren Preis werden weniger Alcopops nachgefragt als vorher).

- Zu einer **Rechtsverschiebung der Nachfragekurve** kommt es dann, wenn nach dem auslösenden Ereignis **zu jedem Preis mehr nachgefragt** wird als vorher. Die Nachfrage nimmt zu (z. B. Gesundheitskampagne für den Verzehr von Obst: bei jedem denkbaren Preis wird mehr Obst nachgefragt als vorher).

> Eine Verschiebung der Nachfragekurve nach rechts bedeutet, dass die Marktnachfrage bei jedem Preis größer ist als vorher. Eine Verschiebung der Nachfragekurve nach links bedeutet, dass die Marktnachfrage bei jedem Preis kleiner ist als vorher.

1 Nachfrage privater Haushalte am Gütermarkt

Beispiel

Wenn eine Regierung aus gesundheitspolitischen Gründen die Nachfrage nach Tabakwaren einschränken möchte, kann sie einerseits versuchen, eine **Verschiebung der Nachfragekurve nach links** auszulösen. Dazu gehören u. a. Maßnahmen wie die Warnung vor den Gesundheitsrisiken des Rauchens auf den Zigarettenpackungen, ein Werbeverbot für Tabakwaren, Hinweise darauf, dass Nichtraucher bessere Liebhaber sind, usw. Andererseits kann die Regierung aber auch versuchen, durch eine Verteuerung

der Tabakwaren den Konsum einzuschränken. Durch die Erhebung einer Tabaksteuer, die von den Zigarettenherstellern auf die Käufer überwälzt wird, steigt der Preis für Zigaretten, sodass sich eine **Bewegung auf der Nachfragekurve nach links oben** (höherer Preis bei geringerer Menge) ergibt.

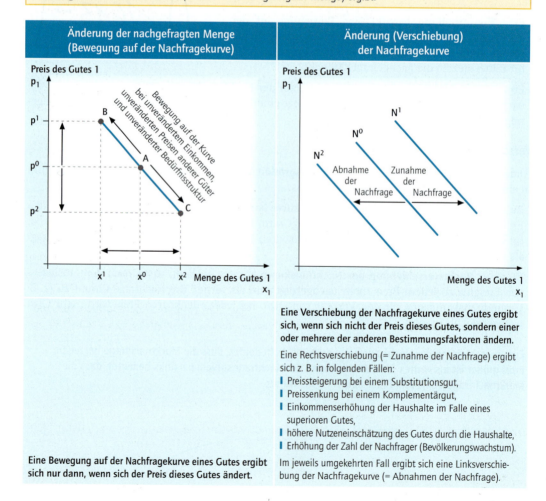

Änderung der nachgefragten Menge (Bewegung auf der Nachfragekurve)	Änderung (Verschiebung) der Nachfragekurve
Eine Bewegung auf der Nachfragekurve eines Gutes ergibt sich nur dann, wenn sich der Preis dieses Gutes ändert.	Eine Verschiebung der Nachfragekurve eines Gutes ergibt sich, wenn sich nicht der Preis dieses Gutes, sondern einer oder mehrere der anderen Bestimmungsfaktoren ändern. Eine Rechtsverschiebung (= Zunahme der Nachfrage) ergibt sich z. B. in folgenden Fällen: ▎ Preissteigerung bei einem Substitutionsgut, ▎ Preissenkung bei einem Komplementärgut, ▎ Einkommenserhöhung der Haushalte im Falle eines superioren Gutes, ▎ höhere Nutzeneinschätzung des Gutes durch die Haushalte, ▎ Erhöhung der Zahl der Nachfrager (Bevölkerungswachstum). Im jeweils umgekehrten Fall ergibt sich eine Linksverschiebung der Nachfragekurve (= Abnahmen der Nachfrage).

1.4 Preiselastizität der Nachfrage

1.4.1 Begriff der Elastizität

Sowohl für wirtschaftspolitische Entscheidungen des Staates zur Beeinflussung der Gesamtnachfrage (z. B. Veränderungen bei der Umsatz- oder Einkommensteuer) als auch für preispolitische Maßnahmen von Unternehmen genügt es oft nicht, zu wissen, dass die nachgefragte Menge eines Gutes grundsätzlich von der Höhe des Preises, vom Einkommen der Haushalte und anderen Faktoren abhängt. Als Entscheidungsgrundlage sind vielmehr häufig Informationen darüber wichtig, in welchem **Ausmaß** sich die Gesamtnachfrage nach einem Gut ändert, wenn sich beispielsweise der Preis oder das Einkommen ändert. Eine **Maßzahl** für das **Ausmaß** einer solchen Änderung ist die **Elastizität**.

> Die Elastizität gibt an, um wie viel Prozent sich eine abhängige (= reagierende) Größe ändert, wenn sich die unabhängige (= verursachende) Größe um 1 % ändert.

> **Unterschied zwischen Elastizität und Steigung einer Kurve – Vorteile der Elastizität**
>
> Die **Elastizität** einer Kurve darf nicht mit deren **Steigung** verwechselt werden. Die erste Ableitung der Nachfragefunktion $x = -20p + 400$ ergibt, dass die entsprechende Nachfragekurve eine Steigung von -20 hat. Das bedeutet, dass sich die nachgefragte Menge x als abhängige Größe um 20 Mengeneinheiten verringert, wenn der Preis p als unabhängige Größe um eine Geldeinheit steigt. Die **Steigung** der Nachfragekurve eignet sich aber aus folgenden Gründen nur sehr eingeschränkt als **Änderungsmaßstab**.
>
> 1. Die Steigung hängt von den verwendeten Maßeinheiten ab. Die obige Nachfragefunktion mit einer Steigung von -20 könnte wie folgt interpretiert werden: Die Erhöhung des Preises um einen Euro je Kilogramm geht mit einem Sinken der nachgefragten Menge um 20 kg einher. Wird aber beispielsweise statt der Gewichtseinheit Kilogramm die Gewichtseinheit Tonnen verwendet, so entspricht eine Preiserhöhung von einem Euro je Kilogramm einem Sinken der nachgefragten Menge um 0,02 t. Das gleiche Änderungsverhalten ergibt also in Abhängigkeit von der gewählten Maßeinheit (Dimension) einerseits die Zahl -20 und andererseits die Zahl $-0,02$.
>
> 2. Das zugrunde liegende Ausgangsniveau der jeweiligen Änderung wird nicht berücksichtigt. Eine Verringerung der Menge um 20 kg je Euro macht bei einer ursprünglichen nachgefragten Menge von 500 kg nur 4 %, bei einem Ausgangsniveau von 50 kg hingegen 40 % aus. Wenn das Ausgangsniveau nicht bekannt ist, macht daher die Aussage „die nachgefragte Menge ist infolge der Preiserhöhung um 20 kg gesunken" wenig Sinn, da die **absoluten** Änderungswerte (Verringerung um 20 kg bei Preiserhöhung um 1,00 €) nur unzureichende Informationen über das **tatsächliche Änderungsverhalten** der beiden Größen liefern.
>
> Um diese Nachteile zu vermeiden, ist es sinnvoll, statt der absoluten die **relativen (prozentualen) Veränderungen** der jeweiligen Größen zueinander ins Verhältnis zu setzen. Dies geschieht durch die Messgröße der **Elastizität**.

1.4.2 Direkte Preiselastizität der Nachfrage

> Eine Preiserhöhung für einen bestimmten Autotyp von 20.000 € um 200 € auf 20.200 €, wird die nachgefragte Menge kaum beeinflussen. Wird dagegen der Preis eines Mountainbikes ebenfalls um 200 € von bisher 400 € auf jetzt 600 € erhöht, wird die nachgefragte Menge spürbar sinken. Aus dieser Beobachtung lässt sich aber nicht schließen, dass die Nachfrager nach Autos weniger stark auf Preisänderungen reagieren als die Nachfrager nach Mountainbikes. Der Preis für das Auto wurde nur um 1 %, der Preis für das Mountainbike dagegen um 50 % erhöht. Bei einer Erhöhung des Autopreises um 50 % würde die nachgefragte Menge bei Autos ebenfalls stark sinken.

Aufgabe 1.5, S. 36

Vergleichbar sind Aussagen über **Nachfragereaktionen** bei verschiedenen Gütern nur dann, wenn sie die durch eine **prozentuale** Preisänderung ausgelöste **prozentuale** Änderung der nachgefragten Menge berücksichtigen. Dieser Zusammenhang kommt in der **direkten Preiselastizität der Nachfrage** zum Ausdruck.

> Die direkte Preiselastizität der Nachfrage ist das Verhältnis zwischen der prozentualen Änderung der nachgefragten Menge eines Gutes zur prozentualen Preisänderung dieses Gutes. Sie gibt an, um wie viel Prozent sich die nachgefragte Menge eines Gutes ändert, wenn sich der Preis dieses Gutes um 1 % ändert.

Elastizitätsberechnung

Angenommen, ein Lebensmittelmarkt hat für eine bestimmte Sorte Frischmilch einen Zusammenhang zwischen der täglichen Absatzmenge und dem Preis festgestellt, wie er in der folgenden linearen Nachfragekurve zum Ausdruck kommt.

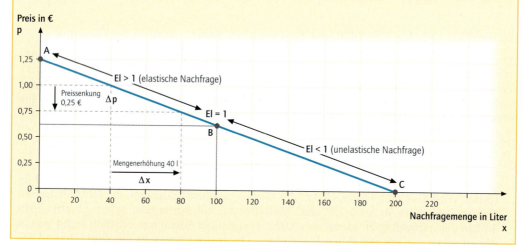

$$El_{dir} = \frac{\text{prozentuale Änderung der Nachfragemenge}}{\text{prozentuale Preisänderung}} = \frac{\frac{\Delta x \cdot 100}{x}}{\frac{\Delta p \cdot 100}{p}} = \frac{\Delta x}{\Delta p} \cdot \frac{p}{x}$$

Dabei bedeuten: El_{dir} = direkte Preiselastizität der Nachfrage, p = ursprünglicher Preis, Δp = Veränderung des Preises in Euro, x = ursprüngliche Nachfragemenge, Δx = Veränderung der Nachfragemenge in Stück o. Ä.

Negatives Vorzeichen entfällt

Das rechnerische Ergebnis der direkten Preiselastizität der Nachfrage ist im Normalfall negativ, weil bei normaler Nachfrageaktion eine **Erhöhung** des Preises zu einer **Verringerung** der nachgefragten Menge führt (= negative Steigung der Nachfragekurve). Trotzdem wird die direkte Preiselastizität der Nachfrage üblicherweise ohne Vorzeichen als absoluter Betrag $|El_{dir}|$ angegeben.

Preiselastizität der Nachfrage

1

Beispiel

Berechnung der direkten Preiselastizität der Nachfrage bei einer Preissenkung von 1,00 € auf 0,75 €		
	Preis	Menge
vorher	1,00 €	40 l
nachher	0,75 €	80 l
Änderung (absolut)	– 0,25 €	+ 40 l
Änderung in %	– 25 %	+ 100 %

$$EL_{dir} = \left| \frac{+\,100}{-\,25} \right| = 4$$

Der Mengeneffekt ist größer als der Preiseffekt.

Berechnung der direkten Preiselastizität der Nachfrage bei einer Preissenkung von 0,50 € auf 0,25 €		
	Preis	Menge
vorher	0,50 €	120 l
nachher	0,25 €	160 l
Änderung (absolut)	– 0,25 €	+ 40 l
Änderung in %	– 50 %	+ 33,3 %

$$EL_{dir} = \left| \frac{+\,33,3}{-\,50} \right| = 0,66$$

Der Preiseffekt ist größer als der Mengeneffekt.

Elastizitätswerte zwischen unendlich und null

Das Zahlenbeispiel zeigt, dass die direkte Preiselastizität der Nachfrage trotz gleicher absoluter Preis- und Mengenänderungen in beiden Fällen verschieden ist. Wegen der unterschiedlichen Ausgangspreise und -mengen unterscheiden sich die relativen (prozentualen) Preis- und Mengen-änderungen. Daraus ergibt sich, dass die direkte Preiselastizität der Nachfrage in jedem Punkt der linearen Nachfragekurve unterschiedlich ist *(vgl. Abb. S. 24)*. Entlang dieser Nachfragekurve nimmt die Elastizität alle Werte zwischen unendlich und null an. Im Schnittpunkt mit der Preis-achse *(Punkt A)* ist die Preiselastizität unendlich groß, im Halbierungspunkt *(Punkt B)* ist sie gleich eins und im Schnittpunkt mit der Mengenachse *(Punkt C)* ist sie gleich null.

> Die direkte Preiselastizität einer linearen Nachfragekurve ist in jedem Punkt unterschiedlich.
> Sie kann alle Werte zwischen null (Schnittpunkt mit der Mengenachse) und unendlich (Schnittpunkt mit der Preisachse) annehmen.

Elastische und unelastische Nachfrage

Ist die prozentuale Änderung der nachgefragten Menge größer als die prozentuale Preisänderung, so ergibt sich für die Elastizität ein Wert, der größer als 1 ist. In diesen Fällen wird von einer **elasti-schen Nachfrage** gesprochen. Dies trifft hier für alle Punkte der oberen Hälfte der Nachfragekurve zu (Strecke $\overline{AB}$, vgl. *Abb. S. 24)*. Ist die prozentuale Änderung der nachgefragten Menge genau so hoch wie die prozentuale Preisänderung, so hat die Elastizität den Wert 1. Das trifft hier für den Halbierungspunkt der Nachfragekurve zu *(Punkt B)*. Ist die prozentuale Änderung der nachgefrag-ten Menge kleiner als die prozentuale Preisänderung, so ergibt sich für die Elastizität ein Wert, der kleiner als 1 ist. In diesen Fällen wird von einer **unelastischen Nachfrage** gesprochen. Das trifft hier für alle Punkte der unteren Hälfte der Nachfragekurve zu (Strecke $\overline{BC}$, vgl. *Abb. S. 24)*.

> Ist die prozentuale Mengenänderung größer als die prozentuale Preisänderung, liegt eine elastische Nachfrage vor ($El_{dir} > 1$). Ist die prozentuale Mengenänderung kleiner als die prozentuale Preisände-rung, liegt eine unelastische Nachfrage vor ($El_{dir} < 1$).

Steigung einer Kurve und Preiselastizität der Nachfrage

Im Normalfall kann nicht von der Steigung der Nachfragekurve auf die Höhe der Preiselas-tizität geschlossen werden. Bei einer linearen Nachfragekurve ist beispielsweise die Steigung konstant, während die Werte für die Preiselastizität an jeder Stelle unterschiedlich sind und zwischen null und unendlich liegen können. Trotzdem wird die Höhe der Nachfrageelastizität häufig nach der Steigung der Nachfragekurve beurteilt. Dabei gilt folgende Regel: Je flacher die Nachfragekurve durch einen bestimmten Punkt verläuft, desto höher ist in diesem Punkt die Preiselastizität der Nachfrage und umgekehrt. Handelt es sich um ein eher preiselastisches Gut, wird die Nachfragekurve für dieses Gut in einem Preis-Mengen-Diagramm flacher als für ein preisunelastisches Gut eingezeichnet.

Die folgenden Abbildungen zeigen Abschnitte von zwei Nachfragekurven, in denen gleiche absolute Preisänderungen unterschiedliche Mengenänderungen nach sich ziehen. Die gleiche Preiserhöhung führt bei einem steileren Verlauf des Kurvenabschnitts zu einem geringeren Rückgang der nachgefragten Menge als bei einem flacheren Verlauf. Die Nachfrage ist in dem hier betrachteten Abschnitt der linken Nachfragekurve unelastisch, während die Nachfrage in dem hier betrachteten Abschnitt der rechten Nachfragekurve elastisch ist.

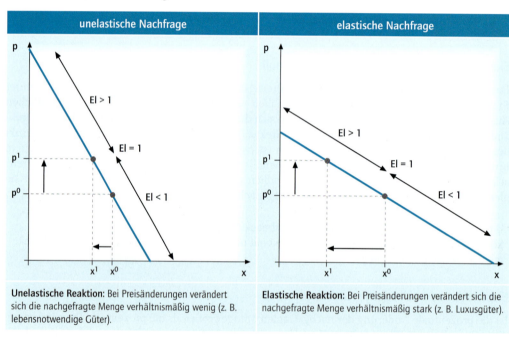

Unelastische Reaktion: Bei Preisänderungen verändert sich die nachgefragte Menge verhältnismäßig wenig (z. B. lebensnotwendige Güter).

Elastische Reaktion: Bei Preisänderungen verändert sich die nachgefragte Menge verhältnismäßig stark (z. B. Luxusgüter).

Ausgewählte Preiselastizitäten der Nachfrage aufgrund empirischer Untersuchungen

Lebensmittel (allgemein)	– 0,7 (unelastisch)
Fleischwaren	– 1,3 (elastisch)
Bildung und Unterhaltung	– 2,9 (elastisch)
Kfz-Benutzung	– 0,36 (unelastisch)
Körper- und Gesundheitspflege	+ 0,3 (anomal)
Tabakwaren	
– Erwachsene	– 0,4 (unelastisch)
– Jugendliche	– 1,2 (elastisch)

Quellen: A. Woll, Allgemeine Volkswirtschaftslehre, 10. Aufl., München 1990, S. 114, N. G. Mankiw, Grundzüge der Volkswirtschaftslehre, Stuttgart 1998, S. 78

Nachfragekurven mit konstanter Preiselastizität

Bei einer linearen Nachfragekurve mit normalem Verlauf ist zwar die Steigung konstant, die Preiselastizität aber in jedem Punkt unterschiedlich. Deshalb kann aus der Steigung einer derartigen Nachfragekurve nicht direkt auf die Höhe der Preiselastizität geschlossen werden. Es gibt aber Nachfragekurven, die im gesamten Verlauf eine konstante Preiselastizität aufweisen. Dazu gehören u. a. solche Nachfragekurven, die parallel zur Preis- bzw. parallel zur Mengenachse verlaufen.

Preiselastizität der Nachfrage

- Eine Nachfragekurve, die parallel zur Preisachse (Ordinate) verläuft, hat an jeder Stelle eine Elastizität von 0. Die Nachfrage ist in diesem Fall vollkommen unelastisch. Trotz Preisänderungen bleibt die nachgefragte Menge konstant. Ein solches Nachfrageverhalten ist z. B. bei lebensnotwendigen Medikamenten denkbar. Wenn der Haushalt über genügend Einkommen verfügt, werden solche Medikamente in unveränderter Menge nachgefragt, unabhängig davon, wie hoch der Preis ist.

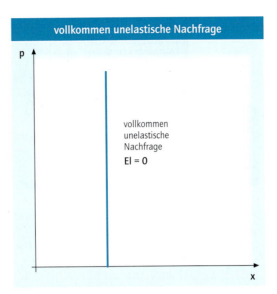

- Eine Nachfragekurve, die parallel zur Mengenachse (Abszisse) verläuft, hat an jeder Stelle eine Elastizität von unendlich. Die Nachfrage ist in diesem Fall vollkommen elastisch. Es handelt sich dabei um einen theoretischen Grenzfall. Zum gegebenen und jedem niedrigeren Preis würde eine unendliche Menge nachgefragt. Jede Preiserhöhung würde dagegen die nachgefragte Menge auf null sinken lassen.

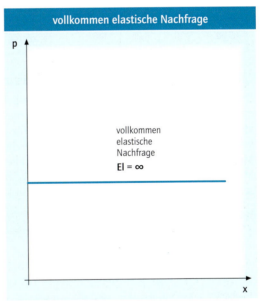

Praktische Bedeutung der Preiselastizität

Die praktische Bedeutung der direkten Preiselastizität der Nachfrage liegt u. a. darin, dass sie Aussagen darüber zulässt, wie sich beispielsweise eine von mehreren Mineralölunternehmen gleichzeitig vorgenommene Benzinpreisänderung voraussichtlich auf den Erlös der Unternehmen auswirken wird. Die mit dem Preis multiplizierte Nachfragemenge stellt nämlich einerseits die Ausgaben der Nachfrager und andererseits den Erlös (Umsatz) der Anbieter dar.

Ausgaben der Nachfrager = Erlös der Anbieter = Preis (p) · Menge (x)

Ob als Folge einer bestimmten Preisänderung für Benzin die Ausgaben der Nachfrager und damit die Erlöse der Mineralölunternehmen steigen, sinken oder gleich bleiben, hängt vom Ausmaß der durch die Preisänderung ausgelösten Nachfrageänderung und somit von der direkten Preiselastizität der Nachfrage ab. Dieser Zusammenhang zwischen der Preiselastizität der Nachfrage und den Ausgaben der Konsumenten wird im Folgenden anhand des Beispiels von S. 24 und der dort abgeleiteten Formel aufgezeigt:

$$El_{dir} = \frac{\Delta x}{\Delta p} \cdot \frac{p}{x}$$

Aufgabe 1.6, S. 38

1 Nachfrage privater Haushalte am Gütermarkt

Und wir Idioten haben noch nicht mal auf 2,00 € erhöht!

Abhängigkeit der Konsumausgaben von der Elastizität

Bis-heriger Preis	Bis-herige Menge	Neuer Preis	Neue Menge	El$_{dir}$	Bisherige Ausgaben	Neue Ausgaben	Zusammenhang zwischen Elastizität und Konsumausgaben
1,00	40	0,75	80	$\left\| \dfrac{+40}{-0,25} \cdot \dfrac{1}{40} \right\| = 4$	40,00	60,00	El$_{dir}$ > 1 Konsumausgaben steigen
0,50	120	0,25	160	$\left\| \dfrac{+40}{-0,25} \cdot \dfrac{0,50}{120} \right\| = 0,66$	60,00	40,00	El$_{dir}$ < 1 Konsumausgaben sinken

Größere Genauigkeit mithilfe der Bogenelastizität

Diese Art der Elastizitätsberechnung ist ziemlich ungenau. Um die Elastizitäten exakt berechnen zu können, müssen die Preis- und Mengenveränderungen eigentlich als infinitesimal (= unendlich) kleine Änderungen aufgefasst werden. Eine für die praktische Anwendung hinreichende Genauigkeit kann aber in der Regel bereits dadurch erzielt werden, dass als Bezugsgröße für die Preis- und Mengenveränderungen der Durchschnitt von altem Preis (p$_{alt}$) und neuem Preis (p$_{neu}$) bzw. von alter Menge (x$_{alt}$) und neuer Menge (x$_{neu}$) gewählt wird. Aus dieser Berechnung ergibt sich als durchschnittliche Elastizität zwischen den beiden Punkten auf der Nachfragekurve die **Bogenelastizität**.

$$\text{Bogenelastizität} = \frac{\Delta x}{\Delta p} \cdot \frac{(p_{alt} + p_{neu}) / 2}{(x_{alt} + x_{neu}) / 2}$$

Anwendung der Bogenelastizität

In der folgenden Tabelle wird für das Beispiel auf S. 24 der Zusammenhang zwischen Preiselastizität der Nachfrage und den Ausgaben der Konsumenten mithilfe der Bogenelastizität ermittelt. Auf diese Weise lässt sich auch zeigen, dass bei einer Elastizität von 1 die Konsumausgaben unverändert bleiben.

Bis-heriger Preis	Bis-herige Menge	Neuer Preis	Neue Menge	El$_{dir}$ als Bogenelastizität	Bisherige Ausgaben	Neue Ausgaben	Zusammenhang zwischen Elastizität und Konsumausgaben
1,00	40	0,75	80	$\left\| \dfrac{+40}{-0,25} \cdot \dfrac{(1,00 + 0,75) / 2}{(40 + 80) / 2} \right\| = 2,33$	40,00	60,00	El$_{dir}$ > 1 Konsumausgaben steigen
0,75	80	0,50	120	$\left\| \dfrac{+40}{-0,25} \cdot \dfrac{(0,75 + 0,50) / 2}{(80 + 120) / 2} \right\| = 1$	60,00	60,00	El$_{dir}$ = Konsumausgaben konstant
0,50	120	0,25	160	$\left\| \dfrac{+40}{-0,25} \cdot \dfrac{(0,50 + 0,25) / 2}{(120 + 160) / 2} \right\| = 0,43$	60,00	40,00	El$_{dir}$ < 1 Konsumausgaben sinken

Preiselastizität der Nachfrage

Zusammenhang zwischen Preiselastizität, Konsumausgaben und Erlösen

Ist die Nachfrage elastisch ($El_{dir} > 1$), führt eine Preiserhöhung zu einer Verringerung der Konsumausgaben und eine Preissenkung zu einer Erhöhung der Konsumausgaben. Bei unelastischer Nachfrage ($El_{dir} < 1$) gilt der umgekehrte Zusammenhang.

Aufgabe 1.7, S. 38

Zusammenhang zwischen Preiselastizität der Nachfrage, Ausgaben der Nachfrager und Erlösen der Anbieter			
Elastizität / Preisänderung	Unelastische Nachfrage $El_{dir} < 1$	$El_{dir} = 1$	Elastische Nachfrage $El_{dir} > 1$
Preissenkung	Konsumausgaben und Erlöse sinken	Konsumausgaben und Erlöse konstant	Konsumausgaben und Erlöse steigen
Preiserhöhung	Konsumausgaben und Erlöse steigen	Konsumausgaben und Erlöse konstant	Konsumausgaben und Erlöse sinken

Für die Anbieter ist eine Preiserhöhung mit dem Ziel einer Erlössteigerung also nur dann sinnvoll, wenn die Nachfrage unelastisch ist. Um Preiserhöhungen besser durchsetzen zu können, versuchen die Unternehmen daher, durch absatzpolitische Maßnahmen (z. B. Werbung, Service) die Nachfrageelastizität für die von ihnen angebotenen Produkte zu verringern, indem sie dem Verbraucher das Gefühl der Unentbehrlichkeit dieser Produkte vermitteln. Andererseits lässt sich für die Anbieter eine Ausdehnung der Absatzmenge bei gleichzeitiger Erlössteigerung nur dann erreichen, wenn die Nachfrage auf eine Preissenkung elastisch reagiert.

1.4.3 Indirekte Preiselastizität der Nachfrage (Kreuzpreiselastizität)

Die Nachfrage nach einem Gut hängt u. a. auch von den Preisen anderer Güter ab. Für die Anbieter von Autos ist es beispielsweise von Interesse, wie sich die Nachfrage nach Autos ändert, wenn der Benzinpreis z. B. durch eine Erhöhung der Mineralölsteuer auf Dauer steigt. Das Ausmaß der Nachfrageänderung nach einem Gut als Reaktion auf die Preisänderung eines anderen Gutes lässt sich mit der **indirekten Preiselastizität der Nachfrage (Kreuzpreiselastizität)** messen.

Aufgabe 1.8, S. 39

Die indirekte Preiselastizität der Nachfrage (Kreuzpreiselastizität) ist das Verhältnis zwischen der prozentualen Änderung der nachgefragten Menge eines Gutes zur prozentualen Preisänderung eines anderen Gutes. Sie gibt an, um wie viel Prozent sich die nachgefragte Menge eines Gutes ändert, wenn sich der Preis eines anderen Gutes um 1 % ändert.

$$El_{indir} = \frac{\text{prozentuale Änderung der Nachfragemenge für Gut 1}}{\text{prozentuale Preisänderung für Gut 2}} = \frac{\frac{\Delta x_1 \cdot 100}{x_1}}{\frac{\Delta p_2 \cdot 100}{p_2}} = \frac{\Delta x_1}{\Delta p_2} \cdot \frac{p_2}{x_1}$$

Dabei bedeuten: El_{indir} = indirekte Preiselastizität der Nachfrage, p_2 = ursprünglicher Preis des Gutes 2, Δp_2 = Veränderung des Preises p_2 in Euro, x_1 = ursprüngliche Nachfragemenge des Gutes 1, Δx_1 = Veränderung der Nachfragemenge von x_1 in Stück o. Ä.

Indirekte Preiselastizität bei Substitutions- und Komplementärgütern

Kapitel 1.2.3

Butter und Margarine sind **Substitutionsgüter. Steigt der Preis** für Butter, so **nimmt die Nachfrage** nach Margarine **zu** (= Rechtsverschiebung der Nachfragekurve für Margarine). Preisänderung und Mengenänderung entwickeln sich gleichgerichtet. Daher ist der Wert für El_{indir} **bei Substitutionsgütern positiv.** Je größer der Wert für El_{indir}, umso stärker ist die Konkurrenz zwischen den beiden Substitutionsgütern.

Kapitel 1.2.3

Autos und Autoreifen sind **Komplementärgüter. Sinkt der Preis** für Autos, so **nimmt die Nachfrage** nach Autoreifen **zu** (= Rechtsverschiebung der Nachfragekurve für Autoreifen). Preisänderung und Mengenänderung entwickeln sich entgegengesetzt. Daher ist der Wert für El_{indir} **bei Komplementärgütern negativ.**

1.4.4 Anwendungsfälle der Nachfrageelastizitäten im Überblick

Elastizität	Definition und Wertebereiche	Anwendung
Direkte Preiselastizität der Nachfrage	$El_{dir} = \dfrac{\Delta x}{\Delta p} \cdot \dfrac{p}{x}$	< 0 → Regelfall (normales Gut) > 0 → VEBLEN-Effekt[1] (nachgefragte Menge steigt bei Preiserhöhung)
	Elastizitätsbereiche und Extremfälle	
	$El_{dir} > \lvert 1 \rvert$	→ elastische Nachfrage; Erlösminderung bei Preiserhöhung und umgekehrt
	$El_{dir} < \lvert 1 \rvert$	→ unelastische Nachfrage, Erlössteigerung bei Preiserhöhung und umgekehrt
	$El_{dir} = 0$	→ vollkommen starre Nachfrage: Die Nachfragekurve verläuft senkrecht. Eine Preisänderung hat keine Auswirkung auf die nachgefragte Menge.
	$El_{dir} = \infty$	→ vollkommen elastische Nachfrage: Die Nachfragekurve verläuft waagerecht. Eine Preiserhöhung bewirkt, dass die nachgefragte Menge auf null sinkt. Eine Preissenkung bewirkt, dass die nachgefragte Menge unendlich wird.
Indirekte Preiselastizität der Nachfrage (Kreuzpreiselastizität)	$El_{indir} = \dfrac{\Delta x_1}{\Delta p_2} \cdot \dfrac{p_2}{x_1}$	> 0 → Substitutionsgüter < 0 → Komplementärgüter = 0 → indifferente Güter
Einkommenselastizität der Nachfrage	$El_Y = \dfrac{\Delta x}{\Delta Y} \cdot \dfrac{y}{x}$	> 0 → superiore Güter (Nichtsättigungsgüter) < 0 → inferiore Güter

---

[1] Nach Thorstein Veblen (1857–1929): Konsumeffekt der insbesondere bei Prestigegütern zu anomalen Nachfragereaktionen führt. Die Nachfrage steigt mit steigendem Preis, da die Konsumenten mit dem Hochpreis-Produkt ein hohes Prestige erkaufen wollen (Einkommensdemonstration/Geltungskonsum).

Nachfrage privater Haushalte am Gütermarkt

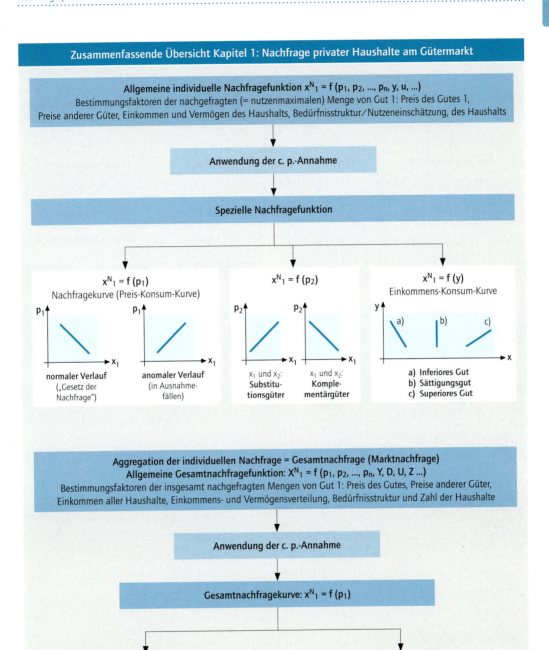

Zusammenfassende Übersicht Kapitel 1: Nachfrage privater Haushalte am Gütermarkt

Nachfrageelastizität =
prozentuale Änderung der nachgefragten Menge bei Änderung der unabhängigen Variablen um 1 %

Kreuzpreiselastizität

$$El_{indir} = \frac{\Delta x_1 \cdot p_2}{\Delta p_2 \cdot x_1}$$

(indirekte Preiselastizität der Nachfrage)

El > 0 → Substitutionsgüter
El < 0 → Komplementärgüter
El = 0 → indifferente Güter

Direkte Preiselastizität der Nachfrage

$$El_{dir} = \frac{\Delta x_1 \cdot p_1}{\Delta p_1 \cdot x_1}$$

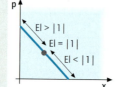

El < 0 → Normales Gut
El > 0 → Veblen-Effekt
El > |1| → elastisch
El < |1| → unelastisch
Extremfälle: Konst. El
El = 0, El = ∞

Einkommenselastizität

$$El_y = \frac{\Delta x_1 \cdot y}{\Delta y \cdot x_1}$$

El > 0 → superiore Güter
El < 0 → inferiore Güter
El = 0 → Sättigungsgüter

Nachfrage privater Haushalte am Gütermarkt

Fragen zur Wiederholung

Kapitel 1.1   Grundannahmen der Nachfragetheorie

1. Welche Annahmen liegen der Nachfragetheorie zugrunde?
2. Nennen Sie die wesentlichen Bestimmungsfaktoren der individuellen Nachfrage.

Kapitel 1.2   Bestimmungsfaktoren der Nachfrage eines einzelnen Haushalts

1. Was ist eine individuelle Nachfragekurve?
2. Wie verläuft die normale individuelle Nachfragekurve (Preis-Konsum-Kurve)?
3. Welche Änderung ergibt sich bei normalem Verlauf der individuellen Nachfragekurve (Preis-Konsum-Kurve), wenn der Preis des Gutes sinkt?
4. Was sind Substitutionsgüter?
5. Wie ändert sich die nachgefragte Menge, wenn der Preis eines Substitutionsgutes steigt?
6. Welche Änderung ergibt sich bei der Nachfragekurve (Preis-Konsum-Kurve), wenn der Preis eines Substitutionsgutes steigt?
7. Was sind Komplementärgüter?
8. Wie ändert sich die nachgefragte Menge, wenn der Preis eines Komplementärgutes steigt?
9. Welche Änderung ergibt sich bei der Nachfragekurve (Preis-Konsum-Kurve), wenn der Preis eines Komplementärgutes steigt?
10. Wie ändert sich bei einer Einkommenserhöhung die nachgefragte Menge eines superioren Gutes?
11. Welche Änderung ergibt sich bei der Nachfragekurve (Preis-Konsum-Kurve) eines superioren Gutes, wenn das Einkommen steigt?
12. Wie ändert sich bei einer Einkommenserhöhung die nachgefragte Menge eines inferioren Gutes?
13. Welche Änderung ergibt sich bei der Nachfragekurve (Preis-Konsum-Kurve) eines inferioren Gutes, wenn das Einkommen steigt?
14. Was sind Sättigungsgüter?
15. Wie können sich Änderungen der Bedürfnisstruktur und der Zukunftserwartungen auf die individuelle Nachfragekurve auswirken?

Kapitel 1.3   Gesamtnachfrage (Marktnachfrage) für ein Gut

1. Was ist die Gesamtnachfrage (Marktnachfrage)?
2. Nennen Sie Bestimmungsfaktoren der Gesamtnachfrage.
3. Wann kommt es zu einer Bewegung auf der Gesamtnachfragekurve?
4. Welche Ursachen kann eine Rechtsverschiebung der Gesamtnachfragekurve haben?

Kapitel 1.4   Preiselastizität der Nachfrage

1. Was gibt die direkte Preiselastizität der Nachfrage an und wie wird sie berechnet?
2. Was ist unter elastischer, vollkommen elastischer, unelastischer und vollkommen unelastischer Nachfrage zu verstehen?
3. Wie wirkt sich bei elastischer Nachfrage eine Preiserhöhung auf den Erlös aus?
4. Was gibt die indirekte Preiselastizität der Nachfrage (Kreuzpreiselastizität) an und wie wird sie berechnet?
5. Wie unterscheiden sich Komplementärgüter und Substitutionsgüter hinsichtlich der indirekten Preiselastizität der Nachfrage (Kreuzpreiselastizität)?

Aufgaben und Probleme zur Erarbeitung und Anwendung von Wissen

1.1 Individuelle Nachfrage

Ein Haushalt wird im Rahmen einer Marktanalyse über den geplanten Verbrauch von Erfrischungsgetränken in Abhängigkeit vom Preis der Getränke befragt. Die Befragung ergibt folgendes Ergebnis:

Preis je Einheit (p)	10	9	8	7	6	5	4	3	2	1	0
geplante Verbrauchsmengen in einem bestimmten Zeitraum (x^N)	0	1	2	3	4	5	6	7	8	9	10

1. Zeichnen Sie die durch die Befragung ermittelten Preis-Mengen-Kombinationen als Punkte in ein Koordinatensystem ein.
2. Welche Annahmen müssen getroffen werden, wenn die als Punkte dargestellten Preis-Mengen-Kombinationen zu einer stetigen Nachfragekurve verbunden werden sollen?
3. Wie hoch ist im vorliegenden Fall die Sättigungsmenge?
4. Wie hoch ist im vorliegenden Fall der Prohibitivpreis?
5. Als Nachfragefunktion lässt sich der Zusammenhang zwischen Preis und Menge für den vorliegenden Fall wie folgt darstellen: $x^N = -p + 10$
   Woran ist bei dieser Nachfragefunktion ersichtlich, dass ihr ein normales Nachfrageverhalten zugrunde liegt?

1.2 Abhängigkeit der Nachfrage von den Preisen anderer Güter und vom Einkommen

1. Einfluss der Preise anderer Güter: Fall 1
   a) Erläutern Sie den in der Abb. 1 dargestellten Zusammenhang. Geben Sie an, um welche Art von Gütern es sich bei x_1 und x_2 handelt, indem Sie die Beziehung zwischen diesen beiden Gütern untersuchen.

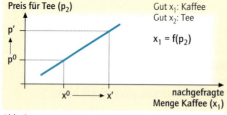
Abb. 1

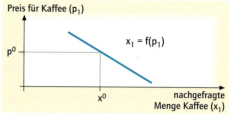
Abb. 2

   b) Erläutern Sie den Unterschied zwischen den in Abb. 1 und Abb. 2 dargestellten Nachfragekurven. Geben Sie an, wie sich eine Preiserhöhung für Tee auf die in Abb. 2 dargestellte Nachfragekurve (Preis-Konsum-Kurve) für Kaffee, den Preis für Kaffee sowie die nachgefragte Menge nach Kaffee auswirkt.
   c) Begründen Sie, wie sich eine Preissenkung für Tee auf die Nachfragekurve für Kaffee (Abb. 2), den Preis für Kaffee sowie die nachgefragte Menge nach Kaffee auswirkt.
2. Einfluss der Preise anderer Güter: Fall 2
   a) Erläutern Sie den in der Abb. 3 dargestellten Zusammenhang. Geben Sie an, um welche Art von Gütern es sich bei x_1 und x_2 handelt, indem Sie die Beziehung zwischen diesen beiden Gütern untersuchen.

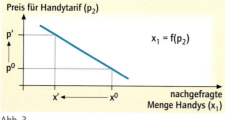
Abb. 3

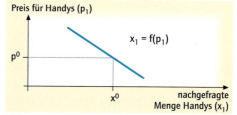
Abb. 4

Nachfrage privater Haushalte am Gütermarkt

b) Erläutern Sie den Unterschied zwischen den in Abb. 3 und Abb. 4 dargestellten Nachfragekurven. Geben Sie an, wie sich eine Preiserhöhung für Handytarife auf die in Abb. 4 dargestellte Nachfragekurve für Handys, den Preis für Handys sowie die nachgefragte Menge nach Handys auswirkt.

c) Begründen Sie, wie sich eine Preissenkung für Handytarife auf die Nachfragekurve (Preis-Konsum-Kurve) für Handys (Abb. 4), den Preis für Handys sowie die nachgefragte Menge nach Handys auswirkt.

3. Einfluss der Preise anderer Güter: Fall 3
Erläutern Sie, ob und ggf. wie sich eine Preiserhöhung für Obst (p_2) auf die Nachfragekurven in Abb. 2 und Abb. 4 auswirkt. Geben Sie an, um welche Art von Gütern es sich bei x_1 (Kaffee bzw. Handys) und x_2 (Obst) handelt, indem Sie die Beziehung zwischen diesen Gütern untersuchen.

4. Einfluss von Einkommensveränderungen
   a) Erläutern Sie die durch die Nachfragekurven (Einkommens-Konsum-Kurven) in Abb. 5 dargestellten Zusammenhänge. Welche der Kurven gilt für ein
   | in allen Einkommensbereichen superiores Gut (Luxusgut),
   | ein ab einer bestimmten Einkommenshöhe inferiores Gut (Nicht-Luxusgut),
   | superiores Gut, das ab einer bestimmten Einkommenshöhe zum Sättigungsgut wird?

   Begründen Sie Ihre Aussage.

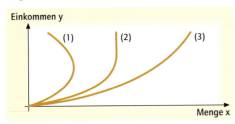

Abb. 5

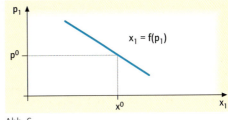

Abb. 6

b) Begründen Sie, wie sich eine Einkommenserhöhung auf die in Abb. 6 dargestellte Nachfragekurve, den Preis sowie die nachgefragte Menge auswirkt, wenn es sich bei dem Gut x_1 jeweils um ein
| superiores Gut, | inferiores Gut, | Sättigungsgut
handelt.

c) Wie würde sich eine Einkommenssenkung in den Fällen von b) jeweils auswirken?

1.3 Gesamtnachfrage (Marktnachfrage)

Es gelten folgende individuelle Nachfragefunktionen der Haushalte A, B und C:
Haushalt A: $x_A = -p + 10$ Haushalt B: $x_B = -2p + 12$ Haushalt C: $x_C = -3p + 12$

1. Ermitteln Sie nach folgendem Muster aus den individuellen Nachfragefunktionen der drei Haushalte die entsprechenden Preis-Mengen-Kombinationen und berechnen Sie die Gesamtnachfrage X^N.

Preis	10	9	8	7	6	5	4	3	2	1	0
x_A											
x_B											
x_C											
X^N											

2. Stellen Sie die drei individuellen Nachfragekurven in drei nebeneinander liegenden Koordinatensystemen dar.

3. Erläutern Sie, worauf die unterschiedlichen Verläufe der Nachfragekurven der drei Haushalte zurückzuführen sein können.

4. Stellen Sie in einem zusätzlichen Koordinatensystemen die Gesamtnachfragekurve dar, indem Sie die drei individuellen Nachfragekurven zusammenfassen (= aggregieren).

5. Warum weist die abgeleitete Gesamtnachfragekurve zwei Knicke auf?

6. In den Nachfragetheorie wird häufig von linear verlaufenden Gesamtnachfragekurven ausgegangen. Dazu wird angenommen, dass sehr viele Haushalte mit jeweils unterschiedlichen Nachfragekurven das Gut x nachfragen. Wegen der hohen Zahl der Nachfragekurven sind dann die vielen Knicke so wenig ausgeprägt, dass eine Gesamtnachfragekurve ohne Knicke (= lineare Gesamtnachfragekurve) unterstellt werden kann.

Angenommen, die unter 4. ermittelte Gesamtnachfragekurve würde linear verlaufen. Der Prohibitivpreis beträgt 10 GE und die Sättigungsmenge 34 ME.

Wie lautet in diesem Fall die Gesamtnachfragefunktion?

1.4 Veränderung der Gesamtnachfrage (Marktnachfrage) – Substitutionsgüter – Komplementärgüter

Welche der folgenden Faktoren können im Zeitablauf die Verschiebung der Gesamtnachfragekurve für das Gut 1 von N^1 nach N^2 verursacht haben? Begründen Sie Ihre Antwort.

a) Der Preis des Gutes 1 ist gesunken.
b) Für das Gut 1 wurde verstärkt Werbung betrieben.
c) Das Einkommen der Konsumenten ist gestiegen.
d) Preissenkung eines Substitutionsgutes.
e) Preissenkung eines Komplementärgutes.
f) Die Zahl der Konsumenten hat zugenommen.
g) Die Nutzeneinschätzung des Gutes durch die Haushalte hat sich verringert.

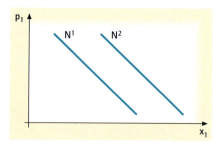

1.5 Direkte Preiselastizität der Nachfrage

Der Vorstand des Fußballclubs SCF möchte die Einnahmen aus dem Verkauf von Sitzplatzkarten für das heimische Stadion erhöhen. Derzeit liegt der Durchschnittspreis für Sitzplatzkarten bei 18,00 €.

Ein Marktforschungsinstitut wird beauftragt, das Zuschauerverhalten der SCF-Anhänger in Abhängigkeit vom Preis für Sitzplatzkarten unter der Annahme zu ermitteln, dass der derzeitige Tabellenplatz im oberen Drittel gefestigt und die attraktive Spielweise der letzten Saison beibehalten werden kann. Das Marktforschungsinstitut kommt zu folgendem Ergebnis:

Durchschnittlicher Preis in €	54,00	48,00	42,00	36,00	30,00	24,00	18,00	12,00	6,00
Zahl der nachgefragten Eintrittskarten	2 000	4 000	6 000	8 000	10 000	12 000	14 000	16 000	18 000

Zusammenhang zwischen Preisveränderung und Erlös

1. Der Vorstand ist unschlüssig, ob er zur Erreichung des Ziels den Eintrittspreis um 6,00 € erhöhen oder senken soll. Welche Entscheidung sollte der Vorstand Ihrer Meinung nach treffen? Begründen Sie, warum es in diesem Fall tatsächlich zu einer Erhöhung der Einnahmen (= Erlöse) kommt.

2. Zeichnen Sie die Nachfragekurve in ein Koordinatensystem ein (siehe Arbeitsblatt) und kennzeichnen Sie die Auswirkungen des von Ihnen unter 1. unterbreiteten Vorschlags auf Preis und Menge.

3. Von einem Vorstandsmitglied wird vorgeschlagen, den Preis auf 30,00 € zu erhöhen. Prüfen Sie die Auswirkungen einer solchen Preiserhöhung und geben Sie an, warum dieser Vorschlag vermutlich abgelehnt wird.

Reaktion der Nachfrager auf Preisveränderungen

4. Dem Vorstand ist bekannt, dass der ortsansässige Eishockey-Club EHC vor einiger Zeit seine Eintrittspreise für Sitzplätze von zuvor durchschnittlich 12,00 € auf durchschnittlich 18,00 € erhöht hat. Daraufhin sind die Einnahmen des EHC gesunken. Erläutern Sie, warum es trotz gleicher Preiserhöhung zu dieser unterschiedlichen Entwicklung bei SCF und EHC kommen kann. Vergleichen Sie dazu auch die jeweilige Preiserhöhung in Prozent.

Nachfrage privater Haushalte am Gütermarkt

5. Die Dauerkarten für die VIP-Lounge im Stadion kosten derzeit 1.200 € pro Saison. Wie würde sich Ihrer Meinung nach eine Preiserhöhung um 6,00 € auf die nachgefragte Menge dieser Dauerkarten auswirken? Erläutern Sie den Unterschied zu den Auswirkungen einer Preiserhöhung von ebenfalls 6,00 € bei den Einzelkarten des SCF (Aufgabe 1) und des EHC (Aufgabe 4). Vergleichen Sie dazu auch die jeweilige Preiserhöhung in Prozent.

6. Nachfragereaktionen bei verschiedenen Gütern und verschiedenen Ausgangspreisen sind nur dann vergleichbar, wenn die **prozentualen** Preisänderungen und die dadurch ausgelösten **prozentualen** Mengenänderungen berücksichtigt werden.
   a) Drücken Sie die Preisveränderung aus Aufgabe 1 und die sich daraus ergebene Mengenänderung jeweils als Prozentzahl aus.
   b) Um wie viel Prozent würde sich in diesem Fall die Menge ändern, wenn sich der Preis lediglich um 1 % ändern würde?

Berechnung der Preiselastizität

7. Eine Zahl, die angibt, um wie viel Prozent sich die nachgefragte Menge ändert, wenn sich der Preis um 1 % ändert, wird als **Preiselastizität** (El) bezeichnet. Sie kann wie folgt berechnet werden:

$$El = \frac{\text{Mengenänderung in \%}}{\text{Preisänderung in \%}}$$

   a) Vervollständigen Sie die auf der Grundlage des Zuschauerverhaltens der SCF-Anhänger erstellte Tabelle (siehe Arbeitsblatt) und berechnen Sie für die einzelnen Preisänderungen die jeweilige Preiselastizität der Nachfrage.
   b) Leiten Sie die allgemeine Formel zur Berechnung der Preiselastizität der Nachfrage her.

8. Welche Entwicklung der Preiselastizität lässt sich feststellen, wenn die Preise für Eintrittskarten ausgehend vom niedrigsten Preis (6,00 €) laufend um 6,00 € erhöht werden?

9. Was sagen die Elastizitätswerte von
   a) 4,
   b) 0,25
   in der vorliegenden Tabelle aus? Formulieren Sie eine allgemeingültige Aussage darüber, was die Preiselastizität der Nachfrage angibt.

10. Welcher Zusammenhang zwischen der Preiselastizität der Nachfrage und der Entwicklung der Einnahmen (= Erlöse) lässt sich feststellen, wenn die Preise für Eintrittskarten ausgehend vom niedrigsten Preis (6,00 €) laufend um 6,00 € erhöht werden?

11. Ist die Preiselastizität größer als eins, liegt eine elastische Nachfrage vor. Bei einer Preiselastizität kleiner als eins wird von einer unelastischen Nachfrage gesprochen. Prüfen Sie anhand dieser Aussage und der vorliegenden Tabelle, wie sich bei einer Preiserhöhung
    a) im elastischen Bereich,
    b) im unelastischen Bereich
    die Einnahmen (= Erlöse) ändern. Worauf ist diese Entwicklung zurückzuführen?

12. Kennzeichnen Sie die unterschiedlichen Elastizitätsbereiche in der unter 1. erstellten Nachfragekurve.

13. Skizzieren Sie die Nachfragekurve für Eintrittskarten des EHC (Aufgabe 4) und kennzeichnen Sie den Elastizitätsbereich, wenn durch die Preiserhöhung um 6,00 € die nachgefragte Menge von 5 000 Karten auf 2 000 Karten zurückgegangen ist. Begründen Sie mithilfe der Elastizität der Nachfrage, warum sich im vorliegenden Fall die Preiserhöhung beim EHC anders auf die Einnahmen (Erlöse) auswirkt als die gleich hohe Preiserhöhung beim SCF.

Unterschied zwischen Steigung und Elastizität

14. Es wird behauptet, die Nachfrage sei umso unelastischer je steiler die Nachfragekurve verläuft.
    a) Bestimmen Sie anhand der zu Aufgabe 2 erstellten Grafik für die Preisänderungen von 12,00 € auf 18,00 € und von 36,00 € auf 42,00 € jeweils die Steigung der Nachfragekurve und die Preiselastizität der Nachfrage.
    b) Widerlegen Sie die o. g. Aussage anhand der Ergebnisse von a) und erläutern Sie den Unterschied zwischen der Steigung der Nachfragekurve und der Preiselastizität der Nachfrage.

1.6 Direkte Preiselastizität und Erlösentwicklung

1. Welche Aussagen lassen sich über die Höhe der Nachfrageelastiziät in den Punkten A bis E der Nachfragekurve in Abb. 1 machen?
2. Wie verändert sich die Ausgabensumme der Nachfrager und damit der Erlös der Anbieter in den Fällen a) bis d) der folgenden Tabelle?

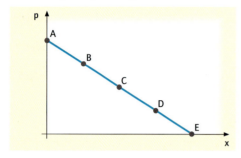

Abb. 1 zu Aufgabe 1

Fall	Direkte Preiselastizität der Nachfrage	Veränderung des Preises
a)	0,6	steigt
b)	1,8	fällt
c)	1,2	steigt
d)	0,8	fällt

Tabelle zu Aufgabe 2

1.7 Elastische und unelastische Reaktion der Nachfrager

Angenommen, die Regierung eines Landes möchte die milcherzeugenden Betriebe in der Landwirtschaft unterstützen, um deren Einkommen zu sichern. Dazu legt sie einen staatlich garantierten Mindestpreis (p^m = 8 GE) für Milchprodukte fest, der über dem bisherigen Marktpreis (p^0 = 6 GE) liegt *(vgl. Abb. 1 und 2)*. Die Folge ist, dass keine Milchprodukte mehr zu einem niedrigeren Preis als 8 GE verkauft werden dürfen. Zum Marktpreis p^0 wurden bisher 100 Mio. ME Milchprodukte angeboten und nachgefragt. Durch die Preiserhöhung um 2 GE werden die Verbraucher veranlasst, weniger Milchprodukte nachzufragen. Die von ihnen nachgefragte Menge sinkt daher. Trotzdem soll für die Landwirte der Absatz (100 Mio. ME) gleich hoch bleiben. In Höhe der verringerten Verbrauchernachfrage muss die Regierung daher Milchprodukte aufkaufen, einlagern und anderweitig verwerten (z. B. exportieren oder vernichten).

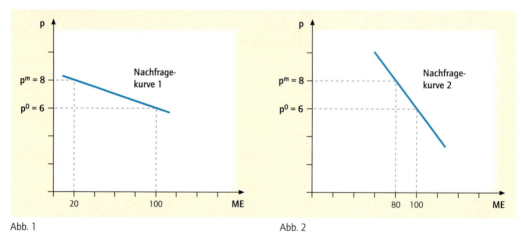

Abb. 1   Abb. 2

1. In welchem Umfang (Mio. GE) muss die Regierung zur Stützung des Preises p^m jeweils Finanzmittel für den Aufkauf von Milchprodukten bereitstellen, wenn für die Milchprodukte die Gesamtnachfragekurve 1 (Abb. 1) bzw. 2 (Abb. 2) gilt?
2. Worauf ist die unterschiedliche Belastung des Staatshaushalts durch die Stützungskäufe in den Fällen 1 und 2 zurückzuführen?
3. Berechnen Sie für beide Fälle die Preiselastizität der Nachfrage.

Nachfrage privater Haushalte am Gütermarkt

1.8 Verbrauchsteuern – Direkte und indirekte Preiselastizität der Nachfrage

„Die Finanzminister wissen schon seit langer Zeit, dass Zigaretten, alkoholische Getränke und Benzin sehr nützlich sind, um die Steuereinnahmen zu mehren. Die Einführung oder Erhöhung spezieller Verbrauchsteuern auf die verbrauchten Mengeneinheiten dieser Güter erhöht zwar deren Preis, verringert aber kaum die nachgefragte Menge. Für die Finanzminister ist diese Situation angenehm. Sie füllen ihre Kassen, ohne die Gans, die goldene Eier legt, zu schlachten."[1]

1. Welche Aussage lässt sich hinsichtlich der Höhe der Preiselastizität der Nachfrage bei den genannten Gütern treffen?

2. Warum ist die Preiselastizität der Nachfrage bei den genannten Gütern annähernd gleich?

3. Wie ist der in der Übersicht auf S. 26 angegebene Unterschied zwischen Erwachsenen und Jugendlichen bei der Nachfrageelastizität für Tabakwaren zu erklären?

4. Beurteilen Sie, ob
   a) aus gesundheitspolitischer Sicht eine Erhöhung der Tabaksteuer,
   b) aus umweltpolitischer Sicht eine Erhöhung der Mineralölsteuer
   Erfolg versprechend ist.

5. Zur Senkung der mit dem Rauchen verbundenen hohen Krankheitskosten, möchte die Regierung eine Tabaksteuererhöhung für Zigaretten vornehmen, die zu einer Preiserhöhung für Zigaretten von 10 % führt. Dadurch soll die Zahl der nachgefragten Zigaretten um mindestens 20 % zurückgehen.
   a) Wie hoch müsste die direkte Preiselastizität der Nachfrage mindestens sein, um dieses Ziel mit der vorgenommenen Tabaksteuererhöhung zu erreichen?
   b) Marktforschungsergebnisse zeigen, dass die direkte Preiselastizität der Nachfrage nach Zigaretten in Wirklichkeit 0,8 beträgt. Um wie viel Prozent hätte der Zigarettenpreis steigen müssen, damit das Ziel, den Zigarettenkonsum um 20 % zu senken, erreicht wird?
   c) Die Steuer für Tabakverschnitt zum Selbstdrehen von Zigaretten wird nicht erhöht. Aufgrund der 10%igen Preiserhöhung für Zigaretten nimmt die Nachfrage nach diesem Tabak um 25 % zu. Wie hoch ist die indirekte Preiselastizität der Nachfrage für Tabakverschnitt? Welche Rückschlüsse lassen sich aus dem Vorzeichen der indirekten Preiselastizität ziehen?

6. Der Finanzminister eines Landes plant, zur Erhöhung der Steuereinnahmen eine Umsatzsteuer von 5 % auf den Verkauf von Zucker oder auf den Verkauf von Juwelen einzuführen. Es ist davon auszugehen, dass dadurch der Zucker- bzw. Juwelenpreis um 5 % steigen würde. Der Finanzminister unterstellt, dass die direkte Preiselastizität der Nachfrage bei Zucker 0,44 und bei Juwelen 2,6 beträgt. Begründen Sie, welche der beiden Steuern ergiebiger ist.

1.9 Elastizitätsberechnungen – Direkte und indirekte Preiselastizität

1. Ehepaar A ging bisher zweimal monatlich ins Theater. Als aber die Preise für die Theaterkarten von 25,00 € auf 30,00 € erhöht wurden, schränkte Familie A den Theaterbesuch auf eine Vorstellung im Monat ein. Wie hoch ist die direkte Preiselastizität der Nachfrage?

2. Bisher ist Ehepaar A zweimal monatlich ins Kino gegangen. Wegen der Erhöhung der Theaterpreise von 25,00 € auf 30,00 € hat das Ehepaar den Theaterbesuch eingeschränkt und geht stattdessen jetzt dreimal monatlich ins Kino. Wie hoch ist die indirekte Preiselastizität der Nachfrage (Kreuzpreiselastizität)?

3. Nachdem Herr A eine Einkommenserhöhung von 10 % erhalten hat, geht das Ehepaar jetzt wieder je zweimal monatlich ins Theater und ins Kino. Welche Einkommenselastizität in Bezug auf Theater- und Kinobesuch liegt vor?

---

1 Hardes, H. D., Mertes, J., Grundzüge der Volkswirtschaftslehre, 4. Aufl., München 1994, S. 132

2 Angebot privater Unternehmen am Gütermarkt

Warum ist dieses Kapitel wichtig?

Problem

Jedes einzelne Unternehmen trägt durch seine Produktionsentscheidungen dazu bei, die Höhe und Zusammensetzung des Angebots an einzelnen Gütern zu bestimmen. Das **Angebot der Unternehmen** ist neben der **Nachfrage der Konsumenten** die entscheidende Größe, die in einer Marktwirtschaft das Zustandekommen und die Höhe der Preise für einzelne Güter bestimmt. Um die **Preisbildung an Gütermärkten** verstehen zu können, muss daher zunächst geklärt werden, wie das Angebot an Gütermärkten entsteht und wovon es abhängt. Da angenommen wird, dass private Unternehmen immer diejenige Menge anbieten, bei der ihr Gewinn möglichst groß ist **(Gewinnmaximum)**, geht es in diesem Zusammenhang insbesondere auch um die Frage:

Bei welcher Produktionsmenge liegt das Gewinnmaximum eines Unternehmens?

Da der Gewinn auch von den **Kosten** abhängt, müssen dazu die Kostenstrukturen eines Unternehmens analysiert und deren Einfluss auf Gewinnmaximum und Angebotsmenge festgestellt werden.

Vor diesem Hintergrund lässt sich dann das zentrale Problem dieses Kapitels lösen:

Welche Faktoren beeinflussen das Angebot der Produzenten (Unternehmen) und welche Veränderungen ergeben sich für das Angebot, wenn sich diese Faktoren ändern?

Überblick und Zusammenhänge

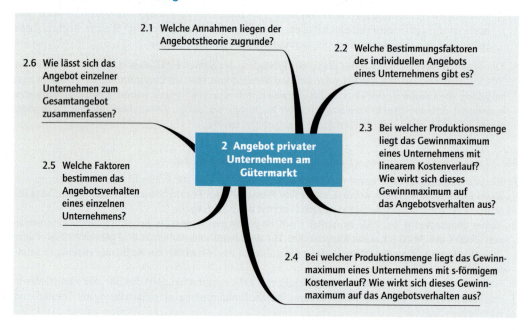

2.1 Grundannahmen der Angebotstheorie

Bei der Untersuchung des Angebotsverhaltens wird von folgenden **Annahmen** ausgegangen:

(1) Jedes private Unternehmen hat das **Ziel**, einen höchstmöglichen Gewinn zu erzielen **(Gewinnmaximierung)**.

(2) Das Unternehmen stellt nur ein Gut her **(Einproduktunternehmen)**.

(3) Die produzierte Menge kann auch abgesetzt werden (keine Lagerhaltung).

(4) An dem Markt, an dem das Unternehmen anbietet, gibt es viele **Konkurrenten**.

(5) Der Markt, an dem das Unternehmen anbietet, ist ein **vollkommener Markt** (homogene Güter, keine Präferenzen, vollständige Markttransparenz).

(6) Aus den Annahmen (4) und (5) ergibt sich: Aufgrund der Vielzahl der Unternehmen ist der **Marktanteil** jedes einzelnen Unternehmens so **gering**, dass es **keinen Einfluss auf den Preis** hat, der sich am Markt ergibt.

Weizenmarkt als Beispiel eines vollkommenen Wettbewerbmarktes

Ein Beispiel, bei dem diese Bedingungen annähernd erfüllt sind, ist der Weizenanbau in den USA. Dort gibt es Zehntausende von Weizenbauern, von denen jeder einzelne nur einen sehr kleinen Prozentsatz der gesamten Weizenernte eines Jahres produziert. Da die Weizenqualität annähernd überall gleich ist, richten sich die Nachfrager ausschließlich nach dem Preis des angebotenen Weizens. Ein einzelner Weizenbauer kann aber mit seinem Preis nicht von dem Preis abweichen, der sich am Markt ergibt und zu dem alle anderen mit ihm konkurrierenden Weizenbauern ihre Produktion verkaufen. Würde nämlich ein Weizenbauer als **Einziger** den **Preis über dem Marktpreis** festlegen, würde er nichts mehr verkaufen können und seinen gesamten Absatz an die Konkurrenten verlieren, die dieses Gut preisgünstiger anbieten. Würde der Weizenbauer hingegen als **Einziger** den **Preis unter dem Marktpreis** festlegen, würde ihm zwar die gesamte zu diesem Preis am Markt herrschende Nachfrage zufallen. Aufgrund seines geringen Marktanteils und seiner begrenzten Produktionskapazitäten könnte er aber die sich auf ihn konzentrierende Gesamtnachfrage nicht befriedigen. Außerdem würde er in diesem Fall nicht seinen Gewinn maximieren (siehe Annahme 1), da er seinen Weizen freiwillig zu einem niedrigeren als dem erzielbaren Marktpreis verkauft.

Gewitter über den Weizenfeldern Idahos, USA.

Daraus folgt: Der **Marktpreis** ist für jedes einzelne Unternehmen ein **Datum** (= unveränderbare Größe). Das einzelne Unternehmen kann seinen Gewinn **nur** durch eine **Veränderung** der **Angebotsmenge**, nicht aber durch eine Veränderung des Preises beeinflussen. Das Unternehmen ist somit **Mengenanpasser** und **Preisnehmer**. Diese Situation entspricht einem Markt mit **vollständiger Konkurrenz** (= Polypol auf dem vollkommenen Markt).

2.2 Bestimmungsfaktoren des Angebots eines einzelnen Unternehmens

2.2.1 Allgemeine und spezielle Angebotsfunktion eines Unternehmens

Bestimmungsfaktoren des Angebots

Am Beispiel des Angebotsverhaltens eines Brezelbäckers lassen sich u. a. folgende Bestimmungsfaktoren des Angebots ableiten. Dabei wird die angebotene Menge an Brezeln (= Gut 1) mit x^A_1 bezeichnet.

▌ **Preis des Gutes (p_1):** Wenn der Preis für eine Brezel langfristig auf 0,50 € sinkt, die dem Hersteller entstehenden Kosten für eine Brezel (= Stückkosten) aber bei 0,60 € liegen, müsste dieses Unternehmen langfristig die Produktion einstellen und sich aus dem Markt zurückziehen. Die Angebotsmenge dieses Unternehmens beträgt dann null. Bei jedem Preis, der über den Stückkosten liegt, würde das Unternehmen dagegen seine Angebotsmenge so lange ausdehnen, bis es sein Gewinnmaximum erreicht hat.

▌ **Kosten der Produktionsfaktoren und Vorprodukte (K_{fix}, k_v):** Wenn die Einkaufspreise für Rohstoffe und Zutaten (z. B. Teiglinge) oder die Kosten der Produktionsfaktoren (z. B. Löhne) steigen, führt das bei gleich bleibendem Verkaufspreis zu einer Gewinnminderung. Kostenerhöhungen können somit dieselbe Wirkung haben wie sinkende Verkaufspreise. Liegen die Stückkosten über dem Verkaufspreis, entsteht ein Verlust. Das Unternehmen stellt in diesem Fall daher langfristig die Produktion ein.

▌ **Technologie:** Der Einsatz neuer Technologien (z. B. energiesparende Backvorrichtung) senkt die Produktionskosten, sodass bei unverändertem Preis ein höherer Gewinn entsteht.

▌ **Erwartungen:** Sind die Absatz- und Gewinnerwartungen des Unternehmens positiv, wird es versuchen, seine Kapazitäten zu erhöhen. Die angebotene Menge steigt in diesem Fall.

Allgemeine Angebotsfunktion

Der beschriebene Zusammenhang lässt sich als **allgemeine Angebotsfunktion eines einzelnen Produzenten** folgendermaßen darstellen:

$$x^A_1 = f\,(p_1\,,\,K_{fix},\,k_v,\,\text{techn. Wissen, Erwartungen, Zahl der Anbieter})$$

angebotene Menge = Wirkung   Bestimmungsfaktoren = Ursachen

Kapitel 1.2.1

Die Zusammenhänge des Angebotsverhaltens sind jedoch nur sehr schwer zu erkennen, wenn sich mehrere Bestimmungsfaktoren gleichzeitig ändern. Deshalb werden – wie beim Nachfrageverhalten – jeweils nur die Wirkungen **eines** dieser Einflussfaktoren untersucht. Alle anderen Faktoren werden dabei als unverändert (konstant) angenommen (Abstraktion). Unter Anwendung der *Ceteris-paribus*-Bedingung lassen sich auf diese Weise aus der **allgemeinen Angebotsfunktion** eines Unternehmens mehrere **spezielle Angebotsfunktionen** ableiten.

Spezielle Angebotsfunktion

Wird in der Volkswirtschaftslehre von einer Angebotsfunktion (Angebotskurve) gesprochen, so ist üblicherweise damit die **spezielle Angebotsfunktion** gemeint, bei der **nur** die Wirkung des Preises eines Gutes (p_1) auf die angebotene Menge dieses Gutes (x_1) untersucht wird:

$$x^A_1 = f(p_1).$$

Der Preis ist dabei die **einzige** Ursache. Für alle übrigen Einflussgrößen wird unter Anwendung der Ceteris-paribus-Bedingung angenommen, dass sie unverändert bleiben.

2.2.2 Einfluss von Preis und Kosten auf die Angebotsmenge

Da private Unternehmen das Ziel der **Gewinnmaximierung** verfolgen, entspricht ihre **Angebots-menge** derjenigen Produktionsmenge, bei der unter Beachtung des vom Markt vorgegebenen Preises der höchstmögliche Gewinn erzielt wird. Es muss daher zunächst geklärt werden, bei welcher Produktionsmenge ein Unternehmen bei gegebenem Preis sein **Gewinnmaximum** erreicht (= **optimaler Produktionsplan).**

Erlös, Kosten und Gewinn

Der **Gewinn** (G) eines Unternehmens ergibt sich aus der Differenz zwischen dem **Erlös** (E) und den bei der Produktion entstandenen **Kosten** (K).

$$\text{Gewinn} = \text{Erlös} - \text{Kosten}$$
$$G = E - K$$

Der **Erlös** (E) ergibt sich aus der Multiplikation des für eine Einheit des Gutes erzielten Preises (p) mit der zu diesem Preis abgesetzten Menge (x).

$$\text{Erlös} = \text{Absatzpreis je Stück} \cdot \text{Absatzmenge}$$
$$E = p \cdot x$$

Linearer Verlauf der Erlöskurve

Entsprechend den Annahmen der Angebotstheorie kann ein einzelnes Unternehmen aufgrund der Konkurrenzverhältnisse den Marktpreis (p) nicht beeinflussen (siehe Annahme Nr. 6 auf S. 41) und muss ihn als gegebene (konstante) Größe akzeptieren (Preisnehmer). Folglich kann das Unternehmen den Erlös (E) nur dadurch beeinflussen, indem es seine Produktionsmenge (x) verändert (Mengenanpasser). Die auf der **Erlösfunktion $E = p \cdot x$** beruhende **Erlöskurve** hat daher in diesem Fall einen **linearen Verlauf** in Form einer Geraden aus dem Ursprung mit der **Steigung p** *(vgl. Abb. S. 45).*

Kostenbegriffe und Kostenfunktionen

Die **Gesamtkosten** (K_g) setzen sich aus fixen und variablen Kosten zusammen. **Fixe Kosten** (K_f) ändern sich bei einer Änderung der Produktionsmenge nicht (z. B. Pacht für Betriebsgebäude, Abschreibung auf Maschinen). **Variable Kosten** ändern sich dagegen mit einer Änderung der Produktionsmenge (z. B. Energieverbrauch einer Maschine, Materialverbrauch). Die **gesamten variablen Kosten** (K_v) ergeben sich aus der Multiplikation der **variablen Kosten je Stück** (k_v) mit der **Produktionsmenge** (x).

$$\text{Gesamtkosten} = \text{fixe Kosten} + \text{variable Kosten je Stück} \cdot \text{Produktionsmenge}$$
$$K = K_f + k_v \cdot x$$

Kostenverläufe

In Abhängigkeit davon, ob und wie sich die **variablen Kosten je Stück** (k_v) bei einer Änderung der Produktionsmenge ändern, können folgende Fälle unterschieden werden *(vgl. Tab. und Abb. S. 44):*

① Die variablen Kosten je Stück (k_v) bleiben bei einer Veränderung der Produktionsmenge konstant (z. B. gleich bleibende Stückpreise für benötigte Rohstoffe). Die gesamten variablen Kosten (K_v) erhöhen sich in diesem Fall **proportional** zur steigenden Produktionsmenge. Daraus ergibt sich ein **linearer Verlauf** der Kurve der gesamten variablen Kosten (K_v) und der Gesamtkostenkurve (K_g).

② Die variablen Kosten je Stück (k_v) sinken bei zunehmender Produktionsmenge (z. B. sinkende Stückpreise für die benötigten Rohstoffe aufgrund von Mengenrabatten). Die gesamten variablen Kosten (K_v) erhöhen sich in diesem Fall **unterproportional** zur steigenden Produktionsmenge. Daraus ergibt sich ein **degressiv steigender** Verlauf der Kurve der gesamten variablen Kosten (K_v) und der Gesamtkostenkurve (K_g).

③ Die variablen Kosten je Stück (k_v) steigen bei zunehmender Produktionsmenge (z. B. höhere Energiekosten bei höherer Drehzahl von Motoren). Die gesamten variablen Kosten (K_v) erhöhen sich in diesem Fall **überproportional** zur steigenden Produktionsmenge. Daraus ergibt sich ein **progressiv steigender Verlauf** der Kurve der gesamten variablen Kosten (K_v) und der Gesamtkostenkurve (K_g).

④ Die variablen Kosten je Stück (k_v) sinken zunächst bei zunehmender Produktionsmenge (siehe Fall 2), sodass die gesamten variablen Kosten (K_v) zunächst **unterproportional** steigen. Ab einer bestimmten Produktionsmenge steigen jedoch die variablen Kosten je Stück (k_v) bei zunehmender Produktionsmenge (siehe Fall 3), sodass die gesamten variablen Kosten (K_v) ab dieser Produktionsmenge **überproportional** steigen. Daraus ergibt sich ein **s-förmiger Verlauf** der Kurve der gesamten variablen Kosten (K_v) und der Gesamtkostenkurve (K_g).

Kostenverläufe für unterschiedliche Veränderungen der variablen Kosten bei Erhöhung der Produktionsmenge

Da die fixen Kosten (K_f) unberücksichtigt bleiben, sind die gesamten variablen Kosten (K_v) ausnahmsweise gleich den Gesamtkosten (K_g)

Produktionsmenge (Stück)	Fall 1 proportionale Kosten je Stück k_v	Fall 1 Gesamt $K_v = K_g$	Fall 2 unterproportionale Kosten je Stück k_v	Fall 2 Gesamt $K_v = K_g$	Fall 3 überproportionale Kosten je Stück k_v	Fall 3 Gesamt $K_v = K_g$	Fall 4[1] zunächst unter-, dann überproportionale Kosten je Stück k_v	Fall 4[1] Gesamt $K_v = K_g$
0	–	0	–	0	–	0	–	0
100	20,00	2.000	16,00	1.600	22,00	2.200	60,00	6.000
200	20,00	4.000	12,00	2.400	25,00	5.000	40,00	8.000
300	20,00	6.000	10,00	3.000	30,00	9.000	40,00	12.000
400	20,00	8.000	8,00	3.200	38,00	15.200	55,00	22.000

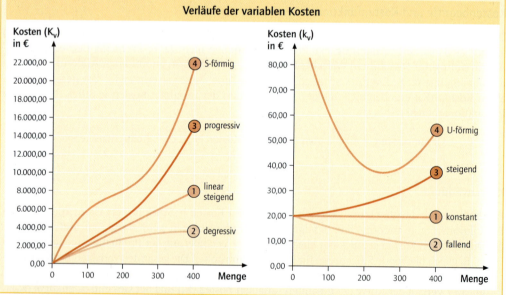

In Abhängigkeit davon, wie sich die variablen Kosten bei einer Änderung der Produktionsmenge entwickeln, lassen sich für die **Bestimmung des Gewinnmaximums** die folgenden beiden Fälle unterscheiden: linearer Verlauf der Gesamtkosten und nicht-linearer Verlauf der Gesamtkosten.

---
1 Fall 4 stellt eine Kombination der Fälle 2 und 3 dar.

Gewinnmaximum und Angebotsverhalten eines Unternehmens bei linearem Verlauf der Gesamtkostenkurve

2.3 Gewinnmaximum und Angebotsverhalten eines Unternehmens bei linearem Verlauf der Gesamtkostenkurve[1]

Bleiben die variablen Kosten je Stück bei jeder Produktionsmenge unverändert, so hat die auf der **Kostenfunktion** $K = K_f + k_v \cdot x$ beruhende **Gesamtkostenkurve** einen linearen Verlauf *(vgl. Abb. unten)*.

Gesamtkosten, Gesamterlös und Gesamtgewinn

Für die Herstellung von Butterbrezeln in Arnos Brezelbäckerei gelten folgende Daten:

Preis je Brezel	maximale Produktionsmenge	Fixkosten (K_f)	variable Stückkosten (k_v)
1,00 €	1 000 Stück pro Tag	150 € pro Tag	konstant 0,50 €

Daraus ergeben sich die in den folgenden Abbildungen dargestellten Zusammenhänge. Im vorliegenden Fall liegt die **Kapazitätsgrenze** bei 1 000 Stück. Für diese Produktionsmenge lassen sich folgende Größen ermitteln:

Gesamtgrößen	Stückgrößen
Erlös: $E = p \cdot x$ $E = 1,00\ € \cdot 1\ 000\ \text{Stück} = 1.000\ €$	Preis: $p = 1,00\ €$
Gesamtkosten: $K_g = K_f + k_v \cdot x$ $K_g = 150\ € + 0,50\ € \cdot 1\ 000\ \text{Stück} = 650\ €$	Stückkosten: $k_g = \dfrac{K_f}{x} + k_v$ $k_g = 150\ €\ /\ 1\ 000\ \text{Stück} + 0,50\ € = 0,65\ €$
Gesamtgewinn: $G = E - K$ $G = 1.000\ € - 650\ € = 350\ €$	Stückgewinn: $g = p - k$ $g = 1,00\ € - 0,65\ € = 0,35\ €$

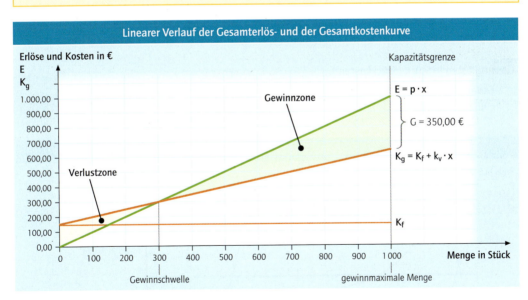

Gewinnschwelle und Gewinnmaximum

> Die Produktionsmenge, bei der Erlös und Kosten gleich groß sind und der Gewinn demzufolge null ist, wird als Gewinnschwelle *(Break-even-point)* bezeichnet.

---

[1] Der Lehrplan sieht die Behandlung dieses Kapitels nicht im Fach VWL, sondern im Fach BWL vor.

Je weiter die Produktionsmenge über die Gewinnschwelle hinaus ausgedehnt wird, desto mehr steigt der Gewinn, da die Differenz aus Erlösen und Kosten immer größer wird.

> **Berechnung der Gewinnschwelle**
>
> Die Gewinnschwelle liegt bei derjenigen Produktionsmenge, bei der sich Erlöskurve und Kostenkurve schneiden (E = K). Rechnerisch lässt sich diese Menge wie folgt ermitteln:
>
> $$E = K$$
> $$p \cdot x = K_f + k_v \cdot x$$
> $$x \cdot (p - k_v) = K_f$$
> $$x = \frac{K_f}{p - k_v}$$

Bei linearem Verlauf der Gesamterlös- und der Gesamtkostenkurve liegt das Gewinnmaximum immer bei der größtmöglichen Produktionsmenge (Kapazitätsgrenze).

Stückkosten, Stückerlös und Stückgewinn

Diese Zusammenhänge lassen sich auch anhand von **Stückerlös** und **Stückkosten** verdeutlichen. Dazu müssen Gesamterlös (E) und Gesamtkosten (K_g) durch die Produktions- und Absatzmenge (x) geteilt werden. Der Erlös je Stück (e) ist identisch mit dem Preis (p).

$$\text{Stückerlös} = \frac{\text{Gesamterlös (E)}}{\text{Absatzmenge (x)}} = \frac{\text{Stückpreis (p)} \cdot \text{Absatzmenge (x)}}{\text{Absatzmenge (x)}} = \text{Stückpreis (p)}$$

Grafisch dargestellt entspricht das einer Parallelen zur Mengenachse im Abstand p. Die Gesamtkosten je Stück (k_g) sind die auf eine Produktionseinheit entfallenden Kosten **(Stückkosten)**. Sie setzen sich zusammen aus den fixen Kosten je Stück ($k_f = K_f/x$) und den variablen Kosten je Stück (k_v).

$$\text{Gesamtkosten je Stück (Stückkosten } k_g) = \frac{\text{Gesamtkosten } (K_g)}{\text{Produktionsmenge (x)}} = \frac{K_f + k_v \cdot x}{x} = \frac{\text{fixe Kosten } (K_f)}{\text{Produktionsmenge (x)}} + \text{variable Stückkosten } (k_v)$$

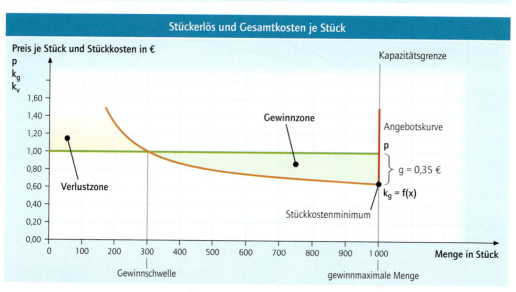

Fixkostendegression – Gesetz der Massenproduktion

Die fixen Kosten je Stück sinken mit zunehmender Produktionsmenge (x), da der Anteil der fixen Kosten, der auf eine Mengeneinheit entfällt, bei Ausdehnung der Produktionsmenge immer kleiner wird **(Fixkostendegression, Gesetz der Massenproduktion)**. Wenn die variablen Kosten je Stück (k_v) unverändert bleiben, hat die Stückkostenkurve (k_g) einen stetig fallenden Verlauf *(vgl. Abb. S. 46)*.

Angebotsverhalten und Angebotskurve

Da langfristig sowohl die fixen als auch die variablen Kosten gedeckt sein müssen, stellen die **Gesamtkosten je Stück** die **langfristige Preisuntergrenze** dar. Für ein Unternehmen lohnt sich langfristig die Produktion nur dann, wenn der Verkaufspreis je Stück (p) mindestens so hoch wie die Gesamtkosten je Stück (k_g) ist. Nur bei einem Preis über den Stückkosten entsteht ein Gewinn je Stück (g). Dies ergibt sich aus der Gleichung: $g = p - k_g$. Das Unternehmen wird in diesem Fall bei jedem Preis, der über den Stückkosten liegt, die Produktion bis zur **Kapazitätsgrenze** ausdehnen, weil bei dieser Produktionsmenge der höchstmögliche Gewinn erzielt wird **(Gewinnmaximum)**. Bei der **Kapazitätsgrenze** erreichen die **Stückkosten** ihr **Minimum**.

> **Bei linearem Verlauf der Erlös- und Kostenkurve gilt:**
>
> ▌ Ist der Preis niedriger als die Stückkosten, die sich an der Kapazitätsgrenze ergeben, stellt das Unternehmen die Produktion langfristig ein. Die Angebotsmenge beträgt dann null.
>
> ▌ Zu jedem Preis, der mindestens die Stückkosten deckt, die sich an der Kapazitätsgrenze ergeben, bietet das Unternehmen die bei der Kapazitätsgrenze liegende gewinnmaximale Menge an.

Ob ein Unternehmen als Anbieter auftritt, hängt somit davon ab, ob der **Preis** unter den sich an der Kapazitätsgrenze ergebenden **Stückkosten** liegt oder nicht. **Wie viel** ein Unternehmen anbietet, wenn der Preis mindestens so hoch ist wie die Stückkosten[1], hängt von seiner **Kapazitätsgrenze** ab. Für ein solches Unternehmen wird somit der Verlauf der **Angebotskurve**, die zeigt, wie viele Mengeneinheiten des Gutes das Unternehmen bei unterschiedlichen Preisen anbieten würde, einerseits von der Differenz zwischen **Stückkosten** und **Preis** und andererseits von der **Kapazitätsgrenze** bestimmt *(vgl. Abb. S. 46)*.

> **Bei linearem Verlauf der Erlös- und Kostenkurve gilt:**
>
> Die Angebotskurve des Unternehmens beginnt in Höhe der Stückkosten an der Kapazitätsgrenze (= Minimum der Stückkosten) und verläuft von dort aus senkrecht nach oben. Das Angebot ist also vollkommen unelastisch.

---

1 Bei einem Preis, der genau den Stückkosten entspricht, ist der Stückgewinn null. Auch, wenn ein solches Unternehmen keinen Gewinn erzielt, ist es trotzdem existenzfähig, weil in die Stückkosten auch Unternehmerlohn und Eigenkapitalverzinsung eingerechnet sind. Da ein solches Unternehmen bei der geringsten Preissenkung Verluste erleiden und langfristig seine Produktion einstellen würde, wird es auch als Grenzanbieter bezeichnet.

2.4 Gewinnmaximum und Angebotsverhalten eines Unternehmens bei s-förmigem Verlauf der Gesamtkostenkurve

2.4.1 Zusammenhang zwischen Erlös, Kosten und Gewinn

Ändern sich die variablen Kosten je Stück (k_v) bei einer Veränderung der Produktionsmenge (x), so ergibt sich ein **nicht-linearer Verlauf der Gesamtkostenkurve**. In der Kostentheorie wird häufig von einem **s-förmigen Verlauf** der **Gesamtkosten** ausgegangen *(Kostenfunktion 3. Grades)*. In diesem Fall steigen die **Gesamtkosten** bei zunehmender Produktionsmenge zunächst **degressiv** und dann **progressiv**. Das Gewinnmaximum des Unternehmens liegt dann **nicht** an der **Kapazitätsgrenze**. In diesem Fall ist die Bestimmung des Gewinnmaximums schwieriger als bei linearem Verlauf der Gesamtkostenkurve.

Für die Herstellung von Butterbrezeln in Brunos Brezelbäckerei gelten folgende Daten:

Preis je Brezel	max. Produktionsmenge	Fixkosten (K_f)	variable Stückkosten (k_v)
1,00 €	1 000 Stück pro Tag	150 € pro Tag	von 0,74 € bis 2,00 € je nach Produktionsmenge

Daraus lassen sich für verschiedene Produktionsmengen folgende Zusammenhänge ableiten:

Produktions-menge (x) in Stück	Erlös (Preis · Menge) in €	Fixe Kosten (K_f) in €	variable Stückkosten (k_v) in €	variable Kosten insgesamt (K_v) in €	Gesamtkosten ($K_g = K_f + K_v$) in €	Gewinn $G = E - K_g$ in €
0	0	150	0	0	150	− 150
100	100	150	0,74	74,00	224	− 124
200	200	150	0,56	112	262	− 62,00
300	300	150	0,46	138	288	12,00
400	400	150	0,44	176	326	74,00
500	500	150	0,50	250	400	100
600	600	150	0,64	384	534	66,00
700	700	150	0,86	602	752	− 52,00
800	800	150	1,16	928	1.078	− 278
900	900	150	1,54	1.386	1.536	− 636
1 000	1.000	150	2,00	2.000	2.150	− 1.150

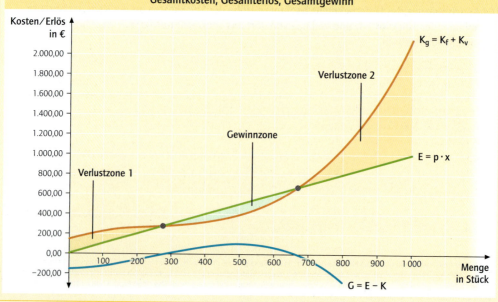

Gesamtkosten, Gesamterlös, Gesamtgewinn

2.4.2 Gewinnmaximum

Gewinnschwelle, Gewinngrenze und Gewinnmaximum

Der erste Schnittpunkt zwischen der Gesamterlöskurve und der Gesamtkostenkurve stellt für Bruno die **Gewinnschwelle**, der zweite seine **Gewinngrenze**[1] dar. Erst ab einer über die Gewinnschwelle von 284 Stück[2] hinausgehenden Brezelproduktion sind die **Erlöse** größer als die **Kosten**, sodass ein **Gewinn** erzielt wird. Bei einer geringeren Produktionsmenge entsteht ebenso ein Verlust wie bei einer über die Gewinngrenze von 665 Brezeln[2] hinausgehenden Menge. Brunos **Gewinnmaximum** liegt innerhalb seiner Gewinnzone an der Stelle, an der die **Differenz zwischen Erlös und Kosten** am größten ist. Das ist bei einer Produktionsmenge von 500 Brezeln der Fall. An der Kapazitätsgrenze hingegen, bei der Brunos Konkurrent Arno wegen des linearen Gesamtkostenverlauf sein Gewinnmaximum erreicht, würde Bruno einen Verlust von 1.150 € pro Tag erleiden.

Geometrische Bestimmung der gewinnmaximalen Menge

Geometrisch lässt sich diese gewinnmaximale Produktionsmenge ermitteln, indem die lineare Gesamterlöskurve bis zum **Tangentialpunkt** mit der Gesamtkostenkurve parallel nach unten verschoben wird *(vgl. Abb. S. 50)*. Bei dieser Menge (hier: 500 Brezeln) ist der Abstand zwischen Erlös- und Kostenkurve am größten. Die **Steigung der Erlöskurve** ist an dieser Stelle **gleich der Steigung der Kostenkurve**. Aufgrund dieses Zusammenhangs lässt sich das Gewinnmaximum auch mithilfe von **Grenzerlösen** und **Grenzkosten** wie folgt ableiten:

Aufgabe 2.2, S. 67

Betriebswirtschaftlich ist der Grenzerlös (E') der zusätzliche Erlös, der sich bei einer Erhöhung der Absatzmenge um eine Einheit ergibt (= Zuwachs des Gesamterlöses bei einer Absatzerhöhung um eine Einheit).

Mathematisch ist der Grenzerlös die erste Ableitung (E') der Gesamterlösfunktion E. Er gibt die Steigung der Gesamterlöskurve bei unterschiedlichen Absatzmengen an ($\Delta E / \Delta x$).

Betriebswirtschaftlich sind die Grenzkosten (K') die zusätzlichen Kosten, die sich bei einer Erhöhung der Produktionsmenge um eine Einheit ergeben (= Zuwachs der Gesamtkosten bei einer Produktionserhöhung um eine Einheit).

Mathematisch sind die Grenzkosten die erste Ableitung (K') der Gesamtkostenfunktion K_g. Sie geben die Steigung der Gesamtkostenkurve bei unterschiedlichen Produktionsmengen an ($\Delta K / \Delta x$).

Ermittlung der Grenzkosten

In der auf Seite 50 folgenden Tabelle werden die Grenzkosten aus Vereinfachungsgründen mit einer für den vorliegenden Fall hinreichenden Genauigkeit in Schritten von $\Delta x = 100$ ermittelt. Wird die Produktionsmenge von 0 auf 100 Stück erhöht (Δx), steigen die Gesamtkosten gemäß der folgenden Tabelle um 74,00 € (ΔK). Die Erhöhung der Brezelproduktion um **1 Stück** bewirkt also **im Durchschnitt** einen Kostenzuwachs von $\Delta K / \Delta x = 74/100 = 0{,}74$ € **(= Grenzkosten)**. Dieser Betrag wird dem **Durchschnittswert** (50 Stück) zwischen der ursprünglichen Menge (0 Stück) und der neuen Menge nach der Produktionserhöhung (100 Stück) zugewiesen. Wird die Produktionsmenge weiter von 100 Stück auf 200 Stück erhöht, steigen die Gesamtkosten um weitere 38,00 € von 224 € auf 262 € (vgl. folgende Tabelle). Auf **eine zusätzliche Brezel** entfällt bei dieser Mengenerhöhung eine durchschnittliche **Kostenänderung** von $\Delta K / \Delta x = 38/100 = 0{,}38$ € **(= Grenzkosten)**.

---

[1] In der volkswirtschaftlichen Fachliteratur werden in diesem Zusammenhang häufig die Begriffe „Nutzenschwelle" und „Nutzengrenze" statt „Gewinnschwelle" und „Gewinngrenze" verwendet. In diesem Buch wird dagegen in Anlehnung an die in der Betriebswirtschaftslehre üblichen Bezeichnungen von „Gewinnschwelle" (= Break-even-Point) und „Gewinngrenze" gesprochen.

[2] Zur Berechnung der exakten Stückzahlen mittels GTR siehe Anhang.

Tabellarische und grafische Darstellung

Produktionsmenge (x) in Stück	Stückpreis (p) in €	Gesamterlös (p·x) in €	Grenzerlös[1] $E' = \Delta E / \Delta x$ in €	Gesamtkosten (K_g) in €	Grenzkosten[2] $K' = \Delta K / \Delta x$ in €
0	1,00	0		150	
			1,00		0,74
100	1,00	100		224	
			1,00		0,38
200	1,00	200		262	
			1,00		0,26
300	1,00	300		288	
			1,00		0,38
400	1,00	400		326	
			1,00		0,74
500	1,00	500		400	
			1,00		1,00
600	1,00	600		534	
			1,00		1,34
700	1,00	700		752	
			1,00		2,18
800	1,00	800		1.078	
			1,00		3,26
900	1,00	900		1.536	
			1,00		4,58
1 000	1,00	1.000		2.150	
			1,00		6,14

Gewinnmaximale Produktionsmenge

Gewinn Kosten/Erlös in €

$K_g = K_f + K_v$

$E = p \cdot x$

Tangente

gewinnmaximale Menge

Kosten/Preis in €

$K' = dK/dx$

$k_g = K_g / x$

$p = E'$

Menge in Stück

---

1 Erlösänderung je zusätzlicher Mengeneinheit
2 Kostenänderung je zusätzlicher Mengeneinheit

Gewinnmaximum und Angebotsverhalten eines Unternehmens bei s-förmigem Verlauf der Gesamtkostenkurve

Gewinnmaximierungsbedingung: Grenzerlös (E') = Grenzkosten (K')

Die Grenzerlöskurve (E') gibt die Steigung der Erlöskurve E und die Grenzkostenkurve (K') die Steigung der Kostenkurve K an. Die gewinnmaximale Menge ist dadurch bestimmt, dass die Steigung der Erlöskurve (E) und der Kostenkurve (K) gleich ist. Diese Bedingung ist im Schnittpunkt zwischen Grenzerlöskurve (E') und Grenzkostenkurve (K') erfüllt.

Gewinnmaximum: Aufsteigender Ast der Grenzkostenkurve

Aus der Tangentiallösung zur Ermittlung des Gewinnmaximums *(vgl. Abb. S. 50)* ergibt sich, dass das Gewinnmaximum immer im progressiv steigenden Bereich der Gesamtkostenkurve K_g liegt. Da dort die Steigung der Gesamtkosten K_g zunimmt, steigt auch die Grenzkostenkurve K' in diesem Bereich. Das Gewinnmaximum kann daher nur beim Schnittpunkt zwischen der Grenzerlöskurve E' (hier: Preisgerade p = 1) und dem **aufsteigenden Ast** der Grenzkostenkurve K' liegen.

Aus der unteren Abb. auf S. 50 wird deutlich, dass der Schnittpunkt der **Grenzerlöskurve** (E'), die im vorliegenden Fall in Höhe des Preises von 1,00 € parallel zur x-Achse verläuft, mit dem aufsteigenden Ast der **Grenzkostenkurve** (K') bei der gewinnmaximalen Menge von 500 Stück liegt.

Daraus lässt sich folgende **allgemeine Gewinnmaximierungsregel** ableiten:[1]

> Das Gewinnmaximum eines Unternehmens liegt bei der Produktionsmenge, bei der Grenzerlös und Grenzkosten gleich groß sind.
>
> $$E' = K'$$

Da für einen **Mengenanpasser** der vom Markt vorgegebene Preis eine Konstante ist und seine auf der Erlösfunktion E = p · x beruhende Erlöskurve linear verläuft, ist in diesem speziellen Fall der **Grenzerlös** (E') identisch mit dem **Stückpreis** (p). Für einen Mengenanpasser lässt sich die Gewinnmaximierungsbedingung also auch wie folgt formulieren:

> Für einen Mengenanpasser gilt: E' = p
> Spezielle Gewinnmaximierungsregel für einen Mengenanpasser: p = K'

Dieser Zusammenhang lässt sich betriebswirtschaftlich wie folgt verdeutlichen: Solange der **Erlös**, der durch den **Verkauf einer zusätzlichen Brezel** erzielt wird (Grenzerlös E' = 1,00 €), größer ist als die **Kosten**, die durch die **Produktion dieser zusätzlichen Brezel** entstehenden (Grenzkosten K'), lässt sich durch eine weitere Ausdehnung der Produktionsmenge der Gesamtgewinn (G) noch erhöhen. Bei einer Ausdehnung der Produktionsmenge über die 500 Brezeln hinaus wird das Gewinnmaximum überschritten, da die Grenzkosten (K') dann höher als der Grenzerlös (E') sind. In diesem Fall sinkt der Gesamtgewinn (G) bei zunehmender Produktionsmenge.

---

[1] Diese Regel gilt auch für Unternehmen mit linearem Kostenverlauf. Aufgrund der konstanten Steigung der Gesamtkostenkurve verläuft in diesem Fall die Grenzkostenkurve im Abstand der variablen Stückkostenkurve parallel zur x-Achse. Grenzkosten und variable Stückkosten sind in diesem Fall identisch. Die Grenzerlöskurve verläuft im Abstand des Preises ebenfalls parallel zur x-Achse. Da der Preis (= Grenzerlös) konstant über den Grenzkosten liegt (p ≥ K' = k_v), steigt der Gewinn mit jedem zusätzlich abgesetzten Stück. Das Gewinnmaximum liegt in diesem Fall bei der höchstmöglichen Produktionsmenge, d. h. an der Kapazitätsgrenze *(vgl. Kap. 2.3)*.

Mathematische Ermittlung des Gewinnmaximums (Differentialrechnung)

Rechnerisch lässt sich das Gewinnmaximum für das Zahlenbeispiel von Brunos Brezelbäckerei wie folgt bestimmen:

Die **Erlösfunktion,** die die Abhängigkeit des Gesamterlöses (E) von der abgesetzten Menge (x) bei konstantem Preis (p) beschreibt, lautet:

(1) allgemein: $E = p \cdot x$; $x > 0$, $p =$ konstant hier: $E = 1{,}00 \cdot x$

Die **Kostenfunktion,** die die Abhängigkeit der Gesamtkosten (K_g) von der produzierten Menge (x) beschreibt, lautet:

(2) allgemein:[1] $K = K_f + ax - bx^2 + cx^3$ hier: $K = 150 + 1\,x - 0{,}003\,x^2 + 0{,}000004\,x^3$

Fixkosten   variable Kosten (K_v)

Die zu maximierende **Gewinnfunktion** lautet:

(3) allgemein: $G = E - K \rightarrow$ max!

hier: $G = 1{,}00\,x - (150 + 1\,x - 0{,}003\,x^2 + 0{,}000004\,x^3)$

$= -150 + 0{,}003\,x^2 - 0{,}000004\,x^3 \rightarrow$ max!

Die notwendige (erste) Bedingung für das Maximum erfordert, dass die 1. Ableitung null ist.

(4) allgemein: $G' = E' - K' = 0$ hier: $G' = 0{,}006\,x - 0{,}000012\,x^2 = 0$

Diese Bedingung ist gleichbedeutend mit der Gewinnmaximierungsbedingung $E' = K'$ *(vgl. S. 51).*

Durch Umformung von (4) ergibt sich: **(5)** $x^2 = 500\,x$ bzw. $x^2 - 500\,x = 0$

Mithilfe der p-q-Formel[2] zur Lösung quadratischer Gleichungen ergeben sich für (5) zwei Lösungen:

$$X_{1/2} = -\frac{-500}{2} \pm \sqrt{\frac{-500^2}{4} - 0}   \qquad x_1 = 500 \quad x_2 = 0.$$

Die hinreichende (zweite) Bedingung für das Maximum erfordert, dass die 2. Ableitung negativ ist.

(6) allgemein: $G'' < 0$ hier: $G'' = 0{,}006 - 0{,}000024\,x$

Einsetzen der Lösung $x_1 = 500$ in (6) ergibt: $G''\,(500) = -0{,}006 < 0$.

Somit beträgt die gewinnmaximale Menge $x_1 = 500$ Brezeln. Der maximale Gewinn ist $G\,(500) = 100{,}00$ €.

Einsetzen der Lösung x_2 in (6) ergibt: $G''\,(0) = 0{,}006 > 0$. Bei der Menge 0 mit einem Gewinn von $G(0) = -150$ liegt daher ein lokales Verlustmaximum in Höhe der fixen Kosten von 150 € vor. Bei anderen Kosten-/Erlöskurven kann dieses Minimum auch bei einer Produktionsmenge von $x_2 > 0$ liegen. Der absolut größte Verlust liegt mit 1.150 € an der Kapazitätsgrenze (Produktionsmenge 1 000 Stück).

---

1   In der Mathematik werden Funktionen 3. Grades üblicherweise wie folgt dargestellt: $y = ax^3 + bx^2 + cx + d$.
In der Betriebswirtschaftslehre werden dagegen die Fixkosten üblicherweise als erster Term und danach die variablen Kosten dargestellt. Daher wird hier – abweichend von der üblichen mathematischen Darstellung – die Reihenfolge der Terme geändert.

2   Die p-q-Formel bezogen auf eine quadratische Gleichung der Form $x^2 \pm px \pm q$ lautet: $X_{1/2} = -\frac{p}{2} \pm \sqrt{\left(\frac{p}{2}\right)^2 - q}$
Die Lösung ist im vorliegenden Fall auch ohne die p-q-Formel durch Ausklammern von x unmittelbar einsichtig:
$x\,(x - 500) = 0$; $x_1 = 500$, $x_2 = 0$.

2.4.3 Zusammenhang zwischen Gewinnmaximum, Grenzkostenkurve und Angebotskurve

Grenzkostenkurve und Angebotskurve

Ziel dieses Kapitels ist es, das **Gewinnmaximum** herzuleiten, um dessen **Einfluss auf die Angebotskurve** festzustellen. Aus der unteren Abb. auf S. 50 und den bisherigen Überlegungen lässt sich folgern, dass die gewinnmaximale Produktions- und Angebotsmenge immer durch den aufsteigenden Ast der Grenzkostenkurve (K') bestimmt ist. Es bleibt aber die Frage zu klären, welcher Teilbereich der Grenzkostenkurve der Angebotskurve entspricht. Dazu ist die Bestimmung der Preisuntergrenze nötig.

Preisuntergrenze: Anfangspunkt der Angebotskurve

> Die Preisuntergrenze ist der Verkaufspreis, der mindestens erzielt werden muss, damit die Produktionskosten gedeckt werden können.

Zur Bestimmung der **Preisuntergrenze** müssen zunächst die **Stückkosten** ermittelt werden:

Produktionsmenge (x) in Stück	Preis (p) in €	Fixkostenanteil je Stück: 150/x (k_f) in €	variable Kosten je Stück (k_v) in €	Gesamtkosten je Stück (Stückkosten) (k_g) in €	Stückgewinn (p − k) in €
0	1,00	–	–	–	0
100	1,00	1,50	0,74	2,24	− 1,24
200	1,00	0,75	0,56	1,31	− 0,31
300	1,00	0,50	0,46	0,96	− 0,04
375	1,00	0,40	0,4375	0,8375	0,1625
400	1,00	0,38	0,44	0,82	0,18
463	1,00	0,32	0,4724	0,7924	0,2076
500	1,00	0,30	0,50	0,80	0,20
600	1,00	0,25	0,64	0,89	0,11
700	1,00	0,21	0,86	1,07	− 0,07
800	1,00	0,19	1,16	1,35	− 0,35
900	1,00	0,17	1,54	1,71	− 0,71
1 000	1,00	0,15	2,00	2,15	− 1,15

Langfristige Preisuntergrenze und Betriebsoptimum

Aus der obigen Tabelle und der folgenden Grafik ergibt sich Folgendes:
Bei einem Preis von 1,00 € je Brezel liegt die gewinnmaximale Produktionsmenge bei 500 Brezeln (p = K'). Die Stückkosten (k_g) betragen bei dieser Produktionsmenge 0,80 €. Folglich beträgt der Stückgewinn (g = p − k_g) 0,20 €. Brunos Gesamtgewinn (G) beläuft sich dann auf 500 St. · 0,20 € = 100,00 €. Wenn der Brezelpreis aber beispielsweise auf 0,60 € sinkt und somit unter dem Minimum der Stückkosten (k_g) liegt, entsteht ein Verlust. Der Schnittpunkt zwischen der Preisgeraden und der Grenzkostenkurve (p = K') liegt dann unter dem Stückkostenminimum. Nur wenn Bruno langfristig seine gesamten Kosten, die sich aus fixen und variablen Bestandteilen zusammensetzen, decken kann, ist seine Brezelbäckerei auf Dauer existenzfähig. Das gelingt ihm nur, wenn der Brezelpreis (p) min-

destens so hoch ist wie das Minimum der Stückkosten. Im vorliegenden Fall liegt das Minimum der Stückkosten bei 0,7924 €. Da die Stückkosten (k_g) bei der entsprechenden Produktionsmenge von 463 Stück am geringsten sind und der höchste Stückgewinn (0,2076 €)[1] erzielt wird, wird dieser Punkt als **Betriebsoptimum** oder als **optimaler Kostenpunkt** bezeichnet.

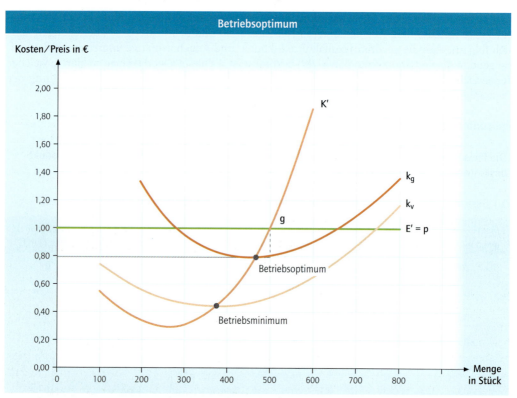

Das Minimum der Stückkosten wird auch als Betriebsoptimum oder optimaler Kostenpunkt bezeichnet. Die langfristige Preisuntergrenze liegt beim Minimum der Stückkosten (= Betriebsoptimum).

Der **Stückgewinn** (g) ist zwar beim **Betriebsoptimum** höher als beim **Gewinnmaximum**. Trotzdem ist aber der **Gesamtgewinn** (G = g · x) beim Gewinnmaximum am höchsten.

Kurzfristige Preisuntergrenze und Betriebsminimum

Das Minimum der variablen Stückkosten (k_v) liegt bei 375 Brezeln[1]. Die Grenzkostenkurve schneidet in diesem Punkt die Stückkostenkurve (k_v = K'). Da die variablen Stückkosten (k_v) bei dieser Produktionsmenge am geringsten sind, wird dieser Punkt als **Betriebsminimum** bezeichnet.

Ein Preis von 0,60 € je Brezel würde zwar nicht ausreichen, um die Stückkosten (k_g) in voller Höhe zu decken. Immerhin liegt dieser Preis aber über den variablen Stückkosten (k_v). In ihrem Minimum betragen die variablen Stückkosten im vorliegenden Fall ca. 0,4375 €[1]. Bei der entsprechenden Produktionsmenge von 375 Stück[1] liegt das **Betriebsminimum**.

Das Minimum der variablen Stückkosten wird auch als Betriebsminimum bezeichnet.

---

1 Zur Berechnung der exakten Werte mittels GTR siehe Anhang.

Gewinnmaximum und Angebotsverhalten eines Unternehmens bei s-förmigem Verlauf der Gesamtkostenkurve

Kurzfristige Preisuntergrenze und Deckungsbeitrag

Jede zu 0,60 € verkaufte Brezel deckt also nicht nur ihre eigenen variablen Kosten, sondern steuert noch einen Teil zur Deckung der Fixkosten bei. Dieser Deckungsbeitrag (db), der sich aus der Differenz zwischen Stückpreis (p) und variablen Stückkosten (k_v) ergibt (db = p − k_v), ist bei einem Preis von 0,60 € positiv.

> Die Differenz zwischen Stückpreis und variablen Stückkosten stellt den Deckungsbeitrag je Stück (db) dar: db = p − k_v. Wenn der Stückpreis über den variablen Stückkosten liegt, ist der Deckungsbeitrag je Stück positiv.

Bei einem positiven Deckungsbeitrag ist es trotz eines möglicherweise eintretenden Verlusts günstiger, die Produktion (vorläufig) weiter aufrechtzuerhalten, da andernfalls der Verlust noch höher wäre. Bei einer Produktionsmenge von 0 würde Bruno wegen der weiterhin anfallenden fixen Kosten einen Verlust von 150 € pro Tag erleiden. Produziert er jedoch trotz des nicht kostendeckenden Preises von 0,60 € weiter, ist sein Verlust geringer.

> Solange der Deckungsbeitrag positiv ist, sollte die Produktion auch dann weiterhin aufrechterhalten werden, wenn ein Verlust entsteht. Bei positivem Deckungsbeitrag werden nämlich durch den Preis nicht nur die variablen Stückkosten gedeckt, sondern es wird auch ein Beitrag zur Deckung der Fixkosten geleistet. Würde die Produktion hingegen ganz eingestellt, entfiele dieser Deckungsbeitrag und es würde sich ein Verlust in Höhe der gesamten Fixkosten ergeben.

Vorübergehend kann Bruno also auf die (vollständige) Deckung der fixen Kosten verzichten und sich mit der Deckung der variablen Kosten begnügen. Das gelingt ihm nur, wenn der Brezelpreis (p) mindestens 0,44 € (exakt: 0,4375 € = Minimum der variablen Stückkosten) beträgt. Andernfalls sollte Bruno – sofern sich seine Kostenstruktur nicht ändern lässt – die Brezelbäckerei ganz aufgeben und sich nach einem anderen Job umsehen.

> Die kurzfristige Preisuntergrenze liegt beim Minimum der variablen Stückkosten (= Betriebsminimum).

2.5 Individuelle Angebotskurve

2.5.1 Abhängigkeit des Angebots eines Unternehmens vom Preis

> Die individuelle Angebotskurve $X^A = f(p)$ zeigt, wie viele Mengeneinheiten eines Gutes ein Unternehmen jeweils bei unterschiedlichen Preisen dieses Gutes in einer bestimmten Zeiteinheit anzubieten plant.

Die Menge, die ein Unternehmen anzubieten plant, entspricht immer derjenigen Produktionsmenge, bei der unter Beachtung des vom Markt vorgegebenen Preises der höchstmögliche Gewinn erzielt wird (= **Gewinnmaximum**, optimaler Produktionsplan).

Kapitel 2.4.1

Aufgrund der Aussagen über die Preisuntergrenze lässt sich der Verlauf einer solchen Angebotskurve eindeutig bestimmen. Bei **s-förmigem Verlauf der Gesamtkostenkurve** gilt:

- Die Grenzkostenkurve (K') schneidet sowohl die Stückkostenkurve (k_g) als auch die Kurve der variablen Stückkosten (k_v) immer in deren Minimum.
- Die gewinnmaximale Menge liegt immer im Bereich des aufsteigenden Astes der Grenzkostenkurve (K').

Daraus folgt:

> Bei s-förmigem Verlauf der Gesamtkosten beginnt die Angebotskurve eines Mengenanpassers
> - **langfristig** im Minimum der Stückkosten (k_g) (Betriebsoptimum, langfristige Preisuntergrenze),
> - **kurzfristig** im Minimum der variablen Stückkosten (k_v) (Betriebsminimum, kurzfristige Preisuntergrenze).
>
> Jeweils von dort ausgehend ist sie mit dem aufsteigenden Ast der Grenzkostenkurve identisch.

Für Brunos Brezelbäckerei *(vgl. Zahlenbeispiel S. 48 f.)* hat die Angebotskurve den in der Abbildung dargestellten Verlauf.

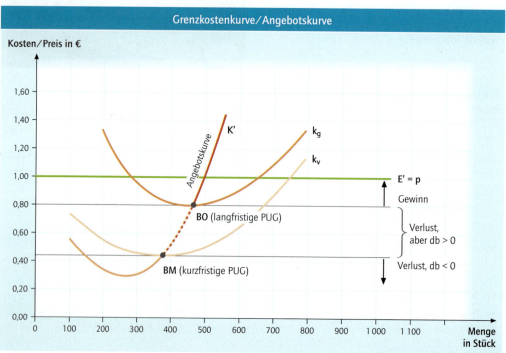

Individuelle Angebotskurve

Die Angebotskurve beginnt bei einem Preis von 0,79 €[1], der dem Minimum der Stückkosten (k_g) entspricht **(langfristige Preisuntergrenze)**. Wird kurzfristig auf die volle Deckung der Fixkosten verzichtet, beginnt die Angebotskurve bei einem Preis von 0,44 €[1], der dem Minimum der variablen Stückkosten entspricht **(kurzfristige Preisuntergrenze)**. Bei einem Preis von weniger als 0,44 €, ist die Angebotsmenge in jedem Fall null. Bei steigendem Preis liegt die durch den Schnittpunkt zwischen Preisgeraden und Grenzkostenkurve bestimmte gewinnmaximale Menge (p = K') bei einer immer größer werdenden Produktionsmenge. Daraus ergibt sich der normale Verlauf einer Angebotskurve.

Angebotskurve als mathematische Funktion

Wird eine **Grenzkostenkurve** aus einem **Kostendiagramm** als **Angebotskurve** in ein **Preis-Mengen-Diagramm** übertragen, muss beachtet werden, dass sich dabei die funktionalen Abhängigkeiten ändern. Die Grenzkostenkurve zeigt die Abhängigkeit der Kosten von der (Angebots-)Menge. Eine Angebotskurve zeigt die Abhängigkeit der angebotenen Menge vom Preis. Dass die Menge trotz der unterschiedlichen Abhängigkeiten in beiden Fällen an der X-Achse abgetragen wird, ist dadurch bedingt, dass in der Volkswirtschaftslehre bei **Angebots- und Nachfragekurven** (nicht aber bei Kostenkurven) – anders als in der Mathematik üblich – an der **Y-Achse** der **Preis** steht, obwohl es sich dabei **immer** um die **un**abhängige Variable handelt. An der **X-Achse** steht dagegen als **ab**hängige Variable immer die **Menge**.

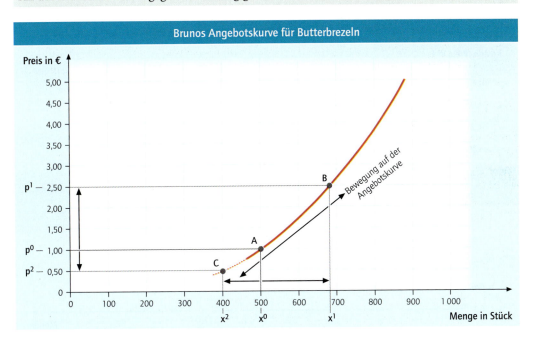

Gesetze des Angebots

Die normale Angebotskurve hat eine positive Steigung (= „Gesetz des Angebots"), d. h.
- je höher der Preis ist, umso höher ist die geplante Angebotsmenge,
- je niedriger der Preis ist, umso geringer ist die geplante Angebotsmenge.

Ändert sich der Preis eines Gutes und bleiben alle anderen Bestimmungsfaktoren des Angebots unverändert, so ergibt sich auf der Angebotskurve eine neue Preis-Mengen-Kombination für dieses Gut. Dies löst eine Bewegung auf der Kurve aus. Die Lage der Kurve bleibt aber unverändert.

---

1 Zur Berechnung der exakten Werte mittels GTR siehe Anhang.

2.5.2 Abhängigkeit des Angebots eines Unternehmens von den Produktionskosten

Folgen einer Erhöhung der Stückkosten

Das Angebot eines Unternehmens wird nicht nur durch den Preis bestimmt, sondern auch durch die Kosten. Steigen die Preise für die Produktionsfaktoren (= Faktorkosten), so erhöhen sich für das Unternehmen die Stückkosten (k_g). Die Stückkostenkurve verschiebt sich nach oben. Wenn das Stückkostenminimum nach der Verschiebung über dem Preis liegt, ist die langfristige Preisuntergrenze unterschritten. Wegen des dann eintretenden Verlusts wird die Produktion langfristig eingestellt (Angebotsmenge = 0). Liegt der Preis allerdings noch über dem Stückkostenminimum, sodass durch die Kostenerhöhung kein Verlust, sondern lediglich eine Verringerung des Gewinns eintritt, sind für die Bestimmung der neuen gewinnmaximalen Menge folgende beiden Fälle zu unterscheiden:

Erhöhung der Fixkosten

Steigen die **Fixkosten** (z. B. Pacht, Abschreibung), verschiebt sich die **Stückkostenkurve** (k_g) nach oben. Da sich aber eine **Fixkostenveränderung** nicht auf die **Steigung** der Gesamtkostenkurve auswirkt und daher den Verlauf der **Grenzkostenkurve nicht beeinflusst**, ändert sich die **gewinnmaximale Menge** nicht.

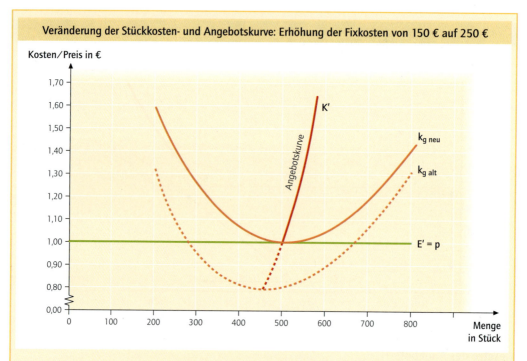

Veränderung der Stückkosten- und Angebotskurve: Erhöhung der Fixkosten von 150 € auf 250 €

Bei einer Erhöhung der Fixkosten von 150 € auf 250 € pro Tag steigt die dem Betriebsoptimum entsprechende Menge von bisher 463 Stück auf 500 Stück. Die langfristige Preisuntergrenze steigt von 0,79 € auf 1,00 €. Beträgt der Brezelpreis weiterhin nur 1,00 €, liegt der Schnittpunkt zwischen Grenzerlös- und Grenzkostenkurve nach wie vor bei einer Produktionsmenge von 500 Stück. Bruno erzielt aber bei dieser Situation weder einen Gewinn noch einen Verlust, weil dieser Preis genau die neuen Stückkosten deckt.

Eine Veränderung der Fixkosten hat keinen Einfluss auf die gewinnmaximale Menge. Die Angebotskurve würde sich in diesem Fall nur dann verändern, wenn aufgrund einer Fixkostenerhöhung die Stückkosten über dem Preis liegen und wegen des eintretenden Verlusts die Angebotsmenge auf 0 zurückgeht.

Individuelle Angebotskurve

Erhöhung der variablen Kosten

Steigen (auch) die **variablen Stückkosten** (z. B. für Rohstoffe und Zutaten) verschiebt sich die **Stückkostenkurve** (k_g) nach oben. Zusätzlich erhöht sich dadurch aber auch die **Steigung** der Gesamtkostenkurve, was wiederum zu einer **Linksverschiebung** der **Grenzkostenkurve** (K') führt.

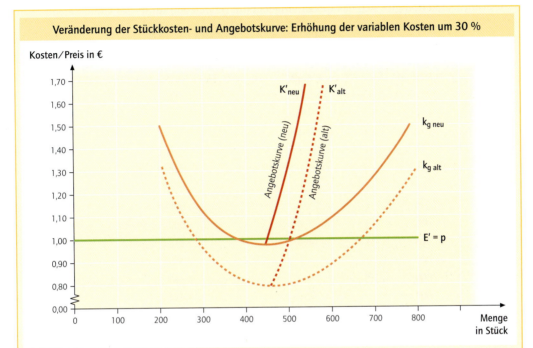

Bei einer Erhöhung der variablen Kosten um 30 % verringert sich die dem Betriebsoptimum entsprechende Menge von 463 auf ca. 420 Stück. Die langfristige Preisuntergrenze steigt von 0,79 € auf ca. 0,98 €. Beträgt der Brezelpreis weiterhin nur 1,00 €, sinkt die gewinnmaximale Produktionsmenge von 500 Stück auf ca. 450 Stück. Bruno erzielt bei dieser Situation einen Gewinn, der aber niedriger ist als vorher.

Ein Anstieg der variablen Stückkosten bewirkt, dass die angebotene Menge bei jedem beliebigen Preis geringer als vorher ist. Solange der Preis über den Stückkosten liegt, drückt sich das in einer Verschiebung der Angebotskurve nach links aus. Im umgekehrten Fall (Verringerung der variablen Stückkosten) ergibt sich eine Rechtsverschiebung der Angebotskurve.

2.6 Gesamtangebot (Marktangebot) für ein bestimmtes Gut

2.6.1 Ableitung der Gesamtangebotskurve aller Unternehmen einer Branche für ein Gut

Aufgabe 2.4, S. 68

Werden die bei unterschiedlichen Preisen von den einzelnen Unternehmen angebotenen Mengen eines Gutes addiert, ergibt sich das **Gesamtangebot** (Marktangebot) für dieses Gut.

Preis (€)	Angebotsmengen für Butterbrezeln pro Woche							
	Arnos individuelle Angebotsmengen in Stück	+	Brunos individuelle Angebotsmengen in Stück	+	alle anderen individuellen Angebotsmengen in Stück	=	Gesamtangebot[1] (Marktangebot) in Stück in einer Stadt
0,00	0	+	0	+	0	=	0
0,10	0	+	0	+	0	=	0
0,20	0	+	0	+	0	=	0
0,30	0	+	0	+	0	=	0
0,40	0	+	0	+	0	=	0
0,50	0	+	0	+	0	=	0
0,60	0	+	0	+	1 000	=	1 000
0,70	1 000	+	0	+	1 000	=	2 000
0,80	1 000	+	464	+	1 536	=	3 000
0,90	1 000	+	482	+	2 518	=	4 000
1,00	1 000	+	500	+	3 500	=	5 000
1,10	1 000	+	516	+	4 484	=	6 000
1,20	1 000	+	531	+	5 469	=	7 000
1,30	1 000	+	545	+	6 544	=	8 000
1,40	1 000	+	560	+	7 440	=	9 000
1,50	1 000	+	572	+	8 428	=	10 000

Wären Arno und Bruno die einzigen Brezelbäcker in einer Stadt, ergäbe sich durch Zusammenfassung (Aggregation) der beiden individuellen Angebotskurven die in Abb. 3 dargestellte Gesamtangebotskurve.

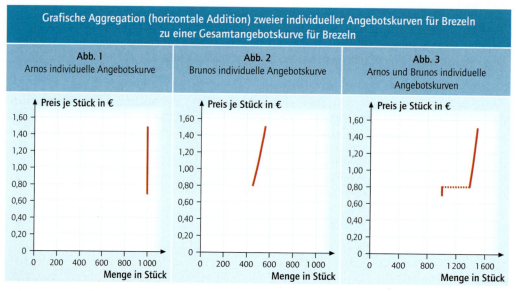

Grafische Aggregation (horizontale Addition) zweier individueller Angebotskurven für Brezeln zu einer Gesamtangebotskurve für Brezeln

Abb. 1 Arnos individuelle Angebotskurve
Abb. 2 Brunos individuelle Angebotskurve
Abb. 3 Arnos und Brunos individuelle Angebotskurven

---

1 Die Zahlen wurden aus Vereinfachungsründen so gewählt, dass sich ein linearer Verlauf der Angebotskurve ergibt.

Gesamtangebot (Marktangebot) für ein bestimmtes Gut

Werden auch die individuellen Angebotskurven aller übrigen Brezelbäcker der Stadt entsprechend der obigen Tabelle hinzuaddiert, ergibt sich folgender Verlauf der Gesamtangebotskurve für Brezeln (Marktangebot).

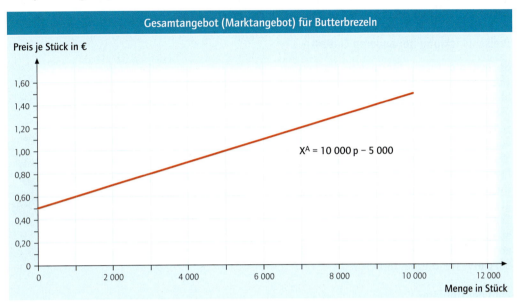

Das Gesamtangebot (Marktangebot) für ein Gut ergibt sich aus der Zusammenfassung (Aggregation) des individuellen Angebots für dieses Gut.

2.6.2 Bestimmungsfaktoren des Gesamtangebots

Neben dem **Preis des Gutes**, der bereits bei der Ableitung der Angebotskurve eines einzelnen Unternehmens (= individuelle Angebotskurve) als Bestimmungsfaktor untersucht wurde, können auch folgende Größen Einfluss auf die **Gesamtangebotskurve** haben:

Produktionskosten (Preise der Produktionsfaktoren)

Steigen die Produktionskosten, so erhöhen sich für die betroffenen Anbieter die Stückkosten (k_g). Dadurch steigt die langfristige Preisuntergrenze (= Minimum der Stückkosten k_g). Anbieter, deren gestiegene Stückkosten nicht mehr durch den bisherigen Preis gedeckt sind, erwirtschaften einen Verlust und scheiden aus dem Markt aus. Die insgesamt zum bisherigen Preis angebotene Menge sinkt dadurch. Die Gesamtangebotskurve verschiebt sich nach links. Bei s-förmigem Verlauf der Gesamtkostenkurve tritt bei einer Erhöhung der variablen Stückkosten (k_v) eine zusätzliche weitere Linksverschiebung der gesamten Angebotskurve ein, da für die betroffenen Unternehmen die Grenzkostenkurve und somit auch die Angebotskurve steiler verläuft. Für die betroffenen Unternehmen liegt das Gewinnmaximum dadurch bei einer niedrigeren Produktionsmenge, sodass auch die insgesamt angebotene Menge sinkt.

Verbesserung des technischen Wissens und Veränderung der Produktionstechnik

Eine Verbesserung der Produktionstechnik (z. B. Entwicklung neuer Brezelbackanlagen mit geringerem Energieverbrauch) wirkt sich wie eine Kostensenkung aus. Das führt bei sinkenden variablen Kosten zu einer Rechtsverschiebung der Angebotskurve.

Absatz- und Gewinnerwartungen

Haben die Unternehmen günstige Absatz- und Gewinnerwartungen, werden sie mehr investieren und ihre Produktionskapazitäten ausdehnen. Das führt zu einer Ausdehnung des Gesamtangebots. Die Gesamtangebotskurve verschiebt sich nach rechts.

Preisentwicklung bei anderen Gütern

Steigen die Preise für andere Backwaren, während der Preis für Brezeln unverändert bleibt, erbringt die Brezelherstellung im Vergleich zur Herstellung anderer Backwaren möglicherweise einen geringeren Gewinn als vorher. Sofern die produktionstechnischen Voraussetzungen gegeben sind, kann es daher aufgrund der veränderten Gewinnerwartungen zu einer Produktionsverlagerung zugunsten der anderen Backwaren kommen (= Lenkungsfunktion des Preises). Dies würde zu einem Rückgang des Brezelangebots und zu einer Linksverschiebung der Gesamtangebotskurve für Brezeln führen.

Zahl der Anbieter

Nimmt die Zahl der Anbieter zu, so erhöhen sich die insgesamt verfügbaren Produktionskapazitäten. Das Gesamtangebot steigt. Die Gesamtangebotskurve verschiebt sich nach rechts.

Bestimmungsfaktoren des Gesamtangebots (Marktangebot)				
Preis des Gutes (p_1)	Preise der Produktionsfaktoren (Kosten) $(k_1, \dots, k_n)$	technisches Wissen, Produktionstechnik (T)	Absatz- und Gewinnerwartungen (G)	Preise anderer Güter $(p_2, \dots, p_n)$	Zahl der anbietenden Unternehmen (Z)

Allgemeine Gesamtangebotsfunktion für Gut 1: $X^A_1 = f(p_1, k_1 \dots k_n, T, G, p_2, \dots, p_n, Z)$

2.6.3 Veränderung des Gesamtangebots

Unterscheidung zwischen Angebot und angebotener Menge

Wenn sich einzelne Einflussfaktoren des Gesamtangebots ändern, muss deutlich unterschieden werden, ob durch diese Änderung im Preis-Mengen-Diagramm eine **Bewegung auf einer gegebenen Angebotskurve** (= Veränderung der angebotenen Menge) oder eine **Verschiebung der Angebotskurve** (= Veränderung des Angebots) ausgelöst wird. Auch sprachlich sollte der Unterschied zwischen diesen beiden Fällen immer deutlich werden, indem im ersten Fall vom Steigen oder Sinken der **angebotenen Menge** und im zweiten Fall von Zunahme oder Abnahme des **Angebots** gesprochen wird.

Gesamtangebot (Marktangebot) für ein bestimmtes Gut

Bewegung auf der Angebotskurve – Verschiebung der Angebotskurve

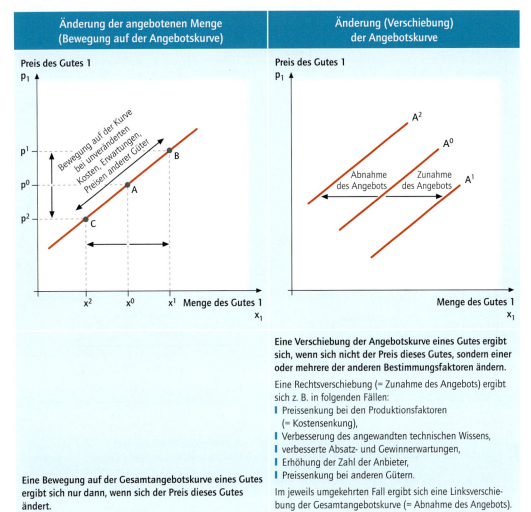

Änderung der angebotenen Menge (Bewegung auf der Angebotskurve)	Änderung (Verschiebung) der Angebotskurve

Eine Bewegung auf der Gesamtangebotskurve eines Gutes ergibt sich nur dann, wenn sich der Preis dieses Gutes ändert.

Eine Verschiebung der Angebotskurve eines Gutes ergibt sich, wenn sich nicht der Preis dieses Gutes, sondern einer oder mehrere der anderen Bestimmungsfaktoren ändern.

Eine Rechtsverschiebung (= Zunahme des Angebots) ergibt sich z. B. in folgenden Fällen:
- Preissenkung bei den Produktionsfaktoren (= Kostensenkung),
- Verbesserung des angewandten technischen Wissens,
- verbesserte Absatz- und Gewinnerwartungen,
- Erhöhung der Zahl der Anbieter,
- Preissenkung bei anderen Gütern.

Im jeweils umgekehrten Fall ergibt sich eine Linksverschiebung der Gesamtangebotskurve (= Abnahme des Angebots).

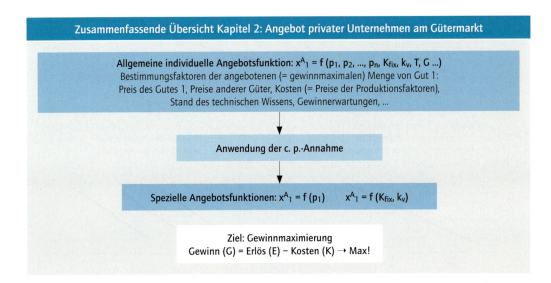

Zusammenfassende Übersicht Kapitel 2: Angebot privater Unternehmen am Gütermarkt

Allgemeine individuelle Angebotsfunktion: $x^A_1 = f(p_1, p_2, ..., p_n, K_{fix}, k_v, T, G ...)$
Bestimmungsfaktoren der angebotenen (= gewinnmaximalen) Menge von Gut 1:
Preis des Gutes 1, Preise anderer Güter, Kosten (= Preise der Produktionsfaktoren),
Stand des technischen Wissens, Gewinnerwartungen, ...

Anwendung der c. p.-Annahme

Spezielle Angebotsfunktionen: $x^A_1 = f(p_1)$ $x^A_1 = f(K_{fix}, k_v)$

Ziel: Gewinnmaximierung
Gewinn (G) = Erlös (E) − Kosten (K) → Max!

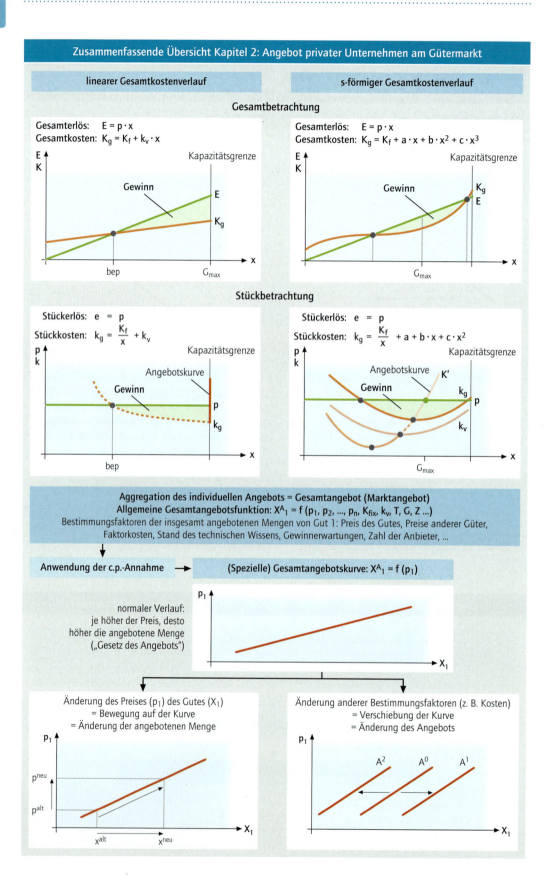

Angebot privater Unternehmen am Gütermarkt

Fragen zur Wiederholung

Kapitel 2.1: Grundannahmen der Angebotstheorie

1. Welche Annahmen liegen der Angebotstheorie zugrunde?
2. Was ist ein Mengenanpasser?
3. Unter welchen Voraussetzungen kann ein einzelnes Unternehmen den Marktpreis nicht beeinflussen?
4. Welches übergeordnete Hauptziel verfolgen Unternehmen?

Kapitel 2.2: Bestimmungsfaktoren des Angebots eines einzelnen Unternehmens

1. Nennen Sie die wesentlichen Bestimmungsfaktoren des individuellen Angebots eines Unternehmens.
2. Unterscheiden Sie zwischen einer allgemeinen und einer speziellen Angebotsfunktion.
3. Welcher Zusammenhang besteht zwischen Kosten, Erlösen und Gewinn?
4. Unter welcher Voraussetzung hat eine Erlöskurve einen linearen Verlauf?
5. Wovon hängt es ab, ob die Gesamtkostenkurve eines Unternehmens linear, progressiv oder degressiv verläuft?
6. Wie kann es zu einem s-förmigen Verlauf der Gesamtkostenkurve kommen?

Kapitel 2.3: Gewinnmaximum und Angebotsverhalten eines Unternehmens bei linearem Verlauf der Gesamtkostenkurve

1. Was ist unter der Gewinnschwelle (Break-even-Point) zu verstehen?
2. Bei welcher Produktionsmenge liegt das Gewinnmaximum eines Unternehmens bei linearem Verlauf der Gesamtkostenkurve?
3. Welchen Verlauf hat die Stückkostenkurve eines Unternehmens bei linearem Verlauf der Gesamtkosten?
4. Was ist unter den Begriffen „Fixkostendegression" und „Gesetz der Massenproduktion" zu verstehen?
5. Wo liegt die langfristige Preisuntergrenze eines Unternehmens bei linearem Kostenverlauf?
6. Wie verläuft die Angebotskurve eines einzelnen Unternehmens bei linearem Verlauf der Gesamtkosten?

Kapitel 2.4: Gewinnmaximum und Angebotsverhalten eines Unternehmens bei s-förmigem Verlauf der Gesamtkostenkurve

1. Wodurch sind Gewinnschwelle und Gewinngrenze gekennzeichnet?
2. Wie lässt sich die gewinnmaximale Menge mithilfe der „Tangentenlösung" bestimmen?
3. Was ist unter Grenzerlösen zu verstehen?
4. Was ist unter Grenzkosten zu verstehen?
5. Wie lautet die allgemeine Gewinnmaximierungsregel eines Unternehmens?
6. Warum liegt das Gewinnmaximum eines Mengenanpassers bei der Produktionsmenge, bei der sich Preisgerade und Grenzkostenkurve schneiden?
7. Was ist unter dem Betriebsoptimum, was unter dem Betriebsminimum zu verstehen?
8. Wo liegen die kurz- und langfristigen Preisuntergrenzen eines Unternehmens?

Kapitel 2.5: Individuelle Angebotskurve

1. Wie verläuft die Angebotskurve eines einzelnen Unternehmens bei s-förmigem Kostenverlauf?
2. Welche Änderung ergibt sich bei normalem Verlauf der Angebotskurve, wenn der Preis des Gutes sinkt?
3. Was ist unter dem Gesetz des Angebots zu verstehen?
4. Wie ändern sich die individuelle Angebotskurve und die angebotene Menge, wenn die fixen Kosten steigen?
5. Wie ändern sich die individuelle Angebotskurve und die angebotene Menge, wenn die variablen Kosten steigen?

Kapitel 2.6: Gesamtangebot (Marktangebot) für ein bestimmtes Gut

1. Was ist das Gesamtangebot (Marktangebot)?
2. Nennen Sie Bestimmungsfaktoren des Gesamtangebots.
3. Wann kommt es zu einer Bewegung auf der Gesamtangebotskurve?
4. Welche Wirkung hat eine Rechtsverschiebung der Gesamtangebotskurve?
5. Welche Ursachen kann eine Rechtsverschiebung der Gesamtangebotskurve haben?

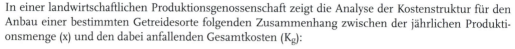

Aufgaben und Probleme zur Erarbeitung und Anwendung von Wissen

2.1 s-förmiger Kostenverlauf – Gewinnmaximum – kritische Kosten- und Gewinnpunkte – Angebotskurve

In einer landwirtschaftlichen Produktionsgenossenschaft zeigt die Analyse der Kostenstruktur für den Anbau einer bestimmten Getreidesorte folgenden Zusammenhang zwischen der jährlichen Produktionsmenge (x) und den dabei anfallenden Gesamtkosten (K_g):

Menge (x) in t	0	1 000	2 000	3 000	4 000	5 000	6 000	7 000
Kosten (K_g) in €	200.000	278.000	320.000	338.000	344.000	350.000	368.000	410.000

Menge (x) in t	8 000	9 000	10 000	11 000	12 000	13 000	14 000
Kosten (K_g) in €	488.000	614.000	800.000	1.058.000	1.400.000	1.838.000	2.384.000

Der Verkaufspreis beträgt 100,00 € je t.

Erlös, Kosten und Gewinn

1. Ermitteln Sie für die Produktionsmengen von 0 t bis 14 000 t tabellarisch (siehe Arbeitsblatt) folgende Größen: Erlöse (E), Fixkosten (K_{fix}), variable Gesamtkosten (K_v), Gesamtkosten (K_g), Gewinn/Verlust (G).
2. Stellen Sie in einem Koordinatensystem (siehe Arbeitsblatt) die Entwicklung der Erlöse (E) und der Gesamtkosten (K_g) in Abhängigkeit von der Produktionsmenge grafisch dar.
3. Beantworten Sie anhand der Grafik und der Tabelle die folgenden Fragen:
   a) Ab welcher Produktionsmenge (ungefähre Mengenangabe) erzielt der Betrieb einen Gewinn (Gewinnschwelle)?
   b) Ab welcher Produktionsmenge (ungefähre Mengenangabe) tritt der Betrieb erneut in die Verlustzone ein (Gewinngrenze)?
   c) Bei welcher Produktionsmenge erzielt der Betrieb den höchsten Gewinn?
4. Ermitteln Sie anhand der Grafik, welche Bedingung hinsichtlich der Steigungen der Erlöskurve (E) und der Gesamtkostenkurve (K_g) bei der gewinnmaximalen Produktionsmenge erfüllt sein muss.

Stückpreis und Stückkosten

5. Tabellarische und grafische Darstellung von Stückpreis und Stückkosten
   a) Ermitteln Sie für die Produktionsmengen 0 t bis 14 000 t tabellarisch (siehe Arbeitsblatt) zunächst nur den Stückpreis (p) und die Stückkosten (k_g).
   b) Stellen Sie in einem zweiten Koordinatensystem (siehe Arbeitsblatt) die Entwicklung des Stückpreises (p) und der Stückkosten (k_g) grafisch dar.
   c) Überprüfen Sie anhand der Grafik die bei den Aufgaben 3 a) und 3 b) ermittelte Gewinnschwelle und Gewinngrenze.

Bedeutung der Grenzkosten für die Ermittlung des Gewinnmaximums

6. Die Steigung der Erlöskurve (E) bei unterschiedlichen Absatzmengen wird durch die jeweiligen Grenzerlöse (E') angegeben. Der Grenzerlös (= 1. Ableitung) ist der zusätzliche Erlös, der sich bei einer Erhöhung der Absatzmenge um eine Einheit ergibt.
   Die Steigung der Gesamtkostenkurve (K_g) bei unterschiedlichen Absatzmengen wird durch die jeweiligen Grenzkosten (K') angegeben. Die Grenzkosten (= 1. Ableitung) sind die zusätzlichen Kosten, die sich bei einer Erhöhung der Produktionsmenge um eine Einheit ergeben.
   a) Ermitteln Sie in der bei Aufgabe 5 a) erstellten Tabelle die Grenzerlöse und die Grenzkosten für die Produktionsmengen von 0 t bis 14 000 t.
   b) Stellen Sie in dem bei Aufgabe 5 b) erstellten Koordinatensystem die Entwicklung der Grenzerlöse (E') und der Grenzkosten (K') grafisch dar.
   c) Überprüfen Sie anhand der Grafik die bei Aufgabe 3 c) ermittelte gewinnmaximale Menge. Begründen Sie mathematisch und betriebswirtschaftlich, warum die gewinnmaximale Produktionsmenge dann erreicht ist, wenn die Bedingungen E' = K' bzw. p = K' erfüllt sind.

Angebot privater Unternehmen am Gütermarkt

Bedeutung der variablen Stückkosten

7. Variable Stückkosten (k_v)
   a) Ermitteln Sie anhand der bei Aufgabe 5a) erstellten Tabelle die variablen Stückkosten (k_v) für die Produktionsmengen 0 t bis 14000 t.
   b) Stellen Sie in dem bei Aufgabe 5b) erstellten Koordinatensystem die Entwicklung der variablen Stückkosten grafisch dar.

8. Beantworten Sie anhand der beiden Tabellen und der beiden Grafiken folgende Fragen:
   a) Welche Kostenart entscheidet darüber, ob es neben der Gewinnschwelle auch eine Gewinngrenze gibt?
   b) Warum gibt es bei linearem Verlauf der Gesamtkostenkurve keine Gewinngrenze?
   c) Wie weit darf der Preis langfristig höchstens sinken, damit der Betrieb die Produktion fortsetzen kann (= langfristige Preisuntergrenze)?
   d) Wie weit darf der Preis kurzfristig höchstens sinken, damit der Betrieb seine Produktion nicht einstellen muss (= kurzfristige Preisuntergrenze)?
   e) Welche Besonderheit weist die Gesamtkostenkurve beim Minimum der Grenzkostenkurve auf?

Kritische Kostenpunkte

9. Das Minimum der Stückkostenkurve (k_g) wird als Betriebsoptimum (oder optimaler Kostenpunkt) und das Minimum der variablen Stückkosten (k_v) als Betriebsminimum bezeichnet. In diesem Zusammenhang wird auch von „kritischen Kostenpunkten" gesprochen.
Stellen Sie anhand der bei den Aufgaben 5b) und 6b) erstellten grafischen Darstellung der Stückgrößen für diese beiden Kostenpunkte fest,
   a) bei welchen Produktionsmengen (ungefähre Mengenangaben) sie jeweils liegen,
   b) welche Besonderheiten sie jeweils aufweisen.

Angebotskurve

10. Stellen Sie in einem Preis-Mengen-Diagramm die individuelle Angebotskurve des Betriebes dar und begründen Sie deren Verlauf. Unterscheiden Sie dabei auch zwischen der langfristigen Preisuntergrenze (Aufgabe 8c) und der kurzfristigen Preisuntergrenze (Aufgabe 8d).

Zusammenfassung

11. Für das vorliegende Beispiel lauten die Erlös- und Kostenfunktionen wie folgt:
    Erlösfunktion: $E = 100 \cdot x$ Kostenfunktion: $K = 200\,000 + 0{,}000002\,x^3 - 0{,}024\,x^2 + 100\,x$
    Stellen Sie die in den beiden Koordinatensystemen erstellten Kurven (Gesamtgrößen und Stückgrößen) mithilfe eines grafikfähigen Taschenrechners dar. Ermitteln Sie folgende Größen: Gewinnschwelle, Gewinngrenze, Gewinnmaximum, Betriebsoptimum, Betriebsminimum.

2.2 Gewinnmaximum – Angebotskurve

Eine Kostenuntersuchung bei einer Näherei für Oberhemden und Blusen führt zu dem Ergebnis, dass sich pro Stunde Produktionsmenge (x) und Gesamtkosten (K_g) wie folgt zueinander verhalten:
$K_g = 18 + 30\,x - 9\,x^2 + x^3$.

Der Verkaufspreis je Stück beträgt 25,00 €.

1. Ermitteln Sie tabellarisch und grafisch Gewinnschwelle, Gewinnmaximum, Gewinngrenze, Betriebsoptimum und Betriebsminimum.
2. Stellen Sie den Verlauf der Angebotskurve grafisch dar.
3. Der Verkaufspreis je Stück sinkt langfristig auf 20,00 €.
   a) Wie verändern sich dadurch Gewinnmaximum und Angebotsmenge des Unternehmens?
   b) Welche Auswirkungen ergeben sich durch ein Sinken der Fixkosten auf die Angebotskurve? Begründen Sie Ihre Aussage.

2.3 Individuelle Angebotskurve

Ein Unternehmen weist folgende Gesamtkostenentwicklung auf.

Menge (x) in Stück	0	10	20	30	40	50	60	70	80	90	100	110	120
Gesamtkosten (K_g) in €	40	54	64	72	79	85	92	100	110	124	142	166	196

1. Ermitteln Sie für die Mengen 0 bis 120 Stück tabellarisch k_g, k_v und K' und bestimmen Sie, bei welchen Mengen das Betriebsoptimum und das Betriebsminimum liegen.
2. Stellen Sie die kurz- und langfristige Angebotskurve des Unternehmens grafisch dar.
3. Überlegen Sie, ob und gegebenenfalls wie sich die Angebotskurve ändert, wenn
   a) nur die Fixkosten,   b) zusätzlich auch die variablen Stückkosten steigen.

2.4 Individuelle Angebotskurve – Gesamtangebotskurve

Für drei landwirtschaftliche Betriebe ergeben sich bei der Getreideproduktion im Bereich der progressiv steigenden Gesamtkosten folgende Grenzkosten:

| Betrieb 1 || Betrieb 2 || Betrieb 3 ||
Menge in t	K' in €	Menge in t	K' in €	Menge in t	K' in €
50,0	10,00	25,0	20,00	20,0	30,00
65,0	20,00	37,5	30,00	30,0	40,00
72,5	30,00	45,0	40,00	37,5	50,00
80,0	40,00	50,0	50,00	45,0	60,00
85,0	50,00	55,0	60,00	50,0	70,00
90,0	60,00	60,0	70,00	55,0	80,00
92,5	70,00	62,5	80,00	60,0	90,00
95,0	80,00	65,0	90,00	65,0	100,00
97,5	90,00	67,5	100,00		
100,0	100,00				
Betriebsoptimum: 65,0 t		**Betriebsoptimum: 37,5 t**		**Betriebsoptimum: 37,5 t**	

1. Stellen Sie für jeden Betrieb die langfristige Angebotsfunktion tabellarisch und grafisch dar.
2. Stellen Sie die langfristige Gesamtangebotsfunktion tabellarisch und grafisch dar.
3. Wie hoch ist die Gesamtangebotsmenge bei einem Marktpreis von 50,00 € je t?
4. Aufgrund eines Preisanstiegs beim Saatgut (= variable Kosten) steigen in allen drei Betrieben die Grenzkosten bei jeder Produktionsmenge um 10,00 €.
   a) Stellen Sie die sich dadurch ergebenden Veränderungen der Gesamtangebotsfunktion tabellarisch und grafisch dar. Vergleichen Sie das Ergebnis mit dem von Aufgabe 1.
   b) Wie hoch ist nach der Erhöhung der variablen Kosten die Angebotsmenge bei einem gleichbleibenden Preis von 50,00 € je t? Begründen Sie das Ergebnis.
5. Angenommen, **statt** der Preiserhöhung für Saatgut (Aufg. 4) kommt es zu einer Erhöhung der Pachtpreise. Dadurch verändert sich in allen Betrieben das Betriebsoptimum um 7,5 t.
   a) Welche Änderungen würden sich in diesem Fall gegenüber dem Ergebnis von Aufg. 1 ergeben?
   b) Wie hoch ist nach der Erhöhung der Fixkosten die Gesamtangebotsmenge bei einem gleichbleibenden Marktpreis von 50,00 € je t? Begründen Sie das Ergebnis.

2.5 Veränderung des Gesamtangebots (Marktangebot)

Welche der folgenden Faktoren können im Zeitablauf die Verschiebung der Gesamtangebotskurve für das Gut 1 von A^1 nach A^2 verursacht haben? Begründen Sie Ihre Antwort.
a) Der Preis des Gutes 1 ist gesunken.
b) Die Preise anderer Güter sind gesunken.
c) Erhöhung der Faktorkosten
d) Die Absatz- und Gewinnerwartungen der Unternehmen haben sich verschlechtert.
e) Kostensenkung durch technischen Fortschritt
f) Die Zahl der Anbieter hat zugenommen.

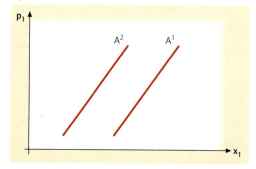

Preisbildung auf verschiedenen Arten von Märkten

3 Preisbildung auf verschiedenen Arten von Märkten

Warum ist dieses Kapitel wichtig?

Problem

Zustandekommen und Höhe der **Preise** werden in einer Marktwirtschaft durch **Angebot** und **Nachfrage** bestimmt. Nachdem in den beiden vorhergehenden Kapiteln die Faktoren, die Angebot und Nachfrage beeinflussen, ausführlich behandelt wurden, steht jetzt der **Preisbildungsprozess** im Mittelpunkt. Die Preisbildung findet auf **Märkten** statt. Die Art und Weise, wie Preise zustande kommen und wie hoch sie sind, hängt entscheidend davon ab, ob die **Marktteilnehmer** in **Wettbewerb** miteinander stehen oder nicht. Dementsprechend muss die Preisbildung auf Wettbewerbsmärkten von derjenigen unterschieden werden, bei der einzelne Anbieter über **Marktmacht** verfügen. Die Fragestellungen dieses Kapitels lauten daher:

Welche Märkte lassen sich in Abhängigkeit von der Marktmacht der Anbieter unterscheiden?

Wie kommen auf diesen unterschiedlichen Märkten Preise zustande?

Überblick und Zusammenhänge

3.1 Marktformen und Marktmacht

Funktionen von Märkten

In einer Marktwirtschaft stellen die Unternehmer ihre Produktionspläne und die privaten Haushalte ihre Verbrauchspläne selbstständig und unabhängig voneinander unter Berücksichtigung ihrer eigenen Ziele auf. Es wäre ein großer Zufall, wenn alle ursprünglichen Pläne der Marktteilnehmer ohne Änderungen miteinander vereinbar wären. Die gegenseitige Abstimmung und Anpassung der Pläne von Anbietern und Nachfragern erfolgt auf dem **Markt**.

> **Der Markt ist der Ort, an dem Angebot und Nachfrage zusammentreffen.**

Obwohl es höchst unterschiedliche Märkte gibt, wie z. B. den Wochenmarkt, den Gebrauchtwagenmarkt, den Drogenmarkt oder den computergesteuerten virtuellen Devisenmarkt, sind die Grundregeln und das Verhalten der Marktteilnehmer doch auf allen Märkten gleich. Die Marktteilnehmer verfolgen unterschiedliche Interessen. Die Anbieter wollen zu einem Preis verkaufen, bei dem ihr Gewinn maximiert wird, während die Nachfrager ihren Nutzen maximieren und daher möglichst billig kaufen möchten. Der Ausgleich dieser gegensätzlichen Interessen erfolgt auf dem Markt durch den **Preis**.

> **Der Markt hat die Funktion, die Pläne der Anbieter und der Nachfrager durch den Preis zum Ausgleich zu bringen. Der Markt ist der Ort der Preisbildung.**

Einteilung der Märkte nach der Zahl der Marktteilnehmer und der Marktmacht

Von großer Bedeutung für die Verhaltensweisen von Anbietern und Nachfragern ist die Zahl der Marktteilnehmer. Je größer die Zahl der Anbieter, umso stärker ist beispielsweise der zu erwartende Konkurrenzkampf. Ein Anbieter mit vielen Konkurrenten trifft andere Entscheidungen als ein alleiniger Anbieter, der die gesamte Nachfrage auf sich vereinigt. Die Preisbildung vollzieht sich daher anders, je nachdem, ob es auf einem Markt viele, wenige oder nur einen Anbieter bzw. Nachfrager gibt. Um die Entscheidungen von Anbietern und Nachfragern auf Märkten, die sich hinsichtlich der Zahl der Marktteilnehmer unterscheiden, analysieren zu können, werden die Märkte üblicherweise nach folgendem **Marktformenschema** gegliedert:[1]

Marktformen			
Anbieter / Nachfrager	viele	wenige	einer
viele	zweiseitiges Polypol	Nachfrageoligopol	Nachfragemonopol
wenige	Angebotsoligopol	zweiseitiges Oligopol	beschränktes Nachfragemonopol
einer	Angebotsmonopol	beschränktes Angebotsmonopol	zweiseitiges Monopol

> **Ein Polypol ist durch viele Anbieter (Polypolisten) und viele Nachfrager gekennzeichnet. Der einzelne Marktteilnehmer hat nur einen geringen Anteil am Gesamtangebot bzw. an der Gesamtnachfrage.**

---

1 Diese Art des Marktformenschemas stammt von Heinrich von Stackelberg (1905–1946). Vgl. v. Stackelberg, H., Grundlagen der theoretischen Volkswirtschaftslehre, Tübingen, Zürich 1951, S. 235. Die griechischen Vorsilben poly, oligo und mono haben folgende Bedeutung: poly ... = viel ..., oligo ... = wenig ..., mono ... = allein ...

Preisbildung auf Wettbewerbsmärkten

> Beim **Angebotsoligopol** treten nur wenige Anbieter auf. Der einzelne Oligopolist hat einen großen Anteil am Gesamtangebot auf dem Markt.

> Beim **Angebotsmonopol** tritt nur ein Anbieter auf. Er verfügt über große Marktmacht. Da er keine Konkurrenten hat, muss er bei seinen Entscheidungen nur die Reaktion der Nachfrager berücksichtigen.

3.2 Preisbildung auf Wettbewerbsmärkten

3.2.1 Zustandekommen und Eigenschaften des Gleichgewichtspreises

Ein **Wettbewerbsmarkt** liegt vor, wenn viele Anbieter miteinander in Konkurrenz stehen und somit keiner von ihnen über **Marktmacht** verfügt **(Polypol)**. In der Realität ist der Preisbildungsprozess auf solchen Märkten höchst undurchsichtig.

Preisbildung an einer Warenbörse

Am Beispiel einer **Börse**, bei der ein **Makler** aufgrund der ihm vorliegenden zahlreichen Kauf- und Verkaufsaufträge schrittweise den Marktpreis ermittelt, lässt sich die Preisbildung auf Wettbewerbsmärkten veranschaulichen.

> **Preisbildung an der Stuttgarter Getreidebörse**
>
> An der Stuttgarter Waren- und Produktenbörse werden u. a. verschiedene Getreidearten gehandelt. Eine **Maklerkommission** sammelt die Verkaufsaufträge der Produzenten und die Kaufaufträge der Getreidehändler. Die Produzenten teilen mit, welchen Preis sie mindestens erzielen wollen (Mindestpreis) und welche Mengen (in t) sie zu diesem Preis anbieten. Die Händler nennen als Nachfrager die Preise, die sie höchstens zu zahlen bereit sind (Höchstpreise), und die Mengen (in t), die sie zu diesem Preis abnehmen wollen. Aus den Kauf- und Verkaufsaufträgen ermittelt die **Maklerkommission** den Börsenpreis. Dabei ist es ihre gesetzlich vorgeschriebene Aufgabe, den Preis zu finden, bei dem die meisten Kauf- und Verkaufsaufträge ausgeführt werden können **(Meistausführungsprinzip)**. Bei diesem Preis ist die umgesetzte **Menge** am größten.

Tabellarische Ermittlung des Gleichgewichtspreises

Angenommen, an einem bestimmten Börsentag liegen der Maklerkommission für eine bestimmte Getreidesorte, deren Qualität (z. B. Feuchtigkeitsgehalt) eindeutig festgelegt ist, folgende Kauf- und Verkaufsaufträge vor:

Verkaufsanträge (Angebot)			Kaufaufträge (Nachfrage)		
Name des Verkäufers	Mindestpreis je t in €	angebotene Menge t	Name des Käufers	Höchstpreis je t in €	nachgefragte Menge t
A	100	75	F	300	55
B	150	50	G	250	35
C	200	25	H	200	60
D	250	15	I	150	90
E	300	13	J	100	110

Die Maklerkommission ordnet den unterschiedlichen Preisen die jeweils insgesamt angebotene und nachgefragte Menge zu und erstellt folgende Übersichten:

Preis in €	Angebot in t						Nachfrage in t					
	A	B	C	D	E	Summe	F	G	H	I	J	Summe
100	75	0	0	0	0	75	55	35	60	90	110	350
150	75	50	0	0	0	125	55	35	60	90	0	240
200	75	50	25	0	0	150	55	35	60	0	0	150
250	75	50	25	15	0	165	55	35	0	0	0	90
300	75	50	25	15	13	178	55	0	0	0	0	55

Preis in €	angebotene Menge in t	nachgefragte Menge in t	umgesetzte Menge in t	Verhältnis von Angebot und Nachfrage
100	75	350	75	Angebot < Nachfrage: 275 t
150	125	240	125	Angebot < Nachfrage: 115 t
200	150	150	150	Angebot = Nachfrage
250	165	90	90	Angebot > Nachfrage: 75 t
300	178	55	55	Angebot > Nachfrage: 123 t

Würde die Maklerkommission einen Preis von 100,00 € je t festlegen, würden zwar 350 t nachgefragt, aber nur 75 t angeboten. Daher könnten nur 75 t zu diesem Preis verkauft werden. Es besteht ein **Nachfrageüberschuss** bzw. eine **Angebotslücke** von 275 t. Würde die Maklerkommission dagegen einen Kurs von 300 € je t festlegen, würden zwar 178 t angeboten, aber nur 55 t nachgefragt. Daher könnten nur 55 t Getreide zu diesem Preis verkauft werden. Es besteht ein **Angebotsüberschuss** bzw. eine **Nachfragelücke** von 123 t. Die Maklerkommission wird an diesem Börsentag den Preis von 200 € je t Getreide festlegen. Bei diesem Preis planen die Anbieter 150 t zu verkaufen und die Nachfrager planen 150 t zu kaufen. Es besteht weder ein Angebots- noch ein Nachfrageüberhang. Dieser Preis „räumt den Markt". Bei keinem anderen Preis kann eine größere Menge umgesetzt werden. Die unabhängig voneinander gebildeten Kauf- und Verkaufspläne entsprechen einander. Der Preis von 200 € je t ist der **Gleichgewichtspreis**. Die bei diesem Preis umgesetzte Menge (150 t) ist die **Gleichgewichtsmenge**.

Preisbildung auf Wettbewerbsmärkten

Grafische Ermittlung des Gleichgewichtspreises

Die tabellarische Darstellung der Angebots- und Nachfragesituation lässt sich auch in grafischer Form als **Angebots-** und **Nachfragekurve** abbilden.

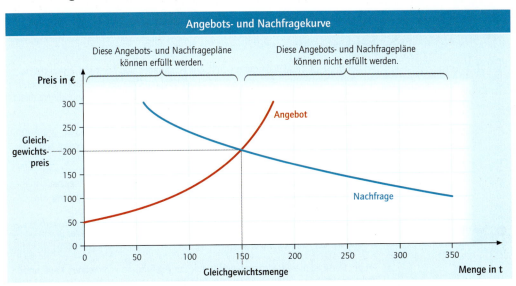

Beim Gleichgewichtspreis sind die geplanten Angebots- und Nachfragemengen gleich groß. Zu keinem anderen Preis kann eine größere Menge umgesetzt werden.

Der Schnittpunkt zwischen Angebots- und Nachfragekurve bestimmt den Gleichgewichtspreis und die Gleichgewichtsmenge.

Funktionaler Zusammenhang zwischen Nachfrage, Angebot und Gleichgewichtspreis

Auf den ersten Blick scheint ein Widerspruch zwischen den beiden Aussagen zu bestehen, dass einerseits der Preis eines Gutes die Höhe von Angebot und Nachfrage für dieses Gut beeinflusst und andererseits wiederum Angebot und Nachfrage den Gleichgewichtspreis (und die Gleichgewichtsmenge) dieses Gutes bestimmen. Um zu verstehen, welche Größe von welcher Größe abhängt, muss deutlich zwischen der angebotenen und nachgefragten **Menge** einerseits und der Angebots- und Nachfrage**funktion** bzw. Angebots- und Nachfrage**kurve** andererseits unterschieden werden. Die Zusammenhänge zwischen der nachgefragten bzw. angebotenen **Menge** eines Gutes und seinem **Preis** lassen sich als Nachfragefunktion $X^N = X^N(p)$ und als Angebotsfunktion $X^A = X^A(p)$ darstellen. **Angebots- und Nachfragemengen sind also eine Funktion des Preises.** Da aber der Schnittpunkt zwischen Angebots- und Nachfragekurve den Gleichgewichtspreis (und die Gleichgewichtsmenge) bestimmt, lautet die Gleichgewichtsbedingung $X^N(p) = X^A(p)$. Der Gleichgewichtspreis p^0 ist somit von der Angebots- und Nachfrage**funktion** bzw. vom Verlauf der Angebots- und Nachfrage**kurve** abhängig. **Der Gleichgewichtspreis p^0 ist somit eine Funktion der Angebots- und Nachfragefunktion.** Diese Funktion lässt sich als $p^0 = f(X^N(p), X^A(p))$ darstellen.

Börse als vollkommener Markt

Die Marktform der **Börse** stellt eine Besonderheit dar, da sie die in der Realität anzutreffende Marktform ist, die dem **Modell eines vollkommenen Marktes** sehr nahe kommt. Ein Markt wird als **vollkommen** bezeichnet, wenn die folgenden **Bedingungen** erfüllt sind.

❶ Homogenität der Güter		Die Güter sind sachlich völlig gleichartig
		An der Getreidebörse ist diese Bedingung erfüllt. Das gehandelte Getreide mit einer bestimmten Bezeichnung (Gütemerkmal) hat eine einheitliche Qualität.
❷ Keine Präferenzen (Bevorzugungen)	persönliche Präferenzen	Persönliche Präferenzen können sich durch langjährige Geschäftsbeziehungen, den guten Ruf eines Unternehmens oder eine besonders freundliche und aufmerksame Bedienung ergeben.
		An der Börse ist diese Bedingung erfüllt. Die Nachfrager sind beispielsweise nicht bereit, einem bestimmten Anbieter zuliebe einen höheren Preis für eine Tonne Getreide zu bezahlen. Andererseits sind die Anbieter nicht bereit, einzelnen Nachfragern zuliebe einen geringeren Preis für eine Tonne Getreide zu akzeptieren.
	räumliche Präferenzen	Räumliche Präferenzen können sich ergeben, wenn für den Käufer wegen uneinheitlicher Entfernungen zu den einzelnen Anbietern ein unterschiedlicher Zeitaufwand oder unterschiedliche Transportkosten entstehen.
		An der Börse ist diese Bedingung erfüllt. Es gibt keine räumlichen Präferenzen einzelner Marktteilnehmer aus Gründen der Zeitersparnis oder der Minderung von Transportkosten.
	zeitliche Präferenzen	Zeitliche Präferenzen können sich durch unterschiedliche Lieferzeiten oder Bevorzugung bei der Abfertigung ergeben.
		An der Börse ist diese Bedingung erfüllt. Alle zur Ausführung kommenden Kauf- und Verkaufsaufträge werden gleichzeitig ausgeführt.
❸ Vollständige Markttransparenz		Alle Marktteilnehmer sind umfassend über die für den Abschluss von Kaufverträgen wesentlichen Daten informiert (z. B. Art und Qualität der Güter, Preise, Lieferfristen, Zahlungsbedingungen, Zahl und Marktmacht der Anbieter und Nachfrager).
		An der Börse ist diese Bedingung durch die Einschaltung eines Maklers (weitestgehend) erfüllt. Der Makler sorgt durch die Zusammenstellung der Kauf- und Verkaufsaufträge für die nötige Markttransparenz.

Ein vollkommener Markt liegt vor, wenn folgende Bedingungen erfüllt sind:
❶ **Homogene Güter**   ❷ **Keine Präferenzen**   ❸ **Vollständige Markttransparenz**

Ergebnis eines vollkommenen Marktes: Einheitlicher Preis (Gleichgewichtspreis)

Auf einem **vollkommenen Markt** ergibt sich nur ein einziger Preis **(Einheitspreis)**, zu dem alle Käufe und Verkäufe des gehandelten Gutes getätigt werden (Gesetz von der **Unterschiedslosigkeit des Preises**). Werden die Annahmen des vollkommen Marktes auf einen Markt mit vielen Anbietern angewandt **(= Polypol auf dem vollkommenen Markt)**, wird diese Marktform auch als **vollständige Konkurrenz** *(pure competition)* bezeichnet.

Die Erkenntnisse über den Preisbildungsprozess an einer Börse lassen sich auch auf andere Wettbewerbsmärkte übertragen, obwohl es sich bei den in der **Realität** vorkommenden Märkten fast immer um **unvollkommene Märkte** handelt. Auf diesen Märkten stellt sich kein **einheitlicher Gleichgewichtspreis** ein.

Allerdings nimmt auf vielen Märkten aufgrund der vermehrten Internetnutzung, die die Möglichkeit zum weltweiten Preis- und Qualitätsvergleich bietet, die Markttransparenz laufend zu. Als Folge davon lässt sich auch ein Rückgang der auf Präferenzen zugunsten bestimmter Anbieter beruhenden Kundenbindung feststellen. Die Informationsmöglichkeiten im Internet tragen somit erheblich zu einem Abbau von Marktunvollkommenheiten bei.

Übertragung der Ergebnisse bei vollständiger Konkurrenz auf andere Wettbewerbsmärkte in der Realität

Auf dem **Markt für Brezeln** in einer Stadt oder Region ergibt sich in Wirklichkeit kein einheitlicher Preis, zu dem alle Käufe und Verkäufe getätigt werden. Das „Gesetz von der Unterschiedslosigkeit des Preises" gilt in diesem Fall nicht. Das liegt daran, dass – anders als im Modell der vollständigen Konkurrenz –

- die Marktteilnehmer nicht über die Angebots- und Nachfrageverhältnisse informiert sind (z. B. fehlende Markttransparenz über die von den einzelnen Anbietern verlangten Preise) und es – im Gegensatz zur Börse – keinen Makler gibt, der aus den Kauf- und Verkaufsaufträgen den Gleichgewichtspreis ermittelt,
- die Brezeln nicht völlig gleichartig (homogen) in Geschmack, Aussehen, Größe usw. sind (z. B. Brezeln mit besserem Geschmack, für die ein Nachfrager bereit ist, einen höheren Preis zu zahlen),
- die Nachfrager besondere Vorlieben (Präferenzen) haben (z. B. für Brezeln aus einer bestimmten Bäckerei, für die ein Käufer wegen der besonders freundlichen Bedienung oder der räumlichen Nähe bereit ist, einen höheren Preis zu zahlen).

Marktgleichgewicht

Werden trotz dieser Einschränkungen die in Kap. 1.3.1 hergeleitete Gesamtnachfragekurve für Brezeln und die in Kap. 2.5.1 hergeleitete Gesamtangebotskurve für Brezeln zusammen in einem Preis-Mengen-Diagramm wie in der folgenden Abbildung dargestellt, ergibt sich als Schnittpunkt dieser beiden Kurven ein **Marktgleichgewicht**.

Im vorliegenden Fall liegt das Marktgleichgewicht für Brezeln bei einem Gleichgewichtspreis von 1,00 € und bei einer Gleichgewichtsmenge 5 000 Stück. Alle Anbieter, deren Preisforderungen nicht über dem Gleichgewichtspreis liegen, können die angebotene Menge auch tatsächlich zum Gleichgewichtspreis absetzen. Alle Nachfrager, deren Zahlungsbereitschaft nicht unter dem Gleichgewichtspreis liegt, können die nachgefragte Menge auch tatsächlich zum Gleichgewichtspreis kaufen. Für diese Anbieter und Nachfrager besteht kein Anlass, den Preis oder die Menge zu ändern. Ihre Produktions- und Verbrauchspläne werden erfüllt. Nur die Anbieter, die einen höheren Preis als den Gleichgewichtspreis verlangen, und die Nachfrager, die nicht bereit sind, mindestens den Gleichgewichtspreis zu bezahlen, können ihre Pläne nicht realisieren.

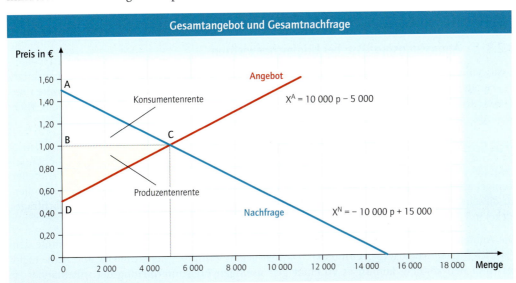

3.2.2 Konsumenten- und Produzentenrente

Berechnung der Konsumentenrente

Die Nachfrager, die bereit gewesen wären, auch zu einem höheren Preis als dem Gleichgewichtspreis zu kaufen, erzielen einen Vorteil in Form einer Einsparung, da sie jetzt die gewünschten Güter billiger erwerben können als geplant. Die Differenz zwischen der Zahlungsbereitschaft und den niedrigeren tatsächlichen Ausgaben wird als **Konsumentenrente** bezeichnet. Diejenigen Nachfrager, die beispielsweise bereit sind, 1,30 € je Brezel zu zahlen, erzielen demgegenüber im vorliegenden Fall eine Konsumentenrente von 0,30 € je Brezel. Die Nachfrager, die höchstens zu dem Preis kaufen wollten, der sich später als Gleichgewichtspreis herausstellt (hier: 1,00 €), können zwar ihre Nachfrage befriedigen, erzielen aber keine Konsumentenrente. Sie werden als **Grenznachfrager** bezeichnet. Die Summe aller Konsumentenrenten lässt sich grafisch durch die Fläche des Dreiecks BCA *(vgl. Abb. S. 75)* darstellen. Sie beträgt im vorliegenden Fall 1.250 € (5 000 · 0,5)/2.

> Die Konsumentenrente aller Nachfrager zusammen entspricht der Fläche unterhalb der Nachfrage-kurve und oberhalb des Gleichgewichtspreises.

Berechnung der Produzentenrente

Die Anbieter, die bereit gewesen wären, auch zu einem niedrigeren Preis als dem Gleichgewichtspreis zu verkaufen, erzielen einen Vorteil (Gewinnerhöhung), da sie die Güter teurer verkaufen können als geplant. Die Differenz zwischen den Einnahmen beim geforderten Mindestpreis und den tatsächlich erzielten höheren Einnahmen wird als **Produzentenrente**[1] bezeichnet. Diejenigen Anbieter, die beispielsweise bereit sind, die Brezeln für 0,70 € je Stück zu verkaufen, erzielen demgegenüber im vorliegenden Fall eine Produzentenrente von 0,30 € je Stück. Die Anbieter, die mindestens zu dem Preis verkaufen wollten, der sich später als Gleichgewichtspreis herausstellt (hier: 1,00 €), können zwar ihre Ware absetzen, erzielen aber keine Produzentenrente. Sie werden als **Grenzanbieter** bezeichnet. Die Summe aller Produzentenrenten lässt sich grafisch durch die Fläche des Dreiecks BDC *(vgl. Abb. S. 75)* darstellen. Sie beträgt im vorliegenden Fall 1.250 € (5 000 · 0,5)/2.

> Die Produzentenrente aller Anbieter zusammen entspricht der Fläche oberhalb der Angebotskurve und unterhalb des Gleichgewichtspreises.

3.2.3 Anpassungsprozesse bei Ungleichgewichten

Solange die Gleichgewichtssituation noch nicht erreicht ist, lösen Anbieter und Nachfrager durch ihr Handeln und ihre Reaktionen Marktkräfte aus, die eine Entwicklung zum Gleichgewicht bewirken. Diese Anpassungsprozesse lassen sich an einem Preis-Mengen-Diagramm nachvollziehen *(vgl. Abb. S. 77)*.

Preis liegt vorübergehend über dem Gleichgewichtspreis: Angebotsüberschuss

Liegt der Preis vorübergehend über dem Gleichgewichtspreis (z. B. 1,30 €), können die Anbieter weniger absetzen als geplant. Geplant ist eine Absatzmenge von 8 000 Stück, die Nachfrager wollen zu diesem Preis aber nur 2 000 Stück kaufen. Es entsteht ein **Angebotsüberschuss (Nachfrage-lücke)** in Höhe von 6 000 Stück.

Die Anbieter werden bereit sein, den Preis zu senken. Ein einzelner Anbieter allein könnte den Preis zwar nicht nachhaltig beeinflussen. Da aber bei diesem Preis viele Anbieter ihre Pläne nicht verwirklichen können, kommt es zu einer gegenseitigen **Preisunterbietung** der miteinander in

---

[1] Die Produzentenrente ist nur dann mit dem Gewinn eines Anbieters identisch, wenn keine fixen Kosten vorliegen. Andernfalls entspricht die Produzentenrente dem Deckungsbeitrag.

Konkurrenz stehenden Anbieter. Aufgrund des sinkenden Preises verringert sich die angebotene Menge, da einige Anbieter aus dem Markt ausscheiden, weil der Preis unter ihre Stückkosten (Preisuntergrenze) gesunken ist. Gleichzeitig steigt die nachgefragte Menge, weil die bisherigen Käufer mehr nachfragen und möglicherweise neue Käuferschichten in der Lage sind, das Gut aufgrund des gesunkenen Preises zu kaufen. Die abwärts gerichteten Pfeile in der folgenden Abbildung zeigen den Anpassungsprozess, der sich als **Bewegung auf der Angebots- und Nachfragekurve** darstellen lässt. Der Angebotsüberschuss verringert sich allmählich und der Preis nähert sich dem Gleichgewichtspreis von 1,00 €. Wird der Gleichgewichtspreis erreicht, besteht für keinen Anbieter Anlass zu einer weiteren Preissenkung, da **alle**, die zu diesem Preis verkaufen wollen, tatsächlich ihre Produkte absetzen können.

> Liegt der Preis vorübergehend über dem Gleichgewichtspreis, entsteht ein Angebotsüberschuss (Nachfragelücke). Der Preis sinkt.

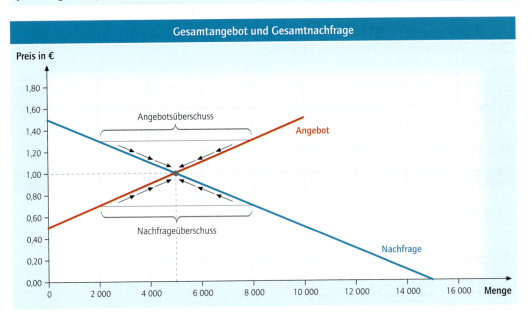

Preis liegt vorübergehend unter dem Gleichgewichtspreis: Nachfrageüberschuss

Liegt der Preis vorübergehend unter dem Gleichgewichtspreis (z. B. 0,70 €), entsteht ein **Nachfrageüberschuss (Angebotslücke)** in Höhe von 6 000 Stück.

Ein Teil der Nachfrager kann seine Pläne nicht erfüllen, da er das Gut gar nicht oder nicht in der gewünschten Menge kaufen kann. Die Nachfrager mit einer höheren Zahlungsbereitschaft werden daher bereit sein, einen höheren Preis zu bezahlen. Es kommt zu einer gegenseitigen **Preisüberbietung**. Als Folge davon steigt die angebotene Menge. Die Anbieter dehnen ihre Produktion aus und neue Anbieter, für die der Preis bisher nicht kostendeckend war, treten am Markt auf. Gleichzeitig sinkt die nachgefragte Menge, weil die bisherigen Käufer weniger nachfragen und ein Teil von ihnen möglicherweise nicht mehr in der Lage ist, das Gut aufgrund des gestiegenen Preises zu kaufen. Die aufwärts gerichteten Pfeile in der Abbildung zeigen den Anpassungsprozess. Es liegt eine **Bewegung auf der Angebots- und Nachfragekurve** vor. Der Nachfrageüberschuss verringert sich und der Preis nähert sich dem Gleichgewichtspreis von 1,00 €. Beim Gleichgewichtspreis besteht für keinen Nachfrager Anlass, einen höheren Preis zu bieten, da alle, die zu diesem Preis kaufen wollen, tatsächlich die gewünschte Gütermenge erwerben können.

> Liegt der Preis vorübergehend unter dem Gleichgewichtspreis, entsteht ein Nachfrageüberschuss (Angebotslücke). Der Preis steigt.

Anpassungsprozess

Angebots- oder Nachfrageüberschüsse deuten darauf hin, dass die Marktteilnehmer noch keine vollkommene Marktübersicht haben. Durch zunehmende Informationen über die Marktverhältnisse erhöht sich die Markttransparenz.

> **Die Reaktion der Marktteilnehmer bei einem Marktungleichgewicht löst einen Anpassungsprozess aus, aufgrund dessen sich der Preis immer mehr dem Gleichgewichtspreis annähert.**

Da im vorliegenden Fall ein Angebotsüberschuss eine Preissenkung und ein Nachfrageüberschuss eine Preiserhöhung auslöst, ergibt sich auf dem Markt eine Annäherung an das Gleichgewicht. Ist der Gleichgewichtszustand tatsächlich erreicht, bestehen unter den **gegebenen Marktbedingungen** keine Tendenzen zu irgendwelchen Veränderungen.

3.2.4 Änderung des Gleichgewichtspreises

Die Marktbedingungen können sich aber **im Zeitablauf** ändern, sodass es zu einer Abweichung vom bisherigen Gleichgewichtszustand kommt. Veränderungen bei den Bestimmungsfaktoren von Angebot und Nachfrage und sich daraus ergebende neue Pläne der Marktteilnehmer führen möglicherweise zu einer **Verschiebung der Angebots- und/oder Nachfragekurven**.

Neues Gleichgewicht bei Verschiebung der Nachfragekurve

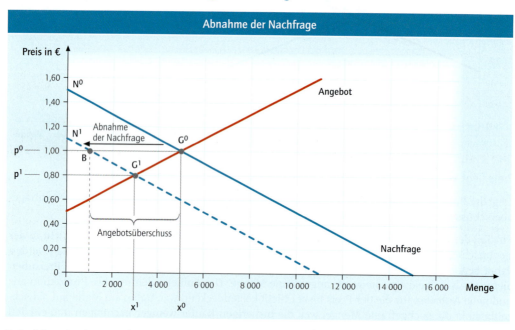

Beispielsweise kann sich durch Geschmacksveränderungen und eine andere Lebensweise (z. B. mehr Vollkornbackwaren) die Nutzeneinschätzung für Brezeln verringern und die **Nachfrage** bei gleich bleibendem Angebot abnehmen. Das führt – sofern alle anderen Bestimmungsfaktoren von Angebot und Nachfrage unverändert bleiben – zu einer Linksverschiebung der Nachfragekurve (s. Abb. oben).

Beim bisherigen Gleichgewicht G^0 mit dem Gleichgewichtspreis $p^0 = 1{,}00$ und der Gleichgewichtsmenge $x^0 = 5\,000$ Stück würde sich durch die Abnahme ein Angebotsüberschuss von 4 000 Stück (Strecke $\overline{G^0B}$) ergeben. Durch den Preisunterbietungsprozess der Anbieter sinkt der Preis, bis ein neues Gleichgewicht G¹ bei einem niedrigeren Preis (p₁ = 0,80) und einer geringeren Menge (x¹ = 3 000 Stück) erreicht ist. Entsprechend kommt es bei einer Zunahme der Nachfrage zu einer Rechtsverschiebung der Nachfragekurve. Beim bisherigen Gleichgewichtspreis würde sich dann ein Nachfrageüberschuss ergeben. Durch den Preisüberbietungsprozess der Nachfrager steigt der Preis, bis ein neues Gleichgewicht bei einem höheren Preis und einer größeren Menge erreicht ist.

Neues Gleichgewicht bei Verschiebung der Angebotskurve

Das **Angebot** an Brezeln kann beispielsweise durch eine Erhöhung der Preise für Teiglinge (= Kostenerhöhung für die Hersteller von Brezeln) abnehmen. Das führt zu einer Linksverschiebung der Angebotskurve.

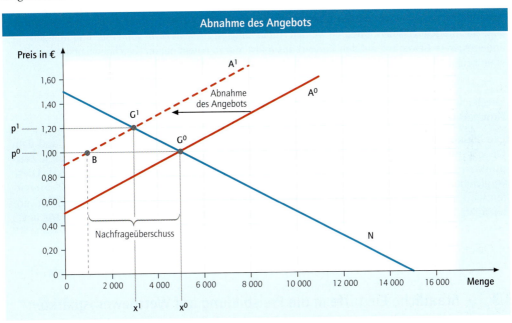

Bleibt die Nachfrage unverändert, würde sich beim bisherigen Gleichgewicht G⁰ mit dem Gleichgewichtspreis p⁰ = 1,00 und der Gleichgewichtsmenge x⁰ = 5 000 Stück durch die Abnahme des Angebots ein Nachfrageüberschuss in Höhe von 4 000 Stück (Strecke $\overline{G^0B}$) ergeben.

Der Preisüberbietungsprozess der Nachfrager lässt den Preis steigen, bis ein neues Gleichgewicht G¹ bei einem höheren Preis (p¹ = 1,20) und einer geringeren Menge (x¹ = 3 000 Stück) erreicht ist. Entsprechend kommt es bei einer Zunahme des Angebots zu einer Rechtsverschiebung der Angebotskurve. Beim bisherigen Gleichgewichtspreis würde sich dann ein Angebotsüberschuss ergeben. Durch den Preisunterbietungsprozess der Anbieter sinkt der Preis, bis ein neues Gleichgewicht bei einem niedrigeren Preis und einer größeren Menge erreicht ist.

Aufgabe 3.5, S. 118

Aufgabe 3.6, S. 118

Auswirkungen einer Veränderung von Angebot und Nachfrage				
Änderung (ceteris paribus)	Kurven-verschiebung	Art des entstehenden Überschusses	Gleichge-wichtspreis	Gleichge-wichtsmenge
Zunahme der Nachfrage	nach rechts	Nachfrageüberschuss	steigt	steigt
Abnahme der Nachfrage	nach links	Angebotsüberschuss	sinkt	sinkt
Zunahme des Angebots	nach rechts	Angebotsüberschuss	sinkt	steigt
Abnahme des Angebots	nach links	Nachfrageüberschuss	steigt	sinkt

Änderungen von Angebot oder Nachfrage (= Verschiebung der Kurven) führen zu einem Angebots- oder Nachfrageüberschuss. Dadurch werden Anpassungsprozesse in Form von Preis- und Mengen-änderungen (= Bewegung auf den Kurven) ausgelöst, die zu einem neuen Gleichgewichtspreis und einer neuen Gleichgewichtsmenge führen (= Preismechanismus).

Vergleich von Gleichgewichtszuständen zu unterschiedlichen Zeitpunkten: Komparativ-statische Analyse

Die dargestellten Zusammenhänge zwischen Angebots- bzw. Nachfrageänderungen und dem Gleichgewichtspreis werden durch den **Vergleich** zweier Zustände zu **unterschiedlichen Zeitpunkten** (z. B. Gleichgewichtspreis vor und nach einer Einkommenserhöhung) erfasst. Diese vergleichende Betrachtung zweier Gleichgewichtszustände zu aufeinanderfolgenden Zeitpunkten wird als **komparativ-statische Analyse** bezeichnet. Die Veränderungen zwischen den untersuchten Zeitpunkten drücken sich im vorliegenden Fall in einer **Kurvenverschiebung** aus.

3.3 Staatliche Eingriffe in die Preisbildung auf Wettbewerbsmärkten

3.3.1 Wohlfahrtsverluste bei Störung des Preismechanismus

Im Marktmodell bewirkt der Gleichgewichtspreis, dass die unterschiedlichen Pläne und Interessen der Konsumenten und Produzenten in optimaler Weise aufeinander abgestimmt werden. Alle Konsumenten, die bereit gewesen wären, auch einen über dem Gleichgewichtspreis liegenden Preis zu bezahlen, erzielen eine **Konsumentenrente**. Alle Produzenten, die bereit gewesen wären, auch zu einem unter dem Gleichgewichtspreis liegenden Preis zu verkaufen, erzielen eine **Produzentenrente**. Der Nutzen, den Konsumenten und Produzenten zusammen beim Kauf und Verkauf von Gütern auf dem Markt erzielen, wird als **Gesamtwohlfahrt** bezeichnet. Die Gesamtwohlfahrt ergibt sich aus der Summe von Konsumenten- und Produzentenrente.

Die Gesamtwohlfahrt wird als Maßstab für den Gesamtnutzen verwendet, der sich für Produzenten und Konsumenten auf einem funktionierenden Markt ergibt. Die Gesamtwohlfahrt der Marktteilnehmer entspricht der Summe aus Konsumenten- und Produzentenrente.

Die folgenden Abschnitte zeigen, dass staatliche Eingriffe in das Marktgeschehen die **Lenkungsfunktion des Preises** beeinträchtigen und dadurch die Konsumenten- und Produzentenrente beeinflussen. In den meisten Fällen geht das für die Marktteilnehmer insgesamt mit einem Wohlfahrtsverlust einher, d. h., die Summe an Konsumenten- und Produzentenrente sinkt. Einzelne Marktteilnehmer können dabei aber durchaus zulasten anderer begünstigt werden (z. B. Erhöhung der Konsumentenrente zulasten der Produzentenrente).

Staatliche Eingriffe in die Preisbildung auf Wettbewerbsmärkten

3.3.2 Marktkonforme Maßnahmen

> Greift der Staat in die Preisbildung am Markt ein, ohne jedoch den Preismechanismus außer Kraft zu setzen, handelt es sich um eine marktkonforme Maßnahme.

Die marktkonformen Maßnahmen des Staates zur indirekten Beeinflussung des Preises umfassen insbesondere
- die Erhebung von Steuern, Zöllen und sonstigen Abgaben,
- die Zahlung von Subventionen und Transferleistungen,
- staatliche Stützungskäufe.

Mengensteuer als Beispiel eines marktkonformen Eingriffs in die Preisbildung

Verbrauchsteuern lassen sich in Wertsteuern und Mengensteuern einteilen. Bei einer Wertsteuer (z. B. Umsatzsteuer) wird ein bestimmter Prozentsatz vom Wert der umgesetzten Ware als Steuer erhoben. Bei einer Mengensteuer muss der Unternehmer dagegen je Mengeneinheit (z. B. je Stück, Kilogramm, Liter) des verkauften Gutes einen bestimmten Betrag an den Staat abführen. Das ist z. B. bei der Mineralöl-, Tabak- und Branntweinsteuer der Fall. Mit diesen Steuern werden neben der Erzielung von Staatseinnahmen häufig auch umwelt- bzw. gesundheitspolitische Ziele verbunden.

In Deutschland ist seit 1977 in der Abgabenordnung der Hinweis enthalten, dass bei der Steuererhebung die Erzielung von Einnahmen auch Nebenzweck sein kann. Das ist für die Erhebung von Umweltsteuern o. Ä. von besonderer Bedeutung, da dies eine Steuererhebung auch ausschließlich mit dem Ziel der Verhaltensbeeinflussung (z. B. Einsparung von Energie) zulässt.

> **Abgabenordnung (AO 1977)**
>
> **§ 3 Steuern, steuerliche Nebenleistungen**
>
> (1) Steuern sind Geldleistungen, die nicht eine Gegenleistung für eine besondere Leistung darstellen […]; die Erzielung von Einnahmen kann Nebenzweck sein.

Folgen einer Mengensteuer

Die Erhebung einer solchen Mengensteuer bedeutet für die Produzenten eine Erhöhung der Stückkosten. Dies bewirkt eine Verschiebung der Gesamtangebotskurve nach links. Die ursprüngliche Angebotskurve A^0 verschiebt sich in der folgenden Abb. durch die Erhebung der Mengensteuer (100,00 € je t) nach A^1. Die Anbieter versuchen die Steuer auf die Nachfrager abzuwälzen. Dies ist bei Verbrauchsteuern vom Gesetzgeber auch so beabsichtigt. Die Überwälzung gelingt aber i. d. R. nicht in vollem Umfang. Da sich durch die Verschiebung der Angebotskurve der Marktpreis erhöht, reagieren die Nachfrager nämlich mit einer Einschränkung der nachgefragten Menge (Bewegung auf der Nachfragekurve von G^0 nach G^1). Ausgehend von der ursprünglichen Gleichgewichtsmenge x^0 in Höhe von 2 Mio. t sinkt im vorliegenden Fall die nachgefragte Menge auf 1,5 Mio. t (Mengeneffekt). Die umgesetzte Menge verringert sich also um 0,5 Mio. t. Diese Mengeneinschränkung führt dazu, dass die Preiserhöhung geringer ausfällt als die Steuererhöhung.

> Die Regierung beschließt, auf den Verkauf eines bestimmten landwirtschaftlichen Anbauprodukts eine Mengensteuer von 100,00 € je t zu erheben. Neben der Erhöhung der Staatseinnahme soll diese Steuer gleichzeitig als Lenkungsinstrument dienen, um den Anbau dieses Produkts, der wegen der intensiven Düngung zu Boden- und Trinkwasserschäden führt, einzuschränken.

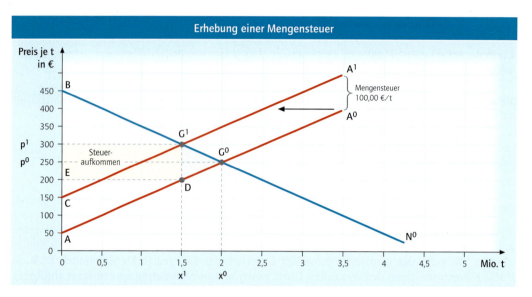

Die Möglichkeiten zur Steuerüberwälzung und damit das Ausmaß der Preiserhöhung sind umso geringer
- je höher die Preiselastizität der Nachfrage ist (d. h., je flacher die Nachfragekurve in diesem Bereich verläuft),
- je geringer die Preiselastizität des Angebots ist (d. h., je steiler die Angebotskurve in diesem Bereich verläuft).

Bei völlig elastischer Nachfrage oder völlig unelastischem Angebot kann keine Überwälzung gelingen.

Ausgehend vom ursprünglichen Gleichgewichtspreis p^0 in Höhe von 250 € führt die Mengensteuer von 100,00 € je t bei unverändertem Verlauf der Nachfragekurve N^0 im vorliegenden Fall zu einer Preissteigerung um 50,00 € (Preiseffekt). Der neue Gleichgewichtspreis p^1 liegt bei 300 €. Die Aufteilung der Steuerbelastung auf die Marktparteien wird durch den jeweiligen Verlauf der Angebots- und Nachfragekurve bestimmt. Im vorliegenden Fall wird die Mengensteuer je zur Hälfte von Anbietern und Nachfragern getragen, weil die Preiselastizität des Angebots und der Nachfrage gleich groß sind.

Die Erhebung einer Mengensteuer führt in der Regel zu einer Preiserhöhung und einer Produktionseinschränkung (Preis- und Mengeneffekt). Diejenige Marktseite, die weniger elastisch reagiert, trägt den größeren Teil der Steuerlast.

Wohlfahrtswirkungen einer Mengensteuer

Die **Mengensteuer** führt im vorliegenden Fall zu einer Wohlfahrtsminderungen bei den betroffenen Marktteilnehmern. Die Höhe der Wohlfahrtsveränderung bei Nachfragern und Anbietern des besteuerten landwirtschaftlichen Produkts lässt sich mithilfe der Konsumenten- und Produzentenrente ermitteln. In der Ausgangssituation G^0 beträgt die Konsumentenrente 200 Mio. € (Fläche des Dreiecks p^0G^0B). Durch die Steuererhebung verringert sie sich um 87,5 Mio. € (Fläche $p^0G^0G^1p^1$) auf insgesamt 112,5 Mio. € (Fläche des Dreiecks p^1G^1B). Auch die Produzentenrente beträgt in der Ausgangssituation G^0 200 Mio. € (Fläche des Dreiecks p^0AG^0). Durch die Steuererhebung verringert sie sich ebenfalls um 87,5 Mio. € (EDG^0p^0)* auf insgesamt 112,5 Mio. € (Fläche des Dreiecks

---

* Die Fläche der neuen Produzentenrente (CG^1p^1) entspricht der Teilfläche ADE der ursprünglichen Produzentenrente.
Die Teilfläche EDG^0p^0 stellt somit die Minderung der ursprünglichen Produzentenrente dar.

Staatliche Eingriffe in die Preisbildung auf Wettbewerbsmärkten

CG^{1}p^1). Die Rente von Konsumenten und Produzenten hat sich somit um insgesamt 175 Mio. € gemindert. Diese Verringerung der Konsumenten- und Produzentenrente wird allerdings teilweise durch die Steuereinnahmen des Staates wieder ausgeglichen (= Umverteilung zugunsten des Staates). Der Staat erzielt Steuereinnahmen von 150 Mio. € (1,5 Mio. € · 100,00 €, Fläche des Rechtecks EDG^{1}p^1). Die Rentenminderung ist damit um 25 Mio. € (Fläche des Dreiecks DG^{0}G^1) höher als die Steuereinnahmen des Staates. Die Steuererhebung hat somit gegenüber der Ausgangssituation zu einem Wohlfahrtsverlust von **insgesamt** 25 Mio. € geführt.

	Wohlfahrtswirkung bei Erhebung einer Mengensteuer		
	ohne Steuer	**mit Steuer**	**Unterschied**
Konsumenten-rente	Fläche △ p^{0}G^{0}B	Fläche △ p^{1}G^{1}B	– Fläche p^{0}G^{0}G^{1}p^1
	2 Mio. t · 200 €/t /2 = 200 Mio. €	1,5 Mio. t · 150 €/t /2 = 112,5 Mio. €	– 87,5 Mio. €
Produzenten-rente	Fläche △ AG^{0}p^0	Fläche △ CG^{1}p^1	– Fläche EDG^{0}p^0
	2 Mio. t · 200 €/t /2 = 200 Mio. €	1,5 Mio. t · 150 €/t /2 = 112,5 Mio. €	– 87,5 Mio. €
Staats-einnahmen	–	Fläche ▫ EDG^{1}p^1	+ Fläche ▫ EDG^{1}p^1
	0 Mio. €	1,5 Mio. t · 100 €/t = 150,0 Mio. €	+ 150,0 Mio. €
Gesamt-wohlfahrt	Fläche △ p^{0}G^{0}B + △ AG^{0}p^0	Fläche △ p^{1}G^{1}B + △ CG^{1}p^1 + ▫ EDG^{1}p^1	– Fläche △ DG^{0}G^1
	400 Mio. €	375,0 Mio. €	– 25,0 Mio. €

Möglicherweise wird aber die Wohlfahrtsminderung, die Konsumenten und Produzenten des betroffenen landwirtschaftlichen Produkts im vorliegenden Fall erlitten haben, durch **anderweitige Nutzenzuwächse** in der Volkswirtschaft wieder ausgeglichen. Das hängt davon ab, wofür der Staat die Steuereinnahmen verwendet und ob die **ökologischen Ziele der Steuererhebung** erreicht werden. Wenn durch die Produktionseinschränkung um 0,5 Mio. t die bisherige Boden- und Trinkwasserbelastung langfristig verringert wird, kann sich die Steuererhebung trotz der damit verbundenen Rentenminderung gesamtgesellschaftlich als sinnvoll erweisen.

Subventionen als Beispiel eines marktkonformen Eingriffs in die Preisbildung

> **Subventionen sind Leistungen des Staates an Unternehmen, für die keine ökonomische Gegenleistung erbracht werden muss.**

Häufiges Ziel von Subventionszahlungen ist es, den Unternehmen ein höheres Einkommen zu verschaffen als es der Markt durch die Verkaufserlöse zulassen würde. Neben der Einkommenssicherung spielt bei den Subventionszahlungen aber auch die Lenkung der Produktionsfaktoren in andernfalls vernachlässigte Bereiche (z. B. Wohnungsbau, Investitionen zur Energieeinsparung) eine wichtige Rolle.

> Die Regierung beschließt den Anbau eines bestimmten landwirtschaftlichen Produkts, das als vielseitig verwendbarer Rohstoff gilt und dessen Anbau besonders umweltverträglich ist, durch eine Subventionszahlung von 100,00 € je t (= Mengensubvention) zu fördern. Gleichzeitig sollen durch diese Maßnahme auch die Einkommen in der Landwirtschaft gesichert werden.

Folgen einer Subvention

Ein je Mengeneinheit gezahlter Subventionsbetrag wirkt genau umgekehrt wie eine Mengensteuer. Die Subventionszahlung wirkt sich für die Produzenten wie eine Verringerung der Stückkosten aus. Dies bewirkt eine Verschiebung der Gesamtangebotskurve nach rechts. Die ursprüngliche Angebotskurve A^0 verschiebt sich in der folgenden Abb. durch die Subventionszahlung (100,00 € je t) nach A^1. Die Nachfrager reagieren auf die durch die Verschiebung der Angebotskurve ausge-

83

löste Senkung des Marktpreises mit einer Ausdehnung der nachgefragten Menge (Bewegung auf der Nachfragekurve von G^0 nach G^1). Ausgehend von der ursprünglichen Gleichgewichtsmenge x^0 von 1,5 Mio. t steigt im vorliegenden Fall die nachgefragte Menge auf 2 Mio. t (Mengeneffekt). Die umgesetzte Menge erhöht sich also um 0,5 Mio. t. Diese Mengenausdehnung führt dazu, dass die Preissenkung geringer ausfällt als die Subventionszahlung. Ausgehend vom ursprünglichen Gleichgewichtspreis p^0 von 300 € führt die Subventionszahlung von 100,00 € je t bei unverändertem Verlauf der Nachfragekurve N^0 im vorliegenden Fall zu einer Preissenkung um 50,00 € (Preiseffekt). Der neue Gleichgewichtspreis p^1 liegt bei 250 €. Die Aufteilung der Subventionszahlung auf die Marktparteien wird durch den jeweiligen Verlauf der Angebots- und Nachfragekurve bestimmt. Im vorliegenden Fall kommt die Subventionszahlung je zur Hälfte Anbietern und Nachfragern zugute, weil die Preiselastizität des Angebots und der Nachfrage gleich groß sind.

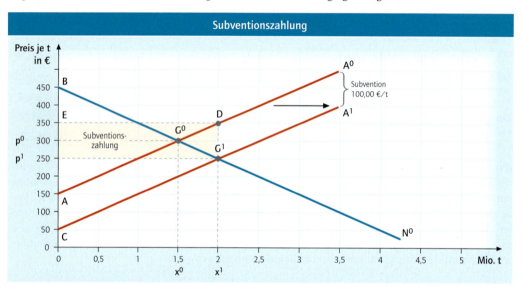

Subventionszahlungen führen in der Regel zu einer Preissenkung und einer Produktionsausdehnung (Preis- und Mengeneffekt). Diejenige Marktseite, die weniger elastisch reagiert, kommt in den Genuss des größeren Teils der Subventionszahlung.

Wohlfahrtswirkung einer Subvention

Die **Subventionszahlung** führt im vorliegenden Fall zu einer Wohlfahrtserhöhung bei den direkt betroffenen Marktteilnehmern. Entsprechend der Darstellung bei der Mengensteuer lassen sich folgende Wohlfahrtsänderungen bei Nachfragern und Anbietern des subventionierten landwirtschaftlichen Produkts feststellen: In der Ausgangssituation G^0 beträgt die Konsumentenrente 112,5 Mio. € (Fläche des Dreiecks p^0G^0B). Durch die Subventionszahlung erhöht sie sich um 87,5 Mio. € (Fläche $p^1G^1G^0p^0$) auf insgesamt 200 Mio. € (Fläche des Dreiecks p^1G^1B). Auch die Produzentenrente beträgt in der Ausgangssituation G^0 112,5 Mio. € (Fläche des Dreiecks AG^0p^0). Durch die Subventionszahlung erhöht sie sich ebenfalls um 87,5 Mio. € (Fläche CG^1G^0A) auf insgesamt 200 Mio. € (Fläche des Dreiecks CG^1p^1). Die Rente von Konsumenten und Produzenten hat sich somit um insgesamt 175 Mio. € erhöht. Diese Erhöhung der Konsumenten- und Produzentenrente wird aber durch erhöhte Staatsausgaben für die Subventionierung erkauft (= Umverteilung staatlicher Mittel zugunsten der Marktteilnehmer). Dem Staat entstehen Ausgaben für die Subventionszahlungen von 200 Mio. € (2 Mio. t · 100,00 €; Fläche des Rechtecks p^1G^1DE). Die Rentenerhöhung ist damit um 25 Mio. € geringer als die Subventionszahlungen. Die Subventionierung hat somit gegenüber der Ausgangslage **insgesamt** zu einem (Netto-)Wohlfahrtsverlust von 25 Mio. € geführt.

Wohlfahrtswirkung bei Zahlung von Subventionen

	ohne Subvention	mit Subvention	Unterschied
Konsumentenrente	Fläche △ p^0G^0B	Fläche △ p^1G^1B	+ Fläche $p^1G^1G^0p^0$
	1,5 Mio. t · 150 €/t / 2 = 112,5 Mio. €	2 Mio. t · 200 €/t / 2 = 200 Mio. €	+ 87,5 Mio. €
Produzentenrente	Fläche △ AG^0p^0	Fläche △ CG^1p^1	+ Fläche CG^1G^0A
	1,5 Mio. t · 150 €/t / 2 = 112,5 Mio. €	2 Mio. t · 200 €/t / 2 = 200 Mio. €	+ 87,5 Mio. €
Staatsausgaben	–	Fläche ☐ p^1G^1DE	– Fläche ☐ p^1G^1DE
	0,0 Mio. €	2 Mio. t · 100 €/t = – 200 Mio. €	– 200,0 Mio. €
Gesamtwohlfahrt	Fläche △ p^0G^0B + △ AG^0p^0	Fläche △ p^1G^1B + △ CG^1p^1 – ☐ p^1G^1DE	– Fläche △ DG^0G^1
	225,0 Mio. €	200 Mio. €	– 25,0 Mio. €

Möglicherweise wird aber die Wohlfahrtsminderung, die im vorliegenden Fall durch die erhöhten staatlichen Subventionsausgaben entstanden ist, durch **anderweitige Nutzenzuwächse** in der Volkswirtschaft wieder ausgeglichen. Das hängt davon ab, inwieweit die **ökologischen Ziele der Subventionierung** erreicht werden. Wenn durch die Produktionsausdehnung um 0,5 Mio. t die Verödung von Kulturlandschaft verhindert und die umweltfreundliche Produktion von nachwachsenden Rohstoffen gefördert wird, kann sich die Subventionierung trotz der damit einhergehenden Wohlfahrtsminderung als sinnvoll erweisen.

3.3.3 Marktkonträre Maßnahmen

Wird durch staatliche Eingriffe in die Preisbildung am Markt der Preismechanismus außer Kraft gesetzt, handelt es sich um eine marktkonträre Maßnahme.

Aufgabe 3.10, S. 120

Der Staat kann den Marktpreis behördlich festlegen, wenn die Höhe des Gleichgewichtspreises, der sich aus dem freien Zusammenwirken von Angebot und Nachfrage ergibt, nicht den wirtschafts- oder sozialpolitischen Zielvorstellungen entspricht. Folgende Möglichkeiten der Preisfestsetzung lassen sich unterscheiden:

- **Festpreis**, der weder unter- noch überschritten werden darf
- **Mindestpreis**, der nicht unterschritten werden darf
- **Höchstpreis**, der nicht überschritten werden darf

In allen Fällen besteht der Zweck darin, entweder die Anbieter oder die Nachfrager im Vergleich zum Gleichgewichtspreis besserzustellen.

Mindestpreis als Beispiel eines marktkonträren Eingriffs in die Preisbildung

Um bestimmte Produzentengruppen zu begünstigen und ihr Einkommen zu sichern, kann der Staat Mindestpreise festlegen, die nicht unterschritten werden dürfen. Den Produzenten wird so der Absatz ihrer Produkte zu einem über dem Gleichgewichtspreis liegenden Preis garantiert. Sie werden dadurch gegenüber dem Gleichgewichtspreis bessergestellt.

Das bekannteste Beispiel für Mindestpreispolitik ist die Preisbildung auf den Agrarmärkten. In fast allen Industrieländern der westlichen Welt werden solche Preisstützungsmaßnahmen zugunsten der heimischen Landwirtschaft vorgenommen. Ein weiteres Beispiel ist die Festlegung von Mindestlöhnen.

3 Preisbildung auf verschiedenen Arten von Märkten

Folgen eines Mindestpreises

> Die Regierung beschließt zur Sicherung der Einkommen in der Landwirtschaft und zur Sicherung eines ausreichenden Nahrungsmittelangebots, den Marktpreis für eine bestimmte Getreidesorte über den derzeitigen Gleichgewichtspreis von 300 € je t hinaus anzuheben und einen Mindestpreis von 400 € je t festzulegen.

Der garantierte Mindestpreis muss über dem Gleichgewichtspreis liegen. Andernfalls wäre er wirkungslos, da sich dann als Marktpreis der Gleichgewichtspreis p^0 von 300 € ergeben würde. Der Mindestpreis verursacht eine Überproduktion, da die Produzenten ihre Angebotsmenge erhöhen und die Konsumenten gleichzeitig ihre Nachfragemenge einschränken. Während beim Gleichgewichtspreis p^0 von 300 € angebotene und nachgefragte Menge jeweils 1,5 Mio. t betragen, werden bei einem Mindestpreis p^M von 400 € nur 0,5 Mio. t nachgefragt, aber 2,5 Mio. t angeboten. Es liegt somit ein Angebotsüberhang von 2 Mio. t (Strecke $\overline{AB}$) vor. Der Staat kann den Mindestpreis nur durchsetzen, wenn dieser Angebotsüberhang „aus dem Markt genommen wird". Das heißt, der Staat muss die Überschussmenge von 2 Mio. t zum Preis von 400 € je t aufkaufen. Dazu sind Mittel von 800 Mio. € (2 Mio. t · 400 €; Fläche DCBA) nötig. Die Staatsausgaben erhöhen sich zusätzlich noch um die Lager-, Konservierungs- und Vernichtungskosten und verringern sich u. U. um die Erlöse, die beim verbilligten Verkauf der Überschüsse auf dem Binnen- oder Weltmarkt erzielt werden.

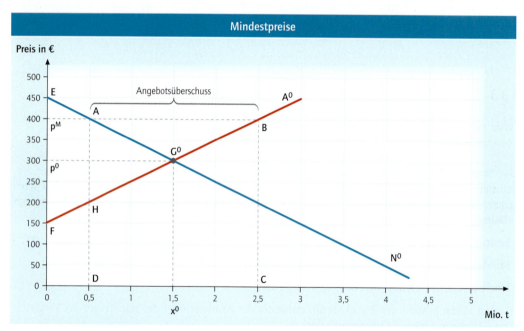

Der Mindestpreispolitik zur Sicherung der Produzenteneinkommen sind durch die enormen Kosten für den Staatshaushalt, die mit Aufkauf, Lagerung, Vernichtung bzw. Subventionierung der Überschüsse einhergehen, Grenzen gesetzt. Um die Überschüsse zu vermeiden, müsste im vorliegenden Fall die Produktion auf 0,5 Mio. t beschränkt werden. Dazu sind ergänzende mengenpolitische Maßnahmen (z. B. Anbaubeschränkungen) nötig. Im Extremfall werden sogar Prämien als Belohnung für die Einstellung der Produktion (z. B. Flächenstilllegungsprämien) bezahlt.

> Mindestpreise führen zu einem Überangebot. Sie machen staatliche Maßnahmen zum Aufkauf und zur Verwertung der Angebotsüberschüsse nötig. Die dafür erforderlichen staatlichen Ausgaben sind weitaus höher als die mit der Festsetzung von Mindestpreisen erzielbaren Einkommenserhöhungen der Produzenten.

Staatliche Eingriffe in die Preisbildung auf Wettbewerbsmärkten

Wohlfahrtswirkungen eines Mindestpreises

Die **Mindestpreispolitik** führt vergleichsweise zu einer weitaus **höheren Wohlfahrtsminderung** als beispielsweise eine **Subventionszahlung** *(vgl. S. 83 ff.)*. Die Konsumentenrente beträgt in der Ausgangssituation G^0 112,5 Mio. € (Fläche des Dreiecks P^0G^0E). Durch die Festsetzung des Mindestpreises p^M verringert sie sich um 100 Mio. € (Fläche $p^0G^0Ap^M$) auf insgesamt nur noch 12,5 Mio. € (Fläche des Dreiecks p^MAE). Die Produzentenrente beträgt in der Ausgangssituation G^0 ebenfalls 112,5 Mio. € (Fläche des Dreiecks FG^0p^0). Durch die Festsetzung des Mindestpreises p^M erhöht sie sich um 200 Mio. € (Fläche $p^0G^0Bp^M$) auf insgesamt 312,5 Mio. € (Fläche des Dreiecks FBp^M). Dem Staat entstehen für den Aufkauf der Überschüsse Ausgaben von 800 Mio. € (2 Mio. t · 400 €, Fläche des Rechtecks DCBA). Die Rente von Produzenten und Konsumenten hat sich somit um insgesamt 100 Mio. € (200 Mio. € – 100 Mio. €) erhöht. Die Rentenerhöhung ist damit um 700 Mio. € geringer als die Staatsausgaben für den Aufkauf der Überschüsse. Die Mindestpreispolitik hat somit gegenüber der Ausgangslage **insgesamt** zu einem (Netto-)Wohlfahrtsverlust von 700 Mio. € geführt.

	Wohlfahrtswirkung bei Einführung eines Mindestpreises		
	ohne Mindestpreis	mit Mindestpreis	Unterschied
Konsumentenrente	Fläche △ p^0G^0E	Fläche △ p^MAE	– Fläche $p^0G^0Ap^M$
	1,5 Mio. t · 150 €/t /2 = 112,5 Mio. €	0,5 Mio. t · 50 €/t /2 = 12,5 Mio. €	– 100 Mio. €
Produzentenrente	Fläche △ FG^0p^0	Fläche △ FBp^M	+ Fläche $p^0G^0Bp^M$
	1,5 Mio. t · 150 €/t /2 = 112,5 Mio. €	2,5 Mio. t · 250 €/t /2 = 312,5 Mio. €	+ 200 Mio. €
Staatsausgaben	–	Fläche ▭ DCBA	– Fläche ▭ DCBA
	0,0 Mio. €	2 Mio. t · 400 €/t = 800,0 Mio. €	– 800 Mio. €
Gesamtwohlfahrt	Fläche △ p^0G^0E + △ FG^0p^0	Fläche △ p^MAE + △ FBp^M – ▭ DCBA	– Fläche $DCBG^0A$
	225,0 Mio. €	– 475,0 Mio. €	– 700 Mio. €

Höchstpreis als Beispiel eines marktkonträren Eingriffs in die Preisbildung

Um die Nachfrager bestimmter Güter zu begünstigen, kann der Staat Höchstpreise festlegen, die nicht überschritten werden dürfen. Die Nachfrager werden dadurch gegenüber dem Gleichgewichtspreis bessergestellt.

Typische Fälle für Höchstpreispolitik sind Mietstopp und Preisbegrenzungen für wichtige Grundnahrungsmittel.

Folgen eines Höchstpreises

> **Höchstpreis für Grundnahrungsmittel**
>
> Die Regierung ist der Meinung, der Gleichgewichtspreis von 300 € je t, der sich durch das freie Zusammenspiel von Angebot und Nachfrage für ein wichtiges Grundnahrungsmittel herausgebildet hat, sei zu hoch. Sie beschließt daher, zur preisgünstigen Nahrungsmittelversorgung der Bevölkerung einen Höchstpreis von 200 € festzusetzen.

Der Höchstpreis muss unter dem Gleichgewichtspreis liegen. Andernfalls wäre er wirkungslos, da sich dann als Marktpreis der Gleichgewichtspreis P^0 von 300 € ergeben würde *(vgl. Abb. S. 88)*. Der Höchstpreis verursacht eine Mangelsituation, da die Produzenten ihre Angebotsmenge einschränken und die Konsumenten gleichzeitig ihre Nachfragemenge erhöhen. Während beim Gleichgewichtspreis p^0 von 300 € angebotene und nachgefragte Menge jeweils 1,5 Mio. t betragen, werden bei einem Höchstpreis p^H von 250 € nur 1 Mio. t angeboten, aber 2 Mio. t nachgefragt. Es liegt

somit ein Nachfrageüberhang von 1 Mio. t (Strecke $\overline{AB}$) vor. Der Staat kann den Höchstpreis nur durchsetzen, wenn er zusätzliche Maßnahmen zur Rationierung und Zuteilung des knappen Gutes ergreift (z. B. Verteilung von Bezugsscheinen an ausgewählte Bezugsberechtigte). Andernfalls würden diejenigen Nachfrager die Güter erhalten,
- die sich als Erste in die Käuferschlangen einreihen („Windhundverfahren"),
- die gute Beziehungen zu den Verteilungsinstanzen haben (Vetternwirtschaft),
- die bereit sind, auf dem **Schwarzmarkt** einen höheren Preis als den Höchstpreis zu zahlen.

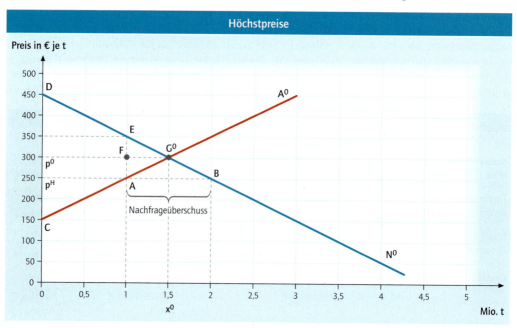

Die Entstehung von Schwarzmärkten ist die typische Folge von Höchstpreisen. Auf diesem Markt werden die rechtswidrig dem offiziellen Markt vorenthaltenen Angebotsmengen zu weitaus höheren Preisen gehandelt. Der durch den Höchstpreis ausgelöste Angebotsrückgang bewirkt, dass zahlreiche Nachfrager jetzt schlechter gestellt sind als vorher. Obwohl sie bereit gewesen wären, 300 € oder sogar mehr (bis zu 449,99 €) zu bezahlen, kann ihre Nachfrage wegen des knappen Angebots nicht befriedigt werden. Nur diejenigen Nachfrager, die das Gut jetzt tatsächlich zum Preis von 200 € erhalten, obwohl sie bereit gewesen wären, mehr dafür zu bezahlen, haben Vorteile von der Höchstpreisregelung. Der Staat muss durch ein Kontroll- und Auswahlsystem dafür sorgen, dass diese Begünstigten auch tatsächlich diejenigen sind, die durch die staatliche Maßnahme unterstützt werden sollten. Andernfalls profitieren möglicherweise genau diejenigen Nachfrager von dieser Maßnahme, die es am wenigsten nötig haben und auch höhere Preise hätten bezahlen können.

Der staatliche Eingriff in den Preismechanismus zieht in jedem Fall weitere staatliche Eingriffe und Kontrollmaßnahmen nach sich.

> **Höchstpreise führen zu einem Nachfrageüberhang. Sie machen staatliche Kontrollen nötig, um das knappe Angebot auf die berechtigten Nachfrager zu verteilen.**

Staatliche Eingriffe in die Preisbildung auf Wettbewerbsmärkten

Wohlfahrtswirkungen eines Höchstpreises

Die **Höchstpreispolitik** führt – ebenso wie die Mindestpreispolitik – zu einer **Wohlfahrtsminderung**. Die Produzentenrente beträgt in der Ausgangssituation G^0 112,5 Mio. € (Fläche des Dreiecks CG^0p^0). Durch die Festsetzung des Höchstpreises p^H verringert sie sich um 62,5 Mio. € (Fläche $p^HAG^0p^0$) auf insgesamt nur noch 50 Mio. € (Fläche des Dreiecks CAp^H). Die Konsumentenrente beträgt in der Ausgangssituation G^0 ebenfalls 112,5 Mio. € (Fläche des Dreiecks p^0G^0D). Beim Höchstpreis p^H (250 €) können nicht alle Konsumenten ihre Nachfrage befriedigen, da nicht die benötigten 2 Mio. t, sondern nur 1 Mio. t angeboten werden. Unter der Voraussetzung, dass diese 1 Mio. t genau den Konsumenten zugutekommen, die auch bereit gewesen wären, die höchsten Preise (zwischen 350 € und 450 €) zu bezahlen, **steigt** im vorliegenden Fall die Konsumentenrente um 37,5 Mio. € auf 150 Mio. € (Fläche p^HAED). Werden die Nahrungsmittel allerdings denjenigen Konsumenten zugeteilt, die lediglich zwischen 250 € und 350 € zu zahlen bereit gewesen wären, **sinkt** im vorliegenden Fall die Konsumentenrente sogar um 62,5 Mio. € auf 50 Mio. € (Fläche des Dreiecks ABE). In jedem Fall hat die Höchstpreispolitik gegenüber der Ausgangslage eine Minderung der Gesamtwohlfahrt bewirkt. Diese beträgt im ersten Fall 25 Mio. € (Fläche des Dreiecks AG^0E) und im zweiten Fall 125 Mio. €.

Wohlfahrtswirkung bei Einführung eines Höchstpreises			
	ohne Höchstpreis	mit Höchstpreis	Unterschied
Konsumenten-rente	Fläche $\triangle\ p^0G^0D$	Fläche p^HAED	+ Fläche ($\square\ p^HAFp^0 -$ $\triangle\ FG^0E$)
	1,5 Mio. t · 150 €/t / 2 = **112,5 Mio. €**	(1 Mio. t · 100 €/t) + (1 Mio. · 100 €/t / 2) = **150 Mio. €**	**+ 37,5 Mio. €**
Produzenten-rente	Fläche $\triangle\ CG^0p^0$	Fläche $\triangle\ CAp^H$	– Fläche $p^HAG^0p^0$
	1,5 Mio. t · 150 €/t / 2 = **112,5 Mio. €**	1 Mio. t · 100 €/t / 2= **50 Mio. €**	**– 62,5 Mio. €**
Gesamt-wohlfahrt	Fläche $\triangle\ p^0G^0D + \triangle\ CG^0p^0$	Fläche $CAED$	– Fläche $\triangle\ AG^0E$
	225,0 Mio. €	**200 Mio. €**	**– 25,0 Mio. €**

608089

89

3.4 Preisbildung des Angebotsmonopols

3.4.1 Marktform des Angebotsmonopols

Gibt es auf einem Markt nur einen Anbieter, dem viele Nachfrager gegenüberstehen, liegt ein Angebotsmonopol vor.

Reine Angebotsmonopole sind in der Realität genauso selten zu finden wie vollkommene Polypole (vollständige Konkurrenz). Das ist u. a. dadurch bedingt, dass auf einem monopolistischen Markt
- im Laufe der Zeit Konkurrenten auftreten (Imitation), sofern es sich um einen offenen Markt handelt,
- Substitutionsgüter entstehen, die in Konkurrenz zum Gut des Monopolisten stehen,
- der Gesetzgeber die Entstehung von Monopolen kontrollieren und bei Missbrauchsgefahr verhindern kann.

Die meisten Monopole befinden sich in öffentlicher Hand (Staat, Gemeinden) und/oder unterliegen einer öffentlichen Kontrolle. **Öffentliche Monopole** werden in der Regel nicht mit der Absicht der Gewinnmaximierung betrieben. Ihr Marktverhalten ist deshalb anders zu beurteilen als bei privaten Monopolen. Private Angebotsmonopole in der Form von **Kollektivmonopolen** können entstehen, wenn sich konkurrierende Anbieter zu **Kartellen** zusammenschließen, um durch gemeinsame Vereinbarungen den Wettbewerb auszuschließen (z. B. einheitliche Preisgestaltung, Aufteilung des Absatzgebietes). Solche Preis- und Gebietskartelle sind nach deutschem und europäischem Recht grundsätzlich verboten.

Obwohl reine private Angebotsmonopole einen theoretischen Grenzfall darstellen, lassen sich aus der Monopolpreisbildung im Modell wichtige Erkenntnisse für die Absatzpolitik marktmächtiger Unternehmen in der Realität ableiten.

Preis-Absatz-Funktion eines Angebotsmonopolisten: Konzertveranstaltung der Aids-Hilfe e.V.

Die Aids-Hilfe e. V. in einer mittelgroßen Stadt plant zur Finanzierung ihrer Arbeit ein Wohltätigkeitskonzert. Mehrere bekannte Musikgruppen aus der Umgebung haben ihre unentgeltliche Mitwirkung zugesagt. Die Stadt stellt das örtliche Fußballstadion mit einem Fassungsvermögen von 8 000 Personen für diese Veranstaltung zur Verfügung. Die Veranstalter stehen vor dem Problem, die Höhe des Eintrittspreises festzulegen. Bei ähnlichen Veranstaltungen in früheren Jahren hat es sich als sinnvoll erwiesen, alle Eintrittskarten gleich teuer anzubieten. Es liegen auch ziemlich genaue Schätzungen über den Zusammenhang zwischen der Höhe des Eintrittspreises und der zu erwartenden Zuschauerzahl in Form der folgenden **Preis-Absatz-Funktion** vor.

Preis (p) in €	25,00	22,50	20,00	17,50	15,00	12,50	10,00	7,50	5,00	2,50	0
Zuschauer (x) in 1 000	0	1	2	3	4	5	6	7	8	9	10

Die Preis-Absatz-Funktion (Preis-Absatz-Kurve) gibt an, welche Menge ein einzelner Anbieter jeweils zu einem von ihm festgesetzten Preis (Preisfixierung) absetzen kann.

Da der **Monopolist** der **einzige Anbieter** ist, ist die zu einem bestimmten Preis **absetzbare Menge** immer **identisch** mit der am Markt zu diesem Preis **nachgefragten Menge**. Daraus folgt für den Sonderfall des Monopols:

Die Preis-Absatz-Kurve ist beim Angebotsmonopol identisch mit der Gesamtnachfragekurve.

Preisbildung des Angebotsmonopols

3

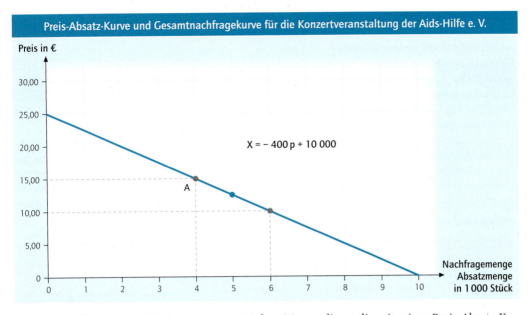

Aufgrund vollkommener Markttransparenz ist dem Monopolisten die mit seiner Preis-Absatz-Kurve übereinstimmende Nachfragekurve bekannt. Im Gegensatz zu einem Anbieter beim Polypol, der nur seine Produktionsmenge, nicht aber den Preis bestimmen kann, ist der Angebotsmonopolist wegen seiner Marktmacht in der Lage, den Marktpreis festzulegen. Die Nachfrager mit ihrem verschwindend geringen Marktanteil müssen in diesem Fall den vom Monopolisten geforderten Preis als Datum akzeptieren.

Kapitel 2.1

> Legt der Konzertveranstalter als Monopolist z. B. einen Preis von 15,00 € fest (= Preisfixierer), muss er aber die sich bei diesem Preis am Markt ergebende Nachfragemenge von 4 000 Stück, die seiner Absatzmenge entspricht, hinnehmen *(vgl. Abb. oben)*. Statt des Preises kann der Konzertveranstalter als Monopolist aber auch die Absatzmenge (z. B. 6 000 Stück) festlegen (= Mengenfixierer). In diesem Fall muss er den Preis von 10,00 € akzeptieren, zu dem diese Menge am Markt nachgefragt wird.

Der Angebotsmonopolist kann für das von ihm angebotene Gut entweder den Preis oder die Absatzmenge festlegen.

Der Monopolist kann aber nicht jede beliebige Menge zu jedem beliebigen Preis verkaufen. Er muss sich vielmehr an den Preis-Mengen-Kombinationen orientieren, wie sie in seiner Preis-Absatz-Kurve bzw. in der Nachfragekurve zum Ausdruck kommen. Mit anderen Worten: Er ist zwar autonomer Mengen- oder Preisfixierer, muss aber bei seiner Entscheidung die Reaktion der Nachfrager berücksichtigen.

Die entscheidende Frage lautet: **Bei welcher Preis-Mengen-Kombination maximiert der Monopolist seinen Gewinn?**

3.4.2 Erlösmaximum des Angebotsmonopolisten

Der Gewinn (G) ist die Differenz zwischen Erlösen (E) und Kosten (K). Wichtige Erkenntnisse über das Verhalten eines Monopolisten lassen sich aber bereits an einem vereinfachten Modell gewinnen, bei dem die Produktionskosten zunächst unberücksichtigt bleiben. Für diesen Fall ist der Gewinn identisch mit dem Erlös, sodass es für den Monopolisten lediglich darauf ankommt, diejenige Absatzmenge mit dem dazugehörigen Preis zu ermitteln, bei der sich ein möglichst großer Gesamterlös ergibt.

Aufgabe 3.16, S. 124

91

Auch wenn eine Produktion ohne Kosten grundsätzlich nicht möglich ist, lassen sich u. a. folgende Marktsituationen vorstellen, in denen die Produktionskosten bei der Ermittlung des Monopolpreises vernachlässigt werden können:

- Verkauf landwirtschaftlicher Produkte aus den Vorratslagern einer landwirtschaftlichen Genossenschaft.
- Ermittlung des Eintrittspreises für eine Wohltätigkeitsveranstaltung (Konzert o. Ä.), bei der auf Honorar und Kostenerstattung verzichtet oder die anfallenden Kosten von einem Sponsor übernommen werden.

Für das Wohltätigkeitskonzert entstehen dem Aids-Hilfe e. V. keine Kosten. Die Stadtverwaltung stellt das örtliche Fußballstadion mit einem Fassungsvermögen von 8 000 Personen kostenlos zur Verfügung. Alle anderen Kosten (z. B. Werbung, Druck der Eintrittskarten, Versicherungsprämien) werden von einer örtlichen Brauerei gegen Ausstellung einer Spendenquittung übernommen. Der gesamte Erlös kommt dem Aids-Hilfe e. V. zugute.

Welcher Preis soll unter diesen Voraussetzungen festgelegt werden?

Erlös für die Konzertveranstaltung der Aids-Hilfe e. V.			
Preis (p) in €	Eintrittskarten (x) in Stück	Erlöse (E) in € $E = p \cdot x$	Direkte Preiselastizität der Nachfrage $El_{dir} = \frac{\Delta x \text{ in \%}}{\Delta p \text{ in \%}} = \frac{\Delta x}{\Delta p} \cdot \frac{p}{x}$
25,00	0	0	
22,50	1 000	22.500	$\frac{1}{2,5} \cdot \frac{22,5}{1} = 9$
20,00	2 000	40.000	$\frac{1}{2,5} \cdot \frac{20,0}{2} = 4$
17,50	3 000	52.500	$\frac{1}{2,5} \cdot \frac{17,5}{3} = 2,33$
15,00	4 000	60.000	$\frac{1}{2,5} \cdot \frac{15,0}{4} = 1,5$
12,50	5 000	62.500	$\frac{1}{2,5} \cdot \frac{12,5}{5} = 1$
10,00	6 000	60.000	$\frac{1}{2,5} \cdot \frac{10,0}{6} = 0,67$
7,50	7 000	52.500	$\frac{1}{2,5} \cdot \frac{7,5}{7} = 0,43$
5,00	8 000	40.000	$\frac{1}{2,5} \cdot \frac{5,0}{8} = 0,25$
2,50	9 000	22.500	$\frac{1}{2,5} \cdot \frac{2,5}{9} = 0,11$
0	10 000	0	

Da sich der Gesamterlös aus Preis (p) · Menge (x) ergibt, lässt sich das Problem der Erlösmaximierung anhand der Preis-Absatz-Kurve *(vgl. Abb. S. 91)* wie folgt veranschaulichen: Zu jedem Punkt auf der Preis-Absatz-Kurve (z. B. Punkt A) lässt sich aus dem zugehörigen Preis (p = 15,00 €) und der zugehörigen Menge (x = 4 000 Stück) der Erlös (E = 60.000 €) ermitteln und als Flächeninhalt eines Rechtecks darstellen. Bei derjenigen Preis-Mengen-Kombination auf der Preis-Absatz-Kurve, bei der das zugehörige Rechteck den größten Flächeninhalt hat, liegt das Erlösmaximum.

Erlöskurve in Form einer Parabel

Für einen **Polypolisten** (Mengenanpasser) ist der Preis eine vom Markt vorgegebene (konstante) Größe. Seine auf der Erlösfunktion E = p · x beruhende Erlöskurve ist daher eine **Gerade aus dem Ursprung.** Der **Monopolist** kann dagegen entweder den Preis oder die Menge selbst festlegen. Seine Erlöskurve hat deshalb die Form einer **Parabel.**

Preisbildung des Angebotsmonopols

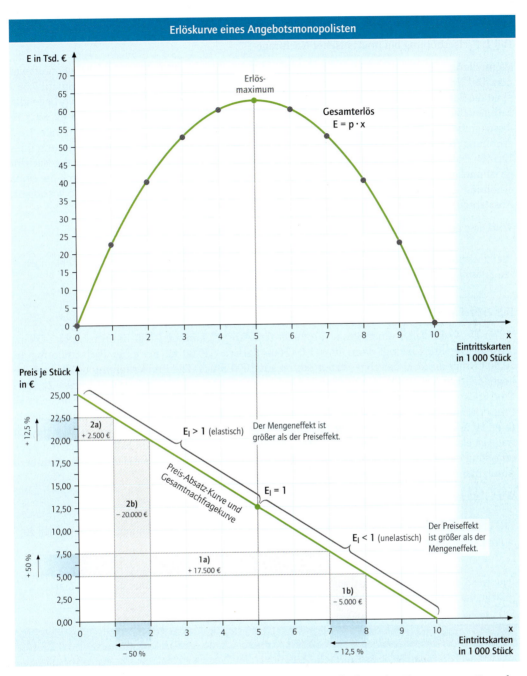

Ein Preis von 2,50 € kommt für die Veranstalter nicht infrage, da dann das Fassungsvermögen des Stadions (8 000 Plätze) überschritten wäre. Bei einem Preis von 5,00 € wäre das Stadion ausverkauft. Der Erlös kann aber noch gesteigert werden. Bei einem Preis von 12,50 € bleiben zwar voraussichtlich 3 000 Plätze unbesetzt. Der Erlös, der im vorliegenden Fall mit dem Gewinn identisch ist, ist aber bei diesem Preis am größten. Daraus folgt, dass es für den Monopolisten vorteilhaft ist, seine Produktionskapazität nicht voll auszulasten und die Angebotsmenge absichtlich zu verknappen.

Der Angebotsmonopolist erzielt seinen höchstmöglichen Erlös (Erlösmaximum), indem er durch absichtliche Angebotsverknappung einen Teil der Nachfrage unbefriedigt lässt und dadurch die Marktversorgung verschlechtert.

Gesamterlös und Elastizität

Fall 1: Preiserhöhung bei unelastischer Nachfrage

Wenn die Veranstalter einen Preis von 5,00 € verlangen, können 8 000 Eintrittskarten verkauft werden. Der Erlös beträgt dann 40.000 € (8 000 Karten · 5,00 €). Bei einer **Preiserhöhung** auf 7,50 € sinkt die Zahl der abgesetzten Karten auf 7 000 Stück. Die Preiserhöhung bewirkt im vorliegenden Fall gleichzeitig eine **Erlössteigerung** um 12.500 € auf 52.500 € (7 000 Karten · 7,50 €). Eine Erlössteigerung als Folge einer Preiserhöhung ergibt sich immer dann, wenn die prozentuale Preiserhöhung (hier: 50 %) größer ist als die dadurch ausgelöste prozentuale Mengenminderung (hier: 12,5 %). Die Preiselastizität der Nachfrage ist dann < 1 (hier: 12,5 %/50 % = 0,25), d. h., die **Nachfrage ist unelastisch.** Wie die Abb. auf S. 93 unten zeigt, ist in einem solchen Fall die durch die Preiserhöhung entstehende Erlössteigerung (Fläche 1a: + 17.500 €) größer als die durch die verringerte Absatzmenge bedingte Erlösminderung (Fläche 1b: – 5.000 €).

Wird dagegen der Preis bei unelastischer Nachfrage gesenkt, sinkt der Erlös.

> Bei unelastischer Nachfrage gilt: Preiserhöhungen führen zu Erlössteigerungen und Preissenkungen zu Erlösminderungen des Angebotsmonopolisten.

Fall 2: Preiserhöhung bei elastischer Nachfrage

Wenn die Veranstalter einen Preis von 20,00 € verlangen, können 2 000 Eintrittskarten verkauft werden. Der Erlös beträgt dann 40.000 € (2 000 Karten · 20,00 €). Bei einer Preiserhöhung auf 22,50 € sinkt die Zahl der abgesetzten Karten auf 1 000 Stück. Die **Preiserhöhung** bewirkt im vorliegenden Fall gleichzeitig eine **Erlösminderung** um 17.500 € auf 22.500 € (1 000 Karten · 22,50 €). Eine Erlösminderung als Folge einer Preiserhöhung ergibt sich immer dann, wenn die prozentuale Preiserhöhung (hier: 12,5 %) kleiner ist als die dadurch ausgelöste prozentuale Mengenminderung (hier: 50 %). Die Preiselastizität der Nachfrage ist dann > 1 (hier: 50 %/12,5 % = 4), d. h., die **Nachfrage ist elastisch.** Wie die Abb. auf S. 93 unten zeigt, ist in einem solchen Fall die durch die Preiserhöhung entstehende Erlössteigerung (Fläche 2a: + 2.500 €) kleiner als die durch die verringerte Absatzmenge bedingte Erlösminderung (Fläche 2b: – 20.000 €).

Wird dagegen der Preis bei elastischer Nachfrage gesenkt, steigt der Erlös.

> Bei elastischer Nachfrage gilt: Preiserhöhungen führen zu Erlösminderungen und Preissenkungen zu Erlössteigerungen des Angebotsmonopolisten.

> Nur wenn die Nachfrage unelastisch ist, verfügt der Angebotsmonopolist über genügend Marktmacht, um durch eine Preiserhöhung seinen Erlös steigern zu können.

Zusammenhang zwischen Preisveränderung, Elastizität und Gesamterlös			
Elastizität ⟍ **Preisänderung**	Elastische Nachfrage $El_{dir} > 1$ / Bereich der oberen Hälfte der Nachfragekurve	$El_{dir} = 1$ / Halbierungspunkt der Nachfragekurve	Unlastische Nachfrage $El_{dir} < 1$ / Bereich der unteren Hälfte der Nachfragekurve
Preiserhöhung	Erlös (E) sinkt	Erlös (E) konstant Maximum	Erlös (E) steigt
Preissenkung	Erlös (E) steigt	Erlös (E) konstant Maximum	Erlös (E) sinkt

Preisbildung des Angebotsmonopols

3.4.3 Gewinnmaximum des Angebotsmonopolisten

Die Ergebnisse, die am vereinfachten Modell der Monopolpreisbildung ohne Berücksichtigung von Kosten gewonnen wurden, gelten ohne wesentliche Einschränkungen auch dann, wenn dem Monopolisten Produktionskosten entstehen. Der Gewinn (G) ist in diesem Fall nicht identisch mit dem Erlös. Er ergibt sich vielmehr aus der Differenz zwischen Erlös (E) und Kosten (K). **Wenn nur fixe Kosten anfallen, liegt das Gewinnmaximum aber weiterhin bei derselben Menge wie das Erlösmaximum.** Werden dagegen variable Kosten berücksichtigt, ergeben sich für Erlös- bzw. Gewinnmaximum unterschiedliche Mengen. Es wird dabei unterstellt, dass der Monopolist genauso viel produziert, wie er absetzen kann (keine Lagerhaltung).

Aufgabe 3.16, S. 124

Aufgabe 3.17, S. 125

Tabellarische und grafische Ermittlung des Gewinnmaximums

Beispiel

Annahme: Für das Wohltätigkeitskonzert entstehen dem Aids-Hilfe e. V. fixe Kosten für Stadionmiete, Werbung, Druck der Eintrittskarten, Versicherungsprämien usw. von 15.000 €. Außerdem müssen 5,00 € je verkaufter Eintrittskarte an die Stadtverwaltung für die Stadionreinigung, die Bezahlung von Ordnungskräften usw. (= variable Kosten) abgeführt werden.

Welcher Preis soll unter diesen Voraussetzungen festgelegt werden?

Gewinn für die Konzertveranstaltung der Aids-Hilfe e. V.							
Preis (p) in €	Eintritts-karten (x) in Stück	Erlöse (E) in € $E = p \cdot x$	Erlösänderung je zusätzlicher Eintrittskarte in € (Grenzerlös) $E' = \Delta E/\Delta x$	Kosten (K) in €	Kostenänderung je zusätzlicher Eintrittskarte in € (Grenzkosten) $K' = \Delta K/\Delta x$	Gewinn/Verlust (G) in € $G = E - K$
25,00	0	0		15.000		– 15.000
			22,50		5,00	
22,50	1 000	22.500	20,00	20.000	5,00	2.500
			17,50		5,00	
20,00	2 000	40.000	15,00	25.000	5,00	15.000
			12,50		5,00	
17,50	3 000	52.500	10,00	30.000	5,00	22.500
			7,50		5,00	
15,00	**4 000**	**60.000**	**5,00**	**35.000**	**5,00**	**25.000**
			2,50		5,00	
12,50	5 000	62.500	0	40.000	5,00	22.500
			– 2,50		5,00	
10,00	6 000	60.000	– 5,00	45.000	5,00	15.000
			– 7,50		5,00	
7,50	7 000	52.500	– 10,00	50.000	5,00	2.500
			– 12,50		5,00	
5,00	8 000	40.000	– 15,00	55.000	5,00	– 15.000
			– 17,50		5,00	
2,50	9 000	22.500	– 20,00	60.000	5,00	– 37.500
			– 22,50		5,00	
0	10 000	0		65.000		– 65.000

3 Preisbildung auf verschiedenen Arten von Märkten

Gewinnzone: Gewinnschwelle – Gewinngrenze

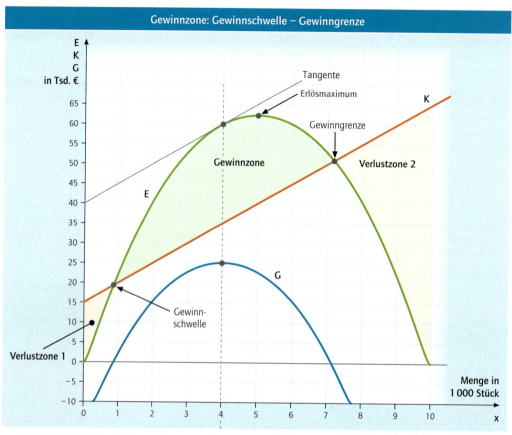

COURNOTscher Punkt

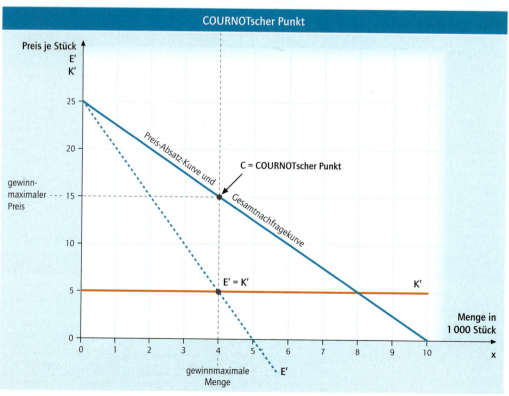

Preisbildung des Angebotsmonopols

Der erste Schnittpunkt zwischen der Gesamterlöskurve und der Gesamtkostenkurve stellt die **Gewinnschwelle**, der zweite Schnittpunkt die **Gewinngrenze** des Monopolisten dar *(vgl. Abb. S. 96)*. Erst ab einer über die Gewinnschwelle hinausgehenden Menge (hier: ca. 838 Zuschauer) sind die Erlöse größer als die Kosten, sodass ein Gewinn erzielt wird. Bei einer geringeren Menge entsteht ebenso ein Verlust wie bei einer über die Gewinngrenze (hier: 7162 Zuschauer) hinausgehenden Menge. Das Gewinnmaximum liegt innerhalb der Gewinnzone an der Stelle, wo die Differenz zwischen Gesamterlös und Gesamtkosten am größten ist (hier: 4000 Zuschauer). Geometrisch lässt sich das Gewinnmaximum ermitteln, indem die lineare Gesamtkostenkurve parallel verschoben wird bis zum Tangentialpunkt mit der Erlöskurve. Bei dieser Menge (hier: 4000 Zuschauer) ist der **Abstand zwischen Erlöskurve und Kostenkurve am größten**. Die Steigung der Erlöskurve ist an dieser Stelle gleich der Steigung der Kostenkurve. Aus diesem Zusammenhang lässt sich das Gewinnmaximum auch mithilfe der **Grenzerlös-** und **Grenzkostenkurve** ableiten.

Grenzerlös

> Betriebswirtschaftlich ist der Grenzerlös der zusätzliche Erlös, der sich bei einer Erhöhung der Absatzmenge um eine Einheit ergibt (= Zuwachs des Gesamterlöses bei einer Absatzerhöhung um eine Mengeneinheit).

Ermittlung des Grenzerlöses

Der Grenzerlös (E') ergibt sich als Differenzenquotient $\Delta E/\Delta x$ für $\Delta x = 1$. Wird die kleinstmögliche (= infinitesimale) Veränderung Δx betrachtet, geht der Differenzenquotient in den Differentialquotient dE/dx über. Der Grenzerlös ist somit die erste Ableitung E' der Erlösfunktion E. Er gibt somit die Steigung der Gesamterlöskurve (E) an *(siehe Abb. S. 96)*. In der Tabelle auf S. 95 wird der Grenzerlös aus Vereinfachungsgründen mit einer für den vorliegenden Fall hinreichenden Genauigkeit in Schritten von $\Delta x = 1000$ ermittelt. Wird die Zahl der verkauften Eintrittskarten von 0 auf 1000 Stück erhöht (Δx), steigt der Gesamterlös gemäß der Tab. auf S. 95 um 22.500 € (ΔE). Die Erhöhung der Verkaufzahl um **1 Karte** bewirkt also **im Durchschnitt** einen Erlöszuwachs von $\Delta E/\Delta x = 22.500/1000 = 22,50$ € (= Grenzerlös). Dieser Betrag wird dem **Durchschnittswert** (500 Stück) zwischen der ursprünglichen Menge (0 Stück) und der neuen Menge (1000 Stück) zugewiesen. Wird die Zahl der verkauften Eintrittskarten weiter von 1000 Stück auf 2000 Stück erhöht, steigt der Gesamterlös um weitere 17.500 € von 22.500 € auf 40.000 € (vgl. Tab. auf S. 95). Auf eine **zusätzliche Eintrittskarte** entfällt bei dieser Mengenerhöhung eine durchschnittliche Erlösänderung von $\Delta E/\Delta x = 17.500/1000 = 17,50$ € **(= Grenzerlös)**. Der Grenzerlös von 20,00 € bei 1000 Stück ergibt sich als Mittelwert: (22,50 € + 17,50 €) / 2 = 20,00 €.

> Mathematisch ist der Grenzerlös die erste Ableitung (E') der Erlösfunktion. Er gibt die Steigung der Gesamterlöskurve bei unterschiedlichen Absatzmengen an ($\Delta E/\Delta x$).

Aus der Tabelle ist ersichtlich, dass der **Grenzerlös eines Monopolisten immer kleiner als der Preis ist**. Das ist durch die fallende Nachfragekurve bedingt. Zur Steigerung der Absatzmenge von 1000 Stück auf 2000 Stück muss der Monopolist im vorliegenden Fall den Preis von 22,50 € auf 20,00 € senken. Er wird aber nicht nur für die zusätzlichen 1000 Eintrittskarten, sondern auch für die ersten 1000 Eintrittskarten lediglich 20,00 € je Stück erhalten. Das bewirkt, dass der zusätzliche Erlös für jede verkaufte Eintrittskarte (Grenzerlös) niedriger als der Verkaufspreis ist. Das zeigt sich auch in der Steigung der Grenzerlöskurve E' im Vergleich zur Preis-Absatz-Kurve (siehe Abb. S. 96).

> Die Steigung der Grenzerlöskurve ist doppelt so groß wie die der Preis-Absatz-Kurve. Die Grenzerlöskurve fällt somit doppelt so stark. Der Grenzerlös muss daher immer kleiner als der Preis sein.

Erlösmaximum: Grenzerlös = 0

Ein Grenzerlös von null bedeutet, dass kein weiterer Erlöszuwachs mehr möglich ist. Bei der Absatzmenge, die einem Grenzerlös von null entspricht, hat daher die Gesamterlöskurve ihr Maximum. Im dargestellten Fall liegt diese Absatzmenge bei 5 000 Eintrittskarten *(vgl. Abb. S. 96)*. Die Absatzmenge im Erlösmaximum (= Schnittpunkt zwischen Grenzerlöskurve und Mengenachse) ist immer halb so groß wie die Absatzmenge, die sich bei einem Preis von null ergibt (= Schnittpunkt zwischen Nachfragekurve und Mengenachse).[1] Dem Erlösmaximum bzw. dem Grenzerlös von null entspricht eine Nachfrageelastizität von 1 (= Halbierungspunkt der Nachfragekurve). Im elastischen Bereich der Nachfragekurve ist der Grenzerlös positiv, d. h., bei einer Ausdehnung der Absatzmenge steigt der Gesamterlös (= positive Steigung der Gesamterlöskurve). Im unelastischen Bereich der Nachfragekurve ist der Grenzerlös dagegen negativ, d. h., bei einer Ausdehnung der Absatzmenge sinkt der Gesamterlös (= negative Steigung der Gesamterlöskurve).

Die Grenzerlöskurve schneidet die X-Achse (Mengenachse) immer bei der Hälfte des X-Achsenabschnitts der Preis-Absatz-Kurve. Bei dieser Menge ist der Grenzerlös null (E' = 0) und der Gesamterlös maximal (E_{max}).

Grenzkosten

> **Kapitel 2.4.2**

Betriebswirtschaftlich sind die Grenzkosten die zusätzlichen Kosten, die sich bei einer Erhöhung der Produktionsmenge um eine Einheit ergeben (= Zuwachs der Gesamtkosten bei einer Produktionserhöhung um eine Mengeneinheit).

Mathematisch sind die Grenzkosten die erste Ableitung (K') der Gesamtkostenfunktion (K). Sie geben die Steigung der Gesamtkostenkurve bei unterschiedlichen Produktionsmengen an ($\Delta K / \Delta x$).

Bei linearem Kostenverlauf sind die Grenzkosten konstant und entsprechen den variablen Kosten je Stück (hier: 5,00 €).

Gewinnmaximierungsbedingung: Grenzerlös (E') = Grenzkosten (K')

Da der Grenzerlös (E') die Steigung der Erlöskurve und die Grenzkosten (K') die Steigung der Kostenkurve angeben, sind bei der gewinnmaximalen Menge (hier: 4 000 Zuschauer) **Grenzerlös und Grenzkosten gleich groß** (hier: jeweils 5,00 €). An dieser Stelle gilt somit die Bedingung: **E' = K'**. Solange der Grenzerlös größer ist als die Grenzkosten, ist das Gewinnmaximum noch nicht erreicht und der Gewinn steigt bei zunehmender Menge. Ist der Grenzerlös dagegen kleiner als die Grenzkosten, ist das Gewinnmaximum bereits überschritten und der Gewinn sinkt bei zunehmender Menge. Geometrisch entspricht die gewinnmaximale Menge dem Schnittpunkt zwischen Grenzerlös- und Grenzkostenkurve.

Das Gewinnmaximum des Angebotsmonopolisten liegt bei der Menge, bei der Grenzerlös und Grenzkosten gleich groß sind (E' = K').

Wegen der Bedingung E' = K' muss bei positiven Grenzkosten (K' > 0) im Gewinnmaximum auch ein positiver Grenzerlös (E' > 0) vorliegen. Ein positiver Grenzerlös ist aber nur bei einer Nachfrageelastizität von größer als 1 möglich. Daher liegt das Gewinnmaximum des Angebotsmonopolisten im elastischen Bereich der Nachfragekurve.

---

1 Für den Nachweis dieser mathematischen Zusammenhänge siehe S. 99.

Preisbildung des Angebotsmonopols

3

Der zur gewinnmaximalen Menge gehörende Preis (hier: 15,00 €) lässt sich mithilfe der Preis-Absatz-Funktion ermitteln. Der Punkt auf der Preis-Absatz-Kurve des Monopolisten, der die gewinnmaximale Preis-Mengen-Kombination darstellt (hier: Punkt C), wird als **COURNOTscher Punkt**[1] bezeichnet. Dieser Punkt ergibt sich, indem der Schnittpunkt zwischen Grenzerlös- und Grenzkostenkurve auf die Preis-Absatz-Kurve projiziert wird *(vgl. Abb. S. 96)*.

Marktversorgung

> „Der Monopolist versorgt [...] den Markt ständig mangelhaft und befriedigt die effektive Nachfrage niemals ganz, sodass er seine Ware weit über dem natürlichen Preis verkaufen kann, wodurch seine Einkünfte [...] beträchtlich über die natürliche Höhe steigen."
>
> *A. Smith (1789), a.a.O., S. 54*

Im Vergleich zum Monopol ohne Kosten wird bei der Berücksichtigung von Produktionskosten deutlich, dass das Gewinnmaximum bei einer noch niedrigeren Menge (4 000 Zuschauer gegenüber 5 000 Zuschauern) und einem noch höheren Preis (15,00 € gegenüber 12,50 €) liegt. Der Monopolist maximiert also seinen Gewinn dadurch, dass er das Angebot künstlich verknappt (Verschlechterung der Marktversorgung) und die geringere Angebotsmenge zu einem höheren Preis verkauft. Ausmaß der Preiserhöhung bzw. der Mengenminderung hängen vom Kostenverlauf ab.

> **Kapitel**
> **3.4.2**

> Je steiler die Kostenkurve ansteigt, d. h., je höher die variablen Stückkosten sind, umso geringer ist die Angebotsmenge des Monopolisten und umso höher ist der Angebotspreis.

Mathematische Ermittlung des Gewinnmaximums (Differenzialrechnung)

> **Aufgabe**
> **3.19, S. 127**

Mathematisch lässt sich das Gewinnmaximum des Monopolisten für das vorliegende Zahlenbeispiel wie folgt ermitteln:

Die verwendete lineare Preis-Absatz-Funktion *(vgl. Tab. S. 90 bzw. Abb. S. 91)*, die beim Monopol der Nachfragefunktion entspricht und die Abhängigkeit der absetzbaren Menge vom Preis beschreibt, lautet

(1) allgemein: $x = x(p)$ hier: $x = -400\,p + 10\,000$

Da der Monopolist aber – im Gegensatz zu einem Polypolisten (Mengenanpasser) – entweder den Preis oder die Menge festlegen kann *(vgl. S. 91)*, kann die Gleichung im vorliegendem Fall ausnahmsweise auch nach p aufgelöst und das Abhängigkeitsverhältnis zwischen Menge (x) und Preis (p) umgekehrt werden.

(2) allgemein: $p = a - bx$ hier: $p = (10\,000 - x)/400 = 25 - 0{,}0025\,x$

Diese Umformung mit der Menge (x) als unabhängige Variable ist nötig, weil zur Ermittlung des Gewinnmaximums die gewinnmaximale Menge bestimmt werden muss (s. u.). Das geht nur, wenn in der zu maximierenden Gewinnfunktion $G = E - K$ die Menge (x) die unabhängige Variable ist. Da die Kosten (K) von der Menge (x) abhängig sind ($K = K_f + k_v \cdot x$), müssen auch die Erlöse ($E = p \cdot x$) in Abhängigkeit von der Menge (x) formuliert werden. Das geschieht, indem die nach p aufgelöste Preis-Absatz-Funktion (2) in $E = p \cdot x$ eingesetzt wird (3).

Der Abschnitt der Preis-Absatz-Kurve auf der Preisachse entspricht dem Parameter a (hier: 25), da sich dieser Wert für p bei einer Absatzmenge (x) von null ergibt *(vgl. Abb. S. 96)*. Der Abschnitt auf der Mengenachse ergibt sich, wenn für p null eingesetzt wird. Für diesen Fall gilt: $x = a/b$ (hier: $x = 25/0{,}0025 = 10\,000$)

Der Erlös ergibt sich aus der Multiplikation von Preis und Menge: $E = p \cdot x$

---

1 Nach Antoine Augustin Cournot (1801–1877), französischer Mathematiker und Ökonom

Unter Verwendung von (2) lautet die Erlösfunktion:

(3) allgemein: $E = (a - bx) \cdot x = ax - bx^2$ hier: $E = (25 - 0{,}0025\,x) \cdot x = 25\,x - 0{,}0025\,x^2$

Der Erlös ist null, wenn die Menge null ist ($x = 0$) oder der Preis null ist ($a - bx = 0$). Aus der ersten Nullstelle ($x = 0$) folgt, dass die Erlöskurve die Mengenachse im Koordinatenursprung schneidet *(vgl. Abb. S. 96)*. Für die zweite Nullstelle gilt: $a - bx = 0$ (hier: $25 - 0{,}0025\,x = 0$). Daraus folgt: $x = a/b$ (hier: $x = 25/0{,}0025 = 10\,000$). Die zweite Nullstelle liegt also dort, wo die Nachfragekurve die Mengenachse berührt *(vgl. Abb. S. 96)*.

An der Extremstelle der Erlösfunktion (Erlösmaximum) müssen die 1. Ableitung gleich null und die 2. Ableitung negativ sein.

(4) allgemein: $E' = a - 2bx = 0$ hier: $E' = 25 - 0{,}005x = 0$

(5) allgemein: $E'' = -2b < 0$ hier: $E'' = -0{,}005 < 0$

Aus (4) folgt für den hier vorliegenden Fall: $x = 25/0{,}005 = 5\,000$. Die erlösmaximale Menge liegt also bei 5 000 Stück. Das Schaubild der Erlösfunktion ist eine nach unten geöffnete Parabel. Also liegt das Maximum in der Mitte zwischen den Schnittpunkten mit der x-Achse. Das entspricht der Hälfte des Abschnitts der Preis-Absatz-Kurve auf der Mengenachse.

Wichtiges Ergebnis: Die erlösmaximale Menge lässt sich dadurch bestimmen, dass der Abschnitt der Preis-Absatz-Kurve auf der Mengenachse halbiert wird.

Die 1. Ableitung $E' = a - 2bx$ (hier: $E' = 25 - 0{,}005\,x$) ist die **Grenzerlösfunktion.** Sie hat die Form einer **Geraden** und gibt die Steigung der Gesamterlösfunktion an. Ihre Steigung (hier: 0,005) ist doppelt so groß wie die der zugehörigen Preis-Absatz-Funktion. Die Nullstelle der Grenzerlösfunktion ($E' = 0$) liegt bei $x = 1/2 \cdot a/b$ (hier: $x = 1/2 \cdot 25/0{,}0025 = 5\,000$). Im vorliegenden Fall ist der Grenzerlös also bei einem Absatz von 5 000 Karten gleich null *(vgl. Abb. S. 96)*. Die Steigung der Gesamterlösfunktion ist an dieser Stelle null (= Erlösmaximum). Für eine geringere Absatzmenge ist der Grenzerlös größer als null, d. h., die Steigung der Gesamterlöskurve ist in diesem Bereich positiv. Für eine größere Absatzmenge ist der Grenzerlös kleiner als null, d. h., die Steigung der Gesamterlöskurve ist in diesem Bereich negativ.

Die Kostenfunktion *(vgl. Tab. S. 95)* lautet:

(6) allgemein: $K = K_f + k_v \cdot x$ hier: $K = 15\,000 + 5\,x$

Die zu maximierende Gewinnfunktion lautet:

(7) allgemein: $G = E - K \rightarrow \text{max!}$ hier: $G = 25\,x - 0{,}0025\,x^2 - 15\,000 - 5\,x$
                                                    $= 20\,x - 0{,}0025\,x^2 - 15\,000 \rightarrow \text{max!}$

Die notwendige (erste) Bedingung für das Maximum erfordert, dass die 1. Ableitung null ist.

(8) allgemein: $G' = E' - K' = 0$ hier: $G' = 20 - 0{,}005\,x = 0$

Die hinreichende (zweite) Bedingung für das Maximum erfordert, dass die 2. Ableitung negativ ist.

(9) allgemein: $G'' < 0$ hier: $G'' = -0{,}005$

Für den vorliegenden Fall ergibt sich aus (8) als gewinnmaximale Menge: $20 - 0{,}005\,x = 0$. Daraus folgt: $x = 4\,000$

Aus der ersten Gewinnmaximierungsbedingung (8) folgt, dass beim Gewinnmaximum Grenzerlös und Grenzkosten gleich sein müssen.

(10) allgemein: $E'(x) = K'(x)$ hier: $25 - 0{,}005\,x = 5$

Wichtiges Ergebnis: Der Angebotsmonopolist erzielt seinen maximalen Gewinn, wenn Grenzerlös und Grenzkosten gleich sind.

Für den vorliegenden Fall ergibt sich aus (10) als gewinnmaximale Menge: $x = 4\,000$. Durch Einsetzen von x in (2) ergibt sich der gewinnmaximale Preis: $p = 15{,}00$.

Preisbildung des Angebotsmonopols

3.4.4 Marktversorgung: Vergleich zwischen Monopol und Polypol

Annahmen

Soll die Marktversorgung beim Monopol und die Höhe des Monopolpreises mit der Situation, die sich unter den Bedingungen eines Polypols auf dem vollkommenen Markt ergeben würde, verglichen werden, müssen für die rechnerische und grafische Ermittlung des Unterschieds folgende (wirklichkeitsfremden) Annahmen getroffen werden:

- Die Gesamtnachfragekurve beim Monopol ist identisch mit der beim Polypol.
- Sowohl für den Monopolisten als auch für die Polypolisten liegt ein s-förmiger Gesamtkostenverlauf vor. Die gewinnmaximalen Preis-Mengen-Kombinationen der Anbieter liegen daher auf der jeweiligen Grenzkostenkurve (= Angebotskurve).
- Alle polypolistischen Anbieter zusammen weisen genau denselben Kostenverlauf wie der Monopolist auf. Bei s-förmigem Gesamtkostenverlauf kann daher die Grenzkostenkurve des Monopolisten als aggregierte Grenzkostenkurve aller polypolistischen Anbieter aufgefasst werden.

Unter diesen Annahmen übersteigt der Monopolpreis den Polypolpreis und die Monopolmenge ist niedriger als die Polypolmenge. Die Umwandlung des Monopols in ein Polypol wäre unter diesen Bedingungen für die Nachfrager vorteilhaft. Entsprechend nachteilig ist es für die Nachfrage im umgekehrten Fall, wenn ein Polypol durch **Kartellbildung** in ein **Kollektivmonopol** umgewandelt wird.

Auswirkung von Kartellen (Kollektivmonopolen) auf Marktversorgung und Preis

> Ein Kartell ist ein Zusammenschluss von rechtlich selbstständig bleibenden Unternehmen der gleichen Wirtschaftsstufe, die durch Vertrag oder Absprache ihre wirtschaftliche Handlungsfreiheit teilweise aufgeben, um den Wettbewerb zu beschränken oder aufzuheben (z. B. Preisabsprachen beim Preiskartell, Absprachen über Produktionsmengen beim Quotenkartell).

Dieser wettbewerbsbeschränkende Zusammenschluss geht mit einer Verringerung der Produktionsmenge und einer Preiserhöhung einher. Daher sind solche Kartelle in Deutschland grundsätzlich verboten.

> **Bildung eines Kollektivmonopols**
>
> Angenommen, alle Brezelanbieter einer Region schließen sich durch Absprachen über Produktionsmengen und Vereinbarung eines einheitlichen Preises zu einem Kollektivmonopol zusammen. Unter Wettbewerbsbedingungen (Polypol) bildete der aufsteigende Ast der zusammengefassten (aggregierten) Grenzkostenkurven der einzelnen Anbieter die Gesamtangebotskurve.
>
> Der Zusammenschluss der einzelnen Anbieter zu einem Monopol führt dazu, dass sich aus der Zusammenfassung (Aggregation) der unveränderten Grenzkostenkurven der einzelnen Anbieter jetzt die Grenzkostenkurve des Kollektivmonopols ergibt. Die Gesamtnachfragekurve (X = − 10 000 p + 15 000) soll von der Änderung der Marktform unbeeinflusst bleiben. Nach der Umwandlung in einen Monopolmarkt stellt diese Gesamtnachfragekurve gleichzeitig die Preis-Absatz-Kurve des Kollektivmonopols dar.

Der Vergleich zwischen der Marktversorgung beim Polypol und einem als Kollektivmonopol handelnden Preiskartell führt am vorliegenden Beispiel zu folgenden Ergebnissen (vgl. nachstehende Grafik):

1. Unter Wettbewerbsbedingungen (Polypol) betrugen der Gleichgewichtspreis 1,00 € und die Gleichgewichtsmenge 5 000 Stück (Schnittpunkt zwischen Gesamtangebots- und Gesamtnachfragekurve).

2. Durch den Zusammenschluss der Anbieter zu einem Monopol ergibt sich aufgrund der Gewinnmaximierungsregel E' = K' eine gewinnmaximale Menge von 3 000 Brezeln bei einem ge-

winnmaximalen Preis von 1,20 €. Die Marktversorgung ist somit schlechter und der Preis höher als unter Wettbewerbsbedingungen.

3. Das Ausmaß der Verschlechterung der Marktversorgung durch die Änderung der Marktform vom Polypol zum Monopol hängt von der Preiselastizität der Nachfrage ab. Würde die Nachfrage weniger elastisch reagieren, wäre die Marktversorgung noch schlechter und der Preis noch höher, da die Marktmacht des Monopolisten umso größer ist, je geringer die Preiselastizität der Nachfrage ist.

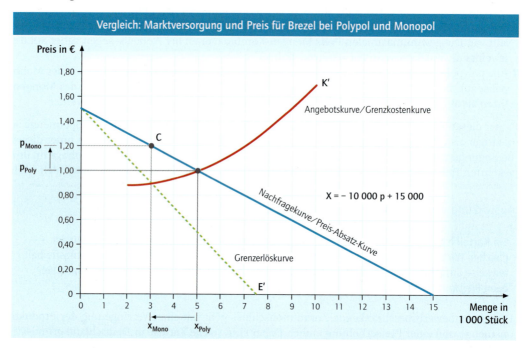

Wird ein Wettbewerbsmarkt beispielsweise durch Kartellbildung in einen monopolistischen Markt umgewandelt, führt dies unter sonst unveränderten Verhältnissen
- zu einer künstlichen Angebotsverknappung und
- zu einer machtbedingten Preiserhöhung.

Mögliche Vorteile einer Monopolisierung

Es ist allerdings auch folgende Entwicklung denkbar: Die Monopolisierung ist das Ergebnis einer Unternehmenskonzentration, bei der die polypolistischen Anbieter ihre Selbstständigkeit völlig aufgeben und von einem marktmächtigen Unternehmen verdrängt oder aufgekauft werden. In einem solchen Fall kann es durch Rationalisierungseffekte aufgrund von Massenproduktion (z. B. Fließbandproduktion statt handwerkliche Fertigung) dazu kommen, dass die Produktionskosten des Monopolisten geringer sind als die Summe der Produktionskosten der Polypolisten. Üblicherweise steigen bei solchen Rationalisierungsmaßnahmen die fixen Kosten, währen die variablen Kosten (z. B. Fertigungslöhne) sinken. Die Fixkostenerhöhung beeinflusst den Verlauf der Grenzkosten nicht. Die sinkenden variablen Kosten bewirken hingegen ein Sinken der Grenzkosten, was sich in einer Rechtsverschiebung der Grenzkostenkurve niederschlägt. Unter diesen Umständen kann es möglich sein, dass das Gewinnmaximum des Monopolisten bei einer größeren Menge und einem geringeren Preis als beim Marktgleichgewicht unter Wettbewerbsbedingungen liegt.

3.4.5 Preisdifferenzierung des Angebotsmonopolisten

Voraussetzung für Preisdifferenzierung: Unvollkommener Markt

Die Untersuchung des Preisbildungsprozesses beim Angebotsmonopol hat zu dem Ergebnis geführt, dass es bei dieser Marktform nur einen einzigen Preis geben kann. Ein Markt, auf dem sich ein **Einheitspreis** ergibt, zu dem **alle** Käufe und Verkäufe getätigt werden, ist ein **vollkommener Markt**. Der Angebotsmonopolist kann jedoch seinen Monopolgewinn noch weiter erhöhen, wenn es ihm gelingt, das **gleiche Gut** an unterschiedliche Käufergruppen zu **unterschiedlichen Preisen** zu verkaufen. Eine solche **Preisdifferenzierung**, bei der sich für ein homogenes Gut verschiedene Preise ergeben, ist nur auf einem **unvollkommenen Markt** möglich. Das „Gesetz von der Unterschiedslosigkeit des Preises" gilt in diesem Fall nicht.

Es lassen sich verschiedene Formen der Preisdifferenzierung unterscheiden.

Arten der Preisdifferenzierung	Kriterien für die Marktteilung	Beispiel
persönliche Preisdifferenzierung	Gruppenzugehörigkeit	Ein Konzertveranstalter gewährt ermäßigte Preise für Schüler und Studenten.
räumliche Preisdifferenzierung	Regionen, Länder	Ein pharmazeutisches Unternehmen verkauft das gleiche Medikament im Ausland billiger als im Inland.
zeitliche Preisdifferenzierung	Zeitpunkt der Nachfrage	Die Parkgebühren in einem Parkhaus sind nachts niedriger als am Tag.
		Ein Energieversorgungsunternehmen gewährt einen günstigen Nachtstromtarif.
sachliche Preisdifferenzierung	Verwendungszweck des Gutes	Ein Energieversorgungsunternehmen verlangt von Privatkunden einen höheren Tarif als von Industriekunden.
	Nachfragemenge	Die Deutsche Bahn fordert von einer zweiten mitreisenden Person nur den halben Fahrpreis.
	Einschätzung durch unterschiedliche Verbraucherschichten	Ein Waschmittelhersteller verkauft ein Waschpulver sowohl mit einer neutralen No-Name-Verpackung (weiße Ware) als auch unter einem bekannten Markennamen. Durch Werbung, Verpackung usw. werden Qualitätsunterschiede vorgetäuscht.

> Wenn der Monopolist Preisdifferenzierung betreibt, d. h. ein gleichartiges Gut zu unterschiedlichen Preisen verkauft, handelt es sich um ein Monopol auf einem unvollkommenen Markt.

Aufgabe 3.21, S. 128

Ziel und Mittel der Preisdifferenzierung

Ziel jeder Preisdifferenzierung ist es, die Bereitschaft einiger Nachfrager, für das Gut einen höheren als den Marktpreis zu zahlen, auszunutzen. Diese Zahlungsbereitschaft der Nachfrager kommt in der von links oben nach rechts unten fallenden Nachfragekurve zum Ausdruck. Auch bei hohem Preis wären noch einige Nachfrager bereit, das Gut zu kaufen. Ist der tatsächlich vom Monopolisten festgesetzte Preis jedoch niedriger als der von einigen Nachfragern geplante, erzielen diese Nachfrager einen Vorteil, weil sie das Gut billiger erwerben können als vorgesehen. Die Differenz zwischen ihrer Zahlungsbereitschaft und den niedrigeren tatsächlichen Ausgaben ist die **Konsumentenrente**.

Kapitel 3.2.2

> Ziel der Preisdifferenzierung ist die Abschöpfung von Konsumentenrente.

In allen Fällen ist Voraussetzung für eine Preisdifferenzierung, dass der Anbieter den Preis autonom festlegen und den Markt teilen kann. Eine solche Aufteilung des Marktes in Absatzschichten mit dem Ziel, in den einzelnen Marktsegmenten unterschiedliche Preise durchzusetzen, ist für einen Anbieter umso leichter möglich, je geringer die Markttransparenz ist und je leichter sich Marktsegmente in persönlicher, räumlicher, zeitlicher oder sachlicher Hinsicht abgrenzen lassen. Wesentlich ist dabei auch, dass der Weiterverkauf des Gutes zwischen den einzelnen Käufergruppen ausgeschlossen ist.

Mittel der Preisdifferenzierung ist die Aufspaltung der Gesamtnachfrage in Absatzschichten.

Preisdifferenzierung oberhalb des Monopolpreises

Konzertveranstalter als Monopolist mit Preisdifferenzierung

Die Veranstalter eines Popkonzerts, das in einem Fußballstadion mit einem Fassungsvermögen von 8 000 Personen stattfinden soll *(vgl. 3.4.3)*, gehen von den in folgender Tabelle wiedergegebenen Daten aus. Es wird überlegt, ob durch eine Preisdifferenzierung der Gesamtgewinn gesteigert werden kann, indem für zahlungskräftige Besucher, die nicht zur Gruppe der Schüler, Auszubildenden und Studenten gehören, höhere Eintrittspreise festgelegt werden.

	Gewinn für die Konzertveranstaltung der Aids-Hilfe e. V.
Preis (p) in €	Zuschauer (x)	Erlöse (E) in €	Kosten (K) in €	Gewinn/Verlust (G) in €
25,00	0	0	15.000	− 15.000
22,50	1 000	22.500	20.000	2.500
20,00	2 000	40.000	25.000	15.000
17,50	3 000	52.500	30.000	22.500
15,00	4 000	60.000	35.000	25.000
12,50	5 000	62.500	40.000	22.500
10,00	6 000	60.000	45.000	15.000
7,50	7 000	52.500	50.000	2.500
5,00	8 000	40.000	55.000	− 15.000
2,50	9 000	22.500	60.000	− 37.500
0	10 000	0	65.000	− 65.000

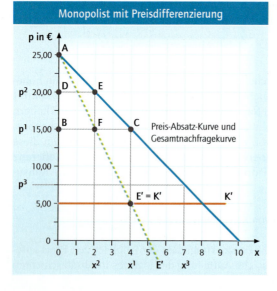

Das bisherige Gewinnmaximum von 25.000 € ergibt sich bei einem Preis von 15,00 € und einer Zuschauerzahl von 4000. Wird dieser bisherige Monopolpreis von 15,00 € (p^1) als ermäßigter Preis für Schüler, Auszubildende und Studenten beibehalten und der Preis für alle übrigen Besucher auf 20,00 € (p^2) festgesetzt, kann der Erlös um 10.000 € gesteigert werden. Voraussetzung dafür ist im vorliegenden Fall, dass sich unter den 4000 Zuschauern, die bereit sind, einen Eintrittspreis von 15,00 € zu bezahlen, insgesamt mindestens 2000 Schüler, Auszubildende und/oder Studenten befinden. Da für diesen Fall die Gesamtzahl der Zuschauer auch nach der Preisdifferenzierung noch bei 4000 liegt, ändern sich die Kosten nicht. Erlöszuwachs und Gewinnzuwachs sind demzufolge aus-

nahmsweise gleich hoch. Die Erlös- und
Gewinnsteigerung von 10.000 € kommt dadurch zustande, dass der Veranstalter einen
Teil der Konsumentenrente oberhalb des
bisherigen Monopolpreises abschöpft und
in Erlös bzw. Gewinn umwandelt.

Ursprünglich betrug die Konsumentenrente 20.000 €, was dem Flächeninhalt
des Dreiecks B, A, C *(vgl. Abb.)* entspricht:
$(4\,000 \cdot 10)/2 = 20.000$ €).

Gewinnerhöhung durch Preisdifferenzierung oberhalb des Monopolpreises	
2 000 Zuschauer · 20,00 € =	40.000 €
+ 2 000 Schüler/Studenten · 15,00 € =	30.000 €
= Gesamterlös	70.000 €
− Kosten (15.000 + 4 000 · 5)	35.000 €
= Gesamtgewinn	35.000 €

Nach der Preisdifferenzierung zahlen aber 2 000 Zuschauer 20,00 € (p^2) statt bisher 15,00 € (p^1) für
eine Eintrittskarte, d. h. 5,00 € mehr als in der Ausgangssituation. Die abgeschöpfte Konsumentenrente von 10.000 € entspricht dem Flächeninhalt des Rechtecks B, D, E, F (2 000 · 5 = 10.000 €). Die
verbleibende Konsumentenrente von 10.000 € könnte teilweise noch weiter abgeschöpft werden,
wenn es durch eine zusätzliche Marktaufspaltung gelänge, beispielsweise bei den 1 000 Zuschauern, die bereit wären einen Preis von mindestens 22,50 € für eine Eintrittskarte zu zahlen, diesen
Preis auch durchzusetzen.

Preisdifferenzierung unterhalb des Monopolpreises

Durch Preisdifferenzierung auch unterhalb
des Monopolpreises kann der Gewinn noch
gesteigert werden, solange der niedrigste
aller festgesetzten Preise gerade noch die
variablen Stückkosten deckt (hier: 5,00 €).
Wird beispielsweise für eine nicht ermä-
ßigte Eintrittskarte der Monopolpreis von
15,00 € (p^1) verlangt und der Preis für ermä-
ßigte Karten auf 7,50 € (p^3) halbiert, könnten – sofern es sich bei den 3 000 zusätzli-

Gewinnerhöhung durch Preisdifferenzierung unterhalb des Monopolpreises	
4 000 Zuschauer · 15,00 € =	60.000 €
+ 3 000 Schüler/Studenten · 7,50 € =	22.500 €
= Gesamterlös	82.500 €
− Kosten (15.000 + 7 000 · 5)	50.000 €
= Gesamtgewinn	32.500 €

chen Zuschauern ausschließlich um Schüler, Auszubildende und Studenten handelt – der Erlös
um 22.500 € und der Gewinn um 7.500 € gegenüber der Ausgangssituation gesteigert werden. Mit
insgesamt 7 000 Zuschauern wäre das Stadion bei einem Fassungsvermögen von 8 000 Zuschauern
in diesem Fall zu 87,5 % ausgelastet.

Der durch die Preisdifferenzierung entstehende Gewinn ist umso größer, je mehr Teilmärkte abge-
grenzt werden können. Im Extremfall zahlt jeder Nachfrager genau den Preis, den er gerade noch
zu zahlen bereit ist.

3.5 Monopolistischer Preisspielraum: Polypol auf dem unvollkommenen Markt

3.5.1 Doppelt geknickte Preis-Absatz-Kurve

Marktunvollkommenheiten

Häufig werden am Markt sehr ähnliche Güter angeboten, die aber nach Einschätzung der Nachfrager aus verschiedenen Gründen nicht gleichartig (homogen) sind. Möglicherweise werden diese Güter nur deswegen als andersartig (heterogen) angesehen, weil sie sich in der Verpackung oder durch eine Markenbezeichnung unterscheiden. Neben solchen **sachlichen Präferenzen** liegen **Marktunvollkommenheiten** beispielsweise auch dann vor, wenn sich aufgrund von besonders zuvorkommender Kundenbetreuung eine „Stammkundschaft" entwickelt (= persönliche Präferenzen), der Anbieter einen günstigen Standort (z. B. gute Geschäftslage, genügend Parkraum, geringe Entfernung) hat (= räumliche Präferenz) oder eine besonders schnelle Lieferung zusagt (= zeitliche Präferenz). Auf einem solchen **unvollkommenen Markt** können für eigentlich gleichartige Güter dennoch unterschiedliche Preise entstehen.

Eine solche Marktsituation ist für den Einzelhandel und das Handwerk typisch.

Preispolitischer Spielraum des Polypolisten

> In einer Stadt mit vielen Backwarenläden kann ein einzelner Bäcker beispielsweise den Preis für sein Dreikornbrot um 0,25 € je kg über dem der anderen Anbieter festlegen, ohne alle Kunden für diese Brotsorte zu verlieren. Wenn er den Preis allerdings über eine bestimmte Grenze hinaus erhöht, kauft kein Kunde mehr dieses Brot bei ihm. Dass sein Dreikornbrot-Absatz bei einer geringfügigen Preiserhöhung nicht auf null zurückgeht, kann daran liegen, dass einigen Kunden möglicherweise der Weg bis zum nächsten Bäckerladen zu weit ist. Es kann aber auch dadurch bedingt sein, dass die Kunden im Laden dieses Bäckers lieber einkaufen als bei der Konkurrenz, weil beispielsweise das Verkaufspersonal freundlicher und zuvorkommender ist. Die Ursache könnte aber auch sein, dass die Kunden nicht wissen, dass dieses Brot anderswo billiger ist. Da es auf diesem Markt unterschiedliche Preise für ein gleichartiges Produkt geben kann, handelt es sich um einen unvollkommenen Markt.

> **Die Marktform des Polypols auf dem unvollkommenen Markt (= unvollkommenes Polypol) ist dadurch gekennzeichnet, dass sich viele Anbieter und viele Nachfrager mit jeweils geringen Marktanteilen gegenüberstehen, ein einheitlicher Preis aber deswegen nicht zustande kommt, weil mindestens eine der Bedingungen des vollkommenen Marktes (Homogenität der Güter, keine Präferenzen, vollkommene Markttransparenz) nicht erfüllt ist.**

Die Anbieter beim Polypol auf dem unvollkommenen Markt können den Preis innerhalb gewisser Grenzen verändern, ohne dass sie bei einer kleinen Preiserhöhung befürchten müssen, Kunden an die Konkurrenz zu verlieren, und ohne dass es ihnen bei einer kleinen Preissenkung gelingt, Käufer aus dem Kundenstamm eines anderen Anbieters abzuziehen. Sie können somit – anders als bei der Marktform der vollkommenen Konkurrenz – innerhalb eines bestimmten Preisintervalls Preispolitik wie ein Monopolist betreiben. Diese Marktform wird daher auch als **monopolistische Konkurrenz** bezeichnet.

Es gibt aber eine Ober- und eine Untergrenze für den preispolitischen Spielraum eines einzelnen Anbieters. Setzt der Anbieter den Preis zu hoch fest, ist für die Nachfrager der Preisnachteil im Vergleich zu den Konkurrenten so groß, dass die bisherigen Präferenzen gegenüber diesem Anbieter ihre Wirkung verlieren. Alle Kunden wandern zur Konkurrenz ab. Der Anbieter würde dann – wie beim Polypol auf dem vollkommenen Markt – seinen ganzen Absatz verlieren. Setzt der Anbieter dagegen den Preis zu niedrig fest, wechseln alle Nachfrager von der Konkurrenz zu ihm über. Aufgrund seines geringen Marktanteils kann er diese Nachfrage aber nicht befriedigen und keine zusätzlichen Kunden langfristig an sich binden.

Monopolistischer Preisspielraum: Polypol auf dem unvollkommenen Markt

Aus diesen Überlegungen ergibt sich beim Polypol auf dem unvollkommenen Markt für einen einzelnen Anbieter eine Preis-Absatz-Funktion, wie sie in der folgenden Abbildung dargestellt ist. Sie wird auch als **doppelt geknickte Preis-Absatz-Kurve** bezeichnet.[1]

Die Preis-Absatz-Kurve eines Polypolisten auf dem unvollkommenen Markt weist zwei Knicke auf (doppelt geknickt) und ist dadurch in drei Abschnitte unterteilt. Sie gibt an, welche Menge dieser Anbieter jeweils absetzen kann, wenn er unterschiedlich hohe Preise festsetzt.

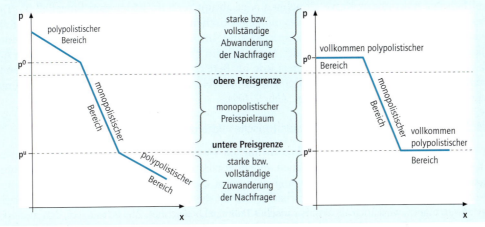

Zusammenhang zwischen Preis-Absatz-Kurve und Nachfragekurve

Die **Preis-Absatz-Kurve** eines Anbieters spiegelt den **Teil der Gesamtnachfrage** wider, der auf diesen **einzelnen Anbieter** entfällt. Im Gegensatz zum Monopol ist beim **Polypol** diese auf einen einzelnen Anbieter entfallende Nachfrage **nicht identisch mit der Gesamtnachfrage**, da es auch noch andere Anbieter gibt, die einen Teil der Gesamtnachfrage auf sich vereinigen. Es handelt sich also bei der **Preis-Absatz-Kurve** um einen nur für den **einzelnen Anbieter bedeutsamen Teil der Gesamtnachfragekurve**, der er sich **aus Anbietersicht** gegenübersieht.

Drei Bereiche der doppelt geknickten Preis-Absatz-Kurve

In dem Preisintervall zwischen der Obergrenze (p^o) und der Untergrenze (p^u) kann der Anbieter Preispolitik wie ein Angebotsmonopolist betreiben. Der entsprechende Abschnitt auf der Preis-Absatz-Kurve wird daher auch als **monopolistischer Bereich** bezeichnet. Ausgehend vom Preis p^1 führt eine Preissenkung – wie beim Monopol – zu einer Absatzsteigerung, weil Nachfrager auftreten, die dieses Gut bisher nicht oder nur in geringer Menge gekauft haben (Weckung latenter Nachfrage). Bei einer Preiserhöhung verzichten dagegen einige der bisherigen Nachfrager ganz auf das Gut oder schränken zumindest die gekaufte Menge ein. In diesem Bereich wandern aber weder Kunden bei Preiserhöhungen zu anderen Anbietern ab, noch laufen bei Preissenkungen Kunden von anderen Anbietern über. Ob und in welchem Umfang durch eine Preisveränderung

---

[1] Diese Form der Preis-Absatz-Funktion wurde von Erich Gutenberg (1897–1984), einem bedeutenden deutschen Betriebswirt an der Universität Köln, entwickelt. Vgl. Gutenberg, E., Grundlagen der Betriebswirtschaftslehre, Bd. 2: Der Absatz, 17. Aufl., Berlin, Heidelberg, New York 1984, S. 247 ff.

in diesem Intervall der Erlös steigt oder fällt, hängt von der Elastizität der Nachfrage ab. Die Größe des monopolistischen Bereichs wird vom Ausmaß der Marktunvollkommenheiten bestimmt. Je stärker die Präferenzen der Nachfrager sind, je heterogener die Güter eingeschätzt werden und je unvollständiger die Markttransparenz ist, desto ausgeprägter ist der monopolistische Bereich.

> Zwischen oberer und unterer Preisgrenze (monopolistischer Bereich) kann sich ein Anbieter beim unvollkommenen Polypol wie ein Monopolist verhalten und Preispolitik betreiben.

Außerhalb des monopolistischen Bereichs werden die Präferenzen mehr und mehr unwirksam. Diese beiden Abschnitte der Preis-Absatz-Kurve werden auch als **polypolistische Bereiche** bezeichnet *(vgl. Abb. S. 107)*. Eine Erhöhung des Preises über den oberen Grenzpreis (p^o) führt zu einer Abwanderung von Kunden zu anderen Anbietern und damit zu einer Absatzminderung. Bei einer Preissenkung unterhalb des unteren Grenzpreises (p^u) kommt es nicht nur zu einer Weckung latenter Nachfrage, sondern auch zu einem Kundenzustrom von anderen Anbietern. In welchem Umfang diese Zu- und Abwanderungen vorkommen und ob der Übergang zwischen den drei Bereichen der Preis-Absatz-Kurve allmählich oder abrupt verläuft, hängt vom Einzelfall ab. Die Preis-Absatz-Kurve verläuft außerhalb des monopolistischen Bereichs umso flacher, je geringer die Präferenzen und je höher die Markttransparenz sind. Im Extremfall sind die Bedingungen eines vollkommenen Marktes erfüllt, sodass der Anbieter beim oberen Grenzpreis seinen gesamten Absatz verliert und beim unteren Grenzpreis jede im Bereich seiner Produktionskapazität liegende Menge absetzen kann. Das lässt sich durch jeweils parallel zur Mengenachse verlaufende Abschnitte der Preis-Absatz-Kurve darstellen *(vgl. Abb. S. 109)*.

Verstärkung der Kundenbindung: Akquisitorisches Potenzial

Ein Anbieter, der durch die Marktunvollkommenheiten Vorteile hat, wird versuchen, den monopolistischen Bereich zu erhalten und auszubauen, indem er absatzpolitische Instrumente (z. B. Werbung, Verpackung, Liefer- und Zahlungsbedingungen) einsetzt. Diese Möglichkeit, beim unvollkommenen Polypol bei den Kunden Präferenzen zu schaffen oder zu verstärken und die Preiselastizität der Nachfrage zu verringern, wird auch als **akquisitorisches Potenzial** bezeichnet. Ziel ist es dabei, den monopolistischen Bereich weiter nach oben zu verlagern und die Preis-Absatz-Kurve nach rechts zu verschieben.

3.5.2 Gewinnmaximum und Preisbildung

Tabellarische und grafische Ermittlung des Gewinnmaximums

Gewinnmaximum beim Polypol auf dem unvollkommenen Markt

Auch für den Polypolisten am unvollkommenen Markt gilt, dass er seinen Gewinn (G) bei derjenigen Ausbringungsmenge maximiert, bei der die Differenz zwischen Gesamterlös (E) und Gesamtkosten (K) am größten ist.

Für eine Getränkehandlung in einer Großstadt gilt der in nebenstehender Tabelle dargestellte Zusammenhang zwischen dem Preis je Kiste Mineralwasser und der abgesetzten Menge pro Monat. Die obere Preisgrenze liegt bei 3,50 €, die untere bei 2,00 €. Aufgrund der beschränkten Lagerkapazität liegt die maximale Absatzmenge bei 6 000 Kisten monatlich.

Preis (p) in €	Kisten (x) in Tsd.	Erlöse (E) in Tsd. €	Kosten (K) in Tsd. €	Gewinn/ Verlust (G) in Tsd. €
3,50	0	0,0	1	− 1,0
3,50	1	3,5	2	1,5
3,50	2	7,0	3	4,0
3,50	3	10,5	4	6,5
3,00	4	12,0	5	7,0
2,50	5	12,5	6	6,5
2,00	6	12,0	7	5,0
2,00	7	14,0	8	6,0
2,00	8	16,0	9	7,0
2,00	9	18,0	10	8,0
2,00	10	20,0	11	9,0

Monopolistischer Preisspielraum: Polypol auf dem unvollkommenen Markt

Unter Berücksichtigung der Kapazitätsbeschränkung von 6 000 Kisten liegt das Erlösmaximum (12.500 €) bei 5 000 Kisten und das Gewinnmaximum (7.000 €) bei 4 000 Kisten.

Gewinnmaximum im monopolistischen Bereich

Bei einem Absatz von 4 000 Kisten sind Grenzerlös und Grenzkosten mit jeweils 1,00 € gleich. Das Gewinnmaximum liegt im monopolistischen Bereich. Der Getränkehändler kann also Preispolitik betreiben. Dem **COURNOTschen Punkt C** entspricht ein Preis von 3,00 € *(vgl. folgende Abb.)*. Um sein Gewinnmaximum zu realisieren, wird der Händler somit den Preis auf 3,00 € festlegen.

Verlauf der Grenzerlöskurve

Die auf dem vorliegenden Zahlenbeispiel basierende Gesamterlöskurve kann als Zusammensetzung der linearen Erlöskurven eines Anbieters bei vollkommener Konkurrenz (Mengenbereiche von 0 bis 3 000 bzw. von 6 000 bis 10 000) und der Erlöskurve eines Monopolisten in Form einer nach unten geöffneten Parabel (Mengenbereich von 3 000 bis 6 000) aufgefasst werden. Entsprechend verläuft die Grenzerlöskurve in diesen Bereichen unterschiedlich. In den polypolistischen Abschnitten entspricht der Grenzerlös dem Preis: $E(x) = p \cdot x \rightarrow E'(x) = p$. Die Grenzerlöskurve fällt daher in diesen Abschnitten mit der parallel zur Mengenachse verlaufenden Preis-Absatz-Kurve zusammen.

> **Kapitel**
> 3.4.2

Im Punkt A weist die Grenzerlöskurve einen Sprung auf, da hier der direkte Übergang in den monopolistischen Bereich erfolgt. Im monopolistischen Bereich fällt die Grenzerlöskurve wie beim Angebotsmonopol. Sie schneidet bei der Ausbringungsmenge von 5 000 Kisten die Mengenachse. Bei dieser Ausbringungsmenge hat die Elastizität der Preis-Absatz-Funktion den Wert 1.

Eine zweite Sprungstelle liegt beim Übergang vom monopolistischen zum polypolistischen Bereich im Punkt B. Ab hier folgt die Grenzerlöskurve wieder der Preis-Absatz-Kurve. Da im vorliegenden Fall die Preis-Absatz-Funktion im monopolistischen Bereich sowohl unelastische Abschnitte ($El_{dir} < 1$) als auch elastische Abschnitte ($El_{dir} > 1$) aufweist, existiert bei dem Elastizitätswert $El_{dir} = 1$ über dem monopolistischen Bereich ein eindeutiges Erlösmaximum. Wäre die Elastizität auf der Preis-Absatz-Kurve dagegen in jedem Punkt des monopolistischen Bereichs größer oder kleiner als 1, gäbe es entweder kein Erlösmaximum oder es läge außerhalb des monopolistischen Bereichs.

Gewinnmaximum im polypolistischen Bereich

Würde die Lagerkapazität im vorliegenden Fall beispielsweise bei 10 000 Kisten liegen, könnte der Händler seinen Gewinn nur durch bestmögliche Anpassung der Absatzmenge an den in diesem Bereich vorgegebenen Marktpreis (z. B. 2,00 €) maximieren (= Mengenanpasser). Bei Ausnutzung einer Kapazitätsgrenze von 10 000 Kisten würde der Händler bei einem Erlös von 20.000 € und Gesamtkosten von 11.000 € einen Gewinn von 9.000 € erzielen. Er wird aber in diesem Fall wahrscheinlich versuchen, unter Ausnutzung seines akquisitorischen Potenzials (= Fähigkeit zur Schaffung von Präferenzen) den monopolistischen Bereich nach rechts zu verschieben und gleichzeitig nach oben auszudehnen, um die Absatzmenge von 10 000 Kisten zu einem höheren Stückpreis als 2,00 € verkaufen zu können.

3.6 Mögliche Verhaltensweisen der Anbieter beim Oligopol

> Gibt es auf einem Markt nur wenige Anbieter, denen viele Nachfrager gegenüberstehen, liegt ein Angebotsoligopol vor.

Das Angebotsoligopol ist – neben dem Polypol auf dem unvollkommenen Markt – die in der Realität am häufigsten anzutreffende Marktform (z. B. Waschmittel, Zigaretten, Mineralöl, Automobile, Autoreifen).

Kapitel 3.5

Aktions- und Reaktionsparameter

Der Marktanteil des einzelnen Oligopolisten ist so groß, dass er – im Gegensatz zum Polypolisten – auch den Marktpreis beeinflussen kann. Anders als beim Monopolisten hängt beim Oligopolisten das Ergebnis seiner Entscheidungen aber nicht nur von der Reaktion der Nachfrage, sondern auch von dem Verhalten der übrigen Anbieter ab. Senkt beispielsweise ein Oligopolist seinen Preis, werden die übrigen Anbieter einen großen Teil ihrer Absatzmenge verlieren, wenn sie auf diese Preisänderung nicht reagieren. Sie werden daher – sofern ihre Kostensituation dies zulässt – ebenfalls den Preis in gleichem oder noch stärkerem Ausmaß senken, sodass sich der Marktanteil jedes Einzelnen kaum ändert. Andererseits führt eine Preiserhöhung eines Oligopolisten zu einer erheblichen Einschränkung seiner Absatzmenge, wenn die anderen Anbieter nicht ebenfalls ihre Preise erhöhen.

> Ein Oligopolist muss bei seinen Entscheidungen nicht nur die Reaktion der Nachfrage, sondern zusätzlich auch die wahrscheinliche Reaktion der Konkurrenz berücksichtigen.

Marktform Parameter	Polypol	Monopol	Oligopol
Aktionsparameter (Entscheidungsparameter) = zu beeinflussende Größe	**Menge** Der Polypolist kann nur die Produktionsmenge an den gegebenen Marktpreis anpassen. (Mengenanpasser)	**Preis oder Menge** Der Monopolist kann wahlweise entweder den Marktpreis oder die Produktionsmenge festlegen. (Autonome Preis- oder Mengenstrategie)	**Preis oder Menge** Der Oligopolist kann den Marktpreis oder die Produktionsmenge beeinflussen. (Autonome Preis- oder Mengenfixierer)
Reaktionsparameter = bei einer Entscheidung zu berücksichtigende Größen	Produktionskosten, gegebener Marktpreis	Produktionskosten, Reaktion der Nachfrage (Nachfrageelastizität)	Produktionskosten, Reaktion der Nachfrage (Nachfrageelastizität), Verhalten der Konkurrenten

Nichtkooperatives[1] Verhalten (Verdrängungswettbewerb)

Versucht jeder einzelne Oligopolist, seinen Gewinn zu maximieren, löst das üblicherweise einen Preisunterbietungsprozess aus, weil jeder Anbieter seine Absatzmenge zulasten des Marktanteils der Konkurrenten ausdehnen will. Wenn aber alle Anbieter ihre Preise senken, sinkt der Gewinn, ohne dass sich die Marktanteile wesentlich ändern. **Gewinnmaximierendes Verhalten des Einzelnen** bewirkt somit eine Gewinnminderung aller Anbieter und führt zu einer Preisvergünstigung für die Nachfrager. Oft endet dieser Preiswettbewerb mit einem **Verlust für alle beteiligten Unternehmen**. Der Prozess kann in einen **Preiskrieg** (ruinöse Konkurrenz) münden. Dabei senkt derjenige Oligopolist, der am kostengünstigsten produziert oder die höchsten finanziellen Rücklagen hat, den Preis sogar unter seine Selbstkosten und nimmt zeitweilige Verluste in Kauf. Auf diese Weise will er seine Konkurrenten ebenfalls in die Verlustzone treiben und sie zwingen, aus dem Markt auszuscheiden (Verdrängungswettbewerb). Sein Ziel ist es, eine monopolähnliche Situation mit entsprechenden Gewinnmöglichkeiten zu schaffen.

Aufgabe 3.25, S. 131

Aufgabe 3.26, S. 132

---

1 kooperativ *(lat.):* gemeinsam handeln; gemeinschaftlich

Weil auf oligopolistischen Märkten die Gefahr besteht, dass ein Preiswettbewerb für alle Anbieter Nachteile mit sich bringt, ist es naheliegend, dass die Anbieter stillschweigend oder offen vereinbaren, den Preis als Wettbewerbsinstrument auszuschalten und stattdessen miteinander zu kooperieren. Anstelle der Preispolitik treten dann andere absatzpolitische Maßnahmen (z. B. Werbung, Qualität, Kundendienst) in den Vordergrund.

> Auf oligopolistischen Märkten zeigt sich häufig kein Preiswettbewerb (aggressive Strategie), sondern ein auf Übereinkunft beruhendes kooperatives Verhalten (friedliche Strategie).

Preisstarrheit

Da mit preispolitischen Maßnahmen erhebliche Risiken für einen Oligopolisten einhergehen, wird der Preiswettbewerb auf solchen Märkten häufig durch andere Wettbewerbsformen (z. B. Qualität, Werbung) ersetzt. Es kann daher vorkommen, dass auf oligopolistischen Märkten die Preise auffallend lange stabil bleiben **(Preisstarrheit)**.

Preisführerschaft

Wenn auf oligopolistischen Märkten Preisänderungen vorgenommen werden, liegt dem häufig keine aggressive, sondern eine friedliche Strategie in Form der **Preisführerschaft** zugrunde. Dabei verändert ein Anbieter den Preis und gibt damit den übrigen Anbietern das Signal, ihrerseits ebenfalls die Preise zu verändern **(Parallelverhalten)**. Bei dem Preisführer kann es sich um den Anbieter mit dem größten Marktanteil handeln. Es ist aber auch möglich, dass die Preisführerschaft zwischen den Unternehmen wechselt. Letzteres ist beispielsweise bei Benzinpreiserhöhungen der Mineralölgesellschaften zu beobachten. Ein derartiges Parallelverhalten stellt zwar eine Wettbewerbsbeschränkung dar, die aber nicht gesetzlich verboten ist.

Preisabsprachen

Eine naheliegende Verhaltensweise, um die Rivalität zwischen den Anbietern noch weiter zu mindern, ist die **Preisabsprache**. Diese kann einerseits als **abgestimmte Verhaltensweise ohne vertragliche Vereinbarung** erfolgen („Frühstückskartell", „Augenzwinkerkartell", *„gentlemen agreement"*). Werden die Absprachen über Preise und/oder Produktionsmengen vertraglich festgelegt, liegt ein **Preiskartell** und/oder **Quotenkartell** vor. Sowohl abgestimmtes Verhalten als auch Preis- und Quotenkartelle sind als schwere Formen der Wettbewerbsbeschränkung nach deutschem und europäischem Recht verboten. Im Rahmen eines **Kartells** können sich die beteiligten Unternehmen **gemeinsam wie ein Monopol** verhalten (Kollektivmonopol, Quasi-Monopol). Die **gemeinsame Gewinnmaximierung** macht auch eine Einigung zwischen den beteiligten Unternehmen über die Aufteilung der künstlich verknappten Produktionsmengen und der Gewinnanteile nötig. Sie gelingt so lange, wie der gemeinsam vereinbarte Monopolpreis von niemandem unterboten wird. Je größer die Zahl der Kartellmitglieder ist, umso eher besteht aber die Gefahr, dass der vereinbarte Preis von einigen Mitgliedern unterlaufen wird. Diese steigern dadurch ihren Absatz über die zugeteilte Produktionsmenge hinaus und erreichen eine **individuelle Gewinnsteigerung** zulasten der anderen Kartellmitglieder.

Mögliche Verhaltensweisen der Anbieter beim Oligopol			
kooperatives Verhalten (friedliche Strategie)			**nichtkooperatives Verhalten** (aggressive Strategie)
Preisstarrheit	Preisführerschaft (Parallelverhalten)	Preisabsprachen (abgestimmtes Verhalten, Preiskartell)	Verdrängungswettbewerb (Preiskrieg, ruinöse Konkurrenz)
Wettbewerbsmittel: Werbung, Qualität, Kundendienst			Wettbewerbsmittel: Preis

Preisbildung auf verschiedenen Arten von Märkten

3

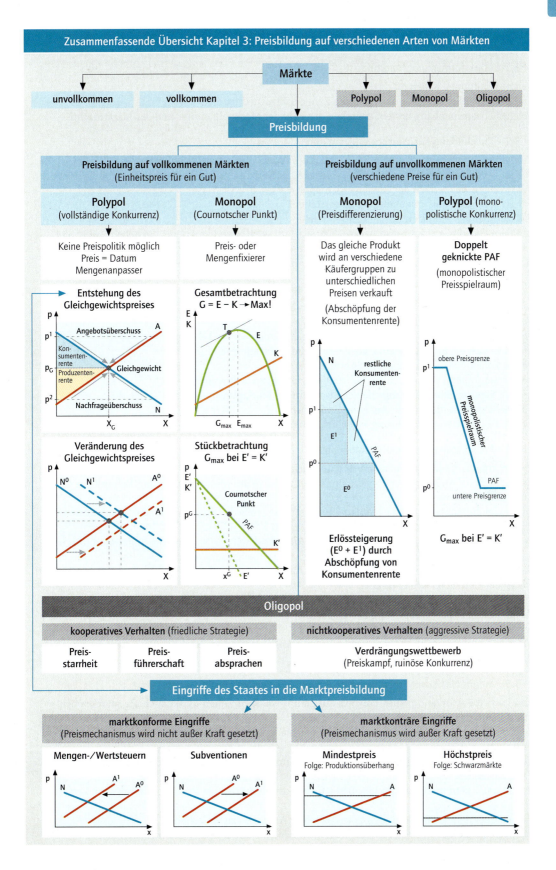

Fragen zur Wiederholung

Kapitel 3.1 Marktformen und Marktmacht

1. Welche Funktionen haben Märkte?
2. Unterscheiden Sie Marktformen nach der Zahl der Marktteilnehmer.
3. Welcher Zusammenhang besteht zwischen der Zahl der Marktteilnehmer und der Marktmacht?

Kapitel 3.2 Preisbildung auf Wettbewerbsmärkten

1. Welche Voraussetzungen müssen für die Marktform der vollständigen Konkurrenz erfüllt sein?
2. Warum werden die Marktteilnehmer bei vollständiger Konkurrenz als Mengenanpasser bezeichnet?
3. Welche Eigenschaften hat der Gleichgewichtspreis?
4. Was ist unter der Konsumentenrente zu verstehen?
5. Was ist unter der Produzentenrente zu verstehen?
6. Schildern Sie die Anpassungsprozesse, die sich auf Wettbewerbsmärkten einstellen, wenn der Marktpreis über bzw. unter dem Gleichgewichtspreis liegt.
7. In welchen Fällen steigt bzw. sinkt der Gleichgewichtspreis auf Wettbewerbsmärkten?

Kapitel 3.3 Staatliche Eingriffe in die Preisbildung auf Wettbewerbsmärkten

1. Nennen Sie marktkonforme Eingriffe des Staates in die Marktpreisbildung.
2. Welche Folgen hat die Erhebung einer Mengensteuer?
3. Welche Marktpartei wird durch die Erhebung einer Mengensteuer belastet?
4. Wie wirkt sich die Erhebung von Ökosteuern auf die Marktpreisbildung aus?
5. Welche Folgen hat die Zahlung von Subventionen?
6. Welche Marktpartei wird durch die Subventionszahlungen begünstigt?
7. Nennen Sie marktkonträre Eingriffe des Staates in die Marktpreisbildung.
8. Welche Folgen hat die Einführung von Mindestpreisen?
9. Welche Folgen hat die Einführung von Höchstpreisen?

Kapitel 3.4 Preisbildung des Angebotsmonopols

1. Welche Arten von Monopolen lassen sich unterscheiden?
2. Warum ist beim Angebotsmonopol die Preis-Absatz-Kurve des Monopolisten identisch mit der Gesamtnachfragekurve?
3. Was besagt die Aussage „Ein Angebotsmonopolist kann entweder Preisfixierer oder Mengenfixierer sein"?
4. Welcher Zusammenhang besteht zwischen der Preiselastizität der Nachfrage und der Marktmacht eines Angebotsmonopolisten?
5. Wie lautet die Gewinnmaximierungsregel eines Angebotsmonopolisten?
6. Was ist der COURNOTsche Punkt?
7. Wie unterscheiden sich Marktversorgung und Marktpreis beim Polypol und beim Monopol?
8. Was ist unter Preisdifferenzierung zu verstehen?
9. Nennen Sie Arten der Preisdifferenzierung.
10. Erläutern Sie, unter welchen Voraussetzungen ein Angebotsmonopolist durch Preisdifferenzierung seinen Gewinn erhöhen kann.

Kapitel 3.5 Monopolistischer Preisspielraum: Polypol auf dem unvollkommenen Markt

1. Warum wird die Situation eines Polypols auf dem unvollkommenen Markt auch als „monopolistische Konkurrenz" bezeichnet?
2. Welche Unvollkommenheitsmerkmale kann der Markt bei monopolistischer Konkurrenz aufweisen?
3. Wie kommt die doppelt geknickte Preis-Absatz-Kurve beim Polypol auf dem unvollkommenen Markt zustande?
4. Was ist unter dem monopolistischen Bereich der doppelt geknickten Preis-Absatz-Kurve zu verstehen?
5. Was ist unter dem akquisitorischen Potenzial eines Anbieters zu verstehen?
6. Erläutern Sie die Gewinnmaximierungsregel beim Polypol auf dem unvollkommenen Markt.

Preisbildung auf verschiedenen Arten von Märkten

Kapitel 3.6   Mögliche Verhaltensweisen der Anbieter beim Oligopol

1. Welche Größen müssen ein Polypolist, ein Oligopolist und ein Monopolist bei ihren Absatzentscheidungen jeweils berücksichtigen?
2. Welche Folgen kann ein Preiswettbewerb auf oligopolistischen Märkten haben?
3. Welche Formen kooperativen Verhaltens lassen sich auf oligopolistischen Märkten unterscheiden?
4. Erläutern Sie das Phänomen der Preisstarrheit auf oligopolistischen Märkten.
5. Was ist unter einer Preisführerschaft zu verstehen?
6. Was ist ein „Frühstückskartell"?
7. Unter welchen Voraussetzungen kann ein Kartell monopolistische Preispolitik betreiben?

Aufgaben und Probleme zur Erarbeitung und Anwendung von Wissen

3.1 Rollenspiel zur Preisbildung

Führen Sie in Ihrer Klasse ein Rollenspiel durch, bei dem die Preisbildung an einer Börse simuliert wird. Die Beschreibung des Rollenspiels und die Materialien befinden sich auf der Begleit-CD (Best.-Nr. 6082).

3.2 Preis-Mengen-Diagramm

1 Ordnen Sie die folgenden Begriffe den Buchstaben in der Abbildung zu:

   (1) Preis

   (2) Menge

   (3) Angebotskurve

   (4) Nachfragekurve

   (5) Angebotsüberhang (Nachfragelücke)

   (6) Nachfrageüberhang (Angebotslücke)

2 Bei welchem Preis
   a) wird die größte Menge umgesetzt?
   b) wird die Menge 100 angeboten?
   c) wird die Menge 100 nachgefragt?
   d) sind angebotene und nachgefragte Menge gleich?
   e) ist die nachgefragte Menge geringer als die angebotene Menge?
   f) ist die angebotene Menge geringer als die nachgefragte Menge?
   g) liegt der Gleichgewichtspreis?

3.3 Preisbildung an der Börse

An einer Rohstoffbörse erhält ein Makler für einen bestimmten Rohstoff folgende Aufträge:

Verkaufsaufträge		
Verkäufer	Mindestpreis	Menge (t)
A	180 €	40
B	120 €	20
C	100 €	60
D	60 €	80

Kaufaufträge		
Käufer	Höchstpreis	Menge (t)
E	60 €	60
F	100 €	20
G	120 €	40
H	180 €	80

1. Welchen Preis legt der Makler fest?
2. Tragen Sie die Angebots- und Nachfragekurve in ein Koordinatensystem ein (x-Achse: 15 cm, 1 cm = 20 Mengeneinheiten; y-Achse: 10 cm, 1 cm = 20 Geldeinheiten).
3. Warum ist ein Preis von 180 € nicht möglich?
4. Warum ist ein Preis von 60,00 € nicht möglich?
5. In welcher Höhe erzielen
   a) der Käufer G,   b) der Verkäufer D
   durch den Gleichgewichtspreis einen Vorteil gegenüber ihren ursprünglichen Kauf- bzw. Verkaufsabsichten?
6. Nachrichten über eine mögliche weltweite Verknappung des Rohstoffs lösen eine erhöhte Nachfrage aus. Der Makler stellt fest, dass alle Käufer zu den bisher von ihnen gebotenen Höchstpreisen 20 t mehr kaufen wollen. Welchen neuen Preis legt der Makler fest?
7. Stellen Sie die veränderten Nachfrageverhältnisse im Koordinatensystem (vgl. Nr. 2) dar.

8. Erläutern Sie anhand der Ergebnisse von Aufg. 1 und 2 bzw. Aufg. 6 und 7 die Funktionen des Preises, indem Sie u. a. folgende Fragen beantworten:
   a) Welche Informationen können die Marktteilnehmer aus der Preisveränderung ableiten (Informationsfunktion)?
   b) Welche Folgen können sich für den Einsatz der Produktionsfaktoren ergeben, wenn die sich abzeichnende Preisentwicklung weiter anhält (Allokationsfunktion)?
   c) Zu welchen Ergebnissen führt die Ausgleichsfunktion des Preises in den vorliegenden Fällen?
   d) Welche Anbieter sind im vorliegenden Fall von der Auslesefunktion des Preises betroffen?
   e) Welche Nachfrager werden im vorliegenden Fall nicht durch die Verteilungsfunktion (Zuteilungsfunktion) des Preises begünstigt?
   f) Für welche Marktteilnehmer stellt der Preis im vorliegenden Fall eine Anreizfunktion dar?

3.4 Börsenpreisbildung – Kauf- und Verkaufsaufträge mit Zusätzen

An einer Rohstoffbörse erhält ein Makler für einen bestimmten Rohstoff folgende Aufträge:

Angebot			Nachfrage		
Menge in kg	Zusatz	Preis € je kg (mindestens)	Menge in kg	Zusatz	Preis € je kg (höchstens)
30 000	bestens	–	40 000	billigst	–
10 000	limit	4,50	30 000	limit	4,40
40 000	limit	4,60	20 000	limit	4,60
20 000	limit	4,70	20 000	limit	4,70
50 000	limit	5,00	20 000	limit	4,80
			10 000	limit	4,90

Bedeutung der Zusätze bei Kauf- und Verkaufsaufträgen:
bestens: *Anweisung an den Makler, zum höchstmöglichen Preis (bestens) zu verkaufen. Verkäufer ist bereit, zu jedem vom Makler festgesetzten Preis zu verkaufen.*
billigst: *Anweisung an den Makler, zum niedrigstmöglichen Preis (billigst) zu kaufen. Käufer ist bereit, zu jedem vom Makler festgesetzten Preis zu kaufen.*
Limit: *Anweisung an den Makler, bei Verkaufsaufträgen nicht unter dem angegebenen Preis zu verkaufen (= mindestens) und bei Kaufaufträgen nicht über dem angegebenen Preis zu kaufen (= höchstens).*

1. Ermitteln Sie anhand einer Tabelle, welchen Preis der Makler festlegt.
2. Überprüfen Sie anhand des vorliegenden Beispiels die Behauptung: „Der Börsenpreis ist der Preis, bei dem die größtmögliche Menge umgesetzt wird."
3. Angenommen, die Nachfrage bleibt unverändert (vgl. oben). Ermitteln Sie den vom Makler jeweils festzulegenden Preis, wenn das Gesamtangebot lautet:
   a) 90 000 kg bestens,
   b) 80 000 kg bestens.

3.5 Preisbildung auf dem unvollkommenen Markt

Von den zahlreichen am Markt angebotenen Sonnencremes hat die Stiftung Warentest einige ausgewählt und getestet. Das Ergebnis ist in der Tabelle wiedergegeben.

3 Preisbildung auf verschiedenen Arten von Märkten

STIFTUNG WARENTEST
test Sonnenschutzmittel — 7/2007
www.test.de

	Lichtschutz-faktor	Inhalt in ml / Mittlerer Preis in Euro ca.	Preis für 100 ml in Euro ca.	Einhaltung des Lichtschutz-faktors (UVB)	Feuchtigkeits-anreicherung	Entnahme bei 20 °C und 40 °C	Anwendungs-hinweise	Deklaration	Mikrobiolo-gische Qualität	test-QUALITÄTSURTEIL
Gewichtung				35 %	25 %	20 %	10 %	5 %	5 %	100 %
dm/Sundance Sonnenmilch	10	200 / 1,45	0,70	+	++	O	++	+	++	GUT (1,9)
Schlecker/AS Suncare Sun Sonnenmilch	10	250 / 1,90	0,75	+	+	+	++	+	++	GUT (1,9)
Lancaster Sun Care Tanning Lotion	8	200 / 26,50	13,25	+	++	+	+	+	+	GUT (2,0)
Rossmann/Sun Ozon Sonnenmilch	10	200 / 2,30	1,15	+	O	+	++	+	++	GUT (2,0)
Aldi (Süd)/Ombia Sun Sonnenmilch	10	500 / 3,00	0,60	+	+	+	++	+	++	GUT (2,1)
Ihr Platz drospa/alando sun Sonnenmilch	10	200 / 2,00	1,00	+	+	+	++	+	+	GUT (2,1)
Nivea Sun Pflegende Sonnenmilch	8	250 / 5,00	2,00	+	+	O	+	+	++	GUT (2,1)
Ambre Solaire delial Sonnenmilch Ultra-Feuchtigkeit	10	400 / 9,95	2,50	+	+	⊖	+	+	++	GUT (2,3)
L'Oréal Solar Expertise Sonnenmilch Hochentwickelter Schutz	10	250 / 9,00	3,60	+	+	⊖	+	+	++	GUT (2,3)
Declaré Sun Milch	10	400 / 9,95	2,50	+	O	O	⊖	+	++	BEFRIEDIGEND (2,7)
Piz Buin 1 day long long lasting protection	8	100 / 18,50	18,50	+	O	+	⊖	–1)	++	BEFRIEDIGEND (2,7)
Dr. Hauschka Sonnenmilch	8	100 / 10,90	10,90	+	⊖	⊖	+	+	++	BEFRIEDIGEND (2,9)
Annemarie Börlind Sonnen-Milch	10	200 / 9,50	4,75	+	+	⊖	⊖	+	⊖*)	AUSREICHEND (3,6)

Alle Produkte bestanden die Wasserfestigkeitsprüfung.

Bewertungsschlüssel der Prüfergebnisse: Bei gleichem Qualitätsurteil Reihenfolge nach Alphabet.
++ = sehr gut (0,5–1,5), + = Gut (1,6–2,5), O = Befriedigend (2,6–3,5), ⊖ = Ausreichend, – = Mangelhaft (4,6–5,5)
*) führt zur Abwertung. 1) Aussagen wie „1 day long" sollten unterbleiben, da sie geeignet sind, zu exzessivem Sonnenbaden anzuregen.

1. Wie kann es zu Preisunterschieden bei Produkten mit gleicher Ausstattung und Qualität kommen?
2. Wie ist es zu erklären, dass für Produkte mit den Test-Urteilen „ausreichend" oder „befriedigend" teilweise erheblich mehr bezahlt wurde als für Produkte mit dem Test-Urteil „gut"?
3. Welche Wirkungen kann die Veröffentlichung derartiger Untersuchungen der Stiftung Warentest haben?
4. Wie wirkt sich die Möglichkeit, im Internet Produkt- und Preisvergleiche vornehmen zu können, auf die Marktunvollkommenheiten aus? Nennen Sie Beispiele.

3.6 Preisbildung auf einem polypolistischen Markt

Auf einem Wochenmarkt werden u. a. Eier der Güteklasse A/Gewichtsklasse L angeboten und nachgefragt. Es handelt sich um einen polypolistischen Markt. Die Marktteilnehmer verhalten sich in einer bestimmten Woche wie folgt:

Bei einem Stückpreis von 0,20 € und weniger wäre die angebotene Menge 0. In diesem Fall würden die Eierhändler die Eier lieber an Nudelfabriken, Eisdielen und andere Großabnehmer liefern. Für jeden Cent mehr würde die angebotene Menge um 50 Eier steigen.

Bei einem Preis von 0,50 € und mehr wäre die nachgefragte Menge 0. Für jeden Cent weniger würde die nachgefragte Menge um 25 Eier steigen.

1. Zeichnen Sie die Angebots- und Nachfragekurve in ein Preis-Mengen-Diagramm ein.
2. Auch auf einem Markt mit homogenen Gütern und ohne Präferenzen stellt sich der Gleichgewichtspreis in Normalfall nicht sofort ein. Vielmehr handelt es sich um einen temporär (= zeitweise) unvollkommenen Markt, weil es einige Zeit dauert, bis sich die Marktteilnehmer die nötige Markttransparenz verschafft haben.
Angenommen, auf dem hier vorliegenden Eiermarkt liegt der Stückpreis zunächst bei 0,34 €.
Erläutern Sie die Reaktionen der Marktteilnehmer und die sich daraus ergebende Tendenz zu einem Gleichgewichtspreis.
3. Bei welchem Preis und bei welcher Menge befindet sich der Markt im Gleichgewicht?

Preisbildung auf verschiedenen Arten von Märkten

3.7 Veränderungen auf dem Markt für Speiseeis

Angenommen, auf dem Markt für italienisches Speiseeis (Eiskugeln zum Mitnehmen) herrscht in einer süddeutschen Kreisstadt folgende Marktsituation vor.

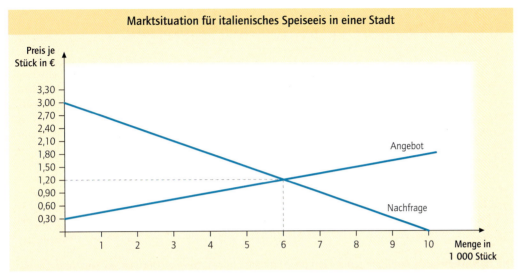

Wie würden sich folgende Ereignisse auf die Angebots- und Nachfragekurve, den Gleichgewichtspreis und die Gleichgewichtsmenge auswirken? Begründen Sie Ihre Aussagen und erläutern Sie die Anpassungsprozesse (Preismechanismus).

1. Es wird ein neues Gymnasium eröffnet, sodass noch mehr Schülerinnen und Schüler aus dem Umland eine Schule in der Kreisstadt besuchen.
2. Der Preis für verpacktes „Eis am Stiel" sinkt.
3. Das Gewerbeaufsichtsamt lässt wegen Nichtbeachtung der Hygienevorschriften mehrere Eisdielen schließen.
4. Die Pachten für Ladenlokale in der Innenstadt steigen kräftig. Das betrifft auch die meisten Eisdielen.

3.8 Preisbildung beim Polypol auf dem vollkommenen Markt

Für ein landwirtschaftliches Produkt werden an der Warenbörse zu einem bestimmten Zeitpunkt folgende Gesamtangebots- und Gesamtnachfragefunktionen festgestellt:

Angebot: $x^A = p - 10$ Nachfrage: $x^N = -p + 50$

1. Ermitteln Sie rechnerisch den Gleichgewichtspreis und die Gleichgewichtsmenge.
2. Zeichnen Sie die Angebots- und Nachfragekurve in ein Koordinatensystem ein (x-Achse: 15 cm; 1 cm = 5 Mengeneinheiten; y-Achse: 15 cm; 1 cm = 5 Geldeinheiten).
3. Berechnen Sie für das Marktgleichgewicht den Gesamterlös, die Konsumenten- und die Produzentenrente.
4. In der folgenden Woche verändert sich die Angebotsfunktion wie folgt: $x^A = p - 5$. Die Nachfragefunktion bleibt unverändert. Zeichnen Sie die neue Angebotskurve in das Koordinatensystem ein und ermitteln Sie zeichnerisch den neuen Gleichgewichtspreis.
5. Worauf kann die Veränderung der Angebotsfunktion zurückzuführen sein?
6. Berechnen Sie für das neue Marktgleichgewicht den Gesamterlös, die Konsumenten- und die Produzentenrente.
7. Prüfen Sie anhand der Konsumenten- und Produzentenrente, ob die Angebotsveränderung für die Marktteilnehmer vorteilhaft war.

8. Ermitteln Sie die Preiselastizität der Nachfrage für die Preis-Mengen-Änderung vom ursprünglichen zum neuen Marktgleichgewicht.

9. Welcher Zusammenhang besteht im vorliegenden Fall zwischen der Preiselastizität der Nachfrage und der Veränderung des Erlöses?

3.9 Preis- und Wohlfahrtsänderungen durch Erhöhung der Markttransparenz[1]

In einer Region an der indischen Südwestküste haben die Fischer früher üblicherweise nach dem Fischfang ihre Heimathäfen angesteuert, um die Fische dort zu verkaufen. Dabei kam es auf den Fischmärkten in den benachbarten Küstendörfern täglich zu höchst unterschiedlichen Preisen für gleichartigen Fisch (z. B. Sardinen). Manchmal ließen sich die Fische in einem Dorf überhaupt nicht verkaufen und mussten wieder ins Meer geworfen werden, während sich im Nachbardorf Höchstpreise erzielen ließen. Ursache war die Unvollkommenheit des Marktes: Die Fischer konnten sich über die Preisunterschiede auf den Märkten nicht rechtzeitig informieren. Transportkosten und mangelnde Lagerfähigkeit des Fischs erlaubten es zudem nicht, den Marktplatz rechtzeitig zu wechseln, falls sich im Nachbardorf höhere Preise erzielen ließen. Nachdem aber ein Mobilfunknetz in der Küstenregion installiert worden war, änderte sich die Situation auf den Fischmärkten erheblich. Mit ihren Handys können sich die Fischer jetzt schon vom Meer aus über die Absatzmöglichkeiten auf den einzelnen Märkten entlang der Küste informieren und bereits von dort aus Kaufverträge abschließen. Es wird jetzt jeweils der Hafen des Dorfes angelaufen, wo sich der höchste Gewinn erzielen lässt. Die Preisunterschiede zwischen den lokalen Märkten entlang der Küste sind nahezu verschwunden. Auch müssen keine unverkauften Fische mehr zurück ins Meer geworfen werden.

Die untenstehenden Abbildungen zeigen die Marktsituationen in zwei Dörfern vor Nutzung der Handys. Die Fischer aus Dorf 2 haben 50 kg mehr Fisch gefangen als die Fischer aus Dorf 1. Das Nachfrageverhalten der Bewohner ist in beiden Dörfern gleich. (Nachfragefunktion: $x^N = -25p + 200$)

1. Erläutern Sie die unterschiedlichen Marktsituationen in Dorf 1 und Dorf 2.

2. Wie wird ein Teil der Fischer aus Dorf 2 reagieren, wenn ihnen aufgrund der Handynutzung Informationen über die Marktsituationen in beiden Dörfern vorliegen?

3. Welcher Gleichgewichtspreis und welche Gleichgewichtsmenge werden sich jeweils auf den beiden Teilmärkten einstellen?

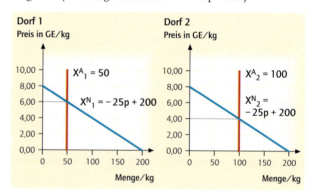

4. Vergleichen Sie die Summe von Produzenten- und Konsumentenrente vor und nach der Handynutzung. Worauf ist dieser Unterschied (= Wohlfahrtsänderung) zurückzuführen?

3.10 Zusammenhang zwischen Angebot, Nachfrage und Preis – Wirkung einer Energiesteuer (Ökosteuer)

1. „Naturkatastrophen, die einen großen Teil der Ernte vernichten, können mit Einkommenssteigerungen in der Landwirtschaft verbunden sein."
    a) Überprüfen Sie diese Behauptung, indem Sie eine normal verlaufende Angebots- und Nachfragekurve für Grundnahrungsmittel skizzieren und die sich durch eine Naturkatastrophe ergebenden Änderungen und Anpassungsprozesse zum neuen Gleichgewicht erläutern.
    b) Für den Fall, dass die Behauptung zutrifft: Warum schränken die Landwirte ihre Produktionsmengen nicht von vornherein ein oder vernichten einen Teil ihrer Ernte?

2. Die Regierung will aus umweltpolitischen Gründen eine Energiesteuer in Form einer Mengensteuer einführen. Die Produzenten müssen dabei je Mengeneinheit erzeugter Energie (z. B. je Liter oder kWh) einen bestimmten Betrag als Steuer abführen. Das soll zu einer Erhöhung der Energiepreise führen und den Energieverbrauch verringern. In einer Zeitung findet sich dazu folgender Hinweis.

---

[1] In Anlehnung an Thieme, A., Handys und Fischpreis, in: WISU Nr. 1/08, S. 69

Preisbildung auf verschiedenen Arten von Märkten

> Die mit der Einführung der Energiesteuer beabsichtigte Energiepreissteigerung ist wahrscheinlich nur von kurzer Dauer. Steigende Preise bewirken nämlich einen Rückgang der Nachfrage. Die verminderte Nachfrage wird aber ihrerseits wieder dafür sorgen, dass die Preise sinken. Aufgrund dieser Zusammenhänge ist es nicht sicher, dass die Einführung einer Energiesteuer langfristig tatsächlich zu einer Energiepreissteigerung führt.

Die Argumentation enthält einen Trugschluss, weil bei der Verwendung des Begriffs „Nachfrage" nicht deutlich zwischen „nachgefragter Menge" und „Nachfrage i. S. von Nachfragekurve" unterschieden wird.
Versuchen Sie herauszufinden, wo der Denkfehler liegt, indem Sie eine normal verlaufende Angebots- und Nachfragekurve skizzieren und anhand der Skizze folgende Frage klären:
a) Welchen Einfluss hat die geplante Steuer auf den Verlauf der Gesamtangebots- bzw. Gesamtnachfragekurve?
b) Wie ändern sich durch die geplante Steuer Gleichgewichtspreis und Gleichgewichtsmenge?
c) Erläutern Sie den Anpassungsprozess zum neuen Gleichgewicht. Unterscheiden Sie dabei auch zwischen Kurvenverschiebung und Bewegungen auf den Kurven.
d) Wovon hängt das Ausmaß ab, in dem sich Gleichgewichtspreis und Gleichgewichtsmenge durch die geplante Steuer verändern?
e) Wie müsste sich der Verlauf der Nachfragekurve ändern, damit bei gleich bleibender Angebotskurve der vor der Einführung der Steuer geltende Gleichgewichtspreis wieder erreicht wird?
f) Wodurch kann eine solche Verlaufsänderung der Nachfragekurve ausgelöst werden?
g) Löst die geplante Steuer eine solche Verlaufsänderung aus?
h) Kommt es durch die geplante Steuer zu einer Energiepreissteigerung?

3.11 Unterscheidung zwischen nachgefragter Menge und Nachfrage

Setzen Sie in die Lücken des auf dem Arbeitsblatt abgedruckten Marktberichts aus einer Landwirtschaftszeitung jeweils an der richtigen Stelle einen der folgenden Begriffe ein:
a) Nachfrage *(i. S. von Gesamtnachfragekurve)*
b) nachgefragte Menge
c) individuelle Nachfrage *(i. S. von individueller Nachfragekurve)*
d) aggregierte Nachfrage *(i. S. von Summe der individuellen Nachfrage, Marktnachfrage)*
e) gesamtwirtschaftliche Nachfrage *(i. S. von Nachfrage aller Konsumenten, Unternehmen und staatlichen Stellen)*

3.12 Marktkonforme und marktkonträre Eingriffe des Staates auf dem Agrarmarkt – Stücksubvention – Mindestpreispolitik

Für ein bestimmtes landwirtschaftliches Produkt liegt zum Zeitpunkt t_0 die in der Abbildung auf S. 121 dargestellte Marktsituation vor. Die Regierung möchte die Produktion dieses Produktes fördern und gleichzeitig die Einkommenssituation in der Landwirtschaft verbessern. Dafür will sie Haushaltsmittel von 800 Mio. € zur Verfügung stellen. Es soll geprüft werden, ob die Mittel besser zu Gewährung von Subventionen an die Landwirte oder zum Aufkauf von Überschüssen nach Festsetzung eines Mindestpreises verwendet werden sollen.

1. Subvention
Angenommen, die Regierung gewährt den Landwirten eine Stücksubvention von 400 € je t. Die Nachfrage bleibt unverändert. Stellen Sie die Veränderung der Marktsituation in einem Koordinatensystem grafisch dar, belegen Sie anhand der Grafik die Werte in der folgenden Tabelle und berechnen Sie die fehlenden Werte.

	Preis (€)	Menge (Mio. t)	Erlöse (Mio. €)	Staatsausgaben (Mio. €)	Produzentenrente (Mio. €)	Konsumentenrente (Mio. €)	Gesamtwohlfahrt (Mio. €)
1. Ausgangssituation	700	1	700	0	100	100	
2. Subvention 400 €/t							
3. Änderung gegenüber 1.							

121

2. Mindestpreis

Auf Druck des Bauernverbandes setzt die Regierung zum Zeitpunkt t_1 anstelle der Subvention einen Mindestpreis fest, der 100,00 € über dem Gleichgewichtspreis in t_0 liegt. Die Nachfrage bleibt unverändert. Stellen Sie die Veränderung der Marktsituation in einem Koordinatensystem grafisch dar, belegen Sie anhand der Grafik die Werte in der folgenden Tabelle und berechnen Sie die fehlenden Werte.

	Preis (€)	Menge (Mio. t)	Erlöse (Mio. €)	Staatsausgaben (Mio. €)	Produzentenrente (Mio. €)	Konsumentenrente (Mio. €)	Gesamtwohlfahrt (Mio. €)
1. Ausgangssituation	700	1	700	0	100	100	
2. Mindestpreis 100 € über dem Gleichgewichtspreis							
3. Änderung gegenüber 1.							

3. Vergleichen Sie die beiden Maßnahmen miteinander und erläutern Sie die Unterschiede.

4. Im Falle des Mindestpreises müssen die aufgekauften Überschüsse von der Regierung zunächst gelagert werden. Es wird davon ausgegangen, dass dabei ca. 20 % der Menge durch Verderb und andere Umstände vernichtet wird. Die restliche Menge könnte auf dem Weltmarkt für die Hälfte des Mindestpreises verkauft werden. Für Lagerung und Transport fallen für die Regierung Kosten von 20 % der Verkaufserlöse an.
Mit wie viel Euro würde in diesem Fall der Staatshaushalt insgesamt belastet?

5. Die Regierung erwägt, die **gesamte** Produktionsmenge, die sich bei einem Mindestpreis von 800 € ergibt, zu diesem Preis aufzukaufen.
   a) Zu welchem Preis je t müsste sie das Produkt anbieten, um die **gesamte** aufgekaufte Menge wieder verkaufen zu können?
   b) Wie hoch wäre in diesem Fall die Belastung für den Staatshaushalt (Ausgaben für den Aufkauf – Verkaufserlös)?

6. Wegen der hohen Belastung für den Staatshaushalt will die Regierung die Angebotsmenge durch die Zuteilung von Produktionsquoten verringern. Künftig dürfen die Landwirte höchstens 1 Mio. t produzieren. Der Mindestpreis von 800 € wird beibehalten.
Wie würde sich diese Maßnahme im Vergleich zum Ergebnis von Aufgabe 2 auf die
   a) Erlöse (Einkommen) in der Landwirtschaft,
   b) Staatsausgaben auswirken?

7. Wegen schlechter Witterungsverhältnisse fällt die Ernte im Jahr t_2 erheblich geringer als in den Vorjahren aus. Dadurch ändert sich der Marktpreis gegenüber der Ausgangssituation (t_0) vorübergehend um 20 %.
   a) Wie hoch ist der Marktpreis im Jahr t_2?
   b) Wie wirkt sich in diesem Fall der Mindestpreis von 800 € aus?

8. Welche anderen Mittel könnte die Regierung anstelle von Stücksubventionen oder Mindestpreispolitik ergreifen, um die Einkommenssituation in der Landwirtschaft zu verbessern?

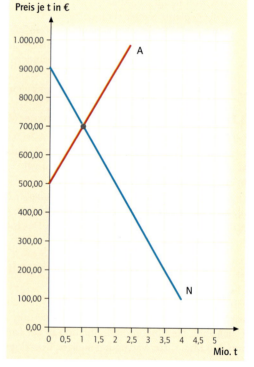

Preisbildung auf verschiedenen Arten von Märkten

3.13 Wohlfahrtswirkungen bei Mengen- und Gewinnsteuern – Einfluss der Nachfrageelastizität

Auf dem Markt für importierte Spitzenweine liegen folgende Angebots- und Nachfragefunktionen vor:

Angebot: $x^A = p - 10$ Nachfrage: $x^N = -2p + 140$

1. Ermitteln Sie Gleichgewichtspreis und Gleichgewichtsmenge und tragen Sie die Angebots- und Nachfragekurve in ein Koordinatensystem ein (x-Achse: 15 cm; 1 cm = 10 Mengeneinheiten; y-Achse: 16 cm; 1 cm = 10 Geldeinheiten).
2. Die Regierung erhebt eine Importsteuer von 30 GE je Mengeneinheit.
Ermitteln Sie das Steueraufkommen und den Nettoverlust an Wohlfahrt gegenüber der Ausgangssituation. Begründen Sie, warum im vorliegenden Fall Anbieter und Nachfrager in unterschiedlichem Maße durch die Steuer belastet werden.
3. Prüfen Sie folgenden Vorschlag hinsichtlich seiner Wohlfahrtswirkungen und erläutern Sie den Unterschied zu Nr. 2: *Die Mengensteuer wird wieder abgeschafft. Zum Ausgleich des Steuerausfalls erhebt der Staat bei den Importeuren eine aus der Produzentenrente zu zahlende Gewinnsteuer in entsprechender Höhe.*
4. Angenommen, auf einem Energiemarkt liegt ebenfalls eine Angebotsfunktion in der Form $x^A = p - 10$ vor. Die entsprechende Nachfragefunktion lautet: $x^N = -0,5p + 65$. Auch in diesem Fall wird eine Steuer von 30 GE je Mengeneinheit erhoben.
Vergleichen Sie mithilfe eines zweiten Koordinatensystems (wie bei Nr. 1) die Ergebnisse mit denen von Nr. 2. Worauf sind die Unterschiede zurückzuführen?
5. Treffen Sie allgemeine Aussagen darüber, in welchen Fällen und aus welchen Gründen eine Mengensteuer mit Wohlfahrtsverlusten verbunden ist.
6. Welche anderen Ziele als die Erzielung von Steuereinnahmen könnte die Regierung mit der Erhebung der Import- bzw. Energiesteuer noch verfolgt haben?

3.14 Staatliche Eingriffe in die Marktpreisbildung: Wohlfahrtsverluste durch eine Mengensteuer – Nachfrageelastizität

Die Regierung eines Landes hat für alkoholhaltige Süßgetränke (Alkopops) eine Mengensteuer von 0,75 € je Flasche eingeführt. Dadurch soll der übermäßige Alkoholkonsum von Jugendlichen eingeschränkt werden.

Vor der Steuererhebung lag folgende Marktsituation vor:
- Preis, ab dem keine Nachfrage mehr vorhanden war (Prohibitivpreis): 3,50 € je Flasche
- Preis, bis zu dem kein Angebot vorhanden war: 0,50 €
- Marktpreis (Gleichgewichtspreis): 2,50 € je Flasche. Zu diesem Preis wurden 4 Mio. Flaschen abgesetzt.

1. Stellen Sie die Marksituation vor der Steuererhebung in einem Preis-Mengen-Diagramm dar.
2. Kennzeichnen Sie (möglichst mit unterschiedlichen Farben) die Flächen, die der Konsumenten- bzw. der Produzentenrente vor der Steuererhebung entsprechen.
3. Stellen Sie in einem zweiten Preis-Mengen-Diagramm die Marktsituation nach der Steuererhebung dar. Beschreiben Sie die Änderung der Marktsituation im Vergleich zu 1.
4. Kennzeichnen Sie in diesem zweiten Diagramm die Flächen, die der Konsumenten- bzw. der Produzentenrente nach der Steuererhebung entsprechen. Vergleichen Sie die Größe der Flächen mit dem Ergebnis von 1.
5. Geben Sie an,
    a) welche Größe zur Ermittlung der gesamten Wohlfahrtsveränderung im vorliegenden Fall noch zusätzlich berücksichtigt werden muss,
    b) wie sich die Berücksichtigung dieser Größe auf den bei 4. festgestellten Wohlfahrtsverlust auswirkt,
    c) welcher Fläche im Preis-Mengen-Diagramm diese Größe entspricht.
6. Ermitteln Sie, welcher Anteil an der Steuer in Höhe von 0,75 € je Flasche
    a) von den Konsumenten
    b) von den Produzenten
    getragen wird.

7. Begründen Sie, warum Konsumenten und Produzenten im vorliegenden Fall in unterschiedlichem Umfang durch die Steuer belastet werden.
8. Wie hoch hätte im vorliegenden Fall die Steuer sein müssen, um den Konsum um 50 % einzuschränken? Welcher Marktpreis hätte sich in diesem Fall ergeben?
9. Berechnen Sie für das Ergebnis von 8. die Preiselastizität der Nachfrage. Erörtern Sie, ob die errechnete Elastizitätskennzahl für den Alkoholkonsum von Jugendlichen zutreffend sein könnte.

3.15 Staatliche Eingriffe in die Marktpreisbildung: Mindestpreis

Die Regierung eines Landes möchte die Milcherzeuger vor zu niedrigen Preisen schützen und führt einen Mindestpreis von 0,50 € je Liter ein. Der gegenwärtige Marktpreis beträgt 0,30 € je Liter.

1. Skizzieren Sie die Marksituation vor der Einführung des Mindestpreises in einem Preis-Mengen-Diagramm (siehe Arbeitsblatt).
2. Kennzeichnen Sie (möglichst mit unterschiedlichen Farben) die Flächen, die der Konsumenten- bzw. der Produzentenrente vor der Einführung des Mindestpreises entsprechen.
3. Stellen Sie in einem zweiten Preis-Mengen-Diagramm die Marktsituation nach Einführung des Mindestpreises dar. Beschreiben Sie die Änderung der Marktsituation im Vergleich zu 1.
4. Kennzeichnen Sie in diesem zweiten Diagramm die Flächen, die der Konsumenten- bzw. der Produzentenrente nach der Einführung des Mindestpreises entsprechen. Vergleichen Sie die Größe der Flächen mit dem Ergebnis von 1.
5. Geben Sie an,
    a) welche Größe zur Ermittlung der gesamten Wohlfahrtsveränderung im vorliegenden Fall noch zusätzlich berücksichtigt werden muss,
    b) wie sich die Berücksichtigung dieser Größe auf den bei 4. festgestellten Wohlfahrtsveränderung auswirkt,
    c) welcher Fläche im Preis-Mengen-Diagramm diese Größe entspricht.
6. Erläutern Sie die Folgen der Mindestpreispolitik für den Staat.

3.16 Vernetzungsdiagramm: Mindestpreise und die Folgen

Stellen Sie anhand eines Vernetzungsdiagramms fest, welche Wirkungen von einem Mindestpreis ausgehen können.

Verbinden Sie dazu Elemente, die sich direkt beeinflussen, mit einem Pfeil. Kennzeichnen Sie gleichgerichtete Wirkungen (je mehr – desto mehr) mit einem Pluszeichen und entgegengesetzte Wirkungen (je mehr – desto weniger) mit einem Minuszeichen.

Erläutern Sie alle durch Pfeile dargestellten Abhängigkeiten.

Folgende Elemente können berücksichtigt werden: Mindestpreis, gesamtgesellschaftliche Wohlfahrt, Einkommen der Produzenten, Nachteile für Verbraucher durch zu hohe Preise, nachgefragte Menge, angebotene (produzierte) Menge, Umweltbelastung durch Überdüngung usw., Angebotsüberschüsse, Kosten für Lagerung, Transport, Konservierung und Vernichtung der Überschüsse, Abstand zum Weltmarktpreis, Verlust aus dem verbilligten Verkauf zum Weltmarktpreis (Exportsubvention), Staatsausgaben, ...

3.17 Marktkonträre und marktkonforme Eingriffe des Staates auf dem Wohnungsmarkt: Höchstmieten – Wohngeldzahlung – Subventionen

In einer mittelgroßen Stadt soll die Situation auf dem Wohnungsmarkt analysiert werden. Die Erhebungen des Wohnungsamtes zur Erstellung eines Mietspiegels führen bei 4-Zimmer-Wohnungen mit vergleichbarer Größe, Ausstattung und Lage zu folgendem Ergebnis:

Monatliche Höchstmiete	Zahl der interessierten Mieter	Monatliche Mindestmiete	Zahl der interessierten Vermieter
bis 250 €	20 000	ab 1.250 €	20 000
bis 500 €	15 000	ab 1.000 €	15 000
bis 750 €	10 000	ab 750 €	10 000
bis 1.000 €	5 000	ab 500 €	5 000
bis 1.250 €	0	ab 250 €	0

Preisbildung auf verschiedenen Arten von Märkten 3

1. Stellen Sie die Angebots- und Nachfragekurve in einem Koordinatensystem dar und ermitteln Sie die Miete in der Gleichgewichtssituation. (x-Achse: 2 cm = 5 000 Wohnungen, y-Achse: 2 cm = 250 €)
2. Die Stadtverwaltung ist der Meinung, die Miete in der Gleichgewichtssituation sei insbesondere für kinderreiche Familien unerschwinglich. Daher soll aus sozialpolitischen Gründen für diese Art von 4-Zimmer-Wohnungen ein Höchstpreis festgelegt werden, der 250 € unter der Gleichgewichtsmiete liegt.
   a) Stellen Sie die Veränderung der Marktsituation im Koordinatensystem grafisch dar, belegen Sie anhand der Grafik die Werte in der untenstehenden Tabelle und berechnen Sie die fehlenden Werte.

	Miete (€)	Menge (Wohnungen)	Mieteinnahmen (Mio. €)	Produzentenrente (Mio. €)	Konsumentenrente (Mio. €)	Gesamtwohlfahrt (Mio. €)
Ausgangssituation	750	10 000	7,5			
Höchstpreis 250 € unter dem Gleichgewichtspreis	500	5 000	2,5	0,625	3,125	
Änderung gegenüber Ausgangssituation	– 250	– 5 000	– 5,0	– 1,875	+ 0,625	– 1,25

   b) Gibt es Mieter, die durch die Festsetzung der Höchstmiete Nachteile gegenüber der Ausgangssituation erleiden? Um welche Mieter handelt es sich gegebenenfalls?
   c) Gibt es Mieter, die durch die Festsetzung der Höchstmiete Vorteile gegenüber der Ausgangssituation haben? Um welche Mieter handelt es sich gegebenenfalls?
   d) Die Absicht der Stadtverwaltung bestand ursprünglich darin, durch die Höchstmiete kinderreiche Familien zu begünstigen. Prüfen Sie, ob das gelungen ist.
   e) Welche zusätzlichen Maßnahmen müsste die Stadtverwaltung ergreifen, um die Zielgruppe „Familien mit mehreren Kindern" durch die Höchstmiete zu begünstigen?
3. Nachdem durch die Höchstmiete die Lage auf dem Wohnungsmarkt nicht entschärft werden konnte, wird bei der Stadtverwaltung überlegt, ob durch die Zahlung von Wohngeld an die Mieter oder die Zahlung von Subventionen an die Vermieter eine Besserung zu erreichen ist.
   a) Stellen Sie – ausgehend von der ursprünglichen Gleichgewichtsmiete – die Veränderungen auf dem Wohnungsmarkt grafisch dar, wenn an alle Mieter von 4-Zimmer-Wohnungen diesen Typs ein Wohngeld von 250 € monatlich gezahlt würde.
   b) Stellen Sie – ausgehend von der ursprünglichen Gleichgewichtsmiete – die Veränderungen auf dem Wohnungsmarkt grafisch dar, wenn an alle Vermieter von 4-Zimmer-Wohnungen diesen Typs eine Subvention (z. B. Grundsteuerermäßigung, zinsgünstige Darlehen u. Ä.) von 250 € monatlich gezahlt würde.
   c) Vergleichen Sie die beiden Maßnahmen (Wohngeldzahlung bzw. Subventionen für die Vermieter) miteinander. Welche Maßnahme ist im Hinblick auf Mietniveau, Schaffung von Wohnraum und finanzielle Belastung der Stadtkasse durch Wohngeld- bzw. Subventionszahlungen günstiger?

3.18 Erlös- und Gewinnmaximierung durch Angebotsverknappung – Angebotsmonopol

Die Obst- und Gemüsebauern einer Region sehen sich einem zunehmenden Preisverfall für ihre Produkte ausgesetzt. Ursache dafür ist einerseits die starke Konkurrenz der Bauern untereinander und andererseits die Angebotserhöhung aufgrund der guten Ernteergebnisse. Die diesjährige Ernte ist inzwischen abgeschlossen und eingelagert worden. Jetzt sollen die Lagervorräte verkauft werden. Die derzeitigen Marktverhältnisse für eine bestimmte Obstsorte gehen aus der folgenden Tabelle hervor:

Preis (GE je t Obst)	260	240	220	200	180	160	140	120	100	80	60	40
aus dem Lagervorrat angebotene Menge (in t)	6 000	6 000	6 000	6 000	6 000	6 000	6 000	5 500	5 000	4 500	3 000	1 000
nachgefragte Menge (in t)	0	500	1 000	1 500	2 000	2 500	3 000	3 500	4 000	4 500	5 000	5 500

1. Wie hoch ist der Lagerbestand?
2. Welcher Gleichgewichtspreis und welche Gleichgewichtsmenge würde sich im vorliegenden Fall unter den Bedingungen des Polypols auf dem vollkommenen Markt ergeben?

3. Zeichnen Sie die Angebots- und Nachfragekurve in ein Koordinatensystem ein (x-Achse: Menge in t, 12 cm, 1 cm = 500 Mengeneinheiten; y-Achse: Preis, 13 cm, 1 cm = 20 Geldeinheiten).

4. Erläutern Sie den Verlauf der Angebotskurve im Preisbereich von 140 GE bis 260 GE.

5. Welchen Grund kann es haben, dass zum Gleichgewichtspreis nicht der volle Lagerbestand, sondern nur eine geringere Menge angeboten wird?

6. Wie hoch ist die Konsumentenrente im Fall der Polypolpreisbildung?

7. Der Bauernverband schlägt vor, dass sich die Obst- und Gemüsebauern zu einer Erzeugergemeinschaft zusammenschließen, um ihre Produkte gemeinsam zu vermarkten und gegenüber den Händlern eine größere Marktmacht zu erzielen. Aus der in der obigen Tabelle dargestellten Nachfragefunktion lässt sich die Erlösfunktion der Erzeugergemeinschaft ableiten, indem jeweils Preis und nachgefragte Menge miteinander multipliziert werden (Erlös = Preis · Menge).
Zeichnen Sie die Erlöskurve der Erzeugergemeinschaft in ein Koordinatensystem ein (x-Achse: Menge in t, 12 cm, 1 cm = 500 Mengeneinheiten, y-Achse: Erlös in 1 000 GE, 11 cm, 1 cm = 40 000 Geldeinheiten).

8. Bei welcher Preis-Mengen-Kombination liegt das Erlösmaximum und wie hoch ist es?

9. Stellen Sie fest, um wie viele t die Vorratsmenge und die erlösmaximale Absatzmenge voneinander abweichen. Welche Maßnahme muss hinsichtlich dieser Menge ergriffen werden, damit die in der Erzeugergemeinschaft zusammengeschlossenen Bauern das höchstmögliche Gesamteinkommen (= Erlösmaximum) erzielen können?

10. Wie hoch wäre der höchstmögliche Gesamtgewinn der Erzeugergemeinschaft, wenn für die bei Nr. 9 vorgeschlagene Maßnahme fixe Kosten von 100 000 GE anfallen und andere Kosten vernachlässigt werden können?

11. Ermitteln Sie die Konsumentenrente für den Fall, dass es der Erzeugergemeinschaft gelingt, die gewinnmaximale Preis-Mengen-Kombination durchzusetzen. Vergleichen Sie das Ergebnis mit der bei Nr. 6 ermittelten Konsumentenrente. Worauf ist der Unterschied zurückzuführen?

12. Wie hoch ist die Preiselastizität der Nachfrage für die gewinnmaximale Preis-Mengen-Kombination der Erzeugergemeinschaft?

13. Warum würde sich der Gesamtgewinn der Erzeugergemeinschaft bei einer weiteren Preiserhöhung verringern?

14. Nehmen Sie zu den vom Bauernverband vorgeschlagenen Maßnahmen zur Regulierung des Obstmarktes Stellung.

15. Vergleichen Sie am vorliegenden Beispiel die Marktformen Polypol und Monopol anhand folgender Merkmale: Zahl der Anbieter, durch den Anbieter beeinflussbare Größe(n) (= Entscheidungsparameter), vom Anbieter bei einer Entscheidung zu berücksichtigende Größen (= Reaktionsparameter), Marktmacht, Erlös, Konsumentenrente, Gewinn.

Preisbildung auf verschiedenen Arten von Märkten

3.19 Preisbildung eines Monopolisten: Tabellarische, grafische und analytische Ermittlung des Gewinnmaximums

Die beiden ersten Spalten der folgenden Tabelle zeigen die Preis-Absatz-Funktion eines Monopolisten:

Preis (p)	Menge (x)	Erlös (E)	Grenz-erlös (E')	Fixkosten K_{fix}	variable Gesamt-kosten (K_v)	Gesamt-kosten (K)	Grenzkosten (K')	Gewinn (G)
100	0							
90	1							
80	2							
70	3							
60	4							
			10				10	
50	5	250		60	50	110		140
			− 10				10	
40	6	240		60	60	120		120
			− 30				10	
30	7	210		60	70	130		80
			− 50				10	
20	8	160		60	80	140		20
			− 70				10	
10	9	90		60	90	150		− 60
			− 90				10	
0	10	0		60	100	160		− 160

1. Tragen Sie die fehlenden Zahlenwerte der Erlös- und Grenzerlösfunktion in eine entsprechende Tabelle ein.
2. Bei welcher Ausbringungsmenge erreicht der Monopolist sein Erlösmaximum?
3. Die Gesamtkostenfunktion lautet: K = 60 + 10 x.
   Tragen Sie die fehlenden Zahlenwerte für die Fixkosten, die variablen Gesamtkosten, die Gesamtkosten, die Grenzkosten und den Gewinn in eine entsprechende Tabelle ein.
4. Zeichnen Sie die Erlöskurve, die Gesamtkostenkurve und den positiven Bereich der Gewinnkurve in ein Koordinatensystem ein (x-Achse: Menge, 10 cm, 1 cm = 1 Mengeneinheit; y-Achse: Erlöse, Kosten, Gewinn, 13 cm, 1 cm = 20 Geldeinheiten).
5. Ermitteln Sie
   a) die Ausbringungsmenge, bei der der Monopolist sein Gewinnmaximum erreicht,
   b) den Preis, der dieser gewinnmaximalen Ausbringungsmenge entspricht,
   c) die Höhe des Gewinns im Gewinnmaximum.
6. Zeichnen Sie die Preis-Absatz-Kurve, den positiven Bereich der Grenzerlöskurve und die Grenzkostenkurve in ein darunter liegendes Koordinatensystem ein. (x-Achse: Menge, 10 cm, 1 cm = 1 Mengeneinheit; y-Achse: Preis, Grenzerlös, Grenzkosten, 10 cm, 1 cm = 10 Geldeinheiten).
7. Welche Beziehung besteht bei der gewinnmaximalen Ausbringungsmenge zwischen Grenzerlös und Grenzkosten? Begründen Sie diesen Zusammenhang.
8. Zeichnen Sie den COURNOTschen Punkt in das untere Koordinatensystem ein und bestimmen Sie grafisch die gewinnmaximale Preis-Mengen-Kombination.
9. Kennzeichnen Sie in dem unteren Koordinatensystem die Fläche, die der Konsumentenrente entspricht, und berechnen Sie den Flächeninhalt.
10. Überprüfen Sie die von Ihnen tabellarisch und grafisch ermittelten Werte für das Erlös- und Gewinnmaximum mithilfe der Differentialrechnung. Die zugrunde liegende Nachfragefunktion lautet im vorliegenden Fall: x = − 0,1 p + 10 bzw. p = − 10 x + 100

3.20 Einflussfaktoren bei der Monopolpreisbildung – Preiselastizität – Kosten des Monopolisten

Für ein Unternehmen, das alleiniger Anbieter für ein Gut auf dem Markt ist, gilt die in der folgenden Tabelle dargestellte Erlös- und Kostensituation:

Menge (X)	0	10	20	30	40	50	60	70	80	90	100	110	120	130	140	150	160
Erlöse (E)	0	750	1.400	1.950	2.400	2.750	3.000	3.150	3.200	3.150	3.000	2.750	2.400	1.950	1.400	750	0
Kosten (K)	1.200	1.400	1.600	1.800	2.000	2.200	2.400	2.600	2.800	3.000	3.200	3.400	3.600	3.800	4.000	4.200	4.400

1. Bestimmen Sie anhand der Tabelle die gewinnmaximale Ausbringungsmenge.
2. Wie hoch sind die fixen Kosten (Kf), die variablen Stückkosten (kv) und die Grenzkosten (K')?
3. Ermitteln Sie anhand der Tabelle die Preis-Absatz-Funktion und tragen Sie diese in ein Koordinatensystem ein (x-Achse: Menge, 16 cm, 1 cm = 10 Mengeneinheiten; y-Achse: Preis, 10 cm, 1 cm = 10 Geldeinheiten).
4. Bei welcher Menge muss die Grenzerlöskurve die x-Achse im vorliegenden Fall schneiden?
5. Tragen Sie die Grenzerlös- und die Grenzkostenkurve in das Koordinatensystem ein.
6. Bestimmen Sie den COURNOTschen Punkt und die gewinnmaximale Preis-Mengen-Kombination.
7. Bestimmen Sie für die folgenden Fälle die Preiselastizität der Nachfrage und stellen Sie fest, welche Zusammenhänge zwischen der Preisveränderung, der Erlösveränderung und der Preiselastizität der Nachfrage bestehen.
   a) Preissenkung von 55 GE auf 45 GE
   b) Preissenkung von 35 GE auf 25 GE
8. Nach Verhandlungen mit dem Betriebsrat erklärt sich der Monopolist bereit, die Alterssicherung und Vermögensbildung der Arbeitnehmer zu unterstützen. Zur Aufbringung der Mittel werden folgende Finanzierungsmodelle diskutiert:
   ▎ Der Monopolist stellt 20 % seines Gewinns zur Verfügung (Gewinnbeteiligung).
   ▎ Der Monopolist stellt einen festen Betrag von 10 % der derzeitigen Fixkosten zur Verfügung. Die Fixkosten erhöhen sich somit um 10 %.
   ▎ Der Monopolist gewährt seinen Arbeitnehmern einen Lohnzuschlag von 20 %. Bisher betragen die Lohnkosten 50 % der variablen Kosten.
   a) Prüfen Sie bei allen drei Modellen, ob sich dadurch die gewinnmaximale Preis-Mengen-Kombination ändert. Ermitteln Sie für diesen Fall jeweils die neue Absatzmenge, den neuen Preis, den Erlös, die Produktionskosten und das neue Gewinnmaximum. Wie verändern sich diese Größen gegenüber der Ausgangssituation?
   b) Ermitteln Sie für jede dieser drei Maßnahmen, welcher Betrag den Arbeitnehmern jeweils zufließt.
9. Betriebsrat und Monopolist einigen sich auf das Gewinnbeteiligungsmodell. In der nächsten Periode ändert sich die Nachfrage. Die in obiger Tabelle dargestellte Preis-Absatz-Funktion des Monopolisten x = – 2 p + 160 verändert sich aufgrund einer Nachfrageverschiebung zur neuen Preis-Absatz-Funktion: x = – 2 p + 140.
   a) Worauf kann die Nachfrageveränderung zurückzuführen sein?
   b) Wie hoch sind Absatzmenge, Preis, Erlös, Produktionskosten und Gewinn im neuen Gewinnmaximum, das sich nach der Nachfrageänderung ergibt?
   c) Wäre in diesem Fall eines der beiden anderen Finanzierungsmodelle zur Vermögensbildung (Lohnzuschlag von 20 % bzw. 10 % der bisherigen Fixkosten) für die Arbeitnehmer günstiger?
10. Fassen Sie Ihre Erkenntnisse in einer Tabelle nach folgendem Muster zusammen, indem Sie angeben, wie sich Kosten- und Nachfrageveränderungen auf die Gewinnsituation des Angebotsmonopolisten auswirken.

Preisbildung auf verschiedenen Arten von Märkten

Wirkung auf Ursache	gewinnmaximale Menge	gewinnmaximaler Preis	Gewinn
Fixkosten steigen			
variable Kosten steigen		*Muster*	
Nachfrage nimmt ab			

3.21 Gewinnmaximum beim Monopol

1. Für einen Angebotsmonopolisten gelten folgende Funktionen:
   Erlösfunktion: $E = 25x - 2x^2$
   Kostenfunktion: $K = 5 + x + x^2$
   a) Bestimmen Sie das Gewinnmaximum mithilfe der Gewinnmaximierungsregel $E' = K'$.
   b) Überprüfen Sie das Ergebnis in einer Tabelle nach unten stehendem Muster.

Menge	Erlös	Kosten	Gewinn
0	0	5	−5
1			

2. Ein anderer Monopolist produziert zu Kosten von $K = 15 + 10x$ und sieht sich einer Gesamtnachfragefunktion der Form $X = 13 - 0{,}5p$ gegenüber. Wie hoch sind
   a) die gewinnmaximale Menge,
   b) der gewinnmaximale Preis,
   c) der maximale Gewinn
   dieses Monopolisten?

3.22 Vergleich der Marktversorgung beim Polypol und beim Monopol

Auf einem polypolistischen Markt gilt nebenstehende Angebotskurve:

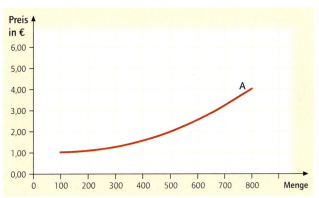

Angenommen, die Anbieter wollen versuchen, den Wettbewerb untereinander einzuschränken. Die gemeinsame Marktmacht soll dadurch gestärkt werden, damit sie nicht mehr – wie beim Polypol – den vom Markt vorgegebenen Preis akzeptieren müssen, sondern selbst den Preis festlegen können. Dazu schließen sie sich zu einem Preiskartell (Kollektivmonopol) zusammen. Die Nachfragefunktion bleibt durch diese Maßnahme der Anbieter unverändert. Sie lautet: $X = -125p + 750$.

1. Zeichnen Sie die Nachfragekurve in das Koordinatensystem ein und bestimmen Sie den Gleichgewichtspreis und die Gleichgewichtsmenge auf dem Wettbewerbsmarkt (Polypol).
2. Angenommen, die aus den aggregierten Grenzkostenkurven der einzelnen Anbieter gewonnene Angebotskurve entspricht der Grenzkostenkurve des Preiskartells (Kollektivmonopols). Bestimmen Sie anhand der Grafik, welchen Kartellpreis die Anbieter festlegen werden, wenn sie das Ziel der Gewinnmaximierung verfolgen. Wie hoch ist die entsprechende gewinnmaximale Menge?
3. Vergleichen Sie den vom Preiskartell festgelegten Preis und die entsprechende Menge mit der bisher auf dem Wettbewerbsmarkt vorliegenden Marktsituation.
4. Angenommen, alle polypolistischen Anbieter verlieren ihre Selbstständigkeit und werden von einem marktbeherrschenden Unternehmen aufgekauft bzw. vom Markt verdrängt.
   a) Unter welchen Voraussetzungen könnte das Gewinnmaximum dieses neuen Monopolisten bei einem geringeren Preis und einer größeren Menge als unter Wettbewerbsbedingungen liegen?

b) Prüfen Sie anhand der unter Nr. 2 erstellten Abbildung, ob im vorliegenden Fall bei unveränderten Nachfrageverhältnissen eine solche Situation eintreten kann.

3.23 Preisdifferenzierung beim Monopol: Horizontale Aufspaltung des Marktes in Absatzschichten (Marktsegmentierung)

Der Fußballverein einer Kleinstadt erhält im Pokalwettbewerb durch Losentscheid ein Heimspiel gegen einen äußerst attraktiven Gegner. Das städtische Stadion fasst 10 000 Zuschauer. Der Vereinsvorstand möchte den sonst üblichen Eintrittspreis von einheitlich 10,00 € erhöhen, weil er mit einer starken Nachfrage nach Eintrittskarten rechnet. Aus früheren Veranstaltungen liegen ziemlich genaue Anhaltspunkte über das Nachfrageverhalten der Fußballfans bei unterschiedlichen Preisen vor.

Eintrittspreis in €	30,00	27,50	25,00	22,50	20,00	17,50	15,00	12,50	10,00	7,50	5,00	2,50	0
Zuschauer	0	1 000	2 000	3 000	4 000	5 000	6 000	7 000	8 000	9 000	10 000	11 000	12 000

Die Stadt verlangt für die Überlassung des Stadions einen Beitrag zur Kostendeckung von 5,00 € je Zuschauer. Weitere Kosten fallen für den Verein nicht an.

1. Der Vereinsvorstand möchte wissen, bei welchem Einheitspreis der höchste Gewinn für die Vereinskasse erzielt werden kann.
   Bestimmen Sie grafisch den COURNOTschen Punkt und ermitteln Sie die gewinnmaximale Preis-Mengen-Kombination (Koordinatensystem: x-Achse: Menge, 12 cm; 1 cm = 1000 Mengeneinheiten; y-Achse: Preis, Grenzerlös, Grenzkosten, 12 cm; 1 cm = 2,5 Geldeinheiten).

2. Ermitteln Sie für die gewinnmaximale Preis-Mengen-Kombination
   a) die Höhe des Gewinns,
   b) die Höhe der Konsumentenrente,
   c) den Auslastungsgrad des Stadions.

3. Der Vereinsvorstand weiß, dass die Fans der Gästemannschaft bereit wären, einen noch höheren als den Monopolpreis zu zahlen. Es wird daher überlegt, ob sich der Gewinn noch steigern lässt, indem für die Eintrittskarten, die der Gästemannschaft für ihre Fans zustehen, ein Aufschlag von 5,00 € auf den Monopolpreis erhoben wird. (Annahme: Zu diesem erhöhten Preis fragen nur auswärtige Fans nach.)
   a) Wie viele Eintrittskarten können in diesem Fall zu dem erhöhten Preis und wie viele zu dem geringeren Preis verkauft werden?
   b) Wie hoch wäre in diesem Fall der Gesamterlös?
   c) Wie hoch wäre in diesem Fall der Gesamtgewinn?
   d) Wie hoch wäre die nach der Preisdifferenzierung verbleibende Konsumentenrente?
   e) Wie hoch wäre die durch diese Preisdifferenzierung abgeschöpfte Konsumentenrente?

4. Der gewinnmaximierende Einheitspreis (Monopolpreis) erscheint dem Vereinsvorstand für bestimmte Fangruppen der Heimmannschaft unangemessen hoch. Außerdem soll das Stadion stärker gefüllt werden, damit die Heimmannschaft lautstark unterstützt werden kann. Es wird daher beschlossen, Jugendlichen und Rentnern einen Preisnachlass von 5,00 € gegenüber dem Monopolpreis zu gewähren. Die den Gästen zustehenden Eintrittskarten sollen weiterhin mit einem Zuschlag von 5,00 € versehen werden.
   a) Wie viele Eintrittskarten können in diesem Fall insgesamt verkauft werden?
   b) Wie hoch wäre in diesem Fall der Gesamterlös?
   c) Wie hoch wäre in diesem Fall der Gesamtgewinn?

5. Es soll versucht werden, Gewinn und Zuschauerzahl durch eine weitere Preisdifferenzierung noch zu steigern. Dabei gilt die nebenstehende Preisstaffel.
   a) Wie viele Eintrittskarten können in diesem Fall insgesamt verkauft werden?
   b) Wie hoch wäre in diesem Fall der Gesamterlös?
   c) Wie hoch wäre in diesem Fall der Gesamtgewinn?

Reservierte Karten für die Gästefans	22,50 €
Normalpreis	17,50 €
Rentner, Arbeitslose, Jugendliche	12,50 €
Vereinsmitglieder	7,50 €

6. Der Vereinsvorstand stellt fest, dass trotz dieser Preisdifferenzierung das Stadion immer noch nicht ausverkauft ist, und überlegt, ob die bisherige Preisstaffel geändert und der Eintrittspreis für Jugendliche auf 2,50 € gesenkt werden soll.

Preisbildung auf verschiedenen Arten von Märkten

a) Wie groß wäre in diesem Fall die Gesamtnachfrage nach Eintrittskarten?
b) Wie viele Eintrittskarten können in diesem Fall angesichts der begrenzten Stadionkapazität tatsächlich verkauft werden?
c) Untersuchen Sie, wie sich diese Maßnahme zur vollen Auslastung des Stadions auf den Gewinn auswirken würde. Worauf ist die Gewinnveränderung zurückzuführen?

3.24 Preisbildung beim Polypol auf dem unvollkommenen Markt

In einer Stadt mit vielen Bäckereifachgeschäften bietet ein Bäcker eine neue Sorte Vollkornbrötchen unter dem Namen „Fitties" an. Die Brötchen werden als besonders schmackhaft und bekömmlich angepriesen. Gleichzeitig mit Werbemaßnahmen für die neue Brötchensorte hat der Bäcker auch seinen Service in verschiedener Hinsicht verbessert. Die Ladenöffnungszeiten sind jetzt länger. Er bietet seinen Kunden die Zustellung von frischen Backwaren am Sonntagmorgen frei Haus. Außerdem hat er Kundenkarten eingeführt, auf denen er den Kunden jeden Einkauf von mehr als 2,50 € bestätigt. Sobald sich die Einkäufe eines Kunden auf 100,00 € summieren, wird eine Gutschrift von 5,00 € gewährt.

Der Bäcker schätzt aufgrund seiner Markterfahrung, wie sich die Nachfrager bei verschiedenen Preisen für die neue Brötchensorte verhalten werden. Bei einem Preis von 0,65 € je Brötchen kann er höchstens 300 Brötchen täglich absetzen. Legt er den Preis über 0,65 € fest, verzichten alle Kunden auf diese Brötchen und kaufen stattdessen billigere Brötchen bei der Konkurrenz. Legt er den Preis auf 0,20 € je Brötchen oder niedriger fest, gewinnt er so viele Kunden, dass er seine Tageskapazität von 1 500 Brötchen voll auslasten kann.

Die voraussichtliche Erlös- und Kostenentwicklung fasst er in der folgenden Tabelle zusammen.

Preis für 1 Brötchen in €	0,65	0,65	0,65	0,65	0,60	0,55	0,50	0,45	0,40	0,35	0,30	0,25	0,20	0,20	0,20	0,20
Brötchen Tagesabsatz (Stück)	0	100	200	300	400	500	600	700	800	900	1 000	1 100	1 200	1 300	1 400	1 500
Erlös in €	0	65	130	195	240	275	300	315	320	315	300	275	240	260	280	300
Grenzerlöse je Brötchen (in €)																
Gesamtkosten (in €)	50	70	90	110	130	150	170	190	210	230	250	270	290	310	330	350
Grenzkosten je Brötchen (in €)																

1. Tragen Sie die Preis-Absatz-Kurve für die „Fitties" in ein Koordinatensystem ein (x-Achse: Menge, 16 cm, 1 cm = 10 Mengeneinheiten; y-Achse: Preis, Grenzerlös, 12 cm, 1 cm = 0,10 € von − 0,40 € bis + 0,70 €).
2. Erläutern Sie den Verlauf der Preis-Absatz-Kurve.
3. Ermitteln Sie anhand der Tabelle die Grenzerlöse für ein „Fittie"-Brötchen bei den unterschiedlichen Ausbringungsmengen und tragen Sie die Grenzerlöskurve in das Koordinatensystem ein.
4. Ermitteln Sie anhand der Tabelle die Grenzkosten für ein „Fittie"-Brötchen und tragen Sie die Grenzkostenkurve in das Koordinatensystem ein.
5. Bestimmen Sie grafisch den gewinnmaximalen Preis und die gewinnmaximale Menge für die Brötchen nach der Gewinnmaximierungsregel E' = K'.
6. Tragen Sie die Gesamterlös- und Gesamtkostenkurve in ein darunter liegendes Koordinatensystem ein und bestimmen Sie das Gewinnmaximum.
(Koordinatensystem: x-Achse: Menge, 16 cm, 1 cm = 10 Mengeneinheiten, y-Achse: Erlöse, Kosten, 16 cm; 1 cm = 20,00 €)
7. Angenommen, der Bäcker möchte mit den „Fittie"-Brötchen einen möglichst hohen Erlös erzielen. Bestimmen Sie für diesen Fall die Ausbringungsmenge (= Erlösmaximum) und den Stückpreis.
8. Angenommen, der Bäcker möchte seinen Marktanteil bei Brötchen erhöhen und seine Kapazitäten möglichst stark auslasten. Es soll aber kein Verlust entstehen. Bestimmen Sie für diesen Fall die Ausbringungsmenge für die „Fittie"-Brötchen (= Gewinngrenze).

9. Überprüfen Sie die von Ihnen ermittelten Werte für das Erlös- und Gewinnmaximum mithilfe der Differentialrechnung.
Preis-Absatz-Funktion im monopolistischen Bereich: $x = -2\,000\,p + 1\,600$ bzw. $p = 0{,}8 - 0{,}0005\,x$
Gesamtkostenfunktion: $K = 50 + 0{,}2\,x$.

10. Wodurch unterscheidet sich das Verhalten der Bäckerei bei der Preisfindung für die „Fittie"-Brötchen vom Anbieterverhalten auf dem vollkommenen Markt?

3.25 Gewinnmaximierung beim Polypol auf dem unvollkommenen Markt

Ein Unternehmen, das Körperpflegemittel herstellt, bietet u. a. Seife von gehobener Qualität auf einem unvollkommenen polypolistischen Markt an. Die Geschäftsleitung vermutet, dass für das Unternehmen auf dem Seifenmarkt folgende Preis-Absatz-Funktion gilt (x = 100 000 Stück):

Bereich I:	$x = -3\,p + 24$	bzw. $p = -\tfrac{1}{3}x + 8$	für $0 \le x \le 3$
Bereich II:	$x = -p + 10$	bzw. $p = -x + 10$	für $3 \le x \le 6$
Bereich III:	$x = -4\,p + 22$	bzw. $p = -\tfrac{1}{4}x + 5{,}5$	für $6 \le x \le 10$

1. Stellen Sie die Preis-Absatz-Kurve und die Grenzerlöskurve in einem Koordinatensystem grafisch dar (x-Achse: Menge, 12 cm, 1 cm = 100 000 Mengeneinheiten; y-Achse: Preis, Grenzerlös, 10 cm, 1 cm = 1 Geldeinheit).
2. Bestimmen Sie die obere und die untere Preisgrenze des monopolistischen Bereichs.
3. Die Gesamtkostenfunktion lautet: $K = 1\,000\,000 + 3\,x$. Tragen Sie die Grenzkostenkurve in das Koordinatensystem ein.
4. Ermitteln Sie Preis und Menge
    a) im Gewinnmaximum,
    b) im Erlösmaximum.
5. Wie hoch ist der Gewinn im Gewinnmaximum?
6. Durch ein verändertes Fertigungsverfahren gelingt es dem Unternehmen, die variablen Kosten je Stück von bisher 3 GE auf 2 GE zu senken. Die Gesamtkostenfunktion lautet jetzt: $K = 1\,000\,000 + 2\,x$. Tragen Sie die neue Grenzkostenkurve in das Koordinatensystem ein.
7. Ermitteln Sie die neue gewinnmaximale Preis-Mengen-Kombination und die Höhe des Gewinns im Gewinnmaximum.

3.26 Preis-Absatz-Kurven bei unterschiedlichen Marktformen – Nachfragekurven aus Sicht eines einzelnen Anbieters

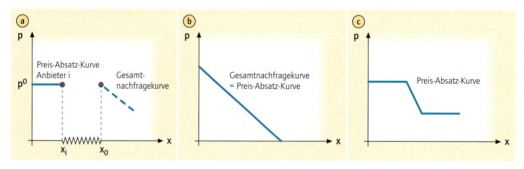

1. Die drei Kurven a), b) und c) bringen die Absatzmöglichkeiten eines einzelnen Anbieters bei unterschiedlichen Marktformen zum Ausdruck. Ordnen Sie jede der drei Kurven der entsprechenden Marktform zu und erläutern Sie den Verlauf der jeweiligen Kurve.
2. Welcher Zusammenhang besteht zwischen einer Preis-Absatz-Kurve und einer Nachfragekurve?
3. Unterscheiden Sie zwischen einer Preis-Absatz-Kurve und einer individuellen Angebotskurve.

Preisbildung auf verschiedenen Arten von Märkten

3.27 Angebotsoligopol – Erklärung von Verhaltensweisen im Oligopol – Kartellbildung

Angenommen, auf dem Benzinmarkt gibt es nur die beiden Anbieter A und B. Jeder von beiden versucht eine Strategie zu wählen, bei der sein Gewinn möglichst groß ist.

Situation 1

Für beide Anbieter besteht nur die Wahl zwischen zwei Strategien.

Strategie 1 (S_1): **Hoher Preis**
Strategie 2 (S_2): **Niedriger Preis**

Setzt A einen hohen Preis (z. B. Monopolpreis) fest, so ist dies für ihn nur dann mit einem hohen Gewinnzuwachs verbunden, wenn auch B denselben hohen Preis verlangt. Setzt B dagegen einen niedrigeren Preis fest, erleidet A eine Gewinnminderung, weil seine Absatzmenge zurückgeht. Der Gewinnzuwachs des B ist in diesem Fall noch höher, als wenn beide Anbieter die Hochpreisstrategie wählen. Wählen beide Anbieter die Niedrigpreisstrategie, ergibt sich keine Gewinnveränderung. Diese Zusammenhänge sind für die vier möglichen Strategiekombinationen in der oben stehenden **Gewinnmatrix** in Mio. € dargestellt (linke untere Ecke: Gewinnveränderungen für Unternehmen A; rechte obere Ecke: Gewinnveränderung für Unternehmen B).

		Anbieter B	
		Hochpreis (S_{B1})	Niedrigpreis (S_{B2})
Anbieter A	Hochpreis (S_{A1})	(B) 50 (A) 50	(B) 100 (A) – 50
	Niedrigpreis (S_{A2})	(B) – 50 (A) 100	(B) 0 (A) 0

1. Welche Strategie wird Anbieter A voraussichtlich wählen? Begründen Sie Ihre Antwort.

2. Welche Strategie wird Anbieter B voraussichtlich wählen? Begründen Sie Ihre Antwort.

3. Welchen Einfluss haben die voraussichtlich gewählten Strategien auf die Gewinnsituation der beiden Anbieter?

4. Wie wirkt sich die voraussichtliche Strategiekombination für die Nachfrager aus?

Situation 2:

Aufgrund veränderter Kostenstrukturen ändert sich die Gewinnmatrix wie folgt:

Welche Strategie wird Anbieter B voraussichtlich wählen und welche Folgen ergeben sich daraus für A? Begründen Sie Ihre Antwort.

		Anbieter B	
		Hochpreis (S_{B1})	Niedrigpreis (S_{B2})
Anbieter A	Hochpreis (S_{A1})	(B) 60 (A) 40	(B) 100 (A) – 50
	Niedrigpreis (S_{A2})	(B) – 50 (A) 100	(B) 5 (A) – 5

Situation 3:

Die beiden Anbieter A und B haben ein Kartell gebildet, um **gemeinsam** ihren Gewinn zu maximieren. Der vereinbarte Kartellpreis (Monopolpreis) lässt sich aber nur durchsetzen, wenn die Angebotsmenge eingeschränkt wird. Die gewinnmaximale Menge wird daher zu gleichen Teilen auf die beiden Anbieter aufgeteilt. Beide Anbieter haben dadurch aber Leerkapazitäten. Jeder von ihnen überlegt daher, ob sich nicht ein individueller Zusatzgewinn erzielen lässt, wenn die Produktion unter Umgehung der Kartellvereinbarung heimlich erhöht wird.

Beiden Unternehmen stehen folgende Strategien zur Auswahl:
Strategie 1 (S_1): Produktion nicht erhöhen (= Kartellvereinbarung einhalten)
Strategie 2 (S_2): Produktion erhöhen (= Kartellvereinbarung umgehen)

Die sich bei jeder der vier Strategiekombinationen ergebenden Gewinne für A und B sind in der folgenden **Gewinnmatrix** dargestellt (linke untere Ecke: Gewinn für Unternehmen A; rechte obere Ecke: Gewinn für Unternehmen B).

		Anbieter B	
		Produktion nicht erhöhen (S_{B1})	Produktion erhöhen (S_{B2})
Anbieter A	Produktion nicht erhöhen (S_{A1})	(B) 110 (A) 110	(B) 120 (A) 80
	Produktion erhöhen (S_{A2})	(B) 80 (A) 120	(B) 100 (A) 100

6080133

133

1. Prüfen Sie, ob das Kartell längerfristig Bestand haben wird. Begründen Sie Ihre Antwort.
2. Wie wirkt sich die voraussichtliche Strategiekombination auf den Gewinn der beiden Anbieter aus?
3. Wie wirkt sich die voraussichtliche Strategiekombination für die Nachfrager aus?

3.28 Plan- und Strategiespiel STRATOLIGO: Anbieterverhalten auf einem oligopolistischen Markt

Führen Sie in Ihrer Klasse das Strategiespiel STRATOLIGO durch. Mit diesem Spiel werden das Konkurrenzverhalten von Oligopolisten und die Problematik der Kartellbildung simuliert.

Spielunterlagen sowie ein Auswertungsprogramm finden sich auf der Begleit-CD-ROM (Best.-Nr. 6082).

4 Konjunktur- und Strukturkrisen in einer Marktwirtschaft – Notwendigkeit der Wirtschaftspolitik

Warum ist dieses Kapitel wichtig?

Problem

Die geschichtliche Entwicklung zeigt, dass eine **Marktwirtschaft** ohne staatliche Eingriffe zu **Wirtschaftskrisen** und **sozialen Missständen** führt. Die gesamtwirtschaftliche Entwicklung ist weltweit durch wellenförmige **Auf- und Abwärtsbewegungen** von unterschiedlicher Dauer und durch einen ständigen Wandel gekennzeichnet. Wichtige wirtschaftliche Größen wie das Wachstum des Bruttoinlandsprodukts, die Höhe von Investitionen und Konsum, die Bedeutung einzelner Wirtschaftssektoren und die Beschäftigungssituation unterliegen dabei einer ständigen Veränderung. Daher ist es nötig, dass der Staat und andere Institutionen geeignete **wirtschaftspolitische Maßnahmen** ergreifen, um die gesamtwirtschaftliche Entwicklung zu verstetigen und negative Auswirkungen der wirtschaftlichen Schwankungen und Veränderungen durch rechtzeitiges Gegensteuern zu verhindern. In Deutschland hat der Staat sich bei der Wahl seiner wirtschaftspolitischen Maßnahmen an **Zielen** zu orientieren, die teilweise gesetzlich festgelegt sind. Oberziel ist es dabei, **Wohlstand und Wohlfahrt der Bevölkerung** zu sichern und nach Möglichkeit weiter zu steigern. Die Fragestellungen dieses Kapitels lauten daher:

Warum sind in einer Marktwirtschaft wirtschaftspolitische Maßnahmen nötig?

Welche wirtschaftspolitischen Ziele sollen mit diesen Maßnahmen verfolgt werden?

Überblick und Zusammenhänge

4.1 Inlandsprodukt als Messgröße gesamtwirtschaftlicher Leistung

4.1.1 Aufgaben und Ansatzpunkte der Volkswirtschaftlichen Gesamtrechnung

In der Volkswirtschaftlichen Gesamtrechnung (VGR) werden die Ergebnisse des Wirtschaftsprozesses einer Volkswirtschaft, soweit sie zahlenmäßig erfassbar sind, für eine vergangene Periode (in der Regel ein Jahr) dargestellt. Die statistischen Zahlen der VGR liefern u. a. den Trägern der **Wirtschaftspolitik** (z. B. Bundes- und Landesregierungen, Zentralbank, Tarifpartner, Wirtschaftsverbände) und den Wirtschaftsforschungsinstituten wichtige Informationen für gesamtwirtschaftliche Analysen und Prognosen. Auf der Grundlage der Ergebnisse der Vorperiode kann rückblickend festgestellt werden, welche Wirkungen die wirtschaftspolitischen Maßnahmen gehabt haben und inwieweit die zahlenmäßig formulierten Ziele tatsächlich erreicht wurden. Für die **Wirtschaftswissenschaft** ist das Zahlenwerk der VGR ein unverzichtbares Mittel, um Theorien über Wirkungszusammenhänge in der Volkswirtschaft (z. B. gesamtwirtschaftliche Auswirkungen von Konsum und Investition) zu überprüfen. Eine Hauptaufgabe der VGR ist die Berechnung des **Inlandsprodukts.**

> **Das Inlandsprodukt ist der Wert aller Waren (Sachgüter) und Dienstleistungen, der in einer bestimmten Periode im Inland (von In- und Ausländern) produziert wird. Die Vorleistungen, die bei der Produktion verbraucht wurden, bleiben dabei unberücksichtigt.**

> **Das Inlandsprodukt wird als Maß für die wirtschaftliche Leistung und den Wohlstand einer Volkswirtschaft verwendet.**

> **Wird von Wirtschaftswachstum gesprochen, ist damit der Anstieg des Inlandsprodukts gemeint.**

Sektoren in der Volkswirtschaftlichen Gesamtrechnung

Die Ermittlung des Inlandsprodukts erfolgt, indem zunächst die in Geld bewerteten Produktionsergebnisse aller Institutionen, die in einer Volkswirtschaft Waren und Dienstleistungen herstellen, addiert werden. Für die **statistischen Zwecke** der Volkswirtschaftlichen Gesamtrechnung wird dazu eine Gliederung in folgende **Sektoren** vorgenommen:

Unternehmen (finanzielle und nicht finanzielle Kapitalgesellschaften)	Staat	Private Haushalte und private Organisationen ohne Erwerbszweck
Wertschöpfung (Produktionswert − Vorleistungen) der Unternehmen	**+** Wert der größtenteils unentgeltlich zur Verfügung gestellten Leistungen des Staates **+**	Wertschöpfung (Produktionswert − Vorleistungen) der privaten Haushalte u. Ä.

=
Gesamtwirtschaftliches Produktionsergebnis

4.1.2 Ermittlung des Inlandsprodukts: Entstehungsrechnung[1]

Im betrieblichen Rechnungswesen wird das Produktionsergebnis eines Unternehmens in der Gewinn- und Verlustrechnung erfasst, indem im Produktionsprozess entstehende Aufwendungen (u. a. Vorleistungen, Abschreibungen, Löhne, Zinsen) und die durch die produzierten Güter entstehenden Erträge (Verkaufserlöse, Bestandserhöhungen, selbst erstellte Anlagen) gegenübergestellt werden. Für die Ermittlung des Produktionsergebnisses eines Unternehmens im Rahmen

---

1 Im Lehrplan ist nur die Entstehungsrechnung, nicht aber die Verwendungs- und Verteilungsrechnung vorgesehen.

Inlandsprodukt als Messgröße gesamtwirtschaftlicher Leistung

der VGR wird das Schema der Gewinn- und Verlustrechnung geringfügig abgewandelt und als **Produktionskonto eines Unternehmens** bezeichnet.

Aufgabe 4.1 S. 156

Kosten	Produktionskonto eines Unternehmens	Leistungen

Bruttowert-schöpfung {	1. Käufe von Vorleistungen
	   1.1 von inländischen Unternehmen
	   1.2 aus dem Ausland (Import)
	2. Abschreibung
	3. Nettowertschöpfung
	   3.1 Löhne und Gehälter
	   3.2 Zinsen, Pachten
	   3.3 Gewinn
		4. **Umsätze** (ohne Umsatzsteuer)
		   = Verkauf von
		   4.1 Konsumgütern an private Haushalte
		   4.2 Vorleistungen
		      4.2.1 an Unternehmen
		      4.2.2 an den Staat
		   4.3 Investitionsgütern
		      4.3.1 an Unternehmen
		      4.3.2 an den Staat
		   4.4 Gütern an das Ausland (Export)
		5. **Bestandsveränderung an Erzeugnissen** (Lagerinvestition)
		6. **Selbst erstellte Anlagen**
			} Produktions-wert

Vorleistungen sind alle nicht dauerhaften Güter, die innerhalb einer Wirtschaftsperiode produziert und von anderen Unternehmen verbraucht werden. Dazu gehören auch die an Unternehmen geleisteten Dienstleistungen.

Dauerhafte Produktionsmittel (z. B. Maschinen) unterliegen im Produktionsprozess einer ständigen Abnutzung. Die dadurch ausgelöste Wertminderung wird als **Abschreibung** bezeichnet.

Bruttowertschöpfung = Produktionswert – Vorleistungen
Nettowertschöpfung = Bruttowertschöpfung – Abschreibungen

Die Produktionskonten der einzelnen Unternehmen lassen sich zum **Produktionskonto des Sektors Unternehmen** zusammenfassen.

Gesamtwirtschaftliches Produktionskonto

Neben dem **Produktionskonto des Sektors Unternehmen** lässt sich auch ein **Produktionskonto des Sektors Staat** und ein **Produktionskonto des Sektors Private Haushalte** (dazu gehören nach der Definition für statistische Zwecke auch alle Landwirte, Einzelunternehmer und Freiberufler) erstellen.

Durch die Zusammenfassung dieser drei verschiedenartigen sektoralen Produktionskonten (= Konsolidierung[1]) ergibt sich das **gesamtwirtschaftliche Produktionskonto**.

Aufgabe 4.2 S. 156

Aufgabe 4.3 S. 157

Wertschöpfung	Gesamtwirtschaftliches Produktionskonto Deutschland 2015 in Mrd. €			Produktionswert
Bruttowert-schöpfung 2.722,657	Vorleistungen	2.697,330	Unternehmen	4.070,828
	Abschreibungen	531,155	Staat	437,926
	Nettowertschöpfung (Löhne, Zinsen, Pacht, Gewinn)	2.191,502	Private Haushalte u. Organisationen	911,233
		5.419,987		5.419,987

Produktionswert 5.419,987

---
[1] Konsolidierung *(lat.)*: Zusammenfassung sektoraler Größen, wobei gleichartige Größen addiert bzw. saldiert werden.

Entstehungsrechnung

Die Entstehungsrechnung gibt für eine abgeschlossene Wirtschaftsperiode Auskunft darüber, welche Wirtschaftsbereiche in welchem Umfang zur **Entstehung der Bruttowertschöpfung** beigetragen haben. Dazu werden alle Wirtschaftseinheiten, die Güter produzieren, einem der folgenden Bereiche zugeordnet:

- Land- und Forstwirtschaft, Fischerei (Primärer Sektor)
- produzierendes Gewerbe (Sekundärer Sektor)
- Dienstleistungen (Tertiärer Sektor) mit den Bereichen Handel, Gastgewerbe und Verkehr, Finanzierung, Vermietung und Unternehmensdienstleister sowie öffentliche und private Dienstleister.

Um auf der Basis der **Bruttowertschöpfung** die Höhe des **Bruttoinlandsprodukts** zur ermitteln, müssen die sog. **Nettogütersteuern** hinzugerechnet werden.

Zu den Gütersteuern zählen alle Steuern und ähnlichen Abgaben, die pro Einheit einer gehandelten Ware oder Dienstleistung zu entrichten sind. Sie umfassen u. a. die Verbrauchsteuern (z. B. Mineralöl- und Tabaksteuer), die Versicherungssteuer und Importabgaben (z. B. Zölle). Die Umsatzsteuer gehört nur in den Fällen zu den Gütersteuern, in denen ein Unternehmen die auf Vorleistungen gezahlte Umsatzsteuer nicht als Vorsteuer abziehen kann (= nicht abziehbare Umsatzsteuer). Dies trifft beispielsweise dann zu, wenn die Leistung eines Unternehmens nicht der Umsatzsteuer unterliegt und daher ein Vorsteuerabzug nicht möglich ist (z. B. Bank- und Versicherungsdienstleistungen).

Gütersubventionen sind alle Subventionen, die pro Wert- oder Mengeneinheit einer produzierten Ware oder Dienstleistung geleistet werden (z. B. Zuschüsse für den öffentlichen Personennahverkehr, Zuschüsse für landwirtschaftliche und tierische Erzeugnisse). Der Saldo zwischen Gütersteuern und Gütersubventionen stellt die **Nettogütersteuern** dar.

Wird diese Größe zur **Bruttowertschöpfung** hinzugerechnet, ergibt sich das **Bruttoinlandsprodukt zu Marktpreisen**. Dabei wird unterstellt, dass die Unternehmen die Gütersteuern in die Verkaufspreise einkalkulieren und gleichzeitig die Verkaufspreise um die als Steuererstattung anzusehenden Gütersubventionen verringern. Die Verkaufspreise beinhalten somit die Differenz aus Gütersteuern und Gütersubventionen (= Nettogütersteuern).

Die Hinzurechnung der Nettogütersteuern ist deswegen nötig, weil für die Ermittlung der **Bruttowertschöpfung** die Bewertung der Güter nicht zu ihren Marktpreisen, sondern zu sog. Herstellungspreisen (d. h. ohne Berücksichtigung der genannten Steuern und Subventionen) erfolgt. Dadurch sollen regionale Verzerrungen beim Ausweis der Wertschöpfung ausgeschaltet werden. Solche Verzerrungen würden beispielsweise an den Standorten von Ölraffinerien und Zigarettenherstellern entstehen, weil deren Preise um die Mineralöl- bzw. Tabaksteuer (= Gütersteuern) erhöht sind.

Inlandsprodukt als Messgröße gesamtwirtschaftlicher Leistung

Entstehung des Bruttoinlandsprodukts in Deutschland 2015 (in Mrd. €)

Bruttowertschöpfung der Wirtschaftsbereiche:	
Land- und Forstwirtschaft, Fischerei	15,028
+ Produzierendes Gewerbe (ohne Bau)	707,177
+ Baugewerbe	128,089
+ Handel, Gastgewerbe und Verkehr	421,622
+ Finanzierung, Vermietung und Unternehmensdienstleister[1]	849,014
+ Öffentliche[2] und private Dienstleister[3]	607,727
= Bruttowertschöpfung aller Wirtschaftsbereiche	2.722,657
+ Nettogütersteuern[4]	303,243
= **Bruttoinlandsprodukt**	**3.025,900**

1 z. B. Rechtsanwälte, Steuerberater
2 z. B. Schul- und Gesundheitswesen
3 z. B. Künstler, Unterhaltung
4 Siehe S. 138

Quelle: Stat. Bundesamt, VGR 2015, März 2016, Tab. 2.2.1, Fachserie 18/Reihe 1.4, Wiesbaden 2016

Entstehung des BIP

Entwicklung der prozentualen Anteile der fünf Sektoren an der gesamten Bruttowertschöpfung seit 1950

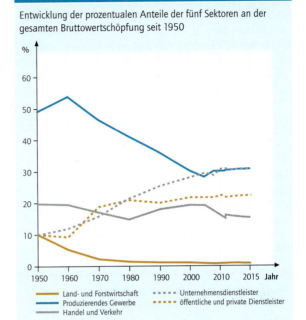

— Land- und Forstwirtschaft ····· Unternehmensdienstleister
— Produzierendes Gewerbe ····· öffentliche und private Dienstleister
— Handel und Verkehr

Werden zur Bruttowertschöpfung die Nettogütersteuern hinzugerechnet, ergibt sich das Bruttoinlandsprodukt zu Marktpreisen (BIP).

Durch die Hinzurechnung erfolgt die Bewertung der Güter zu ihren Verkaufspreisen (Marktpreisen). Für Güter, die keinen Verkaufspreis haben, werden ersatzweise die bei ihrer Herstellung entstandenen Kosten angesetzt. Dazu gehören auch die vom Staat kostenlos zur Verfügung gestellten Leistungen (= Konsumausgaben des Staates).

Das Bruttoinlandsprodukt zu Marktpreisen (BIP) entspricht dem Wert aller in einem bestimmten Zeitraum im Inland hergestellten Güter nach Abzug der im Produktionsprozess verbrauchten Vorleistungen.

Werden vom Bruttoinlandprodukt zu Marktpreisen die Abschreibungen abgezogen, ergibt sich das **Nettoinlandsprodukt zu Marktpreisen**.

4.1.3 Nominales und reales Inlandsprodukt

Mit dem Inlandsprodukt zu Marktpreisen sollen eigentlich Güterströme gemessen werden. Tatsächlich wird aber durch Bewertung der Güter mit ihren Marktpreisen der **Geldwert dieser Güter** gemessen. Nur durch die Verwendung einer solchen einheitlichen Messgröße (z. B. Währungseinheit Euro) können die verschiedenen Güterarten und -mengen zu einer einzigen Größe wie dem Inlandsprodukt zusammengefasst werden. Es wäre aber irreführend, einfach den in Euro ausgedrückten Geldwert der Produktionsergebnisse zweier Jahre miteinander zu vergleichen und daraus Schlüsse über die Veränderung der verfügbaren Gütermenge zu ziehen. Der in Geldeinheiten ausgedrückte Wert der im Inlandsprodukt enthaltenen Güter kann sich nämlich durch allgemeine Preissteigerungen **nominal** (= dem Nennwert nach) erhöht haben, ohne dass tatsächlich mehr Güter produziert wurden. Sollen die Produktionsergebnisse mehrerer Jahre miteinander ver-

Aufgabe 4.4 S. 157

glichen werden, um Aussagen über die Güterversorgung der Bevölkerung und die wirtschaftliche Leistungsfähigkeit der Volkswirtschaft machen zu können, sind daher nicht **nominale**, sondern nur **reale** Veränderungen des Inlandsprodukts von Interesse. Um die reale Entwicklung zu erfassen, muss das nominale Inlandsprodukt um die in diesem Zeitraum eingetretene Preissteigerung korrigiert werden, d. h., das Inlandsprodukt muss zu **konstanten Preisen** berechnet werden. Nicht das nominale, sondern nur das reale Inlandsprodukt kann bei einem **Zeitvergleich** als Messgröße für die Entwicklung der gesamtwirtschaftlichen Leistung infrage kommen.

Beispiel für die Berechnung des Bruttoinlandsprodukts (BIP) zu konstanten Preisen für die Bundesrepublik Deutschland

Jahr	Nominales Bruttoinlandsprodukt (BIP$_n$) in Mrd. €	Preisindex[1] (Deflator)
2010	2.580,1	100,00
2015	3.025,9	108,74

Berechnung der nominalen Steigerung in Prozent
2.580,1 Mrd. € = 100 %   3.025,9 Mrd. € =   x %
x = 117,28 %   Das BIP ist nominal um ca. 17,28 % gestiegen.

Berechnung des realen Bruttoinlandsprodukts (BIP$_r$)[2]

$$BIP_r = \frac{BIP_n}{Preisindex} \cdot 100 = \frac{3.025,9}{108,74} \cdot 100 \approx 2.782,7$$

Im Jahr 2015 betrug das reale BIP (in Preisen von 2010) 2.782,7 Mrd. €.

Berechnung der realen Steigerung in Prozent
2.580,1 Mrd. € = 100 %   2.782,7 Mrd. € =   x %
x = 107,85 %
Das BIP ist real um ca. 7,85 % gestiegen.

Entwicklung des nominalen und realen BIP 2007–2015

Jahr	BIP in jeweiligen Preisen Mrd. €	Veränderung in %	BIP$_r$ in Preisen von 2010 Mrd. €	Veränderung in %
2007	2.513,2	5,0	2.598,5	3,3
2008	2.561,7	1,9	2.626,6	1,1
2009	2.460,3	−4,0	2.478,9	−5,6
2010	2.580,0	4,9	2.580,0	4,1
2011	2.703,1	4,8	2.674,5	3,7
2012	2.754,9	1,9	2.685,3	0,4
2013	2.820,8	2,4	2.693,4	0,3
2014	2.915,7	3,4	2.736,4	1,6
2015	3.025,9	3,8	2.782,7	1,7

$$BIP_r = \frac{(BIP_n \cdot 100)}{Preisindex\ (BIP\text{-}Deflator)}$$

Das nominale Inlandsprodukt beruht auf den Marktpreisen des Berechnungszeitraumes. Das reale Inlandsprodukt wird mit den konstanten Preisen des Vorjahres berechnet. Es ist ein Maßstab für die wirtschaftliche Entwicklung einer Volkswirtschaft unter Ausschaltung der Preissteigerungen.

---

1 Für die Berechnung des realen BIP wird ein spezieller Preisindex (Preisindex für das Bruttoinlandsprodukt, BIP-Deflator) verwendet, der nicht mit dem Verbraucherpreisindex identisch ist. Stat. Bundesamt, VGR 2014, März 2015, Tab. 2.3.3.

2 Seit 2005 weist das Stat. Bundesamt das reale BIP nur noch als Indexzahl und nicht mehr in Euro aus.

Um die Leistungsfähigkeit verschiedener Volkswirtschaften miteinander vergleichen und die Güterversorgung der Bevölkerung beurteilen zu können, ist außerdem die Berechnung des Inlandsprodukts pro Kopf nötig. Für den internationalen Vergleich wird üblicherweise das Bruttoinlandsprodukt je Einwohner bzw. das Pro-Kopf-Einkommen als Maßstab benutzt. Trotz einer Steigerung des realen Inlandsprodukts kann das Pro-Kopf-Einkommen sinken, wenn nämlich die Wachstumsrate der Bevölkerung größer ist als die Wachstumsrate des realen Inlandsprodukts. Diese Situation ist für Entwicklungsländer mit starkem Bevölkerungswachstum typisch.

4.1.4 Kritik am Inlandsprodukt als Wohlstandsindikator[1]

Wohlstand, Lebensstandard, Lebensqualität

Das Inlandsprodukt pro Kopf wird häufig auch als Indikator für den **Wohlstand** der Bevölkerung in einer Volkswirtschaft benutzt. Zwar signalisiert ein steigendes Inlandsprodukt pro Kopf eine zunehmende materielle Güterversorgung. Das bedeutet aber nicht ohne Weiteres auch eine Steigerung von **Lebensstandard** und **Wohlstand**. Obwohl diese beiden Begriffe nicht eindeutig definiert und voneinander abgrenzbar sind, beinhalten sie doch beide den Gesichtspunkt, dass das Wohlergehen der Menschen nicht nur von der Menge der bereitgestellten materiellen Güter abhängt, sondern auch von solchen immateriellen Gütern wie z. B. Freiheit, soziale Sicherheit, Freizeit und Umwelterhaltung. Dies wird auch mit dem Begriff **Lebensqualität** zum Ausdruck gebracht.

Erfassungs-, Bewertungs- und Zurechnungsprobleme

Ein wesentlicher Kritikpunkt an der Aussagekraft des Inlandsprodukts als Wohlstandsindikator ist die Tatsache, dass bestimmte Vorgänge, die den Wohlstand in einer Volkswirtschaft beeinflussen, nicht in der volkswirtschaftlichen Gesamtrechnung und damit auch nicht im Inlandsprodukt erfasst werden.

> **Viele Güter werden im Inlandsprodukt nicht erfasst, weil sie nicht auf Märkten gehandelt werden und daher keinen Marktpreis haben.**

Mit Ausnahme der vom Staat kostenlos bereitgestellten Güter (Konsumausgaben des Staates) sind nur solche Waren und Dienstleistungen im Inlandsprodukt enthalten, die auf Märkten gehandelt werden. Das bedeutet beispielsweise, dass weder die Eigenleistungen privater Haushalte (z. B. Hausfrauenarbeit, Kindererziehung, Nachbarschaftshilfe, Hobbygärtner) noch die Befriedigung höherer Bedürfnisebenen (z. B. Bedürfnis nach Geborgenheit, Anerkennung, Selbstverwirklichung) im Inlandsprodukt berücksichtigt sind. Auch die Arbeitsbedingungen, unter denen die Güterproduktion erfolgt, kommen nicht in der Höhe des Inlandsprodukts zum Ausdruck.

> **Die in der offiziellen Wirtschaftsstatistik nicht erfasste Schattenwirtschaft (z. B. Schwarzarbeit) trägt zwar zur gesamtwirtschaftlichen Wertschöpfung bei, geht aber nur als Schätzgröße in die Inlandsproduktberechnung ein.**

Es können nur solche Leistungen statistisch erfasst und bei der Ermittlung des Inlandsprodukts berücksichtigt werden, die aus Dokumenten und anderen Unterlagen, die den Finanzbehörden vorgelegt werden, ersichtlich sind. Schattenwirtschaftliche Aktivitäten (z. B. Leistungen aus der Beschäftigung ohne formelles Arbeitsverhältnis, Lieferungen und Leistungen ohne Rechnung u. Ä.) gehen daher nur als Schätzgröße in das Inlandsprodukt ein.

---

[1] Indikator *(lat.)*: Messgröße; Größe, die etwas anzeigt

In das Inlandsprodukt gehen nur Gütermengen und Güterpreise ein. Die Qualität der Produkte wird nicht gesondert erfasst.

Die Marktpreise, mit denen die Güter in das Inlandsprodukt eingehen, spiegeln häufig nicht die Produktqualität, die sich beispielsweise auch in der Lebensdauer ausdrückt, wider. Die Herstellung vieler herkömmlicher Glühbirnen mit kurzer Lebensdauer erhöht beispielsweise trotz des Preisunterschiedes das Inlandsprodukt mehr als die Produktion langlebiger Energiesparlampen. Obwohl die Produktionstechnologie laufend verbessert wird, nimmt die Gebrauchsdauer vieler Konsumgüter (z. B. Kühlschränke, Autos, Waschmaschinen, Kleider) ständig ab. Der dadurch entstehende Ersatzbedarf steigert zwar Produktion und Inlandsprodukt, beansprucht aber gleichzeitig natürliche Rohstoffe und schafft erhebliche Entsorgungs-, Abfall- und Umweltprobleme.

Die Höhe des Inlandsprodukts sagt nichts über die Einkommensverteilung aus.

Aus einer Veränderung des Inlandsprodukts lässt sich nicht ableiten, ob und gegebenenfalls wie sich die Einkommensverteilung verändert hat. Der Wohlstand einer Volkswirtschaft hängt aber nicht nur von der Menge der materiellen Güter ab, sondern auch von der Art und Weise, wie das Gesamteinkommen auf die Bevölkerung verteilt ist.

Das Inlandsprodukt berücksichtigt nicht den Wert der Freizeit.

Das Inlandsprodukt kann beispielsweise deswegen steigen, weil aufgrund einer verlängerten Wochenarbeitszeit mehr gearbeitet und produziert wird. Dabei wird aber nicht berücksichtigt, dass der durch die Steigerung des Inlandsprodukts bedingte Verzicht auf Freizeit eine Wohlstandsminderung darstellt.

Das Inlandsprodukt berücksichtigt nicht die sozialen Kosten.

Bei der Güterproduktion entstehen u. a. auch Kosten, die nicht von den verursachenden Unternehmen getragen, sondern auf die Allgemeinheit überwälzt werden (z. B. Schädigung von Umweltgütern in Form von Luftverschmutzung und Gewässerverunreinigung sowie dadurch bedingte Gesundheitsschäden). Dabei handelt es sich um **soziale Kosten**. Sie werden bei der Inlandsproduktberechnung nicht berücksichtigt.

Die Aufwendungen zur Beseitigung von Umweltschäden erhöhen in Form von Nettoinvestitionen das Nettoinlandsprodukt, obwohl es sich dabei eigentlich um Ersatzinvestitionen handelt.

Aufwendungen für die Entsorgung verseuchter Böden und die Reinigung verschmutzter Gewässer werden als Nettoinvestitionen erfasst und erhöhen demzufolge das Nettoinlandsprodukt. Eigentlich handelt es sich dabei aber um eine Art Ersatzinvestition, um die am Produktionsfaktor Natur eingetretenen Schäden zu beheben. Es liegt keine Wertschöpfung, sondern lediglich eine Werterhaltung vor. Werden die Umweltschäden nicht oder nicht in vollem Umfang behoben, liegt eine Wertminderung vor, um die der Wert des Nettoinlandsprodukts verringert werden müsste.

> „Das Sozialprodukt wächst, wenn immer mehr Abfälle die Umwelt belasten. Und es wächst noch einmal, wenn wir Mittel einsetzen, um Umweltschäden zu beseitigen. Es wächst, wenn der Lärm in den Städten zunimmt. Und es wächst noch einmal, wenn wir Lärmschutzanlagen anbringen. Es wächst, wenn der Verbrauch von Medikamenten, Drogen und Alkohol zunimmt. Und es wächst noch einmal, wenn die durch Medikamente, Drogen oder Alkohol Geschädigten behandelt werden müssen."
>
> *Erhard Eppler, Ende oder Wende, Stuttgart 1975, S. 38*

Inlandsprodukt als Messgröße gesamtwirtschaftlicher Leistung

Der Marktwert staatlicher Leistungen ist nicht feststellbar.

Staatliche Leistungen werden nicht auf dem Markt gehandelt, sondern größtenteils ohne unmittelbare Gegenleistung den Unternehmen und Haushalten zur Verfügung gestellt. Da es keinen Marktpreis für diese öffentlichen Güter gibt, werden sie bei der Berechnung des Inlandsprodukts zu ihren Herstellkosten bewertet (Inputbewertung). Dieser Wertansatz ist letztlich willkürlich. Beispielsweise lässt die Höhe der Kosten im Bildungswesen nicht unbedingt Aussagen über die Bildungsergebnisse zu.

Bestimmte wirtschaftliche Vorgänge werden als Konsum, der das Inlandsprodukt erhöht, angesehen, obwohl es sich dabei eigentlich um Vorleistungen handelt, die nicht in die Höhe des Inlandsprodukts eingehen dürften.

Aufgrund von Bewertungs- und Zurechnungsproblemen werden alle staatlichen Leistungen als Endverbrauch (Konsum) angesehen, obwohl sie teilweise Vorleistungen für die Unternehmen darstellen (z. B. Verkehrswege für den Gütertransport). Da diese Vorleistungen den Unternehmen aber nicht direkt in Rechnung gestellt werden, unterbleibt bei der Ermittlung der Wertschöpfung der Unternehmen (= Produktionswert – Vorleistungen) der Abzug dieser staatlichen Vorleistungen. Daher ist der Wert des Inlandsprodukts um diese staatlichen Vorleistungen zu hoch. Bei den privaten Haushalten stellen dagegen z. B. die Fahrtkosten für den Weg zur Arbeitsstelle in Wirklichkeit keinen Konsum dar, der das Inlandsprodukt erhöht. Vielmehr handelt es sich um Vorleistungen für die Einkommenserzielung.

4.2 Konjunkturelle Schwankungen

4.2.1 Konjunkturzyklus

Die wirtschaftliche Entwicklung der meisten Volkswirtschaften verläuft nicht stetig, sondern im Wechsel zwischen Wirtschaftskrisen und Phasen der Wohlstandssteigerung.

> **Wirtschaftsschwankungen**
>
> Bereits in der Bibel ist die Rede von sieben Jahren des Überflusses in Ägypten, denen sieben magere Jahre folgen sollen.[1] Auch in den entwickelten Volkswirtschaften der Neuzeit weist die Wirtschaftsentwicklung Schwankungen auf. Neben den jahreszeitlich bedingten **Saisonschwankungen** (z. B. im Baugewerbe, in der Landwirtschaft und im Einzelhandel) lassen sich auch mittelfristige Schwankungen feststellen, die sich über mehrere Jahre erstrecken und die gesamte Volkswirtschaft erfassen. Diese Schwankungen werden als **konjunkturelle Schwankungen** bezeichnet.

> Die in gewisser Regelmäßigkeit auftretenden mehrjährigen Auf- und Abwärtsbewegungen der gesamtwirtschaftlichen Aktivitäten einer Volkswirtschaft werden als Konjunktur bezeichnet.

Messgrößen der konjunkturellen Entwicklung

Als **Messgrößen** für die gesamtwirtschaftlichen Aktivitäten einer Volkswirtschaft dienen häufig entweder das reale **Bruttoinlandsprodukt zu Marktpreisen** und seine Veränderung (Wachstumsraten) oder der **Auslastungsgrad des Produktionspotenzials**.

> Das Bruttoinlandsprodukt (BIP) ist der Wert aller Waren (Sachgüter) und Dienstleistungen, die in einer bestimmten Periode im Inland produziert werden.

> Während das nominale BIP den Wert der produzierten Güter in aktuellen Marktpreisen misst, ist das reale BIP um Preisveränderungen bereinigt. Nur das reale BIP kann bei einem Zeitvergleich als Messgröße für die gesamtwirtschaftliche Leistung infrage kommen.

> Das Produktionspotenzial einer Volkswirtschaft ist das gesamtwirtschaftliche Produktionsergebnis, das bei vollständiger Auslastung und optimalem Einsatz aller Produktionsfaktoren erzeugt werden kann.

Konjunkturphasen

Obwohl in der Realität keine strenge Abfolge der konjunkturellen Schwankungen feststellbar ist, wird in der Konjunkturtheorie häufig von einem idealtypischen **Konjunkturzyklus** (von Punkt A bis E in der nachstehenden Abbildung) ausgegangen, der aus folgenden vier **Konjunkturphasen** besteht:

(1) Aufschwung (Erholung)

Diese Phase folgt nach der Überwindung einer vorangegangenen Krise (Tiefpunkt). Der Auslastungsgrad des Produktionspotenzials und die Investitionstätigkeit nehmen zu, liegen aber noch unter dem Durchschnitt. Die Wachstumsraten des BIP steigen. Die Zukunftsaussichten werden optimistisch beurteilt.

---

[1] Altes Testament, Buch Genesis, Der Traum des Pharao und seine Deutung, Kapitel 41, Vers 17–36

Konjunkturelle Schwankungen

(2) Boom (Hochkonjunktur)

Das Produktionspotenzial wird über das normale Maß hinaus ausgelastet (Überbeschäftigung mit Überstunden, Sonderschichten u. Ä.). In einigen Wirtschaftsbereichen kommt es zu Produktionsengpässen. Die Zuwachsraten des BIP werden geringer. Die zu Beginn noch optimistischen Zukunftserwartungen verschlechtern sich zunehmend.

(3) Abschwung (Abschwächung/Entspannung)

Nach Überschreiten des Hochpunktes sinken der Auslastungsgrad des Produktionspotenzials und die Investitionstätigkeit. Der Auslastungsgrad des Produktionspotenzials liegt aber immer noch über dem Durchschnitt. Das BIP wächst nicht mehr. Die Zukunftsaussichten werden pessimistisch beurteilt.

(4) Rezession[1]

Die Produktionskapazitäten sind nur unterdurchschnittlich ausgelastet (Unterbeschäftigung). Die Investitionstätigkeit nimmt weiter ab. Nach einer groben Definition liegt eine **Rezession** dann vor, wenn das reale BIP (kalender- und saisonbereinigt)[2] in mindestens zwei aufeinanderfolgenden Quartalen im Vergleich zum Vorquartal sinkt. Eine besonders lange und schwere Rezession wird als **Depression** bezeichnet.

Konjunkturzyklus

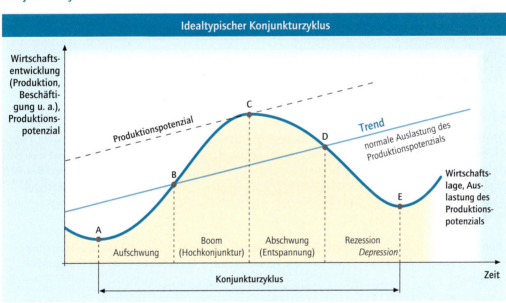

Die Dauer eines Konjunkturzyklus in der Bundesrepublik Deutschland schwankt erheblich. Auffallend ist, dass in allen Konjunkturzyklen seit 1950 die Höhe der Wachstumsraten des Inlandsprodukts jeweils niedriger ist als in den vorhergehenden Zyklen.

---

1 Zuweilen wird auch die Abschwungphase bereits als Rezession bezeichnet.
2 Unter Berücksichtigung der unterschiedlichen Zahl von Arbeitstagen in den einzelnen Quartalen und saisonaler Besonderheiten (z. B. saisonaler Produktionsrückgang im Winter).

4 Konjunktur- und Strukturkrisen in einer Marktwirtschaft – Notwendigkeit der Wirtschaftspolitik

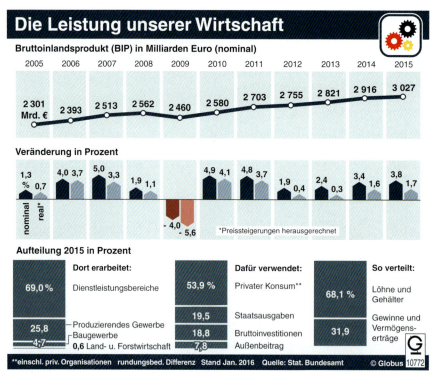

Aufgrund empirischer Untersuchungen wurden für die Vergangenheit Konjunktur- und Wachstumszyklen mit unterschiedlicher Dauer festgestellt, die sich teilweise gegenseitig überlagern.

4.2.2 Konjunkturindikatoren

Aufgabe 4.8, S. 159

Aufgabe 4.9, S. 160

Konjunkturforscher und Wirtschaftspolitiker sind daran interessiert, die jeweils aktuelle Phase des Konjunkturverlaufs zu bestimmen, um Voraussagen über die erwartete Entwicklung machen zu können. Da sich die einzelnen Konjunkturphasen nicht nur in den Wachstumsraten des BIP und dem Auslastungsgrad des Produktionspotenzials widerspiegeln, werden solche Konjunkturdiagnosen und Konjunkturprognosen auf der Grundlage eines Systems verschiedener **Konjunkturindikatoren** vorgenommen.

> **Konjunkturindikatoren** sind Messgrößen, die die gegenwärtige Konjunkturphase anzeigen (Konjunkturdiagnose) und Voraussagen über die voraussichtliche Entwicklung zulassen (Konjunkturprognose).

Es werden drei Gruppen von Konjunkturindikatoren unterschieden, die sich in den vier Konjunkturphasen unterschiedlich entwickeln.

Frühindikatoren: dienen als Grundlage für die Prognose des weiteren Konjunkturverlaufs z. B. Auftragseingang, Lagerhaltung, Geschäftserwartung (Geschäftsklimaindex), Baugenehmigungen, Konsumbereitschaft, Geldmenge, Einzelhandelsumsätze, Zinsstruktur (= Differenz zwischen kurz- und langfristigen Zinsen), Börsenkurse

Gegenwartsindikatoren: reagieren ohne zeitliche Verzögerung auf Konjunkturänderungen z. B. reales BIP (insbesondere die Produktion von Konsum- und Investitionsgütern), Kapazitätsauslastung, Produktivität, Kreditnachfrage

Spätindikatoren: reagieren mit zeitlicher Verzögerung auf Konjunkturänderungen z. B. Preise, Beschäftigung (Arbeitslosenquote, offene Stellen), Löhne, Zahl der Insolvenzen

Indikatoren Konjunkturphasen	Frühindikatoren (z. B. Auftragseingang)	Gegenwartsindikatoren (z. B. Produktion)	Spätindikatoren (z. B. Preise)
Boom	schnell steigend	steigend	schnell steigend
Abschwung	schnell fallend	fallend	langsam fallend
Rezession	langsam fallend	langsam fallend	langsam fallend, konstant
Aufschwung	steigend	langsam steigend	konstant, langsam steigend

Aktuelle Zahlen: www.bundesbank.de

4.2.3 Ursachen der Konjunkturzyklen

Es gibt keine einheitliche Konjunkturtheorie, mit der die zyklische Entwicklung der gesamtwirtschaftlichen Aktivität erklärt werden könnte. Vielmehr werden konjunkturelle Schwankungen durch das Zusammenwirken unterschiedlicher Verursachungsfaktoren ausgelöst. Bei der Vielzahl der sich teilweise gegenseitig widersprechenden Erklärungsansätze lassen sich u. a. folgende Gruppen unterscheiden:

Monetäre Theorien: Die Konjunkturzyklen werden in erster Linie auf monetäre Faktoren (Geldmengen- und Zinsveränderungen) zurückgeführt. Demnach führt eine Ausdehnung der Geldmenge und die sich daraus ergebende Erhöhung des Kreditvolumens zu einem Aufschwung. Dieser Prozess hält so lange an, bis die steigende Nachfrage aufgrund der ausgelasteten Kapazitäten nicht mehr befriedigt werden kann. Wenn die Zentralbank die sich dann ergebende Preisniveausteigerung durch eine Begrenzung des Geldmengenwachstums stoppen will, wird ein Konjunkturabschwung eingeleitet.

Überinvestitionstheorien: Die Rezession wird mit der übermäßigen Ausdehnung des Investitionsgütersektors im Konjunkturaufschwung erklärt. Die Produktionskapazitäten werden demnach möglicherweise über das zur Befriedigung der steigenden Konsumgüternachfrage nötige Maß hinaus vergrößert. Der Abbau der Überkapazitäten leitet nach dieser Auffassung den Konjunkturabschwung ein.

Unterkonsumtionstheorien: Die Rezession wird als Folge einer ungleichgewichtigen Entwicklung zwischen Konsum- und Investitionsgüterindustrie im Aufschwung erklärt. Die Ausdehnung der Produktionskapazitäten ermöglicht eine Erhöhung der Konsumgüterproduktion. Im Boom bleibt aber die Konsumgüternachfrage hinter den Produktionsmöglichkeiten zurück, da Löhne und Gehälter nicht in gleichem Ausmaß steigen wie die Güterpreise und Gewinne. Es fehlt den privaten Haushalten an Kaufkraft, sodass die zu geringe Nachfrage den Abschwung einleitet. Diese Situation wird durch eine ungleiche Einkommensverteilung verschärft, indem die Bezieher hoher (Kapital-)Einkommen wegen ihrer hohen Sparquote zu wenig Konsumgüter nachfragen. Dadurch wird der Abschwung verstärkt.

Exogene (außerwirtschaftliche) Theorien: Diese Theorien sehen die Ursachen der konjunkturellen Schwankungen in Faktoren, die nicht direkt durch das Wirtschaftsgeschehen beeinflusst werden. Dazu gehören beispielsweise Naturkatastrophen, Kriege, Erfindungen, Entdeckungen neuer Rohstoffquellen und optimistische bzw. pessimistische Zukunftserwartungen **(psychologische Konjunkturtheorien)**. Daneben wird auch versucht, einen Zusammenhang zwischen Wahl- und Konjunkturzyklen herzuleiten **(politische Konjunkturtheorien)**. Demnach sind die von demokratischen Regierungen in Zusammenhang mit ihren Bemühungen um eine Wiederwahl ergriffenen Maßnahmen (Wahlversprechen und Wahlgeschenke) Ursache für Konjunkturschwankungen.

Neben diesen verbalen Erklärungsansätzen gibt es auch zahlreiche Versuche zu modelltheoretischen Konjunkturerklärungen, indem konjunkturellen Schwankungen im Rahmen mathematischer Modelle nachempfunden werden.

4.3 Ziele, Bereiche und Träger der Wirtschaftspolitik

4.3.1 Ziele der Wirtschaftspolitik

Wirtschaftspolitik als Bestandteil der Gesellschaftspolitik

Die möglichen Fehlentwicklungen einer freien Marktwirtschaft zeigen, dass wirtschaftlicher Wohlstand in einem Land – anders als von den Vertretern des klassischen Liberalismus behauptet – nicht automatisch durch den Marktmechanismus entsteht. Vielmehr sind dazu auch Eingriffe des Staates und anderer Institutionen (z. B. Zentralbank, Tarifpartner) in das Wirtschaftsgeschehen nötig.

> Wirtschaftspolitik ist die Gesamtheit aller Bestrebungen, Handlungen und Maßnahmen, die darauf abzielen, den Ablauf des Wirtschaftsgeschehens in einem Gebiet oder Bereich zu ordnen, zu beeinflussen, zu gestalten oder unmittelbar festzulegen.

Alle wirtschaftspolitischen Maßnahmen haben das gemeinsame **Ziel**, der Förderung des Wohlstands zu dienen. Diese Wohlstandssteigerung ist ihrerseits wiederum ein **Mittel**, zur Verwirklichung **übergeordneter** gesellschaftlicher **Ziele** wie z. B. Freiheit, Gerechtigkeit und Sicherheit. Im Rahmen einer solchen Hierarchie von Ober- und Unterzielen trägt die Wirtschaftspolitik als Teil der Gesellschaftspolitik zur Erreichung höherrangiger gesellschaftlicher Grundwerte bei.

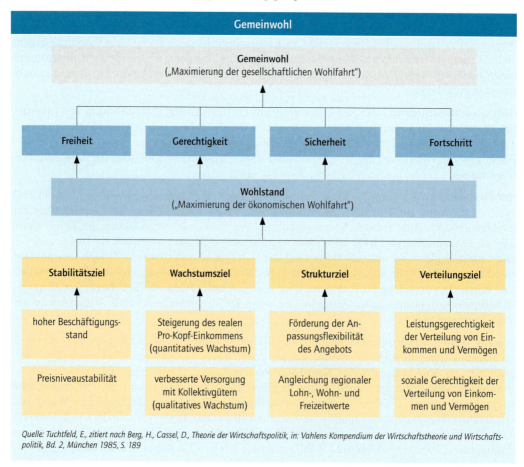

Quelle: Tuchtfeld, E., zitiert nach Berg, H., Cassel, D., Theorie der Wirtschaftspolitik, in: Vahlens Kompendium der Wirtschaftstheorie und Wirtschaftspolitik, Bd. 2, München 1985, S. 189

> Wirtschaftspolitische Ziele sind Unterziele übergeordneter gesellschaftspolitischer Ziele.

Ziele, Bereiche und Träger der Wirtschaftspolitik

Ziele des Stabilitätsgesetzes von 1967

In der Grundkonzeption der sozialen Marktwirtschaft wird Wirtschaftspolitik vor allem als Verwirklichung und Sicherung der **Wettbewerbsordnung** (Ordnungspolitik) verstanden. Diese wird ergänzt um eine vornehmlich auf der **Geldpolitik** der Zentralbank beruhenden Konjunkturpolitik und einer als Hilfe zur Selbsthilfe und gegenseitigen Hilfe verstandenen **Sozialpolitik**. Daran orientierte sich die Wirtschaftspolitik in der Bundesrepublik Deutschland bis Mitte der 1960er-Jahre weitgehend.

Mit dem 1967 erlassenen „Gesetz zur Förderung der Stabilität und des Wachstums der Wirtschaft" **(Stabilitätsgesetz)** vollzog sich ein deutlicher Wandel von der bis dahin vorherrschenden **Ordnungspolitik** zu größerer direkter Einflussnahme des Staates auf das Wirtschaftsgeschehen **(= Prozesspolitik)**. Das äußerte sich u. a. in einer aktiven staatlichen Konjunkturpolitik **(Fiskalpolitik)**. Im **Stabilitätsgesetz** sind neben den folgenden **Zielen** auch die **Instrumente** der **Fiskalpolitik**[1] umrissen.

Gesamtwirtschaftliches Gleichgewicht			
Stabilität des Preisniveaus	Hoher Beschäftigungsstand	Außenwirtschaftliches Gleichgewicht	Stetiges und angemessenes Wirtschaftswachstum

Gesetz zur Förderung der Stabilität und des Wachstums der Wirtschaft
vom 8. Juni 1967 (Stabilitätsgesetz)

§ 1 [Erfordernisse der Wirtschaftspolitik] Bund und Länder haben bei ihren wirtschafts- und finanzpolitischen Maßnahmen die Erfordernisse des gesamtwirtschaftlichen Gleichgewichts zu beachten. Die Maßnahmen sind so zu treffen, dass sie im Rahmen der marktwirtschaftlichen Ordnung gleichzeitig zur Stabilität des Preisniveaus, zu einem hohen Beschäftigungsstand und außenwirtschaftlichem Gleichgewicht bei stetigem und angemessenem Wirtschaftswachstum beitragen.

1967 wurde das Grundgesetz wie folgt ergänzt:

Art. 109 (2) Bund und Länder haben bei ihrer Haushaltswirtschaft den Erfordernissen des gesamtwirtschaftlichen Gleichgewichts Rechnung zu tragen.

Um überprüfen zu können, ob die Ziele erreicht wurden, muss jedes Ziel **operationalisiert**, d. h. in folgender Hinsicht konkretisiert und präzisiert werden:
▌ Zuordnung von **Indikatoren** (messbare Ereignisse), die den Zielerreichungsgrad anzeigen
▌ Formulierung des Ziels in **zahlenmäßiger** Form
▌ Festlegung des **Zeitraums**, innerhalb dessen das Ziel erreicht werden soll

Erläuterungen zu einzelnen wirtschaftspolitischen Zielen

1. Stabilität des Preisniveaus
Das Ziel Preisniveausteigerung < (unter, aber nahe bei) 2 % wird von der Europäischen Zentralbank (EZB) vorgegeben. Eine Inflationsrate von 0 % wird u. a. wegen der Gefahr einer Deflation (= anhaltende Preisniveausenkung) nicht angestrebt.

Kapitel
5.2

Kapitel
5.7

2. Hoher Beschäftigungsstand
Nach heutiger Interpretation würde eine Arbeitslosenquote, die sich zwischen 3 % und 5 % bewegt, als weitgehende Erfüllung des Beschäftigungsziels angesehen.

3. Außenwirtschaftliches Gleichgewicht
Das Ziel und der Maßstab (Anteil des Außenbeitrags am BIP) stammen aus der Zeit fester Wechselkurse. Durch erhebliche Ausfuhrüberschüsse wurde nämlich in den 1950er- und 1960er-Jahren die Konjunktur zeitweise überhitzt. Seit der Aufhebung der festen Wechselkursbindung an den Dollar (1973) besteht für feste Zielvorgaben keine Notwendigkeit mehr. Maßstab und Definition des außenwirtschaftlichen Gleichgewichts im Sinne eines wirtschaftspolitischen Ziels sind seit-

---

[1] Fiskus *(lat.)*: Staatskasse, Staat; Fiskalpolitik: finanzpolitische Maßnahmen (Einnahmen- und Ausgabenpolitik) des Staates im Rahmen der Konjunktur- und Wachstumspolitik

dem unklar. Das Ziel gilt allgemein dann als erreicht, wenn von außenwirtschaftlichen Beziehungen keine nachteiligen Wirkungen auf die Binnenwirtschaft (hoher Beschäftigungsstand, Preisniveaustabilität und angemessenes Wirtschaftswachstum) ausgehen.[1]

4. Stetiges und angemessenes Wirtschaftswachstum

Ein stetiges Wirtschaftswachstum ist sinnvoll, um u. a. Schwankungen im Auslastungsgrad des Produktionspotenzials und damit Arbeitslosigkeit und Inflation zu vermeiden. Was unter „angemessenem" Wirtschaftswachstum zu verstehen ist, ist schwer zu definieren. In den 1970er-Jahren galten jährliche Wachstumsraten von 4 % als angemessen. Heute erscheinen schon allein aus beschäftigungspolitischen Gründen mindestens 2,5 % bis 3 % als nötig, aber kaum erreichbar. Zu berücksichtigen ist, dass sich bei einem jährlichen Wachstum von 4 % die Produktionsmenge in 17 Jahren und bei 2 % in 35 Jahren verdoppeln würde.

> Das Stabilitätsgesetz von 1967 nennt vier wirtschaftspolitische Ziele: Stabilität des Preisniveaus, hoher Beschäftigungsstand, außenwirtschaftliches Gleichgewicht, stetiges und angemessenes Wirtschaftswachstum.

Aktuelle Zahlen:
www.destatis.de

Ziel	Indikator (Messgröße)	Ziel gilt als erreicht, wenn ...	Zielvorgaben der EZB bzw. der Regierung für 2012–2016[2]	Zielerreichung im Jahr 2012–2015[3]
Stabilität des Preisniveaus	Verbraucherpreisindex (vgl. 5.5.2)	am Verbraucherpreisindex gemessene Preisniveausteigerung (Inflationsrate) unter, aber nahe bei 2 %	< 2 % (2012) < 2 % (2013) < 2 % (2014) < 2 % (2015) < 2 % (2016)	2,0 % (2012) 1,5 % (2013) 0,9 % (2014) 0,3 % (2015)
Hoher Beschäftigungsstand	Arbeitslosenquote (vgl. 8.1)	Arbeitslosenquote ≤ 3 %	6,8 % (2012) 7,0 % (2013) 6,8 % (2014) 6,6 % (2015) 6,4 % (2016)	6,8 % (2012) 6,9 % (2013) 6,7 % (2014) 6,4 % (2015)
Außenwirtschaftliches Gleichgewicht	Anteil des Außenbeitrags am BIP in %	positiver Außenbeitrag 1,5 % bis 2 % des nominalen BIP (siehe Erläuterung)	4,6 % (2012) 5,5 % (2013) 5,9 % (2014) 6,8 % (2015) 7,6 % (2016)	5,9 % (2012) 6,3 % (2013) 6,7 % (2014) 7,8 % (2015)
Stetiges und angemessenes Wirtschaftswachstum	Zuwachsrate des realen BIP	gleichmäßiges Wachstum in angemessener Höhe (für deutliche Beschäftigungseffekte gelten 3 % als nötig)	0,7 % (2012) 0,4 % (2013) 1,8 % (2014) 1,5 % (2015) 1,7 % (2016)	0,4 % (2012) 0,3 % (2013) 1,6 % (2014) 1,7 % (2015)

Weitere wirtschaftspolitische Ziele

Die vier im Stabilitätsgesetz enthaltenen **quantitativen**[4] **Ziele** lassen sich zahlenmäßig formulieren und überprüfen. Daneben sind an anderer Stelle die **qualitativen Ziele** *„Gerechte Einkommens- und Vermögensverteilung"* und *„Erhalt einer lebenswerten Umwelt" (Umweltschutz Art. 20 a GG)* genannt. Für diese Ziele kann lediglich die Zielrichtung, nicht aber eine messbare Beschreibung des derzeitigen und des angestrebten Zustands angegeben werden.

> Weitere wirtschaftspolitische Ziele sind: gerechte Einkommens- und Vermögensverteilung sowie Erhalt einer lebenswerten Umwelt (Umweltschutz).

---

1 In der EU gilt ein Leistungsbilanzsaldo von 6 % des nominalen BIP als Grenzwert. Bei höheren Leistungsbilanzsalden werden zu große wirtschaftliche Ungleichgewichte zwischen den EU-Mitgliedsstaaten befürchtet.
2 Bundesministerium der Finanzen, Jahreswirtschaftsberichte; verschiedene Jahrgänge;   3 Stat. Bundesamt, März 2016
4 quantitativ *(lat.)*: mengenmäßig

Ziele, Bereiche und Träger der Wirtschaftspolitik

Magisches Vieleck als Problem der Wirtschaftspolitik

Die vielfältigen Zielbeziehungen lassen es nicht zu, dass alle Ziele – wie im Stabilitätsgesetz gefordert – **gleichzeitig** erreicht werden. Zwischen einigen **Zielen** bestehen **Konflikte**, da Maßnahmen zur Erreichung eines Ziels gleichzeitig die Erreichung eines anderen Ziels behindern. Beispielsweise können in bestimmten Fällen

- **Maßnahmen** zur Beschäftigungsförderung (Ziel: hoher Beschäftigungsstand) zu Preissteigerungen führen (Ziel: Stabilität des Preisniveaus)

- **Maßnahmen** zur Wachstumsförderung (Ziel: stetiges und angemessenes Wirtschaftswachstum) die Kluft zwischen Armen und Reichen verstärken (Ziel: gerechte Einkommens- und Vermögensteilung) und/oder die Umweltbelastung erhöhen (Ziel: Erhalt einer lebenswerten Umwelt).

Wenn dagegen Maßnahmen zur Erreichung eines Ziels gleichzeitig auch die Erreichung eines anderen Ziels fördern, liegt eine **Zielharmonie** vor. Bezogen auf mögliche Konflikte zwischen den vier Zielen des Stabilitätsgesetzes wird das Zielbündel daher auch als **magisches Viereck** bezeichnet. Die Berücksichtigung weiterer Ziele führt zu einem **magischen Vieleck**. Zielkonflikte machen es nötig, dass die Wirtschaftspolitik **Prioritäten** setzt. Die Entscheidung der Politiker über die Gewichtung und Rangfolge der anzustrebenden Ziele ist von Interessenstandpunkten abhängig und damit ein politisches **Werturteil**. In der Praxis wird meistens das Ziel am nachdrücklichsten verfolgt, das in der jeweiligen wirtschaftlichen Situation und der vermuteten künftigen Entwicklung am stärksten gefährdet ist. Das ist gegenwärtig in den meisten Ländern das Beschäftigungsziel.

> Zwischen verschiedenen wirtschaftspolitischen Zielen können Konflikte bestehen. Werden miteinander in Konflikt stehende Ziele verfolgt, wird von einem „magischen Vieleck" gesprochen.

Ziele des Europäischen Stabilitäts- und Wachstumspakts

Von den 28 EU-Mitgliedern nehmen bisher (2016) 19 an der Europäischen Währungsunion mit der gemeinsamen Euro-Währung teil. Voraussetzung für die Aufnahme in die Währungsunion ist die Erfüllung der sogenannten **Konvergenzkriterien**[1], die 1992 im Vertrag von Maastricht vereinbart wurden.

\multicolumn{4}{c}{Konvergenzkriterien für den Beitritt zur Europäischen Währungsunion (EWU)}			
stabiles Preisniveau	**gesunde Staatsfinanzen**	**stabile Wechselkurse**	**Zinsniveau**
Die **Inflationsrate** darf höchstens 1,5 Prozentpunkte über dem Durchschnitt der drei preisstabilsten Mitgliedsstaaten liegen.	Die jährliche **Neuverschuldung** des Staates (Defizit der öffentlichen Haushalte) darf höchstens 3 %, die **Gesamtverschuldung** höchstens 60 % des BIP betragen.	Teilnahme in den letzten zwei Jahren am **Europäischen Währungssystem** (EWS) ohne starke **Kursschwankungen**.	**langfristige Zinsen** höchstens 2 Prozentpunkte über dem Zinssatz der drei preisstabilsten Mitgliedsstaaten

Überschreitet ein Land **nach Aufnahme in die Währungsunion** beispielsweise die Vorgaben für die Staatsverschuldung **(Defizitkriterium)**, drohen ihm seitens der EU-Kommission Abmahnungen („blaue Briefe"), Defizitverfahren (= Verpflichtung, Sparbeschlüsse vorzulegen und einzuhalten) und letztlich Geldbußen bis zu 0,5 % des jeweiligen BIP.

---

1 Konvergenz *(lat.):* Annäherung, Übereinstimmung

Hauptziel dieser Regelung ist es, durch Eindämmung der Staatsausgaben und der **Staatsverschuldung** zu verhindern, dass das Preisniveau und damit die **Inflationsrate** im Euro-Währungsgebiet übermäßig steigen.

Deutschland hat aufgrund der hohen Staatsverschuldung von 2002 bis 2005 ständig sowohl gegen das Defizitkriterium als auch gegen die Schuldenstandsquote verstoßen. Die vorgegebene Zielgröße der Schuldenstandsquote von ≤ 60 % des BIP wurde in Deutschland seit 2001 nicht mehr erreicht. Auch die meisten anderen Euro-Länder haben dieses Ziel nicht erreicht (Staatsschuldenkrise).

Entwicklung des Defizits des Staatshaushalts und des Schuldenstands in Deutschland entsprechend den „Maastricht-Kriterien"

Jahr	2006	2007	2008	2009	2010	2011	2012	2013	2014	2015
Defizit/Überschuss des Staatshaushalts in % des BIP	– 1,6	– 0,2	– 0,1	– 3,2	– 4,2	– 1,0	– 0,1	– 0,1	+ 0,3	+ 0,3
Schuldenstand in % des BIP	67,6	65,2	66,8	72,5	81,0	78,4	79,7	77,4	74,9	71,9
Schuldenstand in Mrd. €	1.574,6	1.582,4	1.652,8	1.783,7	2.090,0	2.118,5	2.195,8	2.181,9	2.184,3	2.152,0

Quelle: Deutsche Bundesbank, Monatsbericht April 2016
Die Höhe der Staatsverschuldung weicht wegen unterschiedlicher Berechnungsweisen teilweise von den in der Volkswirtschaftlichen Gesamtrechnung ausgewiesenen Zahlen ab.

4.3.2 Bereiche und Träger der Wirtschaftspolitik

Die Maßnahmen zur Erreichung der wirtschaftspolitischen Ziele lassen sich für eine Marktwirtschaft, wie sie in Deutschland existiert, in verschiedene Teilbereiche gliedern.

Wirtschaftspolitische Maßnahmen lassen sich in die Bereiche Ordnungspolitik und Ablaufpolitik (Prozesspolitik) gliedern.

Ordnungspolitik

Festlegung der Rahmenbedingungen der Wirtschaftsordnung (= rechtliche Ausgestaltung der Eigentums-, Markt-, Wettbewerbs-, Unternehmens-, Geld-, Finanz-, Außenwirtschafts- und Sozialordnung)

Verbraucherpolitik

Stärkung der Marktposition der Verbraucher gegenüber Produzenten durch
- Verbraucherinformation
- Rechtsschutz
- Verbrauchererziehung

Wettbewerbpolitik

(Kern der Ordnungspolitik) Sicherung eines funktionsfähigen Wettbewerbs durch
- Wettbewerbsschutzpolitik (z. B. GWB)
- Wettbewerbsförderpolitik (z. B. Privatisierung, Beseitigung wettbewerbsverzerrender Vorschriften)

Ablaufpolitik (Prozesspolitik)

Ergänzungs- und Korrekturmaßnahmen bei Marktversagen

(= zielgerichtete Beeinflussung des Wirtschaftsgeschehens)

Infrastruktur- und Umweltpolitik

Bereitstellung und Regelung der Nutzung öffentlicher Güter

Stabilitätspolitik

Vermeidung und Behebung von Konjunkturschwankungen (z. B. Preisniveau-, Beschäftigungs- und Wachstumsschwankungen)

Verteilungspolitik

Einkommens- und Vermögensumverteilung entsprechend den herrschenden Vorstellungen von sozialer Gerechtigkeit

Kombination von Ordnungs- und Ablaufpolitik		
Strukturpolitik Beeinflussung des wirtschaftlichen Strukturwandels	**Außenwirtschaftspolitik** u. a. Beeinflussung des Außenhandels, des Kapitalverkehrs und der internationalen Währungsbeziehungen	**Wachstumspolitik** Erhöhung des realen Inlandsprodukts durch Förderung von
Sektorale Strukturpolitik (z. B. Industrie-, Agrarpolitik)	**Regionale Strukturpolitik** (z. B. Förderung des ländlichen Raums)		▌ Investitionen, ▌ Qualifikation der Arbeitskräfte, ▌ Forschung/Entwicklung (technischer Fortschritt), ▌ Wettbewerb.

Die Träger der Wirtschaftspolitik, d. h. die für die wirtschaftspolitischen Maßnahmen zuständigen Institutionen, lassen sich wie folgt einteilen:

Träger der Wirtschaftspolitik					
Entscheidungsträger				Einflussträger (Beeinflussung und Beratung der Entscheidungsträger)	
Staatliche Institutionen	Institutionen unter staatlicher Aufsicht	Autonome (= vom Staat unabhängige) Institutionen	Internationale Institutionen	öffentlich-rechtliche Institutionen	private Institutionen
Legislative Parlamente (Bund, Länder, Kommunen) **Exekutive** Regierungen (Bund, Länder), Verwaltungen, Behörden **Judikative** u. a. Bundesverfassungsgericht, Arbeits- und Sozialgerichte	**Bundeskartellamt** (Wettbewerbspolitik), **Bundesagentur für Arbeit** (Arbeitsmarktpolitik)	**Europäisches System der Zentralbanken (ESZB)** (Geldpolitik) **Selbstverwaltungsorgane** Landwirtschafts-, Handwerks-, Industrie- u. Handelskammern **Tarifparteien** Gewerkschaften und Arbeitgeberverbände (Lohnpolitik)	**Europäische Union** (EU), **Internationaler Währungsfonds** (IWF), **Welthandelsorganisation** (WTO)	**Beratungsgremien** Sachverständigenrat („Rat der fünf Weisen"), Monopolkommission, wissenschaftliche Beiräte	**Interessengruppen** Verbände, Parteien

Zu den Trägern der Wirtschaftspolitik gehören Bund, Länder und Gemeinden, andere öffentlich-rechtliche Institutionen, internationale Organisationen sowie nichtstaatliche Interessenverbände.

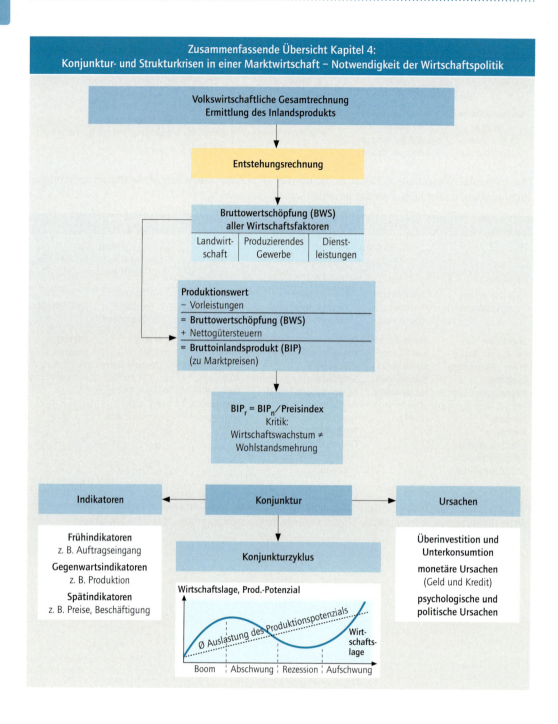

Ziele, Bereiche und Träger der Wirtschaftspolitik

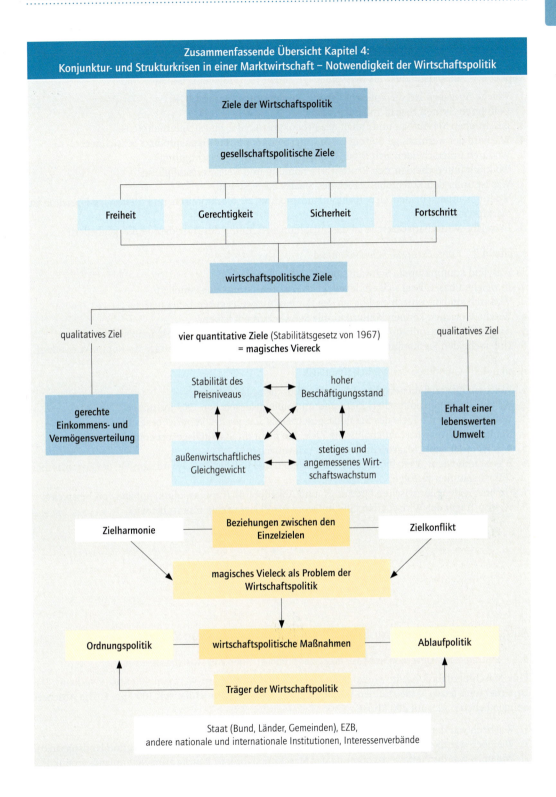

Fragen zur Wiederholung

Kapitel 4.1 Inlandsprodukt als Messgröße gesamtwirtschaftlicher Leistung
1. Welche Aufgaben hat die Volkswirtschaftliche Gesamtrechnung (VGR)?
2. Definieren Sie den Begriff Inlandsprodukt.
3. Beschreiben Sie Aufbau und Inhalt des Produktionskontos eines Unternehmens.
4. Wie wird der wertmäßige Beitrag eines Unternehmens zum Inlandsprodukt bezeichnet?
5. Wodurch unterscheiden sich Produktionswert und Bruttowertschöpfung?
6. Wodurch unterscheiden sich Bruttowertschöpfung und Nettowertschöpfung?
7. Was ist unter den Konsumausgaben des Staates zu verstehen?
8. Wodurch unterscheiden sich Bruttoinlandsprodukt zu Marktpreisen und Nettoinlandsprodukt zu Marktpreisen?
9. In welche Wirtschaftsbereiche ist die Entstehungsrechnung des Inlandsprodukts gegliedert?

Kapitel 4.2 Konjunkturelle Schwankungen
1. Was sind konjunkturelle Schwankungen?
2. In welche Phasen lässt sich ein idealtypischer Konjunkturzyklus einteilen?
3. Wodurch sind die einzelnen Phasen des Konjunkturzyklus gekennzeichnet?
4. Welche Ursachen können konjunkturelle Schwankungen haben?
5. Anhand welcher Indikatoren lässt sich eine konjunkturelle Situation beschreiben?
6. Unterscheiden Sie Konjunkturindikatoren nach ihrer zeitlichen Reihenfolge im Konjunkturverlauf.

Kapitel 4.3 Grundlage der Wirtschaftspolitik
1. Welchem Oberziel dienen alle wirtschaftspolitischen Maßnahmen?
2. Welche wirtschaftspolitischen Ziele sind im Stabilitätsgesetz von 1967 formuliert?
3. Warum werden die Ziele des Stabilitätsgesetzes als „magisches Viereck" bezeichnet?
4. Nennen Sie zwei wirtschaftspolitische Ziele, die nicht im Stabilitätsgesetz enthalten sind.
5. Was ist unter dem „Maastricht-Kriterium" zu verstehen?
6. Was ist unter dem „Defizitkriterium" zu verstehen und welcher Zweck wird damit in der Europäischen Währungsunion verfolgt?
7. Unterscheiden Sie zwischen Ordnungs- und Ablaufpolitik (Prozesspolitik) anhand von Beispielen.
8. Welche Träger der Wirtschaftspolitik in Deutschland lassen sich unterscheiden?

Aufgaben und Probleme zur Erarbeitung und Anwendung von Wissen

4.1 Beitrag eines Unternehmens zur Wertschöpfung in einer Volkswirtschaft

Eine Maschinenfabrik hat im vergangenen Geschäftsjahr Güter im Wert von 400 Mio. € verkauft. Das Unternehmen bezog Vorleistungen von anderen Unternehmen in Höhe von 100 Mio. €. Die Abschreibungen beliefen sich auf 200 Mio. €.

1. Wie hoch war der Produktionswert der Maschinenfabrik?
2. Wie hoch war die Bruttowertschöpfung der Maschinenfabrik (= Beitrag zum Bruttoinlandsprodukt)?
3. Wie hoch war die Nettowertschöpfung der Maschinenfabrik (= Beitrag zum Nettoinlandsprodukt)?

4.2 Wertschöpfung in einer Volkswirtschaft

In einer Modellvolkswirtschaft existieren nur zwei Unternehmen. Unternehmen 1 importiert Rohstoffe und verarbeitet diese. Die verarbeiteten Rohstoffe werden an Unternehmen 2 geliefert, das daraus Konsumgüter für die inländischen Konsumenten herstellt.

Konjunktur- und Strukturkrisen in einer Marktwirtschaft – Notwendigkeit der Wirtschaftspolitik

Der Wert der importierten Rohstoffe beträgt 300 GE. Die Wertschöpfung der beiden Unternehmen 1 und 2 beträgt jeweils 200 GE.

Ermitteln Sie folgende Größen:
1. Produktionswert des Landes (PW),
2. Wertschöpfung des Landes (Inlandsprodukt)

4.3 Erstellung des gesamtwirtschaftlichen Produktionskontos

Produktionswerte und Vorleistungen nach Wirtschaftsbereichen 2015 (in Mrd. Euro)			
Wirtschaftsbereiche	Produktionswert	Vorleistungen	Bruttowertschöpfung (BWS)
Land- und Forstwirtschaft, Fischerei	48,85	33,56	
Produzierendes Gewerbe	2.282,03	1.452,86	
Dienstleistungsbereich	3.089,11	1.210,91	

Quelle: Stat. Bundesamt, VGR 2015 März 2016 Tab. 3.2.3 u. 3.2.6

1. Wie hoch war die Bruttowertschöpfung (BWS) der einzelnen Wirtschaftsbereiche und aller Wirtschaftsbereiche zusammen?
2. Erstellen Sie aus den Zahlen der obenstehenden Tabelle das gesamtwirtschaftliche Produktionskonto (rechte Seite: Produktionswert). Die Abschreibungen betragen 531,16 Mrd. €.
3. Wie hoch waren das
   a) Bruttoinlandsprodukt zu Marktpreisen,
   b) Nettoinlandsprodukt zu Marktpreisen,
   wenn die Nettogütersteuern (= Unterschiedsbetrag zwischen BWS und BIP) 303,24 Mrd. € betrugen?

4.4 Nominales und reales Bruttoinlandsprodukt

Für eine Volkswirtschaft liegen folgende Daten vor:

Jahr	Nominales BIP in Mrd. €	Preisindex für die Güter des BIP
2010	2.580,1	100,00
2011	2.703,1	101,07
2012	2.754,9	102,59
2013	2.820,8	104,73
2014	2.915,7	106,55
2015	3.025,9	108,74

1. Ermitteln Sie für die einzelnen Jahre das reale Bruttoinlandsprodukt.
2. Um wie viel Prozent hat sich das reale BIP in den einzelnen Jahren verändert (= Wirtschaftswachstum)?

4.5 Aussagekraft des BIP

Land	Nominales BIP in Mrd. €	Preissteigerung gegenüber Vorjahr	Einwohnerzahl
A	2.968 US-$	+ 6%	1,2 Mio.
B	8.568 US-$	+ 2%	5,0 Mio.

1. Vergleichen Sie die Leistungsfähigkeit der beiden Länder und begründen Sie Ihr Ergebnis.
2. Begründen Sie, warum die Zahlen nur einen eingeschränkten Wohlstandsvergleich zwischen den beiden Ländern zulassen.

4.6 Kritik am Inlandsprodukt als Wohlstandsindikator

Stellen Sie fest, ob das Inlandsprodukt aufgrund folgender Vorgänge steigt, sinkt oder unverändert bleibt. Begründen Sie Ihre Antworten.

a) Ein Junggeselle stellt eine Haushälterin ein. Es werden ordnungsgemäß Lohnsteuer und Sozialversicherungsbeiträge abgeführt.
b) Der Junggeselle heiratet seine bisherige Haushälterin. Auch nach der Heirat führt sie den Haushalt weiter.
c) Es werden vermehrt langlebige Energiesparlampen statt herkömmlicher Glühbirnen verwendet. Die Mehraufwendungen aufgrund des höheren Preises der Energiesparlampen gegenüber den herkömmlichen Lampen können schon nach kurzer Zeit durch geringeren Energieverbrauch und längere Lebensdauer ausgeglichen werden.
d) Die Regierung ergreift steuerpolitische Maßnahmen zur Einkommensumverteilung, um untere Einkommensschichten zu entlasten und höhere Einkommensschichten zu belasten.
e) Einer der bisherigen gesetzlichen Feiertage wird gestrichen. Die Arbeitnehmer müssen jetzt bei gleichem Monatslohn einen Tag mehr arbeiten.
f) Ein Hobbygärtner versorgt seine Familie regelmäßig mit Obst und frischem Gemüse.
g) Ein kranker Familienvater wird zu Hause von seinen Familienangehörigen gepflegt.
h) Der Kranke (Fall g) wird vom Arzt in ein Krankenhaus eingewiesen.
i) Ein Bauherr erstellt einen Teil des Rohbaus durch Eigenleistung und Nachbarschaftshilfe.
j) Ein Malergeselle tapeziert nach Feierabend die Wohnung des Nachbarn gegen Entgelt.
k) Ein Landwirt spezialisiert sich auf biologischen Anbau. Wegen des Verzichts auf Pflanzenschutzmittel gehen die Produktionsmengen in der Umstellungsphase zunächst zurück. Er kann aber seine Produkte wegen der besseren Qualität teurer verkaufen, sodass sein Erlös nicht sinkt.
l) Nach einem Unfall müssen mehrere Personen im Krankenhaus behandelt werden. Eine Person stirbt an den Folgen des Unfalls.
m) Die Außenmauern einer Kirche werden durch Luftschadstoffe beschädigt und müssen restauriert werden.
n) Es werden Solarzellen aus dem benachbarten Ausland importiert.
o) Die Regierung genehmigt den Verkauf von U-Booten an ein Entwicklungsland.
p) An einer Autobahn werden Schallschutzwände gegen den Verkehrslärm errichtet.
q) Wegen hoher Gefährdung durch den Straßenverkehr bringen Eltern ihre Kinder mit dem Pkw zum Kindergarten.
r) Durch Überdüngung der Böden mit Gülle aus der Massentierhaltung wird das Grundwasser mit Nitrat belastet.

4.7 Konjunkturzyklen: Entwicklung des Bruttoinlandsprodukts in der Bundesrepublik Deutschland

1. In den Abb. 1 bis 3 wird die Entwicklung der gesamtwirtschaftlichen Aktivität für die Bundesrepublik Deutschland auf verschiedene Weise dargestellt. Erläutern Sie Vor- und Nachteile der einzelnen Darstellungsarten.
2. Analysieren Sie die Konjunkturentwicklung in der Bundesrepublik Deutschland anhand der Abbildungen und vergleichen Sie diese mit einem idealtypischen Konjunkturzyklus.

Abbildung 1: (Quelle und Erläuterung siehe S. 242):

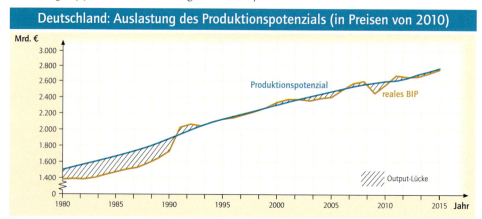

Konjunktur- und Strukturkrisen in einer Marktwirtschaft – Notwendigkeit der Wirtschaftspolitik

Abbildung 2:

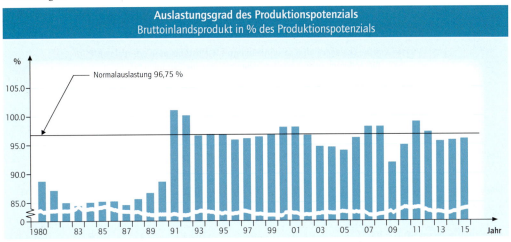

Abbildung 3:

4.8 Konjunkturindikatoren

1. Wie entwickeln sich die folgenden Konjunkturindikatoren in den einzelnen Phasen eines idealtypischen Konjunkturverlaufs?
   Verwenden Sie zur Charakterisierung folgende Begriffe: niedrig, hoch, steigend, stark steigend, sinkend, stark sinkend, (etwas oder sehr) optimistisch, (etwas oder sehr) pessimistisch.
   Konjunkturindikatoren: Auftragseingang, Lagerbestände, Kapazitätsauslastung, Produktion, Gewinne, Investitionen, Konsumneigung, Sparneigung, Preisniveau, Lohn- und Gehaltszuwächse, Arbeitslosenquote, offene Stellen, Zinsen, Aktienkurse, Steueraufkommen, Zukunftserwartungen.

Konjunkturindikatoren	Aufschwung	Boom	Abschwächung	Rezession
Auftragseingang				
usw.				

2. Ordnen Sie folgende Konjunkturindikatoren jeweils einer der drei Gruppen Früh-, Gegenwarts- und Spätindikatoren zu. Zeigen und erläutern Sie anhand eines Vernetzungsdiagramms die Abhängigkeiten zwischen diesen Indikatoren.
   Konjunkturindikatoren: Geschäftsklima, Arbeitslosenzahl, volkswirtschaftliche Lohnsumme, Kapazitätsauslastung, Gewinnerwartungen, Geldmenge, Konsumklima, Lagerbestand, Auftragseingang, Produktion, Produktivität, Preise, Investitionen, Konsum, Auftragsbestand

4.9 Konjunkturdiagnose – Konjunkturprognose

Für die Bundesrepublik Deutschland liegen für die Jahre 2009 bis 2015 für einige wichtige Konjunkturindikatoren folgende Indizes und Daten vor:

Vierteljährliche (kalender- und saisonbereinigte) Wachstumsraten des realen BIP
(Veränderung gegenüber dem vorangegangenen Quartal in %)

	2009				2010				2011			
	–4,5	0,1	0,6	0,9	0,8	2,0	0,8	0,8	1,9	0,2	0,4	0,0

2012				2013				2014				2015			
0,4	0,1	0,2	–0,5	–0,3	0,7	0,1	0,2	0,7	–0,1	0,2	0,6	0,4	0,4	0,3	0,3

Indikatoren		2010	2011	2012	2013	2014	2015
Auftragseingang (Industrie) 2010 = 100		100,0	109,9	106,9	109,4	112,4	114,7
Einzelhandelsumsätze 2010 = 100		100,0	102,7	104,3	106,3	108,2	111,3
reales BIP	Index 2010 = 100	100,0	103,7	104,1	104,4	106,1	107,9
	Wachstumsrate in %	4,1	3,7	0,4	0,3	1,6	1,7
Bruttoanlageinvestitionen	Index 2010 = 100	100,0	107,17	106,7	105,28	109,0	111,4
	Wachstumsrate in %	5,4	7,2	–0,4	–1,3	3,5	2,2
Produktion (Produzierendes Gewerbe) 2010 = 100		100,0	106,7	106,2	106,4	107,9	108,5
Arbeitsproduktivität (je Erwerbstätigenstunde) 2010 = 100		100,0	102,8	101,5	101,2	101,8	102,8
Tariflohn-und Gehaltsniveau (Stundenbasis) 2010 = 100		100,0	101,7	104,5	107,1	110,3	112,9
Lohnstückkosten 2010 = 100		100,0	100,5	103,6	105,7	107,4	109,2
Verbraucherpreise (2010 = 100)		100,0	102,1	104,1	105,7	106,6	106,9
Arbeitsmarkt	Arbeitslose in Mio.	3,238	2,976	2,897	2,950	2,898	2,795
	Arbeitslosenquote %	7,7	7,1	6,8	6,9	6,7	6,4
	offene Stellen in Tsd.	359	466	478	457	490	569

Quellen: Deutsche Bundesbank, Monatsberichte; Stat. Bundesamt, VGR, April 2016

1. Stellen Sie anhand der Quartalswerte des BIP-Wachstums der letzten Jahre (obere Tabelle) fest, wann nach der üblichen Definition (negative Wachstumsraten in zwei aufeinanderfolgenden Quartalen) eine Rezession vorlag. Erstellen Sie aus den Quartalswerten des BIP-Wachstums ein Säulendiagramm und prüfen Sie, ob im grafischen Konjunkturverlauf zeitweise eines der folgenden Buchstabenmuster erkennbar ist:
   V = Abschwung mit erneutem steilem Aufschwung;
   U = längeres Verharren in der Talsohle;
   L = schneller Abschwung mit anhaltender Stagnation;
   W = Abschwung mit kurzfristiger Erholung und erneutem Abschwung (= double dip: zweimaliges Eintauchen).
   Datenquelle zur Ergänzung/Aktualisierung der Tabelle: Deutsche Bundesbank, Saisonbereinigte Wirtschaftszahlen (erscheint monatlich) bzw. www.bundesbank.de/stat → Zeitreihendatenbank → saisonbereinigte Wirtschaftszahlen → Konjunkturindikatoren.

Konjunktur- und Strukturkrisen in einer Marktwirtschaft – Notwendigkeit der Wirtschaftspolitik

2. Analysieren Sie den Konjunkturverlauf in der Bundesrepublik Deutschland zwischen 2010 und 2015 anhand geeigneter Indikatoren. Stellen Sie dazu auch die Entwicklung einzelner Indikatoren grafisch dar. Welche Zusammenhänge lassen sich zwischen der Entwicklung der einzelnen Größen feststellen?

3. Machen Sie auf der Basis der vorliegenden Daten eine begründete Konjunkturprognose für die Jahre 2016/2017 und überprüfen Sie Ihre Prognose anhand der tatsächlichen Werte bzw. der Prognosen der Wirtschaftsforschungsinstitute.

4.10 Erreichung wirtschaftspolitischer Ziele – Magisches Viereck

1. Untersuchen Sie anhand der statistischen Daten der Tabelle auf S. 257 und der folgenden Abbildung in welchen Jahren seit 1967 mindestens zwei der Ziele des magischen Vierecks gleichzeitig erreicht waren.

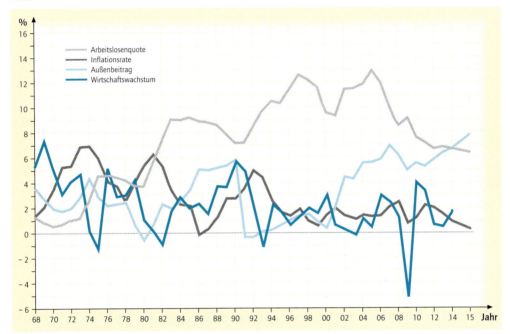

Arbeitslosenquote: Arbeitslose in Prozent aller Erwerbspersonen (ohne Soldaten)
Wirtschaftswachstum: Wachstumsraten des realen BIP
Inflationsrate: Veränderung des Verbraucherpreisindex
Außenbeitragsquote: Anteil des Außenbeitrags (Exporte – Importe) am nominalen BIP

2. Welche Rückschlüsse lassen sich aus dem Ergebnis von Aufgabe 1 ziehen?

Aktuelle Zahlen:
www.destatis.de

5 Geldtheorie und Geldpolitik

Warum ist dieses Kapitel wichtig?

Problem

Eine arbeitsteilige Wirtschaft ist ohne Geld nicht denkbar. Damit das Geld seine Funktionen erfüllen kann, muss der Geldwert einigermaßen stabil sein. Entscheidend ist in diesem Zusammenhang die Frage: Wie viel Geld muss in der Wirtschaft vorhanden sein? Wenn beispielsweise die Geldmenge schneller wächst als die wirtschaftliche Leistung (= Güterangebot), steigen die Preise und der Geldwert sinkt. Die Funktion des Geldes als Wertaufbewahrungmittel ist in diesem Fall eingeschränkt. Wächst dagegen die Geldmenge im Verhältnis zum Güterangebot zu langsam, steht nicht genügend Geld zum Kauf der Güter zur Verfügung. In diesem Fall ist die Funktion des Geldes als allgemeines Tausch- und Zahlungsmittel eingeschränkt. Ohne stabilen Geldwert kann eine Marktwirtschaft nicht funktionieren. Das Preissystem kann andernfalls seine Aufgaben als Lenkungs- und Steuerungsinstrument einer Marktwirtschaft nicht erfüllen, da z. B. die Informationsfunktion der Preise verfälscht wäre. Wegen dieser enormen Bedeutung des Geldes für die wirtschaftliche Entwicklung ist in den meisten Ländern eine vom Staat unabhängige Zentralbank für die Geldversorgung, die Regulierung der Geldmenge und die Aufrechterhaltung der Geldwertstabilität zuständig. Die Fragestellungen dieses Kapitels lauten daher:

Wie kann der Wert des Geldes gemessen werden? Welche Ursachen für Geldwertänderungen gibt es?

Wie kann die Zentralbank zur Stabilisierung des Geldwertes beitragen?

Überblick und Zusammenhänge

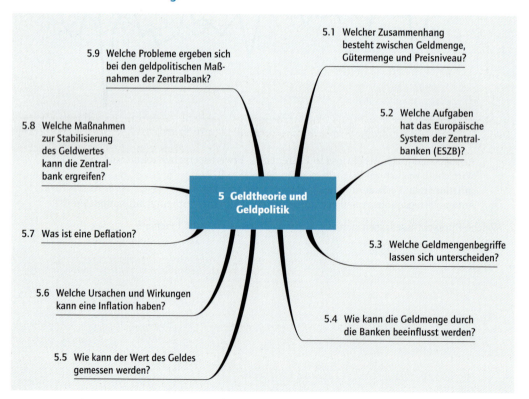

5.1 Zusammenhang zwischen Geldmenge, Gütermenge und Preisniveau

5.1.1 Ungleichgewicht zwischen Geld- und Gütermenge als Ursache für Inflation und Deflation

Geldmenge = Gütermenge

Geld ist eine wesentliche Voraussetzung der **Arbeitsteilung.** In seiner Eigenschaft als allgemeines **Tauschmittel** erleichtert es den Güteraustausch. Anstelle des Naturaltauschs (Ware gegen Ware) kann in einer Geldwirtschaft jeder Tausch in zwei unabhängige Kaufvorgänge, nämlich Verkauf (Güter gegen Geld) und Kauf (Geld gegen Güter) zerlegt werden. Der Verkäufer kann dann aufgrund der **Zahlungsmittelfunktion** des Geldes ohne Tauschumwege direkt solche Güter erwerben, die er braucht. Diese Grundzusammenhänge einer arbeitsteiligen Geldwirtschaft lassen sich durch die **Geld- und Güterströme** in einem **einfachen Wirtschaftskreislauf** einer Modellvolkswirtschaft wie folgt darstellen.

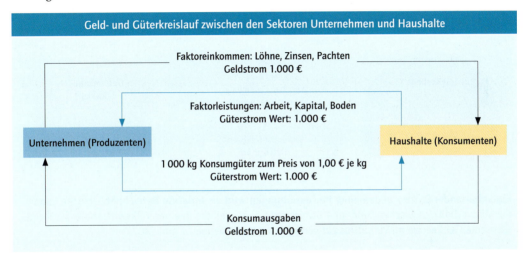

Die **Güterströme** und die ihnen entgegenfließenden **Geldströme** sind wertmäßig gleich groß. Wenn die Modellvolkswirtschaft in der Ausgangssituation mit 1.000 € ausgestattet ist und 1000 kg Konsumgüter hergestellt und verkauft werden, ergibt sich ein Preis von 1,00 € je kg. Es liegt ein **Gleichgewicht** zwischen **Geld- und Gütermenge** vor.

Kommt aus irgendeinem Grund in dieser Modellvolkswirtschaft mehr Geld in Umlauf, sodass sich die Güternachfrage entsprechend erhöht, kann das Gleichgewicht zwischen Geld- und Gütermenge nur dann aufrechterhalten bleiben, wenn das Güterangebot entsprechend steigt. Das ist aber nur möglich, wenn die Produktionsfaktoren nicht voll ausgelastet sind und die Güterproduktion noch ausgedehnt werden kann. Voraussetzung für ein neues Gleichgewicht zwischen Geld- und Gütermenge ist im vorliegenden Fall also, dass in dieser Modellvolkswirtschaft **Unterbeschäftigung** herrscht.

Geldmenge > Gütermenge: Ursache für Inflation

Kommt jedoch mehr Geld in Umlauf, ohne dass sich gleichzeitig die Güterproduktion im selben Verhältnis wie die Güternachfrage erhöht, steht für den Kauf der gleichbleibenden Gütermenge mehr Geld zur Verfügung. Die Konsumenten sind bereit, mehr zu bezahlen, um diese unveränderte Gütermenge zu erwerben. Die Folge sind **Preiserhöhungen**, die zu einer **Inflation**[1] führen können. Der Geldwert sinkt.

Ein anhaltender Prozess allgemeiner Preiserhöhungen wird als Inflation bezeichnet. Ursache kann ein Missverhältnis zwischen Geld- und Gütermenge sein, weil die in einer Volkswirtschaft nachfragewirksame Geldmenge im Verhältnis zur verfügbaren Gütermenge zu groß ist.

Geldmenge < Gütermenge: Ursache für Deflation

Sinkt aufgrund der Verringerung der umlaufenden Geldmenge die Güternachfrage, ohne dass gleichzeitig auch die Güterproduktion im gleichen Verhältnis abnimmt, steht für den Kauf der gleichbleibenden Gütermenge weniger Geld zur Verfügung. Als Folge dieses Güterüberschusses werden die **Preise sinken**. Der Geldwert steigt. Das kann zu einer **Deflation** und zu einer Wirtschaftskrise führen.

Ein anhaltender Prozess allgemeiner Preissenkungen wird als Deflation bezeichnet. Ursache kann ein Missverhältnis zwischen Geld- und Gütermenge sein, weil die in einer Volkswirtschaft nachfragewirksame Geldmenge im Verhältnis zur verfügbaren Gütermenge zu gering ist.

Inflation in Deutschland 1918–1923

Ein besonders drastisches Beispiel für den Zusammenhang zwischen Geldmengenerhöhung und **Inflation** liefert die deutsche Geschichte in den Jahren nach dem Ersten Weltkrieg.

---

[1] Der Begriff Inflation ist lateinischen Ursprungs (inflare: aufblähen, hineinblasen). Er macht deutlich, dass Inflation in Zusammenhang mit der Aufblähung der Geldmenge steht.

Zusammenhang zwischen Geldmenge, Gütermenge und Preisniveau

5

Aufgabe 5.1, S. 224

Als Folge des verlorenen Kriegs (1918) kamen auf die Nachkriegsregierung des Deutschen Reiches (Weimarer Republik) enorme Zahlungsverpflichtungen u. a. für Wiedergutmachung an das Ausland (Reparationszahlungen), Tilgung der durch den Krieg bedingten Staatsschulden, Kriegsopferversorgung, Wiederaufbau der zerstörten Gebiete und Umrüstung der Wirtschaft zu. Das zwang die Regierung, bei der Reichsbank neue Kredite aufzunehmen. Die unbegrenzte Kreditgewährung der Reichsbank führte zu einer explosionsartigen Vermehrung der umlaufenden Geldmenge und des Buchgeldes.

Bargeldumlauf in Mrd. Reichsmark	
Dez. 1918	22,2
Juni 1919	29,9
Dez. 1919	35,7
Dez. 1920	68,8
Dez. 1921	113,6
Dez. 1922	1.280,1 (= 1,280 Billionen)
Juni 1923	17.291,0 (= 17,291 Billionen)
Okt. 1923	2.496.823.000 (= 2,497 Trillionen)
Nov. 1923	92.844.721.000 (= 92,845 Trillionen)

Preis für 1 kg Roggenbrot (Berlin) in Mark		Porto für Brief (20 g) im Fernverkehr in Mark		Preis für 1 US–$ in Mark	
Jan. 1917	0,34	Okt. 1919	0,20	Dez. 1918	8,28
Jan. 1919	0,54	Mai 1920	0,40	Febr. 1920	96,00
Dez. 1920	2,37	April 1921	0,60	Sept. 1921	100,63
Dez. 1921	3,90	Jan. 1922	2,00	Aug. 1922	1.040
Dez. 1922	163,15	Juli 1922	3,00	Jan. 1923	49.000
März 1923	463,00	Okt. 1922	6,00	Juni 1923	108.000
Juni 1923	1.428	Nov. 1922	12,00	Juli 1923	1.100.000
Juli 1923	3.462	Dez. 1922	25,00	Sept. 1923	182.000.000
Aug. 1923	69.000	Jan. 1923	50,00	Okt. 1923	12.000.000.000
Sept. 1923	1.512.000	März 1923	100,00	1. Nov. 1923	130.000.000.000
Okt. 1923	1.743.000.000	Aug. 1923	1.000	2. Nov. 1923	320.000.000.000
Nov. 1923	201.000.000.000	Sept. 1923	75.000	7. Nov. 1923	630.000.000.000
		Okt. 1923	2.000.000	14. Nov. 1923	1.260.000.000.000
		Nov. 1923	100.000.000	15. Nov. 1923	2.520.000.000.000
		Dez. 1923	100.000.000.000	20. Nov. 1923	4.200.000.000.000

Geldschein über 1 Billion Reichsmark vom 5. November 1923

1923 waren für die Lohnzahlungen Körbe und Taschen voller Papiergeld nötig.

Deflation in Deutschland 1929–1933

Auch für eine **Deflation** liefert die deutsche Geschichte ein eindrucksvolles Beispiel.

Die letzte weltweite Deflation gab es während der Weltwirtschaftskrise 1929–1933. Während dieser Zeit sanken in Deutschland die Verbraucherpreise um 23 % und die Geldmenge um 15 %. Diese Entwicklung war von Massenarbeitslosigkeit begleitet. Zur Bekämpfung der durch die Wirtschaftskrise anwachsenden Defizite der Staatsfinanzen nahm die Regierung unter Reichskanzler BRÜNING ab 1930 u. a. eine Erhöhung der Verbrauchsteuern, eine Einführung neuer Steuern (Krisensteuer, Reichsfluchtsteuer zur Verhinderung von Kapitalflucht) und eine Kürzung der Staatsausgaben (u. a. Absenkung der Beamtengehälter, Kürzung der Leistungen der Arbeitslosenversicherung, Baustopp) vor. Zusammen mit Miet- und Lohnsenkungen sollten diese Maßnahmen das inländische Preisniveau verringern, um so den Export zu beleben. Diese Deflationspolitik führte aber zu einem weiteren Rückgang der Binnennachfrage und somit zu einer Verschärfung der Krise. Die Zahl der Arbeitslosen stieg von ca. 2 Mio. (1930) auf über 6 Mio. (1932). Damit ging eine Radikalisierung in der Bevölkerung einher, durch die der Wahlerfolg der NSDAP bei den Reichstagswahlen 1932 und HITLERs Machtübernahme 1933 erheblich begünstigt wurden.

5.1.2 Quantitätsgleichung des Geldes (FISHERsche Verkehrsgleichung)

Bestandteile der Quantitätsgleichung

Ausgehend von dem sich aus dem Wirtschaftskreislauf ergebenden Zusammenhang, dass die Geld- und Güterströme in einer Volkswirtschaft gleich groß sein müssen, wurde von IRVING FISHER[1] durch Erweiterung der Ausgangsgleichung die sogenannte **Quantitätsgleichung**[2] des Geldes, die auch als **FISHERsche Verkehrsgleichung** bezeichnet wird, entwickelt.

- **M** = Geldmenge: Geldmenge M1 (Bargeldumlauf und Sichteinlagen bei Banken)
- **U** = Umlaufgeschwindigkeit: Häufigkeit, mit der die Geldmenge im Durchschnitt in einer Periode umgeschlagen, d. h. für Käufe verwendet wird.
- **H** = Handelsvolumen: (Physische) Menge aller in einer Periode umgesetzten (verkauften) Güter. Das Handelsvolumen einer gesamten Volkswirtschaft ist wesentlich größer als deren Inlandsprodukt. Es umfasst auch alle Verkäufe ein und derselben Güter auf verschiedenen Produktions- und Handelsstufen (z. B. Hersteller → Großhandel → Einzelhandel → Endverbraucher) und als Gebrauchtwaren. Häufig wird aber von einer modifizierten Form der Quantitätsgleichung ausgegangen, bei der an die Stelle des Handelsvolumens das reale Inlandsprodukt (Y_r) tritt.
- **P** = Preisniveau: Gewogener Durchschnitt aller Güterpreise (Preisindex)

---

[1] Irving Fisher (1867–1947), amerikanischer Wirtschaftswissenschaftler
[2] Quantität *(lat.)*: Menge

Zusammenhang zwischen Geldmenge, Gütermenge und Preisniveau

Die linke Seite der Gleichung stellt die in Geldeinheiten bewertete Gesamtnachfrage nach Gütern (**monetäre**[1] **Gesamtnachfrage: M · U**) dar.

> **Umlaufgeschwindigkeit des Geldes**
>
> Wenn ein 100-Euro-Schein (M = 100) innerhalb von 30 Tagen fünfmal zum Kauf von Gütern verwendet wird (U = 5), geht innerhalb dieser Zeit von dem einen Geldschein eine monetäre Nachfrage von 500 € aus. Wird dagegen beispielsweise in der Vorweihnachtszeit dieser Geldschein innerhalb von 30 Tagen zehnmal für den Kauf von Gütern verwendet (U = 10), steigt die mit diesem Schein bewirkte monetäre Nachfrage auf 1.000 €. Die Umlaufgeschwindigkeit hängt somit u. a. von den Kauf- und Zahlungsgewohnheiten ab.

Die rechte Seite kann als Ausdruck für die **gesamten zu jeweiligen Preisen bewerteten Güterverkäufe** aufgefasst werden.

> **Handelsvolumen**
>
> In einer Periode werden 1 000 Konservendosen zu je 1,00 € von einer Konservenfabrik an einen Lebensmittelgroßhändler verkauft. Der Großhändler liefert die Dosen zu je 1,50 € an verschiedene Einzelhändler. Diese verkaufen die Dosen wiederum an die Endverbraucher zu 2,00 € je Stück. Das zu den gegenwärtigen Preisen bewertete Handelsvolumen dieser Periode beträgt dann 1 000 Stück · 1,00 € + 1 000 Stück · 1,50 € + 1 000 Stück · 2,00 € = 4.500 €.

Geringe Aussagekraft der Quantitätsgleichung

Wenn aber die linke Seite die **monetäre Gesamtnachfrage (= Güterkäufe)** in einer Volkswirtschaft widerspiegelt und die rechte Seite die **mit den jeweiligen Preisen bewerteten Güterverkäufe** darstellt, dann gibt die Quantitätsgleichung nichts anderes als den aus der Kreislaufanalyse ableitbaren Sachverhalt wieder, dass die volkswirtschaftlichen Geld- und Güterströme einer Periode wertmäßig gleich groß sein müssen. Mit anderen Worten: Der Wert der gekauften Güter (M · U) entspricht dem Wert der verkauften Güter (H · P). Die Quantitätsgleichung ist somit eine **Identitätsgleichung**[2], die stets erfüllt sein **muss**. Sie lässt **keine Aussagen über Inflationsursachen** zu.

> **Aussagen der Quantitätsgleichung**
>
> Werden in einer Volkswirtschaft in einer Periode 250 000 Mengeneinheiten Güter verkauft, **muss** bei einer Geldmenge von 25.000 Geldeinheiten und einer Umlaufgeschwindigkeit von 5 der Durchschnittspreis der Güter notwendigerweise 0,5 Geldeinheiten je Mengeneinheit betragen. Hätte die Geldmenge bei gleicher Umlaufgeschwindigkeit 50.000 Geldeinheiten betragen, hätte sich der Durchschnittspreis der Güter auf 1,0 Geldeinheit je Mengeneinheit verdoppeln **müssen**.
>
> Eine kausale Aussage etwa in der Art: „Wenn die Geldmenge steigt, dann erhöht sich das Preisniveau entsprechend" lässt sich daraus aber nicht ableiten. Es lässt sich lediglich feststellen, dass eine Erhöhung der Geldmenge mit einem Ausgleich bei einer oder mehreren der anderen drei Größen der Quantitätsgleichung einhergehen **muss**.

> Die Quantitätsgleichung (FISHERsche Verkehrsgleichung) besagt, dass die geld- und güterwirtschaftliche Seite aller in einer Volkswirtschaft stattfindenden Käufe und Verkäufe wertmäßig gleich groß sind. Sie lässt keine Aussagen über Inflationsursachen zu.

---

1 monetär *(lat.)*: auf Geld bezogen
2 Identität *(lat.)*: völlige Gleichheit

5.2 Aufgaben und Aufbau des Europäischen Systems der Zentralbanken (ESZB) und des Eurosystems

Geldmenge als Ansatzpunkt zur Geldwertstabilisierung

Inflation ist auf Dauer ohne Ausweitung der **Geldmenge** nicht möglich. Daher ist die Beeinflussung der Geldmenge ein wesentlicher Ansatzpunkt, um Inflation und Deflation zu vermeiden und zur Erreichung wirtschaftspolitischer Ziele beizutragen. In den meisten Ländern wird die Aufgabe der Geldmengenregulierung von einer **Zentralbank** als **Träger der Geldpolitik** wahrgenommen.

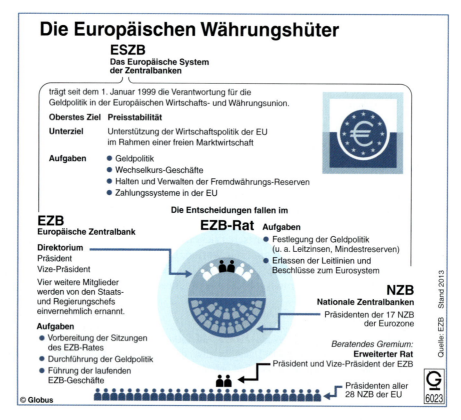

Seit Beginn der Europäischen Währungsunion (EWU) zum 1. Januar 1999 gibt es für das gesamte Euro-Währungsgebiet nur noch eine **gemeinsame Geldpolitik**. Dazu wurde das „**Europäische System der Zentralbanken**" (ESZB) geschaffen. Das ESZB besteht aus der Europäischen Zentralbank (EZB) und den rechtlich selbstständigen nationalen Zentralbanken (NZB) aller 28 EU-Mitgliedstaaten (2016).

> **Bundesbankgesetz:**
>
> § 3 Die Deutsche Bundesbank ist als Zentralbank der Bundesrepublik Deutschland integraler Bestandteil des Europäischen Systems der Zentralbanken.

Die **EZB** und die **NZBen** der derzeit 19 **Euro-Teilnehmerstaaten** (2016) werden als **Eurosystem** bezeichnet. Das **Eurosystem** ist für die **gemeinsame Geldpolitik** im **Euro-Währungsgebiet** zuständig. Die EZB hat ihren Sitz in Frankfurt a. M.

Aufgaben und Aufbau des Europäischen Systems der Zentralbanken (ESZB) und des Eurosystems

Aufgaben des Eurosystems

Vorrangiges Ziel des Eurosystems ist die Sicherung der Preisniveaustabilität[1] in dem gemeinsamen Währungsraum. Dieses Ziel wird als erreicht angesehen, wenn die Preissteigerungsrate gegenüber dem Vorjahr mittelfristig unter, aber nahe bei 2 % liegt. Diese Grenze wurde einerseits wegen der Ungenauigkeiten bei der Berechnung des Preisindex gewählt. Andererseits soll durch diese im Jahr 2003 vorgenommene neue Zielformulierung auch dem bei sehr niedrigen Inflationsraten auftretenden Deflationsrisiko entgegengewirkt sowie die unterschiedliche Höhe der Inflationsraten in den Mitgliedsstaaten berücksichtigt werden. Maßstab ist die Veränderung des sogenannten **Harmonisierten Verbraucherpreisindex (HVPI)** für das Euro-Währungsgebiet, der aus den Preisindizes für die Lebenshaltung in den Mitgliedsstaaten ermittelt wird. Darüber hinaus unterstützt das Eurosystem die allgemeine Wirtschaftspolitik in der EU, soweit dies ohne Beeinträchtigung des Ziels der Preisniveaustabilität möglich erscheint. Neben der Geldpolitik kommt dem Eurosystem im Wesentlichen noch die Aufgabe zu, Banknoten auszugeben, die offiziellen Währungsreserven zu halten und zu verwalten sowie einen reibungslosen Zahlungsverkehr zu gewährleisten.

> **ESZB-Satzung Art. 2:**
> Ziele […] ist es das vorrangige Ziel des ESZB, die Preisstabilität zu gewährleisten. Soweit dies ohne Beeinträchtigung des Zieles der Preisstabilität möglich ist, unterstützt das ESZB die allgemeine Wirtschaftspolitik in der Gemeinschaft, […] Das ESZB handelt in Einklang mit dem Grundsatz einer offenen Marktwirtschaft mit freiem Wettbewerb, […].

Aufbau des Eurosystems

Der **EZB-Rat** trifft die Entscheidungen zur Erfüllung der Aufgaben des Eurosystems und legt insbesondere die gemeinsame Geldpolitik fest. Ihm gehören die Präsidenten der nationalen Zentralbanken sowie die sechs Mitglieder des Direktoriums an. Das **Direktorium** ist für die Umsetzung der Beschlüsse des EZB-Rates und die Führung der laufenden Geschäfte der EZB verantwortlich. Es besteht aus dem Präsidenten und dem Vizepräsidenten der EZB sowie weiteren vier Mitgliedern (vgl. Abb. auf der vorherigen Seite).

Sowohl die EZB als auch die nationalen Zentralbanken sind bei ihren Entscheidungen von den Weisungen der Regierungen und sonstiger Träger der Wirtschaftspolitik auf nationaler und europäischer Ebene unabhängig (**Autonomie**[2] **der Zentralbanken**). Dadurch wird verhindert, dass die Regierungen der Mitgliedsländer Einfluss auf die Geldpolitik der EZB nehmen und sie als Instrument für die Erreichung eigener wirtschaftspolitischer Ziele, die möglicherweise in Widerspruch zu den EZB-Zielen stehen, nutzen können.

Unabhängigkeit des Eurosystems

Die Unabhängigkeit des Eurosystems gliedert sich in vier Strukturelemente:

- **Institutionell:** Die EZB und die nationalen Zentralbanken sind unabhängig von Weisungen aus der Politik.
- **Funktionell:** Die EZB ist bei der Entscheidung hinsichtlich der Methode, mit der sie ihre Aufgaben erfüllen möchte, unabhängig.
- **Finanziell:** Die EZB hat einen eigenen Haushalt und bestimmt selbst über den Einsatz ihrer Mittel, mit denen sie von den Mitgliedsländern ausgestattet wird.

---

[1] In den Veröffentlichungen des ESZB wird von Preisstabilität gesprochen. Dies ist missverständlich, da die Preise ihre Funktionen in einer Marktwirtschaft nur erfüllen können, wenn sie flexibel sind, d. h. sowohl steigen als auch fallen können. Ziel der Geldpolitik ist es nicht, die Preise, sondern das allgemeine Preis**niveau** stabil zu halten.

[2] autonom *(gr.)*: selbstständig, unabhängig

Personell: Mitglieder des EZB-Rates können nur aus schwerwiegenden Gründen durch den Europäischen Gerichtshof ihres Amtes enthoben werden. Eine zweite Amtszeit für Mitglieder des Direktoriums ist ausgeschlossen. Das Führungspersonal wird für einen möglichst langen Zeitraum gewählt (EZB-Präsident: 8 Jahre, Präsidenten der Nationalen Zentralbanken mindestens 5 Jahre).

Unabhängigkeit der EZB	Keine Kreditgewährung an öffentliche Haushalte und kein unmittelbarer Erwerb von staatlichen Schuldverschreibungen
ESZB-Satzung Art. 7	ESZB-Satzung Art. 21.1
Unabhängigkeit: Nach Artikel 108 dieses Vertrags darf bei der Wahrnehmung der ihnen durch diesen Vertrag und diese Satzung übertragenen Befugnisse, Aufgaben und Pflichten weder die EZB noch eine nationale Zentralbank noch ein Mitglied ihrer Beschlussorgane Weisungen von Organen oder Einrichtungen der Gemeinschaft, Regierungen der Mitgliedstaaten oder anderen Stellen einholen oder entgegennehmen. Die Organe und Einrichtungen der Gemeinschaft sowie die Regierungen der Mitgliedstaaten verpflichten sich, diesen Grundsatz zu beachten und nicht zu versuchen, die Mitglieder der Beschlussorgane der EZB oder der nationalen Zentralbanken bei der Wahrnehmung ihrer Aufgaben zu beeinflussen.	**Geschäfte mit öffentlichen Stellen:** Nach Artikel 101 dieses Vertrags sind Überziehungs- oder andere Kreditfazilitäten bei der EZB oder den nationalen Zentralbanken für Organe oder Einrichtungen der Gemeinschaft, Zentralregierungen, regionale oder lokale Gebietskörperschaften oder andere öffentlich-rechtliche Körperschaften, sonstige Einrichtungen des öffentlichen Rechts oder öffentliche Unternehmen der Mitgliedstaaten ebenso verboten wie der unmittelbare Erwerb von Schuldtiteln von diesen durch die EZB oder die nationalen Zentralbanken.

Die **Deutsche Bundesbank** wirkt bei der Erfüllung der Aufgaben des Eurosystems mit, indem sie die geldpolitischen Beschlüsse der EZB auf Ebene der Bundesrepublik Deutschland umsetzt. Außerdem sorgt sie für die Abwicklung des Zahlungsverkehrs im Inland und mit dem Ausland (§ 3 BBankG) und verwaltet die nationalen Währungsreserven. Daneben wirkt die Bundesbank noch als Hausbank des Staates, indem sie den größten Teil des bargeldlosen Zahlungsverkehrs von Bund und Ländern abwickelt sowie bei der Ausgabe und Kurspflege von Wertpapieren der öffentlichen Hand beteiligt ist. Eine Kreditgewährung an den Staat ist aber ausgeschlossen. Da allerdings der Bund alleiniger Eigentümer des Grundkapitals der Bundesbank ist, steht ihm der Gewinn, den die Bundesbank insbesondere durch Zinserträge und Werterhöhungen ihrer Währungsreserven erzielt, zu. Vor dem Hintergrund der hohen Staatsverschuldung wird von einigen Politikern auch immer wieder gefordert, die Bundesbank solle die nicht mehr benötigten Goldreserven verkaufen, um mit dem Erlös zur Sanierung des Bundeshaushalts beizutragen. Dies wurde von der Bundesbank bisher stets abgelehnt.

Die Geldpolitik des Eurosystems ist darauf gerichtet, durch Regulierung der Geldmenge ein stabiles Preisniveau im Euro-Währungsgebiet zu gewährleisten. Das Eurosystem ist bei seinen Entscheidungen von Weisungen der Regierungen und anderen Trägern der Wirtschaftspolitik unabhängig.

5.3 Geldmengenbegriffe

Arten des Geldes

In einer modernen Volkswirtschaft kann zwischen dem von der Zentralbank und dem von den Geschäftsbanken geschaffenen Geld wie folgt unterschieden werden:

Zentralbankgeld	Geschäftsbankengeld (Buch- und Giralgeld)
Von der Zentralbank (Notenbank) geschaffenes Geld. Es umfasst das Bargeld in Form von Banknoten und Münzen sowie Guthaben bei der Zentralbank (Sichteinlagen[1]).	Von den Geschäftsbanken geschaffenes Geld in Form von Sichteinlagen der Nichtbanken[2]. Über derartige Guthaben, die dem laufenden Zahlungsverkehr dienen, kann durch Abhebung (= Umwandlung in Bargeld), Scheck oder Überweisung verfügt werden.

Eine weitere Untergliederung in **Bargeld** und **Buchgeld** führt zu folgender Einteilung:

Geldarten in der Europäischen Währungsunion

Münzen 26,0 Mrd. €	Banknoten 1.083,4 Mrd. €	

Bargeld 1.409,4 Mrd. €

Buchgeld

Guthaben bei der EZB (Einlagen von Banken und öffentlichen Haushalten) 915,4 Mrd. €

Geschäftsbankengeld (täglich fällige Sichteinlagen von Nichtbanken) 5.425,3 Mrd. €

Zentralbankgeld (Geldbasis) 2.324,8 Mrd. €

Geld 7.750,1 Mrd. €

Stand: Dezember 2015

> **Die Zentralbank ist die zentrale geldpolitische Institution einer Volkswirtschaft, die für die Erreichung der geldpolitischen Ziele (insbesondere der Preisniveaustabilität) verantwortlich ist und den Zahlungsverkehr sicherstellt. Sie hat das alleinige Recht zur Ausgabe von Banknoten (Notenbank).**

Im Euro-Währungsgebiet (Europäische Währungsunion) werden die Aufgaben der Zentralbank von der Europäischen Zentralbank (EZB) und den nationalen Zentralbanken der Euro-Teilnehmerstaaten übernommen, die zusammen das Eurosystem bilden.

Kapitel 5.2

> **Geschäftsbanken (Kreditinstitute) sind Unternehmen, die Bankgeschäfte (z. B. Annahme von Geldern als Einlage, Kreditgewährung, Verwaltung von Wertpapieren, Abwicklung des bargeldlosen Zahlungsverkehrs) betreiben.**

---

1 Sichteinlagen sind Guthaben auf einem Bankkonto, die „bei Sicht" fällig sind, d. h., über diese Beträge kann (ohne Kündigungsfrist) sofort verfügt werden (= Guthaben auf Girokonten).

2 Nichtbanken sind private Haushalte und Organisationen (z. B. Vereine), Unternehmen (ohne Banken) und staatliche Institutionen.

Die Summe aus dem im Geschäftsbankensektor befindlichen Zentralbankgeld (Bargeldbestand der Geschäftsbanken und Guthaben bei der Zentralbank) und dem Bargeldbestand der Nichtbanken (= **Bargeldumlauf**) wird auch als **Geldbasis (M0)** bezeichnet.

Geldmengenbegriffe

Aufgabe 5.4, S. 225

In der Geldpolitik gibt es mehrere Abgrenzungskriterien, um die Geldmenge zu definieren. Dies ist u. a. dadurch bedingt, dass es für die Zentralbank unterschiedliche Ansatzpunkte gibt, um durch geldpolitische Maßnahmen die gesamtwirtschaftliche Nachfrage zu steuern und das Preisniveau zu stabilisieren. Das **Eurosystem** unterscheidet die **Geldmengenbegriffe M1, M2 und M3**.[1]

Zum Bankensektor gehören bei dieser Abgrenzung alle sogenannten **Monetären Finanzinstitute (MFI)**. Dieser MFI-Sektor setzt sich aus der Zentralbank sowie allen im Euro-Währungsbereich ansässigen Kreditinstituten, Bausparkassen, Geldmarktfonds und ähnlichen Einrichtungen zusammen.

Zusammensetzung der Geldmengen M0, M1, M2, M3		Dezember 2015 (in Mrd. €)
vom Bankensektor ausgegebene Wertpapiere	Schuldverschreibungen bis zu 2 Jahren[2]	78,2
	Geldmarktfondsanteile[3]	473,9
	Wertpapierpensionsgeschäfte (Repogeschäfte[4])	106,8
kurzfristige Einlagen	Einlagen mit vereinbarter Kündigungsfrist bis zu 3 Monaten	2.164,4
	Einlagen mit vereinbarter Laufzeit bis zu 2 Jahren	1.438,1
	Sichteinlagen der Nichtbanken (täglich fällige Bankguthaben)	5.487,6
Geldbasis M0 2.324,8	Bargeldumlauf (Banknoten und Münzen außerhalb des Bankensektors)	1.029,9
	Kassenbestand der Geschäftsbanken	379,5
	Zentralbankguthaben von Geschäftsbanken und öffentlichen Haushalten	915,4

M3: 10.778,9 | M2: 10.120,0 | M1: 6.517,5

Verbindlichkeiten des Bankensektors gegenüber Nichtbanken (andere Unternehmen, Haushalte, Staat)

Quelle: Europäische Zentralbank, Deutsche Bundesbank Monatsbericht, Januar 2016

> Wird von der Geldmenge oder dem Geldvolumen gesprochen, ist damit üblicherweise die Geldmenge M1 gemeint. Sie setzt sich zusammen aus dem Bargeldumlauf (Bargeld ohne Kassenbestände der Banken) und den Sichteinlagen von Nichtbanken aus dem Euro-Währungsgebiet.

Kapitel 5.8.1

Der Geldmengenbegriff M1 (Bargeld außerhalb des Bankensektors und Sichteinlagen der Bankkunden) entspricht weitgehend der **nachfragewirksamen Geldmenge.** Für die Berechnung der Geldmengen M2 und M3 werden der Geldmenge M1 solche Einlagen bei den Geschäftsbanken sowie kurzlaufende Wertpapiere hinzugerechnet, die ohne größere Schwierigkeiten in Zahlungsmittel umgewandelt und damit nachfragewirksam werden können. Spar- und Termineinlagen stellen aber ebenso wenig wie die kurzfristigen Wertpapiere Geld dar. Das vom ESZB im Rahmen seiner geldpolitischen Strategie bekannt gegebene **Geldmengenziel** (Referenzwert) bezieht sich auf die **Geldmenge M3.**

---

[1] M steht für *money*
[2] Kurzlaufende Wertpapiere, z. B. Schuldverschreibungen öffentlicher Institutionen (Schatzanweisungen)
[3] Anteile an Investmentfonds, die Gelder von Anlegern sammeln und den Gegenwert am Geldmarkt (= Markt für kurzfristige Kredite) anlegen.
[4] Wertpapiere mit Rückkaufvereinbarung (repurchase agreements). Das Repogeschäft hat in Deutschland sehr geringe Bedeutung.

5.4 Geldschöpfung

5.4.1 Geldproduzenten

Bar- und Buchgeld

In einer modernen Volkswirtschaft bieten die Zentralbank und die Geschäftsbanken Geld an. Während die **Zentralbank** das alleinige Recht hat, **Bargeld** (Banknoten und Münzen) in Umlauf zu bringen (Bargeldschöpfung), stellen die **Geschäftsbanken Buchgeld** bereit, indem sie Sichtguthaben auf Bankkonten einräumen (Buchgeldschöpfung der Geschäftsbanken).

> **Auszug aus der Satzung des Europäischen Systems der Zentralbanken (ESZB) und der Europäischen Zentralbank (EZB)**
>
> **Art. 16: Banknoten**
>
> Die EZB und die nationalen Zentralbanken sind zur Ausgabe von Banknoten berechtigt. Die von der EZB und den nationalen Zentralbanken ausgegebenen Banknoten sind die einzigen Banknoten, die in der Gemeinschaft als gesetzliches Zahlungsmittel gelten.

Münzen

Das Recht, Münzen zu prägen **(Münzregal)**, liegt in der EU bei den Mitgliedstaaten. Die Europäische Zentralbank übernimmt die geprägten Münzen und schreibt den Mitgliedstaaten den Gegenwert gut. Da die Kosten der Münzprägung in den meisten Fällen geringer sind als der Nennwert, ergibt sich aus dem Münzregal ein nicht unbeträchtlicher **Münzgewinn**.

Geldproduzenten			
Staat	**Europäische Zentralbank**		**Geschäftsbanken**
Münzen Die Münzen werden vom Staat geprägt (Münzregal) und von der Zentralbank in Umlauf gebracht.	Banknoten	Guthaben bei der Zentralbank (Sichteinlagen)	Buchgeld Sichteinlagen der Nichtbanken bei den Geschäftsbanken = Guthaben von priv. Haushalten, Unternehmen (ohne Banken) und Staat auf Bankkonten, über die sofort (ohne Kündigungsfrist) verfügt werden kann.
Zentralbankgeld (ZBG)				

5.4.2 Geldschöpfung der Zentralbank

Zentralbankgeldmenge

> Die Zentralbankgeldmenge setzt sich aus dem gesamten Bargeld (Banknoten und Münzen) außerhalb der Zentralbank sowie den Sichtguthaben bei der Zentralbank zusammen.

Die Zentralbankgeldmenge ist nicht identisch mit der Geldmenge M1. Daher führt eine Veränderung der Zentralbankgeldmenge nicht zwangsläufig zu einer Veränderung der Geldmenge M1. Die Bargeldbestände der Zentralbank gehören weder zur Zentralbankgeldmenge noch zur Geldmenge M1.

Kapitel 5.3

Schaffung und Vernichtung von Zentralbankgeld

Auszug aus der ESZB-Satzung

Art. 18: Offenmarkt- und Kreditgeschäfte

Zur Erreichung der Ziele des ESZB und zur Erfüllung seiner Aufgaben können die EZB und die nationalen Zentralbanken
▌ auf den Finanzmärkten tätig werden, indem sie auf Gemeinschafts- oder Drittlandswährungen lautende Forderungen und börsengängige Wertpapiere sowie Edelmetalle [...] kaufen und verkaufen oder entsprechende Darlehensgeschäfte tätigen;
▌ Kreditgeschäfte mit Kreditinstituten und anderen Marktteilnehmern abschließen, [...].

Die Zentralbank schöpft Geld, wenn sie Vermögensgegenstände (z. B. Wertpapiere, Devisen) kauft und mit Zentralbankgeld bezahlt oder bei Kreditgewährung Zentralbankgeld bereitstellt.

Die Zentralbank vernichtet Geld, wenn sie Vermögensgegenstände (z. B. Wertpapiere, Devisen) verkauft und sich mit Zentralbankgeld bezahlen lässt oder zur Tilgung eingeräumter Kredite Zentralbankgeld entgegennimmt.

Auswirkungen auf die Zentralbankbilanz

Jede Entstehung und Vernichtung von Zentralbankgeld schlägt sich in der Bilanz der Zentralbank nieder.

Aktiva	Zusammengefasste Zentralbankbilanz Bilanz des Eurosystems in Mrd. € (1. Januar 2016)		Passiva
Gold	338,7	Banknotenumlauf[1]	1.083,5
Devisen, Währungsreserven	338,2	Einlagen von Geschäftsbanken	773,6
Kredite an Geschäftsbanken	687,0	Eigenkapital	97,2
Wertpapiere	1.161,2	Sonstige Passiva	826,7
Sonstige Aktiva	255,9		
Aktiva insgesamt	**2.781,0**	**Passiva insgesamt**	**2.781,0**

Die von der Zentralbank in Umlauf gebrachten Banknoten stellen eine Verbindlichkeit gegenüber dem jeweiligen Inhaber der Banknote dar. Dies wird besonders am Beispiel der früher üblichen Goldwährung deutlich, bei der Banknoten jederzeit in Gold umgetauscht werden konnten. Dass der Inhaber einer Banknote eine Forderung gegenüber der Zentralbank hat, zeigt sich heutzutage u. a. daran, dass z. B. Euro-Banknoten bei der Zentralbank jederzeit in fremde Währungen umgetauscht werden können **(= Konvertibilität der Währung).**

Auszug aus dem Reichsbankgesetz vom 30. Aug. 1924

§ 2 Die Reichsbank hat [...] das ausschließliche Recht, Banknoten in Deutschland auszugeben.
§ 22 Die Reichsbank ist verpflichtet, Barrengold zum festen Preis von 1392 Reichsmark für das Pfund fein gegen Noten umzutauschen.
§ 31 Die Bank ist verpflichtet, ihre Noten dem Inhaber einzulösen. Die Einlösung erfolgt nach Wahl der Bank in:
1. deutschen Goldmünzen [...]
2. Goldbarren [...]

---

1 Während der Begriff „Bargeldumlauf" im Zusammenhang mit der Geldmenge M1 üblicherweise nur für die Bargeldbestände (Banknoten und Münzen) außerhalb des Geschäftsbankensektors benutzt wird, umfasst die Position „Banknotenumlauf" in der Zentralbankbilanz sämtliche von der Zentralbank ausgegebenen Banknoten, unabhängig davon, ob sie sich innerhalb oder außerhalb des Geschäftsbankensektors befinden.

Geldschöpfung

Zentralbankgeldschöpfung

Die Zentralbank kauft von den Geschäftsbanken Wertpapiere in Höhe von 10 Mrd. € und bezahlt diese mit Banknoten.

Buchungssatz aus Sicht der ZB: Wertpapiere an Banknotenumlauf

Auf die oben dargestellte Zentralbankbilanz wirkt sich dieser Vorgang wie folgt aus:

Aktiva	Zusammengefasste Zentralbankbilanz (in Mrd. €)		Passiva
Bisherige Aktiva (= Vermögen)	2.781,0	Bisherige Passiva	2.781,0
+ Zunahme Wertpapiere	10,0	(= Eigenkapital und Verbindlichkeiten)	
		+ Zunahme Banknotenumlauf	10,0
Aktiva insgesamt	2.791,0	Passiva insgesamt	2.791,0

Im vorliegenden Fall führt die Entstehung von Zentralbankgeld zu einer Verlängerung (Aktiv-Passiv-Mehrung) der Zentralbankbilanz. Die Schaffung von Zentralbankgeld kann sich aber auch als Passivtausch in der Zentralbankbilanz auswirken. Beispiel: Die Zentralbank nimmt von ihr selbst ausgegebene Schuldverschreibungen (= Verbindlichkeit der Zentralbank) von den Geschäftsbanken zurück und schreibt den Gegenwert in Form einer Erhöhung der Einlagen der Geschäftsbanken gut *(vgl. ZB-Bilanz auf der vorherigen Seite).*

Zentralbankgeldvernichtung

Die Zentralbank nimmt von den Geschäftsbanken Zahlungen in Form von Banknoten in Höhe von 10 Mrd. € zur teilweisen Tilgung gewährter Kredite entgegen.

Buchungssatz aus Sicht der ZB: Banknotenumlauf an Kredite

Auf die oben dargestellte Zentralbankbilanz wirkt sich dieser Vorgang wie folgt aus:

Aktiva	Zusammengefasste Zentralbankbilanz (in Mrd. €)		Passiva
Bisherige Aktiva (= Vermögen)	2.781,0	Bisherige Passiva	2.781,0
– Abnahme Kredite an Geschäftsbanken	10,0	(= Eigenkapital und Verbindlichkeiten) – Abnahme Banknotenumlauf	10,0
Aktiva insgesamt	2.771,0	Passiva insgesamt	2.771,0

Im vorliegenden Fall führt die Vernichtung von Zentralbankgeld zu einer Verkürzung (Aktiv-Passiv-Minderung) der Zentralbankbilanz. Die Vernichtung von Zentralbankgeld kann sich aber auch als Passivtausch in der Zentralbankbilanz auswirken. Beispiel: Die Zentralbank verkauft von ihr selbst ausgegebene Schuldverschreibungen (= Verbindlichkeit der Zentralbank) an die Geschäftsbanken und lässt sich diese mit Banknoten bezahlen *(vgl. ZB-Bilanz auf der vorherigen Seite).*

Wenn die Zentralbank keine Verbindlichkeiten in fremder Währung eingeht, ist eine Zahlungsunfähigkeit (Illiquidität) ausgeschlossen, da sie immer mit selbst geschaffenem Geld bezahlen kann. Eine Obergrenze für die Zentralbankgeldmenge besteht nur insoweit, als die Zentralbank der Wirtschaft höchstens so viel Zentralbankgeld zur Verfügung stellen darf, dass die Erreichung des Ziels der Preisniveaustabilität nicht gefährdet wird.

Kapitel 5.6

5.4.3 Geldschöpfung einer einzelnen Geschäftsbank

Geschäftsbankengeld (= Buch- oder Giralgeld) ist das von den Geschäftsbanken in Form von Sichtguthaben der Nichtbanken (= andere Unternehmen, Haushalte, Staat) geschaffene Geld.

Passive Schaffung von Geschäftsbankengeld (Passive Buchgeldschöpfung)

Wenn ein Bankkunde Bargeld auf sein Girokonto bei einer Geschäftsbank einzahlt, entsteht Buchgeld (= Sichtguthaben). Da in diesem Fall der Anstoß zur Schaffung von Buchgeld nicht von der Bank ausgeht, wird dieser Vorgang als **passive Buchgeldschöpfung** bezeichnet. Durch die Einzahlung von 1.000 € auf ein Girokonto (= Passivgeschäft der Bank) ergeben sich folgende Auswirkungen auf die Bankbilanz:

Aktiva	Zusammengefasste Bilanz der Geschäftsbank A (in €)		Passiva
Bisherige Aktiva (= Vermögen) + Zunahme des Banknotenbestandes (= Mehrung des ZBG-Bestandes)	100.000 1.000	Bisherige Passiva + Zunahme der Sichteinlagen (= Mehrung der Sichtverbindlichkeiten)	100.000 1.000
Aktiva insgesamt	101.000	Passiva insgesamt	101.000

Die Bareinzahlung führt zu einer Verlängerung der Geschäftsbankbilanz (Aktiv-Passiv-Mehrung). Die Geldmenge M1 ändert sich dadurch nicht. Lediglich die Zusammensetzung der Geldmenge M1 ist anders, da Bargeld durch Buchgeld ersetzt wird.

Bei passiver Buchgeldschöpfung ändert sich die Geldmenge M1 nicht[1]. Daher bleiben auch M2 und M3 unverändert.

Aktive Schaffung von Geschäftsbankengeld (Aktive Buchgeldschöpfung)

Eine aktive Buchgeldschöpfung liegt vor, wenn eine Geschäftsbank
- von einem Bankkunden gegen Einräumung eines Sichtguthabens Vermögensgegenstände (z. B. Devisen, Wertpapiere) kauft oder
- einem Bankkunden durch Kreditgewährung Mittel auf einem Girokonto zur weiteren Verwendung bereitstellt.

Wenn eine Geschäftsbank einem Kunden einen Kredit über 1.000 € zur Verfügung stellt (= Aktivgeschäft der Bank) und diesen Betrag zunächst auf dem Girokonto des Kunden gutschreibt, ergeben sich folgende Auswirkungen auf die Bankbilanz:

Aktiva	Zusammengefasste Bilanz der Geschäftsbank A (in €)		Passiva
Bisherige Aktiva (= Vermögen) + Zunahme der Forderungen	100.000 1.000	Bisherige Passiva + Zunahme der Sichteinlagen (= Mehrung der Sichtverbindlichkeiten)	100.000 1.000
Aktiva insgesamt	101.000	Passiva insgesamt	101.000

Die Kreditgewährung führt zu einer Verlängerung der Geschäftsbankbilanz (Aktiv-Passiv-Mehrung). Die Geldmenge M1 erhöht sich um 1.000 €, da ohne Verringerung des außerhalb des Bankensektors befindlichen Bargeldbestandes zusätzliches Buchgeld geschaffen wurde. Unabhängig davon, ob der Kreditnehmer über das neu geschaffene Buchgeld durch Überweisung auf ein anderes Konto oder durch Barabhebung verfügt, bleibt die um 1.000 € gestiegene Geldmenge M1 unverändert. Bei einer Überweisung verringert sich das Sichtguthaben des Kreditnehmers, während

---

[1] Ausnahme: Werden zur Geldmenge M2 gehörende (Spar-)Einlagen bar abgehoben oder auf ein Girokonto umgebucht, erhöht sich ausnahmsweise M1. M2 und M3 bleiben aber in jedem Fall unverändert.

sich gleichzeitig das Sichtguthaben des Zahlungsempfängers erhöht. Bei einer Barabhebung wird Buchgeld in Bargeld umgewandelt (Verringerung der Sichteinlagen bei gleichzeitiger Erhöhung des außerhalb des Bankensektors befindlichen Bargeldbestandes).

> **Bei aktiver Buchgeldschöpfung erhöht sich die Geldmenge M1 und als Folge davon auch M2 und M3.**

Grenzen der Schaffung von Geschäftsbankengeld

Die **passive Buchgeldschöpfung** ist nur durch die außerhalb des Geschäftsbankensektors in Umlauf befindliche Bargeldmenge begrenzt. Wenn im Extremfall das gesamte Bargeld bei einer Geschäftsbank gegen Einräumung von Sichtguthaben eingezahlt und damit in Buchgeld umgewandelt ist, besteht keine weitere Möglichkeit zur passiven Buchgeldschöpfung mehr. Die Geschäftsbank kann durch die passive Buchgeldschöpfung nicht in Zahlungsschwierigkeiten kommen, da die Sichteinlagen durch Bargeld gedeckt sind und jederzeit wieder in bar ausbezahlt werden können. Da sich durch passive Buchgeldschöpfung und Buchgeldvernichtung die nachfragewirksame Geldmenge M1 nur in Ausnahmefällen und die Geldmengen M2 und M3 nie ändern, ist dieser Vorgang im Hinblick auf das **Ziel der Preisniveaustabilität** unbedenklich.

> **Kapitel**
> 5.6.2

Anders ist die Situation bei der **aktiven Buchgeldschöpfung** einer Geschäftsbank. Bei der Einräumung von Sichtguthaben aufgrund des Ankaufs von Vermögensgegenständen oder einer Kreditgewährung muss die Geschäftsbank damit rechnen, dass die Bankkunden diese Sichtguthaben ganz oder teilweise in bar abheben wollen. In diesem Fall muss die Geschäftsbank das von ihr geschaffene Buchgeld in Bargeld, das sie aber nicht selbst schaffen kann, umwandeln. Eine unbegrenzte aktive Buchgeldschöpfung ist daher nicht möglich. Die folgenden beiden Faktoren begrenzen die aktiven Geldschöpfungsmöglichkeiten einer Geschäftsbank:

> **Kapitel**
> 5.4.4

Grenzen der aktiven Buchgeldschöpfung	
Barreserve (Barreservesatz)	**Mindestreserve (Mindestreservesatz)**
Jede Bank muss ständig einen bestimmten Bargeldbetrag als Kassenbestand für die Fälle halten, in denen Kunden Sichteinlagen bar abheben wollen (Umwandlung von Buchgeld in Bargeld). Diese Liquiditätsreserve wird als **Barreserve** (BR) bezeichnet. Ihre Höhe hängt von den Erfahrungswerten der Bank hinsichtlich der Zahlungsgewohnheiten der Kunden ab.	In den meisten Ländern schreibt die Zentralbank den Geschäftsbanken vor, dass sie einen bestimmten Prozentsatz der Kundeneinlagen als Mindestreserve (MR) bei der Zentralbank in Form einer Sichteinlage halten müssen. Dadurch wird ein Teil des im Geschäftsbankensektor befindlichen Zentralbankgeldes blockiert.

> **Jede Geschäftsbank muss in Höhe eines bestimmten Prozentsatzes der Kundeneinlagen Zentralbankgeld als Reserve zurücklegen. Reservesatz (r) = Barreservesatz + Mindestreservesatz**

> **Die einer Geschäftsbank nach Abzug von Bar- und Mindestreserve zur freien Verfügung verbleibende Zentralbankgeldmenge wird als Überschussreserve bezeichnet: Ü = ZBG − (BR + MR)**

Die **Überschussreserve** ist umso größer, je geringer die Bar- und Mindestreserve ist. Unter folgenden Voraussetzungen stellt die Überschussreserve die Obergrenze für die aktive Buchgeldschöpfung einer einzelnen Geschäftsbank dar:
- Die Geschäftsbank kann sich kein zusätzliches Zentralbankgeld bei der Zentralbank besorgen.
- Die Geschäftsbank muss damit rechnen, dass die durch aktive Buchgeldschöpfung entstandenen Sichtguthaben vollständig in bar abgehoben oder auf ein anderes Konto überwiesen werden.

Je mehr Kunden eine Bank hat, umso größer ist jedoch die Wahrscheinlichkeit, dass das Sichtguthaben auf das Konto eines anderen Kunden bei **derselben** Bank überwiesen wird und ihr somit kein Zentralbankgeld durch Überweisung auf ein Konto bei einer **anderen** Bank verloren geht.

> **Unter bestimmten Voraussetzungen bildet die Überschussreserve für eine einzelne Geschäftsbank die Obergrenze für die aktive Buchgeldschöpfung.**

5.4.4 Geldschöpfung des gesamten Geschäftsbankensystems (Geldschöpfungsmultiplikator)

Im Gegensatz zu einer einzelnen Bank können die Geschäftsbanken in ihrer Gesamtheit (Geschäftsbankensystem) Buchgeld in einer Höhe schaffen, die wesentlich über die ursprüngliche Überschussreserve einer einzelnen Geschäftsbank hinausgeht (multiple Geldschöpfung). Um das in einem Modell zu zeigen, werden folgende Annahmen getroffen:

Modellannahmen

- Der Reservesatz (Mindestreserve und Barreserve) beträgt 20 % (r = 0,2).
- Eine einzelne Geschäftsbank kann nur in Höhe ihrer Überschussreserve Kredite vergeben (= aktive Buchgeldschöpfung), da sie sich kein zusätzliches Zentralbankgeld beschaffen kann.
- Es besteht eine genügend große Kreditnachfrage, sodass jede Geschäftsbank von der Möglichkeit der Kreditvergabe tatsächlich Gebrauch macht und Kredite in Höhe ihrer Überschussreserve gewährt.
- Die Kreditbeträge werden von den Kreditnehmern in voller Höhe in bar abgehoben (= Buchgeldvernichtung) und für Barzahlungen verwendet. Die Zahlungsempfänger zahlen das erhaltene Bargeld **in voller Höhe** auf ihre Girokonten bei einer **anderen Bank** ein (= passive Buchgeldschöpfung). Das Zentralbankgeld fließt also **vollständig** in den Geschäftsbankensektor zurück.
- Dieser Vorgang (Kreditgewährung in Höhe der Überschussreserve und Bareinzahlung des Kreditbetrages bei einer anderen Bank) wiederholt sich viele Male.

Tabellarische Darstellung des Multiplikatorprozesses

Wenn die Geschäftsbank 1 eine Bareinzahlung (= ZBG) von 10.000 € erhält, läuft der Prozess der Buchgeldschöpfung des gesamten Bankensystems unter den genannten Bedingungen wie folgt ab:

				Erhöhung der Sichteinlagen durch Zufluss von Bargeld (100 %)	Bar- und Mindestreserve (20 %)	Überschussreserve = Kreditgewährung (80 %)
A	Geschäftsbank 1		P			
+ Reserven + Kreditforderung	2.000 8.000	+ Sichteinlagen	10.000	10.000	2.000	8.000
A	Geschäftsbank 2		P			
+ Reserven + Kreditforderung	1.600 6.400	+ Sichteinlagen	8.000	8.000	1.600	6.400
A	Geschäftsbank 3		P			
+ Reserven + Kreditforderung	1.280 5.120	+ Sichteinlagen	6.400	6.400	1.280	5.120
A	Geschäftsbank 4		P			
+ Reserven + Kreditforderung	1.024 4.096	+ Sichteinlagen	5.120	5.120	1.024	4.096
⋮	⋮	⋮	⋮	⋮	⋮	⋮
A	Gesamtes Geschäftsbankensystem		P			
+ Reserven + Kreditforderung	10.000 40.000	+ Sichteinlagen	50.000	50.000	10.000	40.000

Geldschöpfung

Wie aus der Tabelle ersichtlich ist, wird die Überschussreserve, die für die Kreditgewährung zur Verfügung steht, von Stufe zu Stufe kleiner. Diese Entwicklung ist dadurch bedingt, dass jede Bank nur über 80 % des zugeflossenen Bargeldes frei verfügen kann, weil 20 % als Reserve (Mindest- und Barreserve) gehalten werden müssen. Der Geldschöpfungsprozess ist dann beendet, wenn das im Geschäftsbankensektor befindliche Bargeld von 10.000 € vollständig für die Reservehaltung verwendet worden ist.

> Der Geldschöpfungsprozess der Geschäftsbanken kann nur so lange andauern, bis das im Geschäftsbankensektor befindliche Bargeld (= ZBG) vollständig durch die Reservehaltung (Mindest- und Barreserve) aufgezehrt ist.

Ermittlung des Geldschöpfungsmultiplikators

Aufgrund dieser Bedingung lässt sich für den vorliegenden Fall der Kreditbetrag, der vom gesamten Bankensystem höchstens gewährt werden kann, wie folgt berechnen:

Bei einem Reservesatz von 20 % muss am Ende des Geldschöpfungsprozesses die Summe der Sichteinlagen 100 %, bezogen auf den als Bar- und Mindestreserve gehaltenen ZBG-Betrag (hier 10.000 €), ausmachen. Die Kreditsumme muss sich auf 80 % dieses Betrages belaufen. Daraus ergibt sich:

Aus ZBG bestehende Bar-/Mindestreserve des gesamten Bankensystems am Ende des Geldschöpfungsprozesses	20 %	= 10.000 €
Kreditgewährung des gesamten Bankensystems am Ende des Geldschöpfungsprozesses	80 %	= 40.000 €
Sichteinlagen im gesamten Bankensystem am Ende des Geldschöpfungsprozesses	100 %	= 50.000 €

Bei einem Reservesatz von 20 % können somit auf der Basis einer Bareinlage (= ZBG) von 10.000 € Kredite in Höhe von insgesamt 40.000 € gewährt werden.

Das Kreditvolumen ist noch höher, wenn das Zentralbankgeld in Höhe von 10.000 € dem Bankensektor nicht durch die Bareinlage eines Kunden bei der Geschäftsbank 1 (= passive Buchgeldschöpfung) zufließt, sondern durch Kreditaufnahme der Geschäftsbank 1 bei der Zentralbank entsteht. Da auf diesen Zentralbankkredit keine Bar- und/oder Mindestreserve gehalten werden muss, beträgt die für eine Kreditvergabe zur Verfügung stehende Überschussreserve der Geschäftsbank 1 in diesem Fall 10.000 €. Die Kreditschöpfungsmöglichkeit des gesamten Bankensystems würde dadurch auf 50.000 € steigen.

> Das gesamte Geschäftsbankensystem kann auf der Grundlage einer bestimmten Überschussreserve (= frei verfügbares Zentralbankgeld) ein Vielfaches dieses Betrages an Krediten gewähren.

Der Faktor, der angibt, auf das Wievielfache der ursprünglichen Überschussreserve sich die Kreditgewährungsmöglichkeit der Geschäftsbanken beläuft, wird als **Geldschöpfungsmultiplikator** (m) bezeichnet.

> Der Geldschöpfungsmultiplikator gibt an, um das Wievielfache die Kreditschöpfungsmöglichkeit der Geschäftsbanken höher als die ursprüngliche Überschussreserve ist.

Aufgabe 5.7, S. 227

Im vorliegenden Fall beträgt das Kreditvolumen (40.000 €) das Fünffache der ursprünglichen Überschussreserve (8.000 €). Der Geldschöpfungsmultiplikator ist *fünf*. Er ergibt sich als Kehrwert des Reservesatzes: $m = 1/r = 1/0{,}2 = 5$.

$$
\begin{aligned}
(20\,\%) \quad 0{,}2 \quad &\triangleq \quad 10.000\ \text{€ ZBG für Reserve (BR + MR)} \\
(100\,\%) \quad 1{,}0 \quad &\triangleq \quad x\ \text{€ Summe der Sichteinlagen} \\
x = \tfrac{1}{0{,}2} \cdot 10.000 &= 5 \cdot 10.000 = 50.000\ \text{€ Sichteinlagen}
\end{aligned}
$$

↑ Multiplikator

Wenn alles Bargeld in den Geschäftsbankensektor zurückfließt (= Annahme eines vollständigen Bargeldrückflusses), ist der Geldschöpfungsmultiplikator gleich dem Kehrwert des Reservesatzes:

$$\text{Geldschöpfungsmultiplikator (m)} = \frac{1}{\text{Reservesatz (r)}}$$

Der Geldschöpfungsmultiplikator (m) setzt die Kreditschöpfungsmöglichkeit (Kr) und die ursprüngliche Überschussreserve ($Ü_1$) zueinander in Beziehung. Die Summe der Kredite, die das Geschäftsbankensystem aufgrund einer bestimmten Überschussreserve vergeben kann, lässt sich für den vorliegenden Fall wie folgt berechnen:

$$\text{Kr} = m \cdot Ü_1 = \tfrac{1}{r} \cdot Ü_1 = \tfrac{1}{0{,}2} \cdot 8.000\ \text{€} = 40.000\ \text{€}$$

Die Kreditvergabemöglichkeit des Geschäftsbankensystems ist umso größer, je geringer die Reservehaltung (Bar- und Mindestreserve) ist und umgekehrt.

Bei unveränderter Überschussreserve können die Banken ihre Kreditvergabemöglichkeiten erweitern, wenn es ihnen gelingt, ihre Kunden zur verstärkten Nutzung des bargeldlosen Zahlungsverkehrs anstelle von Barzahlung zu veranlassen. Dies würde eine Verringerung der notwendigen Barreserve mit sich bringen. Andererseits kann die Zentralbank durch Veränderung des Mindestreservesatzes die Geldschöpfungsmöglichkeiten der Geschäftsbanken beeinflussen.

Mathematische Ermittlung des Geldschöpfungsmultiplikators

Geldschöpfungsmultiplikator bei vollständigem Bargeldrückfluss

Die Entwicklung der Kreditvergabemöglichkeiten in der Tabelle auf S. 178 folgt einer mathematischen Gesetzmäßigkeit. Das Kreditvolumen des gesamten Geschäftsbankensystems (Kr_s) ergibt sich aus der Summe der von den einzelnen Geschäftsbanken gewährten Kredite. Bei einem Reservesatz von $r = 0{,}2$ ergibt sich folgender Zusammenhang:

$$
\begin{aligned}
Kr_s = \quad & Kr_1 \quad + \quad Kr_2 \quad + \quad Kr_3 \quad + \ldots Kr_n \\
& 8.000 \;+\; 6.400 \;+\; 5.120 \;+\; \ldots \\
& 8.000 \;+\; 8.000\,(1-0{,}2)^1 \;+\; 8.000\,(1-0{,}2)^2 \;+\; 8.000\,(1-0{,}2)^{n-1}
\end{aligned}
$$

Diese Folge entspricht einer unendlichen geometrischen Reihe. Die allgemeine Summenformel für eine unendliche geometrische Reihe der Form $a + a \cdot q + a \cdot q^2 + a \cdot q^3 + \ldots a \cdot q^{n-1}$ lautet:

$$s = \frac{1}{1-q} \cdot a$$

Für die Summe aller Kredite des gesamten Geschäftsbankensystems lautet die entsprechende Summenformel:

$$\mathbf{Kr_s} = \frac{1}{1-(1-r)} \cdot Ü_1 = \frac{1}{r} \cdot Ü_1$$

Im vorliegenden Zahlenbeispiel beträgt die Kreditvergabemöglichkeit des Geschäftsbankensystems:

$$Kr_s = \frac{1}{0,2} \cdot 8.000\ € = \mathbf{40.000\ €}$$

Dieser Zusammenhang gilt nur unter der Annahme, dass die gewährte Kreditsumme von den Zahlungsempfängern wieder in voller Höhe bei einer anderen Bank eingezahlt wird (**= vollständiger Bargeldrückfluss in den Geschäftsbankensektor**).

Geringer Erklärungswert des Geldschöpfungsmultiplikators

Der durch den Geldschöpfungsmultiplikator beschriebene Zusammenhang zwischen Zufluss von Zentralbankgeld an eine Bank und Kreditgewährung des gesamten Bankensystems kann nicht zur Erklärung des tatsächlichen Kreditangebots dienen. Die Interpretation, dass in der Realität das Bankensystem nur als Vermittler arbeitet und die Kundeneinlagen anderen Kunden als Kredit gewährt, ist nicht zutreffend. Vielmehr ist der Zusammenhang umgekehrt: Zunächst vergeben die Banken Kredite und prüfen danach, wo sie das benötigte Zentralbankgeld am günstigsten beschaffen können. Diese Möglichkeit der Banken, „Geld aus dem Nichts" zu schaffen, wäre dann unterbunden, wenn durch ein **Vollgeldsystem**[1] alle Bankkredite in vollem Umfang durch Zentralbankgeld gedeckt wären. In diesem Fall würde Geld nur durch die Zentralbank geschaffen.

Die durch den Geldschöpfungsmultiplikator gestützte Auffassung, dass es bei einem einmaligen Zufluss von Zentralbankgeld zu einer Kreditexpansion des gesamten Bankwesens kommt, beruht auf fehlerhaften Annahmen. Es wird nämlich unterstellt, dass die Banken grundsätzlich zur Kreditvergabe bereit sind und dass dies nur wegen des Mangels an Zentralbankgeld nicht immer erfolgt. Dies würde bedeuten, dass bei einem gegebenen Zinsniveau immer ein Überschuss an Nachfrage nach Krediten besteht.

Die Geldversorgung der Geschäftsbanken durch die EZB im Zusammenhang mit der Finanz- und Staatshaushaltkrise zeigt, dass die Zentralbankguthaben der Banken sehr stark angestiegen sind („Die Banken schwimmen im Geld"), ohne dass sich dies in einer verstärkten Kreditgewährung und Geldmengenerhöhung niedergeschlagen hat. Vielmehr benutzen die Banken das billige Zentralbankgeld in erheblichem Umfang für eigene zinsbringende Anlagen und Spekulationen.

Somit ist der Geldschöpfungsmultiplikator ein auf Definitionsgleichungen beruhendes Modell, das einen mechanistischen Zusammenhang zwischen Zentralbankgeld und Kreditgewährung beschreibt, aber keine Theorie des Geldangebots darstellt[2].

---

1 Diese Idee wurde u. a. von so namhaften Ökonomen wie Walter Eucken (1891–1950, geistiger Vater der Sozialen Marktwirtschaft in Deutschland) und Milton Friedman (1912–2006, Nobelpreisträger 1976) vertreten.

2 Vgl. dazu P. Bofinger, Grundzüge der Volkswirtschaftslehre, 4. Aufl., Hallbergmoos 2015, S. 503 f.

5.5 Binnenwert des Geldes

5.5.1 Kaufkraft und Preisniveau

Geld ist ein Tauschmittel. Sein Tauschwert hängt von der Gütermenge ab, die mit einer Geldeinheit erworben werden kann. Dieser Tauschwert wird auch als Kaufkraft des Geldes bezeichnet.

> Der Geldwert wird durch die Kaufkraft des Geldes bestimmt. Ausdruck für die Kaufkraft des Geldes ist die Gütermenge, die mit einer Geldeinheit erworben werden kann.

Wird die Kaufkraft des Geldes auf die Menge inländischer Güter bezogen, die für eine Einheit inländischen Geldes erworben werden kann, handelt es sich um den **Binnenwert des Geldes** (innerer Geldwert). Der **Außenwert des Geldes** (äußerer Geldwert) gibt demgegenüber an, wie viele ausländische Güter je inländischer Geldeinheit gekauft werden können. Der Außenwert des Geldes ist vom Wechselkurs abhängig.

Die Kaufkraft des Geldes ist von den **Güterpreisen** abhängig. Je höher die Güterpreise sind, desto weniger Mengeneinheiten können mit einer Geldeinheit erworben werden.

Um ermitteln zu können, ob sich die Kaufkraft des Geldes in einer Volkswirtschaft verändert hat, ist nicht die Preisentwicklung einzelner Güter entscheidend. Preiserhöhungen bei einzelnen Gütern können nämlich durch Preissenkungen bei anderen Gütern wieder ausgeglichen werden. Für die Messung der Kaufkraft kommt es vielmehr auf die Veränderung des Durchschnitts aller wichtigen Güterpreise in einer Volkswirtschaft an. Der Durchschnittspreis einer bestimmten Menge unterschiedlicher Güter ist das Preisniveau.

> Das Preisniveau ist der Durchschnitt aller wichtigen Güterpreise in einer Volkswirtschaft.

Kaufkraft des Geldes

Erhält ein Käufer zu einem bestimmten Zeitpunkt für einen Euro fünf Brötchen und zu einem späteren Zeitpunkt nur noch vier Brötchen, so ist die Kaufkraft des Geldes in Bezug auf die Brötchen gesunken. Ursache dafür ist die Preissteigerung je Brötchen von 0,20 € auf 0,25 €. Die Preissteigerung in Höhe von 25 % (von 0,20 € auf 0,25 €) bewirkt einen Kaufkraftverlust in Höhe von 20 % (von fünf Brötchen auf vier Brötchen).

Die Kaufkraft des Geldes und das Preisniveau stehen in umgekehrtem Verhältnis zueinander:

> Wenn das Preisniveau steigt, sinkt die Kaufkraft des Geldes, und umgekehrt. Die Kaufkraft des Geldes ist der Kehrwert des Preisniveaus:
>
> $$\text{Kaufkraft des Geldes} = \frac{1}{\text{Preisniveau}}$$

5.5.2 Messung des Preisniveaus: Verbraucherpreisindex

Preisindizes

Einerseits ist es aufgrund der Vielzahl von Waren und Dienstleistungen kaum möglich, die **Preise aller Güter** in einer Volkswirtschaft für die Ermittlung des Preisniveaus zu berücksichtigen. Andererseits wäre die Aussagekraft eines solchen Preisniveaus, das auf dem Durchschnitt aller Güterpreise beruht, sehr begrenzt.

Binnenwert des Geldes

> **Verbraucherpreisindex**
>
> Für die Konsumenten ist es beispielsweise unerheblich, ob sich die Export- oder Investitionsgüterpreise ändern. Die Kaufkraft des ihnen zur Verfügung stehenden Geldes ändert sich nämlich nur dann, wenn sich die Preise von Gütern ändern, die von ihnen nachgefragt werden. Daher wird die Kaufkraft der meisten Haushalte auch nicht durch Preisveränderungen bei solchen Konsumgütern wie Juwelen, Luxusautos oder Kaviar beeinflusst.

Das Statistische Bundesamt ermittelt die Preisveränderungen für verschiedene Gütergruppen. Die Messung dieser Preisveränderungen erfolgt mithilfe von **Preisindizes**.

> Ein Preisindex ist eine Maßzahl, um die in der Vergangenheit festgestellten Preisveränderungen für bestimmte Gütergruppen auszudrücken.

Verbraucherpreisindex

Die wirtschaftspolitisch wichtigste Kennzahl zur Messung der durchschnittlichen Preisveränderung ist der vom Statistischen Bundesamt ermittelte **Verbraucherpreisindex (VPI)**. Er bringt die Preisentwicklung typischer Güter der Lebenshaltung von Durchschnittshaushalten zum Ausdruck und wird üblicherweise als Maßstab für die Veränderung des Preisniveaus und der Kaufkraft des Geldes in Deutschland benutzt.

> Der Verbraucherpreisindex misst die durchschnittlichen Preisveränderungen aller Waren und Dienstleistungen, die von privaten Haushalten für Konsumzwecke gekauft werden. Er dient als Maßstab für die Veränderung von Preisniveau und Kaufkraft in einer Volkswirtschaft.

Ein Maßstab für die Preisniveauentwicklung im gesamten Euro-Währungsraum ist der vom Europäischen Statistischen Amt ermittelte **Harmonisierte Verbraucherpreisindex (HVPI)**.

Vorgehensweise zur Berechnung eines Verbraucherpreisindex

> Das Basisjahr ist ein ausgewähltes Kalenderjahr, das als Vergleichsmaßstab für die Folgejahre (Berichtsjahre) dienen soll.

▎ **Zusammenfassung typischer Konsumgüter zu einem Warenkorb**
Wegen ihrer Vielzahl und ihrer unterschiedlichen Bedeutung können und sollen nicht alle Konsumgüter in die Preisbeobachtung einbezogen werden. Durch gezielte Marktbeobachtung werden daher zunächst solche Konsumgüter, die besonders typisch sind und häufig gekauft werden, ausgewählt und zu einem **Warenkorb** zusammengestellt.

▎ **Bewertung der Güter des Warenkorbs mit den Preisen des Basisjahres**
Die Güter des Warenkorbes werden mit den durchschnittlichen Preisen des Basisjahres bewertet und mit den Verbrauchsmengen gewichtet. Für den Wert dieses Warenkorbs im Basisjahr wird ein Preisindex von 100 festgesetzt.

▎ **Bewertung der Güter des Warenkorbs mit den Preisen des Berichtsjahres**
In den auf das Basisjahr folgenden Jahren werden dieselben Güter, die den Warenkorb des Basisjahres bilden, mit den **aktuellen** Preisen des Berichtsjahres bewertet, aber weiterhin mit den durchschnittlich verbrauchten Mengen des Basisjahres gewichtet. Auf diese Weise lässt sich der **Wert der Güter des Warenkorbs im Berichtsjahr** ermitteln.

▎ **Vergleich zwischen Basisjahr und Berichtsjahr**
Der Wert der Güter des Warenkorbs im Basisjahr wird mit dem Wert des Warenkorbs im Berichtsjahr verglichen. Die in Prozent ausgedrückte Wertänderung gibt die Veränderung der Lebenshaltungskosten (Inflationsrate) an, um die sich der Preisindex gegenüber dem Basisjahr erhöht.

Beispiel

Berechnungsbeispiel für einen Warenkorb mit drei Gütern						
	Basisjahr 2010			Berichtsjahr 2016		Berechnung
Güter	Preise p_0	Menge q_0	Ausgaben $p_0 \cdot q_0$	Preise p_1	Ausgaben $p_1 \cdot q_0$	$P = \dfrac{\sum p_1 \cdot q_0}{\sum p_0 \cdot q_0} \cdot 100$
A	12,50 €/kg	16 kg	200 €	13,50 €/kg	216 €	
B	4,00 €/kg	75 kg	300 €	5,00 €/kg	375 €	$= \dfrac{1.216}{1.000} \cdot 100 = 121{,}6$
C	2,00 €/kg	250 kg	500 €	2,50 €/kg	625 €	
$\sum$			1.000 €		1.216 €	

Im vorliegenden Beispiel beträgt der Preisindex im Berichtsjahr 121,6, d. h., im Berichtsjahr mussten für den gleichen Warenkorb 21,60 % mehr bezahlt werden als im Basisjahr. Von 2010 (Basisjahr) bis 2016 (Berichtsjahr) haben sich die Lebenshaltungskosten somit um 21,6 % erhöht. Dieser Berechnung liegt folgende Formel zugrunde, die häufig bei Preisindexermittlungen angewandt wird **(Laspeyres-Index)**[1]:

$$P = \frac{\sum p_1 \cdot q_0}{\sum p_0 \cdot q_0} \cdot 100$$

p_0 = Preis im Basisjahr
q_0 = Menge im Basisjahr
p_1 = Preis im Berichtsjahr

Ermittlung des Verbraucherpreisindex für Deutschland durch das Statistische Bundesamt

▍Warenkorb

Die Auswahl der **Güter des Warenkorbs** durch das Statistische Bundesamt erfolgt in Form von repräsentativen[2] Stichproben. Dazu werden in der Regel zunächst typische Einkaufsstädte, dort dann typische Geschäfte und darin die am häufigsten verkauften Produkte ermittelt. Die einzelnen Güter werden zu ca. 700 Güterarten (z. B. Bücher, Autos, Benzin) zusammengefasst.

▍Preiserfassung

Für die Messung der Preisentwicklung werden in ca. 190 Gemeinden jeden Monat die Preise der gleichen Produkte in denselben Geschäften notiert. Zusätzlich erfolgt für viele Güterarten eine zentrale Preiserhebung, beispielsweise im Internet oder in Versandhauskatalogen. Insgesamt werden so monatlich über 300 000 Einzelpreise erfasst. Dabei wird auch durch entsprechende Gewichtung der Preise in unterschiedlichen Geschäftstypen (z. B. Discounter, Fachgeschäft, Versandhandel) versucht, auch Änderungen der Einkaufsgewohnheiten der Konsumenten zu berücksichtigen.

▍Gewichtung der Güterarten des Warenkorbs (Wägungsschema)

Anstelle der nur schwer zu ermittelnden Verbrauchsmengen werden die ermittelten Preise aller Güterarten des Warenkorbs mit den jeweiligen **Ausgabenanteilen**, die die privaten Haushalte im Durchschnitt für diese Güterart ausgeben, gewichtet. Als Informationsquelle für das Verbraucherverhalten dient vornehmlich die alle fünf Jahre durchgeführte Einkommens- und Verbrauchsstichprobe (EVS), in deren Rahmen 50 000 bis 70 000 Haushalte auf freiwilliger Basis während des Erhebungsjahres ein Haushaltsbuch führen. Ergänzend kommen aktuelle Erhebungen der sogenannten Laufenden Wirtschaftsrechnung (LWR) hinzu. Dazu werden die von bis zu 2 000 Haushalten monatlich zu führenden Haushaltsbücher ausgewertet.
Durch Zusammenfassung der ca. 700 Güterarten des Warenkorbs und deren **Ausgabenanteile** (in Promille) zu 12 Hauptgruppen ergibt sich das **Wägungsschema** (siehe Abb. S. 185). Das Wägungsschema gibt an, welchen Anteil die einzelnen Güterarten an den gesamten Konsumausgaben der privaten Haushalte haben. Für jede dieser 12 Hauptgruppen wird ein Preisindex ermittelt.

---

1 Die Formel wurde 1871 erstmals von dem Statistiker **Etienne Laspeyres** (1834–1913) für Indexberechnungen aufgestellt und angewandt.
2 repräsentativ *(lat.)*: stellvertretend, typisch, charakteristisch

Binnenwert des Geldes

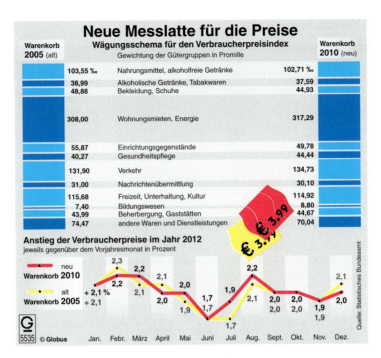

Dabei und bei der Ermittlung des Gesamtindex dienen die **Ausgabenanteile** als **Gewichtungsfaktoren (g)**. Der Gesamtindex (Verbraucherpreisindex) wird als gewogenes arithmetisches Mittel der 12 Hauptgruppenindizes berechnet.

Aktualisierung des Wägungsschemas

Der Preisindex wird alle fünf Jahre auf ein neues Basisjahr umgestellt (aktuelles Basisjahr: 2010). Bei dieser regelmäßigen Umstellung erfolgt jedes Mal eine **Aktualisierung des Wägungsschemas**. Dadurch lassen sich auf der Basis neuer Daten über die Verbrauchsgewohnheiten Änderungen des Konsumverhaltens der privaten Haushalte im Zeitablauf berücksichtigen. Während des Fünfjahreszeitraums bleibt das Wägungsschema unverändert (= konstante Verbrauchsstrukturen), um für diesen Zeitraum ausschließlich die Preisentwicklung, unbeeinflusst von Änderungen der Ausgabengewichte, darstellen zu können. Die Güter des Warenkorbs selbst können allerdings bei Bedarf auch während der fünf Jahre aktualisiert werden, damit immer diejenigen Gütervarianten in die Preisbeobachtung eingehen, die von den Konsumenten gegenwärtig häufig gekauft werden. So wurden 2008 u. a. DVD- und MP3-Player, Flatratetarife für Internet und Espresso-Maschinen zulasten veralteter Güter in den Warenkorb aufgenommen, 2010 kamen Kaffeepads und Kaffeekapseln hinzu. Weil sich die Konsumausgaben für bestimmte Güter bzw. Gütergruppen aus dem Produkt Preis (p) · Menge (q) ergeben, führt die Verwendung der Ausgabenanteile als Gewichtungsfaktor (g) zum selben Ergebnis wie eine Gewichtung der Preise (p) mit den Verbrauchsmengen (q). Das zeigt der folgende Vergleich mit dem Zahlenbeispiel von S. 184:

Beispiel

Berechnungsbeispiel für einen Warenkorb mit drei Gütergruppen							
	Basisjahr 2010		Berichts-jahr 2016	Verbraucherpreisindex als gewogenes arithmetisches Mittel der Gütergruppenindizes			
Güter-gruppe	Ausgaben $p_0 \cdot q_0$	Ausgabenanteil in ‰ (g_0)	Ausgaben $p_1 \cdot q_0$	Preisindex der Güter-gruppe	Gewichtung des Güter-gruppenindex mit g_0		Preis-index im Jahr 2016
A	200 €	200 ‰ (0,2)	216 €	216/200 · 100 = 108	108 · 0,2 =	21,6	
B	300 €	300 ‰ (0,3)	375 €	375/300 · 100 = 125	125 · 0,3 =	37,5	
C	500 €	500 ‰ (0,5)	625 €	625/500 · 100 = 125	125 · 0,5 =	62,5	
∑	1.000 €	1000 ‰ (1,0)				121,6	121,6

185

Entwicklung des Verbraucherpreisindex

Aktuelle Zahlen:
www.destatis.de

Verbraucherpreisindex in Deutschland, Basisjahr 2010								
Jahr		2008	2009	2010	2011	2012	2013	2014	2015
Preisindex		98,6	98,9	100	102,1	104,1	105,7	106,6	106,9
Veränderung zum Vorjahr	Indexpunkte	2,2	0,3	1,1	2,1	2,0	1,6	0,9	0,3
	in %	2,28	0,30	1,11	2,10	1,96	1,54	0,85	0,28

Quelle: Deutsche Bundesbank, Monatsberichte

Die Veränderung des Preisindex kann in **Indexpunkten** oder in **Prozent (Inflationsrate)** angegeben werden.

Der Preisindex ist von 2010 (100) bis 2015 (106,9) um 6,9 Indexpunkte gestiegen. Das entspricht einer Erhöhung um 6,9 %.

Der Preisindex ist 2015 (106,9) gegenüber 2014 (106,6) um 0,3 Indexpunkte gestiegen. Als prozentuale Veränderung (Inflationsrate) ausgedrückt, ergibt das eine Erhöhung von 0,28 % (106,9 · 100 / 106,6 = 100,28).

$$\text{Inflationsrate} = \frac{\text{neuer Preisindex} - \text{alter Preisindex}}{\text{alter Preisindex}} \cdot 100$$

Entwicklung der Kaufkraft (Geldwertentwicklung für die Verbraucher)

Aufgabe 5.9, S. 228

Die Kaufkraft ist der Kehrwert des Preisniveaus ($K = 1/p$), d. h.:

Je höher das Preisniveau, desto niedriger die Kaufkraft.

Wird das Preisniveau (P) durch einen Preisindex ausgedrückt, lässt sich die Kaufkraft im Vergleich zu einem anderen Jahr wie folgt berechnen:

$$\text{Kaufkraft} = \frac{\text{Preisindex des Vergleichsjahres (z. B. Basisjahr 2010: Index 100)}}{\text{Preisindex des Berichtsjahres (z. B. Berichtsjahr 2013: Index 105,7)}} \cdot 100$$

Der sich bei der Kaufkraftberechnung ergebende Wert gibt an, wie hoch die Kaufkraft im Berichtsjahr gegenüber dem Vergleichsjahr (z. B. Basisjahr) ist.

Preisindex$_{alt}$ 100   Kaufkraftindex$_{alt}$ 100

Preisniveauänderung   + 5 %

Preisindex$_{neu}$ 105   Kaufkraftindex$_{neu}$ = $\frac{100}{105} \cdot 100 = 95{,}24$

Die Kaufkraft ist um 4,76 % gesunken.

Binnenwert des Geldes

Kaufkraftindex in Deutschland, Basisjahr 2010									
Jahr		2008	2009	2010	2011	2012	2013	2014	2015
Preisindex		98,6	98,9	100	102,1	104,1	105,7	106,6	106,9
Kaufkraftindex		101,42	101,11	100,00	97,94	96,06	94,61	93,81	93,55
Veränderung zum Vorjahr	Indexpunkte	2,31	0,31	1,11	2,06	1,88	1,45	0,80	0,26
	in %	– 2,23	– 0,30	– 1,10	– 2,06	– 1,92	– 1,51	–0,84	–0,28

Veränderung der Kaufkraft

Die Kaufkraft ist von 2010 (100) bis 2015 (93,55) um 6,45 % gesunken, d. h., im Vergleich zu 2010 hatten 100,00 € 2015 nur noch einen Wert von 93,55 €. Der Kaufkraftverlust betrug in diesem Zeitraum 6,45 € (100 − 93,55).

Die Kaufkraft beträgt 2015 (93,55) gegenüber 2014 (93,81) nur noch 99,72 % (93,55/93,81 · 100 = 99,72). Sie ist damit 2015 gegenüber 2014 um 0,28 % gesunken.

$$\text{Kaufkraftänderung} = \frac{\text{alter Preisindex} - \text{neuer Preisindex}}{\text{neuer Preisindex}} \cdot 100$$

Aussagekraft des Verbraucherpreisindex

Die Aussagekraft des Verbraucherpreisindex als Maßstab für Preisniveauänderungen ist u. a. aus folgenden Gründen eingeschränkt:

- **Warenkorb und Wägungsschema gelten nicht für alle Haushalte gleichermaßen:** Die Auswahl der Güter für den Warenkorb und ihre Gewichtung mit dem jeweiligen Ausgabenanteil stimmen nicht für alle Haushalte mit den Konsumgewohnheiten überein. Es wird nicht nach einzelnen sozialen Gruppen der Bevölkerung, die unterschiedlich stark von Preisänderungen bei einzelnen Gütern und von Preisniveauveränderungen insgesamt betroffen sein können, unterschieden.

- **Aktualisierung des Warenkorbs:** Neue Konsumgüter werden erst nach einiger Zeit im Warenkorb erfasst. Solche Güter sind typischerweise zunächst teuer und werden dann immer preisgünstiger. Durch die verspätete Aktualisierung des Warenkorbs bleiben die anfänglich hohen Preise dieser Güter unberücksichtigt.

- **Aktualisierung des Wägungsschemas:** Das Wägungsschema bleibt aus Gründen der Vergleichbarkeit bis zur Festsetzung eines neuen Basisjahres im Rhythmus von fünf Jahren unverändert. In der Zwischenzeit eingetretene Änderungen der Konsumgewohnheiten, durch die sich die Ausgabenanteile für einzelne Gütergruppen ändern, werden nur verspätet berücksichtigt.

- **Qualitätsverbesserung:** Preissteigerungen aufgrund besserer Qualität werden nicht oder nur unzureichend erfasst. Wenn beispielsweise Autos teurer werden, lässt sich statistisch der Teil der Preissteigerung, der auf besserer Qualität und Ausstattung beruht, nicht von den anderen Ursachen der Preissteigerung trennen. Die tatsächliche Preissteigerung ist daher geringer als die für den Preisindex zugrunde gelegte. Durch die sogenannte **hedonische Preismessung**[1] wird seit einiger Zeit versucht diesen Mangel zu beheben. Bleibt z. B. der Preis eines Computers trotz Qualitätsverbesserungen konstant, ergibt sich bei diesem Verfahren, dass ein Computer mit gleicher Qualität billiger geworden sein muss. Es wird geschätzt, dass insbesondere wegen der nicht erfassten Qualitätsänderungen die in Deutschland gemessene Preisniveauänderung um ca. ¾ Prozentpunkte zu hoch ausfällt.

---

[1] hedonisch *(gr.)*: lust-, genussvoll. Als hedonisch wird eine Bewertungsmethode bezeichnet, die ein Objekt nicht nur nach seinen äußeren, sondern auch nach seinen inneren Werten beurteilt.

▎ **Neue Vertriebsformen:** Preisgünstige neue Vertriebsformen (z. B. Telefon- und Internetshopping) können nur mit zeitlicher Verzögerung berücksichtigt werden. Daher fällt die gemessene Teuerung zu hoch aus.

Konsumenten empfinden die Inflation in der Regel als etwa dreimal so hoch wie die von den Statistikern ermittelte Erhöhung des Verbraucherpreisindex (**„gefühlte Inflation"**). Das hat u. a. folgende Gründe:

▎ Preissteigerungen werden von den Verbrauchern intensiver wahrgenommen und höher bewertet als Preissenkungen.

▎ Wenn häufig gekaufte Produkte teurer werden, geht dies besonders stark in das Bewusstsein der Konsumenten ein.

▎ Preissenkungen bei Gütern, die selten gekauft werden oder bei denen die Ausgaben vom Konto abgebucht werden (z. B. Telefon), werden kaum wahrgenommen.

5.5.3 Realeinkommen

Eine Erhöhung des Preisniveaus und die damit einhergehende Minderung der Kaufkraft des Geldes bedeutet für die privaten Haushalte nicht zwangsläufig eine Verringerung ihres Wohlstands. Entscheidend ist, wie sich die **Einkommen der Haushalte** entwickeln. Das **Nominaleinkommen** ist der dem Einkommen entsprechende Geldbetrag. Beim **Realeinkommen** wird dagegen auch berücksichtigt, welche Gütermenge mit einem bestimmten Nominaleinkommen gekauft werden kann.

> Das Realeinkommen berücksichtigt die Kaufkraft des Einkommens. Es gibt die Gütermenge an, die mit einem bestimmten Nominaleinkommen gekauft werden kann.

$$\text{Realeinkommen} = \frac{\text{Nominaleinkommen}}{\text{Verbraucherpreisindex}} \cdot 100$$

Ø jährliche Lohn- und Gehaltssumme je beschäftigten Arbeitnehmer		2008	2009	2010	2011	2012	2013	2014	2015
Bruttoeinkommen (nominal)	in €	27.769	27.765	28.470	29.446	30.268	30.899	31.736	32.659
	Veränderung zum Vorjahr (%)	+ 2,4	0,0	+ 2,5	+ 3,4	+ 2,8	+ 2,1	+ 2,7	+ 2,9
Nettoeinkommen[1] (nominal)	in €	18.479	18.498	19.240	19.729	20.236	20.622	21.130	21.684
	Veränderung zum Vorjahr (%)	+ 1,8	+ 0,1	+4,0	+ 2,5	+ 2,6	+ 1,9	+ 2,5	+ 2,6
Nettorealeinkommen	€ in Preisen von 2010	18.741	18.704	19.240	19.323	19.439	19.510	19.822	20.284
	Veränderung zum Vorjahr (%)	– 0,8	– 0,2	+ 2,9	+ 0,4	+ 0,6	+ 0,4	+ 1,6	+ 2,3

Quelle: Statistisches Bundesamt, VGR 2015, März 2016, Tab. 2.1.10

---

1 Nach Abzug von Lohn- und Kirchensteuer, Solidaritätszuschlag, Arbeitnehmeranteil zur Sozialversicherung

Binnenwert des Geldes

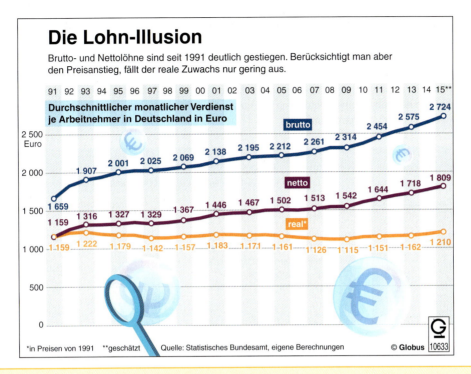

Berechnung des Nettorealeinkommens 2015

2015 betrug der Verbraucherpreisindex (Basisjahr 2010 = 100) 106,9.

Nettorealeinkommen 2015 = $\frac{\text{Netto-Nominaleinkommen 2015}}{\text{Verbraucherpreisindex 2015}} \cdot 100 = \frac{21.684 \cdot 100}{106,9} = 20.284\ €$

Einkommensveränderungen von 2008 bis 2015			
Ø jährliche Lohn- und Gehaltssumme je beschäftigten Arbeitnehmer	2008	2015	Veränderung in %
Bruttoeinkommen (in €)	27.769	32.659	+ 17,6
Nettoeinkommen (in €)	18.479	21.684	+ 17,3
Nettorealeinkommen (in €, in Preisen von 2010)	18.741	20.284	+ 8,2

Von 2008 bis 2015 sind in Deutschland die **nominalen Nettoeinkommen** der Arbeitnehmer um 17,3 % gestiegen. Weil aber im selben Zeitraum die Lebenshaltungskosten um ca. 8,4 % gestiegen sind, sind die realen Nettoeinkommen der Arbeitnehmer nur um 8,2 % gestiegen. Damit ist das Reallohnniveau erstmals wieder etwas höher als im Jahr 2000. Dies ist auf die relativ hohe Steigerung der Nettolöhne in den letzten Jahren und die niedrigen Preissteigerungsraten zurückzuführen.

> Steigt das Nominaleinkommen stärker als der Verbraucherpreisindex, dann steigt auch das Realeinkommen. Steigt dagegen der Preisindex für die Lebenshaltung stärker als das Nominaleinkommen, dann sinkt das Realeinkommen.

Bei den Zahlen zur Lohnentwicklung darf nicht übersehen werden, dass es sich dabei um **Durchschnittswerte** bezogen auf alle Arbeitnehmer handelt. Innerhalb der Löhne und Gehälter gibt es aber erhebliche Unterschiede. Auch die Vergütungen für Vorstandsmitglieder von Aktiengesellschaften, die Bonuszahlungen für Manager und die Arbeitseinkünfte anderer Spitzenverdiener gehören zu den „Löhnen". Diese Bezüge sind in den letzten Jahren wesentlich schneller gestiegen als die unteren und mittleren Einkommen.

5.6 Ursachen und Auswirkungen von Geldwertminderungen

5.6.1 Begriff und Arten der Inflation

> Inflation ist ein anhaltender Prozess allgemeiner Preiserhöhungen. Er führt zu einem Anstieg des Preisniveaus und damit zu einer Minderung der Kaufkraft des Geldes. Als Inflationsmaßstab dient üblicherweise der Verbraucherpreisindex.

Inflationsarten		
Tempo des Preisniveauanstiegs	**Erkennbarkeit des Preisniveauanstiegs**	**Ursachen des Preisniveauanstiegs**
(relative) Preisniveaustabilität: < 2 % bis 3 %	offene Inflation: erkennbare Preisniveausteigerung	geldmengenbedingte Inflation *(vgl. 5.6.2)*
schleichende Inflation: jährlich 3 % bis 5 %	zurückgestaute (verdeckte) Inflation: Preiserhöhungen werden durch staatliche Maßnahmen wie Höchstpreise, Preis- und/oder Lohnstopp unterdrückt	nachfragebedingte Inflation *(vgl. 5.6.3)*
trabende Inflation		angebotsbedingte Inflation *(vgl. 5.6.4)*
galoppierende Inflation bzw. Hyperinflation: monatlich > 50 %		importierte Inflation *(vgl. 5.6.5)*

Der aus der Zusammensetzung der beiden Begriffe **Inflation** und **Stagnation** gebildete Ausdruck **Stagflation** bezeichnet eine gesamtwirtschaftliche Situation, in der das Preisniveau steigt, gleichzeitig aber die Produktion stagniert oder sogar zurückgeht und Arbeitslosigkeit herrscht.

Der Begriff **Disinflation** beschreibt eine Entwicklung, bei der das Preisniveau zwar nach wie vor steigt, die Preissteigerungsraten aber zurückgehen. Eine **Deflation** ist demgegenüber durch ein absolutes Sinken des Preisniveaus gekennzeichnet.

5.6.2 Geldmenge als Inflationsursache

Klassische Quantitätstheorie

Die auf der Quantitätsgleichung M · U = H · P basierende **Quantitätstheorie** behauptet ein enges **Ursache-Wirkungs-Verhältnis** zwischen der **Geldmenge (M)** (= unabhängige Variable) und dem **Preisniveau (P)** (= abhängige Variable). Eine **Inflationstheorie** lässt sich aus der Quantitätsgleichung aber nur dann ableiten, wenn bestimmte **Annahmen** über die Abhängigkeiten zwischen einzelnen Größen der Quantitätsgleichung und über bestimmte Verhaltensweisen der Wirtschaftssubjekte getroffen werden. Erst durch solche Annahmen kann aus der tautologischen[1] Quantitätsgleichung eine Erklärung des gesamtwirtschaftlichen Preisniveaus (Inflationstheorie) werden. Dabei geht die **klassische Quantitätstheorie** von einer modifizierten Gleichung aus. Darin ist das Handelsvolumen durch das reale Inlandsprodukt (Y_r) ersetzt und es liegen folgende Annahmen zugrunde:

$$P_y = \frac{M \cdot U_y}{Y_r}$$

Annahmen:

1. Die Umlaufgeschwindigkeit ist kurzfristig konstant. Sie ändert sich nur mittelfristig.
2. Es herrscht Vollbeschäftigung, d. h., das reale Inlandsprodukt kann kurzfristig nicht steigen.

---
[1] Tautologie *(gr.)*: Ein und dieselbe Aussage wird auf unterschiedliche Weise (z. B. mit verschiedenen Begriffen) getroffen.

Y_r = reales Inlandsprodukt bzw. reales Volkseinkommen.
P_y = Preisniveau der im Inlandsprodukt enthaltenen Güter (Preisindex für das Inlandsprodukt)
U_y = Umlaufgeschwindigkeit (Kreislaufgeschwindigkeit) des Geldes. Sie wird durch das Verhältnis des nominalen Inlandsprodukts (Y_n) zur Geldmenge (M) bestimmt (Y_n/M) und gibt an, wie oft die Geldmenge in einer Periode umgeschlagen werden muss, um damit die Güter des Inlandsprodukts kaufen zu können.

Unter diesen Annahmen besteht ein proportionaler Zusammenhang zwischen der Veränderung der Geldmenge und der sich daraus ergebenden Preisniveauänderung.

Unter den Annahmen der klassischen Quantitätstheorie führt jede Geldmengenerhöhung zu einer proportionalen Preisniveausteigerung.

Kritik an der Quantitätstheorie

Gegen den von der Quantitätstheorie behaupteten direkten Zusammenhang zwischen Geldmenge und Preisniveau lassen sich u. a. folgende Argumente vorbringen:

- Nicht jede Geldmengenerhöhung muss zwangsläufig zu einer gleich großen Erhöhung der monetären Gesamtnachfrage (M · U) führen. Die zusätzliche Geldmenge wird beispielsweise nicht oder nicht in vollem Umfang nachfragewirksam, wenn die Haushalte vermehrt sparen und die Unternehmen wegen schlechter Gewinnerwartungen keine zusätzlichen Investitionskredite aufnehmen. Wenn aber die Geldmenge M steigt, ohne dass die monetäre Gesamtnachfrage M · U im gleichen Verhältnis zunimmt, muss das mit einem Absinken der Umlaufgeschwindigkeit des Geldes U einhergehen. Die Umlaufgeschwindigkeit kann daher nicht als konstant angesehen werden.

- Die Umlaufgeschwindigkeit hängt nicht nur vom Zinsniveau, sondern auch von den Zukunftserwartungen und dem Preisniveau ab. Je höher die (erwarteten) Preissteigerungen, desto höher die Umlaufgeschwindigkeit. Somit bestimmt das von der Umlaufgeschwindigkeit abhängige Preisniveau seinerseits wiederum die Umlaufgeschwindigkeit (Zirkelschluss). Es gilt einerseits P = f(U, ...) und andererseits U = f(P, ...).

- Auch wenn die Geldmengenerhöhung zu einer Erhöhung der monetären Gesamtnachfrage führt, hängt es entscheidend von der Beschäftigungslage in der Volkswirtschaft ab, ob das Preisniveau steigt oder nicht. Bei Unterbeschäftigung können die Unternehmen ihr Angebot zu konstanten Preisen ausdehnen, sodass die Nachfragesteigerung zu einem Anstieg der Produktion und damit des realen Inlandsprodukts führt. Erst bei zunehmender Auslastung des Produktionspotenzials (= Beschäftigungserhöhung) führt die Nachfragesteigerung zu Preissteigerungen.

- Der Transmissionsmechanismus, über den die Geldmenge das Preisniveau angeblich beeinflusst, wird nicht erklärt. Das Preisniveau basiert auf der Entwicklung einzelner Preise. Einzelne Preise verändern sich aber nur, wenn es auf der Angebots- und/oder Nachfrageseite zu Verschiebungen kommt. Die Quantitätstheorie weist aber nicht nach, wie sich eine Geldmengenerhöhung auf die Konsum- und/oder Produktionspläne der Marktteilnehmer auswirkt und Verschiebungen der Angebots- und/oder Nachfragekurven bewirkt.

Neoquantitätstheorie

Ein als **Neoquantitätstheorie**[1] bezeichneter neuer Erklärungsansatz, der die genannten Kritikpunkte teilweise berücksichtigt, geht auf MILTON FRIEDMAN[2] zurück.

Der von der klassischen Quantitätstheorie behauptete streng proportionale Zusammenhang zwischen Geldmenge und Preisniveau wird durch die Annahme einer veränderlichen Umlauf-

---

[1] neo- (gr. Vorsilbe): neu-
[2] Milton Friedman, 1912–2006, ehemaliger Professor für Geldtheorie und Geldpolitik an der Universität Chicago, 1976 Nobelpreis für Wirtschaftswissenschaften

geschwindigkeit zwar gelockert, aber nicht gänzlich aufgehoben. In allgemeiner Form lautet die Behauptung der Neoquantitätstheorie: **Das Preisniveau ist eine von der Geldmenge abhängige Größe.** Empirische Untersuchungen haben tatsächlich zu dem Ergebnis geführt, dass eine wesentliche Änderung der Geldmenge (M) je Gütermenge (Y_r) immer und überall mit einer wesentlichen gleichgerichteten Änderung des Preisniveaus verbunden ist. Demnach ist die Ursache jeder Inflation ein über das Wachstum der Güterproduktion hinausgehendes Geldmengenwachstum.

> Die Neoquantitätstheorie sieht die Ursache jeder Inflation in einer Erhöhung der Geldmenge je Gütereinheit, d. h. in einem Anstieg des Quotienten M/Y_r.

Die auf der Neoquantitätstheorie beruhenden wirtschaftspolitischen Konzeptionen werden als **Monetarismus**[1] bezeichnet. Auch die Geldpolitik des Europäischen Systems der Zentralbanken (ESZB), deren oberstes Ziel die Wahrung der Preisniveaustabilität ist, orientiert sich an monetaristischen Vorstellungen. Das ESZB plant das Geldmengenziel u. a. auf der Basis des erwarteten Wachstums des realen Inlandsprodukts und der trendmäßigen Veränderungsrate der Umlaufgeschwindigkeit des Geldes.

Die Frage, **warum** es zu einem Anstieg der Geldmenge je Gütereinheit kommt, wird auch von der Neoquantitätstheorie nicht beantwortet. Dies ist aber die zentrale Frage aller Inflationstheorien.

5.6.3 Gesamtwirtschaftliche Nachfrage als Inflationsursache

Nachfragesog

Auf einzelnen Märkten kommt es durch eine Erhöhung der Nachfrage bei gleich bleibendem Angebot zu einer Preiserhöhung. Dieser Zusammenhang lässt sich auch auf gesamtwirtschaftliche Größen übertragen. Die Theorie der Nachfrageinflation geht von der Vorstellung aus, dass die Ursache für Preisniveausteigerungen in der Erhöhung der **gesamtwirtschaftlichen Nachfrage** und einer sich daraus ergebenden Angebotslücke zu suchen ist. Dieses Missverhältnis zwischen Angebot und Nachfrage wird auch als inflatorische Lücke *(inflationary gap)* bezeichnet. Weil in diesem Fall das Preisniveau gleichsam nach oben gezogen wird, wird auch von **Nachfragesoginflation** *(demand-pull-inflation)* gesprochen.

> Die Theorie der Nachfrageinflation sieht als Inflationsursache eine über das gesamtwirtschaftliche Güterangebot (= reales Inlandsprodukt) hinausgehende gesamtwirtschaftliche Nachfrage an.

Bestandteile der gesamtwirtschaftlichen Nachfrage

Eine Nachfrageerhöhung kann von einer der **vier Komponenten**, aus denen sich die **gesamtwirtschaftliche Nachfrage** zusammensetzt, ausgehen.

- Erhöhung der Konsumgüternachfrage (C_{pr}) z. B. aufgrund einer Einkommenssteigerung der privaten Haushalte,
- Erhöhung der Investitionsgüternachfrage (I) z. B. aufgrund positiver Gewinnerwartungen,
- Erhöhung der Staatsnachfrage nach Waren und Dienstleistungen (G)[2] z. B. aufgrund erhöhter Kreditaufnahme des Staates,
- Erhöhung der Exportgüternachfrage (Nettoexport, Ex – Im) z. B. aufgrund veränderter Wechselkurse.

---

1 monetär *(lat.)*: das Geld betreffend
2 Die Nachfrage des Staates (G = Government) als Teil der gesamtwirtschaftlichen Nachfrage setzt sich aus den Vorleistungen, die der Staat von Unternehmen bezieht (z. B. Energie, Dienstleistungen, Büromaterial) und den Gütern für staatliche Investitionen (z. B. öffentliche Gebäude, Straßenkehrmaschine) zusammen. Sie ist weder identisch mit den als Beitrag des Staates zum BIP ermittelten Konsumausgaben des Staates (C_{St}) noch mit der Summe aller Staatsausgaben. Die Staatsausgaben insgesamt umfassen nämlich insbesondere auch die Personal- und Verwaltungskosten sowie die Ausgaben für Transferleistungen (z. B. Kindergeld) und Subventionen.

Inflationäre Wirkungen können durch solche Nachfrageveränderungen aber nur unter folgenden Voraussetzungen ausgelöst werden:

- Es handelt sich nicht nur um einen vorübergehenden Nachfrageanstieg, sondern um einen länger andauernden Prozess.

- Die Nachfragesteigerung bei einer der vier Nachfragekomponenten C_{pr}, I, G und Ex wird nicht durch einen Nachfragerückgang bei einer der anderen Nachfragekomponenten wieder ausgeglichen. Ein solcher Nachfragerückgang kann beispielsweise eintreten, wenn Mehrausgaben des Staates durch Steuererhöhungen finanziert werden, die einen Rückgang der Konsum- und/oder Investitionsgüternachfrage bewirken.

- Damit die Nachfrageerhöhung am Markt wirksam werden kann, muss sie mit Kaufkraft, d. h. mit Geldmitteln ausgestattet sein. In diesem Zusammenhang wird auch von einer notwendigen *monetären Alimentierung*[1] der Nachfrage gesprochen. Dazu muss die monetäre Gesamtnachfrage (M · U) steigen. Dies kann durch Ausweitung der Geldmenge M und/oder die Erhöhung der Kreislaufgeschwindigkeit des Geldes (U) erfolgen. In der Realität lässt sich in den letzten Jahrzehnten aber eher ein Sinken als eine Erhöhung der Kreislaufgeschwindigkeit feststellen. Wenn die Kreislaufgeschwindigkeit nicht steigt, muss also jede Nachfrageinflation mit einer durch Geldschöpfung finanzierten Ausdehnung der monetären Gesamtnachfrage einhergehen.

Gesamtwirtschaftliche Nachfragekurve

Kurzfristig kann bei gegebener Geldmenge und gegebener Umlaufgeschwindigkeit von einer **gesamtwirtschaftlichen Nachfragekurve** N^0, wie sie in folgender Abbildung dargestellt ist, ausgegangen werden.

Die gesamtwirtschaftliche Nachfragekurve zeigt die Menge an Gütern, die Haushalte, Unternehmen, Staat und Ausland bei unterschiedlichen Preisniveaus nachfragen.

Wenn die gesamtwirtschaftliche Nachfrage durch die Erhöhung der Geldmenge und/oder der Umlaufgeschwindigkeit zunimmt, kommt es zu einer Rechtsverschiebung der gesamtwirtschaftlichen Nachfragekurve von N^0 nach N^1 nach N^2 usw.

Gesamtwirtschaftliche Angebotskurve

Die gesamtwirtschaftliche Angebotskurve A^0 zeigt die Menge an Gütern, die Unternehmen zu unterschiedlichen Preisniveaus anbieten. Diese Menge entspricht dem realen Inlandsprodukt.

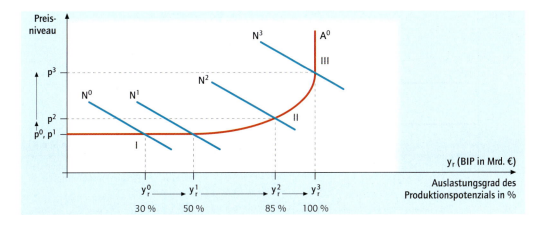

---

[1] alimentieren *(lat.)*: ernähren; für den Lebensunterhalt sorgen

Die gesamtwirtschaftliche Angebotskurve gilt unter der Annahme einer gegebenen Ausstattung mit Produktionsfaktoren, einer gegebenen Produktionstechnik und gegebenen Faktorpreisen. Wenn sich eine oder mehrere dieser Größen ändern, verschiebt sich die Angebotskurve.

Drei Bereiche der gesamtwirtschaftlichen Angebotskurve

Die gesamtwirtschaftliche Angebotskurve kann in drei Bereiche eingeteilt werden. Der waagerechte Verlauf (Bereich I) spiegelt eine Situation wider, in der das volkswirtschaftliche Produktionspotenzial nicht voll ausgelastet ist (= Unterbeschäftigung). Eine Erhöhung der gesamtwirtschaftlichen Nachfrage, ausgedrückt durch die Kurvenverschiebung von N^0 nach N^1, führt in diesem Fall ausschließlich zu einer entsprechenden Ausdehnung der Produktion und damit zu einem Anstieg des realen Inlandsprodukts von Y^0_r nach Y^1_r. Das Preisniveau P^0 ändert sich nicht, weil das Angebot aufgrund der Unterbeschäftigung völlig elastisch ist. Der ansteigende Verlauf der Angebotskurve (Bereich II) verdeutlicht die zunehmende Engpasssituation (Angebotslücke) auf verschiedenen Teilmärkten, die Erhöhungen des Preisniveaus bei gleichzeitiger Produktionsausdehnung bewirkt. Der senkrechte Verlauf (Bereich III) stellt die Situation bei Vollbeschäftigung dar. Die Güterproduktion kann wegen der vollständig ausgelasteten Kapazitäten nicht mehr über das Niveau von Y^3_r hinaus ausgedehnt werden. Eine Erhöhung der gesamtwirtschaftlichen Nachfrage führt in diesem Fall ausschließlich zu einer Erhöhung des Preisniveaus über P^3 hinaus, weil das Angebot vollkommen unelastisch ist.

> Die Elastizität des gesamtwirtschaftlichen Angebots ist entscheidend dafür, ob eine Erhöhung der gesamtwirtschaftlichen Nachfrage zu einer Preis- und/oder Mengenerhöhung führt.

> Nach der Theorie der Nachfrageinflation kann Inflation nur bei Vollbeschäftigung entstehen.

5.6.4 Gesamtwirtschaftliches Angebot als Inflationsursache

Erklärung für Stagflation

Aufgabe 5.14, S. 231

In den USA zeigte sich während der Jahre 1953/54 und 1957/58 das bis dahin nicht beobachtete Phänomen, dass trotz hoher Arbeitslosigkeit das Preisniveau weiter anstieg **(Stagflation**[1]**)**. Das war Anlass dafür, auch die Angebotsseite in die Suche nach möglichen Inflationsursachen einzubeziehen.

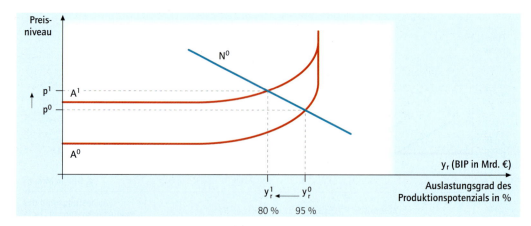

---

[1] Stagnation *(lat.)*: Stockung, Stillstand; hier auf die Wachstumsraten der Wirtschaft bezogen

Auf einzelnen Märkten kommt es durch eine Minderung des Angebots bei gleich bleibender Nachfrage zu einer Preiserhöhung. Dieser Zusammenhang lässt sich auch auf gesamtwirtschaftliche Größen übertragen. Aus einer Verschiebung der gesamtwirtschaftlichen Angebotskurve nach links oben ergibt sich ein Rückgang des realen Inlandsprodukts von Y^0_r nach Y^1_r und eine Erhöhung des Preisniveaus von P^0 nach P^1. Weil das Preisniveau gleichsam nach oben gedrückt wird, wird auch von **Angebotsdruckinflation** *(supply-push-inflation)* gesprochen. Eine Erhöhung der Geldmenge und/oder der Umlaufgeschwindigkeit ist für diesen Inflationsprozess zunächst nicht zwingend notwendig. Vielmehr reicht die vorhandene monetäre Gesamtnachfrage (M · U) aus, um das verringerte Güterangebot zu einem höheren Preisniveau zu kaufen. Soll aber der mit der Verringerung des realen Inlandsprodukts von Y^0_r nach Y^1_r einhergehende Beschäftigungsrückgang vermieden werden, muss sich die gesamtwirtschaftliche Nachfragekurve nach rechts verschieben. Das ist nur durch einen Anstieg der monetären Gesamtnachfrage und damit durch eine Erhöhung der Geldmenge und/oder der Umlaufgeschwindigkeit möglich (Angebotsinflation mit geldpolitischer Anpassung).

> Die Theorie der Angebotsinflation ist geeignet, das Phänomen der Stagflation (Inflation bei gleichzeitiger Arbeitslosigkeit) zu erklären.

Ursachen der Angebotsinflation

Eine Verschiebung der gesamtwirtschaftlichen Angebotskurve nach links kann verschiedene Ursachen haben. Dementsprechend lassen sich verschiedene Arten der Angebotsinflation unterscheiden.

Arten der Angebotsdruckinflation				
Kostendruckinflation				Gewinndruckinflation
Löhne	Zinsen	Kostensteuern	Rohstoffpreise	

Kosteninflation

Eine Erhöhung der Produktionskosten führt zu einer Verschiebung der Angebotskurve nach links. Dadurch erhöht sich das Preisniveau trotz einer bestehenden Unterbeschäftigung. Gleichzeitig geht damit ein Rückgang des realen Inlandsprodukts einher, da ein steigendes Preisniveau zu einer Einschränkung der gesamtwirtschaftlich nachgefragten Gütermenge führt. Eine auf Kostenerhöhungen zurückzuführende Inflation wird als **Kostendruckinflation** *(cost-push-inflation)* bezeichnet. Ursache für die gestiegene Kostenbelastung der Unternehmen können u. a. Erhöhungen der Löhne *(wage-push)*, der Zinsen *(interest-push)*, der betrieblichen Steuern *(tax-push)* oder der Rohstoffpreise sein. Besonders bedeutsam ist die **Lohnkosteninflation**.

Gewinninflation

In der gesamtwirtschaftlichen Angebotskurve spiegelt sich das Verhalten der Anbieter wider. Wenn die Unternehmen ihr Verhalten so ändern, dass sie – unabhängig von der Kostenentwicklung – dieselbe Menge nur noch zu einem höheren Preis anbieten, kommt es zu einer Linksverschiebung der gesamtwirtschaftlichen Angebotskurve. Die Folgen sind – wie bei einer Kosteninflation – Erhöhung des Preisniveaus und Rückgang des realen Inlandsprodukts. Die Unternehmen planen in diesem Fall einen bestimmten Gewinnzuschlag auf ihre Selbstkosten je Stück und ermitteln so einen kalkulierten Angebotspreis, der sich ihrer Meinung nach am Markt durchsetzen lässt *(mark-up pricing)*. Die Theorie der **Gewinninflation** *(profit-push-inflation)* sieht diesen Versuch der Unternehmen, ihre Gewinne zu erhöhen, als eine Inflationsursache an.

Marktmacht als Voraussetzung einer Angebotsinflation

Unter Konkurrenzbedingungen ist für die Unternehmen eine Überwälzung von Kostensteigerungen und höheren Gewinnansprüchen auf die Nachfrager in Form höherer Preise kaum möglich. Daher setzt eine Angebotsdruckinflation voraus, dass die Anbieter über **Marktmacht** verfügen. Im

Gegensatz zur Marktform der vollständigen Konkurrenz (Polypol auf dem vollkommenen Markt), bei der sich die Anbieter nur mit ihrer Angebotsmenge an den vorgegebenen Marktpreis anpassen können (Mengenanpasser), ist diese Voraussetzung auf oligopolistischen und monopolistischen Märkten erfüllt. Diese Marktmacht ist umso größer, je höher der Monopolgrad und je unelastischer die Nachfrage ist. Eine unelastische Nachfrage kann beispielsweise durch fehlende Substitutionsgüter oder ausgeprägte Präferenzen der Konsumenten aufgrund intensiver Werbung bedingt sein.

5.6.5 Wechselwirkungen zwischen verschiedenen Inflationsarten

Inflation kann nicht auf eine einzige Ursache zurückgeführt werden. Vielmehr ergänzen und verstärken sich verschiedene Inflationsursachen gegenseitig.

Verhältnis zwischen Geldmenge und gesamtwirtschaftlicher Nachfrage

Für die Quantitätstheorie ist der Ausgangspunkt jeder Inflation die Erhöhung der Geldmenge. Wenn diese erhöhte Geldmenge aber nicht nachfragewirksam verwendet wird, steigt das Preisniveau nicht. Die Geldmengenerhöhung muss also von einer Erhöhung der gesamtwirtschaftlichen Nachfrage begleitet sein, um inflationär wirken zu können. Die Theorie der Nachfrageinflation sieht dagegen eine über das gesamtwirtschaftliche Güterangebot hinausgehende Erhöhung der gesamtwirtschaftlichen Nachfrage als Inflationsursache an. Eine solche Nachfrageerhöhung kann aber nur zustande kommen, wenn gleichzeitig die Umlaufgeschwindigkeit des Geldes zunimmt und/oder die Geldmenge steigt (z. B. durch Kreditschöpfung der Geschäftsbanken). Die Nachfrageerhöhung muss also „monetär alimentiert", d. h. von einer Ausdehnung der monetären Gesamtnachfrage (M · U) begleitet sein. Der Unterschied zwischen geldmengen- und nachfrageorientiertem Erklärungsansatz liegt daher vor allem in der unterschiedlichen Auffassung über den Ursache-Wirkungs-Zusammenhang. Die entscheidende Frage lautet:

> Ist die Geldmengenerhöhung die Ursache für die Ausweitung der gesamtwirtschaftlichen Nachfrage oder ist die Ausweitung der gesamtwirtschaftlichen Nachfrage die Ursache für die Geldmengenerhöhung?

Beispiel Ölpreissteigerungen: Direkte und indirekte Effekte – Erstrunden- und Zweitrundeneffekte

Ölpreissteigerungen schlagen sich unmittelbar in den Verbraucherpreisen nieder, da die Ausgaben für Energie ein wichtiger Bestandteil des Warenkorbs sind, der der Ermittlung des Verbraucherpreisindex zugrunde liegt (**= direkter Effekt**). Da Energie ein wichtiger Produktionsfaktor für die Erzeugung von Waren und Dienstleistungen ist, kann eine Ölpreissteigerung auch Erhöhungen der Erzeugerpreise (z. B. Transportkosten) auslösen, die sich zusätzlich über die Ausgaben der privaten Haushalte für diese teurer gewordenen Produkte (z. B. Ausgaben für Verkehr) auf die Verbraucherpreise niederschlagen (**= indirekter Effekt**).

Als Folge dieser direkten und indirekten Effekte, die auch als **Erstrun-**

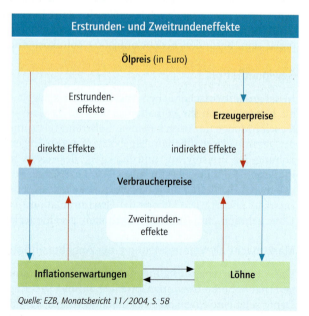

Quelle: EZB, Monatsbericht 11/2004, S. 58

deneffekte bezeichnet werden, kann eine Ölpreiserhöhung noch weitere inflationsverstärkende Auswirkungen haben (= Zweitrundeneffekt). Die durch die Ölpreiserhöhung ausgelösten Preissteigerungen können zu einer überhöhten **Inflationserwartung** führen, die die Unternehmen veranlasst, durch weitere Preiserhöhungen ihre **realen** Gewinnspannen wieder an das ursprüngliche Niveau anzupassen. Andererseits werden die Gewerkschaften versuchen, Lohnerhöhungen durchzusetzen, um den Kaufkraftverlust auszugleichen. Werden die höheren Lohnkosten in Form von Preiserhöhungen an die Konsumenten weitergegeben, kann das zu einem erneuten Preisauftrieb und zu einer **Lohn-Preis-Spirale** führen.

Lohn-Preis-Spirale/Preis-Lohn-Spirale

Wenn die Löhne schneller steigen als die **Produktivität**, erhöhen sich die Lohnkosten je Stück (**Lohnstückkosten**). Nach der Theorie der Angebotsinflation kommt es so aufgrund des Kostendrucks zu Preissteigerungen, die wiederum eine Minderung des Realeinkommens bewirken und deshalb Anlass zu erneuten Lohnforderungen geben. Können die Gewerkschaften tatsächlich höhere Löhne durchsetzen, verschärft sich der Preisauftrieb noch mehr. Weitere Lohnforderungen sind die Folge usw. (**Lohn-Preis-Spirale**). Ursache und Wirkung können aber auch umgekehrt sein. Wenn die Lohnerhöhungen die Reaktion auf eine Gewinninflation sind, kommt möglicherweise eine **Preis-Lohn-Spirale** in Gang. Da die Ursache-Wirkungs-Zusammenhänge aber in der Regel nicht eindeutig feststellbar sind, stellen die Lohn-Preis-Spirale bzw. die Preis-Lohn-Spirale keine eigenständigen Ansätze zur Inflationserklärung dar. Es handelt sich vielmehr um ein Wechselspiel zwischen verschiedenen Inflationsarten. Da Löhne nicht nur einen Kosteneffekt für die Unternehmen, sondern auch einen Einkommens- und Nachfrageeffekt für die Arbeitnehmer haben, kann es bei genügend großem Geldangebot zusätzlich zu einer Nachfrageinflation kommen. Löhne können somit wegen ihres doppelten Charakters als Kostenfaktor einerseits und als Einkommensbestandteil andererseits sowohl auf der Angebots- als auch auf der Nachfrageseite inflationäre Wirkungen haben.

Wechselwirkung zwischen Angebots- und Nachfrageinflation (Lohn-Preis-Spirale)

Durch einen Lohn- oder Gewinndruck verschiebt sich die gesamtwirtschaftliche Angebotskurve von A^0 nach A^1. Neben der angebotsbedingten Erhöhung des Preisniveaus von P^0 nach P^1 geht damit auch ein Rückgang von Y_r und eine Verschlechterung der Beschäftigungssituation einher. Wenn die Geldpolitik bereit ist, die sich abzeichnende Unterbeschäftigung mithilfe einer Ausdehnung der Geldmenge zu verhindern (expansive[1] Geldpolitik), kann die gesamtwirtschaftliche Nachfrage von N^0 nach N^1 steigen. Dadurch steigen Y_r und die Beschäftigung wieder auf das ursprüngliche Niveau Y^0_r. Gleichzeitig kommt es aber zu einer nachfragebedingten Erhöhung des Preisniveaus von P^1 nach P^2. Die Preissteigerungen geben Anlass für weitere Lohnerhöhungen, die eine Verschiebung von A^1 nach A^2 bewirken usw.

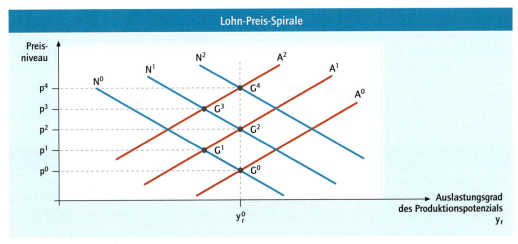

[1] expansiv *(lat.):* ausdehnend

Importierte Inflation

Preisniveausteigerungen im Inland können auf inflationäre Entwicklungen im Ausland zurückzuführen sein.

Inflationsursachen aus dem Ausland		
Geldmengeninflation	**Nachfrageinflation**	**Kosteninflation**
Durch Zufluss von Devisen (z. B. als Geldanlage aufgrund inflationärer Tendenzen im Ausland) steigt die inländische Geldmenge. Dies kann bei nachfragewirksamer Verwendung (z. B. erhöhte Kreditschöpfung der Banken) eine Geldmengeninflation auslösen.	Wenn die inländische Inflationsrate niedriger ist als die ausländische, steigt die Exportgüternachfrage. Dadurch wird das reale Güterangebot im Inland verknappt (Angebotslücke). Gleichzeitig steigt die Geldmenge durch den Devisenzufluss aus dem Ausland. Daraus kann eine Nachfrage bzw. Geldmengeninflation entstehen.	Wenn die Preise für importierte Rohstoffe steigen (z. B. Rohöl), löst das bei den betroffenen Unternehmen einen Kostendruck aus, der zu einer Angebotsinflation (Kostendruckinflation) führen kann.

Die Gefahr einer importierten Geldmengen- oder Nachfrageinflation besteht insbesondere bei festen Wechselkursen, wie sie bis 1973 zwischen dem US-Dollar und den Währungen der meisten Industrieländer bestanden haben. Bei flexiblen Wechselkursen wird diese Inflationsgefahr dagegen durch eine automatische Kurserhöhung der Inlandswährung (Aufwertung) gebremst.

5.6.6 Inflationswirkungen

Inflation kann zu einer erheblichen Beeinträchtigung wirtschafts- und gesellschaftspolitischer Ziele führen. Deshalb ist die Inflationsvermeidung und -bekämpfung ein wesentlicher Bereich der Wirtschaftspolitik.

Negative Verteilungswirkungen

Negative Wirkungen einer Inflation ergeben sich insbesondere für die Einkommens- und Vermögensverteilung in einer Volkswirtschaft (vgl. nachfolgende Übersicht „Umverteilungseffekte einer Inflation" auf S. 199).

Negative Allokations- und Wachstumseffekte

In einer Marktwirtschaft übernehmen die Preise u. a. eine Steuerungs- und Signalfunktion. Ein funktionierender Preismechanismus sorgt nach marktwirtschaftlicher Auffassung dafür, dass bedarfsgerechte Güter produziert und die Produktionsfaktoren einer effizienten Verwendung zugeführt werden (= optimale Allokation der Produktionsfaktoren). Im Fall einer Inflation ist die reibungslose Erfüllung dieser Preisfunktionen aber nicht mehr gewährleistet. Bei einer fortwährenden allgemeinen Preissteigerung können die Preise beispielsweise nicht mehr die Knappheit einzelner Güter signalisieren. Die Signalfunktion des Preises (= Preis als Knappheitsindikator) ist beeinträchtigt. Daraus können sich fehlerhafte Investitions- und Produktionsentscheidungen mit der Folge eines uneffizienten Einsatzes der Produktionsfaktoren (= Fehlallokation) ergeben. Das bedeutet im Vergleich zu einer inflationsfreien Wirtschaft ein geringeres Wachstum[1] und eine geringere Beschäftigung.

Außerdem sorgt ein stabiles Preisniveau dafür, dass die in die langfristigen Zinssätze einkalkulierte Inflationsrisikoprämie gering ist. Das führt zu einem niedrigen Niveau der langfristigen Zinsen und kann stimulierend auf Investitionen und Wachstum wirken. Hohe Inflationsraten können zudem die internationale Wettbewerbsfähigkeit einer Volkswirtschaft beeinträchtigen. Ein Rückgang der Exporte mit negativen Auswirkungen für Wachstum und Beschäftigung kann die Folge sein.

---

[1] Allerdings gibt es im internationalen Vergleich auch empirische Beispiele dafür, dass ein angemessenes Wirtschaftswachstum auch ohne Preisniveaustabilität stattfinden kann.

Ursachen und Auswirkungen von Geldwertminderungen

Umverteilungseffekte einer Inflation	
Benachteiligte Gruppen einer Inflation	**Begünstigte Gruppen einer Inflation**
Arbeitnehmer: Die Realeinkommen der Arbeitnehmer sinken, wenn die Preissteigerungen nicht oder erst mit zeitlichem Abstand durch höhere Löhne ausgeglichen werden. Die Arbeitnehmer sind in diesem Fall zumindest zeitweise Inflationsverlierer (Lohn-Lag-Hypothese). **Bezieher von Transfereinkommen:** Wenn Renten und andere staatliche Transferzahlungen (z. B. Kindergeld, Sozialhilfe) nicht oder nur verspätet in gleichem Maße erhöht werden, wie die Preise steigen, sinkt die reale Kaufkraft dieser Einkommensbezieher (Transfereinkommens-Lag-Hypothese).	**Unternehmer:** Die Bezieher von Gewinneinkommen sind gegenüber den Lohnempfängern im Vorteil, wenn die Erhöhung der Güterpreise einer Lohn- und Zinserhöhung vorausgeht. Da sich der Realwert von Sachvermögen durch die Inflation nicht ändert und betriebliches Vermögen großenteils aus Sachvermögen besteht, gehören die Unternehmer zu den Inflationsgewinnern.
Gläubiger (Sparer): Die Inflation wirkt sich auf Geldvermögen (Bankguthaben, Schuldverschreibungen usw.) anders als auf Sachvermögen (Immobilien, Maschinen usw.) aus. Der Realwert von Geldforderungen sinkt durch die Inflation. Nur wenn der Nominalzinssatz höher als die Inflationsrate ist, ist auch die Realverzinsung positiv. Andernfalls gehören die Gläubiger (Sparer) zu den Inflationsverlierern (Gläubiger-Schuldner-Hypothese). Wenn das Geld seine Funktion als Wertaufbewahrungsmittel *(vgl. 5.6.1)* verliert, kommt es zu einer „Flucht in die Sachwerte (Betongold)", d. h., die Nachfrage nach Sachvermögen (Grundstücke, Häuser, Edelmetalle) steigt. Dadurch werden zusätzliche Preissteigerungen ausgelöst.	**Schuldner:** Wenn die Höhe der zu tilgenden Schuld in einem festen Geldbetrag besteht und nicht durch Inflationsgleitklauseln an die tatsächliche Kaufkraftentwicklung angepasst wird, gehören die Schuldner zu den Inflationsgewinnern. Der Realwert ihrer Schulden wird durch die Inflation geringer. Das gilt auch für die Staatsverschuldung. Angesichts der hohen Verschuldung mancher Staaten können Politiker daher durchaus ein Interesse an höheren Inflationsraten haben, um so die reale Staatsverschuldung zu senken und zur Lösung der Finanzierungsprobleme des Staates beizutragen.
Steuerzahler: Aufgrund des progressiven Einkommensteuertarifs (in Deutschland seit 2007 von 15 % bis 42 %) werden höhere Einkommen infolge der Progression mit einem höheren Steuersatz belegt. Sind die Einkommenssteigerungen lediglich Ausgleich für Preissteigerungen, liegt für die Steuerzahler kein realer Kaufkraftzuwachs vor. Trotzdem steigt die Einkommensteuerbelastung absolut und prozentual (kalte Progression). Bei Preissteigerungen erhöhen sich auch die von den Endverbrauchern zu tragenden Verbrauchsteuern (z. B. Umsatzsteuer). Die Steuerzahler gehören daher zu den Inflationsverlierern.	**Staat:** Wenn es als Ausgleich für Preissteigerungen zu Einkommenssteigerungen kommt, steigen auch die Steuereinnahmen des Staates aus der Einkommensteuer. Daneben erhöhen Preissteigerungen das Umsatzsteueraufkommen. Außerdem nimmt der Realwert der enormen Staatsschulden durch die Inflation ab. Der Staat gehört daher zunächst zu den Inflationsgewinnern. Wenn aber die Staatsausgaben aufgrund der Inflation ansteigen (z. B. höhere Gehälter im öffentlichen Dienst, höhere Preise für staatliche Bauaufträge usw.), kann der Staat mittel- bis langfristig auch zu den Inflationsverlierern gehören.

5.7 Deflation

Deflation ist ein Prozess anhaltender Preisniveausenkung bzw. anhaltender Geldwertsteigerung.

Ein **Ungleichgewicht** zwischen monetärer Gesamtnachfrage und güterwirtschaftlichem Gesamtangebot kann sowohl Ursache einer **Inflation** als auch Ursache einer **Deflation** sein. Wenn das Wachstum der gesamtwirtschaftlichen Nachfrage nachhaltig hinter dem Anstieg des realen Inlandprodukts (= gesamtwirtschaftliches Angebot) zurückbleibt, kommt es zu einer **Nachfragelücke**. Die Preissenkungen und die dadurch ausgelösten Lohnsenkungen führen zu Gewinn- und Einkommensminderungen, die wiederum weitere Nachfragerückgänge auslösen. Ein solches gesamtwirtschaftliches Missverhältnis zwischen Angebot und Nachfrage, das auch als **deflatorische Lücke** bezeichnet wird, kann binnenwirtschaftlich bedingt sein durch

- pessimistische Zukunftserwartungen mit abnehmender Konsum- und Investitionsneigung, zunehmender Ersparnisbildung, abnehmender Kreditnachfrage, sinkenden Zinsen und sinkender Umlaufgeschwindigkeit des Geldes,

- Kürzungen der Staatsausgaben zum Ausgleich von Defiziten öffentlicher Haushalte.

Auslöser einer deflationären Entwicklung kann ein Börsenkrach sein. So leiteten beispielsweise die als „Schwarzer Freitag" bekannten Kursverluste an der New Yorker Aktienbörse vom 25. Oktober 1929 eine weltweite Deflation (Weltwirtschaftskrise 1929–1933) ein. In Japan war das Platzen einer „Spekulationsblase" Ende der 1980er-Jahre der Beginn einer über ein Jahrzehnt dauernden Deflation. Auch in der Euro-Zone sind seit der internationalen Bankenkrise (2009) die Preissteigerungsraten auf ein Niveau gesunken, das von einigen Wirtschaftswissenschaftlern als Deflationsgefahr angesehen wird. Die niedrigen Preissteigerungsraten sind aber in erster Linie auf gesunkene Rohstoffpreise (in erster Linie Erdöl) und nicht so sehr auf einen Rückgang der gesamtwirtschaftlichen Nachfrage zurückzuführen.

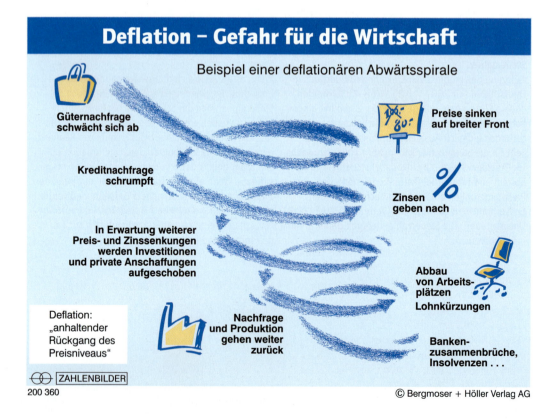

5.8 Geldpolitische Instrumente des Europäischen Systems der Zentralbanken

Unter Geldpolitik sind alle Maßnahmen der Europäischen Zentralbank (EZB) zu verstehen, die darauf gerichtet sind, insbesondere das Ziel der Preisniveaustabilität in den Mitgliedsstaaten der EURO-Zone zu erreichen.

5.8.1 Geldpolitische Strategie und Instrumente im Überblick

Geldpolitische Strategie: Zwei-Säulen-Konzept

Weil die Inflationsrate als wichtigste Zielgröße der Geldpolitik nicht direkt kontrolliert und beeinflusst werden kann, benötigt jede Zentralbank Regeln, an denen sie sich bei ihren geldpolitischen Entscheidungen orientieren kann. Diese grundsätzlichen Regeln werden als **geldpolitische Strategie** bezeichnet.

Die **Europäische Zentralbank** hat für das Euro-Währungsgebiet mittelfristig eine Preisniveausteigerung von jährlich **„unter, aber nahe bei 2 %"** als Ziel festgelegt. Durch die Festlegung der Obergrenze deutlich über null soll einerseits die Gefahr einer Deflation verhindert und andererseits die wegen Messfehlern üblicherweise **zu hoch** angesetzte Preisniveauerhöhung berücksichtigt werden.

Geldmengenziel (Orientierungsgröße) der EZB	
Trendmäßiges Wachstum des Produktionspotenzials	2,0 % bis 2,5 %
+ Preisniveausteigerung (Ziel)	unter, aber nahe bei 2,0 %
+ Zuschlag für trendmäßigen Rückgang der Umlaufgeschwindigkeit	0,5 % bis 1,0 %
Geplantes Wachstum der Geldmenge M3 im Jahresdurchschnitt	4,5 %

201

Bei geldpolitischen Entscheidungen, mit denen dieses Ziel erreicht werden soll, stützt sich die EZB auf die Analyse von zwei Bereichen, von denen negative Folgen für die Preisniveaustabilität ausgehen können **(Zwei-Säulen-Konzept)**. Im Vordergrund steht seit 2003 die Analyse der wirtschaftlichen Entwicklung (z. B. allgemeine konjunkturelle Situation, Lohnstückkosten, Ölpreis, Wechselkurse) und deren kurz- bis mittelfristige Inflationswirkung (Erste Säule). Danach erst erfolgt die sogenannte monetäre Analyse, bei der mittel- bis langfristige Inflationstrends aufgrund des Zusammenhangs zwischen Geldmenge und Preisniveau beurteilt werden.

Geldmengenziel

Das als Orientierungsgröße (Referenzwert) bekannt gegebene Geldmengenziel (zuletzt: jährliches Wachstum der Geldmenge M3 um 4,5 %) wird künftig nicht mehr jährlich überprüft, sondern als längerfristiger Richtwert aufgefasst.

Zusammenhang zwischen Geldmenge und Preisniveau

Der Zusammenhang zwischen Geldmengen- und Preisentwicklung im Euro-Währungsgebiet sowie der Rückgang der Umlaufgeschwindigkeit in Deutschland geht aus den beiden folgenden Abbildungen hervor.

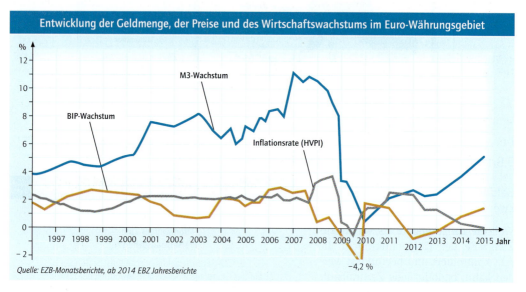

Daraus ist ersichtlich, dass eine Ausweitung der Geldmenge M3 nicht zwangsläufig zu einer Erhöhung des Preisniveaus führt. Das kann z. B. folgende Ursachen haben:

- Durch verstärkte Kreditgewährung der Banken steigt zwar M1 und somit auch M3. Wenn diese finanziellen Mittel aber nicht für den Kauf von Gütern, die im Verbraucherpreisindex erfasst werden, verwendet werden, sondern z. B. für Immobilien oder Finanzanlagen, ergibt sich kein Anstieg des Verbraucherpreisindex.

- Durch Umschichtungen innerhalb des Geldvermögens kann es zu einer Erhöhung von M3 ohne Auswirkungen auf den Verbraucherpreisindex kommen. Wenn beispielsweise im Zuge einer Finanz- und Börsenkrise die Anleger Aktien und Investmentfondsanteile verkaufen und die Beträge sicherheitsorientiert in Termin- und Spareinlagen anlegen, steigt M3. Der Verbraucherpreisindex wird dadurch nicht beeinflusst.

- Die Umlaufgeschwindigkeit sinkt.

Geldpolitische Instrumente im Überblick

Mit den geldpolitischen Instrumenten, wie sie in der folgenden Übersicht dargestellt sind, will die EZB zunächst **direkt** den **Geldmarkt**, der im engeren Sinne den Handel mit **Zentralbankgeld** zwischen den Geschäftsbanken umfasst, beeinflussen.

Geldpolitisches Instrumentarium der EZB		
Offenmarktgeschäfte[1]	Ständige Fazilitäten[2]	Mindestreservepolitik
Zu den Offenmarktgeschäften gehören folgende Maßnahmen: Kreditvergabe an Geschäftsbanken, Kauf und Verkauf von Wertpapieren zwischen EZB und Geschäftsbanken sowie Ausgabe von EZB-Schuldverschreibungen.	Gewährung von Tagesgeldkrediten an die Geschäftsbanken bzw. Anlage überschüssiger Liquidität als Tagesgeld bei der EZB; Festlegung von Ober- und Untergrenzen der Zinssätze für täglich fällige Geldanlagen.	Die Geschäftsbanken sind verpflichtet, in Höhe eines bestimmten Anteils der Einlagen ihrer Kunden Guthaben bei der Zentralbank zu unterhalten. Die Mindestreserveguthaben werden verzinst.

Eine Bank kann sich Zentralbankgeld nicht nur bei der EZB, sondern auch bei anderen Banken, die über überschüssige Liquidität verfügen, beschaffen. Der Markt, der dem Ausgleich von kurzfristigen Liquiditätsüberschüssen und -defiziten im Bankensystem dient, ist der **Geldmarkt**. Das Zentralbankgeld wird zwischen den einzelnen Banken telefonisch gehandelt. Je nach der Überlassungsfrist ergeben sich unterschiedliche Zinssätze **(Geldmarktsätze)** für Tagesgeld, Einmonatsgeld, Dreimonatsgeld, Sechsmonatsgeld und Zwölfmonatsgeld.

Indirekt soll durch die Veränderung der Bankenliquidität und des Zinsniveaus auf dem Geldmarkt **Einfluss auf die Kreditbedingungen** ausgeübt werden, die die Geschäftsbanken ihren Kunden einräumen. Erst wenn der Impuls der Zentralbank sich im Verhalten der Nichtbanken (andere Unternehmen, private Haushalte, Staat) niederschlägt, können sich Geldmenge und Preisniveau verändern.

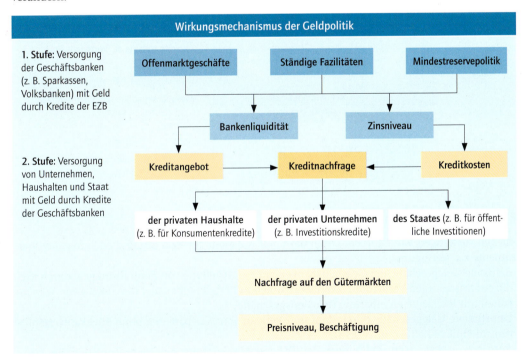

---

1 Der Begriff „offener Markt" bringt zum Ausdruck, dass die EZB die Wertpapiere nicht direkt vom Emittenten (z. B. dem Staat) übernehmen darf, sondern auf dem Geld- bzw. Kapitalmarkt kaufen bzw. verkaufen muss. Inzwischen wird der Begriff „Offenmarktpolitik" aber für alle Maßnahmen benutzt, die von der Zentralbank als Offenmarktgeschäfte bezeichnet werden. Es muss sich dabei nicht unbedingt um Käufe und Verkäufe von Wertpapieren am offenen Markt handeln.

2 Fazilität *(lat.):* Leichtigkeit; Möglichkeit, bei Bedarf kurzfristig Kredite in Anspruch nehmen oder Guthaben anlegen zu können.

5.8.2 Offenmarktpolitik

Grundlagen und Wirkungszusammenhänge

Der Begriff „Offenmarktpolitik" bezeichnet im ursprünglichen Sinne den Kauf und Verkauf von Wertpapieren durch die Zentralbank. Für die EZB ist aber inzwischen die Vergabe von Krediten an die Geschäftsbanken das wichtigste Instrument der Offenmarktpolitik. Ziel dieser Maßnahmen ist es, die Zentralbankgeldmenge und das allgemeine Zinsniveau zu beeinflussen. Bezogen auf den Wertpapierhandel und die Kreditgeschäfte zwischen Zentralbank und Geschäftsbanken ergibt sich folgender Wirkungszusammenhang **(Transmissionsmechanismus).**

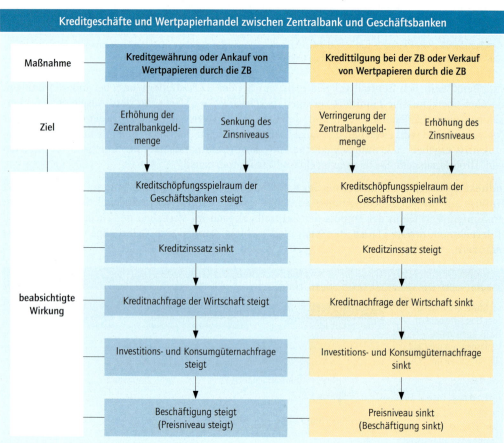

Instrumente der Offenmarktpolitik

Von den vielfältigen Varianten der Offenmarktpolitik stehen der EZB grundsätzlich folgende Instrumente zur Verfügung:
- Befristete Geldgeschäfte mit Geschäftsbanken zur Bereitstellung von Zentralbankgeld durch Kreditgewährung gegen Verpfändung von Wertpapieren (Pfandkredite) oder durch Kauf von Wertpapieren mit Rückkaufvereinbarung (Pensionsgeschäfte)
- Unbefristete Geldgeschäfte durch Kauf und Verkauf von Wertpapieren ohne Rückkaufvereinbarung (definitive Käufe und Verkäufe)
- Ausgabe von Schuldverschreibungen der EZB zur Abschöpfung von Zentralbankgeld (Emission in abgezinster Form und Rücknahme zum Nennwert)
- Befristete Devisengeschäfte mit Geschäftsbanken in Form von Devisenswapgeschäften. Für eine Verringerung der Zentralbankgeldmenge kauft die EZB Euro am **Kassamarkt** gegen Fremdwährungen (z. B. US-$). Die Erfüllung des Geschäfts, d. h. Bezahlung und Lieferung der Fremd-

Geldpolitische Instrumente des Europäischen Systems der Zentralbanken

währungen, muss sofort erfolgen. **Gleichzeitig** kauft die EZB entsprechende Fremdwährungen wieder gegen Euro am **Terminmarkt**, wo das Erfüllungsgeschäft erst später zu einem beim Geschäftsabschluss vereinbarten Zeitpunkt und Kurs erfolgt.

- Hereinnahme von Termineinlagen zur Abschöpfung von Zentralbankgeld

Überblick über Instrumente der Offenmarktpolitik der EZB

Die Geldgeschäfte der EZB zur **Beeinflussung der Zentralbankgeldmenge** und damit zur **Liquiditätsversorgung der Geschäftsbanken** im Rahmen der **Offenmarktpolitik** lassen sich hinsichtlich Zielsetzung, Laufzeit und Rhythmus in die vier folgenden Gruppen einteilen.

Offenmarktpolitik der EZB				
Bezeichnung	Hauptrefinanzierungsgeschäfte	Längerfristige Refinanzierungsgeschäfte	Feinsteuerungsoperationen	Strukturelle Operationen
Ziel	kurzfristige Versorgung der Geschäftsbanken mit Liquidität (Refinanzierung)	längerfristige Versorgung der Geschäftsbanken mit Liquidität (Refinanzierung)	Steuerung der Liquidität der Geschäftsbanken und der Zinssätze bei unerwarteten Schwankungen	Anpassung der strukturellen Liquiditätslage der Geschäftsbanken
Instrumente zur Bereitstellung von Zentralbankgeld	befristete Geldgeschäfte z. B. in Form von Pfandkrediten	befristete Geldgeschäfte z. B. in Form von Pfandkrediten	▎befristete Geldgeschäfte z. B. in Form von Pfandkrediten ▎befristete Devisenkäufe ▎Wertpapierkäufe	▎befristete Geldgeschäfte z. B. in Form von Pfandkrediten ▎Wertpapierkäufe
Instrumente zur Abschöpfung von Zentralbankgeld			▎befristete Devisenverkäufe ▎Hereinnahme von Termineinlagen ▎Wertpapierverkäufe	▎Ausgabe von Schuldverschreibungen ▎Wertpapierverkäufe
Laufzeit	eine Woche	drei Monate	keine feste Laufzeit	mit und ohne feste Laufzeiten
Rhythmus	wöchentlich auf Initiative des EZB	monatlich auf Initiative des EZB	von Fall zu Fall	regelmäßig und/oder von Fall zu Fall

Erst kurz vor Beginn der Währungsunion fiel die Entscheidung, die EZB auch mit dem Instrument der Mindestreservepolitik auszustatten. Da die Mindestreservepolitik ebenfalls eine Liquiditätssteuerung und -anpassung ermöglicht, haben die **Feinsteuerungsoperationen** und die **strukturellen Operationen** im Rahmen der Offenmarktpolitik nur **geringe Bedeutung**.

Überblick über Refinanzierungsgeschäfte der EZB

Die offenmarktpolitischen Aktivitäten der EZB zur Bereitstellung von Zentralbankgeld konzentrieren sich auf die **Hauptrefinanzierungsgeschäfte** und die **längerfristigen Refinanzierungsgeschäfte**. Die konkrete Ausgestaltung dieser beiden Geschäftsarten hängt von den Vertragsbeziehungen zwischen der EZB und den Geschäftspartnern ab. Dabei lassen sich zwei Formen unterscheiden:

Kredite gegen Verpfändung[1]	Pensionsgeschäfte[2] (Wertpapierkäufe mit Rückkaufvereinbarung):
Die EZB gewährt den Geschäftsbanken Kredite und stellt ihnen für die Laufzeit des Kredits Zentralbankgeld zur Verfügung. Als Sicherheit verpfänden die Geschäftsbanken Wertpapiere oder Kreditforderungen an die EZB (Pfandkredite).	Die EZB kauft von den Geschäftsbanken für einen befristeten Zeitraum Wertpapiere und bezahlt diese mit Zentralbankgeld. Zum vereinbarten Termin müssen die Wertpapiere von den Geschäftsbanken zurückgekauft werden.

[1] Kredite, bei denen verpfändete Wertpapiere als Sicherheit dienen, werden normalerweise als **Lombardkredite** bezeichnet. Nach der Systematik der geldpolitischen Instrumente des ESZB wird diese Art der Refinanzierung der Offenmarktpolitik zugerechnet und **nicht** als Lombardpolitik bezeichnet.

[2] Diese Geschäfte werden auch als Repos (Repurchase Agreements) bezeichnet.

Beide Geschäfte sind selbstliquidierend, d. h., zum vereinbarten Rückkauftermin bzw. am Ende der Kreditlaufzeit verringert sich die Zentralbankgeldmenge ohne zusätzliche Maßnahmen der EZB automatisch.

> **Die Deutsche Bundesbank als ausführendes Organ des Eurosystems betreibt die Offenmarktgeschäfte zur Refinanzierung ausschließlich in Form von Pfandkrediten.**

Pfandkredite sind bei der gleichzeitigen Inanspruchnahme mehrerer Refinanzierungsmöglichkeiten einfacher zu handhaben als Pensionsgeschäfte. Die als Pfand hinterlegten Wertpapiere und Kreditforderungen werden einem Sicherheitspool (Pfandkonto der Geschäftsbank bei der Bundesbank) zugeführt. Nimmt eine Geschäftsbank eine der Refinanzierungshilfen in Anspruch, wird lediglich der Sicherheitspool in Höhe des Kreditbetrags mit einer Verfügungssperre belegt. Der nicht belastete Teil des Pools kann für andere Refinanzierungsgeschäfte genutzt werden. Neben marktfähigen Schuldverschreibungen und am geregelten Markt gehandelten Aktien gehören zu den verpfändbaren Sicherheiten auch Kreditforderungen. Handelswechsel können dagegen seit 2007 nicht mehr an die EZB verpfändet werden.

Hauptrefinanzierungsgeschäfte

Das wichtigste Geldgeschäft im Rahmen der Offenmarktpolitik der EZB ist die Versorgung der Geschäftsbanken mit Zentralbankgeld mit einer Befristung auf eine Woche (**Hauptrefinanzierungsgeschäfte**). Diese Refinanzierungsmöglichkeit wird in wöchentlichem Rhythmus angeboten. Die Zuteilung der Gelder erfolgt im Rahmen einer **Ausschreibung**. Je nach Art des angewandten Ausschreibungsverfahrens (siehe nächste Seite) stellt der aktuelle von der EZB als **Leitzins** festgesetzte **Hauptrefi-Satz** (vgl. Grafik S. 210) entweder den **Festzinssatz** (beim Mengentender) oder den **Mindestbietungssatz** (beim Zinstender) dar.

> **Ankündigung der Zentralbank vom 10.02.2016**
>
> Liquiditätsbereitstellung über Offenmarktkredite
>
> **Hauptrefi-Geschäft**
> Mengentender
> Zuteilung: 11.02.2016   11:15 Uhr
>
> Laufzeit: 7 Tage   Festzinssatz: 0,05 %

Längerfristige Refinanzierungsgeschäfte

Im Gegensatz zu dem kurzfristigen Hauptrefinanzierungsinstrument werden die **längerfristigen Refinanzierungsgeschäfte** mit einer Laufzeit von drei Monaten im monatlichen Rhythmus angeboten. Sie unterstützen damit die längerfristige Liquiditätsplanung der Geschäftsbanken. Mit dieser Refinanzierungsmöglichkeit ist nicht beabsichtigt, (zusätzliche) geldpolitische Signale zu geben. Sie dient vielmehr dazu, Liquiditätsschwankungen bei den Geschäftsbanken auszugleichen. Die Zinssätze für dieses sogenannte **längerfristige Refi-Geschäft** sind richtungsweisend für Geldgeschäfte mit gleicher Laufzeit zwischen den Banken (Interbankenmarkt).

> **Ankündigung der Zentralbank vom 28.01.2016**
>
> Liquiditätsbereitstellung über Offenmarktkredite
>
> **Längerfristiges Refinanzierungsgeschäft**
> Mengentender
> Zuteilung 29.01.2016   11:15 Uhr
>
> Laufzeit: 90 Tage   Festzinssatz: 0,05 %

> **Die Offenmarktpolitik der EZB besteht vor allem in der Versorgung der Geschäftsbanken mit Zentralbankgeld (Refinanzierung der Geschäftsbanken) durch Kredite mit Laufzeiten von einer Woche (Hauptrefinanzierungsgeschäfte) bzw. drei Monaten (längerfristige Refinanzierungsgeschäfte).**

> **Der Zinssatz, zu dem den Geschäftsbanken Kredite mit einwöchiger Laufzeit gewährt werden (= Hauptrefinanzierungssatz), wird als Leitzins bezeichnet, da seine Höhe den von der EZB angestrebten geldpolitischen Kurs signalisiert.**

Geldpolitische Instrumente des Europäischen Systems der Zentralbanken

Verfahren zur Zuteilung von Zentralbankgeld

Die Kreditvergabe und damit die Bereitstellung von Zentralbankgeld erfolgt durch ein Ausschreibungsverfahren, bei dem die interessierten Geschäftsbanken Angebote abgeben können **(Tenderverfahren)**[1]. Ausschreibungen, die innerhalb von 24 Stunden abgewickelt werden und sich an alle Geschäftsbanken richten, werden als **Standardtender** bezeichnet. Sowohl das Hauptrefinanzierungsinstrument (= Haupttender) als auch die längerfristigen Refinanzierungsinstrumente (= Basistender) werden ausschließlich als Standardtender angeboten.

	Ablauf des Tenderverfahrens
1	Ankündigung durch die EZB und die nationalen Zentralbanken (z. B. Montag ab 15:30 Uhr)
2	Abgabe von Geboten durch die Geschäftsbanken (z. B. Montag ab 16:00 Uhr bis Dienstag 09:30 Uhr)
3	Zusammenstellung der Gebote durch die EZB
4	Zuteilung durch die EZB und Bekanntgabe der Ergebnisse (z. B. Dienstag ab 11:15 Uhr)
5	Bestätigung der einzelnen Zuteilungsergebnisse
6	Gutschrift der Zuteilungsbeträge auf den Konten der Geschäftsbanken (z. B. Mittwoch ab 11:00 Uhr)

Nur die Feinsteuerungsoperationen werden im Rahmen eines **Schnelltenders** (in der Regel innerhalb von einer Stunde von der Terminankündigung bis zur Bestätigung des Zuteilungsergebnisses) durchgeführt.

> **Die Zuteilung von Zentralbankgeld an die Geschäftsbanken erfolgt im Rahmen der Offenmarktpolitik durch ein Ausschreibungsverfahren, bei dem die Geschäftsbanken Gebote über die gewünschten Beträge abgeben können (Tenderverfahren).**

Je nach geldpolitischer Absicht kommt entweder ein **Mengentender** oder ein **Zinstender** infrage.

Mengentender (Festsatztender)

Beim Mengentender legt die EZB im Voraus den Zinssatz fest, zu dem sie bereit ist, den Geschäftsbanken Zentralbankgeld zu überlassen. Die Geschäftsbanken geben Gebote über den **Kreditbetrag** ab, den sie zu diesem Festsatz in Anspruch nehmen wollen. Normalerweise liegt die Summe der Einzelgebote erheblich über dem geldpolitisch beabsichtigten Zuteilungsvolumen, sodass den Geschäftsbanken nur ein bestimmter Prozentsatz des gewünschten Kreditbetrags zugeteilt werden kann **(= Repartierung)**[2]. Der Mengentender wird angewandt, wenn die EZB ein Zinssignal geben möchte.

Bei diesem anfänglich im Rahmen der Hauptrefinanzierungsgeschäfte angewandten Zuteilungsverfahren ergaben sich wegen der hohen Kreditwünsche der Banken (Überbietung) äußerst niedrige Zuteilungssätze. Ab 2000 erfolgte die Zuteilung daher nicht mehr als Mengen-, sondern ausschließlich als Zinstender. Im Zuge der Finanz- und Bankenkrise kam aber ab Nov. 2008 für beide Refinanzierungsgeschäfte (wieder) der Mengentender zur Anwendung. Zur Verbesserung der Liquiditätslage im Bankensektor wurden dabei ausnahmsweise allen Bietern der zum vorgegebenen Zinssatz gewünschte Kreditbetrag in vollem Umfang zugeteilt. Eine Repartierung war somit nicht nötig.

---

1 tender *(engl.):* Zahlungsangebot, Ausschreibung
2 repartieren: *(lat.):* verteilen

Beispiel: Liquiditätszuführung im Rahmen des Hauptrefi-Geschäfts mit Mengentender

1. Die EZB teilt den Geschäftsbanken mit, dass sie beabsichtigt, Zentralbankgeld im Rahmen des Hauptrefi-Geschäfts mit Mengentender zuzuteilen.
2. Die Geschäftsbanken A, B und C geben mehrere Gebote ab.
3. Die EZB stellt die Gebote zusammen (vgl. untenstehende Tabelle) und legt das Zuteilungsvolumen auf 100 Mio. € fest.

Geschäftsbank	Gebot (Mio. €)
A	30
B	40
C	55
Insgesamt	125

4. Die Zuteilung wird wie folgt berechnet:

$$\frac{\text{zuzuteilender Betrag (100 Mio. €)} \cdot 100}{\text{gebotener Gesamtbetrag (125 Mio. €)}} = \text{Zuteilungsquote in \% (80 \%)}$$

5. Jede der drei Geschäftsbanken erhält 80 % ihres Gebots zugeteilt:
Geschäftsbank A: 24,0 Mio. €, Geschäftsbank B: 32,0 Mio. €, Geschäftsbank C: 44,0 Mio. €
Die Gesamtsumme der Zuteilung entspricht dem zugeteilen Betrag von 100 Mio. €.

Zinstender (Tender mit variablem Zinssatz)

Beim Zinstender geben die Geschäftsbanken Gebote ab, in welcher Höhe und zu welchem Zinssatz sie Kredite bei der EZB aufnehmen wollen. Je dringender eine Geschäftsbank Zentralbankgeld benötigt, umso höher ist der angebotene Zinssatz. Von ein und derselben Geschäftsbank können bis zu 10 Gebote mit verschiedenen Zinssätzen (kleinster Zinsschritt 0,01 Prozentpunkte) eingereicht werden.

Beispiel: Liquiditätszuführung im Rahmen des Hauptrefi-Geschäfts mit Zinstender

1. Die EZB teilt den Geschäftsbanken mit, dass sie beabsichtigt, Zentralbankgeld im Rahmen des Hauptrefi-Geschäfts (befristete Transaktion) mit Zinstender zuzuteilen. Anders als bei den längerfristigen Refi-Geschäften wird dabei ein Zinssatz, der nicht unterschritten werden darf (Mindestbietungssatz = Hauptrefi-Satz), vorgegeben (z. B. 3 %).
2. Die Geschäftsbanken A, B und C geben mehrere Gebote ab.
3. Die EZB beschließt 100 Mio. € zuzuteilen und stellt die Gebote wie folgt zusammen:

	Gebotene Beträge (in Mio. €) bei einem Zinssatz von ... %						Summe
	3,09	3,08	3,07	3,06	3,05	3,04	3,03	
Geschäftsbank A	–	5,0	5,0	5,0	10,0	5,0	5,0	35,0
Geschäftsbank B	5,0	5,0	10,0	10,0	15,0	5,0	–	50,0
Geschäftsbank C	5,0	5,0	10,0	15,0	15,0	5,0	10,0	65,0
Gebote insgesamt	10,0	15,0	25,0	30,0	40,0	15,0	15,0	150,0
kumulierte Gebote	10,0	25,0	50,0	80,0	120,0	135,0	150,0	

4. Die Zuteilung beginnt bei den höchsten gebotenen Zinssätzen. Jedes Gebot erhält so lange eine volle Zuteilung, bis das beabsichtigte Zuteilungsvolumen ausgeschöpft ist. Können beim niedrigsten zum Zuge kom-

Geldpolitische Instrumente des Europäischen Systems der Zentralbanken

menden Zinssatz nicht mehr alle Gebote befriedigt werden, muss – wie beim Mengentender – eine Zuteilungsquote berechnet werden (Repartierung). Der Zinssatz, zu dem eine Zuteilung gerade noch (ganz oder teilweise) möglich ist, wird als **marginaler**[1] **Zinssatz** bezeichnet.

Bei einer Zuteilungssumme von 100 Mio. € liegt der marginale Zinssatz im vorliegenden Beispiel bei 3,05 %. Alle Gebote über 3,05 % werden bis zu einem Gesamtbetrag von 80 Mio. € voll zugeteilt. Die 40 Mio. €, für die ein Zinssatz von 3,05 % geboten wurde, können nur teilweise zugeteilt werden. Die Zuteilungsquote für die Gebote zum marginalen Zinssatz ergibt sich wie folgt:

(Gesamter Zuteilungsbetrag − Betrag der voll zugeteilten Gebote) · 100

$$\frac{100\ \text{Mio. €} - 80\ \text{Mio. €}}{40\ \text{Mio. €}} = \text{Zuteilung in \%} = 50\ \%$$

(Summe der Gebote zum marginalen Zinssatz)

Zinstender: Holländisches oder amerikanisches Verfahren

Die Verzinsung der zugeteilten Beträge erfolgt entweder zum marginalen Zinssatz (**= holländisches Verfahren**) oder zu den individuellen Bietungssätzen der Geschäftsbanken (**= amerikanisches Verfahren**).

Die Zinstender der EZB werden ausschließlich nach dem amerikanischen Verfahren abgerechnet.

Beispiel

Abrechnung der Zuteilung nach dem amerikanischen Verfahren zu den individuellen Bietungssätzen der Geschäftsbanken								
	Gebote (in Mio. €)	Zugeteilte Beträge (in Mio. €) zu einem Zinssatz von ... %					Zuteilung insgesamt
		3,09	3,08	3,07	3,06	3,05	
Geschäftsbank A	35,0	–	5,0	5,0	5,0	5,0	20,0
Geschäftsbank B	50,0	5,0	5,0	10,0	10,0	7,5	37,5
Geschäftsbank C	65,0	5,0	5,0	10,0	15,0	7,5	42,5
Insgesamt	150,0	10,0	15,0	25,0	30,0	20,0	100,0

$$\text{Zinstender: Zuteilungssatz (\%) beim marginalen Zinssatz} = \frac{(\text{zuzuteilender Gesamtbetrag} - \text{Betrag der voll zugeteilten Gebote})}{\text{Gesamtbetrag der Gebote zum marginalen Zinssatz}} \cdot 100$$

Höhe der Refinanzierungsgeschäfte

Bei den **Hauptrefinanzierungsgeschäften** im Rahmen des Zinstenders veröffentlicht die EZB am Ankündigungstag den von ihr **geschätzten Liquiditätsbedarf** der Geschäftsbanken. Dadurch soll den Geschäftsbanken eine Orientierungshilfe für die Vorbereitung der Gebote gegeben werden. Zusätzlich wird auch am Zuteilungstag eine aktualisierte Schätzung über den Betrag veröffentlicht, der nach Auffassung der EZB normalerweise erforderlich ist, um am kurzfristigen Geldmarkt ausgeglichene Bedingungen herzustellen („Benchmark-Zuteilung"[2]).

Bei den **längerfristigen Refinanzierungsgeschäften** wird das Volumen, das in den nächsten Zinstendern zugeteilt werden soll, im Voraus bekannt gegeben.

---

[1] marginal *(lat.)*: am Rande, auf der Grenze liegend
[2] Benchmark *(engl.)*: Maßstab, Orientierungspunkt

5.8.3 Ständige Fazilitäten[1]

Zwei Arten von Fazilitäten

Im Rahmen der **ständigen Fazilitäten** (= Inanspruchnahme von Krediten und Geldanlagen bei Bedarf) der EZB lassen sich folgende beiden Arten unterscheiden:

	Ständige Fazilitäten	
Maßnahme	Spitzenrefinanzierungsfazilität Kreditgewährung der EZB zum Spitzenrefinanzierungssatz gegen Verpfändung von Wertpapieren (Übernachtkredit)	Einlagefazilität Anlage von Tagesgeld bei der EZB zum Einlagesatz
Ziel	Kurzfristige Bereitstellung von Zentralbankgeld (Liquidität) für die Geschäftsbanken. Der Spitzenrefinanzierungssatz bildet die Obergrenze des Tagesgeldsatzes.	Kurzfristige Abschöpfung von Zentralbankgeld (Liquidität) der Geschäftsbanken. Der Einlagesatz bildet die Untergrenze des Tagesgeldsatzes.
Laufzeit	ein Tag	
Inanspruchnahme	auf Initiative der Geschäftsbanken bei Bedarf	

Die Geschäftsbanken können bei der EZB Tagesgeldkredite aufnehmen (Spitzenrefinanzierungsfazilität) und überschüssige Liquidität als Tagesgeld verzinslich anlegen (Einlagefazilität).

Zinskanal

Der Zinssatz für die Spitzenrefinanzierungsfazilität ist in der Regel deutlich höher und der Zinssatz für die Einlagefazilität deutlich niedriger als die entsprechenden Zinssätze am Geldmarkt, zu denen **Banken untereinander** kurzfristig Geld ausleihen oder anlegen **(Interbankenmarkt)**. Daher nutzen die Geschäftsbanken die ständigen Fazilitäten normalerweise nur, wenn es keine Alternativen gibt. Da aber der Zugang zu diesen Kredit- und Geldanlagemöglichkeiten – abgesehen von den geforderten Sicherheiten bei der Spitzenrefinanzierungsfazilität – keinen Beschränkungen unterliegt, bilden ihre Zinssätze im Allgemeinen eine Ober- und Untergrenze des Tagesgeldsatzes am Geldmarkt **(Zinskanal)**. Die geldpolitische Funktion dieses Instruments besteht somit darin, die Schwankungsbreite des (Tages-)Geldmarktsatzes zu begrenzen.

Aufgabe 5.20, S. 234

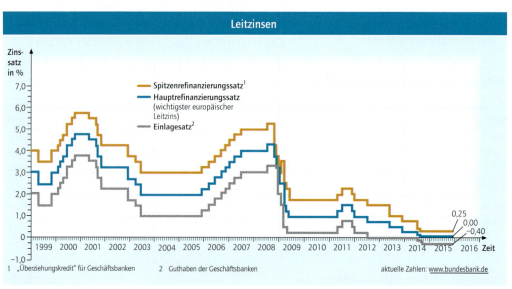

1 „Überziehungskredit" für Geschäftsbanken   2 Guthaben der Geschäftsbanken   aktuelle Zahlen: www.bundesbank.de

---
1 facilitas *(lat.)*: Leichtigkeit

Geldpolitische Instrumente des Europäischen Systems der Zentralbanken

> Der Unterschied zwischen den Zinssätzen für die Spitzenrefinanzierungsfazilität (= Obergrenze) und für die Einlagefazilität (= Untergrenze) wird als Zinskanal bezeichnet. Der Zinskanal entspricht der Schwankungsbreite für Tagesgeldzinsen am Geldmarkt.

Leitzinsen

> Neben dem Hauptleitzins (= Haupt-Refisatz) werden auch der Spitzenrefinanzierungssatz und der Einlagesatz als Leitzinsen bezeichnet. Bei einer Veränderung der Leitzinsen durch die EZB werden alle drei Leitzinsen gleichzeitig erhöht oder gesenkt.

Der Abstand zwischen dem Haupt-Refisatz und den beiden anderen Leitzinsen, der ursprünglich jeweils 1 Prozentpunkt nach oben und unten betragen hatte, wurde im Rahmen der Bankenkrise seit 2008 zeitweise auf 0,25 Prozentpunkte verringert. Durch diese Verengung des Zinskanals sollten die Schwankungen beim Zinssatz für Tagesgeld (Interbankenmarkt) weiter eingeschränkt werden.

5.8.4 Mindestreservepolitik

> Mindestreserven sind Guthaben, die die Geschäftsbanken bei den nationalen Zentralbanken zwangsweise hinterlegen müssen.

Die Geldeinlagen, die Bankkunden bei den Geschäftsbanken in Form von Kontoguthaben (z. B. Girokonto, Sparkonto) unterhalten, stellen aus der Sicht der Geschäftsbanken Verbindlichkeiten gegenüber den Bankkunden dar. Die Geschäftsbanken sind ihrerseits verpflichtet, in Höhe eines bestimmten Anteils dieser Verbindlichkeiten Guthaben bei den nationalen Zentralbanken zu unterhalten (= Mindestreserven).

Höhe der Mindestreserven

Die Höhe der Mindestreserve richtet sich nach

❙ Art und Höhe der **mindestreservepflichtigen Verbindlichkeiten** einer Geschäftsbank sowie

❙ dem von der EZB festgelegten **Mindestreservesatz**.

Das Mindestreserve-Soll wird monatlich für jede Geschäftsbank neu berechnet. Der je nach Art und Laufzeit der Verbindlichkeit unterschiedliche **Mindestreservesatz** kann jederzeit von der EZB geändert werden. Das zur Erfüllung der Mindestreservepflicht notwendige Guthaben wird mit dem Durchschnittssatz der letzten Hauptrefinanzierungsgeschäfte verzinst.

Anders als es die Modelle des Geldschöpfungsmultiplikators vermuten lassen, haben die Mindestreserven im Rahmen der EZB-Politik aber **nicht** die Funktion, die Geldschöpfungsmöglichkeiten der Geschäftsbanken zu begrenzen. Ausdruck dafür ist u. a. die Tatsache, dass die Mindestreservesätze seit Gründung der EZB (1. Jan. 1999) bis Dezember 2011 unverändert geblieben sind.

MR-Satz seit 1. Jan. 1999	Mindestreservepflichtige Verbindlichkeiten der Geschäftsbanken
Jan. 1999 bis Dez. 2011: 2 % seit 8. Dez. 2011: 1 %	▎ Täglich fällige Einlagen (Buchgeld) ▎ Einlagen mit einer vereinbarten Laufzeit von bis zu zwei Jahren ▎ Einlagen mit einer vereinbarten Kündigungsfrist von bis zu zwei Jahren ▎ Ausgegebene Schuldverschreibungen mit vereinbarter Laufzeit von bis zu zwei Jahren ▎ Geldmarktpapiere
0 %	▎ Einlagen mit einer vereinbarten Laufzeit von über zwei Jahren ▎ Einlagen mit einer vereinbarten Kündigungsfrist von über zwei Jahren ▎ Repogeschäfte (Wertpapiere mit Rückkaufvereinbarung) ▎ Ausgegebene Schuldverschreibungen mit vereinbarter Laufzeit von über zwei Jahren

Ziele einer Mindestreservepolitik

Mit der Mindestreservepolitik verfolgt die EZB im Wesentlichen zwei geldpolitische Ziele:

▎ Die Reservepflicht soll im Bedarfsfall eine **Liquiditätsverknappung** bei den Geschäftsbanken herbeiführen.

▎ Das zur Erfüllung der Mindestreservepflicht nötige Guthaben bei der Zentralbank muss nicht während des ganzen Monats eine einheitliche Höhe aufweisen, sondern lediglich im Monats**durchschnitt** dem Mindestreserve-Soll entsprechen. Durch die Möglichkeit, das Mindestreserve-Soll vorübergehend zu über- oder unterschreiten, entsteht ein **Liquiditätspuffer,** durch den zeitweilige Schwankungen des Liquiditätsbedarfs auch ohne Eingriff der Notenbank aufgefangen werden können. Damit wird **eine Verstetigung der Zinsentwicklung** am Geldmarkt angestrebt **(Liquiditätspuffer- und Glättungsfunktion).**

Die Tatsache, dass der Mindestreservesatz im Euro-Währungsgebiet seit Gründung der EZB 1999 bis Dez. 2011 unverändert bei 2 % lag, zeigt die geringe Bedeutung dieses geldpolitischen Instruments.

Wirkung einer Mindestreservepolitik

Bei Änderung des Mindestreservesatzes ergibt sich folgender Wirkungszusammenhang (Transmissionsmechanismus).

	Mindestreservepolitik	
Maßnahme	Senkung des Mindestreservesatzes	Erhöhung des Mindestreservesatzes
Ziel	▼ Erhöhung der Liquidität der Geschäftsbanken	▼ Verringerung der Liquidität der Geschäftsbanken
Beabsichtigte Wirkung	Kreditschöpfungsspielraum der Geschäftsbanken steigt ▼ Kreditzinssatz sinkt ▼ Kreditnachfrage der Wirtschaft steigt	Kreditschöpfungsspielraum der Geschäftsbanken sinkt ▼ Kreditzinssatz steigt ▼ Kreditnachfrage der Wirtschaft sinkt

Die Änderung des Mindestreservesatzes wirkt sich auf die Kreditschöpfungsmöglichkeiten der Geschäftsbanken und damit auf das Zinsniveau aus.

Die Mindestreservepolitik beeinflusst unmittelbar das Geldmengenangebot der Geschäftsbanken (= Mengenpolitik). Sie wirkt daher schärfer und schneller als eine Zinsänderung (= Preispolitik) im Rahmen der Offenmarktpolitik.

5.9 Probleme geldpolitischer Maßnahmen bei der Beeinflussung wirtschaftspolitischer Ziele

5.9.1 Typische Probleme der Geldpolitik

Wirkungsverzögerungen und Dosierungsprobleme

Ein wesentliches Problem der Geldpolitik sind die **zeitlichen Verzögerungen** *(time lags)* bis zum Wirksamwerden der Maßnahmen.

Quelle: Issing, O., Einführung in die Geldpolitik, 6. Aufl., München 1996, S. 175

Das Problem der **Wirkungsverzögerungen** kann besonders bedeutsam werden, wenn die Geldpolitik als Mittel zur Beseitigung gesamtwirtschaftlicher Ungleichgewichte (= Konjunktursteuerung) eingesetzt wird.

> **Wirkungsverzögerung bei expansiver Geldpolitik**
>
> Eine expansive Geldpolitik (Geldmengenerhöhungen und/oder Zinssenkung), die das Ziel hat, die gesamtwirtschaftliche Güternachfrage anzukurbeln, wirkt möglicherweise zu spät. Die Wirtschaftslage kann sich bis dahin bereits aufgrund anderer Faktoren so verändert haben, dass statt einer Ausdehnung eine Dämpfung der Güternachfrage nötig wäre. Aufgrund der Wirkungsverzögerungen kann es also dazu kommen, dass gesamtwirtschaftliche Ungleichgewichte noch verstärkt statt behoben werden.

Neben den Wirkungsverzögerungen besteht ein weiteres Problem der Geldpolitik in der **Dosierung** der Maßnahmen. Die kaum eindeutig zu beantwortende Frage lautet: Wie stark muss in der jeweiligen Situation der geldpolitische Impuls in Form von Zins- und/oder Geldmengenänderungen sein, um das beabsichtigte Ziel zu erreichen?

Ausweichreaktionen und Nebeneffekte

Die beabsichtige Wirkung der von der Zentralbank ergriffenen geldpolitischen Maßnahmen kann durch das Verhalten der Geschäftsbanken und des Nichtbankensektors (Unternehmen, Haushalte, Staat) unterlaufen und durch geldpolitische Nebeneffekte eingeschränkt werden.

Ziel: Inflationsbekämpfung durch Geldmengen-senkung und Zinserhöhung zur Minderung der gesamtwirtschaftlichen Güternachfrage	Ziel: Ankurbelung der Wirtschaft durch Geld-mengenerhöhung und Zinssenkung zur Steigerung der gesamtwirtschaftlichen Güternachfrage
▌ Da nur die kreditfinanzierte Güternachfrage von diesen Maßnahmen betroffen ist, sinkt die gesamtwirtschaftliche Güternachfrage möglicherweise nicht in dem notwendigen Ausmaß. ▌ Wegen der hohen Zinsen fließt Geld aus dem Ausland (z. B. US-$) zu und erhöht die inländische Geldmenge. Bei freien Wechselkursen steigt dadurch allerdings der Kurs der Inlandswährung (z. B. €). Dadurch wird der Zinsvorteil für ausländische Geldanleger wieder eingeschränkt. Die Kurserhöhung der Inlandswährung (Aufwertung) verteuert gleichzeitig die Exporte und verbilligt die Importe. ▌ Unternehmen und Banken können sich möglicherweise (zinsgünstiger) im Ausland refinanzieren.	▌ Alle Maßnahmen haben nur Angebotscharakter, d. h., weder die Banken noch die Nichtbanken können zur Kreditaufnahme gezwungen werden. ▌ Trotz niedriger Zinsen kann die Konsumneigung wegen pessimistischer Zukunftserwartungen gering sein. ▌ Die Investitionsgüternachfrage kann trotz niedriger Zinsen gering sein, da Investitionsentscheidungen mehr von den Gewinnerwartungen als von der Höhe des Zinssatzes abhängig sind (geringe Zinselastizität der Investitionen). ▌ Die Geschäftsbanken legen möglicherweise die zusätzlich erhaltene Liquidität in Wertpapieren (im In- oder Ausland) an, statt das Kreditangebot zu erhöhen (Umschichtung von Primär- in Sekundärliquidität).

5.9.2   Besondere Probleme der Geldpolitik im Euro-Währungsgebiet

Einheitliche Geldpolitik bei unterschiedlicher Wirtschaftsentwicklung in den Mitgliedstaaten der Europäischen Währungsunion (EWU)

Für die Europäische Zentralbank besteht ein besonderes Problem darin, dass sie eine einheitliche Geldpolitik für alle Mitgliedstaaten der EWU betreiben muss, obwohl die wirtschaftliche Entwicklung in den einzelnen Ländern höchst unterschiedlich ist. Je mehr sich die Inflationsraten in den einzelnen Ländern der Währungsunion auseinanderentwickeln, desto schwieriger ist es für die EZB, mit einer für alle Länder einheitlichen Zinspolitik („one-fits-all"-Zinspolitik) den besonderen Erfordernissen gerecht zu werden.

Das Ziel der Preisniveaustabilität würde für einige Länder mit überdurchschnittlich hohen Preissteigerungsraten eine Zinserhöhung nötig machen. Wegen der geringen Wachstumsraten und der hohen Arbeitslosenquoten wären dagegen für andere Länder weitere Zinssenkungen angebracht.

Wegen der Gemeinschaftswährung und ihrer Steuerung durch die EZB sind die herkömmlichen wirtschaftspolitischen Instrumente zur Konjunkturbelebung und Beschäftigungsförderung in den einzelnen Ländern weitgehend blockiert. Keines der Mitgliedsländer kann durch eine wachstums- und beschäftigungsorientierte Geldpolitik Zinsen und Wechselkurse zu seinen Gunsten beeinflussen.

Einseitige Orientierung an der Preisniveaustabilität

Angesichts der hohen Arbeitslosigkeit und der relativ niedrigen Inflationsrate in der Eurozone wurde die EZB zuweilen von Politikern und Wirtschaftswissenschaftlern wegen ihrer einseitigen Orientierung am Ziel der Preisniveaustabilität kritisiert. Gefordert wurde eine stärkere Berücksichtigung der Konjunktur- und Arbeitsmarktsituation bei den zinspolitischen Entscheidungen der EZB. Dabei wurde u. a. auch mit Verweis auf die nordamerikanische Zentralbank **Federal Reserve System** (FED) mit ihrer Zielformulierung *„maximum employment, stable prices, and moderate long-term interest rates"*, betont, dass die Inflationsbekämpfung kein Selbstzweck, sondern ein Mittel sei, um für Wachstum und Beschäftigung zu sorgen. Die frühere EZB-Politik änderte sich aber infolge der 2008 ausgelösten internationalen Finanzkrise und der nachfolgenden Staatsschuldenkrise. In der Eurozone war das Inflationsziel „unter, aber nahe bei 2 %" in den letzten Jahren kaum gefährdet. 2014 betrug die Inflationsrate im Euroraum lediglich 0,6 %, sodass zeitweise sogar eine Deflation befürchtet wurde. Daher stand bei den geldpolitischen Maßnahmen der EZB in den letzten Jahren nicht mehr die Inflationsbekämpfung im Mittelpunkt. Vielmehr zielten die Maßnahmen auf eine **Inflationsförderung** und eine **Konjunkturbelebung** zur Verbesserung der Beschäftigungslage in den Mitgliedsstaaten ab.

Überholte Orientierung am Geldmengenwachstum

Die Entwicklung der Geldmenge M3 und der Inflationsrate legen sowohl in den USA als auch im Euro-Währungsgebiet den Schluss nahe, dass der behauptete Zusammenhang zwischen diesen beiden Größen nicht (mehr) besteht.

Neuere empirische Untersuchungen bestätigen diese Beobachtungen und zeigen tatsächlich Folgendes[1]: Die von MILTON FRIEDMAN und den Monetaristen aufgestellte Behauptung, dass die Geldmenge die wesentlichste Ursache für Inflation sei („Zu viel Geld jagt zu wenig Güter"), ist nicht unbedingt zutreffend. Vielmehr ist für den Zusammenhang zwischen Geldmenge und Inflation entscheidend, wie hoch die Inflationsrate in einem Land ist. In Ländern mit niedriger Inflationsrate (z. B. USA, Euroländer) lässt sich so gut wie kein Zusammenhang zwischen der Geldmenge und der Preissteigerungsrate feststellen. Wenn aber die Inflationsrate über einer kritischen Schwelle von ca. 12 % liegt, ergibt sich dagegen ein eindeutiger Zusammenhang zwischen wachsender Geldmenge und höherer Inflation.

Umstrittener Ankauf von Staatsanleihen

In den Jahren 2010 und 2011 hat die EZB im Rahmen der Staatsschuldenkrise Staatsanleihen einiger der betroffenen Euroländer auf dem Kapitalmarkt bzw. von Geschäftsbanken gekauft. Damit sollte u. a. die Zahlungsunfähigkeit dieser Länder verhindert und ihre Kreditwürdigkeit für die notwendige Aufnahme neuer Schulden verbessert werden.

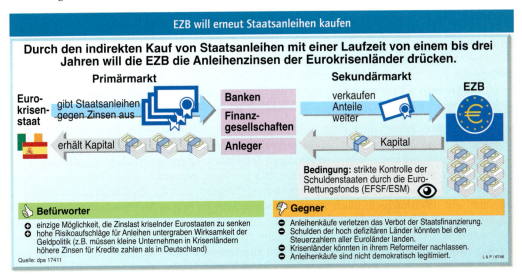

Aus einem weiteren Grund hat die EZB zudem im März 2015 mit dem Aufkauf von Staatsanleihen ausgewählter Mitgliedsstaaten im Umfang von 60 Mrd. € monatlich begonnen. Dabei geht es nicht um die Verbesserung der Kreditwürdigkeit von Krisenländern, sondern um die Erhöhung der Geldmenge zur **Ankurbelung der Konjunktur** und zur **Inflationsförderung**.

Der direkte Erwerb solcher Anleihen von den Staaten selbst (= Primärmarkt) ist der EZB eindeutig verboten *(Art. 21 der ESZB-Satzung)*. Aber auch deren Erwerb auf dem Kapitalmarkt (= Sekundärmarkt) ist unter Politikern und Wirtschaftswissenschaftlern höchst umstritten. Allerdings hat der Europäische Gerichtshof ein solches Vorgehen der EZB im Juni 2015 grundsätzlich für zulässig erklärt.

Der Ankauf von Anleihen am **Sekundärmarkt** ist der EZB erlaubt, wenn dies der Erreichung ihrer Ziele und der Erfüllung ihrer Aufgaben dient *(Art. 18 der ESZB-Satzung)*. Um Rezessions- und Deflationsgefahren mit geldpolitischen Mitteln zu bekämpfen, kann eine solche Maßnahme im

---

1 Vgl. P. Teles/H. Uhlig, Is Quantity Theorie still alive?, CEPR Discussion Paper Nr. 8049, Okt. 2010 und Handelsblatt Nr. 206 v. 25.10.2010, S. 19.

Rahmen einer expansiven Geldpolitik tatsächlich sinnvoll sein. Die EZB verteidigt daher diese Maßnahme mit dem Hinweis, dass der Ankauf von Anleihen gemäß Art. 18 der ESZB-Satzung zum geldpolitischen Instrumentarium der EZB gehört und der Vereinheitlichung des Zinsniveaus in der Eurozone dient.

Im Fall des Ankaufs von Staatsanleihen der Krisenländer ist aber strittig, ob es sich wirklich um eine geldpolitische Maßnahme zur Erreichung der EZB-Ziele (vorrangiges Ziel: Preisniveaustabilisierung) oder um eine (unzulässige) finanzpolitische Maßnahme zur Staatsfinanzierung handelt. Der Ankauf von Anleihen durch die EZB am Sekundärmarkt bewirkt zwar keinen Geldzufluss an die Krisenstaaten, allerdings sinken dadurch die Zinsen am Anleihenmarkt, sodass die Ausgabe neuer Staatsanleihen zu günstigeren Zinsen erfolgen kann. Wenn aber die Krisenstaaten tatsächlich am Fälligkeitstag die von der EZB aufgekauften Staatsanleihen nicht in vollem Umfang tilgen können (oder bereits vorher ein Schuldenerlass/Schuldenschnitt vereinbart wurde), erleidet die EZB Verluste in entsprechender Höhe, da der Wert der angekauften Anleihen gesunken ist und im Extremfall 0 € beträgt. Diese Verluste müssen von den nationalen Zentralbanken (Deutschland: Deutsche Bundesbank) entsprechend ihres Anteils am Eigenkapital der EZB getragen werden (z. B. Deutsche Bundesbank 27,15 %). Dadurch können die nationalen Zentralbanken entsprechend weniger (oder gar keine) Gewinne an den jeweiligen Staatshaushalt abführen. Letztlich werden dadurch die Bürger der Eurostaaten belastet, da diese Einnahmeausfälle durch sinkende staatliche Ausgaben (= Verzicht auf staatliche Leistungen) und/oder Steuererhöhungen ausgeglichen werden müssen.

Inflationsgefahr durch den Ankauf von Staatsanleihen durch die EZB?

Im Zusammenhang mit den Anleihekäufen der EZB am Sekundärmarkt wird häufig auf die damit einhergehenden Inflationsgefahren hingewiesen. Wenn die EZB Anleihen kauft, steigt nämlich im Gegenzug die Zentralbankgeldmenge, auf deren Basis die Geschäftsbanken weiteres Geld in Form von Krediten schaffen können. Durch die für die Anleihen anfallenden Zins- und Tilgungszahlungen an die EZB sinkt die Zentralbankgeldmenge zu einem späteren Zeitpunkt aber wieder.

Nur wenn zwischenzeitlich die erhöhte Geldmenge nachfragewirksam verwendet wird und dadurch die Preise für Güter des Warenkorbs, der dem Verbraucherpreisindex zugrunde liegt, steigen, führt die Geldmengenerhöhung tatsächlich zu inflationären Tendenzen. Allerdings ist auch in früheren Jahren die Geldmenge in der Eurozone zeitweise erheblich gestiegen, ohne dass es zu übermäßigen Preisniveausteigerungen kam. Dies war einerseits dadurch bedingt, dass die Produktionskapazitäten im Euroraum nur unterdurchschnittlich ausgelastet waren und somit eine Mehrproduktion ohne Preissteigerungen möglich war. Andererseits wurde die erhöhte Geldmenge nicht vorrangig für Güter des Warenkorbs, sondern für Kapitalanlagen verwendet. Es muss daher zwischen den Preisen für Güter des Warenkorbs einerseits und Vermögenspreisen andererseits unterschieden werden. In letzter Zeit zeichnet sich insbesondere auf dem deutschen Immobilienmarkt eine verstärkte Nachfrage mit entsprechenden Preissteigerungen ab ("Blasenbildung"). Aber nur wenn der Immobilienboom zu steigenden Mieten führt, steigt dadurch auch das Verbraucherpreisniveau.

Die Erhöhung der Zentralbankgeldmenge hat die Geschäftsbanken bisher nicht zu einer wesentlichen Erhöhung der Kreditvergabe für die Privatwirtschaft veranlasst. Da die Geschäftsbanken solche Kredite inzwischen zunehmend auch mit Eigenkapital absichern müssen, erscheint ihnen eine Kreditvergabe derzeit zu risikoreich. Daraus ergibt sich die gegenwärtig zu beobachtende Situation, dass zwar die Geldmenge steigt, ohne dass dies aber bisher eine deutliche Erhöhung des Preisniveaus zur Folge hatte. Es ist allerdings nicht auszuschließen, dass irgendwann das Missverhältnis zwischen Zentralbankgeld, Schulden und Bruttoinlandsprodukt so groß wird, dass eine sogenannte "Ketchup-Inflation" droht. Wie bei einer Ketchup-Flasche, die man schüttelt, kommt zuerst nichts heraus und dann ein ganzer Schwall, den man nicht aufhalten kann. Ähnlich kann es sich mit der Inflation verhalten. Wenn sie tatsächlich kommt, muss die EZB versuchen, sie mithilfe ihrer geldabschöpfenden Instrumente (z. B. Verkauf von Staatsanleihen) oder über massive Zinserhöhungen aufzuhalten.

5.9.3 Herausforderungen für die Geldpolitik durch die Finanz- und Schuldenkrise

Als Reaktion auf die durch die Insolvenz des Bankhauses „Lehmann Brothers" in den USA (September 2008) ausgelöste Finanzkrise und der sich daran anschließenden europäischen Staatsschuldenkrise hat die EZB in der Zwischenzeit zahlreiche **konventionelle** und **unkonventionelle** geldpolitische Maßnahmen ergriffen.

Konventionelle Maßnahmen

Im Zeitraum von Oktober 2008 bis März 2016 hat die EZB den Haupt-Refisatz in zwölf Schritten von 4,25 % auf ein historisches Tief von null Prozent gesenkt. Der Einlagesatz, zu dem Geschäftsbanken Tagesgeld „über Nacht" bei der EZB anlegen können, ist seit September 2014 negativ und betrug im März 2016 − 0,40 %.

Unkonventionelle Maßnahmen

(1) Als Folge der Lehmann-Insolvenz kam es zu einem völligen Vertrauensverlust im Hinblick auf die Geldgeschäfte zwischen den Banken. Dies hatte zur Folge, dass die Geschäftsbanken auf dem **Interbankenmarkt** weder kurzfristiges Geld anlegen noch aufnehmen konnten. Vielmehr waren die Geschäftsbanken für ihre Liquiditätsversorgung nahezu ausschließlich auf Notenbankkredite angewiesen. Dies führte zu einem enormen Anstieg der Zinsgebote bei Zinstendern. Um den Zinssatz und die Zinsgebote zu senken, stellte die EZB die Haupt-Refigeschäfte im Oktober 2008 auf einen **Mengentender mit voller Zuteilung** und einem **Festzinssatz** um. Eine Repartierung ist in diesem Fall nicht erforderlich. Auch die längerfristigen Refinanzierungsgeschäfte wurden auf einen Mengentender mit fester Zinsvorgabe umgestellt. Durch diese Maßnahmen, die einen grundlegenden Wechsel der EZB-Geldpolitik darstellten, wurde den Banken gewissermaßen jeder Liquiditätswunsch zum Haupt-Refisatz erfüllt.

Beispielsweise wurden im Zeitraum von Dezember 2011 bis Februar 2012 mehrere **längerfristige Refinanzierungsgeschäfte** durchgeführt, durch die dem Geschäftsbankensystem mehr als eine Billion Euro für drei Jahre zum Refisatz von damals 1 % zur Verfügung gestellt wurden[1]. Die Absicht bestand darin, dass die Banken diese Liquidität für die Kreditvergabe an Bankkunden verwenden. In Wirklichkeit haben die Banken diese Mittel aber in erheblichem Umfang für den Erwerb von höher verzinsten Wertpapieren benutzt.

(2) Ein weiteres Merkmal der unkonventionellen Geldpolitik besteht darin, dass die EZB bei den von den Geschäftsbanken zu hinterlegenden Sicherheiten zu Zugeständnissen bereit war. So wurden beispielsweise im Gegensatz zu früher auch Unternehmensanleihen und Staatsanleihen geringerer Bonität als Sicherheiten akzeptiert.

(3) Seit Frühjahr 2010 kam es in der Eurozone bei einigen Mitgliedsstaaten zu einer Staatschuldenkrise (insbesondere Griechenland, Irland, Portugal, Spanien und Italien). Die betroffenen Länder konnten nicht mehr oder nur noch zu extrem hohen Zinsen neue Kredite an den Kapitalmärkten aufnehmen. Vor diesem Hintergrund hat der EZB-Rat im Mai 2010 beschlossen, künftig auch Staatsschuldverschreibungen zu kaufen.

Die EZB hat seinerzeit insbesondere griechische, portugiesische, irische und spanische Staatsanleihen gekauft. Da ein Zahlungsausfall eines oder mehrerer dieser Länder zu erheblichen Verlusten bei der EZB und den nationalen Zentralbanken führen würde, wurde das Eigenkapital der EZB zum Jahreswechsel 2010/2011 nahezu verdoppelt.

(4) Da die Banken im Laufe der Krise über immer weniger Sicherheiten zur Absicherung von Krediten bei der EZB verfügten, wurde im Januar 2012 der bis dahin unveränderte Mindestreservesatz von 2 % auf 1 % gesenkt. Zwar gehört die Mindestreservepolitik zum normalen EZB-Instrumentarium. Im vorliegenden Fall kann die Senkung des Mindestreservesatzes aber durchaus als unkonventionelle Maßnahme eingestuft werden.

---

1 Diese außergewöhnlichen Maßnahmen wurden in Anspielung auf ein im ersten Weltkrieg eingesetztes Geschütz des Rüstungskonzerns Krupp als „**Dicke Bertha**" bezeichnet.

(5) Die Maßnahmen führten insgesamt nicht zu der erhofften Vertrauensbildung auf dem Interbankenmarkt. Dies wurde u. a. daran deutlich, dass sich die Geschäftsbanken Liquidität über Refi-Geschäfte bei der EZB zu einem Festzins besorgten und die überschüssigen Mittel im Rahmen der Einlagefazilitäten niedriger verzinst horteten. Vor diesem Hintergrund beschloss der EZB-Rat im Juni 2014 erstmals einen negativen Einlagesatz. Dieser betrug im März 2016 – 0,4 %. Dies bedeutet, dass Geschäftsbanken, die „über Nacht" Geld bei der Zentralbank „parken" möchten, für diese sichere Anlage einen Strafzins von 0,4 % zahlen müssen.

(6) Im Hinblick auf die sich 2014 in der Eurozone abzeichnende Deflationsgefahr (die Inflationsrate war im Dezember 2014 mit – 0,2 % erstmals seit fünf Jahren negativ) hat die EZB als Gegenmaßnahme im März 2015 mit dem Aufkauf von Staatsanleihen ausgewählter Mitgliedsstaaten begonnen. Dabei geht es nicht um die Verbesserung der Kreditwürdigkeit von Krisenländern, sondern um die Erhöhung der Geldmenge zur Ankurbelung der Konjunktur und Inflationsförderung. Innerhalb von 19 Monaten sollen Staatsanleihen im Wert von 1,14 Bio. €, d. h. ca. 60 Mrd. € pro Monat aufgekauft werden. Dieses zunächst bis September 2016 befristete Programm soll bei Bedarf verlängert werden.

Wirkung der quantitativen Lockerung

Die – in Anlehnung an ein ähnliches Programm der US-Notenbank – als „quantitative Lockerung" *(quantitative easing)* bezeichnete Art der expansiven Geldpolitik mit den beschriebenen unkonventionellen Maßnahmen kommt dann zur Anwendung, wenn keine weiteren Leitzinssenkungen mehr möglich sind. Bei der Kritik an den von der EZB vorgenommenen Käufen von Staatsanleihen geht es nicht nur um rechtliche Bedenken, ob es sich dabei um eine unzulässige (indirekte) Staatsfinanzierung handelt. Vielmehr werden auch Notwendigkeit und Wirksamkeit dieser außergewöhnlichen Maßnahme mit folgenden Argumenten infrage gestellt:

▌ Es besteht keine akute Deflationsgefahr in der Eurozone. Der Rückgang des Preisniveaus ist vor allem auf den gesunkenen Ölpreis und nicht auf die Kaufzurückhaltung der Verbraucher zurückzuführen.

▌ Banken, Investmentfonds, Pensionskassen u. a. sind möglicherweise nicht bereit, sichere Wertpapiere aus ihren Beständen an die EZB zu verkaufen.

▌ Es ist nicht sicher, dass bei einem Verkauf der Wertpapiere an die EZB das zufließende Zentralbankgeld für kreditfinanzierte Güterkäufe von Unternehmen und Verbrauchern genutzt wird. Vielmehr können diese Mittel auch für den Kauf von Aktien oder anderen Wertpapieren verwendet werden. Dies würde zwar zu steigenden Wertpapierkursen, nicht aber zu der beabsichtigten Konjunkturankurbelung und zur Erhöhung der am Harmonisierten Verbraucherpreisindex gemessenen Inflationsrate führen.

▌ Die Fremdfinanzierung der meisten Unternehmen in der Eurozone beruht auf Krediten ihrer jeweiligen Hausbank. Deren Kreditbedingungen können aber nur in geringem Umfang durch Anleihekäufe der EZB beeinflusst werden, zumal die Kreditzinsen bereits auf einem extrem niedrigen Stand sind und kaum noch weiter sinken können.

▌ Es wird eine falsche Botschaft an die Euro-Krisenländer (u. a. Griechenland, Spanien, Portugal) gesandt. Deren Reformbereitschaft wird gebremst, indem der Eindruck erweckt wird, dass im Ernstfall die Staatsanleihen (auch der Krisenländer) von der EZB aufgekauft werden.

Folgen der Niedrigzinspolitik

Die bisherigen Ergebnisse zeigen, dass die mit der Niedrigzinspolitik beabsichtigte Wirkung – nämlich die Kreditvergabe an Unternehmen und Verbraucher zu erhöhen und dadurch die gesamtwirtschaftliche Nachfrage anzukurbeln – nicht eingetreten ist. Eine lang andauernde Niedrigzinspolitik kann allerdings erhebliche problematische Nebenwirkungen mit sich bringen:

▌ Es besteht die Gefahr, dass die Banken die von ihnen zu zahlenden Strafzinsen bei der Einlagefazilität als zusätzliche Kreditkosten an die Kreditnehmer weitergegeben.

Probleme geldpolitischer Maßnahmen bei der Beeinflussung wirtschaftspolitischer Ziele

▌ Das den Banken zur Verfügung gestellte Zentralbankgeld wird nicht zur Kreditvergabe an die Wirtschaft, sondern für Anlagen auf den Finanzmärkten mit entsprechenden Kurssteigerungen (Blasenbildung) genutzt.
▌ Die Inhaber von Geldvermögen (Sparer) erleiden durch die niedrigen Zinsen, die häufig nicht die Inflationsrate ausgleichen (= negative Realzinsen), erhebliche Einbußen. Dem gegenüber zählen alle Schuldner (darunter insbesondere auch der Staat) zu den Gewinnern der Niedrigzinspolitik.
▌ Die auf Sparvorgängen beruhenden Formen der Altersvorsorge (Lebensversicherungen, Pensionsfonds) werden unattraktiv. Die Leistungen müssen gekürzt werden.

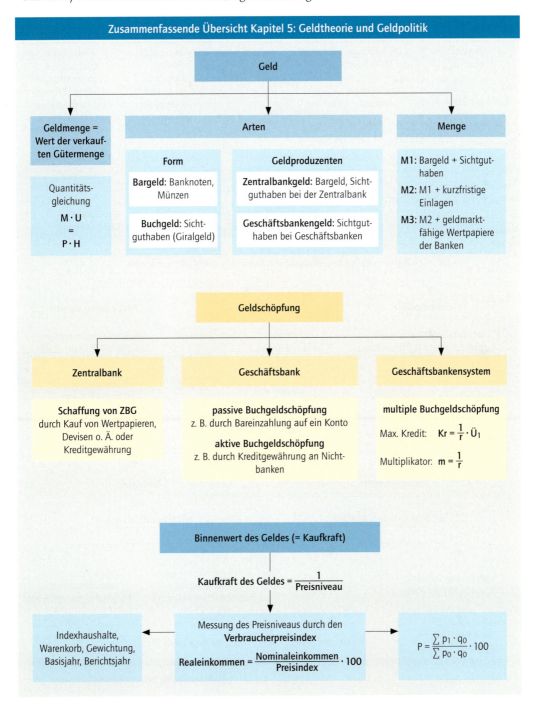

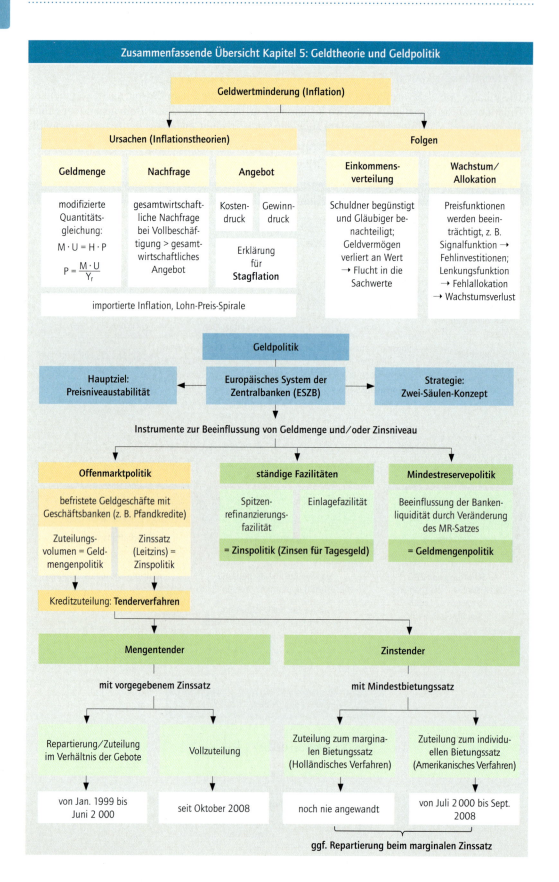

Geldtheorie und Geldpolitik

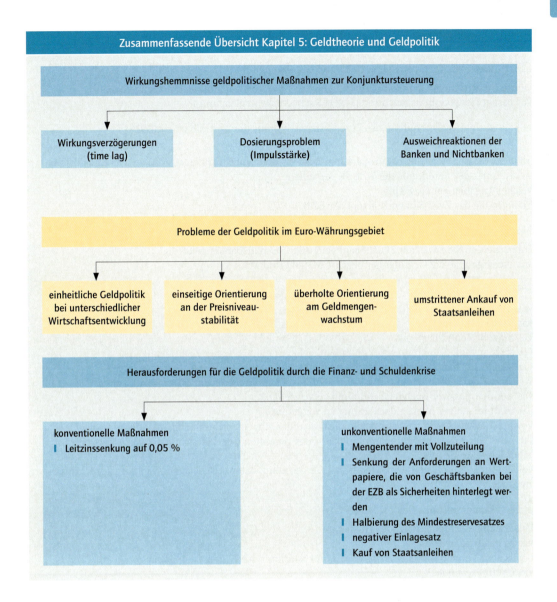

Fragen zur Wiederholung

Kapitel 5.1 Zusammenhang zwischen Geld- und Gütermenge

1. Welche Auswirkungen kann ein Ungleichgewicht zwischen Geld- und Gütermenge haben?
2. Was besagt die Quantitätsgleichung (FISHERsche Verkehrsgleichung)?

Kapitel 5.2 Aufgaben und Aufbau des Europäischen Systems der Zentralbanken (ESZB) und des Eurosystems

1. Erläutern Sie den Aufbau des Europäischen Systems der Zentralbanken (ESZB).
2. Was ist unter der Autonomie der EZB zu verstehen?
3. Welche Aufgaben hat die EZB?
4. Erläutern Sie das Zwei-Säulen-Konzept der EZB.

Kapitel 5.3 Geldmengenbegriffe

1. Unterscheiden Sie zwischen Zentralbankgeld und Geschäftsbankengeld.
2. Unterscheiden Sie die Geldmengenbegriffe M1, M2 und M3.

Kapitel 5.4 Geldschöpfung

1. Welche Geldproduzenten kennen Sie?
2. Was ist das Münzregal?
3. Wie entsteht Zentralbankgeld?
4. Wie wirkt sich die Schaffung von Zentralbankgeld auf die Bilanz der Zentralbank aus?
5. Wie wird Zentralbankgeld vernichtet?
6. Wie wirkt sich die Vernichtung von Zentralbankgeld auf die Bilanz der Zentralbank aus?
7. Was ist unter passiver Buchgeldschöpfung zu verstehen?
8. Was ist unter aktiver Buchgeldschöpfung zu verstehen?
9. Wovon hängt die Kreditgewährungsmöglichkeit einer einzelnen Geschäftsbank ab?
10. Wie lautet der Kreditschöpfungsmultiplikator des gesamten Geschäftsbankensystems bei vollständigem Bargeldrückfluss?
11. Welche Annahmen liegen dem Kreditschöpfungsmultiplikator bei vollständigem Bargeldrückfluss zugrunde?

Kapitel 5.5 Binnenwert des Geldes

1. Wovon hängt der Binnenwert des Geldes ab?
2. Was ist das Preisniveau?
3. In welchem Verhältnis stehen Preisniveau und Kaufkraft des Geldes zueinander?
4. Was ist ein Preisindex?
5. Beschreiben Sie die Vorgehensweise zur Ermittlung des Verbraucherpreisindex.
6. Was ist das Wägungsschema und warum muss es regelmäßig neu ermittelt werden?
7. Was ist unter dem Basisjahr bzw. unter dem Berichtsjahr zu verstehen?
8. Wodurch wird die Aussagekraft des Verbraucherpreisindex eingeschränkt?
9. Wie wird das Realeinkommen berechnet?

Kapitel 5.6 Ursachen und Auswirkungen von Geldwertminderungen

1. Was ist unter dem Begriff „Inflation" zu verstehen?
2. Unterscheiden Sie verschiedene Inflationsarten nach dem Tempo, der Erkennbarkeit und den Ursachen.
3. Welche Behauptung stellt die klassische Quantitätstheorie hinsichtlich des Zusammenhangs zwischen Geldmenge und Preisniveau auf?
4. Nennen Sie Kritikpunkte an der klassischen Quantitätstheorie.
5. Worin besteht die Kernaussage der Neoquantitätstheorie?
6. Unter welchen Voraussetzungen kann eine Erhöhung der gesamtwirtschaftlichen Nachfrage zu Inflation führen?
7. Welche Beschäftigungssituation muss vorliegen, damit eine Erhöhung der gesamtwirtschaftlichen Nachfrage zu Preiserhöhungen führt?

Geldtheorie und Geldpolitik

8. Was ist unter Stagflation zu verstehen?
9. Wodurch kann eine Angebotsinflation zustande kommen?
10. Unter welchen Voraussetzungen kann es zu einer Gewinninflation kommen?
11. Erklären Sie mithilfe der Theorie der Angebotsinflation das Phänomen der Stagflation.
12. Was ist unter Erstrunden- und Zweitrundeneffekt zu verstehen?
13. Wie kann es zu einer Lohn-Preis-Spirale bzw. Preis-Lohn-Spirale kommen?
14. Welche Arten von importierter Inflation lassen sich unterscheiden?
15. Wie wirkt sich eine Inflation auf die Einkommens- und Vermögensverteilung aus?
16. Welche gesellschaftlichen Gruppen werden durch eine Inflation geschädigt?
17. Erläutern Sie mögliche Auswirkungen einer Inflation auf Wachstum und Beschäftigung.

Kapitel 5.7 Deflation

1. Was ist unter dem Begriff „Deflation" zu verstehen?
2. Nennen Sie Ursachen und Auswirkungen einer Deflation.
3. Wie kann eine Deflation bekämpft werden?

Kapitel 5.8 Geldpolitische Instrumente des Europäischen Systems der Zentralbanken

1. Welche geldpolitischen Instrumente stehen der EZB zur Verfügung?
2. Erläutern Sie den beabsichtigten Transmissionsmechanismus der geldpolitischen Maßnahmen.
3. Erläutern Sie die beiden Hauptinstrumente der EZB im Rahmen der Offenmarktpolitik.
4. Welche Verfahren für die Zuteilung von Zentralbankgeld auf die Geschäftsbanken lassen sich unterscheiden?
5. Was sind die „Ständigen Fazilitäten"?
6. Erläutern Sie die Entwicklung der Leitzinsen anhand der Grafik auf S. 210 und ermitteln Sie die derzeit aktuellen Leitzinsen aus der Tageszeitung.
7. Was ist unter dem Zinskanal zu verstehen und welche Funktion hat er?
8. Was ist unter Mindestreservepolitik zu verstehen?
9. Welche Ziele verfolgt die EZB mit der Mindestreservepolitik?

Kapitel 5.9 Probleme geldpolitischer Maßnahmen bei der Beeinflussung wirtschaftspolitischer Ziele

1. Welche Wirkungshemmnisse können bei geldpolitischen Maßnahmen eintreten?
2. Unterscheiden Sie verschiedene Arten von Wirkungsverzögerungen (time lags).
3. Erläutern Sie, wieso Wirkungsverzögerungen dazu führen können, dass genau das Gegenteil der eigentlich beabsichtigten Wirkung erreicht wird.
4. Welche besonderen Probleme und Ausweichreaktionen können bei einer Inflationsbekämpfung mithilfe geldpolitischer Maßnahmen eintreten?
5. Welche besonderen Probleme und Ausweichreaktionen können bei einer Konjunkturankurbelung mithilfe geldpolitischer Maßnahmen eintreten?
6. Welche besonderen Probleme entstehen dadurch, dass die EZB eine einheitliche Geldpolitik für alle EWU-Mitgliedsstaaten betreiben muss, obwohl die wirtschaftliche Entwicklung in den einzelnen Ländern teilweise höchst unterschiedlich ist?
7. Nennen Sie konventionelle und unkonventionelle Maßnahmen, die die EZB seit dem Beginn der Finanzkrise 2008 ergriffen hat.

Geldtheorie und Geldpolitik

Aufgaben und Probleme zur Erarbeitung und Anwendung von Wissen

5.1 Inflation und Deflation in Deutschland

Erläutern Sie anhand der historischen Beispiele auf S. 164 ff. und 200 mögliche Ursachen und Folgen eines unstabilen Geldwertes (Inflation bzw. Deflation).

5.2 Geldmenge – Geldwert – Umlaufgeschwindigkeit des Geldes – Verkehrsgleichung des Geldes

Zur Erläuterung und zum Verständnis der Zusammenhänge zwischen Geldmenge, Gütermenge, Geldwert und Umlaufgeschwindigkeit des Geldes kann folgendes **Modell** dienen:

In einer landwirtschaftlichen Produktionsgenossenschaft stehen für die Entlohnung der als Landarbeiter tätigen Genossenschaftsmitglieder 6.000 Taler zur Verfügung. Pro Jahr werden 3 000 kg Getreide geerntet und bis zum Jahresende eingelagert. Am Jahresende bekommen die Genossenschaftsmitglieder ihren Lohn und kaufen damit das Getreide. So fließen die 6.000 Taler wieder zurück an die Genossenschaft und werden am Ende des nächsten Jahres wieder als Arbeitslohn an die Genossenschaftsmitglieder ausgezahlt usw.

1. Stellen Sie die Zusammenhänge in Form eines einfachen Wirtschaftskreislaufes in Anlehnung an die Abbildung auf S. 163 grafisch dar.

2. Wie viel Taler kostet in diesem Fall 1 kg Getreide, wenn die gesamte Geldmenge zum Kauf von Getreide verwendet wird?

3. Die verkaufte Gütermenge wird auch als Handelsvolumen (H) bezeichnet. Stellen Sie den Ihrer Berechnung zu Aufg. 2 zugrunde liegenden Zusammenhang zwischen Geldmenge (M), Preisniveau (P) und Handelsvolumen (H) in Form einer nach M aufgelösten Gleichung dar: M = …

4. Angenommen, bei unveränderter Getreidemenge würde am Ende eines Jahres die doppelte Geldmenge (12.000 Taler) an die Genossenschaftsmitglieder ausgezahlt und zum Kauf von Getreide verwendet.
   a) Wie viel Taler würde in diesem Fall 1 kg Getreide kosten?
   b) Wie viel Kilogramm Getreide würden die Genossenschaftsmitglieder vor und nach der Geldmengenerhöhung für 1 Taler erhalten (= Veränderung der Kaufkraft)?
   c) Welcher Zusammenhang zwischen Preisniveau und Kaufkraft des Geldes (Geldwert) lässt sich aus den Ergebnissen von a) und b) ableiten?
   d) Worauf sind die Veränderungen von Preisniveau und Geldwert im vorliegenden Fall zurückzuführen?

5. Angenommen, die Genossenschaft zahlt nicht mehr am Ende des Jahres den ursprünglichen Lohn von 6.000 Talern in einer Summe an ihre Mitglieder aus, sondern monatlich 500 Taler (6.000 Taler : 12 Monate = 500 Taler monatlich). Mit den im Januar ausgezahlten 500 Talern wird die Getreideproduktion dieses Monats in Höhe von 250 kg (3 000 kg Jahresproduktion : 12 Monate = 250 kg pro Monat) gekauft. Die 500 Taler fließen auf diesem Wege im Januar an die Genossenschaft zurück und werden im Februar erneut zum Kauf der Monatsproduktion ausgezahlt usw.
   a) Wie hoch ist die auf diese Weise bis Ende Dezember umgesetzte Gütermenge (Handelsvolumen)?
   b) Wie hoch ist in diesem Fall die zum Kauf der jährlichen Gütermenge benötigte Geldmenge (M)?
   c) Wie hoch wäre bei konstanten Preisniveau die benötigte Geldmenge zum Kauf der Jahresproduktion von 3 000 kg, wenn Auszahlung und Kauf wöchentlich, d. h. 52-mal pro Jahr, erfolgen würden?
   d) Wie hoch wäre bei konstanten Preisniveau die benötigte Geldmenge zum Kauf der Jahresproduktion von 3 000 kg, wenn Auszahlung und Kauf täglich, d. h. 365 mal pro Jahr, erfolgen würden?
   e) Wovon hängt die zum Kauf des Handelsvolumens benötigte Geldmenge ab?

6. Die Häufigkeit, mit der die Geldmenge innerhalb eines Jahres für den Kauf von Waren ausgegeben wird, wird als Umlaufgeschwindigkeit des Geldes (U) bezeichnet. Stellen Sie den Ihrer Berechnung zu Aufgabe 5 zugrunde liegenden Zusammenhang zwischen Geldmenge (M), Umlaufgeschwindigkeit (U), Preisniveau (P) und Handelsvolumen (H) durch Ergänzung der Gleichung M = … (vgl. Aufgabe 3) dar.

5.3 Aufgaben, Aufbau und Ziele einer Zentralbank

Zur Beantwortung folgender Fragen ist eine Internetrecherche auf den Seiten der EZB und der Deutschen Bundesbank hilfreich:

- www.bundesbank.de
- www.ecb.de

1. Erläutern Sie anhand der Abbildung auf S. 168 den Aufbau und die Organe des „Europäischen Systems der Zentralbanken" (ESZB). Unterscheiden Sie dabei auch zwischen ESZB, Eurosystem und EZB.
2. Welche Länder haben den Euro eingeführt?
3. Erläutern Sie die Aufgaben des EZSB, des Eurosystems und des EZB-Rates.
4. Erläutern Sie anhand der auf S. 169 und 170 abgedruckten Artikel 2, 7 und 21 der ESZB-Satzung die drei Eckpfeiler des Eurosystems.
5. Erläutern Sie, worin die Unabhängigkeit (Autonomie) der EZB besteht und begründen Sie, warum diese wichtig ist.
6. Welcher Zusammenhang besteht zwischen der EZB und der Deutschen Bundesbank?
7. Wie heißen die gegenwärtigen Präsidenten der EZB und der Deutschen Bundesbank?
8. Wie groß ist derzeit der Banknotenumlauf im Euro-Währungsgebiet?
9. Wie groß sind derzeit die Gold- und Währungsreserven der EZB?
10. Welche wirtschaftspolitischen Themen werden in den aktuellen Monatsberichten der Deutschen Bundesbank behandelt?

5.4 Geldmengenbegriffe – Ermittlung der Geldmenge im Euro-Währungsgebiet

Ermitteln Sie aus den nachfolgenden Zahlen

a) die Geldmenge M1,
b) die Geldmenge M2,
c) die Geldmenge M3.

Zusammengefasste Bilanz aller Banken (Monetäre Finanzinstitute) im Euro-Währungsgebiet
Dez. 20.. in Mrd. €

Aktiva		Passiva	
Kredite an Nichtbanken in der EWU	11.771,2	Bargeldumlauf außerhalb der Banken	723,2
Wertpapiere außer Aktien	2.909,5	Einlagen von öffentlichen Haushalten,	
Aktien	786,5	Unternehmen und Privatpersonen	
Devisen und sonstige Forderungen		– täglich fällig (Sichteinlagen)	3.099,2
gegen Ansässige außerhalb der EWU	5.258,5	– mit Laufzeit bis zu 2 Jahren	2.380,6
Sachanlagen	229,1	– mit Laufzeit von mehr als 2 Jahren	1.940,1
Sonstige Aktiva	3.169,0	– mit Kündigungsfrist bis zu drei Monaten	1.520,3
		– mit Kündigungsfrist über drei Monate	116,6
		Kurzfristige Wertpapiere mit Rückkaufvereinbarung (Repogeschäfte)	330,7
		Geldmarktfonds und Geldmarktpapiere	723,0
		Ausgegebene Schuldverschreibungen	
		– Laufzeit bis zu 2 Jahren	262,4
		– Laufzeit über 2 Jahre	2.538,7
		Verbindlichkeiten gegenüber Ansässigen außerhalb des Euro-Währungsgebietes	4.766,8
		Eigenkapital und Rücklagen	1.613,8
		Sonstige Passiva	7.207,6
Insgesamt	24.123,8	Insgesamt	24.123,8

5.5 Geldschöpfungsmöglichkeit einer einzelnen Geschäftsbank

1. Nach Abzug der Bar- und Mindestreserve in Höhe von 25 % der Kundeneinlagen stehen der Geschäftsbank A 500.000 € Zentralbankgeld zur Verfügung (= Überschussreserve). In dieser Höhe könnte sie Kredite vergeben.
   Prüfen Sie für jeden der folgenden Fälle, ob und ggf. in welchem Umfang sich dadurch die
   - Kreditvergabemöglichkeiten der Bank A (= Überschussreserve),
   - Geldmenge M1
   - und die Zentralbankgeldmenge verändern.

   Geben Sie auch an, ob und ggf. wie sich durch diese Vorgänge die Bilanzen der Geschäftsbank A und der Zentralbank verändern.
   a) Ein Bankkunde tätigt eine Bareinzahlung auf sein Girokonto in Höhe von 5.000 €.
   b) Ein deutscher Exporteur wechselt Devisen im Wert von 100.000 €, die er aus einem Exportgeschäft erhalten hat, bei der Geschäftsbank A um und lässt sich den Gegenwert auf seinem Girokonto gutschreiben.
   c) Die Geschäftsbank A verkauft die Devisen an die Zentralbank weiter und erhält dafür Banknoten im Wert von 100.000 €.

2. Die Geschäftsbank B hat Wertpapiere an die Zentralbank verkauft und dafür Banknoten in Höhe von 200.000 € erhalten. Sie möchte auf der Basis dieses Zentralbankgeldes einem Kunden einen Kredit gewähren. Der Reservesatz auf Sichteinlagen beträgt 25 %.
   a) In welcher Höhe kann die Geschäftsbank B dem Kunden höchstens einen Kredit einräumen?
   b) Die Bank B räumt dem Kunden X den maximal möglichen Kredit ein (vgl. 2a) und schreibt diesen auf seinem Girokonto gut.
   Prüfen Sie, wie sich die folgenden Vorgänge jeweils auf die Kreditvergabemöglichkeiten der beteiligten Banken sowie auf die Geldmenge M1 auswirken:
   - Fall 1: Der Kreditnehmer X hebt den gutgeschriebenen Betrag sofort in voller Höhe von seinem Girokonto in bar ab. Das Bargeld verbleibt außerhalb des Bankensektors.
   - Fall 2: Der Kreditnehmer X hebt den gutgeschriebenen Betrag sofort in voller Höhe von seinem Girokonto in bar ab und zahlt ihn auf ein Girokonto (mit Guthaben) seines Gläubigers Y bei Bank C ein.
   - Fall 3: Der Kreditnehmer X überweist den gutgeschriebenen Betrag von seinem Girokonto sofort in voller Höhe auf ein Girokonto (mit Guthaben) seines Gläubigers Z bei der Bank B.

5.6 Geldschöpfungsmöglichkeit des gesamten Geschäftsbankensystems – Geldschöpfungsmultiplikator

Für das Geschäftsbankensystem einer Volkswirtschaft gelten folgende Annahmen:
Geschäftsbank 1 erhält eine Bareinzahlung eines Kunden über 50.000 €.
Der Reservesatz für Bar- und Mindestreserve beträgt 20 %.
Die Kreditvergabemöglichkeiten werden von den Geschäftsbanken in vollem Umfang ausgeschöpft. Jeder angebotene Kredit wird von den Bankkunden in Anspruch genommen.
Die Kreditbeträge werden jeweils in voller Höhe bar abgehoben und vollständig auf ein Konto bei einer anderen Bank eingezahlt (= vollständiger Bargeldrückfluss in das Bankensystem).

1. Vervollständigen Sie für die ersten fünf beteiligten Banken eine Tabelle nach dem Muster auf Seite 178.
2. In welcher Höhe kann das gesamte Geschäftsbankensystem Kredite vergeben?
3. Wie hoch ist der Geldschöpfungsmultiplikator im vorliegenden Fall?
4. Um wie viel Prozent ändert sich die Kreditvergabemöglichkeit des Geschäftsbankensystems, wenn der Reservesatz für Bar- und Mindestreserve auf 10 % sinken würde?
5. Angenommen, die Geschäftsbank 1 erhält keine Bareinlage eines Kunden in Höhe von 50.000 €, sondern beschafft sich Zentralbankgeld in dieser Höhe durch den Verkauf von Wertpapieren an die Zentralbank. Alle anderen Modellbedingungen bleiben gleich wie in der Ausgangssituation.
   Erläutern Sie den Unterschied, der sich im Vergleich zur Ausgangssituation für den Geldschöpfungsprozess ergibt. In welchem Umfang kann das gesamte Bankensystem in diesem Fall Kredite vergeben?

5.7 Geldmenge – Geldschöpfungsmultiplikator

1. Angenommen, eine Volkswirtschaft ist mit Bargeld in Höhe von 100 GE für jeden der 1 000 Einwohner ausgestattet.
   Ermitteln Sie die jeweilige Höhe der Geldmenge M1 für die folgenden Fälle, wenn die Geschäftsbanken die jeweils maximal mögliche Kreditsumme gewähren.
   a) Das gesamte Bargeld befindet sich in Händen der Einwohner und damit außerhalb des Bankensektors.
   b) Das gesamte Bargeld wird auf Girokonten eingezahlt. Der Reservesatz beträgt 100 % bzw. 10 %.
   c) Das Bargeld wird zur Hälfte auf Girokonten eingezahlt. Der Reservesatz beträgt 100 % bzw. 10 %.

2. Für das Geschäftsbankensystem einer Volkswirtschaft gilt ein Reservesatz für Bar- und Mindestreserve von 30 %. Die Geschäftsbanken haben alle Kreditvergabemöglichkeiten ausgeschöpft. Die angebotenen Kredite wurden vollständig in Anspruch genommen. Alles Bargeld fließt in den Geschäftsbankensektor zurück.
   Nach n Perioden hat im Geschäftsbankensystem eine Kreditschöpfung von 10 Mio. € stattgefunden.
   a) Wie hoch war der Geldschöpfungsmultiplikator?
   b) Wie hoch war die Überschussreserve der ersten am Geldschöpfungsprozess beteiligten Bank?
   c) Ausgangspunkt des Geldschöpfungsprozesses war die Erhöhung der Sichteinlagen durch Bareinzahlung bei der ersten am Geldschöpfungsprozess beteiligten Bank. Wie hoch war diese zusätzliche Sichteinlage?

3. Nehmen Sie kritisch zur Aussagekraft der Ergebnisse des Geldschöpfungsmultiplikators Stellung.

5.8 Warenkorb – Preisindex

Es soll ein Preisindex für Jugendliche ermittelt werden. Dazu wird im Basisjahr 00 ein Warenkorb für Jugendliche mit den folgenden Güterarten und Gütermengen erstellt.

Güter	Menge je Monat	Preis je Einheit (€)	Ausgaben je Monat (€)
Pizza	4 Stück	4,00	16,00
Kinobesuch	2 Besuche	5,00	10,00
Transport	8 Fahrten	1,50	12,00
Jeans (Nutzungsdauer 1 Jahr)	1/12	60,00	5,00
Kosmetikartikel	4 Einheiten	2,50	10,00

1. Für die folgenden Jahre 01 und 02 liegen nebenstehende Preise vor.
   Ermitteln Sie die Preisindizes für 01 und 02.

Güter	Preis je Einheit (€)	
	Jahr 01	Jahr 02
Pizza	4,50	4,50
Kinobesuch	5,50	6,00
Transport	1,50	2,00
Jeans	60,00	66,00
Kosmetikartikel	3,00	3,00

2. Für die Ermittlung eines anderen Preisindex liegen folgende Daten vor:

Güter	Preis je Einheit (€)		Menge der Güter	
	Basisjahr (p_0)	Berichtsjahr 01 (p_1)	Basisjahr (q_0)	Berichtsjahr 01 (q_1)
Nahrungsmittel	16,00	21,00	300	260
Bekleidung	150	180	24	36
Wohnung	800	960	12	12

a) Ermitteln Sie den Preisindex für das Berichtsjahr 01 und erläutern Sie das Ergebnis.
b) Im Jahr 02 steigen nur die Wohnungspreise (Preiserhöhung um 25 %). Ermitteln Sie den Preisindex für das Jahr 02 und die prozentuale Preisniveauerhöhung (Inflationsrate) gegenüber dem Vorjahr.

5.9 Verbraucherpreisindex – Wägungsschema

1. Berechnen Sie die fehlenden Größen in der folgenden Tabelle (mit einer Nachkommastelle):

Jahr		2008	2009	2010	2011	2012	2013	2014	2015
Preisindex		98,6		100	102,1	104,1	105,7		106,9
Veränderung zum Vorjahr	Indexpunkte		0,3	1,1	2,1	2,0		0,9	
	in %	2,28	0,30	1,11		1,96	1,54		0,28
Kaufkraftindex			101,42	101,11	100,00		96,06	94,61		93,55
Veränderung zum Vorjahr	Indexpunkte	2,31	0,31	1,11	2,06	1,88	1,45	0,80	0,26
	in %		– 2,23		– 1,10	– 2,06		– 1,51		– 0,28

2. Welchen Folgen hätte es für die Ermittlung des Preisniveaus, wenn das Wägungsschema nicht regelmäßig neu festgelegt würde? Begründen Sie Ihre Aussage, indem Sie das auf S. 185 dargestellte Wägungsschema erläutern.
3. Warum kann der Verbraucherpreisindex die tatsächlichen Lebenshaltungskosten nur unzureichend widerspiegeln?
4. Die 12 Hauptgruppenindizes für die Ermittlung des Verbraucherpreisindex wiesen Ende 2015 folgende Werte auf (Basisjahr 2010):

1. Nahrungsmittel	111,2	5. Haushaltseinrichtung	102,2	9. Freizeit, Kultur	107,2
2. Alkohol, Tabak	108,9	6. Gesundheit	99,8	10. Bildung	92,3
3. Kleidung, Schuhe	104,8	7. Verkehr	107,2	11. Gaststätten, Hotel	106,8
4. Wohnung, Gas etc.	107,8	8. Nachrichtenübermittl.	92,7	12. Sonstiges	104,8

   a) Ermitteln Sie unter Verwendung des Wägungsschemas von S. 185 den Gesamtindex.
   b) Angenommen, im folgenden Jahr erhöhen sich die Preise für Nahrungsmittel um 10 % und die für Wohnungsnebenkosten (Gas, Strom, Wasser) um 20 %. Alle anderen Preise bleiben unverändert. Wie hoch ist in diesem Fall der Verbraucherpreisindex im Folgejahr?
   c) Wie hoch war unter den Annahmen von b) die prozentuale Veränderung des Preisniveaus gegenüber dem Vorjahr?
   d) Ermitteln Sie mithilfe eines Inflationsrechners des Statistischen Bundesamtes den Einfluss Ihrer persönlichen Verbrauchsgewohnheiten auf den Verbraucherpreisindex.
   www.destatis.de Suchbegriff: persönlicher Inflationsrechner

5.10 Verbraucherpreisindex – Realeinkommen

In der Bundesrepublik Deutschland haben sich die Nettoeinkommen in den Jahren von 2009 bis 2015 wie folgt entwickelt:

Durchschnittliche jährliche Lohn- und Gehaltssumme je beschäftigtem Arbeitnehmer	2009	2010	2011	2012	2013	2014	2015
Nettoeinkommen (in €)	18.498	19.240	19.729	20.336	20.622	21.130	21.684

Quelle: Statistisches Bundesamt, VGR 2015, März 2016, Tab. 2.1.10

1. Berechnen Sie mithilfe des in Aufgabe 5.9 Nr. 1 ermittelten Verbraucherpreisindex (Basisjahr 2010) die Nettorealeinkommen für die Jahre 2009 bis 2015.
2. Ermitteln Sie die prozentuale Veränderung der Realeinkommen in den Jahren 2005 bis 2015.
3.

Ø Lohn- und Gehaltssumme in € je beschäftigten Arbeitnehmer pro Jahr	Jahr	1995	2000	2005	2015
	brutto, nominal	24.216	25.084	26.547	32.659
	netto, nominal	16.092	16.777	18.023	21.684

Quelle: Statistisches Bundesamt, VGR 2015, März 2016, Tab. 2.1.10

228

Geldtheorie und Geldpolitik

a) Ermitteln Sie für die einzelnen Jahre die Abzüge vom Bruttolohn in %.
b) Ermitteln Sie für die einzelnen Jahre die realen durchschnittlichen Nettoverdienste je Arbeitnehmer. Verbraucherpreisindex (2010 = 100):
1995: 80,0; 2000: 85,25; 2005: 91,7; 2015: 106,9
c) Ermitteln Sie die prozentuale Veränderung der Brutto-, Netto- und Realverdienste zwischen 1995 und 2011. Worauf kann die auffällige Entwicklung bei den realen Nettoverdiensten zurückzuführen sein?

5.11 Quantitätstheorie – Zusammenhang zwischen Geldmenge und Preisniveau

Die Vertreter der Quantitätstheorie gehen von nebenstehender Gleichung aus (vgl. S. 190):

$$P_y = \frac{M \cdot U_y}{Y_r}$$

1. Erläutern Sie die einzelnen Größen und geben Sie an, wodurch sich diese Gleichung von der FISHERschen Verkehrsgleichung unterscheidet.
2. In einer Volkswirtschaft wurden für das Jahr 1 die Zusammenhänge der oben dargestellten Gleichung für ein Preisniveau des Inlandsprodukts von 1 (Preisindex: 100) wie folgt empirisch nachgewiesen:

$$M \cdot U_y = P_y \cdot Y_r$$
$$1.000 \cdot 1,2 = 1 \cdot 1.200$$

Es wird davon ausgegangen, dass die in der Gleichung zum Ausdruck kommenden Zusammenhänge weiterhin Gültigkeit haben.
a) Für das Jahr 2 wird mit einem realen Wirtschaftswachstum von 2,5 % gerechnet. Die Inflationsrate soll 2 % nicht übersteigen.
Berechnen Sie, um wie viel Prozent die monetäre Nachfrage (M · U) im Jahr 2 höchstens steigen darf.
b) Ermitteln Sie die Umlaufgeschwindigkeit für das Jahr 2, wenn die Geldmenge (M) 1045,5 GE und das Preisniveau 1,02 betrugen.
c) Für das Jahr 3 wird davon ausgegangen, dass die Umlaufgeschwindigkeit gegenüber dem Jahr 2 um 5 % sinkt. Um wie viel Prozent darf die Zentralbank im Jahr 3 die Geldmenge M gegenüber dem Jahr 2 (1.045,5 GE) maximal erhöhen, wenn bei einem realen Inlandsprodukt von 1.230 GE die Preisniveausteigerung gegenüber dem Jahr 2 nicht mehr als + 2 % betragen soll?
3. Die Geldmengenstrategie der EZB sieht eine jährliche Erhöhung der Geldmenge (M) um 4,5 % vor. Die Inflationsrate soll 2 % nicht übersteigen. Im Folgenden wird eine Umlaufgeschwindigkeit von 1 unterstellt.
a) Ermitteln Sie, welche Erwartung hinsichtlich der Wachstumsrate des realen Inlandsprodukts dieser Strategie zugrunde liegt.
b) Zur Ankurbelung der Wirtschaft erhöht die Zentralbank die Geldmenge um 8 %. Dennoch beträgt das reale Wirtschaftswachstum nur 1%.
Berechnen Sie, welche Preisniveauänderung sich nach der Quantitätstheorie ergeben müsste.
4. In Wirklichkeit ist das Preisniveau nur um 2 % gestiegen.
Erläutern Sie, warum in der Realität der von der Quantitätstheorie behauptete direkte Zusammenhang zwischen Geldmengenerhöhung und Preisniveausteigerung häufig nicht feststellbar ist.

5.12 Geldmengenbedingte Inflation – Quantitätstheorie

Für die Euro-Zone liegen folgende Daten vor:

Euro-Zone	2005	2006	2007	2008	2009	2010	2011	2012	2013	2014
nominales BIP (Mrd. €)	8.450	8.890	9.390	9.630	9.280	9.540	9.800	9.840	9.930	10.100
Geldmenge M1 (Mrd. €)	3.420	3.680	3.830	3.970	4.500	4.700	4.780	5.097	5.386	5.921
Geldmenge M3 (Mrd. €)	7.080	7.750	8.650	9.390	9.340	9.540	9.340	9.789	9.840	10.325
Wachstum reales BIP in%	1,6	2,8	2,6	0,4	– 4,2	1,9	1,5	– 0,9	– 0,3	0,9
Ø Zinssatz für Einlagen mit Laufzeit bis zu 2 Jahren in %	1,9	2,4	3,5	4,3	2,3	2,5	3,0	2,0	1,3	0,79
Preisniveauänderung gegen Vorjahr in %	2,2	2,2	2,1	3,3	0,3	1,6	2,7	2,5	1,4	0,4

Quelle: EZB, Deutsche Bundesbank

1. Die Vertreter der Quantitätstheorie gehen davon aus, dass die Kreislaufgeschwindigkeit des Geldes kurzfristig konstant ist.
   Überprüfen Sie diese Annahme für das Euro-Währungsgebiet, indem Sie unter Verwendung der Zahlen aus der Tabelle die Kreislaufgeschwindigkeiten (BIP/M) für M1 und M3 berechnen (2 Nachkommastellen).
2. Worauf können die Veränderungen der Kreislaufgeschwindigkeit für die Geldmenge M1 im Zeitablauf zurückzuführen sein?
3. Wenn die Geldmenge schneller steigt als das reale Inlandsprodukt, kommt es nach Auffassung der Quantitätstheorie zu einer Erhöhung des Preisniveaus.
   a) Ermitteln Sie anhand der Zahlen der Tabelle die Wachstumsraten der Geldmenge M3 in den Jahren 2005 bis 2015.
   b) Überprüfen Sie anhand des realen BIP-Wachstums (siehe Tabelle) und des ermittelten Wachstums von M3 die Behauptung der Quantitätstheorie. Erläutern Sie das Ergebnis.
   c) Worauf kann es zurückzuführen sein, dass in den meisten Jahren die Preisniveauerhöhungen relativ gering waren, obwohl die Wachstumsrate der Geldmenge M3 über der Wachstumsrate des realen BIP lag?

5.13 Nachfragebedingte Inflation

In einer Volkswirtschaft kann bei voller Auslastung der Produktionskapazitäten ein Bruttoinlandsprodukt im Realwert von 100 Mrd. GE produziert werden. Die gesamtwirtschaftliche Angebotskurve hat folgenden Verlauf:

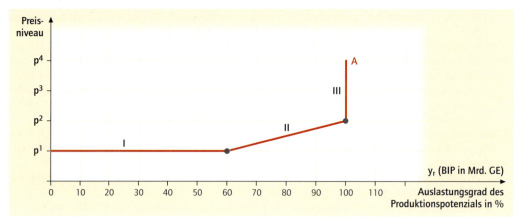

1. Welcher Zusammenhang wird durch die gesamtwirtschaftliche Angebotskurve dargestellt?
2. Welche gesamtwirtschaftlichen Situationen werden durch die Abschnitte I, II und III der gesamtwirtschaftlichen Angebotskurve dargestellt?
3. Für die gesamtwirtschaftliche Nachfrage ergibt sich bei gegebener Geldmenge und konstanter Kreislaufgeschwindigkeit des Geldes in der Ausgangssituation (Jahr 00) nebenstehender Zusammenhang. Zeichnen Sie die entsprechende gesamtwirtschaftliche Nachfragekurve N^0 in ein Koordinatensystem nach obigem Muster ein.

Geldtheorie und Geldpolitik

4. In den nachfolgenden Jahren verändert sich die gesamtwirtschaftliche Nachfrage bei unverändertem gesamtwirtschaftlichem Angebot folgendermaßen:

Preisniveau	P1	P2	P3	P4
reales BIP (in Mrd. GE)	40	30	20	10

   a) Worauf können die Veränderungen der gesamtwirtschaftlichen Nachfrage zurückzuführen sein?
   b) Zeichnen Sie die entsprechenden gesamtwirtschaftlichen Nachfragekurven N^1, N^2 und N^3 in das Koordinatensystem ein.
   c) Erläutern Sie, wie sich die Veränderungen der gesamtwirtschaftlichen Nachfrage im vorliegenden Fall jeweils auf das reale BIP und das Preisniveau auswirken.

BIP \ Preisniveau	P1	P2	P3	P4
Jahr 01: reales BIP (in Mrd. GE)	50	40	30	20
Jahr 02: reales BIP (in Mrd. GE)	80	70	60	50
Jahr 03: reales BIP (in Mrd. GE)	120	110	100	90

5. Welche Voraussetzungen müssen vorliegen, damit Veränderungen der gesamtwirtschaftlichen Nachfrage zur Inflation führen?

5.14 Angebotsbedingte Inflation – Lohn-Preis-Spirale

1. Wie verändert sich die gesamtwirtschaftliche Angebotskurve, wenn Preisniveausteigerungen durch Lohnerhöhungen ausgelöst werden?
2. Im Zusammenhang mit einer Lohnkosteninflation wird auch von „Stagflation" gesprochen. Erläutern Sie die gesamtwirtschaftliche Situation der Stagflation, indem Sie untersuchen, wie sich bei einer angebotsbedingten Inflation die Veränderung der gesamtwirtschaftlichen Angebotskurve auf das reale BIP auswirkt.
3. Auf welche anderen Ursachen kann eine angebotsbedingte Inflation zurückzuführen sein?
4. Erläutern Sie, was im Zusammenhang mit Preisniveauerhöhungen unter Erst- und Zweitrundeneffekt zu verstehen ist.
5. Unter welchen Voraussetzungen kann eine angebotsbedingte Inflation in eine Lohn-Preis-Spirale bzw. Preis-Lohn-Spirale münden?

5.15 Zusammenhang zwischen verschiedenen Ansätzen zur Inflationserklärung

1. Erläutern Sie die Darstellungen in den Abb. 1 bis 4 und nennen Sie Ursachen und Voraussetzungen für die jeweiligen Kurvenverschiebungen.
2. In welchen der dargestellten Fälle kann es sich
   a) um eine hausgemachte Inflation,
   b) um eine importierte Inflation handeln?

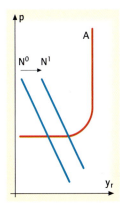
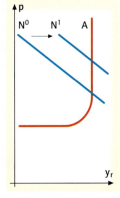
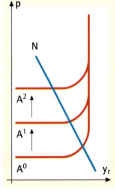
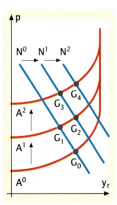

5.16 Offenmarktkredite – Ausschreibung – Zinstender

1. Eine Geschäftsbank erhält von der EZB über die Deutsche Bundesbank das folgende Schreiben.

Offenmarktgeschäfte: Ankündigung	Frankfurt, 12. März 20..

   Die EZB kündigt folgende Tender an:
   Liquiditätsbereitstellung über Offenmarktkredite: Hauptrefinanzierungsoperation
   Durchführung: Standardtender (Zinstender, amerikanisches Zuteilungsverfahren)
   Gebotsfrist: 13.03.20.. 09:30 Uhr   Zuteilungstag: 13.03.20..
   Valutierungstag: 14.03.20..   Verfalltag: 21.03.20..   Laufzeit: 7 Tage
   Mindestbietungssatz: 3,75 %   Mindestbietungsbetrag: 1,00 Mio. €   Bietungsschritte: 0,10 Mio. €

   a) Welchen Zweck verfolgt die EZB mit diesem Schreiben?
   b) Um welche Art von Zuteilungsverfahren (Tenderverfahren) handelt es sich im vorliegenden Fall?

2. Einen Tag später erreicht die Geschäftsbank das folgende Schreiben der EZB.

Offenmarktgeschäfte: Zuteilung	Frankfurt, 13. März 20..

   Die EZB teilt folgende Tender zu:
   Liquiditätsbereitstellung über Offenmarktkredite: Hauptrefinanzierungsoperation
   Durchführung: Standardtender (Zinstender, amerikanisches Zuteilungsverfahren)
   Gebotsfrist: 13.03.20.. 09:30 Uhr   Zuteilungstag: 13.03.20..
   Valutierungstag: 14.03.20..   Verfalltag: 21.03.20..   Laufzeit: 7 Tage
   Mindestbietungssatz: 3,75 %   Mindestbietungsbetrag: 1 Mio. €
   Beabsichtigtes Zuteilungsvolumen: 291.000 Mio. €

   Gesamtes Bietungsvolumen: 372.454 Mio. €   Anzahl der Bieter: 394
   Gesamter Zuteilungsbetrag: 291.000 Mio. €   Repartierungsquote: 49,4656 %
   Akzeptierter marginaler Zuteilungssatz: 3,85 %   Bietungsspanne: 3,75–3,90 %
   Für Ihr(e) Gebot(e) zu o. g. Ausschreibung wurden folgende Zuteilungsdaten ermittelt:
   Bietungssatz: 3,80 %   Bietungsbetrag: 7 Mio. €   Zugeteilter Betrag: 0,00 €

   a) Was besagt der marginale Zuteilungssatz von 3,85 % und wie wird er ermittelt?
   b) Was besagt die Repartierungsquote von 49,4656 % und wie wird sie ermittelt?
   c) Erläutern Sie die der Geschäftsbank auf ihr Gebot hin mitgeteilten Zuteilungsdaten. Welche Aussage lässt sich über die Dringlichkeit des Geldbedarfs bei dieser Geschäftsbank machen?
   d) Welches war im vorliegenden Fall der höchste gebotene Zinssatz?

3. Erläutern Sie anhand der zusammengefassten Zentralbankbilanz (Bilanz des Eurosystems) auf S. 221, wie sich dieses Offenmarktgeschäft auf die Zentralbankbilanz auswirkt.

4. Stellen Sie anhand des Tenderkalenders fest, wann die nächsten Refinanzierungsgeschäfte angekündigt, zugeteilt und abgewickelt werden.
   Der Tenderkalender kann abgerufen werden unter www.bundesbank.de Startseite → Geldpolitische Instrumente → Tender.

5.17 Offenmarktkredite – Tenderverfahren

1. Eine Geschäftsbank erhält von der EZB über die Deutsche Bundesbank das untenstehende Schreiben.

Offenmarktgeschäfte: Ankündigung	Frankfurt, 11. Jan. 20..

   Die EZB kündigt folgende Tender an:
   Liquiditätsbereitstellung über Offenmarktkredite: Hauptrefinanzierungsoperation
   Durchführung: Standardtender
   Gebotsfrist: 12.01.20.. 09:30 Uhr   Zuteilungstag: 12.01.20..
   Valutierungstag: 13.01.20..   Verfalltag: 20.01.20..   Laufzeit: 7 Tage
   Festzinssatz: 1,5 %   Mindestbietungsbetrag: 1,00 Mio. €   Bietungsschritte: 0,10 Mio. €

a) Welchen Zweck verfolgt die EZB mit diesem Schreiben?
b) Um welches Zuteilungsverfahren (Tenderverfahren) handelt es sich im vorliegenden Fall?
c) In welchen Fällen wendet die EZB dieses Zuteilungsverfahren an?
d) Das gesamte Bietungsvolumen betrug 950.369 Mio. €, der gesamte Zuteilungsbetrag 75.000 Mio. €. Welcher Betrag wird der Geschäftsbank zugeteilt, wenn sich ihr Bietungsbetrag auf 1,5 Mio. € belief?

2. Zur Behebung der Banken- und Finanzmarktkrise hat die EZB seit Oktober 2008 u. a. Offenmarktgeschäfte folgender Art getätigt:

Zuteilung

Liquiditätsbereitstellung über Offenmarktkredite
Hauptrefinanzierungsoperation, Tender-ID: 20130260
Durchführung: Standardtender (Mengentender)

Gebotsfrist: 26.11.20..	09:30 Uhr	Zuteilungstag: 26.11.20..
Valutierungstag: 27.11.20..	Verfalltag: 04.12.20..	Laufzeit: 7 Tage
Festzinssatz: 0,25 %	Mindestzuteilungsbetrag: –	
Mindestbietungsbetrag: 1,00 Mio. €	Höchstbietungsbetrag: –	
Mindestzuteilungsquote: –		
Gesamtes Bietungsvolumen: 97.210 Mio. €	Anzahl der Bieter: 78	
Gesamter Zuteilungsbetrag: 97.210 Mio. €	Repartierungsquote: 100,00 %	

a) Erläutern Sie die Besonderheiten des von der EZB angewandten Zuteilungsverfahrens.
b) Erläutern Sie die von der EZB mit der Anwendung dieses Zuteilungsverfahrens beabsichtigte Wirkung.
c) Angenommen, die Geschäftsbank XYZ hat ein Gebot über 1,2 Mrd. € abgegeben.
Ermitteln Sie für diese Geschäftsbank die Höhe des Zuteilungsbetrages und die Höhe der zu zahlenden Zinsen.
d) Wie wirken sich die Offenmarktgeschäfte am 26.11.20.. und am 04.12.20.. auf
– die Bilanzen der EZB und der Geschäftsbank XYZ
– die Zentralbankgeldmenge und die Geldmenge M1
aus?

5.18 Offenmarktpolitik – Hauptrefinanzierungsinstrument – Tenderverfahren

Die EZB teilt den Geschäftsbanken mit, dass sie beabsichtigt, Zentralbankgeld im Rahmen des Hauptrefi-Geschäfts durch einen Zinstender mit einer Laufzeit von sieben Tagen bei Anwendung des amerikanischen Verfahrens zuzuteilen. Der Mindestbietungssatz beträgt 3,75 %. Die Geschäftsbanken A, B, C, D und E geben innerhalb von 24 Stunden folgende Gebote ab.

Banken	Gebote der Banken in Mio. € bei einem Zinssatz von ... %				
	3,82	3,81	3,80	3,79	3,78
A	5	10	15	20	0
B	15	5	15	10	10
C	10	15	5	5	0
D	15	10	5	0	5
E	5	15	10	5	5

1. Stellen Sie die Gebote in einer Tabelle nach dem Muster auf S. 208 zusammen:
2. Die EZB beschließt die Zuteilung von 120 Mio. €. Ermitteln Sie
   a) den marginalen Zinssatz,
   b) die Repartierungsquote.
3. Nehmen Sie die Zuteilung der Beträge in einer Tabelle nach dem Muster auf S. 209 vor.
4. In der Vorwoche wurde ein Hauptrefi-Geschäft mit einer Zuteilung von 170 Mio. € durchgeführt. Die Laufzeit betrug ebenfalls 7 Tage.
   a) Um wie viel Euro hat sich in der laufenden Woche die Zentralbankgeldmenge aufgrund dieser beiden Hauptrefi-Geschäfte verändert?
   b) Wie wirkt sich diese Veränderung auf den Zinssatz für Tagesgeld aus?

5. Welche Beträge wären den fünf Banken bei unverändertem Zuteilungsvolumen der EZB (120 Mio. €) und bei unveränderten Gesamtbietungsbeträgen zugeteilt worden, wenn es sich um einen Mengentender zum Festzinssatz von 3,75 % gehandelt hätte?

5.19 Refi-Geschäft der EZB – Zinstender

Die EZB will den Geschäftsbanken im Rahmen des längerfristigen Refi-Geschäfts Zentralbankgeld in Höhe von 100 Mio. € über einen Zinstender zuteilen. Die eingehenden Gebote der Geschäftsbanken werden zu der nebenstehenden Tabelle zusammengestellt.

Bietungssatz	Kumulierte Bietungsaufträge aller Banken in Mio. €
3,09	30
3,08	50
3,07	70
3,06	90
3,05	110
3,04	130
3,03	150

1. Wie hoch ist der marginale Zinssatz?
2. Wie hoch ist die Zuteilungsquote für die Gebote zum marginalen Zinssatz?
3. Stellen Sie das Angebotsverhalten der EZB und das Nachfrageverhalten der Geschäftsbanken in Form einer Angebots- und Nachfragekurve in einem Zins-Mengen-Diagramm dar.
4. Erläutern Sie anhand der Grafik die Marktlage (Verhältnis von Angebot und Nachfrage) beim marginalen Zinssatz.
5. Wie hoch wäre der Zinsertrag der EZB aus diesem Refi-Geschäft, wenn die Laufzeit 91 Tage beträgt und alle zugeteilten Beträge zum marginalen Zinssatz verzinst würden (= holländisches Verfahren)?
6. Wie hoch wäre der Zinsertrag der EZB, wenn nach dem amerikanischen Verfahren zugeteilt wird (Laufzeit 91 Tage)?
7. Worauf ist der unterschiedliche Zinsertrag der EZB bei Anwendung des amerikanischen Verfahrens (Aufgabe 6) gegenüber der Anwendung des holländischen Verfahrens (Aufgabe 5) zurückzuführen?
8. Erläutern Sie den Unterschied (vgl. Aufgabe 7) auch anhand der Grafik zu Aufgabe 3, indem Sie die „Konsumentenrente" der Geschäftsbanken beim holländischen Verfahren mit der Abschöpfung der „Konsumentenrente" durch Zinsdifferenzierung beim amerikanischen Verfahren miteinander vergleichen.

5.20 Simulation: Refinanzierung der Geschäftsbanken – Zinstender – amerikanisches Verfahren

Führen Sie in Ihrer Klasse ein Simulationsspiel zur Refinanzierung der Geschäftsbanken (Zinstender) durch. Der Spielleiter repräsentiert die Zentralbank. Die Geschäftsbanken werden durch mehrere Schülergruppen vertreten. Spielbeschreibung und Spielunterlagen finden sich auf der Begleit-CD.

5.21 EZB-Zinssätze – Refinanzierungsgeschäfte – Geldmarktsätze

1. Beantworten Sie anhand der vorliegenden Daten folgende Fragen:
   a) Wie hoch ist der Mindestbietungssatz für die Hauptrefinanzierungsgeschäfte ab April 20..? Wie wirkt sich diese Änderung auf den marginalen Zinssatz aus?
   b) Vergleichen Sie die Zinssätze für die beiden Fazilitäten mit dem Tagesgeldsatz in den entsprechenden Zeiträumen. Welcher Zusammenhang lässt sich feststellen? Begründen Sie den von Ihnen festgestellten Zusammenhang.
   c) Vergleichen Sie die marginalen Zinssätze für die Hauptrefinanzierungsgeschäfte und für Tagesgeld in den entsprechenden Zeiträumen. Welcher Zusammenhang lässt sich feststellen? Begründen Sie den von Ihnen festgestellten Zusammenhang.
   d) Vergleichen Sie die marginalen Zinssätze für die langfristigen Refinanzierungsgeschäfte und für Dreimonatsgeld in den entsprechenden Zeiträumen. Welcher Zusammenhang lässt sich feststellen? Begründen Sie den von Ihnen festgestellten Zusammenhang.

Geldtheorie und Geldpolitik

5

Auszug aus einem Monatsbericht der EZB

EZB-Zinssätze in %				Geldmarktsätze Bankplatz Frankfurt Monatsdurchschnitt in %		
gültig ab	Einlage-fazilität	Hauptrefi-Satz	Spitzenrefinanzierungs-fazilität	Monat	Tagesgeld	Dreimonatsgeld
3. Febr. 20..	2,25	3,25	4,25	Febr. 20..	3,33	3,60
2. April 20..	2,50	3,50	4,50	April 20..	3,56	3,67
7. Sept. 20..	2,75	3,75	4,75	Sept. 20..	3,83	4,20

Hauptrefinanzierungsgeschäfte (Zinstender)

Gutschrifttag	Gebote in Mio. €	Anzahl der Teilnehmer	Zuteilung in Mio. €	Mindestbietungs-satz in %	marginaler Zinssatz in %	Laufzeit Tage
24. Febr. 20..	428.181	395	317.500	3,25	3,30	7
31. April 20..	399.269	352	292.500	3,50	3,56	7
8. Aug. 20..	381.952	346	279.500	3,50	3,54	7
30. Sept. 20..	402.912	350	286.500	3,75	3,81	7

Längerfristige Refinanzierungsgeschäfte (Zinstender)

Gutschrifttag	Gebote in Mio. €	Anzahl der Teilnehmer	Zuteilung in Mio. €	Mindestbietungs-satz in %	marginaler Zinssatz in %	Laufzeit Tage
2. März 20..	72.782	168	40.000	–	3,58	91
15. April 20..	74.150	161	40.000	–	3,66	91
10. Sept. 20..	79.099	164	50.000	–	3,87	91

2. Im Jahr 2000 hatte die EZB die Zuteilung im Rahmen der Hauptrefinanzierungsgeschäfte (7-Tage-Kredite) vom Mengen- auf den Zinstender (amerikanisches Verfahren) umgestellt. Ab Oktober 2008 wurde – ebenso wie zuvor schon bei den längerfristigen Refinanzierungsgeschäften – wieder der Mengentender als Zuteilungsverfahren angewandt. Anlass war u. a. der durch die Finanzkrise eingetretene Vertrauensverlust zwischen den Banken. Dadurch war der Interbankenmarkt (Kreditgewährung zwischen den Banken in Form von Tages-, Monats- und Mehrmonatsgeld) nahezu zum Erliegen gekommen.

Erläutern Sie die aus der folgenden Übersicht erkennbare Besonderheit, der in dieser Situation angewandten Mengentender und deren Zweck.

Abwicklungs-tag	Gebote (Betrag) in Mio. €	Anzahl der Teil-nehmer	Zuteilung (Betrag) in Mio. €	Mengentender Festzins in %	Laufzeit (Tage)
		Längerfristige Refinanzierungsgeschäfte			
14. Sept. ..	54.222	37	54.222	1,50	28
		Hauptrefinanzierungsgeschäfte			
05. Okt. ..	198.881	166	198.881	1,50	7

3. Die **Abschöpfung von Zentralbankgeld** (liquiditätsabschöpfende Geschäfte im Rahmen der sogenannten Feinsteuerungsoperationen) erfolgt ebenfalls im Rahmen eines Tenderverfahrens. Dazu wendet die EZB den Zinstender an.

Erläutern Sie Ablauf und Zweck des folgenden Geschäfts:

Abwick-lungstag	Art des Geschäfts	Gebote (Betrag) in Mio. €	Zahl der Teilneh-mer	Zuteilung (Betrag in Mio. €)	Höchst-bietungs-satz in %	Marginaler Zuteilungs-satz in %	Gewichteter Durchschnitts-satz in %	Lauf-zeit (Tage)
05. Okt. ..	Herein-nahme von Termin-einlagen	240.553	100	160.500	1,50	1,02	0,96	7

Zinssatz für Übernachteinlagen bei der EZB (Einlagefazilität): 0,75 %;
Zinssatz für Tagesgeld Interbankenmarkt (EONIA: Euro OverNight Index Average): 0,97 %.

5.22 Geldpolitisches Instrumentarium des ESZB

Beantworten Sie die folgenden Fragen mithilfe der nachstehenden Bilanz des Eurosystems:

1. Begründen Sie, warum der Banknotenumlauf auf der Passivseite der Zentralbankbilanz ausgewiesen wird.

2. Wie hoch war zum Bilanzstichtag die Zentralbankgeldmenge, wenn davon auszugehen ist, dass der Bestand an Euro-Scheidemünzen bei Banken und Nichtbanken 20 Mrd. € betrug?

3. Wie hoch waren die Nettoverbindlichkeiten (Verbindlichkeiten abzüglich Forderungen) der Kreditinstitute des Euro-Währungsgebietes gegenüber der Zentralbank zum Bilanzstichtag?

4. Prüfen Sie, welche der geldpolitischen Instrumente, die dem ESZB zur Verfügung stehen, zum angegebenen Zeitpunkt tatsächlich genutzt werden.

Aktiva	Bilanz des Eurosystems (EZB und nationale Zentralbanken der EWU-Mitglieder) 23. Febr. 20.. (in Mrd. €)			Passiva
1. Gold	176,5	1. Banknotenumlauf		603,6
2. Devisen, Währungsreserven, Forderungen in Fremdwährung	164,7	2. Verbindlichkeiten aus geldpolitischen Operationen gegenüber Kreditinstituten im Euro-Gebiet, davon:		179,1
		2.1 Einlagen auf Girokonten (einschl. Mindestreserveguthaben)	177,8	
		2.2 Einlagefazilität	0,5	
		2.3 Termineinlagen	0,8	
		2.4 Geschäfte mit Rücknahmevereinb.	0,0	
3. Forderungen in Euro an Ansässige außerhalb des Währungsgebietes	14,1	3. Sonst. Euro-Verbindlichkeiten gegenüber Kreditinstituten im Euro-Gebiet		0,1
4. Forderungen aus geldpolitischen Operationen an Kreditinstitute im Euro-Gebiet, davon:	431,5	4. Verbindl. aus Schuldverschreibungen		0,0
4.1 Hauptrefinanzierungsgeschäfte 301,5				
4.2 Längerfr. Refinanzierungsgeschäfte 130,0				
4.3 Feinsteuerungsoperationen 0,0				
4.4 Strukturelle Operationen 0,0				
4.5 Spitzenrefinanzierungsfazilität 0,0				
5. Sonstige Forderungen an Kreditinstitute im Euro-Gebiet	14,0	5. Sonst. Verb. in Euro		86,8
6. Wertpapiere	85,9	6. Sonst. Verbindlichkeiten in Fremdwährungen		13,6
7. Forderungen an öffentliche Haushalte	39,1	7. Grundkapital		67,1
8. Sonstige Aktiva	224,6	8. Sonstige Passiva		21,0
Aktiva insgesamt	**1.150,4**	**Passiva insgesamt**		**1.150,4**

5.23 Probleme der Geldpolitik

ESZB-Satzung Art. 2: Ziele

[...] ist es das vorrangige Ziel des ESZB, die Preisstabilität zu gewährleisten. Soweit dies ohne Beeinträchtigung des Zieles der Preisstabilität möglich ist, unterstützt das ESZB die allgemeine Wirtschaftspolitik in der Gemeinschaft, [...]

1. Angenommen, in den EWU-Mitgliedstaaten besteht die Gefahr einer Inflation.
    a) Welche Maßnahmen könnte die EZB in dieser Situation ergreifen?
    b) Erläutern Sie den beabsichtigten Wirkungsmechanismus der bei a) genannten Maßnahmen.
    c) Erläutern Sie Wirkungshemmnisse, die dazu führen können, dass die beabsichtigten kontraktiven Wirkungen der geldpolitischen Maßnahmen nicht eintreten.

2. Angenommen, in den EWU-Mitgliedstaaten herrscht hohe Arbeitslosigkeit. Die Inflationsraten sind niedrig.
    a) Welche Maßnahmen könnte die EZB in dieser Situation zur Unterstützung der Beschäftigungspolitik der EWU-Mitgliedstaaten ergreifen?
    b) Die Wirksamkeit der geldpolitischen Maßnahmen in einer Situation der Unterbeschäftigung wird zuweilen mit dem Satz: „Man kann die Pferde zur Tränke führen, aber saufen müssen sie selbst" umschrieben. Was soll damit ausgesagt werden?
    c) Erläutern Sie Wirkungshemmnisse, die dazu führen können, dass die beabsichtigten expansiven Wirkungen der geldpolitischen Maßnahmen nicht eintreten.
    d) Seit 2009 sind die Leitzinsen in den USA und der Euro-Zone extrem niedrig. Trotzdem drohte zeitweise eine schwere Rezession. Wie hätten die Zentralbanken in dieser Situation weitere Liquidität zur Ankurbelung der Konjunktur in die Wirtschaft pumpen können?

3. Erläutern Sie die besonderen Probleme einer gemeinsamen Geldpolitik für alle EWU-Mitgliedsstaaten vor dem Hintergrund der folgenden Daten:

2012	EWU (Ø)	Deutschland	Spanien	Estland	Italien	Niederlande	Portugal
Wachstum reales BIP	0,7	0,4	– 1,6	3,9	– 2,4	– 1,2	– 3,2
Arbeitslosenquote	11,4	5,5	25,0	10,2	10,7	5,3	15,9
Verbraucherpreisindex	2,5	2,1	2,4	4,2	3,3	2,8	2,8

Quelle: Deutsche Bundesbank, Monatsbericht März 2014, Tab. I.3

5.24 Geldpolitisches Planspiel

Führen Sie in Ihrer Klasse das Planspiel „MOPOS – Ein Geldpolitik-Simulations-Spiel" durch.

Spielbeschreibung und Spielunterlagen finden sich unter:
http://www.iconomix.ch/de/lehrmaterial/m04

5.25 Interaktive Computerspiele: „Top Floor", „Economica" und „Inflation Island"

Prüfen Sie im Rahmen der Internetspiele Ihr Wissen zum Thema Geld.

Die Onlinespiele der EZB finden sich unter:

http://www.ecb.europa.eu/ecb/educational/html/index.de.html

5.26 Konferenzspiel „EZB-Ratssitzung"

Führen Sie in Ihrer Klasse das Konferenzspiel „EZB-Ratssitzung" durch. Spielbeschreibung und Spielunterlagen finden sich auf der Begleit-CD (Best.-Nr. 6082).

6 Wirtschaftspolitische Konzepte zur Wachstumsförderung und Konjunkturstabilisierung

Warum ist dieses Kapitel wichtig?

Problem

Die wirtschaftspolitischen Vorschläge zur Förderung von Wirtschaftswachstum und Beschäftigung sind – auch in Deutschland – von einer Kontroverse zwischen Vertretern einer angebotsorientierten und einer nachfrageorientierten Wirtschaftspolitik geprägt. Die Vertreter einer **angebotsorientierten Wirtschaftspolitik** sehen die Lösung der gesamtwirtschaftlichen Probleme in der Verbesserung der Produktionsbedingungen und der Gewinnaussichten für die Unternehmen. Sie gehen davon aus, dass die Unternehmen bei positiven Gewinnerwartungen investieren und damit Arbeitsplätze schaffen. Der Staat soll daher lediglich für günstige Rahmenbedingungen sorgen (z. B. Senkung der Unternehmenssteuern, Abbau von gesetzlichen Hemmnissen) und nicht durch eine aktive Wirtschaftspolitik in das Wirtschaftsgeschehen eingreifen. Die Vertreter einer **nachfrageorientierten Wirtschaftspolitik** setzen dagegen auf eine aktive Konjunktur- und Beschäftigungspolitik des Staates. Durch Maßnahmen zur Erhöhung der gesamtwirtschaftlichen Nachfrage soll die wirtschaftliche Entwicklung gestützt und gefördert werden. Sie gehen davon aus, dass Unternehmen nur dann investieren und Arbeitsplätze schaffen, wenn die erzeugten Güter (= Angebot) absetzbar sind. Voraussetzung dafür ist eine genügend große Nachfrage. Die Fragestellungen dieses Kapitels lauten daher:

Welche verschiedenen Grundauffassungen (Konzepte) zur Beeinflussung des Wirtschaftsgeschehens durch staatliche Maßnahmen lassen sich unterscheiden?

Zu welchen Ergebnissen und Problemen hat die teils nachfrage- und teils angebotsorientierte Wirtschaftspolitik in Deutschland geführt?

Überblick und Zusammenhänge

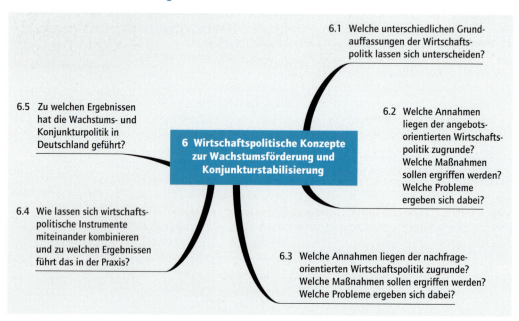

238

6.1 Grundpositionen der Stabilisierungspolitik: Fiskalismus – Monetarismus

> Unter **Stabilisierungspolitik** werden wirtschaftspolitische Maßnahmen verstanden, die auf die Erreichung und Erhaltung gesamtwirtschaftlicher Ziele und dabei insbesondere auf ein stabiles Preisniveau und einen hohen Beschäftigungsstand gerichtet sind.

Nach Auffassung der Vertreter des **klassischen Liberalismus**[1] des 18. und 19. Jahrhunderts (z. B. ADAM SMITH, 1723–1790, und DAVID RICARDO, 1772–1823) überwindet der Markt- und Preismechanismus automatisch mögliche Störungen der wirtschaftlichen Entwicklung. Auch auf dem Arbeitsmarkt kann es nach klassischer Auffassung auf Dauer kein Ungleichgewicht geben, da bei freier Lohnbildung ein Überangebot an Arbeitskräften die Löhne so lange sinken lässt, bis der zusätzliche Einsatz von Arbeitskräften für die Unternehmen wieder rentabel ist.

> Wegen der mit dem Preis-, Zins- und Lohnmechanismus begründeten Tendenz zum Gleichgewicht zwischen Angebot und Nachfrage auf allen Märkten werden staatliche Eingriffe in das Wirtschaftsgeschehen von den Vertretern der klassischen Wirtschaftstheorie abgelehnt.

Grundauffassungen des Fiskalismus (Keynesianismus)

Vor dem Hintergrund der Massenarbeitslosigkeit im Rahmen der Weltwirtschaftskrise 1929–1933 häuften sich die Zweifel an den Selbstheilungskräften der Marktwirtschaft. Insbesondere der englische Wirtschaftswissenschaftler JOHN MAYNARD KEYNES (1883–1946) kritisierte die klassische Wirtschaftstheorie aufs Heftigste.

KEYNES belegte in seinem 1936 erschienenen Werk *Allgemeine Theorie der Beschäftigung, des Zinses und des Geldes*[2], dass in der Realität der Preis-, Zins- und Lohnmechanismus infolge von **Marktunvollkommenheiten** nicht so reibungslos funktioniert, dass sich ständig ein Gleichgewicht bei Vollbeschäftigung einstellt (= **Instabilitätshypothese**). Die Entwicklung eines Gleichgewichtszustandes auf dem Arbeitsmarkt durch sinkende Löhne ist nach KEYNES nicht zu erwarten, weil sich die Gewerkschaften dagegen sperren und die Löhne daher nach unten nicht flexibel genug sind. Bezüglich des Zinsmechanismus, der nach klassischer Auffassung Investitionen und Ersparnisse einander

John Maynard Keynes
(1883–1946)
berühmter engl. Volkswirt

anpasst, verwies KEYNES darauf, dass weder Investieren noch Sparen in erster Linie vom Zinssatz abhängen. Während für die Höhe der Ersparnisse die Höhe der Einkommen entscheidend ist, hängen die Investitionen vornehmlich von den Gewinnerwartungen der Unternehmen ab. Die Gewinnerwartungen sind aber beispielsweise dann schlecht, wenn die Arbeitnehmer aus Sorge vor der Zukunft mehr sparen (d. h. Konsumverzicht üben) und/oder ihre Kaufkraft aufgrund stagnierender Löhne hinter dem Konsumgüterangebot zurückbleibt. Dies wird die Unternehmer veranlassen, ihre Produktionskapazitäten und Investitionen einzuschränken. Außer durch sinkende Konsum- und Investitionsgüternachfrage können gesamtwirtschaftliche Nachfrageausfälle auch eintreten, wenn der Staat seine Ausgaben kürzt oder die Exportgüternachfrage zurückgeht.

Ist die **gesamtwirtschaftliche Nachfrage**, die sich aus der Konsum-, Investitions- und Exportgüternachfrage sowie den Staatsausgaben zusammensetzt, kleiner als die bei Vollbeschäftigung mögliche

---

[1] Als Klassik wird in der Wirtschaftswissenschaft die Zeit zwischen 1750 und 1850 bezeichnet, als es englischen und schottischen Ökonomen erstmals gelang, die Wirtschaftswissenschaften als selbstständige Wissenschaftsdisziplin mit eigener Methode herauszubilden und die Grundlagen der modernen Volkswirtschaftslehre zu legen.
[2] J. M. Keynes, The General Theory of Employment, Interest and Money, London 1936

Produktion (= Produktionspotenzial), so besteht eine **Nachfragelücke**. Die Unternehmen schränken daraufhin ihre Produktion so lange ein, bis auf dem Gütermarkt ein neues Gleichgewicht zwischen gesamtwirtschaftlichem Angebot und gesamtwirtschaftlicher Nachfrage eintritt. Dieses neue **Gleichgewicht** auf dem **Gütermarkt** ist aber ein **Gleichgewicht bei Unterbeschäftigung**. Eine solche Situation kann nach KEYNES nicht allein durch die Marktkräfte beseitigt werden. Vielmehr muss in diesem Fall der Staat eingreifen, indem er die **gesamtwirtschaftliche Nachfrage** ankurbelt, damit die Unternehmen die Produktion wieder ausdehnen und Vollbeschäftigung erreicht wird **(= nachfrageorientierte Wirtschaftspolitik)**.

> Nach der keynesianischen Theorie bestimmt die gesamtwirtschaftliche Nachfrage das gesamtwirtschaftliche Angebot und damit die Höhe des Inlandsprodukts.

Kapitel 5.9

Da geldpolitische Maßnahmen der Zentralbank – wie sie die Monetaristen befürworten – nach keynesianischer Auffassung in bestimmten Konjunkturphasen nicht wirksam sind, soll der Staat insbesondere in der Rezession im Rahmen seiner Einnahmen- und Ausgabenpolitik Maßnahmen zur Konjunkturbelebung ergreifen.

Die Unwirksamkeit aktiver Geldpolitik zur Ankurbelung der Wirtschaft durch Geldmengenerhöhung und Zinssenkung wird von Keynes u. a. mit folgendem Vergleich beschrieben: „Eine Ausdehnung der Geldmenge zur Wiederbelebung der Wirtschaft ist, wie wenn Sie zunehmen wollen und sich deshalb einen größeren Gürtel kaufen." (J. M. Keynes)

Die auf der keynesianischen Theorie beruhende Auffassung, dass staatliche Maßnahmen zur Nachfragebeeinflussung wirksamer als die Geldpolitik der Zentralbank sind, wird – in Abgrenzung zum **Monetarismus** – als **Fiskalismus** bezeichnet.

Grundauffassungen des Monetarismus

Milton Friedman
(1912 – 2006)
amerikanischer Prof.
für Geldtheorie,
Nobelpreisträger 1976

Die Theorie von KEYNES und seinen Nachfolgern wird besonders heftig von den sogenannten **Monetaristen** kritisiert, deren bekanntester Vertreter MILTON FRIEDMAN war. Dieser Gegenströmung zum Keynesianismus kommt seit Ende der 1950er-Jahre eine zunehmende Bedeutung zu. Die Vertreter des Monetarismus betonen vor allem, dass die **Geldmenge** die entscheidende Bestimmungsgröße nicht nur für das Preisniveau, sondern auch für eine gleichgewichtige Entwicklung der Gesamtwirtschaft sei. Der **Monetarismus** stellt **eine spezielle Ausprägung der neoklassischen Theorie** dar. Nach Auffassung der **Neoklassiker** ist das marktwirtschaftliche System grundsätzlich stabil, sofern der Wettbewerb auf Güter- und Faktormärkten wirksam ist **(= Stabilitätshypothese)**. Die in der Realität zu beobachtenden Wirtschaftsschwankungen werden als zwangsläufige Folge der als **Interventionismus**[1] kritisierten staatlichen Eingriffe in den Wirtschaftsprozess angesehen. Der Staat schafft demnach durch seine Stabilisierungsversuche erst die Fehlentwicklungen, die er eigentlich vermeiden will. Staatliche Wirtschaftspolitik soll sich daher darauf konzentrieren, durch Stärkung der Marktkräfte und Gewährung von Leistungsanreizen die Rahmenbedingungen für eine sich aus eigener Dynamik entwickelnde Wirtschaft zu schaffen. Eine zentrale Rolle soll dabei die am Wachstum des Produktionspotenzials ausgerichtete Geldmengenpolitik spielen. Das monetaristische Konzept der Stabilisierungspolitik wird von den Vertretern der **angebotsorientierten Wirtschaftspolitik**, die ebenfalls auf der **neoklassischen Theorie** beruht, übernommen. Deren Maßnahmen zur Belebung der wirtschaftlichen Aktivitäten zielen auf die Bestimmungsfaktoren des Angebots und des Produktionspotenzials ab.

---

[1] Intervention *(lat.):* Eingriff

Wirtschaftspolitische Grundauffassungen im Überblick

Aufgabe 6.2, S. 272

Konzeption / Merkmale	nachfrageorientierte Wirtschaftspolitik	angebotsorientierte Wirtschaftspolitik
Staatsauffassung	interventionistische[1] Staatsauffassung: Staat übernimmt stabilisierungspolitische (insbesondere beschäftigungspolitische) Verantwortung	liberalistische[2] Staatsauffassung (möglichst wenig Staatseingriffe): Staat übernimmt keine stabilitätspolitische Verantwortung, These vom Staatsversagen
Grundannahmen	**Instabilitätshypothese:** Marktwirtschaftliche Systeme sind aufgrund von Marktversagen instabil (Marktpessimismus). Unterbeschäftigung ist auf eine zu geringe gesamtwirtschaftliche Nachfrage zurückzuführen. Es besteht die Gefahr eines **Gleichgewichts bei Unterbeschäftigung**. Die Wirtschaftspolitik ist aber in der Lage, mit geeigneten Maßnahmen das Marktsystem zu stabilisieren.	**Stabilitätshypothese:** Marktwirtschaftliche Systeme sind stabil und tendieren zum Gleichgewicht auf allen Märkten (auch auf dem Arbeitsmarkt). Instabilität ist die Folge von unzureichendem Wettbewerb und/oder von Eingriffen des Staates in das Marktsystem. Wachstumsschwäche und Unterbeschäftigung sind insbesondere auf zu geringe private Investitionen zurückzuführen.
vorrangiges wirtschaftspolitisches Ziel	Sicherung eines hohen Beschäftigungsstandes	Preisniveaustabilität als Voraussetzung für das Wirksamwerden des Preismechanismus.
Hauptakteure	Hauptakteur: Staat **(Beschäftigungspolitik)**	Hauptakteur: Zentralbank **(Geldpolitik)**
Ansatzpunkte der Stabilisierungspolitik	**Nachfragesteuerung:** Die gesamtwirtschaftliche Nachfrage bestimmt die Höhe von Inlandsprodukt, Volkseinkommen und Beschäftigung. Sie muss durch verschiedene wirtschaftspolitische Instrumente gesteuert und der Entwicklung des Produktionspotenzials angepasst werden **(Globalsteuerung)**. Nachfrageorientierte Glättung kurzfristiger konjunktureller Schwankungen BIP: Y Produktionspotenzial: P	**Angebotssteuerung:** Die Rentabilität der Produktion bestimmt die Höhe von Inlandsprodukt, Volkseinkommen und Beschäftigung. Aufgabe des Staates ist es, die Voraussetzungen für das optimale Funktionieren des Marktsystems zu schaffen und so eine Erhöhung des Produktionspotenzials zu erreichen. Angebotsorientierte Erhöhung des Produktionspotenzials BIP: Y Produktionspotenzial: P
Aufgaben der staatlichen Einnahmen- und Ausgabenpolitik (Finanzpolitik)	Die Finanzpolitik übernimmt die zentrale Rolle im Rahmen der Stabilisierungspolitik. Mittels staatlicher Maßnahmen soll die gesamtwirtschaftliche Nachfrage gesteuert werden. Eine solche Politik wird als **Fiskalpolitik** bzw. **Fiskalismus** bezeichnet. Initialzündung zur Bekämpfung der Unterbeschäftigung sind kreditfinanzierte Staatsausgaben *(deficit spending)*.	Aufgabe der Finanzpolitik ist in erster Linie die Bereitstellung öffentlicher Güter. Die staatlichen Einnahmen und Ausgaben sollen am Wachstum des Produktionspotenzials orientiert und dadurch konjunkturneutral sein. Die Unternehmenssteuern sollen auf ein leistungsfreundliches Niveau gesenkt werden.
Aufgaben der Geldpolitik	Die Geldpolitik soll die Fiskalpolitik lediglich unterstützen. In der Rezession wird eine „Politik des billigen Geldes" gefordert, um die Finanzierungsbedingungen für private Investitionen zu verbessern und die Zinslasten für die notwendigen staatlichen Haushaltsdefizite zu mildern.	Die Geldmengenentwicklung soll am Wachstum des Produktionspotenzials ausgerichtet werden **(potenzialorientierte Geldpolitik)**.
Aufgaben der Einkommenspolitik	Der Lohnpolitik wird keine zentrale Rolle bei der Beschäftigungssicherung zugewiesen. Von gewerkschaftlicher Seite wird bei Tarifverhandlungen aber betont, dass Lohnerhöhungen zu mehr Kaufkraft und damit zu mehr Beschäftigung führen **(Kaufkrafttheorie)**.	Der Lohnpolitik wird die beschäftigungspolitische Hauptverantwortung zugewiesen, da Arbeitslosigkeit als Ausdruck unflexibler Arbeitsmärkte und zu hoher Lohnkosten aufgefasst wird. Nicht der Staat, sondern die Tarifparteien sollen die Verantwortung für die Vollbeschäftigung übernehmen.

1 intervenieren *(lat.):* eingreifen; sich einmischen
2 liberalistisch *(lat.):* freiheitlich

6.2 Grundzüge angebotsorientierter Wirtschaftspolitik (Wachstumspolitik)

6.2.1 Wachstumspolitik

Begriff des Wirtschaftswachstums

Unter **Wirtschaftswachstum** ist die Zunahme des gesamtwirtschaftlichen Produktionsergebnisses zu verstehen. Als Messgröße dient dabei das reale **Bruttoinlandsprodukt**. Die in Prozent ausgedrückte Veränderung des Bruttoinlandsprodukts innerhalb eines bestimmten Zeitraums wird als **Wachstumsrate** bezeichnet.

> Maßstab des Wirtschaftswachstums ist das reale Bruttoinlandsprodukt. Die Wachstumsrate gibt die prozentuale Veränderung des realen Bruttoinlandsprodukts im Vergleich zur Vorperiode an.

Die Zunahme der tatsächlichen Güterproduktion (= Inlandsprodukt) setzt aber entsprechende Produktionskapazitäten voraus. Da beide Größen in engem Zusammenhang zueinander stehen und sich gegenseitig bedingen, dient das **Bruttoinlandsprodukt** als Maßstab für **kurz- und mittelfristiges Wachstum** (konjunkturelle Schwankungen), während das **längerfristige Wachstum** an der Veränderung des **Produktionspotenzials** gemessen wird.

> Das Produktionspotenzial ist das gesamtwirtschaftliche Produktionsergebnis, das bei vollständiger Auslastung mit optimalem Einsatz aller Produktionsfaktoren erzeugt werden kann.

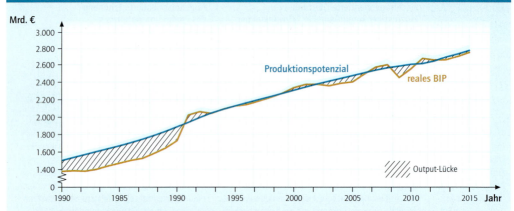

Anmerkung: Das Produktionspotenzial entspricht der gesamtwirtschaftlichen Produktion bei normaler Beschäftigung aller volkswirtschaftlichen Produktionsfaktoren. Der Sachverständigenrat sieht eine Normalauslastung dann als gegeben an, wenn die vorhandenen Produktionsfaktoren zu 96,75 % ausgelastet sind. Daher kann das BIP größer sein als das Produktionspotenzial.
Quelle: Bundesministerium der Finanzen, Monatsbericht, 29.01.2016, Kap. 2, Tab. 2, Produktionspotenzial und -lücken; eigene Berechnungen

Ansatzpunkte der Wachstumspolitik

Während die **Konjunkturpolitik** die Schwankungen im Auslastungsgrad des Produktionspotenzials zu dämpfen versucht, ist es Aufgabe der **Wachstumspolitik**, das **Produktionspotenzial** selbst zu verändern.

> Wachstumspolitik umfasst alle wirtschaftspolitischen Maßnahmen zur Erhöhung des Produktionspotenzials bzw. des am realen Inlandsprodukt gemessenen langfristigen Wirtschaftswachstums.

Ansatzpunkte der Wachstumspolitik sind die Erhöhung von Menge und Qualität der Produktionsfaktoren. Zu den wichtigsten wachstumspolitischen Maßnahmen gehören die

- Förderung von Investitionen durch Verbesserung des Investitionsklimas und der Gewinnerwartungen **(Investitionspolitik)**,

- Förderung von am Bedarf der Wirtschaft orientierter Bildung und Forschung **(Bildungs- und Forschungspolitik)**,
- Förderung des Wettbewerbs zur Begünstigung und Verbreitung von Innovationen **(Wettbewerbspolitik)**,
- Förderung der Arbeitsproduktivität durch Weiterbildung und Umschulung **(Arbeitsmarktpolitik)**,
- Bereitstellung von Infrastruktur und anderen öffentlichen Gütern für einen effizienten Einsatz der Produktionsfaktoren **(Allokationspolitik)**.

6.2.2 Grundannahmen und Ziele angebotsorientierter Wirtschaftspolitik

> Angebotsorientierte Wirtschaftspolitik will die Produktionsbedingungen in einer Volkswirtschaft verbessern, ihre Anpassungsfähigkeit an Veränderungen erhöhen sowie die Leistungsfähigkeit und Leistungsbereitschaft verstärken.

Stabilitätshypothese

Die angebotsorientierte Wirtschaftspolitik geht davon aus, dass ein funktionsfähiges marktwirtschaftliches System grundsätzlich stabil ist und sich gleichgewichtig entwickelt. Die in der Realität feststellbaren Fehlentwicklungen werden als Folgen staatlicher Interventionen interpretiert (These des Staatsversagens). Die beste Stabilitätspolitik sei daher der Verzicht auf staatliche stabilitätspolitische Interventionen.

SAYsches Theorem

Nach der klassischen Theorie kann es aus folgendem Grund langfristig kein Überangebot an Gütern geben: Jede Ausweitung der Produktion stellt gleichzeitig eine Erhöhung des Einkommens dar. Daher kann das Wachstum der gesamtwirtschaftlichen Nachfrage langfristig nicht hinter dem Wachstum des gesamtwirtschaftlichen Angebots zurückbleiben. Dieser Zusammenhang wurde zu der Behauptung verdichtet: „Jedes Angebot schafft sich seine Nachfrage selbst" **(SAYsches[1] Theorem)**. Das Theorem leitet sich aus dem einfachen Wirtschaftskreislauf ab. Danach entspricht dem Wert der produzierten Güter ein gleich hohes Einkommen in Form von Löhnen, Zinsen, Pachten und Gewinnen. Dieses Einkommen dient dem Kauf der erzeugten Güter.

Jean-Baptiste Say (1767–1832), französ. Ökonom

> Das SAYsche Theorem besagt, dass sich jedes Angebot seine Nachfrage selbst schafft.

Eine Nachfragesättigung ist nach dieser Auffassung kein zentrales Problem moderner Volkswirtschaften. Wegen der Unersättlichkeit menschlicher Bedürfnisse komme es nur darauf an, latente Bedürfnisse zu erkennen und entsprechende Waren und Dienstleistungen am Markt anzubieten.

Pionierunternehmer

Dynamische, risikofreudige Unternehmer, die Neuerungen **(Innovationen)** durchsetzen, indem sie neue Märkte erkunden und neue Produktionsverfahren anwenden, werden als Motoren des wirtschaftlichen Fortschritts eines marktwirtschaftlichen Systems angesehen.[2]

---

[1] Jean-Baptiste Say, französischer Wirtschaftswissenschaftler, 1767–1832, Begründer der klassischen „Theorie der Absatzwege"

[2] Die Analyse der Rolle solcher Pionierunternehmer geht auf J. A. Schumpeter (1883–1950) zurück. Es wird daher auch von SCHUMPETERschen Pionierunternehmern gesprochen. Schumpeter, J. A., Theorie der wirtschaftlichen Entwicklung: eine Untersuchung über Unternehmergewinn, Kapital, Kredit, Zins und den Konjunkturzyklus, Berlin 1993 (1. Aufl. München 1911)

Durch seinen Wettbewerbsvorsprung kann der Pionierunternehmer eine zeitlich befristete Monopolstellung erlangen. Die Monopolgewinne sorgen aber wiederum dafür, dass Konkurrenten als Nachahmer am Markt auftreten **(Imitation)**. Der für das Auftreten solcher Unternehmen notwendige Gewinnanreiz setzt **niedrige Steuern** auf Unternehmensgewinne voraus.

LAFFER-Theorem

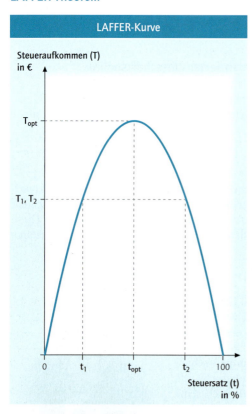

Nach Auffassung der Vertreter der Angebotstheorie erhöht sich das Steueraufkommen trotz einer Senkung der Steuersätze. Dies wird mithilfe der sogenannten LAFFER[1]-Kurve zu belegen versucht. Die Kurve stellt die Abhängigkeit des Steueraufkommens von der Höhe des Steuersatzes dar. Die Kernaussage lautet, dass jedes gewinnabhängige Steueraufkommen durch zwei verschiedene Steuersätze erreicht werden kann. Ein niedriger Steuersatz (t_1), der auf hohe Unternehmensgewinne in einer Volkswirtschaft angewandt wird, beschert dem Staat dasselbe Steueraufkommen (T) wie ein hoher Steuersatz (t_2), der zu negativen Leistungsanreizen und damit zu geringen Unternehmensgewinnen führt. Wenn in einer Volkswirtschaft der kritische Wert t_{opt} überschritten und z. B. t_2 erreicht ist, kommt es nach dieser Auffassung zu Steuerwiderständen und einer leistungsmindernden Wirkung des Steuertarifs. In diesem Fall würde eine Senkung des Gewinn- und Einkommensteuersatzes nicht zu der allgemein erwarteten Verringerung, sondern zu einer Erhöhung des Steueraufkommens führen. Damit würde gleichzeitig eine Verringerung von Schwarzarbeit, Steuerhinterziehung und Steuerflucht einhergehen.

Im vorliegenden Fall ist das Ziel der Steuersenkungen – anders als in der keynesianischen Theorie – nicht die Erhöhung des verfügbaren Einkommens zur Ankurbelung der gesamtwirtschaftlichen Investitions- und Konsumgüternachfrage, um auf diesem Wege mehr Wachstum und Beschäftigung zu erreichen. Vielmehr steht die Minderung der leistungshemmenden Wirkung des Steuersystems im Vordergrund („Leistung soll sich lohnen"), um durch steuerliche Leistungsanreize Wachstum und Beschäftigung zu ermöglichen.

6.2.3 Ansatzpunkte und Maßnahmen angebotsorientierter Wirtschaftspolitik

Die Rahmenbedingungen für Investitionen sollen u. a. durch eine **Verstetigung der Wirtschaftspolitik** verbessert werden. Dadurch soll verhindert werden, dass sich die Rahmendaten für unternehmerische Investitionsentscheidungen ständig und in unvorhersehbarer Weise ändern und sich somit als Investitionshemmnis auswirken. Es wird unterstellt, dass Unternehmer nur bei einer an einem längerfristigen Konzept orientierten Wirtschaftspolitik in der Lage sind, ihre Investitionsentscheidungen an verlässlichen Rahmendaten und auf einen längeren Zeitraum hin auszurichten. Die Forderungen nach Verstetigung beziehen sich insbesondere auf die **Finanz-**, **Geld-** und **Lohnpolitik**.

---

[1] benannt nach dem nordamerikanischen Wirtschaftswissenschaftler Arthur Laffer (geb. 1940)

Konjunkturneutrale Finanzpolitik

Die Finanzpolitik des Staates soll zunächst vorrangig einen Abbau der strukturellen Defizite der staatlichen Haushalte und eine Absenkung der Staatsverschuldung herbeiführen. Daher sind Staatseinnahmen und die Staatsausgaben am Wachstum des Produktionspotenzials zu orientieren (= **potenzialorientierte Finanzpolitik**), sodass von den öffentlichen Einnahmen und Ausgaben keine expansiven oder kontraktiven Wirkungen auf die Konjunkturentwicklung ausgehen (= **konjunkturneutrale Finanzpolitik**). Die Unternehmenssteuern sollen auf ein Niveau gesenkt werden, das mehr Leistungsanreize bietet und den (internationalen) Wettbewerb nicht verzerrt. Hauptaufgabe der Finanzpolitik ist demnach nicht die Stabilisierung des Konjunkturverlaufs. Vielmehr soll sie für den optimalen Einsatz aller volkswirtschaftlichen Produktionsfaktoren (z. B. durch die Bereitstellung öffentlicher Güter bei Marktversagen) sorgen.

Monetaristische Geldpolitik zur Preisniveaustabilisierung

Bei einer konsequent am Ziel der Preisniveaustabilität ausgerichteten Geldpolitik darf nach monetaristischer Auffassung die Geldmenge nicht schneller wachsen als die reale Gütermenge. Die Zentralbank muss daher das Geldmengenwachstum am Wachstum des Produktionspotenzials ausrichten **(potenzialorientierte Geldpolitik)**.

Beschäftigungsorientierte Lohnpolitik

Eine Erhöhung der **Arbeitsproduktivität** bedeutet, dass mit einer gleich bleibenden Zahl von Erwerbstätigen eine größere Produktionsmenge erzeugt wird. Wenn die Löhne stärker steigen als die Arbeitsproduktivität, erhöhen sich die Lohnkosten je Stück **(Lohnstückkosten)**. Gelingt es den Unternehmen, diese Kostenerhöhung in Form höherer Preise zu überwälzen, kann es zu einer **Lohnkosteninflation** kommen. Wenn gleichzeitig die Zentralbank die Geldmenge nicht erhöht, können die Unternehmen entweder die höheren Preise nicht durchsetzen oder die Preiserhöhungen sind bei der vorhandenen Geldmenge nur finanzierbar, wenn gleichzeitig die Produktionsmenge zurückgeht. In beiden Fällen bewirkt der Anstieg der Lohnstückkosten eine Zunahme der **Arbeitslosigkeit** (klassische bzw. lohnkostenbedingte Arbeitslosigkeit).

Den Tarifparteien wird von den Angebotstheoretikern daher eine Lohnpolitik empfohlen, die sich am Produktivitätsfortschritt orientiert **(produktivitätsorientierte Lohnpolitik)**, um einen Anstieg der Lohnstückkosten zu vermeiden. Gleichzeitig wird eine größere **Flexibilisierung des Arbeitsmarktes** (z. B. betriebliche, branchenspezifische und regionale Differenzierung der Lohnentwicklung anstelle einheitlicher Flächentarifverträge, flexiblere Arbeitszeiten, Lockerung des Kündigungsschutzes und der Lohnfortzahlung im Krankheitsfall usw.) gefordert.

Mehr Marktwirtschaft auch in anderen Bereichen: Ordnungspolitik statt Ablaufpolitik

Neben der Verbesserung der Rahmenbedingungen durch eine **Verstetigung der Finanz-, Geld- und Lohnpolitik** werden u. a. auch Maßnahmen zur Stärkung der Marktkräfte und Erhöhung von Leistungsanreizen in zahlreichen anderen Politikbereichen gefordert.

Wettbewerbspolitik

Im Rahmen der **Wettbewerbsschutzpolitik** soll – u. a. durch eine strenge Anwendung des *Gesetzes gegen Wettbewerbsbeschränkungen* (GWB) – wettbewerbsbeschränkendes Verhalten der Unternehmen verhindert werden. Die **Wettbewerbsförderpolitik** hat das Ziel, bestehende Marktschranken zu beseitigen und neuen Unternehmen den Marktzugang zu erleichtern. Gefordert werden u. a. der Abbau von wettbewerbshemmenden bürokratischen Hürden und gesetzlichen Regelungen **(Deregulierung)**, eine **Privatisierung** solcher Aufgaben, deren Erfüllung auch dem Markt überlassen werden kann (z. B. Energiesektor), und der **Abbau von Subventionen**, die dem Erhalt von (international) nicht wettbewerbsfähigen Wirtschaftszweigen dienen (z. B. Bergbau, Werften).

Sozialpolitik

Es wird ein **Abbau sozialpolitischer Fehlanreize** durch mehr Eigenverantwortung und eine größere Selbstbeteiligung der Betroffenen gefordert (z. B. Selbstbeteiligung an den Krankheitskosten, Senkung der Lohnfortzahlung im Krankheitsfall, Kürzung bzw. Streichung von Arbeitslosengeld bei Ablehnung einer zumutbaren Arbeit). Entsprechend dem Grundsatz „Selbsthilfe geht vor Fremdhilfe" wird eine stärkere Betonung des **Subsidiaritätsprinzips** im Rahmen der sozialen Sicherung angestrebt.

Innovationsfreundliche Forschungs- und Technologiepolitik

Dem Staat wird empfohlen, Forschung und Entwicklung durch den Ausbau der **Grundlagenforschung** zu fördern und die Ergebnisse zur Auswertung für neue Erfindungen allen privaten Unternehmen zur Verfügung zu stellen.

Bildungspolitik

Es werden kürzere Ausbildungszeiten, mehr Praxisnähe und Bedarfsorientierung und insgesamt mehr marktwirtschaftliche Elemente (z. B. Studiengebühren, Entlohnung der Professoren nach Leistung) gefordert.

Umweltpolitik

Es sollen vor allem marktwirtschaftliche Instrumente in der Umweltpolitik Anwendung finden (z. B. Umweltzertifikate). Eine Ökosteuer wird wegen der damit verbundenen Wettbewerbsverzerrung nur bei einer europaweiten Einführung für sinnvoll gehalten.

6.2.4 Probleme und Kritik angebotsorientierter Wirtschaftspolitik

Das Konzept der angebotsorientierten Wirtschaftspolitik ist nicht unwidersprochen geblieben. Die wichtigsten Kritikpunkte sind:

Einseitige Betonung der Angebotsseite – Wachstum ohne Beschäftigung

Da das SAYsche Theorem, nach dem sich das Angebot seine Nachfrage selbst schafft, von den Vertretern der angebotsorientierten Wirtschaftspolitik zumindest teilweise als zutreffend angesehen wird, erübrigen sich nach ihrer Auffassung Maßnahmen zur Nachfragesteuerung. Die bisherigen Erfahrungen mit wirtschaftspolitischen Strategien, die auf neoliberalen Konzeptionen beruhen, sprechen aber eher dafür, dass auch von der gesamtwirtschaftlichen Nachfrage wichtige Beschäftigungsimpulse ausgehen können und müssen. **Erweiterungsinvestitionen** werden nur dann vorgenommen, wenn auch genügend große Absatzchancen vorhanden sind. Andernfalls führen steuerliche und andere angebotsorientierte Investitionsanreize zu **Rationalisierungsinvestitionen**, die einen weiteren Abbau von Arbeitsplätzen mit sich bringen. Für Deutschland wird geschätzt, dass derzeit mindestens 1,5 % Wirtschaftswachstum für positive Auswirkungen auf den Arbeitsmarkt nötig sind **(= Beschäftigungsschwelle)**. Niedrigere Wachstumsraten gelten als *jobless growth*.

Wirkung des LAFFER-Theorems fraglich

Empirische Daten, die den Verlauf der LAFFER-Kurve bestätigen und damit die Möglichkeit einer sich selbst finanzierenden Steuersenkung nachweisen, liegen bisher nicht vor.[1] Die Folge der radikalen Steuersenkungspolitik in den USA während der Präsidentschaft von R. REAGAN Anfang der 1980er-Jahre waren extrem hohe Defizite im Staatshaushalt. Der nachfolgende Präsident G. BUSH (1989–1993) sah sich daher gezwungen, den Staatshaushalt wieder durch Steuererhöhungen zu konsolidieren. Die sich aus Steuersenkungen ergebenden Anreizwirkungen treten allenfalls mit Verzögerung ein, sodass in der Übergangsphase eine **vermehrte Staatsverschuldung** mit entsprechenden Verdrängungseffekten unumgänglich scheint.

---

[1] Empirische Untersuchungen für die USA legen vielmehr die Vermutung nahe, dass Steuersenkungen zu einem Einnahmeausfall des Staates führen. Vgl. Samuelson, P. A., Nordhaus, W. D., Volkswirtschaftslehre, Wien 1998, S. 376.

Grundzüge angebotsorientierter Wirtschaftspolitik (Wachstumspolitik)

Kapitel 8.3

Löhne als Kosten- und Nachfragefaktor

Der unterstellte Zusammenhang zwischen niedrigen Löhnen und zunehmender Beschäftigung ist weder theoretisch noch empirisch hinreichend belegt. Es ist daher fraglich, ob bei Lohnzurückhaltung die Beschäftigung in dem gewünschten Ausmaß zunimmt. Eine Reallohnsenkung kann allenfalls zur Überwindung einer lohnkostenbedingten (klassischen) Arbeitslosigkeit beitragen, nicht aber eine durch fehlende gesamtwirtschaftliche Nachfrage bedingte (keynesianische) Arbeitslosigkeit abbauen. Sinkende Löhne bedeuten nicht nur sinkende Kosten, sondern auch sinkende Konsumgüternachfrage.

Einkommensumverteilung von Arm zu Reich

Die Leistungsstarken sollen noch stärker belohnt und den Leistungsschwachen sollen mit Hinweis auf größere Eigenverantwortung soziale Hilfen entzogen werden, um sie zur Leistung zu zwingen. Damit geht eine Einkommensumverteilung „von unten nach oben" einher, die teilweise als sozial ungerecht angesehen wird (z. B. steuerliche Entlastung der Unternehmen bei gleichzeitiger Kürzung des Arbeitslosengeldes). Diese Umverteilung wird u. a. damit zu rechtfertigen versucht, dass die Begünstigung der Leistungsstarken auf Dauer auch den Leistungsschwachen zugute komme, da langfristig von einer gestiegenen volkswirtschaftlichen Gesamtleistung alle Einwohner Vorteile haben (z. B. durch die Finanzierbarkeit höherer Sozialleistungen). Zusätzlich verhindert die vorgeschlagene produktivitätsorientierte Lohnpolitik eine Einkommensumverteilung zugunsten der Arbeitnehmer. Produktivitätsorientierte Lohnpolitik lässt die bestehende Einkommensverteilung und damit die Lohnquote konstant.

Pferdeäpfeltheorie

Die Vorstellung, dass insbesondere die Gutverdienenden begünstigt werden sollen (z. B. durch Steuer- und Abgabenerleichterungen), damit durch deren Wohlstandssteigerung die volkswirtschaftliche Gesamtleistung erhöht wird und diese Vorteile dann nach und nach auch in die unteren Einkommensschichten „durchsickern" wird als Trickle-down-Effekt bezeichnet. Abwertend wird diese Auffassung auch als **Pferdeäpfeltheorie** bezeichnet. Damit ist gemeint, dass, wenn man die Pferde kräftig füttert, auch noch etwas für die Spatzen übrig bleibt.

Diese Theorie hat sich bisher nicht als zutreffend erwiesen. „Wir warten auf diesen Trickle-down-Effekt nun seit 30 Jahren vergeblich."

Paul Krugman, amerikanischer Nobelpreisträger[1]

Probleme der politischen Durchsetzbarkeit

Die mittelfristig orientierte angebotstheoretische Wirtschaftspolitik kann es notwendig machen, dass über einen längeren Zeitraum eine hohe Arbeitslosigkeit toleriert werden muss. In einer parlamentarischen Demokratie ist daher die politische Durchsetzung einer solchen Wirtschaftspolitik aufgrund der in regelmäßigen Zeitabständen erfolgenden Wahlen gefährdet. Zudem ist nicht zu vernachlässigen, dass eine arbeitnehmerfreundliche Arbeits- und Sozialgesetzgebung wesentlich zum sozialen Frieden und damit zur wirtschaftlichen und gesellschaftlichen Stabilität beiträgt.

Neoliberalismus

Insbesondere von (gewerkschaftsnahen) Kritikern werden die auf den Nobelpreisträger MILTON FRIEDMAN (1912–2006) und seine „Chicagoer Schule" zurückgehenden Ideen des **Monetarismus** inzwischen abwertend als **neoliberale**[2] **Wirtschaftspolitik** bezeichnet. Ursprünglich wurde der Begriff **Neoliberalismus** jedoch in Deutschland in den 1930er- und 1940er-Jahren von Wirtschaftswissenschaftlern wie WALTER EUCKEN (1891–1950) und anderen geprägt, aus deren Überlegungen die später als **Ordoliberalismus** bezeichnete Konzeption der **sozialen Marktwirtschaft** in Deutschland hervorging.

---

[1] „Die USA sind kein Vorbild", Interview mit Paul Krugman, Manager Magazin vom 26.05.2008
[2] neo *(gr.)*: neu

6.3 Grundzüge nachfrageorientierter Wirtschaftspolitik (Konjunkturpolitik)

6.3.1 Konjunkturpolitik

Aufgabe der **Wachstumspolitik** ist es, die Entwicklung des **Produktionspotenzials** zu steuern. **Konjunkturpolitik** hat dagegen das Ziel, die **Schwankungen im Auslastungsgrad** des Produktionspotenzials zu dämpfen.

> Unter Konjunkturpolitik sind alle wirtschaftspolitischen Maßnahmen zu verstehen, die darauf gerichtet sind, die Wirtschaftsschwankungen zu glätten und eine stabile wirtschaftliche Entwicklung bei Vollbeschäftigung zu ermöglichen.

Konkrete Ziele der Konjunkturpolitik sind solche, wie sie beispielsweise im **Stabilitätsgesetz** von 1967 genannt sind: hoher Beschäftigungsstand, Preisniveaustabilität, angemessenes und stetiges Wirtschaftswachstum und außenwirtschaftliches Gleichgewicht. Weil mit der Konjunkturpolitik direkte Eingriffe des Staates in den Wirtschaftprozess verbunden sind, handelt es sich um ein typisches Beispiel für staatliche **Prozesspolitik** (im Gegensatz zur Ordnungspolitik). Zu den Politikbereichen der Konjunkturpolitik zählen insbesondere die Fiskalpolitik (Einnahmen- und Ausgabenpolitik des Staates), aber auch die Geldpolitik, die Lohnpolitik und die Außenwirtschaftspolitik.

6.3.2 Grundannahmen und Ziele nachfrageorientierter Wirtschaftspolitik: Antizyklische Fiskalpolitik

> Fiskalpolitik ist der Einsatz der Staatseinnahmen und Staatsausgaben zur Abmilderung oder Beseitigung von Konjunkturschwankungen.

Ursache der Konjunkturschwankungen ist nach der keynesianischen Theorie das Abweichen der gesamtwirtschaftlichen Nachfrage vom Produktionspotenzial (= gesamtwirtschaftliches Angebot). Diese Abweichungen soll der Staat durch ein **antizyklisches** Gegensteuern zum Konjunkturverlauf korrigieren.

In der **Hochkonjunktur** ist die gesamtwirtschaftliche Nachfrage im Verhältnis zum Produktionspotenzial zu hoch. Der Staat soll in dieser Situation zu einer Drosselung der gesamtwirtschaftlichen Nachfrage beitragen, indem er einerseits seine Ausgaben verringert (= Verringerung der Staatsnachfrage) und andererseits seine Einnahmen erhöht (z. B. Steuererhöhungen zur Abschöpfung von Kaufkraft und Minderung der Konsumgüternachfrage). Die sich dadurch für den Staatshaushalt ergebenden Überschüsse sollen vorübergehend stillgelegt **(Konjunkturausgleichsrücklage)** oder zur Schuldentilgung verwendet werden.

> In der Hochkonjunktur soll antizyklische Fiskalpolitik die gesamtwirtschaftliche Nachfrage durch Verringerung der Staatsausgaben und Erhöhung der Staatseinnahmen dämpfen.

In der **Rezession** ist die gesamtwirtschaftliche Nachfrage im Verhältnis zum Produktionspotenzial zu gering. Der Staat soll in dieser Situation zu einer Erhöhung der gesamtwirtschaftlichen Nachfrage beitragen, indem er seine Ausgaben erhöht (= Erhöhung der Staatsnachfrage) und seine Einnahmen verringert (z. B. Steuererleichterungen als Investitionsanreiz). Das sich für den Staatshaushalt ergebende Defizit soll aus Mitteln einer Konjunkturausgleichsrücklage oder durch Kreditaufnahme *(deficit spending)* finanziert werden.

> In der Rezession soll antizyklische Fiskalpolitik die gesamtwirtschaftliche Nachfrage durch Erhöhung der Staatsausgaben und Verringerung der Staatseinnahmen ankurbeln.

Grundzüge nachfrageorientierter Wirtschaftspolitik (Konjunkturpolitik)

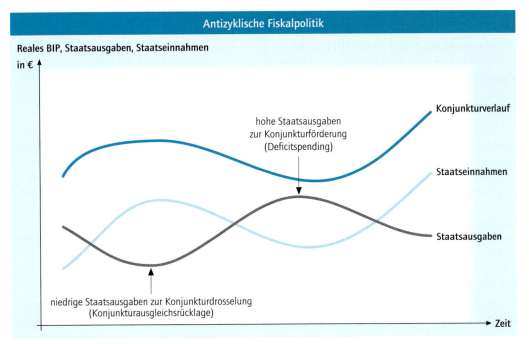

6.3.3 Ansatzpunkte und Maßnahmen antizyklischer Fiskalpolitik

Wirkungszusammenhänge bei nachfrageorientierter Wirtschaftspolitik

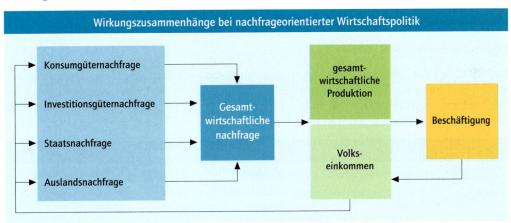

Die Ansatzpunkte der antizyklischen Fiskalpolitik, wie sie auch das **Stabilitätsgesetz** (StabG) von 1967 beinhaltet, sind die vier **Bestandteile der gesamtwirtschaftlichen Nachfrage**.

Konsumgüternachfrage

Die **Nachfrage der privaten Haushalte nach Konsumgütern** (C_{pr}) ist abhängig vom verfügbaren Einkommen und der Spar- bzw. Konsumneigung. Durch die Höhe der Einkommensteuer kann das verfügbare Einkommen und damit die Konsumgüternachfrage beeinflusst werden.

Werden Steuererhöhungen zur Abschöpfung von Kaufkraft und damit zur Drosselung der privaten Konsumgüternachfrage vorgenommen, treten die beabsichtigten Entzugseffekte aber nur dann auf, wenn der Staat diese Mehreinnahmen stilllegt (z. B. im Rahmen einer Konjunkturausgleichsrücklage gem. § 5 StabG). Andernfalls tritt lediglich eine Nachfrageverschiebung vom privaten zum öffentlichen Sektor ein, ohne dass dabei die gesamtwirtschaftliche Nachfrage im beabsichtigten Umfang zurückgeht. Außerdem ist eine merkliche Konsumnachfragereaktion vornehmlich bei Beziehern niedriger und mittlerer Einkommen zu erwarten, deren Sparquote gering ist. Bezieher höherer Einkommen werden dagegen auf eine Veränderung der Einkommensteuer eher mit einer Änderung des Sparverhaltens als mit einer Änderung der Verbrauchsausgaben reagieren.

Investitionsgüternachfrage

Die **Nachfrage der Unternehmen nach Investitionsgütern** (I) ist in erster Linie von den Gewinnerwartungen abhängig. Durch die Höhe von Einkommen- bzw. Körperschaftsteuer kann die Investitionsgüternachfrage indirekt ebenso beeinflusst werden wie durch direkte Investitionssteuern, Investitionsprämien und andere Subventionen. Ein häufig genutztes Instrument zur Investitionsförderung ist auch die Verbesserung der steuerlichen Abschreibungsmöglichkeiten für Gegenstände des Anlagevermögens (z. B. degressive Abschreibung, Sonderabschreibungen). Durch solche Abschreibungsvergünstigungen können die Unternehmen ihre zu versteuernden Gewinne und die davon berechneten Gewinnsteuern (Einkommen- bzw. Körperschaftsteuer, Gewerbeertragsteuer) vorübergehend senken. Es ergibt sich dadurch eine Verlagerung der Steuerzahlung auf einen späteren Zeitpunkt.

Nachfrage des Staates

Die **Nachfrage des Staates nach Waren und Dienstleistungen** (G) kann vom Staat direkt beeinflusst werden. Daher gelten die staatlichen Investitionen (z. B. Infrastrukturinvestitionen) insbesondere in der Rezession als besonders geeignete Ansatzpunkte zur Konjunktursteuerung. Voraussetzung ist, dass entsprechende Planungen für öffentliche Investitionen bereits vorliegen (Schubladenprogramme), durch deren Realisierung ein privatwirtschaftlicher Nachfrageeinbruch ausgeglichen werden kann.

Allerdings liegt ein großer Teil der staatlichen Investitionstätigkeit bei den Landkreisen und Gemeinden, die eher zu einem prozyklischen Ausgabeverhalten neigen (Parallelpolitik), indem sie ihre Investitionstätigkeit den Schwankungen des Steueraufkommens anpassen.

Exportgüternachfrage

Die **Nachfrage des Auslands** (Nettoexport, Ex – Im) kann vom Staat durch die Gewährung von Exportsubventionen o. Ä. beeinflusst werden. Entscheidender für die Exportnachfrage ist aber der **Wechselkurs**, der jedoch durch den Staat auf Dauer nicht gegen die auf den Devisenmärkten wirksamen Kräfte von Angebot und Nachfrage veränderbar ist.

Überblick über Instrumente der Fiskalpolitik		
Ansatzpunkte	kontraktive Wirkung (nachfragedämpfend)	expansive Wirkung (nachfrageerhöhend)
Steuern StabG §§ 26, 28	Erhöhung der Einkommen- und Körperschaftsteuer, Abbau von Steuervergünstigungen, Erhebung eines Stabilitäts- oder (rückzahlungspflichtigen) Konjunkturzuschlags	Senkung der Einkommen- und Körperschaftsteuer, Rückzahlung eines Konjunkturzuschlags
Sparanreize	Gewährung oder Erhöhung von Sparprämien	Abbau oder Verminderung von Sparprämien
Subventionen StabG § 10	Abbau oder Verminderung von Subventionen (z. B. Streichung von Exportsubventionen)	Gewährung oder Erhöhung von Subventionen (z. B. Exportförderung)
Investitionsanreize	Streichung von Abschreibungsvergünstigungen, Abbau oder Verminderung von Investitionsprämien	Verbesserung von Abschreibungsmöglichkeiten, Gewährung oder Erhöhung von Investitionsprämien
Staatsausgaben StabG §§ 5, 6, 7, 11, 15, 19 ff.	Kürzung und zeitliche Verlagerung von Staatsausgaben (z. B. Infrastrukturinvestitionen), Stilllegung frei werdender Mittel durch Bildung einer Konjunkturausgleichsrücklage	Erhöhung und zeitliches Vorziehen von Staatsausgaben (z. B. Infrastrukturinvestitionen), Finanzierung der zusätzlichen Ausgaben durch Kreditaufnahme oder Auflösung einer Konjunkturausgleichsrücklage

Globalsteuerung

Die auf der keynesianischen Theorie beruhende Beeinflussung der gesamtwirtschaftlichen Nachfrage durch eine am **konjunkturellen Einzelfall** orientierte Auswahl, Kombination und Dosierung wirtschaftspolitischer Maßnahmen wird als **diskretionäre**[1] (im Gegensatz zu regelgebundener) **Wirtschaftspolitik** bezeichnet. Neben der Fiskalpolitik bieten die Geldpolitik, die Einkommenspolitik und die Außenwirtschaftspolitik wichtige Ansatzpunkte zur Steuerung der gesamtwirtschaftlichen Nachfrage. Die Konzeption, zur Erreichung gesamtwirtschaftlicher Ziele (§ 1 StabG) durch die Anpassung der gesamtwirtschaftlichen Nachfrage an die Entwicklung des Produktionspotenzials beizutragen und dazu fallweise Maßnahmen aus verschiedenen Bereichen der Wirtschaftspolitik einzusetzen, wird als **Globalsteuerung** bezeichnet.

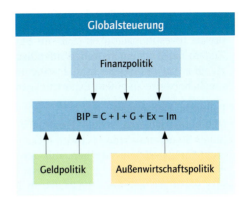

> Die Globalsteuerung ist eine wirtschaftspolitische Konzeption, nach der eine Anpassung der gesamtwirtschaftlichen Nachfrage an die Entwicklung des Produktionspotenzials erfolgen soll, indem von Fall zu Fall als geeignet angesehene wirtschaftspolitische Maßnahmen aus den Bereichen der Fiskal-, Geld-, Einkommens- und Außenwirtschaftspolitik ergriffen werden.

6.3.4 Probleme und Kritik antizyklischer Fiskalpolitik

In der Bundesrepublik Deutschland wurde die postkeynesianische Konzeption der Fiskalpolitik insbesondere Mitte der 1960er-Jahre angewandt. Wesentliche Ursache für die Abkehr von der am Ordoliberalismus orientierten Wirtschaftspolitik des ehemaligen Wirtschaftsministers (1949–1963) und späteren Bundeskanzlers (1963–1966) LUDWIG ERHARD war die Rezession in den Jahren 1966/67. Der Anstieg der Arbeitslosenquote auf das für damalige Verhältnisse hohe Niveau von 2,1 % führte zu einer Ablösung der CDU/FDP-Koalition und zu einem neuen Regierungsbündnis zwischen CDU und SPD. Dem neuen Wirtschaftsminister KARL SCHILLER (SPD) gelang es, mithilfe fiskalpolitischer Maßnahmen die Rezession zu überwinden, sodass die Arbeitslosenquote auf 0,7 % (1970) sank. Die rechtlichen Grundlagen für diese Maßnahmen waren zuvor in dem 1967 erlassenen **Stabilitätsgesetz** verankert worden, das neben der Schaffung neuer Instrumente vor allem die politischen Entscheidungsprozesse abkürzen sollte, um schnelles situationsgerechtes Handeln zu ermöglichen. Seit Ende der 1970er-Jahre sieht sich dieses bei der Bekämpfung konjunktureller Arbeitslosigkeit erfolgreiche Konzept allerdings vermehrter politischer und wissenschaftlicher Kritik u. a. aus folgenden Gründen ausgesetzt:

- **Vernachlässigung der Preisniveaustabilität (Zielkonkurrenz)**
  Das Beschäftigungsziel genießt im Rahmen der antizyklischen Fiskalpolitik Priorität gegenüber der Inflationsbekämpfung. In der Bundesrepublik Deutschland ging die auf der Globalsteuerung beruhende Vollbeschäftigungspolitik Anfang der 1970er-Jahre tatsächlich mit relativ hohen Inflationsraten zwischen 5,3 % (1971) und 7,0 % (1974) einher.

- **Zunahme der Staatsverschuldung (strukturelle Haushaltsdefizite)**
  Die durch staatliche Kreditaufnahme finanzierten Konjunkturprogramme zur Beschäftigungsförderung *(deficit spending)* führen zu staatlichen Haushaltsdefiziten. Da diese Defizite in der Hochkonjunktur aus politischen Gründen meistens nicht wieder abgebaut werden, kommt es in der nächsten Rezession zu noch höheren Fehlbeträgen. So entstehen aus einer zunächst unproblematischen, konjunkturell bedingten Staatsverschuldung strukturelle Haushaltsdefizite.

---

[1] diskretionär *(lat.):* fallweise; am Einzelfall orientiert

Verdrängungseffekt *(crowding out)*

Die zunehmende Staatsverschuldung und die damit einhergehende staatliche Kreditaufnahme in Form von Anleihen führt zu einem Anstieg des Zinsniveaus. Dadurch wird möglicherweise die private Investitionstätigkeit (z. B. im Bausektor) zurückgedrängt (= zinsbedingtes *crowding out*). Zudem fließt bei einem hohen inländischen Zinsniveau Auslandskapital zu. Dadurch kommt es zu einer Aufwertung der Inlandswährung. Dies bedeutet eine Verteuerung der Exporte und führt möglicherweise zu einem Exportrückgang (= wechselkursbedingtes *crowding out*).

Politische Hemmnisse

In einer parlamentarischen Demokratie fällt es den politischen Entscheidungsträgern in Zeiten hoher Steuereinnahmen schwer, diese Gelder stillzulegen (Konjunkturausgleichsrücklage) und nicht für Zwecke auszugeben, mit denen sie sich die Gunst der Wähler und damit ihre Wiederwahl erkaufen können. Andererseits sind konjunkturpolitisch notwendige Steuererhöhungen und Verringerungen der Staatsausgaben kurz vor einer Wahl kaum zu erwarten. Ökonomisch sinnvolle Maßnahmen sind somit häufig politisch nicht durchsetzbar. „Von Politikern Zurückhaltung zu verlangen, wenn das Geld da ist, ist dasselbe, wie wenn man von einem Hund verlangt, sich einen Wurstvorrat anzulegen." (J. A. Schumpeter)

Entscheidungs- und Wirkungsverzögerungen *(time lags)*

Die Wirkung antizyklischer Fiskalpolitik tritt häufig erst mit erheblicher zeitlicher Verzögerung *(time lag)* ein. Vom Zeitpunkt des Eintritts konjunktureller Störungen und deren Wahrnehmung durch die Politiker bis zum Einsatz entsprechender Instrumente und deren Wirksamwerden können mehrere Jahre vergehen. Möglicherweise hat sich bis dahin die konjunkturelle Lage bereits so verändert, dass die Maßnahmen eine Verstärkung statt eine Dämpfung der Konjunkturzyklen und damit eine Destabilisierung bewirken. Neben der **Auswahl der geeigneten Mittel** und dem **zeitgerechten Einsatz** *(timing)* ist auch die **Wahl der richtigen Größenordnung** der „Konjunkturspritzen" (z. B. Senkung der Einkommensteuer um 5 % oder um 10 %?) sehr schwierig. Bei einer zu geringen Dosierung der Maßnahmen verpuffen die Wirkungen, bei einer Überdosierung wird die Initialzündung für ein neues Ungleichgewicht gelegt.

Stop-and-go-Politik

Das **Stabilitätsgesetz** von 1967 sieht konjunkturpolitische Eingriffe vor, bei denen die staatlichen Entscheidungsträger nach eigenem Ermessen *ad hoc*[1] Maßnahmen ergreifen können. Hierdurch kann es in Abhängigkeit von der jeweiligen konjunkturellen Situation zu einem abrupten Wechsel zwischen expansiven und kontraktiven Maßnahmen kommen *(Stop-and-go-Politik)*. Damit gehen eine Verunsicherung und Lähmung der Wirtschaft einher, die möglicherweise zu einer weiteren Destabilisierung führen. Dies widerspricht dem Grundsatz der **Konstanz der Wirtschaftspolitik**. Dieser Grundsatz beruht auf der Überlegung, dass Investitionsentscheidungen der Unternehmen mit vielen Unsicherheiten behaftet sind. Ändert der Staat dann noch ständig wichtige Rahmenbedingungen wie Steuern, Abschreibungsmöglichkeiten und Staatsausgaben, werden die Investitionsrisiken der Unternehmen unkalkulierbar. Anstelle der *Stop-and-go-Politik* (diskretionäre Fiskalpolitik) wird eine **regelgebundene Wirtschaftspolitik** gefordert, bei der je nach Konjunkturlage automatisch bestimmte Maßnahmen ergriffen werden *(built-in-flexibility)*.

Rationales Verhalten der Wirtschaftssubjekte (Theorie der rationalen Erwartungen)

Viele konjunkturpolitische Maßnahmen stellen lediglich Anreize dar und wirken nur, wenn sich die Wirtschaftssubjekte erwartungskonform verhalten. Häufig durchschauen die Wirtschaftssubjekte die bezweckte Absicht aber und passen sich der veränderten Situation an, sodass die Wirkung der Eingriffe verpufft. Unternehmer sehen sich beispielsweise der Situation gegenüber, dass die Steuern gesenkt werden, um Investitionen anzuregen. In der folgenden Konjunkturphase werden nach erfolgter Investitionstätigkeit die Steuern aber wieder erhöht. Das kann dazu führen, dass die Unternehmen bei der nächsten Steuersenkung nicht mit verstärkten Investitionen reagieren, weil sie bereits die nächste Steuererhöhung erwarten.

---

1 ad hoc *(lat.):* speziell für diesen Fall

6.4 Kombinierter Einsatz wirtschaftspolitischer Instrumente

6.4.1 Konjunktursteuerung durch Staat, Zentralbank und Tarifparteien

Träger der Konjunkturpolitik sind insbesondere der Staat, die Zentralbank und die Tarifparteien.

> Konjunkturpolitik umfasst die auf eine Minderung der konjunkturellen Schwankungen (= Schwankungen im Auslastungsgrad des Produktionspotenzials) gerichteten wirtschaftspolitischen Maßnahmen. Dazu gehören u. a. die antizyklische Steuerung der gesamtwirtschaftlichen Nachfrage über die Fiskal- und Geldpolitik.

Konjunkturpolitische Maßnahmen

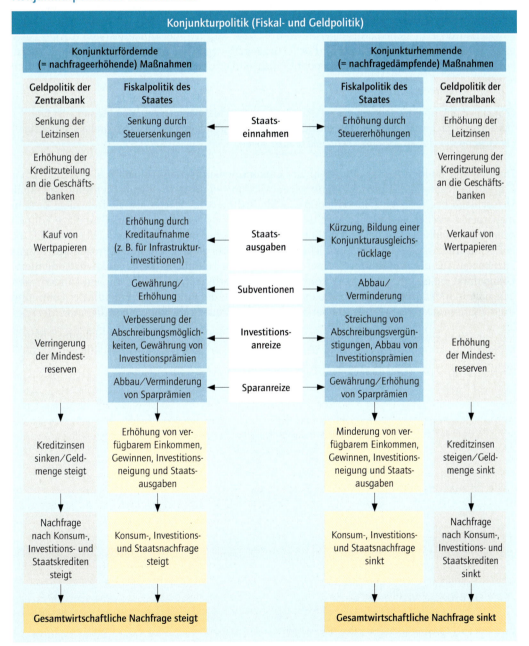

Sowohl die EZB als auch die nationalen Zentralbanken sind bei ihren geldpolitischen Entscheidungen nicht an Weisungen der Regierungen oder anderer wirtschaftspolitischer Träger gebunden **(Autonomie der Zentralbanken)**. Sie unterstützen vielmehr gem. Art. 2 der ESZB-Satzung die staatliche Wirtschaftspolitik nur dann, wenn dies ohne Beeinträchtigung des Ziels der Preisniveaustabilität möglich erscheint. Daraus können sich Konflikte zwischen den Zielen der **staatlichen Fiskalpolitik** und der **Geldpolitik des ESZB** ergeben (z. B. keine Zinssenkungen durch das ESZB trotz hoher Unterbeschäftigung).

Einkommenspolitik

Auch zwischen der Fiskalpolitik und den von **Tarifparteien** (Arbeitgeber und Gewerkschaften) ausgehandelten Lohnerhöhungen können sich Konflikte ergeben. Die Lohnverhandlungen, die aufgrund der im Grundgesetz verankerten **Tarifautonomie** (Art. 9 Abs. 3 Grundgesetz) ohne staatliche Einflussnahme erfolgen sollen, können zu Ergebnissen führen, die den fiskalpolitischen Zielen zuwiderlaufen (z. B. hohe Lohnsteigerungen trotz bzw. wegen hoher Inflationsraten mit der Folge einer Verstärkung der Lohn-Preis-Spirale). Um solche negativen Auswirkungen zu verhindern, können im Rahmen der Konjunkturpolitik auch einkommenspolitische Maßnahmen ergriffen werden.

> Zur Einkommenspolitik gehören die wirtschaftspolitischen Maßnahmen zur Beeinflussung der Einkommensarten Löhne und Gewinne, die bei der Einkommensentstehung ansetzen und als Mittel zur Erreichung der stabilitätspolitischen Ziele dienen sollen.

Diese Art der Einkommenspolitik ist von der **Einkommensumverteilungspolitik** als nachträglicher Korrektur der marktbedingten Einkommensentwicklung zu unterscheiden. In der Bundesrepublik Deutschland beschränken sich lohnpolitische Maßnahmen des Staates auf die **freiwillige Zusammenarbeit** zwischen Regierung, Arbeitgeberverbänden und Gewerkschaften. Grundlage können dabei **unverbindliche Lohnleitlinien** bilden, indem die Regierung den Tarifparteien empfiehlt, die Löhne im Interesse gesamtwirtschaftlicher Ziele nicht über einen bestimmten Prozentsatz hinaus anzuheben. Die bekannteste Form einer lohnpolitischen Leitlinie ist die **produktivitätsorientierte Lohnpolitik**, die eine Erhöhung der Lohnstückkosten verhindern soll. In manchen Ländern werden auch marktkonträre Maßnahmen angewandt, indem die Einhaltung verbindlicher Lohn- und Preisleitlinien staatlich kontrolliert oder ein genereller **Preis- und Lohnstopp** verhängt wird.

Die Übersicht auf der folgenden Seite zeigt ziel- und situationsabhängige Kombinationsmöglichkeiten konjunkturpolitischer Maßnahmen zur Beeinflussung der gesamtwirtschaftlichen Nachfrage und des gesamtwirtschaftlichen Angebots.[1]

---

1 Spezielle Maßnahmen zur Beschäftigungsförderung werden in Kapitel 8.5 behandelt.

Kombinierter Einsatz wirtschaftspolitischer Instrumente

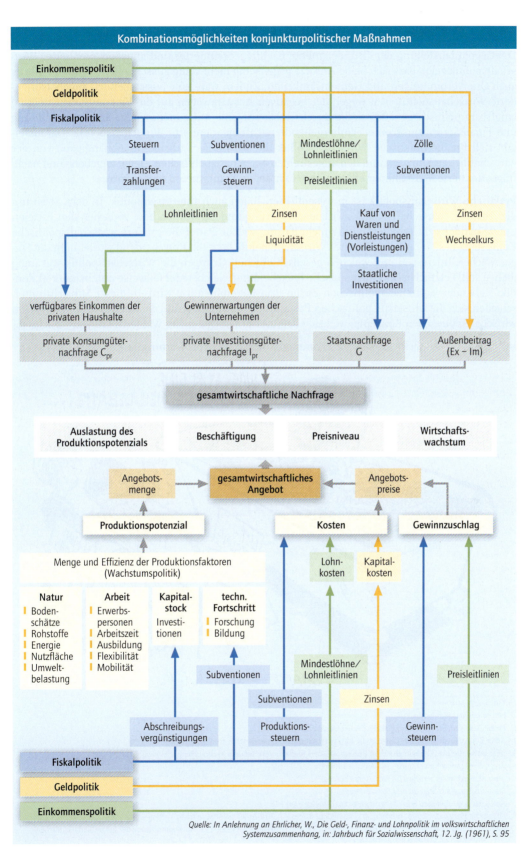

6.4.2 Praktische Wirtschaftspolitik als Ergebnis politischer Kompromisse

Die Gegenüberstellung der Grundelemente nachfrageorientierter und angebotsorientierter Wirtschaftspolitik zeigt, dass sich beide Ansätze gegenseitig nicht völlig ausschließen. Vielmehr gibt es auch Querverbindungen und Gemeinsamkeiten. Zudem wäre eine ausschließlich angebotsorientierte Wirtschaftspolitik u. a. wegen der negativen Auswirkungen auf die Einkommensverteilung langfristig politisch genauso wenig durchsetzbar wie eine mit zunehmender Staatsverschuldung und Finanzierungsproblemen einhergehende nachfrageorientierte Wirtschaftspolitik. Daraus ergibt sich für die praktische Wirtschaftspolitik die schwierige Aufgabe, in Abhängigkeit von der wirtschaftlichen Situation und den angestrebten wirtschaftspolitischen Zielen angebots- und nachfrageorientierte Maßnahmen effizient miteinander zu kombinieren **(policy mix)**.

Praktische Wirtschaftspolitik ist in wesentlichen Teilen auch **Interessenpolitik**. In dem Streit um die „richtige" Wirtschaftspolitik zwischen Regierung und Opposition bzw. zwischen den Parteien untereinander geht es daher häufig nicht darum, welche Partei die größere wirtschaftspolitische Kompetenz besitzt und die „bessere" Wirtschaftspolitik betreibt. Entscheidend ist vielmehr die Frage, welchen Interessen und welchen gesellschaftlichen Gruppen die Wirtschaftspolitik vorrangig dienen soll. Letztlich ist es eine politische Entscheidung, welchen der teilweise miteinander in Konflikt stehenden wirtschaftspolitischen Zielen Priorität eingeräumt wird. In dieser Hinsicht unterscheiden sich die wirtschaftspolitischen Programme der Parteien und die von ihnen befürworteten wirtschaftspolitischen Konzepte, weil sich dahinter unterschiedliche Wählerinteressen verbergen.

In den unterschiedlichen Prioritäten kommen unterschiedliche **Werturteile** zum Ausdruck.

zu Tab. S. 257

ab 1991 mit neuen Bundesländern

1   Preisindex für die Lebenshaltung aller privaten Haushalte
2   Anteil der Arbeitslosen an der Gesamtzahl der Erwerbspersonen (Erwerbstätige und Arbeitslose)
3   Nettorealverdienste je Arbeitnehmer in Preisen von 1995 (deflationiert mit dem Verbraucherpreisindex)
4   Anteil der Arbeitnehmerentgelte am Volkseinkommen
5   gesamte Staatsausgaben einschl. Sozialversicherung
6   Staatsausgaben aus Steuern und Sozialbeiträgen
7   Anteil der konsolidierten Sozialleistungen (= Sozialbudget) am BIP
8   öffentliche Haushalte (Bund, Länder und Gemeinden) insgesamt, BIP-Anteil gem. Maastricht-Vertrag

Quellen: Bundesministerium für Wirtschaft, Leistung in Zahlen; Jahresgutachten des SVR zur Begutachtung der gesamtwirtschaftlichen Entwicklung; Statistisches Jahrbuch
Je nach Datenquelle weichen die Angaben für die einzelnen Jahre teilweise erheblich voneinander ab.

Indikatoren zur wirtschaftlichen und sozialen Entwicklung in verschiedenen Phasen der sozialen Marktwirtschaft

Jahr	Bruttoinlandsprodukt in Mrd. €	Änderung zum Vorjahr in % (real)	Preisanstieg zum Vorjahr in %[1]	Arbeitslose[2] Quote in %	Arbeitslose[2] in 1000	Reallohnanstieg zum Vorjahr in %[3]	Lohnquote in %[4]	Staatsquote in %[5]	Abgabenquote in %[6]	Sozialleistungsquote in %[7]	Staatsverschuldung[8] in Mrd. €	Staatsverschuldung[8] in % des BIP
Phase I 1949–1966/67: Wirtschaftswunder												
1950	50,1	–	– 6,1	10,5	1 580	–	58,2	36,4	–	–	10,6	21,0
1955	97,4	+ 12,0	+ 1,9	5,2	200	+ 5,8	59,7	34,9	29,5	–	21,0	21,5
1960	154,8	+ 8,7	+ 1,4	1,3	271	+ 6,2	60,1	38,0	33,4	21,1	27,0	17,4
1965	234,8	+ 5,4	+ 3,1	0,7	147	+ 6,6	65,3	39,6	34,1	22,5	42,8	18,1
1966	249,6	+ 2,8	+ 3,7	0,7	161	+ 2,5	66,4	39,8	34,6	23,3	47,6	18,7
Phase II 1967–1980: Ausbau des Sozialstaats												
1967	252,8	– 0,3	+ 1,7	2,1	459	+ 1,0	66,1	39,2	35,2	24,9	55,3	21,7
1970	345,3	+ 5,0	+ 3,4	0,7	149	+ 9,1	67,3	39,1	36,6	25,1	64,4	18,6
1974	503,1	+ 0,2	+ 7,0	2,6	582	+ 2,5	72,9	45,6	41,0	28,8	98,4	19,6
1975	524,9	– 1,3	+ 5,9	4,7	1 074	+ 0,5	73,3	49,9	41,0	31,6	131,1	24,7
1977	611,1	+ 2,8	+ 3,8	4,5	1 030	+ 2,0	72,9	48,7	43,3	31,0	167,9	27,5
1980	752,6	+ 1,0	+ 5,4	3,8	889	– 0,2	75,2	47,9	40,3	30,6	239,6	31,7
Phase III 1982–1989: „Mehr Markt – weniger Staat"												
1982	812,0	– 0,9	+ 5,3	7,5	1 833	– 2,2	76,1	51,0	40,1	30,9	314,4	40,5
1985	935,9	+ 2,0	+ 2,2	9,3	2 304	– 0,7	72,3	48,0	40,0	30,0	388,7	41,5
Phase IV 1989–1998: Integration der ehemaligen DDR												
1990	1.240,4	+ 5,7	+ 2,7	7,2	1 883	+ 4,7	69,8	43,6	38,1	24,1	538,6	43,4
1991	1.534,6	+ 5,0	+ 3,6	6,3	2 602	– 0,4	71,0	46,4	38,3	25,9	600,2	40,4
1992	1.646,6	+ 2,2	+ 4,0	7,7	2 979	+ 3,2	72,2	47,2	39,1	27,3	687,8	42,9
1993	1.694,4	– 0,8	+ 3,6	8,9	3 419	+ 0,2	72,9	48,0	39,5	27,9	771,6	46,9
1997	1.964,7	1,8	+ 1,8	11,4	4 384	– 3,2	70,3	48,1	40,4	29,1	1.117,2	60,6
1998	2.015,3	2,0	+ 0,9	11,1	4 279	0,1	70,4	47,7	40,6	29,1	1.165,8	61,2
Phase V 1998–2008: Reformen als Folge der Globalisierung												
1999	2.061,8	2,0	+ 0,6	10,5	4 099	1,2	71,2	47,7	41,4	29,5	1.200,0	61,2
2000	2.116,5	3,0	+ 1,4	9,7	3 889	0,9	72,2	45,1	41,2	29,7	1.211,4	60,2
2001	2.179,9	1,7	+ 1,9	9,4	3 853	1,4	71,8	46,9	39,3	29,7	1.223,9	58,8
2002	2.209,3	–	+ 1,3	9,8	4 061	– 0,2	71,6	47,3	38,8	30,4	1.277,6	60,3
2003	2.220,1	– 0,7	+ 1,0	10,5	4 377	– 0,8	70,9	47,8	39,1	30,8	1.383,5	63,9
2004	2.270,6	1,2	+ 1,6	10,5	4 381	0,5	68,9	46,3	38,2	30,1	1.453,8	65,8
2005	2.300,9	0,7	+ 2,0	11,7	4 861	– 1,4	67,4	46,2	38,2	29,0	1.526,3	68,6
2006	2.393,3	3,7	+ 1,6	10,8	4 487	– 1,7	66,2	44,7	38,5	27,8	1.574,6	68,0
2007	2.513,2	3,3	+ 2,3	9,0	3 776	– 1,3	64,7	42,8	38,5	28,0	1.582,4	65,2
Phase VI 2008–?: Staatliche Interventionen als Folge der weltweiten Wirtschaftskrise, Staatsschuldenkrise im Euro-Raum (EURO-Krise)												
2008	2.561,7	1,1	2,6	7,8	3 258	– 0,8	65,4	43,6	38,8	28,0	1.660,2	64,9
2009	2.580,1	– 5,6	0,4	8,1	3 415	– 0,2	68,4	47,6	39,3	31,5	1.783,7	72,5
2010	2.703,1	4,1	1,1	7,7	3 239	2,9	66,8	47,3	37,9	30,6	2.090.0	81
2011	2.754,9	3,7	2,1	7,1	2 976	0,4	66,1	44,7	38,4	29,4	2.118,5	78,4
2012	2.820,8	0,4	2,0	6,8	2 897	0,6	67,8	44,4	39,0	29,5	2.195,8	79,7
2013	2.820,8	0,3	1,5	6,9	2 950	0,4	68,2	44,0	39,1	29,7	2.181,9	77,4
2014	2.915,7	1,6	0,9	6,7	2 898	1,6	68,3	44,3	39,2	29,2	2.184,3	74,9
2015	3.025,9	1,7	0,3	6,4	2 795	2,3	68,3	43,9	39,4	–	2.152,0	71,9

6.5 Ergebnisse der Wachstums- und Konjunkturpolitik in Deutschland

6.5.1 Zusammenhang zwischen Wirtschaftswachstum, Beschäftigung und Inflation

Die folgende Abbildung zeigt für Deutschland:
- eine abnehmende Tendenz der Wachstumsraten des BIP,
- den engen Zusammenhang zwischen dem BIP-Wachstum und der Entwicklung der Arbeitslosenquote.

Zielharmonie zwischen Wachstum und Beschäftigung – OKUNsches Gesetz

Grundsätzlich wird davon ausgegangen, dass bei Zunahme des realen BIP auch die Beschäftigung steigt und umgekehrt **(Zielharmonie)**. Für Deutschland wird aber geschätzt, dass derzeit mindestens 1,5 % Wachstum für positive Beschäftigungseffekte nötig sind **(= Beschäftigungsschwelle)**. Für die USA wurde von A. OKUN nachgewiesen, dass das reale BIP um 3,2 % steigt, wenn die Arbeitslosenquote um einen Prozentpunkt abnimmt **(OKUNsches Gesetz)**. Das ist darauf zurückzuführen, dass die Produktionssteigerung nach einer Phase der Unterbeschäftigung zunächst durch Abbau von Kurzarbeit, Erhöhung der Arbeitsproduktivität und Einführung von Überstunden bewältigt wird. Je nach Art und Ursache der Arbeitslosigkeit kann auch trotz eines stetigen Wirtschaftswachstums eine hohe „Sockelarbeitslosigkeit" bestehen bleiben *(jobless growth)*.

Bei der Interpretation der abnehmenden Wachstumsraten im Zeitablauf und im Vergleich mit anderen Ländern ist allerdings zu berücksichtigen, dass bei einem ständig steigenden BIP der in Prozent ausgedrückte Zuwachs üblicherweise zwar abnimmt, die mengenmäßige Veränderung der Güterproduktion aber trotzdem größer sein kann als bei einem niedrigen BIP-Ausgangswert mit hohen prozentualen Zuwachsraten. Um die Leistungsfähigkeit verschiedener Volkswirtschaften miteinander vergleichen und die Güterversorgung der Bevölkerung beurteilen zu können, muss als Maßstab statt der Wachstumsrate das reale Inlandsprodukt je Einwohner herangezogen werden.

Zielkonflikt zwischen Inflation und Arbeitslosigkeit – Misery-Index

Die an den beiden **Grundübeln** einer Marktwirtschaft, **Inflation** und **Arbeitslosigkeit**, gemessenen Ergebnisse der Wachstums- und Konjunkturpolitik waren seit Gründung der Bundesrepublik Deutschland höchst unterschiedlich. Die Inflationsrate schwankte zwischen den Extremwerten – 1,6 % (1953) und + 6,9 % (1973), während die Arbeitslosenquote mit 0,7 % (1962, 1965, 1966, 1970) ihren niedrigsten und mit 11,7 % (2005) ihren bisher höchsten Wert erreichte. Die folgende Abbildung zeigt für einige Jahre den kurzfristig bestehenden **Zielkonflikt** zwischen (konjunktureller)

Arbeitslosigkeit und (nachfragebedingter) **Inflation:** Je niedriger die Inflationsrate, desto höher die Arbeitslosenquote und umgekehrt. Auf Dauer besteht aber für die Wirtschaftspolitik keine Wahlmöglichkeit zwischen Inflation und Arbeitslosigkeit, da eine Verbesserung der Beschäftigungssituation nicht durch eine höhere Inflationsrate erkauft werden kann.

Die Entwicklung von Inflation und Arbeitslosigkeit lässt sich durch einen sogenannten **Misery-Index** darstellen. Dieser Index wird durch die Addition von Inflationsrate und Arbeitslosenquote ermittelt. Für Deutschland zeigt dieser Index die niedrigsten Werte im Zeitraum zwischen 1960 und 1968. Danach ist der Index – bedingt durch die hohe Arbeitslosigkeit – schrittweise gestiegen.

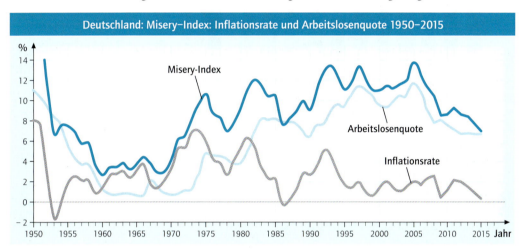

6.5.2 Einnahmen und Ausgaben des Staates – Staatsverschuldung

Zum Sektor Staat gehören der Bund, die Länder und Gemeinden sowie die Sozialversicherungsträger.

Einnahmen und Ausgaben des Staatshaushalts

Die zum Sektor Staat gehörenden Einrichtungen werden auch als **öffentliche Hand** bezeichnet. Sie finanzieren sich vor allem durch Zwangsabgaben **(Steuern und Gebühren)**. Im Zusammenhang mit ihrer Einnahmen-/Ausgabenrechnung wird auch vom **öffentlichen Haushalt** oder **Staatshaushalt** gesprochen. Die Güter, die diese Einrichtungen produzieren, werden den Bürgern in der Regel ohne direkte Gegenleistung zur Verfügung gestellt (= öffentliche Güter wie z. B. Straßen, Schulen, öffentliche Verwaltung, Rechtswesen, Polizei).

Für den Bundeshaushalt 2016 hat die Regierung Ausgaben in Höhe 312,0 Mrd. € veranschlagt (vgl. nachstehende Grafik). Mit 127,3 Mrd. € war der größte Posten für den Bereich Arbeit und Soziales vorgesehen. **An dritter Stelle folgte die Bundesschuld (= Zins- und Tilgungszahlungen für die Kredite des Bundes), die mit 25,0 Mrd. € ca. 8 % aller Ausgaben des Bundes ausmachte.**

Finanziert werden die Ausgaben vor allem durch Steuereinnahmen. Die wichtigste Steuer ist die Umsatzsteuer, gefolgt von der Lohn- und Einkommensteuer und den Energiesteuern. Da seit 2014 mit den Steuereinnahmen und den sonstigen Einnahmen (zum Beispiel Lkw-Maut) die Ausgaben wieder gedeckt werden können, war keine **Nettokreditaufnahme** (= Aufnahme neuer Schulden zur Finanzierung des Haushaltsdefizits) eingeplant.

6 Wirtschaftspolitische Konzepte zur Wachstumsförderung und Konjunkturstabilisierung

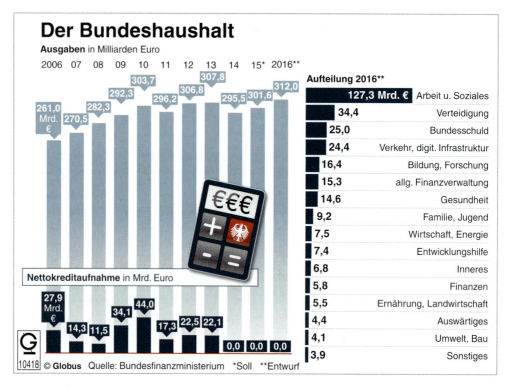

Staatsverschuldung

Ausmaß der Staatsverschuldung

Aufgabe 6.14, S. 279

Reichen die Steuereinnahmen nicht aus, um die vielfältigen staatlichen Aufgaben zu finanzieren, muss der Staat Kredite aufnehmen.

Die folgenden Abbildungen zeigen, dass die Staatsschulden seit 1970 stark gestiegen sind und inzwischen ein besorgniserregendes Ausmaß angenommen haben (vgl. auch S. 257).

Mit der Schuldenstandsquote wird das Verhältnis der Schulden des Staates (Bund, Länder, Gemeinden, Sozialversicherungsträger) im Verhältnis zum BIP ausgedrückt.

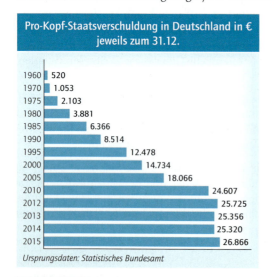

---

1 Öffentliche Haushalte = Bund, Länder, Gemeinden, Sozialversicherung

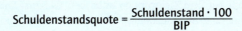

$$\text{Schuldenstandsquote} = \frac{\text{Schuldenstand} \cdot 100}{\text{BIP}}$$

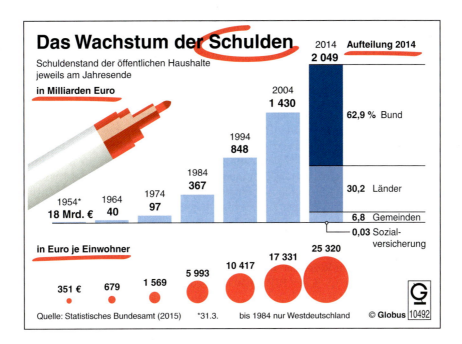

Ursachen der Staatsverschuldung

Einen ersten deutlichen Anstieg der Staatsverschuldung gab es nach 1970. Mit staatlichen Krediten finanzierte Konjunkturprogramme *(deficit spending)* und öffentliche Investitionen (z. B. Hochschulbau) führten unter der damaligen SPD/FDP-Regierung (1969–1982) zu einer erheblichen Erhöhung des Schuldenstandes. Ein zweiter – noch stärkerer – Schub setzte 1990 mit der deutschen Wiedervereinigung ein. Seitdem hat sich die Staatsverschuldung nahezu verdreifacht.

- Ein erheblicher Teil der Probleme der öffentlichen Haushalte ist auf die Kosten der Wiedervereinigung zurückzuführen. Dabei schlagen die überwiegend vom Bund als Transferleistungen an die neuen Bundesländer geleisteten Beträge zur Finanzierung von Sozialleistungen besonders zu Buche.

- Wegen der seit nahezu zwei Jahrzehnten bestehenden hohen Arbeitslosigkeit hat sich das Aufkommen der von Löhnen und Gehältern zu erhebenden Sozialversicherungsbeiträge verringert. Das machte einige Jahre lang ständig steigende staatliche Zuschüsse zur Sozialversicherung nötig. Gleichzeitig hat eine Einkommensteuerreform (2001–2005) zu erheblichen Einnahmeausfällen geführt.

- 2009 und 2010 kam es zu einem erneuten starken Anstieg der Staatsverschuldung. Ursache waren insbesondere die Ausgaben für Konjunkturprogramme und arbeitsmarktpolitische Maßnahmen (u. a. Kurzarbeitergeld). Dadurch konnte in Deutschland die befürchtete schwere Rezession als Folge der weltweiten Finanzkrise (ab 2008) vermieden werden. Auch die verschiedenen Hilfsmaßnahmen (Banken- und EURO-Rettungsschirm) trugen zur weiteren Staatsverschuldung in den Folgejahren bei.

Staatsverschuldung und Demokratie

Es ist feststellbar, dass die Staatsform der Demokratie eine zunehmende Staatsverschuldung besonders begünstigt *(Public-Choice-Theorie)*. Politiker und politische Parteien kommen in demokratischen Gesellschaften durch Wahlen an die Macht. Da sie (wieder-)gewählt werden wollen, machen sie von ihren

Möglichkeiten Gebrauch, für ihre Zielgruppen unter den Wählern Entlastungen und andere Vergünstigungen zulasten höherer Staatsausgaben durchzusetzen (Klientelpolitik). Da eine Diskussion über Steuererhöhungen zur Finanzierung solcher Ausgaben die Wahlchancen mindern würde, bietet sich eine für die Wähler zunächst nicht spürbare Kreditfinanzierung an. In Demokratien mit Verhältniswahlrecht, wie z. B. in Deutschland, sind zudem häufig mehrere Parteien an der Regierung beteiligt. Jede dieser Parteien möchte ihre eigenen Wähler durch „Wahlgeschenke" – unter Umständen zulasten der Allgemeinheit und des Gemeinwohls – zufrieden stellen. Das kann zu einer weiteren Aufblähung der (kreditfinanzierten) Staatsausgaben führen.

Grenzen der Staatsverschuldung

❚ Verfassungsgemäßer Haushalt nach Art. 115 des Grundgesetzes

Nach Art. 115 GG darf die Kreditaufnahme des Bundes die Summe der im Haushaltsplan veranschlagten Investitionen nicht überschreiten. Ausnahmen von dieser Vorschrift sind nur dann zulässig, wenn durch erhöhte Kreditaufnahme eine Störung des „gesamtwirtschaftlichen Gleichgewichts" abgewendet werden kann. Es ist aber weder eindeutig definiert, welche staatlichen Ausgaben als „öffentliche Investitionen" gelten, noch wann eine Störung des gesamtwirtschaftlichen Gleichgewichts vorliegt. Angesichts der enormen staatlichen Kreditaufnahme zur Rezessionsbekämpfung im Jahr 2009 haben Bundestag und Bundesrat durch Änderung des Art. 115 GG künftig eine Schuldenbegrenzung **(Schuldenbremse)** für Bund und Länder beschlossen. Ab 2016 ist dem Bund und ab 2020 den Ländern die Aufnahme neuer Schulden verboten, außer bei einer besonders schweren Rezession und bei Katastrophen. Außerdem sollen konjunkturbedingte Haushaltsdefizite über 1,5 % des BIP hinaus nur zulässig sein, wenn sie an einen Tilgungsplan gebunden sind.

> **Kapitel**
> **4.2.1**

❚ Defizitkriterium des europäischen Stabiliäts- und Wachstumspakts

In den sogenannten Maastricht-Verträgen von 1991 zur Gründung der Europäischen Wirtschafts- und Währungsunion (EWWU) und durch den Stabilitäts- und Wachstumspakt von 1997 haben sich die Mitgliedsstaaten zur Einhaltung folgender Obergrenzen bei der Staatsverschuldung verpflichtet:
– Der gesamte Schuldenstand darf nicht mehr als 60 % des nominalen BIP betragen.
– Das Haushaltsdefizit eines Mitgliedsstaats darf jährlich nicht mehr als 3 % seines nominalen BIP betragen **(= Neuverschuldungsgrenze).**

Hinter diesen Zielformulierungen steht die Befürchtung, dass eine höhere Staatsverschuldung zur Inflation führt. Die auf die Stabilisierung des Preisniveaus gerichtete Zinspolitik der EZB soll nicht durch eine schuldenorientierte Finanzpolitik der Mitgliedsstaaten gefährdet werden. Da es aber keine eindeutigen ökonomischen Anhaltspunkte für die Ermittlung von Obergrenzen bei der Staatsverschuldung gibt, sind die EU-Politiker seinerzeit folgendermaßen vorgegangen:

> **Obergrenze der jährlichen Neuverschuldung**
>
> Als Obergrenze für den Schuldenstand wurde der durchschnittliche Schuldenstand aller EU-Länder aus dem Jahr 1990 gewählt. Dieser lag damals bei 60,2 % des jeweiligen nominalen BIP. Der Festlegung der 3-%-Grenze lagen folgende Überlegungen zugrunde: Um eine Obergrenze für die jährliche **Neuverschuldung** ermitteln zu können, bei der trotz zusätzlicher Schuldenaufnahme der Schuldenstand von 60 % des nominalen BIP nicht überschritten wird, mussten Annahmen über das jährliche **Wachstum des nominalen BIP** getroffen werden. Im Jahr 1990 betrug das durchschnittliche reale BIP-Wachstum der EU-Länder 3 %. Die erwartete und für vertretbar gehaltene Inflationsrate wurde mit 2 % angesetzt. **Als Wachstumsrate für das nominale BIP** (= reales Wachstum plus Inflationsrate) ergab sich somit 5 %. Mit anderen Worten: Wenn das nominale BIP jährlich um 5 % steigt, verändert sich trotz einer jährlichen Neuverschuldung von 3 % des nominalen BIP der Schuldenstand von 60 % des nominalen BIP nicht.

Von 2002 bis 2005 hat Deutschland ununterbrochen gegen das Defizitkriterium der Neuverschuldung von 3 % des nominalen BIP verstoßen. 2006 konnte Deutschland erstmals wieder das Defizitkriterium

Ergebnisse der Wachstums- und Konjunkturpolitik in Deutschland

erfüllen. 2009 und 2010 lag die Neuverschuldung aber u. a. wegen der kreditfinanzierten Konjunkturprogramme zur Rezessionsbekämpfung mit 3,1 % bzw. 4,2 % wieder über der 3 %-Marke. Seit 2012 weist der Staatshaushalt seit langer Zeit wieder einen Überschuss aus.

Mögliche Folgen einer Staatsverschuldung

Finanzpolitischer Handlungsspielraum wird eingeschränkt	Die erheblichen Zins- und Tilgungsverpflichtungen (wobei die Tilgung häufig durch neue Kredite finanziert wird) belasten die öffentlichen Haushalte in steigendem Maße. Die vom Staat jährlich zu leistenden Zinsen sind höher als die Bildungs- und Forschungsausgaben während eines Jahres. Somit begrenzt die Staatsverschuldung die Mittel für dringend erforderliche öffentliche Investitionen und Reformvorhaben, sofern diese nicht durch Steuererhöhungen finanziert werden.
Verlust des Vertrauens in den Staat	Eine hohe Staatsverschuldung kann zu einem Vertrauensverlust der Bevölkerung führen (Angst vor einer Währungsreform mit Verlust der in Geldvermögen angelegten Ersparnisse). In den Schulden von heute werden Steuererhöhungen von morgen vermutet. Auch an den internationalen Kapital- und Finanzmärkten kann eine ausufernde Staatsverschuldung zu einem Vertrauensverlust führen. Im Extremfall sind die Anleger nicht mehr bereit, die Staatsanleihen hoch verschuldeter Länder zu kaufen. Dies war beispielsweise bei der 2010 beginnenden Staatsschuldenkrise im Euro-Raum (insbesondere bei Griechenland) der Fall.
Zurückdrängung privater Kreditaufnahme und Investitionstätigkeit	Tendenziell führt eine staatliche Kreditaufnahme zu einem Anstieg des Zinsniveaus. Dadurch wird möglicherweise die zinsabhängige private Investitionstätigkeit (z. B. im Bausektor) zurückgedrängt (= zinsbedingtes *crowding out*). Da öffentliche Investitionen (z. B. Bau eines Schwimmbades in einer Gemeinde) grundsätzlich als weniger produktiv und wachstumsfördernd gelten als private Investitionen (z. B. Bau einer Maschinenfabrik), geht mit der Verdrängung privater Investitionen möglicherweise ein Verlust an Wachstumschancen einher. Dem steht aber entgegen, dass beispielsweise in Deutschland trotz hoher Staatsverschuldung das Zinsniveau extrem niedrig war und dass private Investitionsentscheidungen mehr von den Gewinnerwartungen als von der Höhe des Zinssatzes abhängig sind.
Staatsverschuldung kann zur Inflation führen	Länder mit hoher Staatsverschuldung haben nicht notwendigerweise eine hohe Inflationsrate (z. B. Deutschland). Zwar wurden alle großen Inflationen der Wirtschaftsgeschichte durch eine hohe Staatsverschuldung ausgelöst. Das war aber nur möglich, weil sich die Regierungen bei ihren nationalen Zentralbanken verschulden konnten und die Inflation durch eine Erhöhung der Geldmenge in die Höhe getrieben wurde. Das ist aber heute nicht mehr möglich. Nach Art. 104 des EG-Vertrages ist jede Form einer Staatsfinanzierung durch die EZB strikt untersagt. Allerdings hat die EZB seit 2011 mit der Übernahme von Staatsanleihen einiger hoch verschuldeter Länder (u. a. Griechenland) nach Auffassung von Kritikern gegen dieses Verbot verstoßen.
Zinsen und Tilgung der Staatsschulden können künftige Generationen belasten	Weit verbreitet ist die Vorstellung, dass die heutige Staatsverschuldung künftige Generationen belastet, indem Kinder und Enkel für Zinsen und Tilgung der Schulden aufkommen müssen, die der Staat in der Generation ihrer Eltern und Großeltern aufgenommen hat. Einerseits ist es aber nicht unberechtigt, wenn die nächste Generation Schulden für solche Ausgaben zurückzahlt, die ihr selbst zugute kommen (z. B. kreditfinanzierte öffentliche Ausgaben für Infrastruktur und Bildung). Andererseits ist jedoch die Vorstellung, künftige Generationen würden durch die Staatsverschuldung belastet, nur unter bestimmten Voraussetzungen zutreffend. Es wird bei dieser Argumentation häufig übersehen, dass den Schulden des Staates in genau derselben Höhe Forderungen von Gläubigern gegenüberstehen. Einen Teil der Staatsschulden hat der Staat bei seinen eigenen Bürgern in Form von Schuldverschreibungen oder anderen Wertpapieren aufgenommen. Die Steuerzahler tragen die Last der Zinszahlungen. Die Zinsen fließen aber denjenigen Bürgern zu, die dem Staat Kredite gegeben haben. Es erfolgt also innerhalb einer Generation eine Zahlung aus der Tasche der Steuerzahler in die Tasche der Inhaber der staatlichen Wertpapiere. Da diese Wertpapiere an die nächste Generation vererbt werden, gilt auch für künftige Generationen: Die Steuern, die künftige Generationen für Zinsen und Tilgung der heute aufgenommenen Staatsschulden bezahlen müssen, fließen den dann lebenden Inhabern der staatlichen Wertpapiere zu, die diese möglicherweise von ihren Eltern geerbt haben. Eine Umverteilung zwischen der heutigen und folgenden Generation findet in diesem Fall also nicht statt. Eine solche Umverteilung kann nur dann eintreten, wenn sich der Staat im Ausland verschuldet: In diesem Fall fließen die von inländischen Steuerzahlern aufgebrachten Zins- und Tilgungsleistungen Bürgern eines anderen Staates zu.

6080263

263

Staatsverschuldung hat negative Auswirkungen auf die Einkommensverteilung	Für die Lastenverteilung zwischen den Generationen ist die Staatsverschuldung also nicht von unmittelbarer Bedeutung. Sie hat aber Einfluss auf die Lastenverteilung innerhalb einer Generation. An der Finanzierung der Zinszahlungen sind zwangsweise alle Steuerpflichtigen beteiligt. Die Zinserträge fließen aber denjenigen zu, die sich die Anlage von Ersparnissen in Form von staatlichen Wertpapieren leisten können. In diesem Sinne hat die Staatsverschuldung durch eine Umverteilung von Arm zu Reich negative Auswirkungen auf die Einkommensverteilung.

Beurteilung der Staatverschuldung

Staatliche Kreditaufnahme ist nicht in jedem Fall negativ zu beurteilen. Sie kann beispielsweise gerechtfertigt sein, wenn damit öffentliche Investitionen (z. B. Bildung, Straßenbau) finanziert werden, von denen auch künftige Generationen profitieren. Auch in einer Rezession kann es sich als notwendig erweisen, vorübergehend Haushaltsdefizite mit der Folge einer höheren Staatsverschuldung in Kauf zu nehmen (= konjunkturbedingtes Defizit). In einer solchen Situation können auch zusätzliche kreditfinanzierte Staatsausgaben zur Ankurbelung der Konjunktur gerechtfertigt sein (= antizyklisches Defizit). Dem muss aber in Zeiten guter Konjunkturlage ein Abbau der Schulden gegenüberstehen. Problematisch sind hingegen sogenannte **strukturelle Haushaltsdefizite**, die sich bei der vorliegenden Einnahmen- und Ausgabenstruktur auch bei normaler Konjunkturlage ergeben würden. Diese Defizite müssen durch Ausgabenkürzungen abgebaut werden, um eine Stabilisierung der Staatsfinanzen zu erreichen.

Wie problematisch eine hohe Staatsverschuldung ist, hängt auch davon ab, ob sich der Staat hauptsächlich im Inland oder im Ausland verschuldet. Den inländischen Schulden des Staates stehen in gleicher Höhe Ersparnisse und damit Vermögenswerte der inländischen Bevölkerung gegenüber. Das heißt die durch Steuereinnahmen (oder weitere Kreditaufnahme) finanzierten Zins- und Tilgungsleistungen des Staates fließen der inländischen Bevölkerung zu. Das Land wird durch die Staatsverschuldung somit weder reicher noch ärmer.

> **Inlandsschulden – Auslandsschulden**
>
> In Deutschland sind ca. 40 % aller öffentlichen Schulden Auslandsschulden. Japan ist dagegen ein Beispiel für ein hochverschuldetes Land, dessen Schuldtitel (Anleihen) sich hauptsächlich im Besitz der eigenen Bürger sowie inländischer Banken und anderer Institutionen (z. B. Rentenkassen) befinden.

Wenn jedoch ein Land seine Ausgaben mit Krediten aus dem Ausland finanziert, bedeutet das in der Regel, dass der Staat und seine Bürger über ihre Verhältnisse leben. Die Zins- und Tilgungsleistungen müssen (möglicherweise von der nächsten Generation) im Inland aufgebracht werden und fließen ins Ausland ab.

Staatsquote, Abgabenquote, Sozialleistungsquote

Die Bedeutung des Sektors Staat in der Gesamtwirtschaft lässt sich anhand weiterer Kennzahlen deutlich machen.

Die **Staatsquote** gibt den Anteil der Staatsausgaben am BIP an und ist ein Maßstab für die Einflussnahme des Staates auf das Wirtschaftsgeschehen.

$$\text{Staatsquote} = \frac{\text{Staatsausgaben} \cdot 100}{\text{BIP}}$$

Die Staatsquote belief sich im Jahre 2014 auf ca. 44,0 %. Dies bedeutet jedoch nicht, dass der Staat fast die Hälfte des BIP für sich in Anspruch nimmt. In den Staatsausgaben sind neben den Ausgaben für öffentliche Investitionen, Personal und Verwaltung vor allem auch Ausgaben für Transferleistungen (Sozialleistungen an private Haushalte wie z. B. Wohngeld, Kindergeld, Sozialhilfe) und Subventionen enthalten. Diese Zahlungen gehen jedoch gleichzeitig als Teil des privaten Konsums bzw. der Unternehmensinvestitionen in das BIP ein. Würde man die staatlichen Gesamtausgaben zu den privaten Konsum- und Investitionsausgaben hinzuzählen, würden sich in Höhe der Transfer- und Subventionszahlungen Doppelzählungen ergeben. Die Summe würde mehr als 100 % des BIP betragen. Insofern ist die Staatsquote eine „unechte" Quote. Der Zähler enthält – ähnlich wie bei der Schuldenstandsquote – Teilmengen, die im Nenner nicht enthalten sind. Die Staatsquote lässt somit keine Aussagen darüber zu, in welchem Umfang der Staat das BIP für sich in Anspruch genommen hat.

Die **Abgabenquote** drückt den Anteil von Steuern und Sozialabgaben am BIP aus. Die Abgabenquote ist eine Maßzahl für die Bestimmung des Umfangs der Staatstätigkeit in einer Wirtschaft.

$$\text{Abgabenquote} = \frac{\text{Steuern und Sozialabgaben} \cdot 100}{\text{BIP}}$$

Die Abgabenquote war von 2000 bis 2005 leicht rückläufig und lag 2005 bei ca. 39 % (2015: 39,4 %). Im Vergleich mit anderen Ländern liegt die Abgabenquote in Deutschland im Mittelfeld. Spitzenreiter sind Schweden und Dänemark mit Quoten von rund 50 %. Am unteren Ende befinden sich Irland und die USA mit rund 30 %.

Die **Sozialleistungsquote** gibt den Anteil der Sozialleistungen (Sozialbudget) am BIP an. Anhand der Sozialquote lässt sich feststellen, welches Gewicht soziale Leistungen im Vergleich zur gesamtwirtschaftlichen Leistung eines Landes haben.

$$\text{Sozialleistungsquote} = \frac{\text{Sozialleistungen} \cdot 100}{\text{BIP}}$$

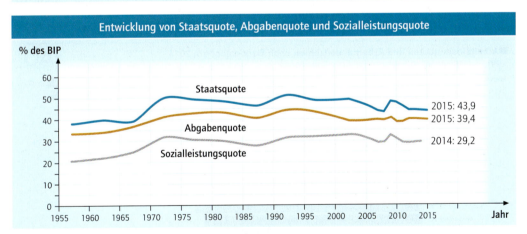

6.5.3 Strukturelle Probleme: West-Ost-Gefälle

Regionale Ungleichgewichte (Disparitäten)

Die Wirtschaftskraft der Bundesrepublik Deutschland ist unterschiedlich zwischen den einzelnen Bundesländern verteilt. Dabei zeigt sich als Folge der Wiedervereinigung Deutschlands 1989/1990 ein deutliches West-Ost-Gefälle zwischen den alten und den neuen Bundesländern.

Ein geeigneter Maßstab für regionale Ungleichgewichte **(Disparitäten)** ist das Bruttoinlandsprodukt pro Kopf. Diese Kennzahl zeigt für 2014 folgende Verteilung:

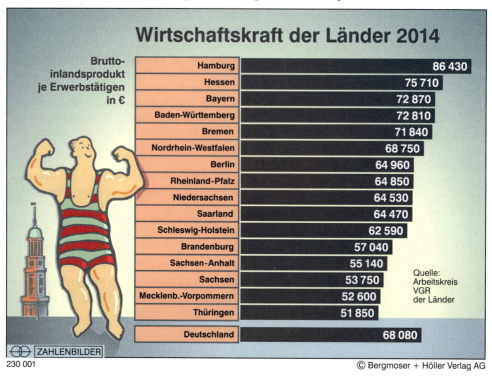

Daraus wir deutlich, dass selbst das schwächste West-Bundesland (Schleswig-Holstein) ein höheres BIP pro Kopf aufweist als das stärkste Ost-Bundesland (Brandenburg). Dieses Gefälle spiegelt sich auch in den Arbeitslosenquoten wider. Während die Arbeitslosenquote 2014 für ganz Deutschland bei 6,7 % lag, betrug sie in den neuen Bundesländern 9,8 %, in den alten Bundesländern dagegen nur 5,9 %.

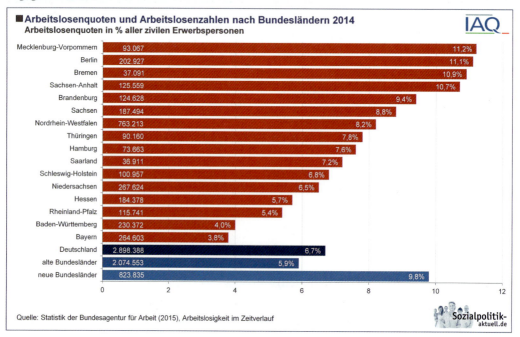

Länderfinanzausgleich

In Artikel 106 Abs. 3 Nr. 2 des Grundgesetzes ist wird der Staat verpflichtet, die Einheitlichkeit der Lebensverhältnisse in den verschiedenen Regionen zu wahren. Nach Art. 107 Abs. 2 S. 1 des Grundgesetzes muss dazu die unterschiedliche Finanzkraft der Bundesländer angemessen ausgeglichen werden (**horizontaler Finanzausgleich**). Aus diesem Grund erfolgt zwischen den Bundesländern eine Umverteilung der Steuereinnahmen. Dieser **Finanzausgleich** führte 2014 zu folgendem Ergebnis.

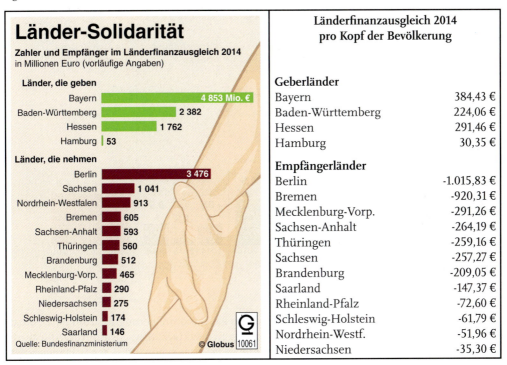

Die bisherige Form des Länderfinanzausgleichs führt aber immer weniger zu der im Grundgesetz verankerten **Einheitlichkeit der Lebensverhältnisse**. Vielmehr werden die bestehenden Verhältnisse eher zementiert. Für die vier Geberländer (Bayern, Baden-Württemberg, Hessen und Hamburg) lohnt es sich kaum, zusätzliche wirtschaftliche Anstrengungen zur Erhöhung der Steuereinnahmen zu unternehmen. Die zusätzlichen Einnahmen unterliegen nämlich im Rahmen der Umverteilung zwischen den Ländern einer progressiven Belastung von bis zu 90 %. Auch die finanzschwachen Länder haben keinen Anreiz, durch eigene Anstrengungen den Zuschussbedarf durch Erhöhung ihrer Finanzkraft oder Senkung ihrer Ausgaben zu verringern. Je finanzstärker die Nehmerländer werden, umso geringer fallen die Zuschüsse durch den Finanzausgleich aus. Die Nehmerländer befinden sich somit in einer Position von „**Trittbrettfahrern**" (free rider), wie sie bei der Nutzung öffentlicher Güter häufig auftritt.

> Beim gegenwärtigen System des Länderfinanzausgleichs besteht weder für die Geber- noch für die Nehmerländer ein Anreiz, ihre Finanzkraft zu erhöhen und so das Umverteilungsvolumen zu senken.

6.5.4 Aktuelle Probleme der Konjunkturpolitik

Anfang des Jahres 2016 ließen wichtige Konjunkturindikatoren eine positive Prognose für die wirtschaftliche Entwicklung in Deutschland zu.

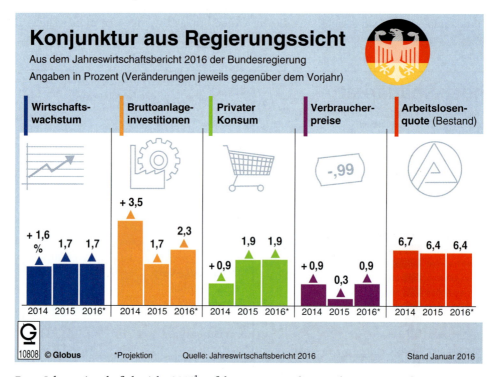

Dem Jahreswirtschaftsbericht 2016[1] zufolge erwartete die Bundesregierung für 2016 eine Fortsetzung der guten gesamtwirtschaftlichen Entwicklung. Das Wirtschaftswachstum für 2016 wurde mit 1,7 % vorhersagt. Die Arbeitslosenquote für 2016 sollte – wie schon 2015 – 6,4 % betragen. Das war der niedrigste Stand seit der Wiedervereinigung 1989. Die Entwicklung auf dem Arbeitsmarkt zeigte, dass die Einführung des Mindestlohns zum 01. Januar 2015 nicht zu der von namhaften (neo-)liberalen Wirtschaftswissenschaftlern vorhergesagten Arbeitsplatzvernichtung geführt hat. Das Ziel einer Arbeitslosenquote von 6,4 % für 2016 war nach Auffassung der Bundesregierung trotz der Flüchtlingsmigration nicht gefährdet. Allerdings wurde die Integration der Flüchtlinge in die Gesellschaft und damit in den Arbeitsmarkt als eine der wichtigsten Aufgabe für das Jahr 2016 und danach angesehen.

Die gute wirtschaftliche Entwicklung sollte sich auch 2016 weiterhin insbesondere auf die Binnennachfrage stützen. 2015 verzeichneten die Reallöhne und -gehälter den höchsten Zuwachs seit mehr als 20 Jahren. Das war durch die extrem niedrige Inflationsrate von 0,3 % im Jahr 2015 und die relativ hohen Lohnabschlüsse bedingt. Für 2016 wurde – insbesondere in Erwartung höherer Ölpreise – von einer Inflationsrate in Höhe von 0,9 % ausgegangen. Trotz der Erhöhung der Verbraucherpreise wurde auch für 2016 ein weiteres Wachstum der privaten Konsumausgaben um 1,9 % prognostiziert. Diese Erhöhung war teilweise durch die mit staatlichen Transferleistungen finanzierte Konsumgüternachfrage der drastisch gestiegenen Zahl von Flüchtlingen bedingt. Bei den Investitionen sollten insbesondere die Wohnungsbauinvestitionen zu der für 2016 angegebenen Steigerung um 2,3 % beitragen. Auch für den Staatskonsum wurde vor dem Hintergrund des Zustroms von Flüchtlingen eine deutlich Steigerung in Form von Sachleistungen und Güterkäufen unterstellt. Trotz des sich verschlechternden weltwirtschaftlichen Umfeldes (u. a. Wachstumsschwäche in China, wirtschaftliche Krise in der Eurozone) sollte auch der Export u. a. aufgrund des niedrigen Wechselkurses US-$/Euro und des niedrigen Zinsniveaus einen wesentlichen Wachstumsbeitrag leisten.

---

[1] Bundesministerium für Wirtschaft und Energie, Jahreswirtschaftsbericht 2016, Berlin, Januar 2016

Ergebnisse der Wachstums- und Konjunkturpolitik in Deutschland

Zusammenfassende Übersicht Kapitel 6:
Wirtschaftspolitische Konzepte zur Wachstumsförderung und Konjunkturstabilisierung

Konzepte der Wirtschaftspolitik

Fiskalismus (Keynesianismus)		Monetarismus
Gesamtwirtschaftliche Nachfrage bestimmt die Höhe von Inlandsprodukt, Volkseinkommen und Beschäftigung.	**Grundüberlegung**	Die Rentabilität der Produktion bestimmt die Höhe von Inlandsprodukt, Volkseinkommen und Beschäftigung.
Nachfrageorientierte Wirtschaftspolitik		**Angebotsorientierte Wirtschaftspolitik**
Steuerung der Wirtschaft über die Beeinflussung der **gesamtwirtschaftlichen Nachfrage**	**Ansatzpunkte der Wirtschaftspolitik**	Verbesserung der **Funktionsfähigkeit des Marktsystems** z. B. durch Wettbewerbspolitik, Deregulierung und Flexibilisierung der Märkte, Privatisierung öffentlicher Unternehmen
antizyklische Fiskalpolitik Ausschaltung bzw. Dämpfung der konjunkturellen Schwankungen durch staatliche Einnahmen- und Ausgabenpolitik	**Maßnahmen**	stetige/konstante Wirtschaftspolitik konjunkturneutrale Finanzpolitik Steuersenkungen (LAFFER-Theorem)
deficit spending Kreditfinanzierte Staatsausgaben zur Beschäftigungsförderung		
Geldpolitik soll Fiskalpolitik unterstützen („Politik des billigen Geldes")		**potenzialorientierte Geldpolitik** (= am Wachstum des Produktionspotenzials ausgerichtete Geldpolitik), Preisniveaustabilität
Löhne als Nachfragefaktor (Kaufkraft)		**produktivitätsorientierte Lohnpolitik**
Produktion, Beschäftigung und Einkommen steigen durch Erhöhung der gesamtwirtschaftlichen Nachfrage	**Beabsichtigte Wirkungen**	Ertragskraft der Unternehmen steigt; erhöhte Rentabilität privater Investitionen: Produktionspotenzial steigt durch mehr Investitionen
Vernachlässigung der **Preisniveaustabilität** **Staatsverschuldung** **Verdrängungseffekte** (crowding out) **Wirkungsverzögerungen** bei wirtschaftspolitischen Maßnahmen (time lags) **Stop-and-go-Politik** unerwartetes **Verhalten der Wirtschaftssubjekte**	**Probleme**	**SAYsches Theorem** (einseitige Angebotsorientierung) fraglich **Wirtschaftswachstum ohne Beschäftigungswirkung** (jobless growth) Steuern: LAFFER-Theorem fraglich **Arbeitslosigkeit** trotz **produktivitätsorientierter Lohnpolitik** Wirkungen auf **Einkommensverteilung**: **politische Durchsetzbarkeit** fraglich

6080269

269

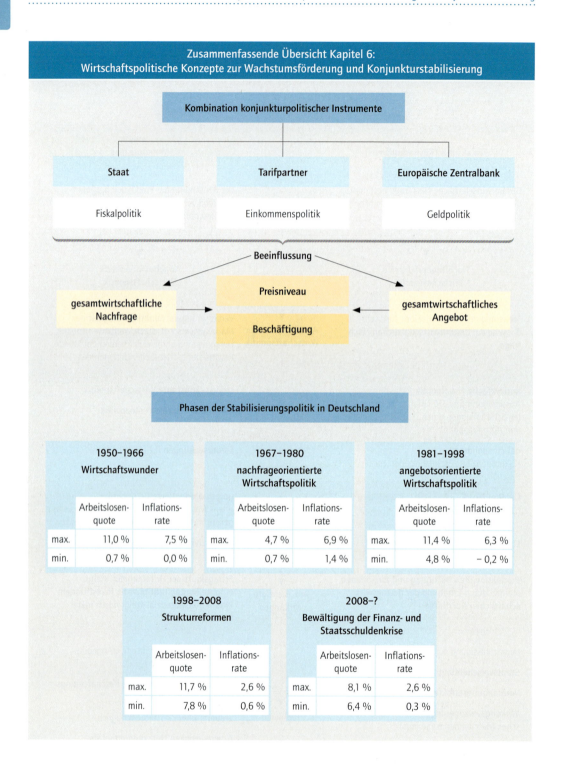

Fragen zur Wiederholung

Kapitel 6.1 Grundpositionen der Stabilisierungspolitik: Fiskalismus – Monetarismus

1. Was ist unter Stabilisierungspolitik zu verstehen?
2. Welches sind die Grundaussagen von J. M. KEYNES?
3. Welche Auffassungen vertreten die Monetaristen?
4. Vergleichen Sie nachfrage- und angebotsorientierte Wirtschaftspolitik anhand folgender Kriterien: Rolle des Staates, vorrangige Zielsetzung, Ansatzpunkte der Stabilitätspolitik, Aufgaben der Finanz-, Geld- und Einkommenspolitik.

Kapitel 6.2 Grundzüge angebotsorientierter Wirtschaftspolitik (Wachstumspolitik)

1. Was ist unter Wirtschaftswachstum zu verstehen und wie wird dieses Wachstum gemessen?
2. Mit welchen Maßnahmen kann der Staat das Wirtschaftswachstum fördern?
3. Welches sind die Grundannahmen der angebotsorientierten Wirtschaftspolitik?
4. Was besagt das SAYsche Theorem?
5. Erläutern Sie das LAFFER-Theorem.
6. Nennen Sie Ansatzpunkte der angebotsorientierten Wirtschaftspolitik.
7. Welche Kritik wird gegenüber der angebotsorientierten Wirtschaftspolitik vorgebracht?

Kapitel 6.3 Grundzüge nachfrageorientierter Wirtschaftspolitik (Konjunkturpolitik)

1. Was ist unter Fiskalpolitik zu verstehen?
2. Erläutern Sie das Konzept der antizyklischen Fiskalpolitik.
3. Nennen Sie konjunkturfördernde und konjunkturdämpfende Maßnahmen der antizyklischen Fiskalpolitik.
4. Was ist eine Konjunkturausgleichsrücklage?
5. Was ist unter Deficitspending zu verstehen?
6. Welche Kritik wird an der antizyklischen Fiskalpolitik geübt?

Kapitel 6.4 Kombinierter Einsatz wirtschaftspolitischer Instrumente

1. Was ist unter Konjunkturpolitik zu verstehen und welche Bereiche der Wirtschaftspolitik umfasst sie?
2. Nennen Sie Maßnahmen verschiedener Träger der Wirtschaftspolitik zur Rezessionsbekämpfung.
3. Erläutern Sie die geplante Wirkungsweise verschiedener konjunkturpolitischer Maßnahmen in der Rezession.

Kapitel 6.5 Ergebnisse der Wachstums- und Konjunkturpolitik in Deutschland

1. Schildern Sie Besonderheiten, Probleme und Maßnahmen der Stabilisierungspolitik in den Phasen 1950–1966, 1967–1980, 1981–1998 und nach 1998. Nehmen Sie dabei die Abbildungen auf S. 258 und 259 sowie die Daten der Tabelle auf S. 257 zu Hilfe.
2. Stellen Sie anhand der Abb. auf S. 260 fest, welche Bereiche den größten Anteil an den Ausgaben des Bundes haben.
3. Nennen Sie Ursachen der hohen Staatsverschuldung in Deutschland.
4. Erläutern Sie die im Stabilitäts- und Wachstumspakt festgelegten Obergrenzen für die Staatsverschuldung der EWU-Mitgliedsstaaten.
5. Nennen Sie mögliche Folgen der Staatsverschuldung.
6. Unterscheiden Sie zwischen Staatsquote, Abgabenquote und Sozialleistungsquote.

Aufgaben und Probleme zur Erarbeitung und Anwendung von Wissen

6.1 Angebots- und nachfrageorientierte Wirtschaftspolitik

1. Erstellen Sie je eine Mindmap zum Thema „Angebotsorientierte Wirtschaftspolitik" und „Nachfrageorientierte Wirtschaftspolitik".

   Bearbeiten Sie dazu anhand der Fragen auf S. 271 die Kapitel 6.1 bis 6.3 in diesem Buch.

   Unterscheiden Sie die beiden Konzeptionen u.a. anhand folgender Kriterien: vorrangige Ziele, Grundannahmen, Ansatzpunkte wirtschaftspolitischer Maßnahmen, Rolle des Staates, Rolle der Zentralbank, Umsetzungsprobleme und Kritik, ...

2. Ergänzen Sie die Mindmaps, indem Sie die wesentlichen Unterschiede zwischen angebots- und nachfrageorientierter Wirtschaftspolitik anhand des Streitgesprächs zwischen Prof. Sinn (Ifo-Institut München) und Prof. Bofinger (Mitglied des Sachverständigenrates) herausarbeiten.

   Das Streitgespräch befindet sich als PDF-Datei auf der Begleit-CD (Best.-Nr. 6082).

   Quelle im Internet: Suchbegriff „Es ist genau andersherum"
   http://www.spiegel.de/spiegel/print/d-38201312.html

6.2 Aussagen von Vertretern nachfrage- und angebotsorientierter Wirtschaftspolitik

1. Welche der folgenden Aussagen können von Vertretern einer nachfrageorientierten, welche von Vertretern einer angebotsorientierten Wirtschaftspolitik stammen?

   Begründen Sie Ihre Meinung.
   a) Trotz eines Gleichgewichts auf den Gütermärkten kann es zu Unterbeschäftigung kommen.
   b) Löhne und Preise sind nach unten nicht sehr flexibel.
   c) Ökonomen machen es sich zu leicht, wenn sie uns in stürmischen Zeiten nicht mehr zu erzählen haben, als dass der Ozean wieder ruhig ist, wenn sich der Sturm gelegt hat. Langfristig sind wir alle tot.
   d) Nicht die privaten Marktteilnehmer, sondern die Politiker sorgen für Instabilität des Marktsystems.
   e) Die beste Sozialpolitik ist eine freie Marktwirtschaft.
   f) Jedes Angebot schafft sich seine Nachfrage selbst.
   g) Löhne sind Kosten.
   h) Die Lohnpolitik trägt die Hauptverantwortung für die Beschäftigung.
   i) Lohnerhöhungen stärken die Massenkaufkraft.
   j) Eine Senkung des Steuersatzes kann das Steueraufkommen erhöhen.
   k) Das Problem einer Nachfragesättigung besteht wegen der unerschöpflichen menschlichen Bedürfnisse nicht.
   l) Die Selbstheilungskräfte der Märkte müssen gestärkt und die staatlichen Eingriffe in den Wirtschaftsprozess vermindert werden.
   m) Konjunkturpolitik ist überflüssig und schädlich.
   n) Die notwendigen wirtschaftspolitischen Maßnahmen sind politisch nicht oder nur schwer durchsetzbar.

2. Es wird behauptet, eine antizyklische Fiskalpolitik führe zu einer Verstärkung konjunktureller Schwankungen.
   Wie wird diese Aussage begründet?

6.3 Ansatzpunkte der Wachstumspolitik – Wachstum und Konjunktur

> „An dieser Stelle ist insbesondere anzumerken, dass eine Förderung des Spar- und Investitionsanreizes einen Weg für den Staat darstellt, das Wachstum zu fördern und, auf lange Sicht, den Lebensstandard der Bevölkerung zu erhöhen."
>
> *Mankiw, N. G., Grundzüge der Volkswirtschaftslehre, Stuttgart 1998, S. 567*

Wirtschaftspolitische Konzepte zur Wachstumsförderung und Konjunkturstabilisierung

> „Zögerliche Verbesserung der Konsumentenstimmung. Die gegenwärtige Konsumschwäche in Deutschland, die sich in einer stagnierenden Binnennachfrage ausdrückt, ist einer der Hauptgründe für die derzeitige schlechte konjunkturelle Situation. Dämpfend auf die Konsumgüternachfrage wirkte u. a. die Sparquote, die um 0,4 Prozentpunkte zunahm. Sie betrug in diesem Jahr 11 %."
>
> Auszug aus dem Gutachten eines Wirtschaftsforschungsinstituts, 2003

1. Erläutern Sie die Bedeutung des Sparens für Wirtschaftswachstum und Konjunktur.
2. Klären Sie den scheinbaren Widerspruch, der sich aus den beiden Aussagen hinsichtlich der Bedeutung des Sparens ergibt.

6.4 Ideologischer Hintergrund einer angebotsorientierten Wirtschaftspolitik

> „*Supply-side Economics* (deutsch: angebotsorientierte Wirtschaftspolitik) war in Wirklichkeit nur ein intellektuelles Tarnmanöver, um den Reichen das Leben noch bequemer zu machen und ihnen das Gewissen zu erleichtern. Das ist keine Übertreibung. Die ganze *Supply-side*-Theorie stützte sich auf die absurde Behauptung, dass die Reichen in den USA nur deshalb nicht arbeiten, weil sie angeblich zu wenig Geld verdienten, und die Armen angeblich nicht arbeiten, weil sie zu viel Sozialhilfe bekamen."
>
> J. K. Galbraith (bedeutender amerikanischer Wirtschaftswissenschaftler, 1908–2006) in einem Interview mit dem Wirtschaftsmagazin „Wirtschaftswoche" vom 8. April 1988, S. 64

1. Welche Produktionsanreize sollen nach dem Konzept angebotsorientierter Wirtschaftspolitik den Reichen geboten werden?
2. Welche Rolle soll der Staat nach dem Konzept angebotsorientierter Wirtschaftspolitik gegenüber den Armen spielen?
3. Wie wirkt sich angebotsorientierte Wirtschaftspolitik auf die Einkommensverteilung aus?
4. Wie wird der Unterschied zwischen Arm und Reich von Vertretern angebotsorientierter Wirtschaftspolitik gerechtfertigt?

6.5 Expansive und restriktive Geldpolitik[1]

> MÜNCHEN. Bei einer Tagung in München regte der amerikanische Wirtschaftsnobelpreisträger ROBERT SOLOW zur Bekämpfung der Arbeitslosigkeit in Europa eine expansivere Geldpolitik der Zentralbank an. Hätten die deutschen bzw. europäischen Währungshüter in den USA das Sagen, wäre auch dort die Arbeitslosenquote höher, behauptete SOLOW. Speziell in Deutschland sei der Irrglaube verbreitet, die Kontrolle der Inflationsrate sei das allein selig machende Instrument der Wirtschaftspolitik. Wer sich aber nur auf eine Zielgröße versteife, ernte die Arbeitslosenquote, die er damit verdiene.
>
> BZ v. 25. Juni 1999, S. 9

1. Prüfen Sie den Vorschlag von R. SOLOW, indem Sie die möglichen Auswirkungen einer **restriktiven** Geldpolitik (Politik des knappen Geldes) auf folgende Größen ermitteln:

    a) Zinsen   b) Investitionen   c) Außenwert der Währung
    d) Inflation   e) Exporte   f) Importe
    g) BIP   h) Beschäftigung   i) Nominal- und Reallöhne

    Erstellen Sie dazu ein Vernetzungsdiagramm.

2. Beurteilen Sie die Wirkungen einer restriktiven Geldpolitik und stellen Sie fest, in welchem Fall eine solche Geldpolitik sinnvoll ist.

---

[1] expansive Geldpolitik: Ausweitung der Geldmenge; restriktive Geldpolitik: Einschränkung der Geldmenge

6.6 Vernetzungsdiagramm: Gesamtwirtschaftliches Gleichgewicht

Stellen Sie anhand des Vernetzungsdiagramms auf dem Arbeitsblatt fest, welche Einflüsse, Zusammenhänge und Abhängigkeiten zwischen den einzelnen gesamtwirtschaftlichen Größen bestehen, die auf das gesamtwirtschaftliche Gleichgewicht (Preisniveaustabilität, hoher Beschäftigungsstand, angemessenes Wirtschaftswachstum, außenwirtschaftliches Gleichgewicht) einwirken. Bearbeiten Sie dazu folgende Aufgaben:

1. Erläutern Sie für mindestens zehn Elemente Ihrer Wahl den durch Pfeile dargestellten Einfluss, den diese Elemente auf andere Elemente ausüben. Überprüfen Sie dabei auch die durch ein Plus- oder Minuszeichen angegebene Wirkungsrichtung (Pluszeichen bedeutet gleichgerichtete Wirkung: je mehr desto mehr bzw. je weniger desto weniger; Minuszeichen bedeutet entgegengesetzte Wirkungsrichtung: je mehr desto weniger bzw. je weniger desto mehr)

2. Bestimmen Sie die wirtschaftlichen Größen im Vernetzungsdiagramm, die von den Trägern der Wirtschaftspolitik (Staat, Zentralbank, Tarifparteien) jeweils unmittelbar beeinflusst werden können.

3. Die Regierung erwägt zur Konjunkturförderung eine Steuersenkung im Umfang von 5 Mrd. Euro. Innerhalb der Regierungskoalition ist es strittig, ob dieser Betrag für eine Senkung der
   a) Gewinnsteuern (Körperschaftsteuer, Gewerbesteuer, Einkommensteuer für Einzelunternehmer und Personengesellschaften)
   b) Umsatzsteuer (Verbrauchssteuer)
   eingesetzt werden soll.

   Untersuchen Sie anhand des Vernetzungsdiagramms mögliche Auswirkungen jeder dieser beiden Maßnahmen auf Wirtschaftswachstum, Beschäftigung und Preisniveau.

4. In der Regierungskoalition wird von den Befürwortern der Gewinnsteuersenkung behauptet: „Die Steuersenkung finanziert sich selbst, da die Folgewirkungen der Steuersenkung wiederum zu höheren Steuereinnahmen führen."

   Überprüfen Sie diese Behauptung und deren Voraussetzungen anhand des Vernetzungsdiagramms. Berücksichtigen Sie dabei als weiteres Element die „Steuereinnahmen des Staates".

6.7 Fallstudie 1 zur Konjunkturpolitik[1]

Für eine Volkswirtschaft liegen die in der folgenden Tabelle dargestellten Zahlen vor.

Indikatoren		Vorjahr	laufendes Jahr	zum Vergleich: Deutschland 2015
Veränderung	des realen BIP	+ 2,5 %	+ 1,0 % (≙ + 6 Mrd. GE)	+ 1,7 %
	des Preisniveaus	+ 2,5 %	+ 2,5 %	+ 0,3 %
	der Nominallöhne	+ 2,5 %	+ 2,0 %	+ 4,0 %
	der Gewinneinkommen (nominal)	+ 10,0 %	+ 8,0 %	+ 3,2 %
Zahl der Arbeitslosen		2,3 Mio.	2,5 Mio.	2,8 Mio.
Erwerbspersonen		30 Mio.	29 Mio.	44,9 Mio.
Kapitalmarkt-Zinssatz		6,5 %	6,0 %	0,5 %
Veränderung der Geldmenge M3		+ 6,0 %	+ 7,0 %	+ 4,1 %
Veränderung der Staatsausgaben			+ 2,0 %	+ 3,1 %
Veränderung der Staatseinnahmen			+ 5,0 %	+ 3,9 %
Leitzinsen der Zentralbank			3,5 %	0,05 %
Kapazitätsauslastung in der Industrie			Investitionsgüter schwach Konsumgüter sehr schwach	84,4 %, sich abschwächende Tendenz
private Investitionen (real)		+ 3,5 %	+ 3,0 %	3,6 %
Haushaltslage des Staates			zurückgehende Nettokreditaufnahme	keine Nettokreditaufnahme

[1] In Anlehnung an Möller, H. W., Angewandte Volkswirtschaftslehre, Wiesbaden 1997, S. 64 ff. u. 104 ff.

1. Analysieren Sie die Situation, schlagen Sie wirtschaftspolitische Maßnahmen vor und prüfen Sie die Erfolgschancen der vorgeschlagenen Maßnahmen im Hinblick auf die Ziele Preisniveaustabilität, hoher Beschäftigungsstand und angemessenes Wirtschaftswachstum.
(vgl. dazu die Lösungshinweise im Anhang auf S. 434)

2. Von verschiedenen Interessenverbänden liegen folgende stabilitätspolitische Vorschläge für das kommende Jahr vor:
   a) Senkung der Leitzinsen auf 2,5 % bei gleichzeitiger Verringerung der Mindestreservesätze
   b) Zusätzliche staatliche Investitionen im Infrastrukturbereich, die durch Kreditaufnahme im Inland finanziert werden sollen
   c) Expansive Lohnpolitik (Erhöhung der Nominallöhne um 4,5 %)
   d) Lohnzurückhaltung (reale Nullrunden für zwei Jahre).

   Beurteilen Sie die Erfolgschancen der Vorschläge mit Blick auf die derzeitige Konjunkturlage.

6.8 Fallstudie 2 zur Konjunkturpolitik[1]

Für eine Volkswirtschaft liegen die in der folgenden Tabelle dargestellten Zahlen vor.

Indikatoren		Vorjahr	laufendes Jahr	zum Vergleich: Deutschland 2015
Veränderung	des realen BIP	+ 4,5 %	+ 6,0 %	+ 1,7 %
	des Preisniveaus	+ 5,5 %	+ 6,5 %	+ 0,3 %
	der Nominallöhne	+ 8,0 %	+ 12,0 %	+ 4,0 %
	der Gewinneinkommen (nominal)	+ 10,0 %	+ 14,0 %	+ 3,2 %
Zahl der Arbeitslosen		210 000	150 000	2,8 Mio.
Zahl der offenen Stellen		550 000	650 000	569 000
Arbeitslosenquote		0,7 %	0,5 %	6,4 %
Veränderung der Geldmenge M3		+ 10,0 %	+ 7,0 %	+ 4,1 %
Veränderung der Staatsausgaben			+ 13,0 %	+ 3,1 %
Veränderung der Staatseinnahmen			+ 14,0 %	+ 3,9 %
Kapitalmarktzinsen			+ 15,0 %	0,5 %
Leitzinsen der Zentralbank			6,0 %	0,05 %
Kapazitätsauslastung (Industrie)			97,0	84,4 %
private Investitionen			steigend	+ 3,6 %
Haushaltslage des Staates			keine Nettoneuverschuldung	keine Nettoneuverschuldung

1. Analysieren Sie die Situation, schlagen Sie wirtschaftspolitische Maßnahmen vor und prüfen Sie die Erfolgschancen der vorgeschlagenen Maßnahmen im Hinblick auf die Ziele Preisniveaustabilität, hoher Beschäftigungsstand und angemessenes Wirtschaftswachstum.
(vgl. dazu die Lösungshinweise im Anhang auf S. 434)

2. Von verschiedenen Interessenverbänden liegen folgende stabilitätspolitische Vorschläge für das kommende Jahr vor:
   a) Erhöhung der Leitzinsen auf 5 % bei gleichzeitiger Erhöhung der Mindestreservesätze
   b) Verringerung der Staatsausgaben bzw. Steuererhöhungen
   c) Expansive Lohnpolitik (Erhöhung der Nominallöhne um 15 %)
   d) Lohnzurückhaltung (nur Inflationsausgleich, reale Nullrunde).

   Beurteilen Sie die Erfolgschancen der Vorschläge mit Blick auf die derzeitige Konjunkturlage.

---

1 In Anlehnung an Möller, H. W., Angewandte Volkswirtschaftslehre, Wiesbaden 1997, S. 64 ff. u. 104 ff.

6.9 Entwicklungsphasen der sozialen Marktwirtschaft

Die Entwicklung der sozialen Marktwirtschaft in der Bundesrepublik Deutschland von 1950 bis 2012 lässt sich in sechs Phasen einteilen. Die nachfolgenden Fragen beziehen sich auf die statistischen Daten der Tabelle auf S. 257 und die Abbildungen auf S. 258 und 259.

1. Stellen Sie anhand der statistischen Daten fest, wodurch sich die als „Wirtschaftswunder" bezeichnete Phase von 1950 bis 1966 auszeichnet.

2. 1966/67 begann in der Bundesrepublik Deutschland die erste starke Rezession der Nachkriegszeit. Stellen Sie anhand der statistischen Daten fest, an welchen wirtschaftlichen Größen sich dies bemerkbar machte.

3. Prüfen Sie, ob sich anhand der statistischen Daten für spätere Jahre ähnliche Rezessionsphasen feststellen lassen.

4. Seit 1967 kam es zu einer Abkehr von ordoliberalen Vorstellungen durch verstärkte konjunkturpolitische Aktivitäten des Staates zur Beschäftigungssicherung (Globalsteuerung). Stellen Sie anhand der statistischen Daten fest, wodurch sich die Phase von 1967 bis 1980 besonders auszeichnet.

5. Stellen Sie anhand der statistischen Daten fest, wodurch sich die Phase von 1980 bis 1998 besonders auszeichnet.

6. In den Jahren 1973/74 und 1979 kam es aufgrund der Preis- und Mengenpolitik des Kartells der Erdöl exportierenden Länder OPEC jeweils zu einer Verdoppelung der Rohölpreise auf dem Weltmarkt. Stellen Sie fest, wie sich diese „Ölschocks" auf die wirtschaftliche Entwicklung in der Bundesrepublik Deutschland ausgewirkt haben.

7. Ab 1974 hat die Bundesbank eine grundlegende Änderung ihrer Geldpolitik vorgenommen (Inflationsbekämpfung durch Ausrichtung der Geldpolitik an einem im Voraus festgelegten Geldmengenziel). Prüfen Sie, ob dieses Vorgehen erfolgreich war. Beachten Sie auch mögliche Nebeneffekte.

8. Die Wiedervereinigung Deutschlands hat sich wirtschaftlich kurzfristig in dem sogenannten „Wiedervereinigungsboom" niedergeschlagen. Stellen Sie fest, anhand welcher statistischen Daten dies nachweisbar ist.

9. Anhand welcher statistischen Daten der Tabelle lassen sich Aussagen über die wirtschaftliche und soziale Lage der Arbeitnehmer machen? Vergleichen Sie die Entwicklungsphasen der sozialen Marktwirtschaft anhand dieser Daten.

10. Welche Entwicklungen deuten auf den von neoliberalen Kritikern behaupteten Übergang vom Sozialstaat zum Wohlfahrtsstaat hin?

11. Prüfen Sie anhand der statistischen Daten, ob sich Zusammenhänge zwischen der Entwicklung der Größen
    a) Wirtschaftswachstum und Arbeitslosenquote,
    b) Reallohnanstieg und Arbeitslosenquote,
    c) Arbeitslosenquote, Sozialleistungsquote und Staatsverschuldung
    im Zeitablauf herleiten lassen. Versuchen Sie, die festgestellten Zusammenhänge zu erklären.

12. Welche Probleme der sozialen Marktwirtschaft lassen sich anhand der statistischen Daten für den Zeitraum ab 1990 erkennen?

13. Welche Indikatoren spiegeln die 2008 beginnende weltweite Wirtschaftskrise (Finanzkrise) und die 2010 beginnende Staatsschuldenkrise im Euro-Raum wider?

6.10 Nachfrage- und angebotsorientierte Wirtschaftspolitik in der Praxis

In der praktischen Wirtschaftspolitik wurde angebots- bzw. nachfrageorientierte Wirtschaftspolitik bisher immer nur so betrieben, dass eine der beiden Strategien als Leitbild vorherrschte und einige Maßnahmen der jeweils anderen Konzeption entlehnt wurden. Mit einigen Vorbehalten lassen sich aber für die Bundesrepublik Deutschland die Periode von 1975 bis 1980 mit nachfrageorientierter und die Periode von 1982 bis 1987 mit angebotsorientierter Wirtschaftspolitik charakterisieren. In beiden Fällen handelt es sich um Aufschwungjahre, denen jeweils eine durch drastische Ölpreisverteuerungen ausgelöste Rezession (1974/75 bzw. 1980/81) vorausging. Da beide Perioden gleich lang sind und auf einer ähnlichen Ausgangslage beruhen, ist ein Vergleich der mit den unterschiedlichen Strategien erzielten Wirkungen aufschlussreich.[1]

	Nachfrageorientierte Phase SPD/FDP-Koalition						Angebotsorientierte Phase CDU/FDP-Koalition					
Jahr	1975	1976	1977	1978	1979	1980	1982	1983	1984	1985	1986	1987
BIP_{real} in Mrd. DM[2]	1.721	1.816	1.862	1.926	2.006	2.025	2.004	2.045	2.108	2.149	2.198	2.232
Arbeitslose in Mio.	1,074	1,060	1,030	0,993	0,876	0,889	1,833	2,258	2,266	2,304	2,228	2,229
Erwerbstätige in Mio.	26,1	25,9	26,0	26,2	26,6	27,0	26,7	26,3	26,3	26,5	26,9	27,1
Preisindex der Lebenshaltung 1991 = 100	57,8	61,2	63,8	66,2	68,0	70,8	83,5	86,3	88,3	90,2	90,0	90,3
Bereinigte Lohnquote[3] in %	66,5	64,9	65,2	64,3	64,2	66,2	67,1	65,1	64,0	63,6	62,7	63,0
Nettorealverdienst jährl. je Arbeitnehmer in DM[2]	26.335	26.393	26.917	27.863	28.429	28.397	27.357	27.091	26.985	26.869	27.994	28.493
Entnommene Nettogewinne u. Vermögenseink. aller priv. Haush. in Mrd. DM (real)[2]	2.704	2.802	2.821	2.876	3.040	3.108	3.087	3.183	3.554	3.681	3.717	3.888
Staatsschulden in % des BIP	24,9	–	–	–	–	31,2	40,5	–	–	–	–	43,0

Quelle: Bundesministerium für Arbeit und Sozialordnung, Statistisches Taschenbuch 98

1. Vergleichen Sie die Ergebnisse nachfrage- und angebotsorientierter Wirtschaftspolitik, indem Sie für die gesamte Zeitdauer der beiden Perioden folgende Größen in Ihrem Arbeitsheft ermitteln:

	Nachfrageorientierte Strategie 1975–1980	Angebotsorientierte Strategie 1982–1987
Veränderung des realen BIP (%)		
Veränderung der Zahl der Arbeitslosen		
Veränderung der Zahl der Beschäftigten		
Erhöhung der Verbraucherpreise (%)		
Veränderung der Lohnquote (%)		
Veränderung der Reallöhne (%)		
Veränderung der entn. Gewinne und Vermögenseinkommen (real in %)		

2. Erläutern Sie, inwieweit die Ergebnisse für die jeweilige wirtschaftspolitische Strategie typisch sind.

---

1 Vergleiche H. Adam, Wirtschaftspolitik und Regierungssystem der Bundesrepublik Deutschland, Bonn 1995, S. 149 ff.
2 In Preisen von 1991
3 Bereinigte Lohnquote: Berechnung der Lohnquote bei konstant gehaltenem Anteil der Arbeitnehmer an den Erwerbstätigen

6.11 Textanalyse: Nachfrage- und angebotsorientierte Wirtschaftspolitik im Widerstreit der Meinungen

Hinweis: Die Texte befinden sich als PDF-Dateien auf der Begleit-CD (Best.-Nr. 6082).

1. Beantworten Sie anhand von Text 1: *Prof. H. Siebert, In der Falle der Nachfragepolitik*, folgende Fragen:
   a) Welche Argumente werden gegen eine nachfrageorientierte Wirtschaftspolitik vorgebracht?
   b) Worin besteht der Unterschied hinsichtlich der Beschäftigungswirkungen, wenn die Lohnerhöhungen
      ba) über den Produktivitätszuwachs hinausgehen,
      bb) dem Produktivitätszuwachs entsprechen?
   c) Welche Ansatzpunkte für eine angebotsorientierte Wirtschaftspolitik werden genannt?

2. Beantworten Sie anhand von Text 2: *Prof. F. Modigliani, Angebots- und Nachfragepolitik müssen zusammenwirken*, folgende Fragen:
   a) Welche Ursachen werden für die überdurchschnittlich hohe Arbeitslosigkeit in den EU-Mitgliedstaaten genannt?
   b) Welche nachfrageorientierten Maßnahmen werden vorgeschlagen und wie sollen sie finanziert werden?
   c) Welche Rolle soll die Geldpolitik der EZB übernehmen?
   d) Welche ergänzenden angebotsorientierten Maßnahmen werden vorgeschlagen?

3. Welche Unterschiede und Gemeinsamkeiten lassen sich zwischen den Texten 1 und 2 feststellen?

4. Bilden Sie sich anhand der Texte ein eigenes Urteil, welche Politik zur Behebung der Arbeitslosigkeit in Deutschland
   a) den größten Erfolg verspricht,
   b) am ehesten politisch durchsetzbar ist.
   Begründen Sie Ihre Meinung.

5. Fertigen Sie ein Referat zum Thema „Angebots- und nachfrageorientierte Wirtschaftspolitik im Widerstreit der Meinungen" an. Analysieren Sie dazu auch Text 3: *Streitgespräch zwischen Prof. Sinn, Direktor des Ifo-Instituts München, und Prof. Bofinger, Mitglied des Sachverständigenrats*.

6.12 Konjunkturpolitik – Gute Zeiten, schlechte Zeiten

Bearbeiten Sie das Arbeitsblatt zum Thema „Konjunkturpolitik – Gute Zeiten, schlechte Zeiten".

Das Arbeitsblatt befindet sich als PDF-Datei auf der Begleit-CD (Best.-Nr. 6082).

Quelle: Bundeszentrale für politische Bildung, Themenblätter im Unterricht Nr. 86, Best.-Nr. 5979
http://www.bpb.de/publikationen

6.13 Erreichung wirtschaftspolitischer Ziele – Zielkonflikte – Zielharmonie – Staatsverschuldung – OKUNsches Gesetz

1. Prüfen Sie anhand der in den Abb. auf S. 161, 258 und 259 und der Tabelle auf S. 257 dargestellten Daten für die Bundesrepublik Deutschland, ob zwischen den wirtschaftspolitischen Zielen
   ▎ hoher Beschäftigungsstand und Wirtschaftswachstum,
   ▎ hoher Beschäftigungsstand und Preisniveaustabilität
   im Zeitablauf Zusammenhänge in Form von Zielkonflikten oder Zielharmonien feststellbar sind.

2. Der US-amerikanische Volkswirt ARTUR M. OKUN hat empirisch den Zusammenhang zwischen der Änderung der Arbeitslosenquote und dem Wachstum des realen BIP für den Zeitraum 1947 bis 1960 in den USA untersucht und folgende Formel aufgestellt (OKUNsches Gesetz):

$$\Delta ALQ = -\tfrac{1}{2}(\Delta BIP_r - 3)$$

ΔALQ: **Veränderung** der Arbeitslosenquote; ΔBIP_r: Wachstum des realen BIP
Nach dieser OKUNschen Formel liegt das beschäftigungswirksame Wirtschaftswachstum bei 3 %.
Für $0 = -\tfrac{1}{2}(\Delta BIP_r - 3)$ ergibt sich: $\Delta BIP = 3$

Wirtschaftspolitische Konzepte zur Wachstumsförderung und Konjunkturstabilisierung

Überprüfen Sie anhand der Tabelle auf S. 257, ob diese Formel für die Entwicklung in Deutschland ab 1998 zutrifft. Zeichnen Sie dazu für die einzelnen Jahre die festgestellten Kombinationen zwischen Veränderung der ALQ und dem Wirtschaftswachstum in ein Koordinatensystem ein. (y-Achse: BIP-Wachstumsraten in Prozent, Skala von − 2,0 bis + 3,5; x-Achse: **Änderung** der Arbeitslosenquote in Prozentpunkten, Skala von − 2,0 bis + 2,0).

3. Der sogenannte „Stabilitäts- und Wachstumspakt" der Mitglieder der Europäischen Wirtschafts- und Währungsunion sieht vor, dass das Defizit der öffentlichen Haushalte der Mitgliedsstaaten jeweils auf maximal 3 % des BIP begrenzt sein soll.
   a) Stellen Sie anhand der Tabelle auf S. 152 fest, in welchen Jahren Deutschland gegen diese Auflage verstoßen hat.
   b) Aus welchen Gründen haben die EWS-Mitgliedsstaaten diese Höchstgrenze der öffentlichen Verschuldung vereinbart?

6.14 Staatsverschuldung – unvermeidbar und gefährlich?

Bearbeiten Sie das Arbeitsblatt zum Thema „Staatsverschuldung – unvermeidbar und gefährlich?".

Das Arbeitsblatt befindet sich als PDF-Datei auf der Begleit-CD (Best.-Nr. 6082).

Quelle: Bundeszentrale für politische Bildung, Themenblätter im Unterricht Nr. 82, Best.-Nr. 5975
http://www.bpb.de/publikationen

7 Spannungsverhältnis zwischen Ökonomie und Ökologie – Umweltpolitik

Warum ist dieses Kapitel wichtig?

Problem

Die Erhaltung der natürlichen Lebensgrundlagen stellt weltweit die größte Herausforderung des 21. Jahrhunderts dar. Das vorrangigste Problem sind dabei die Klimaveränderungen. Schon immer haben Menschen die natürliche Umwelt als Produktionsfaktor benutzt. Die industrielle Produktion hat aber – neben einer erheblichen Wohlstandsteigerung in den Industriestaaten – dazu geführt, dass die weltweiten Umweltprobleme ständig zugenommen haben. Die beschränkte Wiederherstellungskraft der Ökosysteme und die begrenzte Aufnahmefähigkeit der Umwelt für Schadstoffe wurde zunehmend in zu großem Maß beansprucht und belastet. Nach wie vor steigt insbesondere in wirtschaftlich schwierigen Zeiten der Widerstand der Industrie gegen umweltpolitische Maßnahmen, die mit einer Erhöhung der Produktionskosten verbunden sind. Ziel dieser Maßnahmen ist es, die Umwelt nicht mehr als kostenlosen Produktionsfaktor anzusehen, sondern als knappes Gut, dessen Nutzung Kosten verursacht. Eine positive Wirtschaftsentwicklung und eine erfolgreiche Umweltpolitik schließen sich aber nicht aus. Durch Neuentwicklungen im Bereich der Umwelttechnologie können neue Märkte erschlossen und Arbeitsplätze geschaffen werden. Eine nachhaltige Umweltpolitik, wie sie in dem Leitbild der nachhaltigen Entwicklung zum Ausdruck kommt, kann aber nur gelingen, wenn alle Bevölkerungskreise davon überzeugt sind und sich beteiligen. Die Fragestellungen dieses Kapitels lauten daher:

Welcher Zusammenhang besteht zwischen wirtschaftlicher Entwicklung und Umweltbelastung?

Welches sind die Ziele der Umweltpolitik und mit welchen Maßnahmen lassen sie sich erreichen?

Welche aktuellen Entwicklungen und Probleme im Bereich der Klimapolitik gibt es?

Überblick und Zusammenhänge

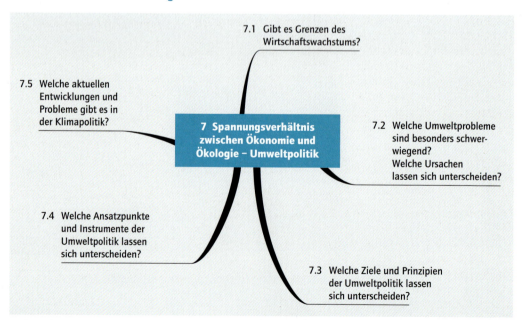

7.1 Grenzen des Wirtschaftswachstums

Begriff und Begründung des Wirtschaftswachstums

> Unter Wirtschaftswachstum ist die Zunahme des gesamtwirtschaftlichen Produktionsergebnisses zu verstehen. Als Messgröße dient die Veränderung des Bruttoinlandsprodukts.

Wirtschaftswachstum ist kein Selbstzweck. Es dient vielmehr der Erreichung anderer (übergeordneter) Ziele. Wirtschaftswachstum bewirkt, dass

- sich die Güterversorgung verbessert und der Wohlstand der Bevölkerung steigt,
- bestehende Arbeitsplätze gesichert und neue Beschäftigungsmöglichkeiten geschaffen werden,
- Einkommens**zuwächse** entstehen, sodass ohne Eingriff in die bestehenden Einkommens- und Vermögensverhältnisse eine Begünstigung niedriger Einkommensbezieher durch eine Umverteilung der Einkommens**zuwächse** erleichtert und Verteilungskonflikte gemildert werden,
- aufgrund höherer Einkommen die Steuereinnahmen des Staates steigen. Dadurch kann die Versorgung mit öffentlichen Gütern verbessert, die Finanzierung staatlicher Sozialpolitik erleichtert und insgesamt der Wohlstand der Bevölkerung erhöht werden.

Grenzen des Wachstums

Mit einer zunehmenden mengenmäßigen Güterproduktion **(= quantitatives Wachstum)** gehen in vielen Fällen auch ein zusätzlicher Rohstoffverbrauch, vermehrte Emissionen und ein steigendes Verkehrsaufkommen einher. Dies führt zu einer erhöhten **Umweltbelastung**. Die Beseitigung dieser wachstumsbedingten **Umweltschäden** erfordert und bewirkt ihrerseits wiederum Wirtschaftswachstum. Wie in einem „Teufelskreis" ist somit Wachstum nötig, um die Probleme zu beheben, die durch eben dieses Wachstum entstanden sind und weiterhin entstehen.

Die Aufwendungen zur Umweltsanierung gehen wachstumssteigernd in das Bruttoinlandsprodukt ein, obwohl sie eigentlich nur Reparaturen am Produktionspotenzial (Behebung der am Produktionsfaktor Natur eingetretenen Schäden) darstellen. Daran wird die Unzulänglichkeit des Inlandsprodukts als Messgröße für Wirtschaftswachstum deutlich.

Nicht nur vor dem Hintergrund der wachstumsbedingten Umweltzerstörung wird von Kritikern auf die Begrenzung weiteren Wirtschaftswachstums hingewiesen. Auch in anderen Bereichen zeichnet sich ab, dass wirtschaftliches Wachstum an natürliche und soziale Grenzen stößt: Ressourcen- und Flächenverbrauch, industrielle Massenproduktion mit der Suche nach immer neuen Konsumentenbedürfnissen und Absatzmärkten, Energieverschwendung, Verstädterung, Massenverkehr, Abfall, Sondermüll usw. lassen erahnen, dass die Belastbarkeit des Erdplaneten nicht unendlich ist.

> Die alte Frau geht allen in der Warteschlange auf die Nerven: Der Elektro-Kundenservice ist brechend voll […] Was um Himmels willen will die Alte eigentlich? „Nein, nein", sagt jetzt die Frau. Sie will keinen neuen Kassettenrekorder, sie will den da repariert haben. Der sei schließlich noch ziemlich neu. Zum dritten Mal erklärt der weiß bekittelte Fachmann mit überlegener Miene, dass das teurer würde als ein Neugerät.
>
> Angesichts wachsender Elektroschrott-Berge und dahinschwindender Ressourcen ist das eine perverse Situation – an der die umweltblinde Wachstumswirtschaft allerdings gut verdient: Wenn ich einen Kühlschrank so produziere, dass er fünfzig Jahre hält, werde ich in ein paar Jahren Absatzschwierigkeiten haben. Also baue ich Sollbruchstellen ein: Eine Türdichtung, die verschleißt, oder ein Flaschenregal, das aus der Tür bricht, bevor fünfzig Jahre um sind. Und weil es billiger ist, einen neuen Kühlschrank zu bezahlen als eine Reparatur […]
>
> M. Mutz, Das Pfauenauge und die Volkswirtschaft, in: Greenpeace Magazin, 1/92, S. 14

Unter dem Titel „Grenzen des Wachstums" hat der Club of Rome 1972 einen Bericht über die Umweltsituation veröffentlicht.[1] Damit wurden der Weltöffentlichkeit erstmals die Folgen eines weiteren ungezügelten wirtschaftlichen Wachstums vor Augen geführt. Unter der Annahme, dass sich Umweltbewusstsein und Verhalten der Menschen nicht ändern und der weltweite Industrialisierungsprozess in der bisherigen Art weiter fortschreitet, prophezeiten die Wissenschaftler aufgrund von Computersimulationen einerseits die Erschöpfung der wichtigsten Rohstoffe und Energiequellen innerhalb einer Generation und andererseits die Zerstörung der Umwelt mit großen Hungerkatastrophen in einer übervölkerten Welt. Zwanzig Jahre später legten die Autoren neue Hochrechnungen auf der Basis aktueller Daten unter dem Titel „Die neuen Grenzen des Wachstums" vor.

Wachstumsbefürworter bestreiten dagegen solche Wachstumsgrenzen. Sie verweisen auf immer neuere Entwicklungen, Technologien und Erfindungen zur Eindämmung der negativen Folgeerscheinungen des Wirtschaftswachstums. Dass sich die auf der Basis von Computersimulationen entstandenen pessimistischen Vorhersagen über den Zusammenbruch der ökonomischen und ökologischen Systeme bisher tatsächlich nicht erfüllt haben, liegt ausschließlich an der nicht vorhersehbaren und daher in den Berechnungen nicht berücksichtigungsfähigen Entwicklung von Wissen und technischem Fortschritt.

> 1870 hat man vorausgesagt, New York werde bis zum Jahr 1900 im Pferdedung ersticken, und vor siebzig Jahren hat noch niemand vom Computer oder von Antibiotika gewusst. Wachstum ist notwendig und ein moralisches Gebot, um den Menschen in den Entwicklungsländern endlich zu einem besseren Lebensstandard zu verhelfen.
>
> *L. Summer, ehemals Chefökonom der Weltbank (1992)*

MALTHUSsches Bevölkerungsgesetz

Einer der ersten Wissenschaftler, der auf die Grenzen des Wachstums hingewiesen hat, war der englische Pfarrer und Volkswirt ROBERT MALTHUS (1766–1834). MALTHUS vertrat die Auffassung, dass das Bevölkerungswachstum geometrisch (exponentiell, etwa wie die Zahlenreihe 1, 2, 4, 8, 16, ...) verläuft, während die Nahrungsmittelproduktion nur arithmetisch (z. B. wie die Zahlenreihe 1, 2, 3, 4, 5, ...) zunimmt (**MALTHUSsches Bevölkerungsgesetz**). Da er die technische Entwicklung und Produktivitätssteigerung in der Landwirtschaft nicht vorhersehen konnte, prognostizierte er als Folge des Bevölkerungswachstums Hungersnöte und Verteilungskämpfe (Kriege). Da die Armen ihre Situation nach seiner Auffassung durch ihre unkontrollierte Vermehrung selbst verschuldet hätten, schlug er für diese Bevölkerungsgruppe die Senkung der Geburtenrate durch sexuelle Enthaltsamkeit und späte Heirat vor. Nachfolger befürworteten sogar eine systematische Abtreibung.

Probleme des exponentiellen Wirtschaftswachstums[2]

Dass ein weiteres Wirtschaftswachstum in dem Umfang, wie es beispielsweise in Deutschland zur Lösung des Beschäftigungsproblems für nötig gehalten wird (mehr als 2 % jährlich), auf Dauer kaum vorstellbar ist, zeigen folgende Überlegungen: Da es sich beim Wirtschaftswachstum um ein exponentielles Wachstum (wie beim Zinseszinseffekt) handelt, würde sich bei einer jährlichen Wachstumsrate von 2 % die Güterproduktion innerhalb von **35 Jahren verdoppeln**. Bei einer Wachstumsrate von 4 % (wie sie in den 1970er-Jahren angestrebt wurde) würde die Verdoppelung bereits nach knapp 18 Jahren eintreten. Nach knapp **59 Jahren** wäre die Güterproduktion **zehnmal**

---

1 Der Club of Rome ist ein Zusammenschluss von Persönlichkeiten aus Wirtschaft, Wissenschaft und Kultur. Er veranstaltet Konferenzen und finanziert Berichte zu aktuellen Fragen von globaler Bedeutung. So z. B. Meadows, D., u. a., Die Grenzen des Wachstums, Reinbeck bei Hamburg (rororo) 1973 bzw. Meadows, D., u. a., Die neuen Grenzen des Wachstums, Stuttgart (DVA) 1992.

2 Beim exponentiellen Wirtschaftswachstum bleibt die jährliche Zunahme des realen Bruttoinlandsprodukts nicht gleich. Sie steigt vielmehr ständig.

Grenzen des Wirtschaftswachstums

so groß wie heute. Die von der Natur gesetzten Grenzen würden noch viel schneller erreicht, wenn sich in den Entwicklungsländern tatsächlich die noch wesentlich höheren Wachstumsraten einstellen würden, die langfristig nötig wären, um den Rückstand gegenüber den Industrieländern aufzuholen.

> „Jeder, der glaubt, dass exponentielles Wirtschaftswachstum für immer weitergehen kann in einer endlichen Welt, ist entweder ein Verrückter oder ein Ökonom."
>
> *Kenneth E. Boulding (1910–1993), US-amerikanischer Wirtschaftswissenschaftler*

„Hurra, wieder 2,5 % höher!"

Während im ersten Bericht des Club of Rome 1972 der entscheidende Begrenzungsfaktor des Wachstums noch in den **erschöpfbaren Rohstoffen** gesehen wurde, zeigt sich inzwischen, dass weltweit die Beeinträchtigung der Erdatmosphäre durch den **Ausstoß von Klimagasen** von wesentlich größerer Bedeutung ist.

7.2 Ursachen und Ausmaß der Umweltprobleme

Die wesentlichen Ursachen der Umweltbelastung lassen sich folgendermaßen einteilen:

Das vorrangigste Umweltproblem weltweit sind die **Klimaveränderungen** durch den **Treibhauseffekt**. Hauptursache ist dabei das Kohlendioxid (CO_2), das vor allem durch die Verbrennung fossiler[1] Brennstoffe (Erdöl, Kohle, Erdgas) in die Atmosphäre entweicht. Der weltweite CO_2-Ausstoß ist somit eng an den weltweiten Verbrauch nicht erneuerbarer Energieträger gekoppelt.

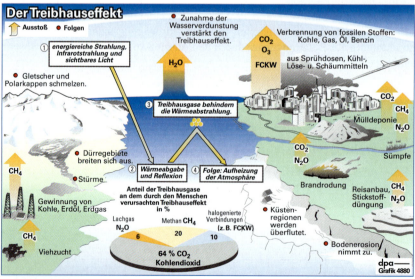

---

[1] fossil *(lat.)*: Fossilien sind Überreste und Abdrücke von Lebewesen, die in vorgeschichtlicher Zeit gelebt haben. Durch besondere Umstände sind diese Lebewesen nach ihrem Tod nicht verwest und zerfallen, sondern ihre Struktur blieb bis heute erhalten. Die fossilen Energieträger Erdöl, Erdgas und Kohle sind ebenfalls derartige Überreste.

Ziele und Prinzipien der Umweltpolitik

Die weltweite Klimaveränderung als Folge der Verbrennung von Erdöl, Ergas und Kohle ist derzeit das vorherrschende Umweltproblem.

Die durch den Treibhauseffekt bedingten Temperaturerhöhungen werden mit großer Wahrscheinlichkeit zu folgenden Veränderungen führen:

- Der Meeresspiegel steigt erheblich (durch die mit der höheren Temperatur einhergehende Ausdehnung der Wassermassen und das Abschmelzen der Polarkappen).
- Gletscher schmelzen ab.
- Die Extremtemperaturen erhöhen sich.
- Niederschläge werden heftiger.
- Trockenzeiten werden länger mit der Folge zunehmender Dürre.

Da es für die Nutzung von Umweltgütern – wie bei öffentlichen Gütern – keinen Marktpreis gibt, besteht für die Bevölkerung kein Anreiz, freiwillig sparsam mit diesen Gütern umzugehen. Daher sind staatliche Maßnahmen zum Schutz der Umwelt unerlässlich (Umweltpolitik).

7.3 Ziele und Prinzipien der Umweltpolitik

Umweltpolitik umfasst alle Maßnahmen, um die natürliche Umwelt als Lebensgrundlage des Menschen auch für die nachfolgenden Generationen zu sichern. Dazu sind Boden, Luft, Wasser, Pflanzen- und Tierwelt vor schädlichen Wirkungen menschlicher Eingriffe zu schützen sowie bereits eingetretene Umweltschäden zu beseitigen.

Aufgabe 7.2, S. 300

Nachhaltige Entwicklung als Leitbild

Die Leitvorstellung der nachhaltigen Entwicklung, wie sie auch 1994 als Staatsziel im Grundgesetz der Bundesrepublik Deutschland (Art. 20 a) verankert wurde, zielt auf die Bewahrung der Umwelt auch für künftige Generationen ab.

Grundgesetz Artikel 20 a [Umweltschutz]

Der Staat schützt auch in Verantwortung für die künftigen Generationen die natürlichen Lebensgrundlagen und die Tiere im Rahmen der verfassungsrechtlichen Ordnung durch Gesetzgebung und nach Maßgabe von Gesetz und Recht durch die vollziehende Gewalt und die Rechtsprechung.

Nachhaltige Entwicklung ist ein ethisches Leitbild, das auf eine umweltverträgliche Entwicklung abzielt. Dadurch sollen sowohl alle derzeit auf der Welt lebenden Menschen als auch die künftigen Generationen gleiche Lebenschancen erhalten.

Nachhaltige Entwicklung bedeutet u. a., dass die Weltbevölkerung nur nachwachsende und erneuerbare Ressourcen nutzen soll. Das gilt sowohl für Rohstoffe als auch für Energieträger. Nicht nachwachsende Ressourcen sind demnach höchstens so lange einzusetzen, bis Alternativen gefunden worden sind. Beispiele sind der Ersatz fossiler Energieträger wie Kohle und Erdöl durch Wasser-, Wind- und Sonnenenergie sowie Biomasse. Insgesamt sollen die Länder Innovationen im Umweltbereich fördern und ihre Energie-, Verkehrs-, Agrar- und Wirtschaftspolitik so gestalten, dass die natürlichen Lebensgrundlagen nicht zerstört werden.

Prinzipien der Umweltpolitik

Die Umweltpolitik in Deutschland beruht im Wesentlichen auf folgenden vier Prinzipien.

Vermeidung von Umweltbelastung

❶ Kooperationsprinzip

Der Umweltschutz ist eine gemeinsame Aufgabe von Bürgern und Staat. Die von umweltbeeinträchtigenden Vorgängen Betroffenen (z. B. Mitglieder von Umweltverbänden) sollen bei der Formulierung und Durchsetzung umweltpolitischer Ziele beteiligt werden und den Entscheidungsträgern in Politik und Verwaltung (z. B. Umweltbehörden) Informationen liefern.

❷ Vorsorgeprinzip

Die Bekämpfung akuter Umweltgefahren und die (nicht in jedem Fall mögliche) nachträgliche Beseitigung von Umweltschäden soll durch eine vorsorgende langfristige **Umweltplanung** und durch **integrierten Umweltschutz** vermieden werden. In diesem Prinzip kommt das Leitbild der nachhaltigen Entwicklung besonders zur Anwendung.

Aufteilung der Kosten zur Vermeidung oder Beseitigung von Umweltbelastung

❸ Verursacherprinzip als umweltpolitische Leitlinie

Die Kosten zur Vermeidung oder Beseitigung von Umweltschädigungen sollen von denjenigen getragen werden, die für ihre Entstehung verantwortlich sind. Es ist aber nicht immer feststellbar, wer in welchem Umfang zur Umweltbelastung beigetragen hat. Auch die damit einhergehende staatliche Kontrolle und Überwachung ist nicht in allen Fällen möglich oder sinnvoll. In manchen Fällen gehen zudem mit dem Verursacherprinzip unerwünschte Nebenwirkungen einher, wenn beispielsweise die durch betrieblichen Umweltschutz verursachten Kostenerhöhungen die wirtschaftliche Existenz einzelner Unternehmen oder ganzer Branchen im internationalen Wettbewerb gefährden. Daher muss immer dann, wenn das Verursacherprinzip nicht anwendbar ist oder angewendet werden soll, auf andere Prinzipien zurückgegriffen werden.

❹ Gemeinlastprinzip

Nicht die Verursacher, sondern bestimmte gesellschaftliche Gruppen oder die Allgemeinheit werden mit den Umweltkosten belastet. Der Staat finanziert aus Steuermitteln Umweltschutz und die Behebung von Umweltschäden. Dieses Prinzip sollte nach Möglichkeit nur in Ausnahmefällen zur Anwendung kommen. Es begünstigt das „Trittbrettfahrerproblem".

Die Kosten zur Vermeidung oder Beseitigung von Umweltschäden sollen demjenigen angelastet werden, der für ihre Entstehung verantwortlich ist (Verursacherprinzip). Nur wenn der Verursacher nicht feststellbar ist oder akute Gefahr zu beseitigen ist, soll auf Steuermittel (Gemeinlastprinzip) zurückgegriffen werden.

Eine Leitidee der Umweltökonomie ist die **Internalisierung sozialer Kosten.** Die durch die Umweltbelastung entstehenden Kosten sollen dabei beim **Verursacher** zum Bestandteil seiner betriebswirtschaftlichen bzw. **einzelwirtschaftlichen Kostenrechnung** gemacht werden, sodass er das umweltbelastende Verhalten aus Kostengründen einschränkt. Dies kann durch die Erhebung von **Umweltabgaben** geschehen.

Beispiel

Soziale Kosten (externe Kosten)

Beim Produktionsprozess in einer Zementfabrik entstehen große Mengen an Staub, der in die Luft abgelassen (emittiert) wird. Die Anwohner in der Umgebung werden dadurch belastet. Beispielsweise muss die Wäsche häufiger gewaschen werden. Die Lebensqualität sinkt wegen der hohen Luftbelastung. Einer elektrotechnischen Fabrik in der Nähe, die für ihre Produktion staubfreie Luft benötigt, entstehen entweder zusätzliche Kosten für Luftfilter oder sie muss ihren Produktionsstandort verlegen. Bei der verursachenden Zementfabrik gehen aber nur die **internen Kosten** (z. B. Lohnkosten, Kosten für

Roh-, Hilfs- und Betriebsstoffe) in die Kostenrechnung und die Preiskalkulation ein. Die ebenfalls von ihr verursachten externen Kosten werden hingegen anderen Personen und Unternehmen angelastet. Die Zementfabrik kann somit billiger produzieren, als wenn sie auch die von ihr verursachten externen Kosten tragen müsste. Der Preis, den die Zementfabrik für ihre Produkte erzielt, ist somit zu niedrig, da er nicht alle durch die Zementproduktion entstehenden Kosten deckt. Wenn es gelingt, durch umweltpolitische Maßnahmen die Nachteile der anderen Personen und Unternehmen auf Kosten der Zementfabrik zu verringern oder ganz zu vermeiden, liegt eine **Internalisierung der externen Kosten** (Belastung des Verursachers mit **allen** Kosten) vor. Der Zementpreis dieser Fabrik müsste dann steigen. Ist die Preiserhöhung am Markt durchsetzbar, zahlen die Kunden für die Vermeidung der Staubemission.

Umweltschäden verursachen externe Kosten. Umweltprinzipien lassen sich danach unterscheiden, wer die Kosten für die Beseitigung oder Vermeidung von Umweltschäden trägt.

Umweltprinzipien „Wer zahlt für die Vermeidung oder Beseitigung von Umweltschäden?"	Beispiel: Einwegdose Schüler Mario lässt während einer Wanderung eine Coladose im Wald liegen.	Beispiel: Abwasser Eine Papierfabrik leitet Abwasser ungeklärt in einen Fluss und beeinträchtigt den Fischfang, die Ausflugslokale am Ufer usw.
Verursacherprinzip „Der Täter zahlt."	Mario muss auf Anordnung des Lehrers die Dose holen und recyceln (Dosenpfand).	Die Fabrik muss auf eigene Kosten einen Filter einbauen.
Geschädigtenprinzip „Das Opfer zahlt."	Ein Wanderer, dem die Dose ein „Dorn im Auge ist", entsorgt sie.	Flussfischer und Ausflugslokale finanzieren einen Filter für die Fabrik.
Gemeinlastprinzip „Allgemeinheit zahlt."	Der aus Steuergeldern finanzierte Waldhüter entsorgt die Dose im „Gelben Sack".	Die Stadt baut eine aus Steuergeldern finanzierte Kläranlage.
Kooperationsprinzip „Täter, Opfer und Allgemeinheit zahlen."	Mario hebt die Dose auf, entsorgt sie auf einer öffentlichen Mülldeponie und erhält von dem Wanderer eine Belohnung.	Die Fabrik baut auf eigene Kosten eine Filteranlage ein und erhält von den Ausflugslokalen und der Stadt eine finanzielle Anerkennung.
Nach-uns-die-Sintflut-Prinzip „Niemand oder die künftigen Generationen zahlen."	Die Dose bleibt im Wald liegen und beeinträchtigt das Wohlbefinden der Wanderer.	Das Wasser wird weiterhin verschmutzt und beeinträchtigt die Flussfischer, die Fischqualität und die Ausflugslokale.
Vorsorgeprinzip (Vermeidung von Umweltschäden)	Aufgrund erfolgreicher Umwelterziehung und eines geschärften Umweltbewusstseins kauft Mario nur Getränke in Mehrwegflaschen. Er trägt die Kosten für die Vermeidung von Umweltschäden, indem er auf das bequemere „Ex-und-hopp"-Verhalten verzichtet.	Weil umweltpolitische Ziele aus Gründen der Ethik und des Images zum Leitbild des Unternehmens gehören, werden möglichst umweltschonende Produktionsverfahren angewendet. Die Kosten trägt das Unternehmen (und bei Überwälzung auf die Preise der Verbraucher).

Quelle: In Anlehnung an L. Wildmann, Wirtschaftspolitik, München 2007, S. 129

Möglichkeiten zur Internalisierung externer Kosten bieten u. a.:
- **Verhandlungen** (Kooperationslösungen wie z. B. „freiwillige Selbstverpflichtungen" von Unternehmen)
- **Verursacherhaftung** (z. B. Umwelthaftungsrecht, Schadensersatzregelungen)
- **Besteuerung von Schadstoffemissionen** (z. B. Ökosteuer)
- **Handel mit Verschmutzungsrechten** (Umweltzertifikate)

Diese Instrumente können durch staatliche **Auflagen** in Form von Geboten und Verboten (Ordnungsrecht) ergänzt werden.

7.4 Instrumente der Umweltpolitik

7.4.1 Umweltpolitik durch Auflagen (Ordnungsrecht)

ordnungsrechtliche Instrumente
Verbote, Gebote, Anmeldepflicht, Auskunftspflicht, Anzeigepflicht, Umweltverträglichkeitsprüfungen

Höchstgrenzen für den Schwefelgehalt leichter Heizöle	Einhaltung bestimmter Grenzwerte bei der Einleitung von Schadstoffen in Gewässer	Vorgabe von Grenzwerten bei Emissionen in die Luft	Einhaltung bestimmter Normen bei Lärmschutz	Begrenzung des Phosphatgehalts in Waschmitteln

Wirtschaftliche Ineffizienz ordnungsrechtlicher Maßnahmen

Durch **ordnungsrechtliche Maßnahmen** wird jeder Verursacher von Umweltschäden gleich behandelt. Dieses Vorgehen erscheint zwar gerecht. Es ist aber vergleichsweise teuer und damit **wirtschaftlich nicht effizient.** Das liegt daran, dass den einzelnen Verursachern unterschiedlich hohe Kosten für die Verringerung des Schadstoffausstoßes entstehen.[1]

Grenzkosten der Schadensvermeidung

In einem Land bestehen sechs Fabriken, die alle die gleiche Menge an Schadstoffen in einer Periode ausstoßen. Wegen der unterschiedlichen Produktionsverfahren sind aber bei den sechs Fabriken Investitionen in jeweils unterschiedlicher Höhe nötig, um den Schadstoffausstoß um eine Einheit zu verringern. Die Kosten zur Minderung des Schadstoffausstoßes um eine Mengeneinheit (= Grenzkosten der Schadensvermeidung) sind somit für jede Fabrik verschieden.

Verursacher (Schadstoffemittent)	Schadstoffausstoß pro Periode	Kosten für die Minderung des Schadstoffausstoßes um eine Tonne (= Grenzkosten der Schadensvermeidung)
A	2 t	10.000 €
B	2 t	20.000 €
C	2 t	40.000 €
D	2 t	80.000 €
E	2 t	160.000 €
F	2 t	320.000 €
Summe	12 t	630.000 €

Wenn ein Gesetz erlassen würde, um den Schadstoffausstoß um 50 % zu reduzieren, müsste der Schadstoffausstoß um 6 t gesenkt werden. Dafür gibt es folgende Lösungsmöglichkeiten:

Lösung 1	Lösung 2
Maßnahme: Jedes der sechs Unternehmen reduziert seinen Schadstoffausstoß um 1 t.	**Maßnahme:** Die drei Unternehmen mit den geringsten Grenzkosten der Schadensvermeidung senken ihren Schadstoffausstoß jeweils um 2 t.
Kosten: Jedem Unternehmen entstehen Kosten in unterschiedlicher Höhe entsprechend seinen jeweiligen Kosten der Schadensvermeidung. Die Gesamtkosten betragen 630.000 €.	**Kosten:** Für Unternehmen A entstehen Kosten von 20.000 €, für Unternehmen B von 40.000 € und für Unternehmen C von 80.000 €. Die Gesamtkosten betragen 140.000 €.

---

[1] Das folgende Beispiel ist angelehnt an: Mussel, G., Pätzold, J., Grundfragen der Wirtschaftspolitik, 5. Aufl., München 2003, S. 237 ff.

Instrumente der Umweltpolitik

Lösung 1				Lösung 2			
Verursacher	Ausstoß		Vermeidungs-kosten	Verursacher	Ausstoß		Vermeidungs-kosten
	vorher	nachher			vorher	nachher	
A	2 t	1 t	10.000 €	A	2 t	0 t	20.000 €
B	2 t	1 t	20.000 €	B	2 t	0 t	40.000 €
C	2 t	1 t	40.000 €	C	2 t	0 t	80.000 €
D	2 t	1 t	80.000 €	D	2 t	2 t	0 €
E	2 t	1 t	160.000 €	E	2 t	2 t	0 €
F	2 t	1 t	320.000 €	F	2 t	2 t	0 €
Summe	12 t	6 t	630.000 €	Summe	12 t	6 t	140.000 €

Lösung 2 wäre bei gleicher Schadstoffreduzierung wie bei Lösung 1 um 490.000 € kostengünstiger. Vorausset-zung für diese erheblich billigere Variante wäre aber, dass von der Gleichbehandlung aller Verursacher Abstand genommen wird. Die Unternehmen müssten miteinander aushandeln können, wer von ihnen in welchem Umfang den Schadstoffausstoß verringert, um die gesetzliche Vorgabe einer Schadstoffreduzierung um 50 % zu erfüllen.

Diejenigen Unternehmen, die keine oder nur geringe Umweltschutzinvestitionen vornehmen, müssten den ande-ren Unternehmen Ausgleichszahlungen leisten. Im vorliegenden Beispiel würden bei Lösung 2 die Unternehmen D, E und F zusammen 560.000 € gegenüber Lösung 1 sparen. Diesen Betrag wären sie höchstens bereit als Ausgleichszahlung anzubieten. Die Unternehmen A, B und C würden hingegen bei Lösung 2 insgesamt um 70.000 € mehr belastet als bei Lösung 1. Diesen Betrag würden sie mindestens von den Unternehmen D, E und F als Ausgleich fordern. Die Aufteilung des Ausgleichsbetrages auf die Unternehmen D, E und F muss unter diesen ausgehandelt werden.

Ergebnis: Wenn alle Unternehmen mit unterschiedlich hohen Grenzkosten der Schadensvermeidung durch ord-nungsrechtliche Maßnahmen gezwungen werden, ihren Schadstoffausstoß gleichermaßen um eine bestimmte Menge zu verringern, ist diese Lösung teurer, als wenn nur die Unternehmen mit geringen Grenzkosten der Schadensvermeidung entsprechende Investitionen vornehmen. Es müsste also erreicht werden, dass Umwelt-schutzmaßnahmen zunächst bei den Unternehmen ansetzen, deren Grenzkosten der Schadensvermeidung am geringsten sind. Erst wenn bei allen Unternehmen die Grenzkosten der Schadensvermeidung gleich hoch sind, gibt es keine kostengünstigere Lösung mehr, um ein vorgegebenes Umweltziel zu erreichen.

Ein weiterer wesentlicher Nachteil ordnungsrechtlicher Maßnahmen im Rahmen der Umweltpo-litik ist die **Behinderung von umwelttechnischem Fortschritt.** Es besteht für die Verursacher kein Anreiz, die bestehenden Umweltauflagen (z. B. Grenz- oder Höchstwerte) zu unterbieten, obwohl dies technisch möglich wäre. Sie befürchten vielmehr, dass der Gesetzgeber die Entwicklung neu-er umweltfreundlicher Technologien zum Anlass nehmen könnte, die Auflagen zu verschärfen, indem er die Grenz- und Höchstwerte noch niedriger ansetzt. Das wäre mit zusätzlichen betriebs-wirtschaftlichen Kosten für die Verursacher verbunden.

Ordnungsrechtliche Maßnahmen der Umweltpolitik sind wirtschaftlich ineffizient und behindern die Entwicklung neuer Umwelttechnologien.

7.4.2 Marktwirtschaftliche Lösung über den Preis: Umweltabgaben (Ökosteuer)

Ziele einer Ökosteuer

Der englische Ökonom A. C. PIGOU[1] hat bereits 1920 vorgeschlagen, die bei Produktion oder Verbrauch entstehenden Kosten, die nicht vom Verursacher, sondern von anderen Personen bzw. der Allgemeinheit getragen und nicht im Marktpreis berücksichtigt werden (= **soziale** bzw. **externe Kosten** wie z. B. Gewässer- und Bodenbelastung, Lärm, Luftverschmutzung usw.), durch die Erhebung von Steuern in die private Kostenrechnung der Marktteilnehmer einzubeziehen (= Internalisierung externer Kosten). Das Grundprinzip der sogenannten **PIGOU-Steuer** sieht vor, im Falle von Umweltschäden die Verursacher der externen Kosten mit einer Steuer für jede ausgestoßene Schadstoffeinheit zu belasten (= Mengensteuer) und sie dadurch zu veranlassen, Maßnahmen zur Vermeidung des Schadstoffausstoßes zu ergreifen.

Wirkungsweise einer Ökosteuer[2]

Wenn es beispielsweise gelänge, die negativen Folgen des bei der Verbrennung fossiler Energieträger (Öl, Kohle oder Gas) zur Stromerzeugung entweichenden Treibhausgases Kohlendioxyd (CO_2) zu messen und in Geldeinheiten auszudrücken (z. B. Schäden durch Klimaerwärmung und Abschmelzen des Polareises mit der Folge einer Erhöhung des Meeresspiegels und der Überschwemmung von Küstengebieten), könnte die Stromerzeugung mit einer allgemeinen **Energiesteuer** oder einer speziellen **CO_2-Steuer** belastet werden. Die Stromproduzenten würden diese Steuer in ihre Kostenrechnung einbeziehen und den Strompreis entsprechend erhöhen. Auf diese Preiserhöhung würden die Stromkunden möglicherweise reagieren, indem sie Energie einsparen bzw. den teuren Strom aus der Verbrennung fossiler Energieträger durch billigere und gleichzeitig umweltschonendere Energien ersetzen. Das Hauptproblem dieses Konzepts liegt in der Festsetzung eines geeigneten Steuersatzes, der die Erfassung, Messung und Bewertung der durch den CO_2-Ausstoß entstehenden Schäden voraussetzt. Da diese insbesondere von den Industrieländern verursachten Umweltschäden zudem weltweit auftreten, ist nur ein gemeinsames Vorgehen auf internationaler Ebene Erfolg versprechend.

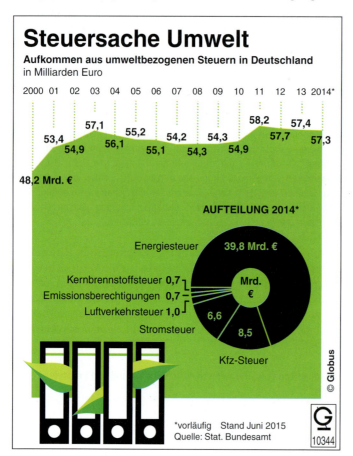

---

[1] Arthur Cecil Pigou, englischer Ökonom (1877–1959)

[2] Die Wirkungsweise einer Mengensteuer (z. B. Ökosteuer) als marktkonforme staatliche Maßnahme ist in Kap. 3.3.2 ausführlich dargestellt.

Da solche **Ökosteuern** (z. B. Energiesteuer in Form der Mineralölsteuer oder CO_2-Steuer) den Preismechanismus nicht außer Kraft setzen, sind sie **marktkonform**. Sie sind grundsätzlich geeignet, die knappen Ressourcen in den Fällen, in denen ein Marktversagen wie im Umweltbereich vorliegt, so zu lenken und auf die verschiedenen Verwendungsmöglichkeiten zu verteilen, dass es zu einem effizienten Einsatz der Produktionsfaktoren kommt **(optimale Faktorallokation)**.

Ökosteuern sind marktkonforme Instrumente der Umweltpolitik.

Ökosteuer in Deutschland

Durch die in Deutschland 1999 begonnene ökologische Steuerreform soll der Verbrauch von Energie (Mineralöl und Strom) verteuert werden. Das Steueraufkommen wird großenteils zur Senkung bzw. Stabilisierung der Beiträge zur gesetzlichen Rentenversicherung verwendet. Der Arbeitgeberanteil zur Rentenversicherung stellt Kosten für den Produktionsfaktor Arbeit (in Form von Personalzusatzkosten) dar. Durch die Ökosteuer sollen also einerseits der Einsatz des kostenlosen bzw. zu billigen Produktionsfaktors Natur (Umwelt) verteuert und sein Verbrauch verringert werden. Andererseits wird gleichzeitig der teure Produktionsfaktor Arbeit verbilligt. Dieser Effekt wird auch als **„Doppelte Dividende"** der ökologischen Steuerreform bezeichnet.

Ökosteuer: Pro und Kontra

Auch wenn die „Ökosteuer" in Deutschland insbesondere bei steigenden Benzinpreisen immer wieder zum politischen Reizthema wird, lassen sich dennoch sachliche Gründe für und gegen eine solche Steuer anführen.

Aufgabe 7.4, S. 302

Aufgabe 7.5, S. 303

Befürworter	Kritiker
Die Ökosteuer ist ein marktkonformes umweltpolitisches Instrument, das den Umweltverschmutzern die Freiheit lässt, die Umweltverschmutzung zu reduzieren oder die Steuer zu zahlen.	Es gibt zu viele Ausnahmen. Aus Wettbewerbsgründen sind z. B. besonders energieintensive Branchen von der Steuer ausgenommen. Die emissionsreiche Kohle ist steuerfrei, während das weniger umweltschädliche Erdgas besteuert wird.
Die Ökosteuer ist ein effizientes Instrument zur Verringerung des Rohstoffverbrauchs und des CO_2-Ausstoßes.	
Die Einnahmen des Staates aus der Ökosteuer werden zur Senkung der Rentenversicherungsbeiträge verwendet. Dadurch sinken auch Arbeitgeberbeiträge zur Sozialversicherung. Diese Minderung der Arbeitskosten ist ein Anreiz zur Beschäftigungserhöhung.	Die mit der Ökosteuer bewirkte Minderung bzw. Stabilisierung der Rentenversicherungsbeiträge ist viel zu gering, um positive Beschäftigungseffekte auszulösen. Die Arbeitskosten in Deutschland sind trotz der Ökosteuer im internationalen Vergleich noch zu hoch.
Die Ökosteuer führt nicht nur zu einer Verringerung der Übernutzung des Produktionsfaktors Natur. Sie gibt auch Impulse für einen Strukturwandel in der Wirtschaft zur Einsparung und besseren Nutzung von Energie in energieintensiven Branchen (Anreize für die Entwicklung umweltfreundlicher Technologien). Außerdem erfolgt eine Verlagerung von energieintensiver hin zu arbeitsintensiver Produktion.	Eine „doppelte Dividende" ist nicht möglich. Wenn der Staat über Einnahmen aus der Ökosteuer zur Stabilisierung der Rentenversicherungsbeiträge verfügen will, setzt das voraus, dass die Umwelt weiter belastet wird. Wird die Umwelt hingegen nicht belastet, weil der Energieverbrauch tatsächlich zurückgeht, hat der Staat auch keine zusätzlichen Steuereinnahmen („Erdrosselungssteuer").
Auch andere EU-Mitgliedstaaten diskutieren die Einführung einer Energiesteuer. In einigen Ländern ist die Belastung der Unternehmen durch eine solche Steuer bereits höher als in Deutschland. Deutschland als wichtiges Industrieland könnte mit gutem Beispiel vorangehen und zeigen, dass eine solche Steuer keine nachteiligen Auswirkungen auf die gesamtwirtschaftliche Entwicklung hat. Die Ökosteuer gibt zudem Anstöße zur Entwicklung umweltschonender Technologien, die weltweit zur Energieeinsparung nutzbar sind. Das Argument der internationalen Wettbewerbsverzerrung würde dazu führen, dass jegliche nationale Umweltpolitik unterbleiben müsste.	Eine Energiesteuer im nationalen Alleingang schadet der Wettbewerbsfähigkeit der deutschen Industrie und dem Investitionsklima für den Standort Deutschland. Durch die Ökosteuer werden somit keine Arbeitsplätze geschaffen, sondern vernichtet. Der weltweite Energieverbrauch wird nicht reduziert, er findet wegen der Abwanderung von Betrieben aus Deutschland nur anderswo statt.
	Die Ökosteuer ist sozial ungerecht, weil auch Bevölkerungsgruppen belastet werden, für die sich eine Senkung der Rentenversicherungsbeiträge nicht positiv auswirkt (z. B. Selbstständige, Rentner, Studenten).

7.4.3 Marktwirtschaftliche Lösung über die Menge: Handel mit Verschmutzungsrechten (Umweltlizenzen)

Einen bisher noch wenig erprobten Ansatz der praktischen Umweltpolitik stellt die staatliche Vergabe von Verschmutzungsrechten (Umweltlizenzen, Emissionslizenzen, Umweltnutzungsrechte, Umweltzertifikate) und der Handel mit diesen Rechten dar.

Zuteilung von Verschmutzungsrechten

Nicht für einzelne Verursacher, sondern für eine ganze Region werden Grenzwerte für die Schadstoffemission entsprechend den angestrebten Umweltzielen (z. B. Einschränkung des CO_2-Ausstoßes) festgelegt. Die Verursacher erhalten vor Aufnahme des Handels entweder kostenlose Verschmutzungsrechte oder sie müssen diese dem Staat im Rahmen einer Versteigerung abkaufen.

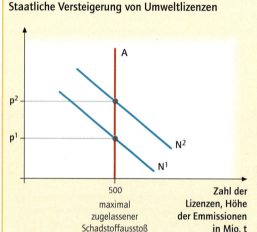
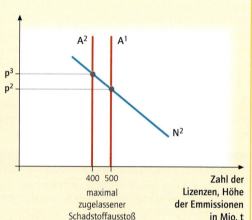

Staatliche Versteigerung von Umweltlizenzen

Der Staat legt den maximal zulässigen Schadstoffausstoß für eine Periode auf 500 Mio. t fest. Die Angebotskurve bei der Versteigerung der Umweltlizenzen ist völlig starr (Parallele zur Preisachse). Ist die Anzahl der ausgegebenen Lizenzen geringer als die von den Verursachern benötigte, steigt im Laufe der Zeit die Nachfrage nach Lizenzen. Die Nachfragekurve (N^1) verschiebt sich nach rechts (N^2). Bei unverändertem Angebot erhöht sich der Preis bei der Neuzuteilung von P^1 auf P^2.

Senkt der Staat in der nächsten Periode den maximal zulässigen Schadstoffausstoß auf 400 Mio. t, verschiebt sich die ursprüngliche Angebotskurve für Umweltlizenzen (A^1) nach links (A^2). Bei unveränderter Nachfrage steigt der Ausgabepreis bei der Versteigerung der Umweltlizenzen von P^2 auf P^3.

> Verschmutzungsrechte (Umweltlizenzen) sind ein Instrument staatlicher Umweltpolitik. Sie berechtigen den Inhaber (= Verursacher von Umweltschäden) zum Ausstoß einer bestimmten Schadstoffmenge für einen bestimmten Zeitraum.

Handel mit Verschmutzungsrechten an der Börse

Wer über seine Berechtigung hinaus mehr Schadstoffe ausstoßen will, muss Verschmutzungsrechte in entsprechendem Umfang hinzukaufen. Wer umweltschonend produziert und mehr Verschmutzungsrechte hat, als er benötigt, kann diese Rechte verkaufen. Dadurch bildet sich ein Markt, auf dem durch Angebot und Nachfrage ein Preis für die Erlaubnis zur Umweltbelastung zustande kommt. Dieser Preis begünstigt die Verkäufer von Rechten (= umweltschonende Produzenten) und belastet die Käufer von Rechten (= umweltschädigende Produzenten).

Instrumente der Umweltpolitik

Verschmutzungsrechte (Umweltlizenzen) können an einer Börse ge- und verkauft werden.

Da die Rechte nur eine **begrenzte zeitliche Gültigkeit** haben, kann der Staat bei der **Neuzuteilung** der Rechte das Angebot verknappen und dadurch indirekt eine Preiserhöhung auslösen (siehe rechte Abbildung auf der S. 292).

Neuzuteilung von Verschmutzungsrechten

Mit der Preissteigerung geht ein weiterer Anreiz zum Einsatz umweltschonender Technologien einher. Für einige Verursacher sind nämlich die Kosten für eine Umstellung auf umweltfreundlichere Produktionsmethoden geringer als die Kosten für den Kauf der andernfalls benötigten Verschmutzungsrechte. Bereits vorhandene Rechte können dann zu einem entsprechend günstigeren Preis verkauft werden. Nur diejenigen Verursacher benötigen dann noch Verschmutzungsrechte, bei denen die Vermeidungskosten immer noch höher sind als der Preis für die Verschmutzungsrechte.

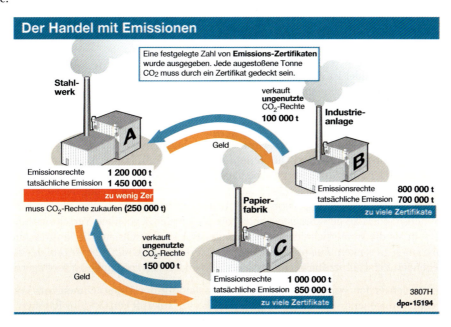

Verschmutzungsrechte: Pro und Kontra[1]

Pro	Kontra
Es handelt sich um ein marktwirtschaftliches Instrument, das den Umweltverschmutzern die Freiheit lässt, die Umweltverschmutzung zu reduzieren oder Umweltlizenzen zu kaufen. Die gewünschte mengenmäßige Wirkung kann – anders als bei der Ökosteuer – exakt festgelegt werden. Die Kosten sind sehr niedrig.	Es entstehen Wettbewerbsnachteile und Arbeitsplatzverluste wegen der Verteuerung von Energie- und Produktionskosten.
Das Verfahren verursacht vergleichsweise einen geringen Verwaltungsaufwand, da sich der Staat auf die Vorgabe der Höchstmengen und deren Kontrolle beschränken kann.	Die Festlegung der Mengen und Zuteilung auf die Unternehmen bedeutet eine bürokratische Reglementierung und macht umfassende staatliche Kontrollen nötig.

---

1 Vergleiche Wicke, L., Umweltökonomie, 4. Aufl., München 1993, S. 385 f.

Pro	Kontra
Der Staat und Umweltschutzorganisationen können ebenfalls Umweltlizenzen kaufen und stilllegen, um indirekt den Preis und damit die Umweltstandards zu erhöhen.	Es kann zu Missbrauch und Wettbewerbsverzerrungen kommen, indem zahlungskräftige Unternehmen Umweltlizenzen aufkaufen und stilllegen, um Konkurrenten vom Markt zu verdrängen.
Es werden Innovationen im Bereich der Umwelttechnologie ausgelöst.	Das Verfahren könnte missbraucht werden, indem Unternehmen ihre Anlagen in Deutschland schließen, die vorhandenen Umweltlizenzen verkaufen und eine neue umweltbelastende Anlage außerhalb der EU errichten.
Zwar erfolgt trotz der Umweltlizenzen noch eine Umweltverschmutzung. Ohne Umweltlizenzen könnte aber das maximal zulässige Maß an Umweltverschmutzung nicht vom Staat vorgegeben werden. Das Recht zum Verschmutzen der Umwelt würde dann gewissermaßen zum Nulltarif verschenkt. Es bestünde kein Anreiz, die Umweltverschmutzung zu verringern.	Es ist ethisch nicht vertretbar, das Recht auf Schädigung der Umwelt meistbietend zu versteigern („Ablasshandel", „ökologische Prostitution").

Handel mit Verschmutzungsrechten in der EU

Der **EU-Emissionshandel** ist ein marktwirtschaftliches Instrument der EU-Klimapolitik mit dem Ziel, die Treibhausgasemissionen zu senken. Die Verschmutzungsrechte werden u.a. an der Energiebörse *European Energy Exchange* (EEX) in Leipzig gehandelt (www.eex.com/de).

In den ersten beiden Handelsphasen (2005–2008 und 2008–2012) wurde die Menge an Verschmutzungsrechten, die alle betroffenen EU-Unternehmen **insgesamt** erhalten sollten, von EU-Mitgliedstaaten gemeinsam festgelegt. Die Verteilung der Verschmutzungsrechte auf die einzelnen Unternehmen in den Mitgliedstaaten wurde dagegen von den jeweiligen nationalen Regierungen vorgenommen. In der dritten Phase (2012–2015) werden die Verschmutzungsrechte erstmals zentral von der Europäischen Kommission an die Unternehmen vergeben. Um die Funktionsweise des Emissionshandels zu gewährleisten, muss die Menge der zugeteilten Verschmutzungsrechte geringer sein als die voraussichtlichen Emissionen. Nur so entsteht auf die Verursacher Druck, ihre Emissionen zu senken. Entsprechend plant die Europäische Union, die Anzahl der zur Verfügung stehenden Verschmutzungsrechte in den kommenden Jahren ständig zu verringern.

Während in den ersten beiden Phasen die Erstausstattung der Unternehmen mit Verschmutzungsrechten weitgehend kostenlos erfolgte, wird dies in Zukunft verstärkt im Rahmen von Versteigerungen geschehen. 2013 wurden 20 % aller für die Erstausstattung der Unternehmen vorgesehenen Verschmutzungsrechte versteigert (vorher lediglich bis zu 10 %). In den folgenden Jahren wird der Anteil Schritt für Schritt bis auf 70 % (2020) und schließlich 100 % (2027) erhöht. In Ausnahmefällen kann aber weiterhin eine kostenlose Zuteilung an bestimmte Unternehmen erfolgen. Dadurch sollen u. a. Wettbewerbsnachteile für EU-Unternehmen vermieden werden, die mit Unternehmen aus anderen Ländern konkurrieren, für die derartige Klimaschutzauflagen nicht gelten.

Anfang 2014 stand allerdings den tatsächlichen Emissionen von Industrieanlagen nahezu die doppelte Menge an Verschmutzungsrechten gegenüber. Das führte dazu, dass der Preis, der eigentlich bei ca. 30,00 € je Tonne liegen sollte, auf bis zu 3,00 € je Tonne sank. Vor diesem Hintergrund kündigte die EU an, die Zahl der Zertifikate stärker als geplant zu verringern, um das Angebot zu verknappen und den Preis in die Höhe zu treiben.

2007 einigten sich die EU-Umweltminister ab 2012 auch den Luftverkehr in den EU-Emissionsrechtehandel einzubeziehen. Damit hätten alle Fluglinien, die in der EU starten oder landen, in Zukunft unabhängig von ihrer Herkunft Emissionszertifikate kaufen müssen. Hintergrund dieser Planung war die Tatsache, dass Flugbenzin derzeit weltweit unbesteuert und daher relativ billig ist und andererseits Fliegen die klimaschädlichste aller Fortbewegungsarten ist. Insbesondere wegen des Widerstands außereuropäischer Fluggesellschaften werden derzeit (2016) nur Flüge innerhalb der EU vom Emissionshandel erfasst. Das sind nur ca. 40 % aller in der EU startenden und landenden Flüge.

7.5 Aktuelle Entwicklungen und Probleme der Klimapolitik

Qualitatives Wachstum und nachhaltige Entwicklung

Ein Wirtschaftswachstum, das auch ökologische Ziele berücksichtigt, wird als **qualitatives Wachstum** bezeichnet. Durch ökologisch-technischen Fortschritt und umweltfreundliche Produktionsverfahren soll eine **Entkoppelung** zwischen Wirtschaftswachstum einerseits und dem Verbrauch an Rohstoffen und Energie andererseits ermöglicht werden.

> Qualitatives Wachstum umfasst neben einer auf umweltschonender Technologie beruhenden Produktion umweltfreundlicher Güter auch eine Ausdehnung der Dienstleistungen zulasten der herkömmlichen Industrieproduktion. Durch entsprechende Produktionsverfahren (Technologie) und Zusammensetzung des Inlandsprodukts (Struktur) sollen auf diese Weise trotz weiteren Wirtschaftswachstums Ressourcenverbrauch und Umweltbelastung eingeschränkt werden.

Auch die Zielsetzung des qualitativen Wachstums beinhaltet also die Produktion einer sich jedes Jahr erhöhenden Gütermenge (exponentielles Wachstum). Qualitatives Wachstum ist also nicht zu verwechseln mit einem sogenannten „Nullwachstum".

Trotz der bisher erzielten Fortschritte bei der Reduzierung von Schadstoffemissionen und Ressourcenverbrauch ist aber nicht zu übersehen, dass
- das Potenzial umweltschonender Produktionsmöglichkeiten begrenzt ist,
- Güterproduktion (trotz Recycling[1] und Konzentration auf die Dienstleistungsbranche) nie ohne Rohstoff- und Energieverbrauch auskommt,
- die Endlichkeit der Natur im Gegensatz zu einem auf Unendlichkeit ausgerichteten (exponentiellen) Wirtschaftswachstum[2] steht.

Internationale Umwelt- und Klimaschutzabkommen

Angesichts der vielfältigen weltweiten Umweltprobleme wurde 1992 auf einer Konferenz der Vereinten Nationen die **nachhaltige Entwicklung**[3] *(sustainable development)* als ein verbindliches Ziel internationaler Politik formuliert.[4]

Der Aufnahme des Handels mit Verschmutzungsrechten in Europa geht auf das sogenannte **Kyoto-Protokoll** zurück. Auf einer Klimaschutzkonferenz im japanischen Kyoto wurden 1997 die Voraussetzungen für eine international abgestimmte Klimapolitik geschaffen. In dem Abkommen hatten sich die Industriestaaten verpflichtet, den Ausstoß der wichtigsten sechs „Klimakillergase" (Treibhausgase) im Zeitraum 2005 bis 2012 um mindestens 5 % im Vergleich zum Basisjahr 1990 zu verringern. Für die EU lag das Ziel bei 8 %. Durch die Aufteilung unter die EU-Länder musste Deutschland seine Emissionen um 21 % reduzieren. Dieses Ziel konnte in Deutschland tatsächlich erreicht werden. Die USA, die mit einem etwa doppelt so hohen Pro-Kopf-Ausstoß wie in den EU-Staaten für etwa 36 % des weltweiten Ausstoßes verantwortlich sind, sind dagegen diesem Klimaschutzabkommen nie beigetreten.[5] Das 2012 ausgelaufene Kyoto-Protokoll wurde bis 2020 verlängert (Kyoto II). Auf der UN-Klimakonferenz Ende 2015 in Paris wurde eine neue Klimaschutz-Vereinbarung als Nachfolge des Kyoto-Protokolls verabschiedet (Paris-Abkommen). Gemeinsames Ziel der 195 teilnehmenden Staaten ist es, die Erderwärmung auf deutlich unter 2° Celsius (möglichst sogar auf 1,5°) im Vergleich zum Beginn der Industrialisierung (ca. 1850) zu begrenzen.

---

1 Recycling *(engl.)*: Wiederverwendung/Wiederverwertung von Rohstoffen
2 Beim exponentiellen Wachstum bleibt die jährliche Zunahme nicht gleich. Sie steigt vielmehr ständig in Abhängigkeit von dem sich laufend vermehrenden jährlichen Anfangsbestand (z. B. Zinseszinsen, Bevölkerungswachstum).
3 In der Forstwirtschaft besagt das Nachhaltigkeitsprinzip, dass nicht mehr Holz geschlagen werden soll, als seit dem letzten Mal nachgewachsen ist.
4 Der sogenannten Rio-Erklärung über Umwelt und Entwicklung sind 1992 in Rio de Janeiro 170 Staaten, darunter auch Deutschland, beigetreten.
5 Die USA begründen dies u. a. mit der Unantastbarkeit des zum „American way of life" gehörenden hohen Energieverbrauchs. Der damalige Präsident Bush hat seine ablehnende Haltung zum Kyoto-Protokoll anlässlich der Bonner Klimaschutzkonferenz im Jahr 2001 wie folgt bekräftigt: „The President believes that high energy consumption is an American way of life, and that it should be the goal of policymakers to protect the American way of life." (Ari Fleischer, Sprecher des US-Präsidenten, nach Newsweek vom 21. Mai 2001)

Im April 2014 hat der Weltklimarat einen dramatischen Bericht über den Stand und die Folgen der Erderwärmung vorgelegt. Gleichzeit wurde ein realisierbarer Maßnahmenkatalog zur Dämpfung der weiteren Erderwärmung entwickelt und eine Kostenkalkulation für den Kampf gegen den Klimawandel vorgenommen. Ergebnis: Durch gemeinsame Anstrengung der größten Klimasünder sei eine Wende ohne negative Effekte für das Wirtschaftswachstum noch möglich.[1]

Aufgabe 7,9, S. 304

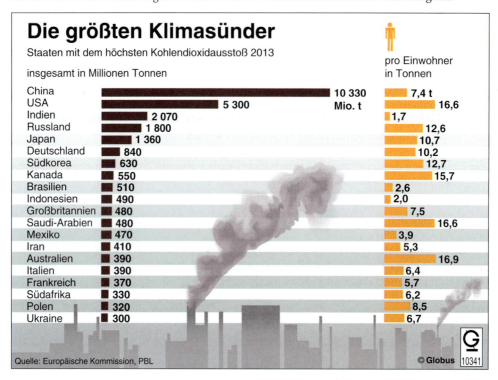

Die größten Klimasünder
Staaten mit dem höchsten Kohlendioxidausstoß 2013

Land	insgesamt in Millionen Tonnen	pro Einwohner in Tonnen
China	10 330	7,4 t
USA	5 300	16,6
Indien	2 070	1,7
Russland	1 800	12,6
Japan	1 360	10,7
Deutschland	840	10,2
Südkorea	630	12,7
Kanada	550	15,7
Brasilien	510	2,6
Indonesien	490	2,0
Großbritannien	480	7,5
Saudi-Arabien	480	16,6
Mexiko	470	3,9
Iran	410	5,3
Australien	390	16,9
Italien	390	6,4
Frankreich	370	5,7
Südafrika	330	6,2
Polen	320	8,5
Ukraine	300	6,7

Quelle: Europäische Kommission, PBL

„Kyoto-Protokoll! Kyoto-Protokoll!! Hören Sie endlich auf mit Ihrem blöden Kyoto-Protokoll!!!"

WELT-KLIMA-KONFERENZ 2050 NEW YORK

DIE US-DELEGATION HAT DAS WORT...

---
[1] Der fünfte IPCC Sachstandsbericht, http://www.de-ipcc.de/de/200.php (abgerufen am 08.05.2014)

Spannungsverhältnis zwischen Ökonomie und Ökologie – Umweltpolitik

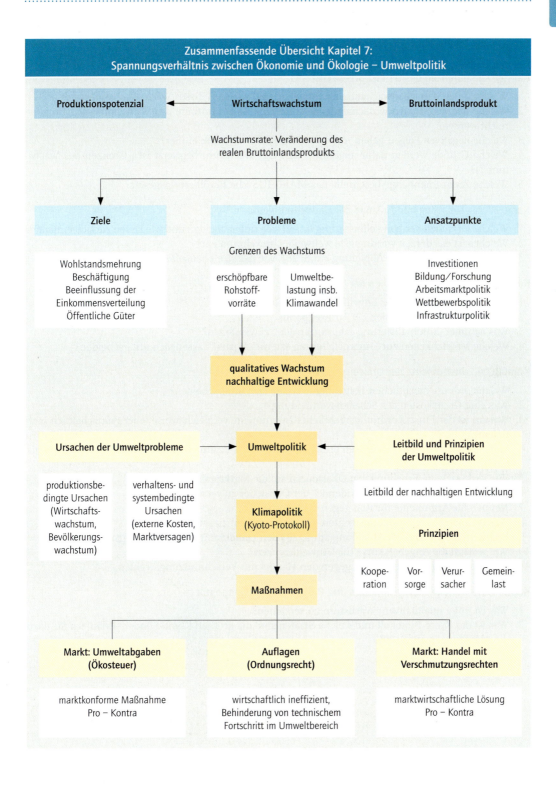

Fragen zur Wiederholung

Kapitel 7.1 Grenzen des Wirtschaftswachstums

1. Was ist unter Wirtschaftwachstum zu verstehen und wie wird dieses Wachstum gemessen?
2. Welche übergeordneten wirtschaftspolitischen Ziele sollen mithilfe des Wirtschaftswachstums erreicht werden?
3. Welche negativen Folgen gehen mit dem Wirtschaftswachstum einher?
4. Welche Gründe werden dafür angeführt, dass das Wachstum begrenzt ist („Grenzen des Wachstums")?
5. Welche Zusammenhänge beschreibt das MALTHUSsche Bevölkerungsgesetz?

Kapitel 7.2 Ursachen und Ausmaß der Umweltprobleme

1. Welche Ursachen der Umweltbelastung lassen sich unterscheiden und wie lassen sie sich einteilen?
2. Welches ist das derzeit vorrangigste weltweite Umweltproblem?
3. Erläutern Sie anhand der Abbildung auf S. 284, wie der „Treibhauseffekt" zustande kommt.

Kapitel 7.3 Ziele und Prinzipien der Umweltpolitik

1. Was ist unter nachhaltiger Entwicklung zu verstehen?
2. Erläutern Sie vier Prinzipien der Umweltpolitik.
3. Was ist unter „Internalisierung externer Kosten" zu verstehen?
4. Welche Möglichkeiten zur „Internalisierung externer Kosten" lassen sich unterscheiden?

Kapitel 7.4 Instrumente der Umweltpolitik

1. Welche ordnungsrechtlichen Instrumente lassen sich unterscheiden?
2. Was sind Grenzkosten der Schadensvermeidung?
3. Warum ist der Einsatz ordnungsrechtlicher Instrumente vergleichsweise teuer (wirtschaftlich ineffizient)?
4. Welchen weiteren Nachteil weisen ordnungsrechtliche Instrumente im Rahmen der Umweltpolitik auf?
5. Wie wirkt sich die Erhebung von Ökosteuern auf die Marktpreisbildung aus?
6. Was ist unter der „doppelten Dividende" der Ökosteuer zu verstehen?
7. Nennen Sie Argumente für und gegen die Ökosteuer.
8. Was ist unter Verschmutzungsrechten (Umweltlizenzen) zu verstehen?
9. Erläutern Sie anhand der Abbildung auf S. 293 den Handel mit Verschmutzungsrechten.
10. Wie verläuft die Angebotskurve für Umweltlizenzen?
11. Nennen Sie Argumente für und gegen den Handel mit Verschmutzungsrechten.

Kapitel 7.5 Aktuelle Entwicklungen und Probleme der Klimapolitik

1. Was ist unter qualitativem Wachstum zu verstehen?
2. Was ist das Kyoto-Protokoll und welche Staaten sind die größten Klima-Sünder? Erläutern Sie dazu die Abbildungen auf S. 296.

Spannungsverhältnis zwischen Ökonomie und Ökologie – Umweltpolitik

Aufgaben und Probleme zur Erarbeitung und Anwendung von Wissen

7.1 Grenzen des Wachstums – Exponentielles Wachstum

> Unser Vorstellungsvermögen kann bei bestimmten mathematischen Sachverhalten nicht lange mithalten. Besonders deutlich wird das bei der Unfähigkeit, exponentielles Wachstum zu verstehen. Viele kennen die Parabel vom Reiskorn: Wenn man auf das erste Feld eines Schachbretts ein Reiskorn legt und auf das jeweils nächste Feld die doppelte Anzahl, so ergibt sich die Folge 1, 2, 4, 8, ... Nach 64 Schritten ist man bei so vielen Körnern angelangt, dass die Weltjahresproduktion an Reis längst überschritten ist. Das hört sich unrealistisch an, doch Kettenbriefe sind im Prinzip nichts anderes: Man erhält einen Brief, der schon einige Stationen hinter sich hat, und soll zehn Kopien an Freunde schicken, die dies ebenfalls tun. Alle, für die sich das Spiel über fünf Runden erhalten hat, erhalten von den dann aktiven Schreibern eine Postkarte. Man schreibt ein paar Karten und bekommt nach einiger Zeit angeblich einen Waschkorb voll Post. Ein Waschkorb würde aber gar nicht reichen: Wenn wirklich alle Mitspieler pflichtbewusst wären, könnte man mit 100 000 Karten rechnen. So ein Spiel bricht daher früh zusammen, weil zu viele Leute von zu vielen Freunden gebeten werden, Karten zu schreiben.

1. Welche Besonderheiten weist ein exponentielles Wachstum gegenüber einem linearen Wachstum auf?

2. In Deutschland wird ein Wirtschaftswachstum von mindestens 3 % jährlich für nötig gehalten, um positive Beschäftigungseffekte auf dem Arbeitsmarkt auszulösen. Ermitteln Sie mit folgender Faustformel, wann sich bei dieser jährlichen Wachstumsrate die Güterproduktion verdoppeln würde.

> „Regel 70": Wenn eine Größe mit x % pro Jahr wächst, dauert es etwa 70/x Jahre, bis sich diese Größe verdoppelt hat.

3. Überprüfen Sie das bei Aufgabe 2 ermittelte Ergebnis mithilfe der exakten Formel für das exponentielle Wachstum (Summenformel einer geometrischen Reihe, „Zinseszinsformel"):
$K_n = K_0 \cdot (1 + p/100)^n$
K_n = Endwert (Endkapital), K_0 = Ausgangswert (Anfangskapital), p = Wachstumsrate (Zinssatz), n = Laufzeit

4. Welche Folgen sind bei einem derartigen Wirtschaftswachstum zu erwarten (siehe auch Abb. S. 283)?

5. Versuchen Sie aus heutiger Sicht eine Kritik an der Aussage des Wachstumsbefürworters L. Summer (Zitat auf S. 282). Vergleichen Sie dabei die Risiken, die vom Pferdemist für die Menschen von New York und anderen Großstädten Ende des letzten Jahrhunderts ausgingen, mit den Risiken des heutigen Wirtschaftswachstums.

6. Stellen Sie das MALTHUSsche Bevölkerungsgesetz (siehe S. 282) unter folgenden Annahmen grafisch dar. Die Bevölkerung wächst exponentiell (Formel s. o.). Die Nahrungsmittelproduktion wächst dagegen arithmetisch nach der Formel $K_n = K_0 \cdot (1 + n \cdot p/100)$. Die Wachstumsrate beträgt in beiden Fällen 3 %.

Ausgangssituation:
Bevölkerung: 100 Personen, Nahrungsmittelversorgung: 200 Gütereinheiten (= 2 Gütereinheiten pro Person). Die Mindestversorgung mit Nahrungsmitteln beträgt 1 Gütereinheit pro Person.

Ab welchem Jahr ist die Mindestversorgung von 1 Gütereinheit pro Person nicht mehr gewährleistet? Wie würde sich diese Zahl verändern, wenn die Wachstumsrate für beide Größen 5 % betragen würde?

7.2 Staatliche Umweltpolitik: Wirtschaftsordnung – Marktversagen – Soziale Kosten – Öffentliche Güter – Trittbrettfahrerproblem[1]

Die beiden **Länder A** und **B** bilden zusammen mit mehreren Nachbarländern eine Wirtschaftsgemeinschaft. Die Mitgliedsländer haben einen gemeinsamen Binnenmarkt eingeführt, sodass zwischen ihnen ein freier Waren- und Kapitalverkehr ohne Zollschranken, ohne Devisenbestimmungen und ohne sonstige Handelshemmnisse herrscht.

Die **Länder A** und **B** sind durch den Grenzfluss Rio voneinander getrennt. Im oberen Flusslauf befindet sich auf beiden Seiten je eine Papierfabrik. Beide Fabriken leiten bisher ihre Abwässer ungeklärt in den Rio.

Im **Land A** wird eine äußerst liberale Wirtschaftspolitik mit möglichst wenig staatlichen Eingriffen in das Wirtschaftsgeschehen betrieben. Im **Land B** wurde nach den letzten Wahlen eine Koalitionsregierung gebildet, an der auch eine ökologisch orientierte Partei beteiligt ist.

1. Situation (Lösungsversuch 1)

Die Regierung im **Land B** weist darauf hin, dass durch die Wasserverschmutzung erhebliche Nachteile für die Allgemeinheit entstehen, die nicht länger tragbar seien. Die Papierfabrik im **Land B** wird daher aufgefordert, auf ihrem Betriebsgelände eine Kläranlage zu bauen und nur noch gefiltertes Wasser in den Rio zurückzuleiten. Für die dazu nötige Investition stellt die Regierung ein zinsgünstiges Darlehen sowie Steuervergünstigungen durch verbesserte Abschreibungsmöglichkeiten in Aussicht.

a) Bei der Beseitigung von Umweltschäden wird zwischen **Verursacherprinzip** und **Gemeinlastprinzip** unterschieden.
Wo sind die Umweltschutzmaßnahmen der Regierung des **Landes B** einzuordnen?

b) Welche Nachteile für die Allgemeinheit kann die Regierung des **Landes B** bei der Begründung ihres Vorgehens gemeint haben?

c) Warum werden solche Nachteile für die Allgemeinheit, die durch Umweltbelastung entstehen, als **soziale Kosten** bezeichnet? Berücksichtigen Sie dabei, wer diese Kosten verursacht und wer sie zu tragen hat.

d) Die Papierfabrik im **Land B** kommt der Aufforderung der Regierung nicht nach. Sie argumentiert damit, dass der Bau einer Kläranlage zu einer Verschlechterung der Wettbewerbssituation und zum Verlust von Absatzmärkten führen würde.
Auf welchen betriebswirtschaftlichen Überlegungen beruht diese Argumentation?

e) Welche Auswirkungen könnten sich für die angestrebte Reinhaltung des Rio ergeben, wenn die **Regierung B** die Papierfabrik zum Bau der Kläranlage zwingt und sich die von der Papierfabrik geäußerten Befürchtungen tatsächlich bewahrheiten?

f) Warum sind die Möglichkeiten der **Regierung B**, die Papierfabrik vor dem befürchteten Verlust von Absatzmärkten zu schützen, dadurch eingeschränkt, dass die **Länder A** und **B** Mitglieder der oben beschriebenen Wirtschaftsgemeinschaft sind?

g) Könnten die Verbraucher durch umweltfreundliches Verhalten den Befürchtungen und Vorbehalten der Papierfabrik beim Bau der Kläranlage entgegenwirken?

2. Situation (Lösungsversuch 2)

Beide Papierfabriken leiten ihre Abwässer weiterhin ungeklärt in den Rio. Durch die zunehmende Wasserverschmutzung fühlen sich verschiedene Bevölkerungsgruppen in beiden Ländern inzwischen stark belastet:

❙ Am unteren Flusslauf kann kaum noch Wasser- und Angelsport ausgeübt werden, sodass die Kioske, Bootsvermieter und Ausflugsrestaurants erhebliche Umsatzeinbußen haben.

❙ Für die Anrainer vermindert sich der Freizeitwert der Grundstücke, was sich in sinkenden Grundstückspreisen niederschlägt.

❙ Die Trinkwasserversorgung ist in einigen Gemeinden beeinträchtigt. Die Trinkwasseraufbereitung durch die Gemeinden führt inzwischen zu erheblichen Mehrkosten und damit zu höheren Leitungswassergebühren für die Verbraucher.

❙ Bei den Flussfischern haben sich die Fangmengen drastisch verringert.

---

1 Entnommen aus Feist, Lüpertz, Reip, Lehraufgaben für die kaufmännische Ausbildung, Haan-Gruiten, 20. Aufl. 2006, S. 322 ff., mit freundlicher Genehmigung des Verlags Europa-Lehrmittel.

Spannungsverhältnis zwischen Ökonomie und Ökologie – Umweltpolitik

Sowohl im **Land A** als auch im **Land B** bildet sich daher eine Interessengemeinschaft „Sauberer Rio". Die Interessengemeinschaften A und B haben beide das Ziel, die Papierfabriken zum Bau einer gemeinsamen Kläranlage im oberen Flusslauf zu veranlassen. Die Papierfabriken sind dazu bereit, wenn sie zur Finanzierung der Investitionskosten einen Zuschuss von insgesamt 5 GE erhalten. Der Bau der Kläranlage würde für jede der beiden Interessengemeinschaften zu einer Nutzensteigerung von 4 GE (z. B. in Form von Mehreinnahmen, Wertsteigerungen oder Kostensenkungen) führen.

Jede der beiden Interessengemeinschaften A und B hat zwei Strategien zur Auswahl:

Strategie 1 (S_1): Bereitschaft zur Zahlung

Das hat zur Folge, dass der Zuschuss ganz (5 GE) oder zur Hälfte (2,5 GE) gezahlt werden muss.

Strategie 2 (S_2): keine Zahlung

Es wird vielmehr darauf gehofft, dass die andere Interessengemeinschaft den erforderlichen Zuschuss vollständig zahlt (5 GE).

Somit ergeben sich vier mögliche Strategiekombinationen mit verschiedenen Vor- oder Nachteilen für die beiden Interessengemeinschaften (IG). Die Vor-/Nachteile der IG A werden in der linken unteren Ecke, die Vor-/Nachteile der IG B in der rechten oberen Ecke der vier Felder eingetragen.

Beispiel: Strategiekombination

(S_{A1}/S_{B1}): IG A und IG B zahlen.

Jede IG muss in diesem Fall die Hälfte des Zuschusses, nämlich 2,5 GE zahlen.

Vorteil (netto) = Nutzenzuwachs

(4) – Kosten (2,5) = 1,5 GE

a) Ermitteln Sie für die übrigen Strategiekombinationen die Vor-/Nachteile für die beiden Interessengemeinschaften nach obigem Muster.

b) Erläutern Sie die Strategiekombination, die aus Sicht der **Interessengemeinschaft A** am günstigsten ist.

c) Erläutern Sie die Strategiekombination, die aus Sicht der **Interessengemeinschaft B** am günstigsten ist.

d) Zu welcher Strategiekombination wird das Verhalten der beiden Interessengemeinschaften vermutlich führen? Begründen Sie dieses Verhalten und erläutern Sie das Ergebnis.

e) Das zu erwartende Verhalten der Interessengemeinschaften wird auch als **Trittbrettfahrerproblem** (Free-rider-Problem) bezeichnet. Erläutern Sie diesen Begriff anhand des vorliegenden Beispiels.

3. **Situation (Lösungsversuch 3)**

Nachdem weder die Investitionsanreize der Regierung des **Landes B** noch die Initiativen der beiden Interessengemeinschaften zum Erfolg geführt haben, stimmen sich beide Länder in ihrem Vorgehen ab. Sie haben erkannt, dass nationale Einzelmaßnahmen beim Umweltschutz weitgehend wirkungslos sind. Die beiden Papierfabriken werden von beiden Regierungen aufgefordert, gemeinsam ein privates Klärwerk im oberen Flusslauf zu errichten, das die gesamten Abwässer reinigt. Wenn dieser Aufforderung nicht nachgekommen wird, erheben beide Regierungen eine kostendeckende Gebühr in gleicher Höhe für die Reinigung des Wassers durch ein staatliches Klärwerk. Die beiden Papierfabriken müssen sich also entscheiden, ob sie ihre Abwässer selbst reinigen oder die Reinigungsgebühr an den Staat zahlen wollen. Die Gebühren im Falle staatlicher Reinigung belaufen sich auf 6 GE für jedes Unternehmen. Bau und Betrieb einer privaten Kläranlage würden jährlich **Gesamtkosten von 10 GE** verursachen.

a) Halten Sie die staatliche Einflussnahme im vorliegenden Fall für gerechtfertigt?

b) Welche Lösung wäre für die **einzelne** Papierfabrik im vorliegenden Fall am günstigsten?

c) Wie werden sich die beiden Papierfabriken voraussichtlich verhalten? Begründen Sie Ihre Aussage.

4. Ergebnis

Ein wesentliches Funktionsmerkmal der Marktwirtschaft wird von ADAM SMITH (1723–1790), dem Begründer der klassischen Volkswirtschaftslehre und Vorreiter marktwirtschaftlichen Denkens, wie folgt beschrieben:

> „Stets sind alle Menschen darauf bedacht, die für sie vorteilhafteste Anlage ihrer Kapitalien ausfindig zu machen. In der Tat hat jeder dabei nur seinen eigenen Vorteil, nicht aber das Wohl der gesamten Volkswirtschaft im Auge. Aber dieses Erpichtsein auf seinen eigenen Vorteil führt ihn ganz von selbst – oder besser gesagt – notwendigerweise dazu, derjenigen Kapitalanlage den Vorzug zu geben, die zu gleicher Zeit für die Volkswirtschaft als Ganzes am vorteilhaftesten ist. Verfolgt er nämlich sein eigenes Interesse, so fördert er damit das Gesamtwohl viel nachhaltiger, als wenn die Verfolgung des Gemeinwohls unmittelbar sein Ziel wäre. Ich habe nie viel Gutes von denen gehalten, die angeblich für das allgemeine Beste tätig waren."
>
> A. Smith, An Inquiry into the Nature and Causes of the Wealth of Nations, 1776
> zitiert nach: Untersuchungen über Natur und Ursprung des Volkswohlstandes, Braunschweig 1949, S. 24 ff.

a) Es wird behauptet, die Umweltverschmutzung sei auf ein Versagen des Marktes zurückzuführen, da für den Umweltbereich das von A. Smith beschriebene Verhältnis von Eigen- und Gesamtnutzen nicht zutreffe.
Nehmen Sie dazu Stellung und prüfen Sie die Aussage anhand von Situation 1.

b) Warum ist bei Situation 3 durch die Verfolgung von Eigeninteressen gleichzeitig eine Erhöhung des Gemeinwohls möglich?

c) Erläutern Sie an einem selbst gewählten Beispiel, dass die Aussage von A. Smith in einer Marktwirtschaft auch ohne staatliche Eingriffe zutreffend sein kann.

7.3 Umweltauflagen (Ordnungsrecht) – Grenzkosten der Schadensvermeidung

In einer Volkswirtschaft stoßen die vier Produzenten A, B, C und D zusammen 4 000 t Schadstoffe pro Jahr aus. Auf jeden von ihnen entfallen 1 000 t. Der Staat erlässt eine Auflage, künftig den Schadstoffausstoß pro Jahr zu halbieren. Die Kosten für die Minderung des Schadstoffausstoßes um eine Tonne (= Grenzkosten der Schadensvermeidung) weichen bei den vier Verursachern wegen unterschiedlicher Produktionsverfahren voneinander ab. Sie betragen für A 1.000 €, für B 2.000 €, für C 3.000 € und für D 4.000 €.

1. Wie hoch wären die Gesamtkosten, wenn jeder Verursacher seinen Schadstoffausstoß halbiert?

2. Wie hoch wären die Gesamtkosten, wenn zunächst die Verursacher mit den geringsten Grenzkosten der Schadensvermeidung ihren Schadstoffausstoß vollständig reduzieren, bis die insgesamt ausgestoßene Menge halbiert ist?

3. Unter welchen Voraussetzungen ist die kostengünstigere Lösung von Aufgabe 2 nur möglich? Welche Unternehmen müssten in diesem Fall Ausgleichszahlungen leisten? Wie hoch müssten diese Ausgleichszahlungen zwischen den Unternehmen im vorliegenden Fall mindestens sein?

7.4 Wirkungen einer Energiesteuer (Ökosteuer) – Wohlfahrtsänderungen

Angenommen, auf einem Energiemarkt liegt eine Angebotsfunktion in der Form $x^A = p - 10$ vor. Die entsprechende Nachfragefunktion lautet: $x^N = -0,5 p + 65$.

1. Ermitteln Sie den Gleichgewichtspreis und die Gleichgewichtsmenge und tragen Sie die Angebots- und Nachfragekurve in ein Koordinatensystem ein (x-Achse: 10 cm; 1 cm = 10 Mengeneinheiten; y-Achse: 15 cm; 1 cm = 10 Geldeinheiten).

2. Die Regierung erhebt eine Energiesteuer in Höhe von 30 GE je Mengeneinheit.
Ermitteln Sie das Steueraufkommen und den für die Marktteilnehmer eintretenden Nettoverlust an Wohlfahrt gegenüber der Ausgangssituation.

3. Begründen Sie anhand des vorliegenden Beispiels, warum auf dem Energiemarkt die durch eine Mengensteuer eintretenden Wohlfahrtsverluste ungleich auf Anbieter und Nachfrager verteilt sind.

Spannungsverhältnis zwischen Ökonomie und Ökologie – Umweltpolitik

4. Welches andere Ziel als die Erzielung von Steuereinnahmen könnte die Regierung mit der Erhebung der Energiesteuer noch verfolgt haben? Überprüfen Sie, ob dieses Ziel erreicht wurde.

5. Prüfen Sie für den vorliegenden Fall, unter welchen Voraussetzungen sich die Steuererhebung trotz der damit für die Marktteilnehmer verbundenen Wohlfahrtsverluste gesamtgesellschaftlich sinnvoll sein kann.

7.5 Vernetzungsdiagramm: Ökosteuer

Stellen Sie anhand eines Vernetzungsdiagramms fest, welche Zusammenhänge und Abhängigkeiten zwischen den Faktoren, die durch die Ökosteuer beeinflusst werden, bestehen. Verbinden Sie dazu Elemente, die sich direkt beeinflussen, mit einem Pfeil. Kennzeichnen Sie gleichgerichtete Wirkungen (je mehr – desto mehr) mit einem Pluszeichen und entgegengesetzte Wirkungen (je mehr – desto weniger) mit einem Minuszeichen.

Erläutern Sie alle durch Pfeile dargestellten Abhängigkeiten. Folgende Elemente können berücksichtigt werden: Ökosteuer, Umweltbelastung, Verbraucherpreise, Reallöhne, Preiselastizität der Nachfrage, Lohnnebenkosten, Arbeitsplätze, Staatseinnahmen, Kosten der Arbeitslosigkeit, Konsumgüternachfrage, Investitionsgüternachfrage, Ge-/Verbrauch umweltbelastender Produkte, Marktchancen für umweltfreundliche Produkte, Devisen für Rohölimporte, ...

7.6 Emissionshandel

Jedes der beiden Unternehmen A und B stößt in einem bestimmten Zeitraum 800 t CO_2 aus. Die Kosten für die Minderung des Schadstoffausstoßes um jeweils eine Tonne betragen bei Unternehmen A 200 € und bei Unternehmen B 100,00 €. Die Regierung möchte den Schadstoffausstoß beider Unternehmen zusammen auf 1 400 t begrenzen.

1. Welche Kosten würden für jedes der beiden Unternehmen und insgesamt anfallen, wenn beide Unternehmen aufgrund eines Gesetzes verpflichtet würden, den Schadstoffausstoß jeweils um 100 t zu verringern?

2. Als Alternative zu einer gesetzlichen Regelung teilt die Regierung jedem der beiden Unternehmen kostenlose Emissionsrechte über 700 t zu.
   a) Überlegen Sie, wie hoch der Preis für die Emissionsrechte je t mindestens sein muss bzw. höchstens sein darf, damit ein Handel mit Emissionsrechten zwischen den Unternehmen A und B zustande kommt.
   b) Angenommen, der Preis für Emissionsrechte pendelt sich bei 150 € je t ein. Weisen Sie für diesen Fall nach, dass durch den Handel mit Emissionsrechten das Ziel einer Verringerung des Emissionsausstoßes auf 1 400 t kostengünstiger als durch ein Verbot (vgl. Aufgabe 1) erreicht werden kann.

7.7 Zuteilung von Verschmutzungsrechten – Börsenhandel

Ein Staat entscheidet sich für die Einführung des Handels mit Verschmutzungsrechten für Energieerzeuger.

1. Für die Erstzuteilung der Verschmutzungsrechte im Rahmen einer Versteigerung wird der maximal zulässige Schadstoffausstoß auf 800 000 Tonnen (t) festgelegt. Die Gesamtnachfragekurve verläuft linear. Bei 80,00 € je t ist keine Nachfrage mehr vorhanden (Prohibitivpreis). Der Handel führt zu einem Preis von 40,00 € je t.
   Stellen Sie diese Situation in einem Koordinatensystem dar.
   Maßstab: x-Achse 10 cm, 1 cm = 100 000 t; y-Achse 10 cm, 1 cm = 10,00 €/t

2. Im nachfolgenden Börsenhandel wollen Unternehmen, die im Besitz von Umweltzertifikaten sind, diese verkaufen. Die Nachfrage der Unternehmen nach Emissionsrechten entspricht an diesem Börsentag einer normal verlaufenden Nachfragefunktion mit der Funktionsgleichung
   $x = -40.000 \cdot p + 1.200.000$

303

Die Angebotskurve verläuft im Bereich 0 t bis 800 000 t linear. Unter einem Preis von 10,00 € je t werden keine Zertifikate angeboten. Ab einem Preis von 30,00 € je t werden alle ursprünglich ausgegebenen Zertifikate angeboten.
Stellen Sie die Marktsituation grafisch dar und ermitteln Sie den Preis für die Zertifikate an diesem Börsentag.

3. Nach Ablauf der Gültigkeitsdauer der Zertifikate kommt es zu einer erneuten Zuteilung von Verschmutzungszertifikaten.
   a) Der Staat senkt bei dieser Versteigerung die Grenze für den maximal zulässigen Schadstoffausstoß um 25 % gegenüber der ersten Zuteilung (vgl. Aufg. 1). Der Verlauf der Gesamtnachfragekurve ist gegenüber der ursprünglichen Zuteilung unverändert (vgl. Aufg. 1).
   Stellen Sie diese neue Situation in dem bei 1. erstellten Koordinatensystem dar und beurteilen Sie die Veränderung.
   b) Welche Auswirkungen würden sich ergeben, wenn zusätzlich zu den bisherigen Nachfragern auch Umweltschutzverbände bei der Versteigerung mitbieten, um die erworbenen Zertifikate dem Handel zu entziehen und stillzulegen?

7.8 Internetrecherche: Treibhauseffekt und Klimaschutzpolitik

Bearbeiten Sie mithilfe einer Internetrecherche folgende Fragen und Arbeitsaufträge.

1. Zeigen Sie die Ursachen und Auswirkungen des Treibhauseffekts auf (vgl. auch Abb. S. 284).

2. Zeigen Sie auf, welche Länder, Wirtschaftsbranchen und Energieträger wesentlich zum Treibhauseffekt beitragen. Belegen Sie Ihre Antworten mit aktuellen statistischen Daten.

3. Zu welchen Ergebnissen hat die Klimaschutzkonferenz von Kyoto 1997 geführt (Kyoto-Protokoll)? Welche Auswirkungen haben diese Vereinbarungen für Deutschland?

4. Zeigen Sie die Probleme beim geplanten Abschluss eines neuen Klimaschutzabkommens nach Auslaufen des Kyoto-Protokolls (2012) auf.

5. Erläutern Sie die Umsetzungen des seit 2005 bestehenden Handels mit Verschmutzungsrechten in Deutschland (Wie groß ist die zulässige Emissionsmenge? Wie viele Unternehmen aus welchen Branchen nehmen an diesem Handel teil? Wo werden die Verschmutzungsrechte gehandelt? Welcher Preis ergibt sich? Wer hat Verschmutzungsrechte ge- und verkauft?, …).

Internetadressen:
Bundesministerium für Umwelt: www.bmu.de
Umweltbundesamt: www.umweltbundesamt.de
Bundesministerium für Wirtschaft: www.bmwi.de
Bund für Umwelt und Naturschutz: www.bund.net
Öko-Institut Freiburg: www.oeko.de
Greenpeace: www.greenpeace.de
Wuppertaler Institut für Klima, Umwelt, Energie: www.wupperinst.org
Deutsche Emissionshandelsstelle: www.dehst.de
Energiebörse Leipzig: European Energy Exchange: www.eex.de

7.9 Klimagerechtigkeit

Bearbeiten Sie das Arbeitsblatt zum Thema „Klimagerechtigkeit".
Das Arbeitsblatt befindet sich als PDF-Datei auf der Begleit-CD (Best.-Nr. 6082).

Quelle: Bundeszentrale für politische Bildung, Themenblätter im Unterricht Nr. 73. Best. Nr. 5966
http://www.bpb.de/publikationen

8 Beschäftigungs- und Arbeitsmarktpolitik

Warum ist dieses Kapitel wichtig?

Problem

Die hohe Arbeitslosigkeit stellt in Deutschland seit nunmehr fast 20 Jahren das größte gesamtgesellschaftliche Problem dar. Anfang 2006 erreichte die Arbeitslosigkeit mit mehr als 5 Mio. Arbeitslosen und einer Arbeitslosenquote von über 12 % ihren vorläufigen Höhepunkt. Diese Quote konnte aber bis 2013 auf unter 7 % gesenkt werden. Arbeitslosigkeit hat nicht nur weitreichende gesamtwirtschaftliche, sondern auch soziale Folgen. Ursachen, Formen und Struktur der Arbeitslosigkeit haben sich im Laufe der Zeit geändert. Um geeignete Maßnahmen zur Bekämpfung der Arbeitslosigkeit ergreifen zu können, sind genaue Kenntnisse über die Entstehung von Arbeitslosigkeit nötig. Es zeigt sich aber, dass sich die von verschiedenen gesellschaftlichen Gruppen (z. B. Arbeitgeber und Gewerkschaften) vorgeschlagenen Maßnahmen zur Beschäftigungsförderung häufig genau widersprechen. Das hängt nicht nur mit der unterschiedlichen Einschätzung über die Ursachen der Arbeitslosigkeit, sondern auch mit den unterschiedlichen Interessen zusammen. Auch wenn es gelingen sollte, die derzeitige Massenarbeitslosigkeit in Deutschland spürbar zu verringern, so ist doch absehbar, dass Zeiten der Vollbeschäftigung, wie sie in Deutschland zwischen 1960 und 1974 annähernd erreicht wurden, in Zukunft utopisch sind. Vor diesem Hintergrund stellt sich die Frage, in welcher Form und vom wem Arbeit künftig ausgeübt wird. Die Fragestellungen dieses Kapitels lauten daher:

Welches Ausmaß und welche Struktur weist die derzeitige Arbeitslosigkeit in Deutschland auf?

Welche Ursachen der Arbeitslosigkeit lassen sich unterscheiden?

Welche Rolle spielt die Lohnpolitik der Tarifparteien für die Beschäftigungssituation?

Welche Vorschläge zur Beschäftigungsförderung werden diskutiert?

Überblick und Zusammenhänge

8 Beschäftigungs- und Arbeitsmarktpolitik

8.1 Ausmaß und Struktur der Arbeitslosigkeit

Arbeitslosenquote

Aufgabe 8.1, S. 331

Ein nur teilweise ausgelastetes Produktionspotenzial einer Volkswirtschaft bedeutet, dass nicht alle Produktionsfaktoren voll beschäftigt sind. Bezogen auf den Faktor Arbeit wird der Beschäftigungsstand durch die **Arbeitslosenquote** gemessen.

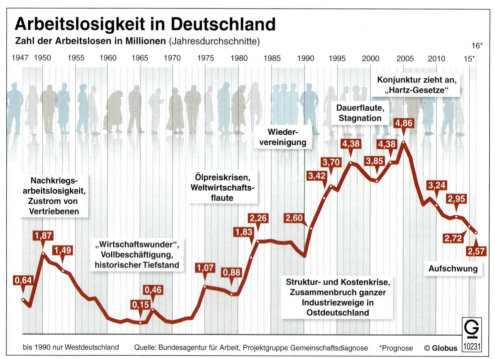

Arbeitslos sind Personen, die – obwohl sie arbeitsfähig und arbeitswillig sind – keine Beschäftigung finden. Statistisch erfasst werden aber nur die bei den Agenturen für Arbeit registrierten Arbeitsuchenden.

Unter den registrierten Arbeitsuchenden können sich aber auch Personen befinden, die lediglich die finanzielle Unterstützung der Agentur für Arbeit in Anspruch nehmen wollen und zu den herrschenden Bedingungen nicht ernsthaft an einer Arbeitsaufnahme interessiert sind (= freiwillig Arbeitslose). Andererseits gehen Arbeitslose, die sich nicht bei den Agenturen für Arbeit melden, weil sie keine Vermittlungchancen sehen oder keinen Anspruch auf Unterstützungszahlungen haben, sowie die Personen, die Kurzarbeit leisten müssen, an Arbeitsbeschaffungsmaßnahmen (ABM) teilnehmen oder unfreiwillig in den Vorruhestand gegangen sind, nicht in die Arbeitslosenstatistik ein (= verdeckt Arbeitslose).

Bevölkerung, Erwerbstätigkeit und Arbeitslosigkeit (Deutschland 2015)		
Einwohner (Wohnbevölkerung) 81,563 Mio.		
Erwerbspersonen (Arbeitskräftepotenzial) 44,914 Mio.		Nicht-Erwerbspersonen 38,058 Mio.
Erwerbstätige (Inländer) 42,964 Mio.	Erwerbslose 1,950 Mio.[1]	
Arbeitnehmer (Inländer) 38,664 Mio.	Selbstständige 4,300 Mio.	
verdeckt Arbeitslose ca. 1 Mio. / registrierte Arbeitslose 2,795 Mio.[1]		

Quelle: Stat. Bundesamt, VGR 2015, März 2016

$$\text{Arbeitslosenquote (ALQ)} = \frac{\text{registrierte Arbeitslose} \cdot 100}{\text{zivile}^2 \text{ Erwerbspersonen}}$$

$$\text{ALQ 2015} = \frac{2{,}795 \cdot 100}{43{,}7} = 6{,}4\ \%$$

Die Arbeitslosenquote gibt an, wie viel Prozent der (zivilen) Erwerbspersonen (Erwerbstätige plus Arbeitslose) als arbeitslos registriert sind.[3]

Struktur der Arbeitslosigkeit

Die Analyse der Arbeitslosenstruktur in Deutschland zeigt u. a. folgende Besonderheiten:

❙ In Ostdeutschland ist die Arbeitslosenquote (2015: 9,6 %) als Folge des wirtschaftlichen Umbruchs nach der Wiedervereinigung bedeutend höher als in Westdeutschland (2015: 6,0 %).

❙ Unter den Arbeitslosen in Westdeutschland hat fast die Hälfte keine abgeschlossene Berufsausbildung. Die unterschiedlich hohe Arbeitslosigkeit bei Personen ohne Berufsausbildung und solchen mit Ausbildung vergrößert sich sowohl in den neuen als auch in den alten Bundesländern erheblich. Insgesamt ist in Deutschland das Problem der Arbeitslosigkeit unter Geringqualifizierten deutlich stärker ausgeprägt als in anderen Ländern.

❙ Ältere Arbeitnehmer sind von Arbeitslosigkeit besonders stark betroffen (ca. 45 % aller Arbeitslosen sind älter als 45 Jahre).

❙ Über ein Drittel aller Arbeitslosen ist bereits mehr als ein Jahr ohne Beschäftigung (Langzeitarbeitslose).

---

1 Nach der internationalen Statistik üben Erwerbslose keinerlei Erwerbstätigkeit aus. Registrierte Arbeitslose in Deutschland dürfen aber eine Beschäftigung bis zu 15 Wochenstunden ausüben und gelten trotzdem als arbeitslos. Daher ist die ausgewiesene Zahl der Arbeitslosen größer als die Zahl der Erwerbslosen.

2 „Zivil" bedeutet in diesem Zusammenhang, dass nur Erwerbspersonen aus Privathaushalten berücksichtigt werden. Erwerbspersonen aus sogenannten Anstaltshaushalten (z. B. Soldaten, Gefangene, Mönche) sind dagegen nicht erfasst.

3 Diese Definition entspricht dem in der EU angewandten EUROSTAT-Konzept.

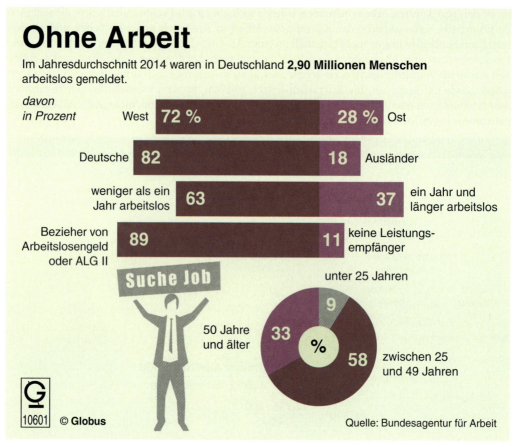

8.2 Arbeitslosigkeit als wirtschaftliches und soziales Problem

Kosten der Arbeitslosigkeit

Arbeitslosigkeit verursacht für die Gesamtgesellschaft enorme Kosten. Einerseits bedeuten die unausgelasteten volkswirtschaftlichen Produktionskapazitäten eine Verschwendung wertvoller Ressourcen (Opportunitätskosten). Andererseits sind bei gleichzeitigen Mindereinnahmen an Steuern und Sozialversicherungsbeiträgen erhebliche staatliche Unterstützungszahlungen an die Betroffenen nötig. Die gesamtwirtschaftlichen Kosten der Arbeitslosigkeit in Deutschland betrugen 2012 ca. 55,00 Mrd. €. Ein einzelner Arbeitsloser kostete damit die Gesellschaft im Jahr 2012 ca. 18.600 € (vgl. untenstehende Abb.).

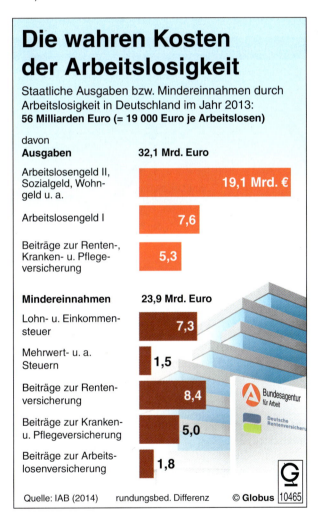

Soziale Auswirkungen der Arbeitslosigkeit

Die gesamtwirtschaftliche Betrachtungsweise darf aber nicht darüber hinwegtäuschen, dass sich hinter den nüchternen Arbeitslosenzahlen Einzelschicksale verbergen. Der Verlust des Arbeitsplatzes bedeutet für den Einzelnen, dass wesentliche menschliche Bedürfnisse nicht mehr durch Arbeit befriedigt werden können.

Menschliche Bedürfnisse	... und ihre Befriedigung durch Arbeit
Grundbedürfnisse	Sicherung des Lebensunterhalts für sich und seine Familie durch das laufende Arbeitseinkommen
Sicherheitsbedürfnisse	Schutz für sich und seine Familie bei Alter und Krankheit durch finanzielle Vorsorgemaßnahmen
Soziale Bedürfnisse	Kontakt und Beziehungen zu anderen Menschen am Arbeitsplatz
Ich-Bedürfnisse	Ausübung einer sinnvollen Tätigkeit, Übernahme von Verantwortung, Anerkennung und Lob durch andere, Steigerung des Selbstwertgefühls
Bedürfnis nach Selbstverwirklichung	Mitwirkung bei der Organisation des Arbeitsablaufs, Anwendung von Kenntnissen und Fähigkeiten, Interesse und Spaß an der Arbeit

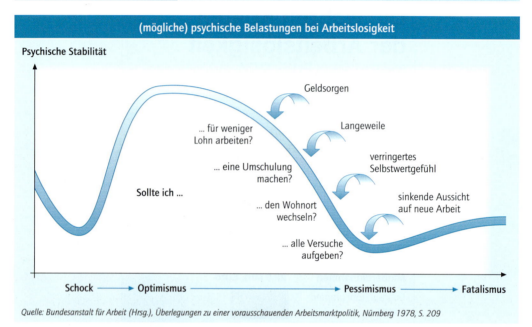

Quelle: Bundesanstalt für Arbeit (Hrsg.), Überlegungen zu einer vorausschauenden Arbeitsmarktpolitik, Nürnberg 1978, S. 209

Arbeitslose erleiden neben beträchtlichen finanziellen Einbußen möglicherweise auch den Verlust ihrer beruflichen Qualifikation, psychische Belastungen und Krankheiten sowie die Zerstörung familiärer und sozialer Beziehungen. Sie sind gesellschaftlichen Vorurteilen ausgesetzt.

Arbeitslosigkeit ist nicht nur ein gesamtwirtschaftliches, sondern auch ein soziales Problem mit vielen persönlichen Einzelschicksalen.

Eine hohe Arbeitslosigkeit birgt auch Gefahren für die Gesellschaft in sich, da es zu einer Zunahme der Kriminalität, einem Anstieg des Alkohol- und Drogenkonsums sowie zu politischer Gleichgültigkeit und Radikalisierung kommen kann.

In einer Studie des US-Kongresses von 1976 wurden die Wirkungen einer Erhöhung der Arbeitslosigkeit um 1 % untersucht. Die Folgen wären **zusätzlich**

... 495 Todesfälle durch Leberzirrhose

... 920 Selbsttötungen

... 4 227 Aufnahmen in psychiatrischen Kliniken

... 628 tödliche Gewaltverbrechen

... 3 440 Gefangene

... 20 240 tödliche Herzinfarkte.

zitiert nach: M. Goodwin, D. Burr, Economix, Berlin 2013, S. 207

8.3 Ursachen und Formen der Arbeitslosigkeit

8.3.1 Klassische (lohnkostenbedingte) und keynesianische (nachfragebedingte) Arbeitslosigkeit

In der Wirtschaftstheorie werden vor allem zwei grundverschiedene Erklärungsansätze für die **Entstehung von Arbeitslosigkeit** diskutiert, die den Theorieschulen der **Neoklassik**[1] und des **Keynesianismus**[2] zuzuordnen sind. Dabei ist die keynesianische Arbeitslosigkeit vor allem **konjunkturell** und die (neo-)klassische Arbeitslosigkeit vielfach **strukturell** bedingt. In einer Rezessionsphase, die durch sinkende gesamtwirtschaftliche Nachfrage und ein zurückgehendes Preisniveau gekennzeichnet ist, würden die Vertreter dieser beiden Theorierichtungen die Arbeitslosigkeit etwa folgendermaßen erklären:

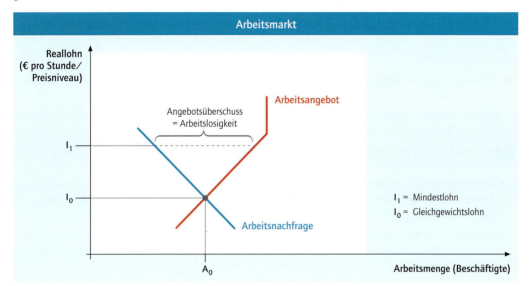

Klassische (lohnkostenbedingte) Arbeitslosigkeit	Keynesianische (nachfragebedingte) Arbeitslosigkeit
„Das Arbeitsmarktdiagramm zeigt, dass der Reallohn zu hoch ist, um ein Arbeitsmarktgleichgewicht herbeizuführen. Vollbeschäftigung ist durch eine Senkung des Nominallohns (und damit des Reallohns) zu erreichen. Daher müssen alle hemmenden Faktoren, die eine Senkung des Reallohns verhindern (z. B. Mindestlohnvorschriften, unflexible Tarifvereinbarungen usw.), abgeschafft werden."	„Das Hauptproblem ist nicht der zu hohe Reallohn. Entscheidend ist, dass die Nachfrage auf den Gütermärkten zu gering ist, um Vollbeschäftigung zu erreichen. Eine Lohnsenkung löst das Problem nicht. Warum sollten die Unternehmen mehr Arbeitskräfte einstellen, wenn sie die zusätzlich erzeugten Güter wegen fehlender Nachfrage nicht absetzen können? Der Staat muss für die Ausweitung der gesamtwirtschaftlichen Nachfrage sorgen."

Der klassische Erklärungsansatz sieht die Ursache der Arbeitslosigkeit in zu hohen Reallöhnen. Der keynesianische Erklärungsansatz sieht die Ursache der Arbeitslosigkeit in einer zu geringen gesamtwirtschaftlichen Nachfrage.

---

1 Als Neoklassik wird in der Volkswirtschaftslehre eine Theorierichtung bezeichnet, die ihren Ausgangspunkt in der zweiten Hälfte des 19. Jahrhunderts hat. Sie löste die durch Adam Smith (1723–1790), David Ricardo (1772–1823) und andere zumeist englischen Ökonomen begründete klassische Volkswirtschaftslehre ab und bestimmte das ökonomische Denken bis zur Weltwirtschaftskrise in den dreißiger Jahren des 20. Jahrhunderts. Danach war der Keynesianismus für einige Jahrzehnte die vorherrschende Denkrichtung.

2 Auf dem Werk des englischen Wirtschaftswissenschaftlers John Maynard Keynes (1883–1946) beruhende Wirtschaftstheorie.

8.3.2 Konjunkturelle und strukturelle Arbeitslosigkeit

Entsprechend den unterschiedlichen Erklärungsansätzen wird in der Arbeitsmarktpolitik im Hinblick auf die Bekämpfungsmöglichkeiten durch arbeitsmarktpolitische Maßnahmen insbesondere zwischen **konjunktureller** und **struktureller Arbeitslosigkeit** unterschieden:

konjunkturelle Arbeitslosigkeit	Konjunkturelle Arbeitslosigkeit entsteht durch Schwankungen in der Auslastung des Produktionspotenzials. In der Rezession wird von den Unternehmen weniger und im Boom mehr Arbeit nachgefragt.
strukturelle Arbeitslosigkeit	Strukturelle Arbeitslosigkeit beruht auf Strukturwandlungen in der Volkswirtschaft, die auch Änderungen hinsichtlich der Zahl der Arbeitsplätze und der Qualifikationsanforderungen mit sich bringen. Die Arbeitsnachfrage bleibt insbesondere in einzelnen Teilbereichen des Arbeitsmarktes hinter dem Arbeitsangebot zurück, weil in diesen Bereichen im Verhältnis zur Zahl der Erwerbspersonen nicht (mehr) genügend Arbeitsplätze vorhanden sind oder die Arbeitslosen wegen Alters, Qualifikation oder geringer räumlicher Mobilität nicht für die Besetzung der freien Stellen infrage kommen. Auch die lohnkostenbedingte (klassische) Arbeitslosigkeit stellt eine Form der strukturellen Arbeitslosigkeit dar.

Als **Unterformen der strukturellen Arbeitslosigkeit**, die alle in unmittelbarem Zusammenhang miteinander stehen und sich gegenseitig überlagern, lassen sich unterscheiden:

❙ **regionale Arbeitslosigkeit** in Form vermehrter Arbeitslosigkeit in strukturschwachen Gebieten (z. B. neue Bundesländer, Ostfriesland)

❙ **berufs- und qualifikationsspezifische Arbeitslosigkeit** durch Wegfall bestimmter Berufsgruppen und Änderung der Produktionsweise (z. B. Bergleute, Schriftsetzer)

❙ **branchenspezifische Arbeitslosigkeit** als Folge eines – teilweise durch den internationalen Konkurrenzkampf ausgelösten – Strukturwandels, von dem einzelne Branchen betroffen sind (z. B. Kohle, Stahl, Werften, Textil).

❙ **Geschlechts- und altersspezifische Arbeitslosigkeit**, da beispielsweise jugendliche Berufsanfänger und ältere Arbeitslose von den Agenturen für Arbeit besonders schwer vermittelbar sind. Innerhalb aller Altersgruppen ist der Anteil arbeitsloser Frauen besonders hoch.

❙ **Technologische Arbeitslosigkeit** liegt dann vor, wenn durch neue Fertigungsverfahren (Rationalisierung) Arbeitskräfte freigesetzt werden. Es besteht ein enger Zusammenhang mit der **lohnkostenbedingten Arbeitslosigkeit**.

Konjunkturelle und strukturelle Arbeitslosigkeit lassen sich meistens nicht eindeutig voneinander trennen. Der größer gewordene Anteil der Langzeitarbeitslosen in den letzten Jahrzehnten deutet aber darauf hin, dass die derzeitige Arbeitslosigkeit in der Bundesrepublik Deutschland zum überwiegenden Teil (ca. 85 %) durch Strukturprobleme bedingt ist.

8.3.3 Strukturelle Arbeitslosigkeit in Form von Mismatch[1]-Arbeitslosigkeit

In Deutschland lässt sich auf dem Arbeitsmarkt folgende Situation feststellen: Arbeitslosigkeit auf der einen Seite (Januar 2016: 2,7 Mio. Arbeitslose) und zahlreiche offene Stellen auf der anderen Seite (Januar 2016: 628 000 offene Stellen). Angebot und Nachfrage auf dem Arbeitsmarkt können also nicht in Einklang gebracht werden. Diese Form der **strukturellen Arbeitslosigkeit** wird als **Mismatch-Arbeitslosigkeit** bezeichnet. Es wird geschätzt, dass derzeit 60 % der Arbeitslosigkeit in Westdeutschland auf solche Ungleichgewichte am Arbeitsmarkt zurückzuführen sind. Entweder passen die Qualifikationsanforderungen der offenen Stellen und die Qualifikation der Arbeitsuchenden nicht zusammen (**qualifikatorischer Mismatch** in Form von **Fachkräftemangel**) und/oder Arbeitgeber und Arbeitsuchende befinden sich an verschiedenen Orten und sind nicht mobil (**regionaler Mismatch**).

---

1 Mismatch *(engl.):* Nichtübereinstimmung, Unterschied

Ursachen und Formen der Arbeitslosigkeit

Selbst in einer Situation, in der Angebot und Nachfrage auf dem Arbeitsmarkt vollständig zueinanderpassen, nimmt die von beiden Marktseiten ausgehende Suche nach geeigneten Arbeitskräften bzw. geeigneten Arbeitsplätzen eine gewisse Zeit in Anspruch, sodass eine vorübergehende **Sucharbeitslosigkeit** entsteht. Diese Form der Arbeitslosigkeit wird auch als **friktionelle**[1] **Arbeitslosigkeit** bezeichnet. Sie stellt ebenfalls eine Art der Mismatch-Arbeitslosigkeit dar. Wie lange der Suchprozess dauert, hängt von den verfügbaren Informationen über den Arbeitsmarkt (Markttransparenz), der Intensität der Arbeitsvermittlung und der Mobilität der Arbeitskräfte ab.

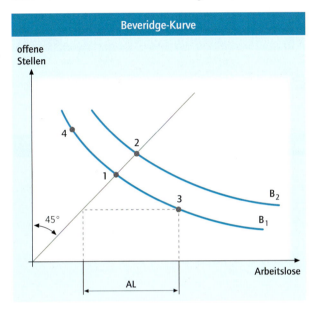

Ein Instrument, um die Mismatch-Arbeitslosigkeit darzustellen, ist die **Beveridge-Kurve**[2]. Anhand dieser Kurve lässt sich der Zusammenhang zwischen der Zahl (bzw. der Quote) der offenen Stellen und der Zahl (bzw. der Quote) der Arbeitslosen verdeutlichen und eine Unterscheidung zwischen Mismatch-Arbeitslosigkeit (strukturelle und/oder friktionelle Arbeitslosigkeit) und konjunktureller Arbeitslosigkeit vornehmen.

Die Kurve stellt alle möglichen Kombinationen zwischen der Zahl der offenen Stellen und der Zahl der Arbeitslosen in einer Volkswirtschaft dar und verdeutlicht folgenden Zusammenhang: Je höher die Arbeitslosigkeit ist, desto weniger offene Stellen gibt es und umgekehrt. Die Winkelhalbierende (45°-Linie) bildet alle Situationen auf dem Arbeitmarkt ab, bei denen die Zahl der offenen Stellen der Zahl der Arbeitslosen entspricht. In diesem Fall besteht die **gesamte Arbeitslosigkeit** aus **Mismatch-Arbeitslosigkeit**, d. h. aus **struktureller und/oder friktioneller Arbeitslosigkeit**.

Verschiebung der Beveridge-Kurve: Strukturelle und/oder friktionelle Arbeitslosigkeit

Eine Verschiebung der Beveridge-Kurve von Punkt 1 nach Punkt 2 bedeutet, dass sowohl die Zahl der offenen Stellen als auch die Zahl der Arbeitslosen zugenommen hat, sodass sich das Problem der Mismatch-Arbeitslosigkeit verschärft hat. Je weiter vom Ursprung die Beveridge-Kurve verläuft, umso höher ist also die Mismatch-Arbeitslosigkeit.

Bewegung auf der Beveridge-Kurve: Konjunkturelle Arbeitslosigkeit

Eine Bewegung auf der Beveridge-Kurve von Punkt 1 zu Punkt 3 bedeutet, dass die Arbeitslosigkeit zugenommen hat und die Zahl der offenen Stellen zurückgegangen ist. Das ist dann der Fall, wenn Unternehmen weniger neue Arbeitskräfte suchen und gleichzeitig bereits Beschäftigte entlassen. Selbst dann, wenn alle offenen Stellen besetzt werden könnten, sodass keinerlei Mismatch-Arbeitslosigkeit bestünde, gäbe es weiter Arbeitslosigkeit im Umfang AL. Diese Arbeitslosigkeit wird als konjunkturell oder anderweitig strukturell bedingt angesehen (z. B. lohnkostenbedingte Arbeitslosigkeit). Sie liegt in allen Bereichen rechts unterhalb der 45°-Linie vor. Befindet sich eine Volkswirtschaft dagegen links oberhalb der 45°-Linie, liegt ein konjunkturell bedingter Überhang der offenen Stellen über die Zahl der Arbeitslosen vor.

---

1 Friktion *(lat.)*: Reibung
2 Die Kurve wurde 1944 von dem englischen Ökonomen William Beveridge hergeleitet.

In der Realität lässt sich häufig schwer feststellen, ob eine neue Kombination zwischen der Zahl der offenen Stellen und der Zahl der Arbeitslosen auf eine Verschiebung der Beveridge-Kurve oder auf eine Bewegung entlang einer bestehenden Beveridge-Kurve zurückzuführen ist. Der Verlauf der Beveridge-Kurve für Deutschland zeigt aber deutlich, dass sich seit Ende der 1970er-Jahre eine Rechtsverschiebung in Etappen ergeben hat (Kurven 1 bis 3 in der Abb. unten). Das deutet auf den wachsenden Umfang struktureller Arbeitslosigkeit in Form von Mismatch-Arbeitslosigkeit in Deutschland hin. Da die Arbeitslosigkeit unter gering qualifizierten Arbeitskräften besonders hoch ist, handelt es sich vor allem um einen **qualifikatorischen Mismatch.**

Jahr	2007	2008	2009	2010	2011	2012	2013	2014	2015
registrierte Arbeitslose in Tsd.	3 760	3 258	3 415	3 238	2 976	2 897	2 950	2 898	2 795
gemeldete offene Stellen in Tsd.	423	389	301	359	466	478	434	490	569

Quelle: Deutsche Bundesbank, Monatsbericht, Januar 2016

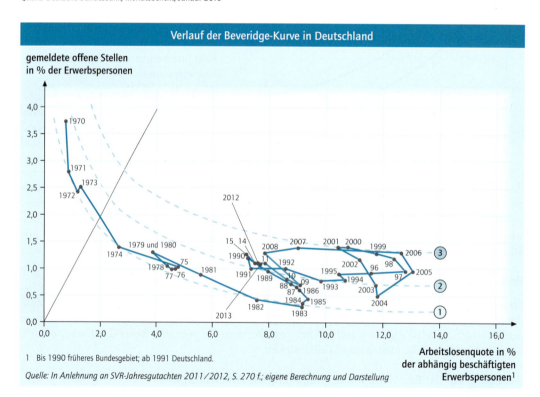

1 Bis 1990 früheres Bundesgebiet; ab 1991 Deutschland.

Quelle: In Anlehnung an SVR-Jahresgutachten 2011/2012, S. 270 f.; eigene Berechnung und Darstellung

8.4 Lohnpolitik der Tarifvertragsparteien

8.4.1 Koalitionsfreiheit – Tarifautonomie – Tarifverträge

Koalitionsfreiheit umd Tarifautonomie

Der Lohn ist aus Sicht der Volkswirtschaftstheorie ein Preis, der auf dem Arbeitsmarkt für die Leistung des Produktionsfaktors Arbeit gezahlt wird. Vor dem Hintergrund, dass ein unregulierter Arbeitsmarkt im Rahmen einer freien Marktwirtschaft zu Fehlentwicklungen in Form von Ausbeutung der Arbeitnehmer führt, besteht heute in den meisten Industrieländern die Auffassung, dass der Arbeitsmarkt nicht völlig dem freien Spiel der Marktkräfte überlassen werden soll. Wie in vielen anderen Ländern wird auch in Deutschland der Prozess der Lohnfindung nicht durch die einzelnen Unternehmen und Arbeitnehmer, sondern durch **Arbeitgeberverbände** und **Gewerkschaften (Tarifvertragsparteien)** bestimmt. Das Grundgesetz garantiert in Art. 9 Abs. 3 die **Koalitionsfreiheit**.

Die sich daraus ergebende **Tarifautonomie**, die im Tarifvertragsgesetz weiter konkretisiert ist, besagt, dass nicht der Staat, sondern die Tarifvertragsparteien (Tarifpartner) für die Vereinbarung von Arbeitsentgelt und sonstigen Arbeitsbedingungen verantwortlich sind.

Aufgabe 8.4, S. 332

> Unter Tarifautonomie ist das Recht der Tarifpartner zu verstehen, ohne staatliche Einflussnahme die Höhe von Löhnen und Gehältern sowie andere Arbeitsbedingungen in Tarifverträgen zu regeln.

Tarifverträge

Die Regelung von Löhnen, Arbeitszeiten und sonstigen Arbeitsbedingungen durch die Tarifvertragsparteien erfolgt in Deutschland überwiegend im Rahmen von Branchentarifverhandlungen. Diese werden entweder bundesweit (z. B. Bauwirtschaft, Bankensektor) oder regional nach Tarifbezirken (z. B. Metall- und Elektroindustrie, Handel) geführt. Führen die Verhandlungen in einer

Region zum Erfolg und zum Abschluss eines Tarifvertrags, wird dieser „Pilotabschluss" in der Regel von den anderen Regionen übernommen. Aus diesem Grund hat sich für branchenweite Tarifabschlüsse der Begriff **Flächentarifvertrag** durchgesetzt.

Einem solchen Flächentarifvertrag (Branchentarifvertrag), der für alle Unternehmen dieser Branche gilt, die freiwillig tarifgebundene Mitglieder des entsprechenden Arbeitgeberverbandes sind, unterliegen in Westdeutschland ca. 43 % aller Unternehmen, in Ostdeutschland dagegen nur ca. 21 %. Nicht flächentarifgebundene Unternehmen unterliegen entweder einem **Firmentarifvertrag** (Haustarif, Werktarif), der zwischen der für die Branche zuständigen Gewerkschaft und der Unternehmensleitung abgeschlossen wird, oder sie handeln ihre Arbeitsverträge individuell mit ihren Mitarbeitern aus.

Die Bedeutung des Flächentarifvertrags nimmt ständig ab, da sich auch in Westdeutschland immer weniger Unternehmen an die einheitlichen und unflexiblen Bedingungen des Flächentarifvertrags binden lassen wollen. Innerhalb der einzelnen Branchen ist die wirtschaftliche Lage der einzelnen Unternehmen teilweise nämlich höchst unterschiedlich. Während gut situierte Unternehmen die Tarifvereinbarungen ohne Probleme einhalten können, können diese bei Unternehmen, die sich in einer wirtschaftlichen Krise befinden, zur Insolvenz führen. Um diesem Problem Rechnung zu tragen, haben die Tarifparteien mit sogenannten Öffnungsklauseln Spielräume für unternehmensspezifische Lösungen geschaffen. **Öffnungsklauseln** gestatten es einzelnen Unternehmen, zeitlich befristet tariflich vereinbarte Mindeststandards (z. B. Tariflöhne und -gehälter) zu unterschreiten.

Flächentarifvertrag	
Pro	**Kontra**
▌ Planungs- und Kalkulationssicherheit hinsichtlich der Lohnkosten	▌ Das Niveau der Löhne und der anderen in den Flächentarifverträgen geregelten Arbeitsbedingungen in Deutschland gehört weltweit zu den höchsten. Im internationalen Wettbewerb führt dieses hohe Tarifniveau zu Wettbewerbs- und Standortnachteilen, da ausländische Wettbewerber nicht diesen Bedingungen unterliegen.
▌ friedenssichernde Funktion für die Unternehmen, da während der Laufzeit des Tarifvertrags Friedenspflicht gilt und keine unvorhersehbaren Arbeitskonflikte (Streiks) auftreten können	
▌ Tarifkonflikte werden überbetrieblich ausgetragen. Dadurch werden Auseinandersetzungen aus den einzelnen Unternehmen herausgehalten.	▌ Die starren Flächentarifverträge nehmen zu wenig Rücksicht auf die unterschiedliche wirtschaftliche Lage der einzelnen Betriebe. Es ist mehr Flexibilität auf betrieblicher Ebene nötig. Der Belegschaft eines Betriebes muss es leichter möglich sein, durch freiwillige Vereinbarungen mit der Unternehmensleitung von den Vereinbarungen des Flächentarifvertrags abzuweichen. Lösung: Gesetzlich verordnete Öffnungsklauseln, betriebliche Bündnisse zwischen Betriebsrat und Unternehmensleitung.
▌ Kostenersparnis, da nicht mit jedem Arbeitnehmer einzeln verhandelt werden muss (= „Outsourcing" für die Regelung der Arbeitsbedingungen, Einsparung von Transaktionskosten)	
▌ Standardisierung von Löhnen, Arbeitszeiten und anderen Arbeitsbedingungen (= Konditionenkartell) entschärft die Konkurrenz zwischen den Unternehmen im Hinblick auf Lohnkosten und Qualität der Arbeitsbedingungen.	▌ Das durch die Flächentarifverträge zementierte hohe Niveau bei Löhnen und anderen Arbeitsbedingungen verhindert Neueinstellungen insbesondere für Problemgruppen bzw. „Outsider" unter den Arbeitslosen (Langzeitarbeitslose, Geringqualifizierte).
▌ Arbeitnehmer werden durch Mindestbedingungen vor Unterbietungswettbewerb (Lohndumping) geschützt.	

Lohnpolitik ist somit in erster Linie Aufgabe der Tarifpartner. Allerdings nimmt der Staat durch gesetzliche Regelungen im Arbeits- und Sozialrecht indirekt erheblichen Einfluss auf die Arbeitsbedingungen und die Höhe der Arbeitskosten. Arbeitgeberbeiträge zur Sozialversicherung der Arbeitnehmer, Lohnfortzahlung im Krankheitsfall und andere gesetzlich oder tarifvertraglich geregelte Personalzusatzkosten (Lohnnebenkosten) bestimmen neben den tariflich vereinbarten Löhnen die tatsächliche Höhe der Arbeitskosten.

316

8.4.2 Lohnkosten

Arbeitskosten im internationalen Vergleich

Häufig werden insbesondere die im internationalen Vergleich **hohen Lohnkosten** in Deutschland für die Arbeitslosigkeit verantwortlich gemacht.

Im Rahmen der EU-Erweiterung um die sogenannten **Billiglohnländer** (u. a. die baltischen Staaten Lettland, Litauen, Estland sowie Polen, Slowakei und Tschechien im Jahr 2004 sowie Bulgarien und Rumänien im Jahr 2007) wurden die Lohnkostenunterschiede besonders häufig als Begründung für die zu erwartende Abwanderung deutscher Unternehmen ins Ausland angeführt. In einigen dieser Länder betragen die Arbeitskosten je Stunde in der Industrie nicht einmal 10 % der deutschen Lohnkosten.

Die folgende Abbildung zeigt, dass in Deutschland im Vergleich zu anderen Ländern nicht so sehr die Lohnkosten[1], sondern die Personalzusatzkosten für die hohen Arbeitskosten verantwortlich sind.

Arbeitsproduktivität – Lohnstückkosten

Allerdings sind die **Arbeitskosten je Stunde** als internationaler Vergleichsmaßstab nicht geeignet. Die in Deutschland überdurchschnittliche **Arbeitsproduktivität** (= Produktionsergebnis pro Arbeitsstunde) und die **Arbeitsqualität** bleiben dabei nämlich unberücksichtigt. Geeignete internationale Vergleichsgröße können nur die **Lohnstückkosten** sein, wobei ein Vergleich im Zeitablauf auch noch die Wechselkursschwankungen zwischen den einzelnen Ländern berücksichtigen muss. Entsprechende Berechnungen zeigen, dass sich die Lohnstückkosten im **Industriesektor** in Deutschland zwar auf einem überdurchschnittlich hohen Niveau bewegen, in den letzten Jahren aber kaum mehr gestiegen sind. Bezogen auf die **gesamte deutsche Wirtschaft** sind die **Arbeitskosten** in den letzten Jahren im Vergleich zu den übrigen EU-Staaten sogar mit Abstand am wenigsten stark gestiegen.

Wie viel Arbeit kostet

Arbeitskosten 2014 (Bruttoverdienst plus Lohnnebenkosten) pro Stunde (in Euro)

Land	Euro
Dänemark	42,00 €
Belgien	41,10
Schweden	40,20
Luxemburg	35,70
Frankreich	35,20
Niederlande	33,50
Finnland	32,90
Deutschland	31,80
Österreich	31,70
Irland	28,40
Italien	27,40
EU	24,40
Großbritannien	22,20
Spanien	21,00
Zypern	15,70
Slowenien	15,50
Griechenland	14,40
Portugal	12,60
Malta	11,80
Estland	10,20
Slowakei	10,00
Tschechien	9,60
Kroatien	9,30
Polen	8,20
Ungarn	7,80
Lettland	7,00
Litauen	6,60
Rumänien	4,80
Bulgarien	3,80

Quelle: Stat. Bundesamt

Entwicklung der realen Lohnstückkosten[2] in Deutschland (2010 = 100)	
2000	93,95
2001	95,80
2002	96,23
2003	96,60
2004	97,38
2005	98,10
2006	100,94
2007	102,44
2008	102,21
2009	96,38
2010	100,00
2011	102,27
2012	101,50
2013	101,16
2014	101,88
2015	102,81

Quelle: Stat. Bundesamt, VGR, 2015, März 2016, Tab. 2.1.14

---

[1] Das in der Abbildung ausgewiesene Direktentgelt ergibt sich aus dem Bruttolohn abzüglich eines anteiligen Betrages für Urlaubs-, Feier- und durchschnittliche Krankheitstage.

[2] Arbeitnehmerentgelte je Arbeitnehmer im Verhältnis zum realen BIP je Erwerbstätigen (Arbeitsproduktivität)

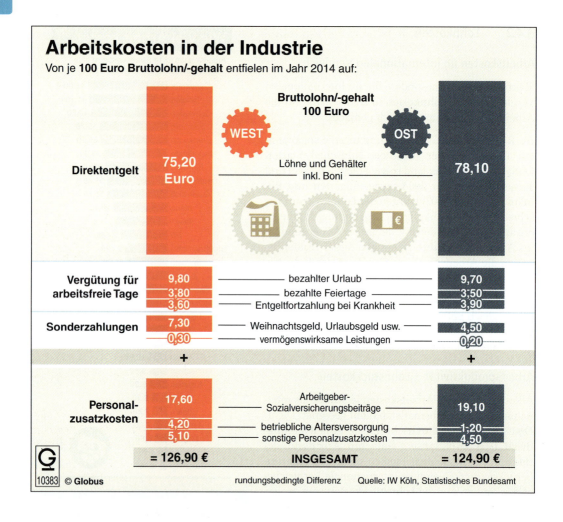

8.4.3 Produktivitäts- und beschäftigungsorientierte Lohnpolitik

$$\text{Arbeitsproduktivität} = \frac{\text{Produktionsergebnis (Output)}}{\text{Arbeitseinsatz}}$$

Eine Erhöhung der **Arbeitsproduktivität** bedeutet, dass mit einer gleich bleibenden Zahl von Erwerbstätigen eine größere Produktionsmenge erzeugt wird. Wenn die Löhne stärker steigen als die Arbeitsproduktivität, erhöhen sich die Lohnkosten je Stück **(Lohnstückkosten)**. Gelingt es den Unternehmen, diese Kostenerhöhung in Form höherer Preise zu überwälzen, kann es zu einer **Lohnkosteninflation** kommen. Andernfalls schmälert der Anstieg der Lohnstückkosten den Unternehmensgewinn und verringert die Wettbewerbsfähigkeit. Das kann zu einer Zunahme der **Arbeitslosigkeit** (klassische bzw. lohnkostenbedingte Arbeitslosigkeit) führen.

Den Tarifparteien wird daher insbesondere von angebotstheoretisch orientierten und arbeitgebernahen Wirtschaftswissenschaftlern eine Lohnpolitik empfohlen, die sich am Produktivitätsfortschritt orientiert **(produktivitätsorientierte Lohnpolitik)**, um einen Anstieg der Lohnstückkosten zu vermeiden. Lohnsteigerungen, die nicht höher als der Produktivitätsfortschritt sind, verhindern nach dieser Auffassung sowohl Lohnkosteninflation als auch lohnkostenbedingte Arbeitslosigkeit. Im Falle hoher Arbeitslosigkeit sollen aber die **Lohnsteigerungen geringer als der Produktivitätsfortschritt** ausfallen, um durch die damit einhergehende Kostenentlastung die Wettbewerbsposition der Unternehmen zu stärken, die Unternehmensgewinne zu erhöhen und so einen Beitrag zur Beschäftigungsförderung zu leisten. Gehen die Lohnforderungen der Gewerkschaften über den Produktivitätsfortschritt hinaus, wird von **expansiver Lohnpolitik** gesprochen. Eine solche Politik wird häufig mit dem **Kaufkrafteffekt der Lohnerhöhung** zur Stärkung der Konsumgüternachfrage und mit dem Ziel einer Erhöhung der **Lohnquote** begründet.

Für eine **beschäftigungsfördernde Lohnpolitik** mit Lohnerhöhungen unterhalb des Produktivitätsfortschritts wird folgende Formel vorgeschlagen: Für je zwei Prozentpunkte der über die als unvermeidbar angesehene Sockelarbeitslosigkeit hinausgehenden Arbeitslosenquote soll ein beschäftigungsfördernder Lohnabschlag von 1 % berücksichtigt werden.

Beschäftigungsfördernde Lohnpolitik (EEKHOFF-Formel[1])	
L = beschäftigungsfördernde Lohnerhöhung P = Produktivitätsfortschritt I = Inflationsausgleich ALQ = tatsächliche Arbeitslosenquote ALQ_n = unvermeidbare Arbeitslosenquote 0,5 (ALQ – ALQ_n) = Hälfte d. Diff. zw. ALQ und ALQ_n	Bei einem Produktivitätsfortschritt von 2,0 %, einer erwarteten Inflationsrate von 2,5 %, einer tatsächlichen ALQ von 10 % und einer als unvermeidbar angesehenen ALQ_n von 4 % ergibt sich eine beschäftigungsfördernde Lohnerhöhung von 1,5 %.
L = P + I – 0,5 (ALQ – ALQ_n)	L = 2,0 % + 2,5 % – 0,5 (10 % – 4 %) = 1,5 %

8.4.4 Weitere Lohntheorien

Effizienzlohntheorie – Insider-Outsider-Theorie

Trotz der hohen Arbeitslosigkeit in Deutschland sind Lohnsenkungen, wie sie nach der (neo-)klassischen Arbeitmarkttheorie nötig wären, um ein Gleichgewicht auf dem Arbeitsmarkt herzustellen, kaum denkbar. Das liegt einerseits an der Art der Lohnfindung im Rahmen von Tarifverhandlungen. Ziel der Gewerkschaften ist es üblicherweise, bei den Tarifverhandlungen nach Möglichkeit Reallohnerhöhungen, zumindest aber einen Inflationsausgleich zu erreichen. Dieses Ziel wird notfalls mit Streiks durchzusetzen versucht. Andererseits gibt es aber auch Ansätze, die erklären, warum nicht nur für die Gewerkschaften, sondern auch für die Unternehmen Lohnsenkungen in manchen Fällen nicht erstrebenswert sind.

---

[1] Benannt nach J. Eekhoff, VWL-Professor an der Uni Köln

Effizienzlohntheorie	Insider-Outsider-Theorie
Eine gute Bezahlung wirkt auf die Arbeitskräfte motivierend und damit produktivitätssteigernd. Eine Lohnkürzung würde daher die Produktivität tendenziell mindern. Dieser Produktivitätsrückgang führt zu einer Erhöhung der Lohnstückkosten, die möglicherweise auch durch die gesunkenen Löhne nicht wieder ausgeglichen wird. Um die Arbeitskosten zu senken, ziehen Unternehmen daher häufig Personalabbau und Entlassungen einer Lohnkürzung (z. B. Abbau übertariflicher Zuschläge) vor. Sie gehen dabei davon aus, dass bei Lohnkürzungen zuerst die besten (produktivsten) Arbeitnehmer abwandern und sich eine andere Arbeitstelle suchen, die ihren Einkommensvorstellungen entspricht. Wenn ein solcher Mitarbeiterwechsel vermieden werden kann, muss auch weniger in die Ausbildung und Einarbeitung neuer Mitarbeiter investiert werden. Diese Vermeidung zusätzlicher Arbeitskosten kann zusammen mit der erwarteten Produktivitätssteigerung dazu führen, dass der Unternehmensgewinn trotz des höheren Lohnniveaus über dem bei niedrigen Löhnen liegt.	Das Insider-Outsider-Problem bezeichnet den Interessenkonflikt zwischen den Arbeitnehmern, die eine Beschäftigung haben, und denjenigen, die keine Beschäftigung haben. Bei den gewerkschaftlich organisierten Arbeitnehmern handelt es sich vorrangig um erwerbstätige Arbeitnehmer (Insider). Diese haben kein Interesse an einer ihre Einkommenssituation verschlechternden Lohnsenkung. Dementsprechend zielen die Tarifverhandlungen auf Lohnerhöhungen und nicht auf Lohnsenkungen ab. Dies ist zum Nachteil der Arbeitslosen (Outsider), die bei niedrigeren Löhnen möglicherweise eher eine Beschäftigung finden würden, sich aber – anders als die Insider – nicht mit einem gewerkschaftlich organisierten Streik wehren können. Auch die Arbeitgeber sind in der Regel daran interessiert, ihre auf die besonderen Bedingungen des jeweiligen Betriebes hin ausgebildete Belegschaft (Insider) zu behalten und nicht gegen bisher Arbeitslose (Outsider) auszutauschen. Trotz niedrigerer Löhne könnte dies nämlich zu höheren Arbeitskosten führen, da Personaleinstellungen und -entlassungen erhebliche Kosten verursachen und ein hoher Wechsel innerhalb der Belegschaft (Fluktuation) erfahrungsgemäß zu Produktivitätsminderungen führt.

Henry Ford: Begründer der Effizienzlohntheorie?

Im Jahr 1914 führte die Ford Motor Company den 5-Dollar-Arbeitstag ein. Da der Tageslohn zu dieser Zeit üblicherweise zwischen zwei und drei Dollar betrug, lag der von Ford gezahlte Lohn deutlich über dem Gleichgewichtslohn. Vor den Toren von Fords Fabriken bildeten sich folglich lange Schlangen von Arbeitsuchenden, die hofften, einen der gut bezahlten Arbeitsplätze zu erhalten.

Welches Motiv hatte Ford? Er äußerte sich dazu später sinngemäß: „Wir müssen unseren Arbeitern mindestens einen so hohen Lohn bezahlen, dass sie die Autos, die sie produzieren, auch kaufen können. Außerdem war die Entlohnung eines Acht-Stunden-Tags mit fünf Dollar eine der wirksamsten Kostensenkungsmaßnahmen, die wir je durchgeführt haben."

Auf den ersten Blick erscheint es widersprüchlich, dass mit Lohnerhöhungen Kostensenkungen einhergehen sollen. Ford hatte aber erkannt, dass durch höhere Löhne die Arbeitsproduktivität stieg. Die Disziplin der Arbeiter hatte sich verbessert, die Fehlzeiten waren zurückgegangen und der persönliche Arbeitseinsatz war gestiegen. Dadurch waren die Lohnstückkosten gesunken.

Vgl. Mankiw, N. G., Makroökonomik, Stuttgart 2000, S. 165

Kaufkrafttheorie der Löhne

Ein von Arbeitnehmerseite immer wieder angeführtes Argument für Lohnsteigerungen beruht auf der **Kaufkrafttheorie der Löhne.** Diese besagt, dass durch Lohnerhöhungen die Konsumgüternachfrage der Arbeitnehmer steigt. Das zieht wiederum eine höhere Güterproduktion und damit mehr Beschäftigung nach sich. Diese Argumentation ist typisch für eine keynesianische Arbeitslosigkeit, die durch eine Erhöhung der gesamtwirtschaftlichen Nachfrage bekämpft werden soll. Allerdings hat J. M. KEYNES selbst in diesem Zusammenhang nie für höhere Löhne, sondern vornehmlich für eine höhere Staatsnachfrage plädiert. Die Kaufkrafttheorie ist u. a. aus folgenden Gründen höchst umstritten:

- Lohnerhöhungen stellen für die Unternehmen Kostenerhöhungen dar. Dieser negative Effekt überwiegt bei den Unternehmen gegenüber den möglicherweise steigenden Umsatzaussichten aufgrund eines sich verbessernden Konsumklimas. Nach (neo-)klassischer Auffassung verschärfen Lohnerhöhungen bei Unterbeschäftigung das Ungleichgewicht auf dem Arbeitsmarkt, weil wegen des gestiegenen Preises für den Produktionsfaktor Arbeit die Nachfrage nach Arbeitskräften noch weiter zurückgeht.

- Es ist schwierig, bei den Ursachen der Arbeitslosigkeit genau zwischen einer konjunkturellen (keynesianischen) und einer strukturellen (klassischen) Arbeitslosigkeit zu unterscheiden. Bei einer strukturellen Arbeitslosigkeit würden Lohnerhöhungen das Beschäftigungsproblem noch zusätzlich verschärfen. Lohnsenkungen in einer Rezession würden allerdings nach allgemeiner Auffassung ebenfalls zu einer Verschlimmerung der Beschäftigungssituation führen.

8.5 Instrumente und Maßnahmen zur Beschäftigungsförderung

8.5.1 Überblick

Unterschiedliche Ursachen der Arbeitslosigkeit erfordern unterschiedliche Maßnahmen zu ihrer Bekämpfung. Die Abbildung auf S. 322 gibt einen Überblick über mögliche Ansatzpunkte.

Unterscheidung zwischen Beschäftigungspolitik und Arbeitsmarktpolitik

Die Beschäftigungspolitik setzt an gesamtwirtschaftlichen Größen (z. B. gesamtwirtschaftliche Nachfrage und gesamtwirtschaftliches Angebot, Wirtschaftswachstum) an. Sie umfasst u. a. fiskalpolitische Maßnahmen des Staates im Rahmen der Konjunktur- und Wachstumspolitik sowie geldpolitische Maßnahmen der Zentralbank. Die Maßnahmen greifen – im Gegensatz zur Arbeitsmarktpolitik – nicht in einzelwirtschaftliche Entscheidungen einzelner Unternehmen und Haushalte ein. Im Rahmen der Arbeitsmarktpolitik geht es dagegen beispielsweise um Qualifizierungsmaßnahmen für Arbeitslose, Lohnkostenzuschüsse, Kurzarbeitergeld u. a. m.

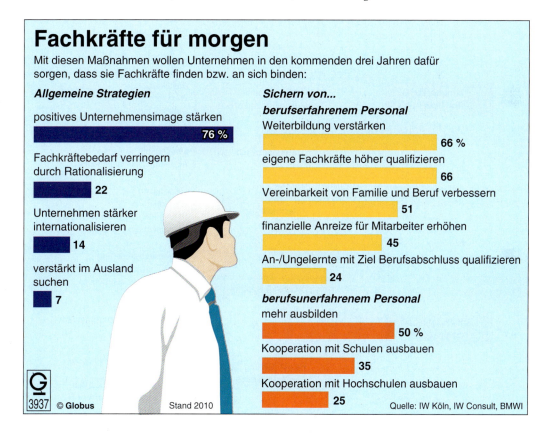

8.5.2 Vorschläge der Tarifvertragsparteien zur Arbeitsmarktpolitik

Unter den Tarifparteien und den Anhängern einer angebots- bzw. nachfrageorientierten Wirtschaftspolitik herrscht allerdings – nicht zuletzt wegen der sich teilweise widersprechenden Interessenlage – Uneinigkeit, welche Maßnahmen angesichts der gegenwärtigen hohen Arbeitslosigkeit in Deutschland ergriffen werden sollen. In der folgenden Tabelle auf den Seiten 323 und 324 sind einige der gängigen Vorschläge und Argumente gegenübergestellt.

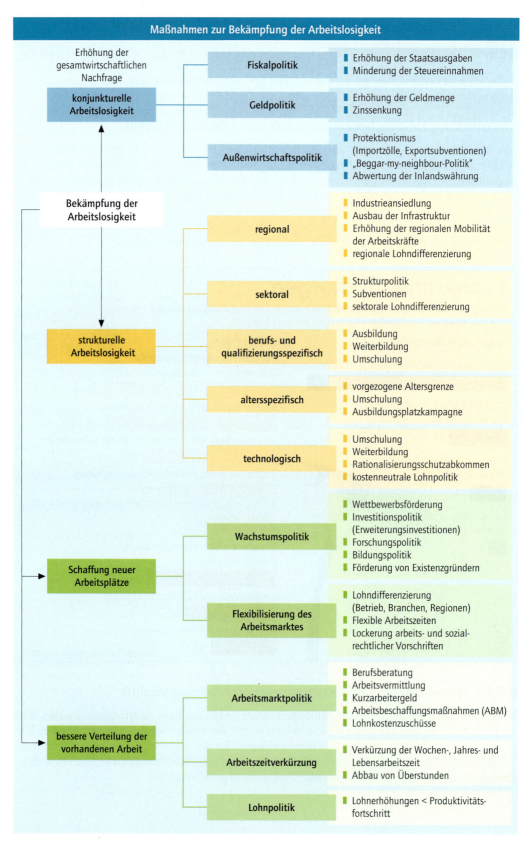

Instrumente und Maßnahmen zur Beschäftigungsförderung

Maßnahme	Neoklassische Arbeitsmarkttheorie Position der Arbeitgeber	Keynesianische Arbeitsmarkttheorie Position der Gewerkschaften
Senkung der Lohnkosten	Der Lohn als Preis für den Produktionsfaktor Arbeit muss auf Arbeitsmarktungleichgewichte reagieren. Größere Flexibilität der Löhne nach unten in Abhängigkeit von der jeweiligen Unternehmenssituation ist erforderlich. Im internationalen Vergleich ist das Lohnniveau in Deutschland äußerst hoch. Das beeinträchtigt die internationale Wettbewerbsfähigkeit der deutschen Wirtschaft.	Niedrigere Löhne bewirken nicht unbedingt eine zusätzliche Beschäftigung. Die Lohnerhöhungen der letzten Jahre waren sehr maßvoll. Die realen Nettolöhne sind sogar gesunken. Trotzdem hat die Arbeitslosigkeit zugenommen. Obwohl in Ostdeutschland das Lohnniveau wesentlich niedriger als im Westen ist, ist dort die Arbeitslosigkeit besonders hoch. Die internationale Wettbewerbsfähigkeit der deutschen Wirtschaft ist nicht gefährdet. Die enormen Exportüberschüsse zeigen, dass in Deutschland die Lohnstückkosten niedrig, die Produktivität hoch und die Qualität der Arbeit gut ist.
Lohnerhöhung zur Erhöhung der Konsumgüternachfrage	Lohnerhöhungen verteuern die Produktion. Zudem ist der Nachfrageeffekt äußerst gering. Bei einem Bruttomonatslohn von 2.230 € würde eine Erhöhung um 100 € nach Abzug von Steuern, Sozialversicherungsabgaben, Ersparnis und Ausgaben für importierte Konsumgüter lediglich eine Nachfrageerhöhung nach inländischen Konsumgütern um 27,10 € (Single) bzw. 35,80 € (verheirateter Alleinverdiener mit 2 Kindern) bewirken.	Für eine Produktionsausweitung sind nicht die Lohnkosten entscheidend, sondern die Absatzmöglichkeiten der Unternehmen. Durch Lohnerhöhungen kann die Binnennachfrage nach Konsumgütern gestärkt und ein Beschäftigungsimpuls ausgelöst werden. In vielen Branchen sind die Produktionskapazitäten wegen fehlender Aufträge nicht ausgelastet. Das verstärkt den Preiswettbewerb und vernichtet Arbeitsplätze. Lohnerhöhungen im Rahmen des Produktivitätsfortschritts sind kostenneutral. Der Verzicht auf Lohnerhöhungen, die Kürzung der Sozialleistungen und die steigende Arbeitslosigkeit führen zu einer Schwächung der Konsumgüternachfrage und damit zu neuen Arbeitsplatzverlusten.
Einführung eines Niedriglohnsektors	Eine Lohndifferenzierung durch Einführung eines Niedriglohnsektors ist nötig, um auch gering qualifizierten Arbeitnehmern eine Beschäftigungsmöglichkeit zu bieten (Spreizung der unteren Lohngruppen). Es müssen Anreize zur Arbeitsaufnahme statt Anreize zur Schwarzarbeit geschaffen werden (z. B. durch höhere Zuverdienstgrenzen beim Arbeitslosengeld, Lohnsubventionen statt Arbeitslosengeld II).	Die Löhne in Westdeutschland haben sich seit 20 Jahren immer mehr auseinanderentwickelt, d. h., der Abstand zwischen denjenigen, die sehr viel verdienen, und denjenigen, die sehr wenig verdienen, ist immer größer geworden. Trotzdem hat sich die Arbeitslosigkeit nicht verringert. Trotz des niedrigen Lohnniveaus in Ostdeutschland ist dort die Arbeitslosigkeit besonders hoch. Ein Niedriglohnsektor setzt zudem voraus, dass es genügend freie Arbeitsplätze in diesem Arbeitsmarktsegment gibt.
Mindestlöhne	Mindestlöhne stellen einen marktkonträren Eingriff dar. Sie bewirken noch mehr Arbeitslosigkeit, da gering Qualifizierte im Niedriglohnbereich keine Beschäftigung mehr finden. Sie führen dazu, dass Arbeitsplätze noch schneller in Niedriglohnländer verlagert werden. Durch das Arbeitslosengeld II (ab 2016 Grundleistung 404 € monatlich) besteht in Deutschland faktisch ein Mindestlohn, da kein Anreiz besteht, für einen geringeren Lohn zu arbeiten.	Staatlich festgelegte Mindestlöhne sichern den Beschäftigten eine für die Lebenshaltung ausreichende Lohnhöhe (Existenzminimum). Sie schützen vor Lohndumping durch Arbeitskräfte aus den osteuropäischen EU-Ländern. Außer Deutschland haben fast alle anderen Industrienationen Mindestlöhne. Negative Auswirkungen auf den Arbeitsmarkt lassen sich in diesen Ländern nicht belegen.
Arbeitszeit	Flexible Arbeitszeitregelungen. Mehrarbeit ohne Lohnausgleich zur Senkung der Stückkosten und Erhöhung der Wettbewerbsfähigkeit. Dadurch wird die Beschäftigung gesichert. Der gesetzliche Anspruch auf Teilzeitarbeit und die eingeschränkte Befristungsmöglichkeit der Arbeitsverhältnisse ist arbeitsplatzschädigend. Wunschkandidaten können nicht erneut befristet eingestellt werden, wenn sie schon früher im Unternehmen beschäftigt waren. Nicht jeder Wunsch auf Teilzeitarbeit lässt sich organisatorisch in den Betriebsablauf einfügen. Diesbezügliche juristische Auseinandersetzungen kosten viel Geld und Zeit.	Mehrarbeit führt zu Mehrproduktion, die wiederum in vollem Umfang abgesetzt werden muss. Andernfalls ergibt sich sogar ein negativer Beschäftigungseffekt. Längere Arbeitszeiten verhindern Neueinstellungen. Statt Arbeitszeitverlängerung sind weitere Arbeitszeitverkürzungen zur Schaffung neuer Arbeitsplätze nötig. Produktivitätssteigerungen machen Arbeitszeitverkürzungen ohne Kostensteigerung möglich. Abbau von Überstunden.

Kapitel 8.5.3

Aufgabe 8.10, S. 336

Maß-nahme	Neoklassische Arbeitsmarkttheorie Position der Arbeitgeber	Keynesianische Arbeitsmarkttheorie Position der Gewerkschaften
Abschaffung der Flächentarifverträge	Die traditionellen Flächentarifverträge (Löhne werden für die gesamte Branche eines Tarifgebietes festgelegt) müssen geändert werden. Der Lohnerhöhungsspielraum ist nicht bei allen Betrieben einer Branche gleich. Lohndifferenzierung in Abhängigkeit von der wirtschaftlichen Lage eines Betriebs muss möglich sein. Wenn es leichter wäre, im Krisenfall von tariflichen Vereinbarungen abzuweichen, würden mehr Arbeitsplätze geschaffen.	Die Flächentarifverträge bieten die Möglichkeit zur Vereinbarung von Öffnungsklauseln, um auf schwierige Situationen einzelner Unternehmen Rücksicht zu nehmen. Von solchen Öffnungsklauseln wird bereits vielfältiger Gebrauch gemacht. Die Forderung nach Abschaffung der Flächentarife zielt in Wirklichkeit darauf, den Mindestschutz für die Beschäftigten zu beseitigen und die Gewerkschaften zu schwächen.
Lockerung des Kündigungsschutzes	Der Kündigungsschutz muss gelockert werden. Er stellt neben anderen Schutzgesetzen eines der wesentlichen Einstellungshindernisse dar, da die Unternehmen befürchten, Arbeitnehmer in Krisenzeiten nicht ohne Weiteres entlassen zu können. Kündigungsschutzprozesse dauern lange und bergen unkalkulierbare finanzielle Folgen (Abfindungen u. Ä.). Wegen der vorgeschriebenen Sozialauswahl müssen bei Beschäftigungsrückgang oftmals Leistungsträger zuerst entlassen werden.	Nur Arbeitnehmer, die nicht in ständiger Angst vor einem Arbeitsplatzverlust leben, sind motiviert und steigern den Unternehmenserfolg. Sie sind auch zur Fort- und Weiterbildung bereit. Kündigungsschutz bedeutet für die Arbeitnehmer mehr Existenzsicherheit. Er schützt aber keineswegs vor Kündigung, sondern nur vor Willkür. Aus internationalen Statistiken lässt sich in keinem Land ein Zusammenhang zwischen Kündigungsschutz und Arbeitslosigkeit nachweisen.
Fehlanreize	Wesentliche Ursache für die Arbeitslosigkeit sind Fehlanreize. Beispielsweise kann die Forderung nach mehr Beschäftigung älterer Arbeitsloser nicht fruchten, wenn der Staat durch Programme zur Frühverrentung die sozialverträgliche Entlassung älterer Arbeitnehmer fördert. Arbeitsplätze im Niedriglohnsektor können nicht entstehen, wenn die soziale Absicherung für gering Qualifizierte finanziell attraktiver ist als eine legale Erwerbstätigkeit. Dauer und Höhe der Unterstützungsleistungen verhindern eine schnelle Arbeitssuche (mangelnde Flexibilität und Anpassungsbereitschaft).	Es wird immer wieder unterstellt, dass für Problemgruppen unter den Arbeitslosen (ältere Arbeitslose, Langzeitarbeitslose, gering Qualifizierte) genügend Arbeitsplätze zur Verfügung stehen, die nur wegen mangelnden Interesses der Betroffenen aufgrund zu hoher Sozialleistungen oder wegen der unzureichenden Vermittlungstätigkeit der Agenturen für Arbeit nicht besetzt werden können. In Wirklichkeit gibt es diese Arbeitsplätze nicht. Der Slogan „Fordern statt Fördern" setzt ein Arbeitsplatzangebot voraus, das aber nicht vorhanden ist.
Absenkung des Arbeitslosengeldes II und Verschärfung der Zumutbarkeitsregeln	Das Arbeitslosengeld II soll auf Sozialhilfeniveau gesenkt und gleichzeitig die Zumutbarkeitsregelung bezüglich der von den Agenturen für Arbeit angebotenen Stellen verschärft werden. So können der Druck auf Langzeitarbeitslose und der Anreiz zur Beschäftigungsaufnahme erhöht werden.	Die Kürzung von Sozialleistungen führt zu einer weiteren Schwächung des Konsums und neuen Arbeitsplatzverlusten. Wenn Arbeitslose gezwungen werden, eine schlechter bezahlte Arbeit, die eine geringere Qualifikation erfordert, anzunehmen, nehmen sie den geringer qualifizierten Arbeitskräften die ohnehin knappen Arbeitsplätze in diesem Bereich weg. Erhöhter Druck auf Arbeitslose und Maßnahmen zur Verbesserung der Arbeitsvermittlung setzen voraus, dass es genügend freie Arbeitsplätze gibt.
Senkung der Steuer- und Abgabenlast	Die Unternehmenssteuern und die Sozialversicherungsbeiträge, soweit sie sich als Lohnnebenkosten (= Arbeitgeberanteil zur Sozialversicherung) niederschlagen, müssen gesenkt werden, um die Wettbewerbsfähigkeit zu sichern.	Die Unternehmenssteuern (Körperschaftsteuer, Spitzensteuersätze der Einkommensteuer) sind in den letzten Jahren erheblich gesenkt worden. Trotzdem hat die Beschäftigung zeitweise weiter abgenommen. Hinsichtlich der Steuer- und Sozialabgabenquote bewegt sich Deutschland international im Mittelfeld. In einigen Ländern, die arbeitsmarktpolitisch wesentlich erfolgreicher sind als Deutschland (z. B. Schweden), liegt die Abgabenquote erheblich höher.
staatliches Beschäftigungsprogramm	Staatliche Programme zur Beschäftigungsförderung lösen allenfalls ein kurzfristiges „Strohfeuer" aus. Aufgabe des Staates ist es, die wirtschaftlichen Rahmenbedingungen so zu gestalten, dass die Unternehmen investieren und Arbeitskräfte einstellen. Steuererhöhungen sind ebenso wie eine zusätzliche Staatsverschuldung „Gift für die Wirtschaft".	Durchführung staatlicher Investitionsprogramme (z. B. Bildung, Infrastruktur, Umwelt). Finanzierung durch staatliche Kreditaufnahme und Wiedereinführung der Börsenumsatz- und Vermögensteuer sowie Erhöhung der im internationalen Vergleich niedrigen Erbschaftsteuer. Auf Dauer tritt durch die ausgelöste Beschäftigungserhöhung wegen des damit einhergehenden höheren Steueraufkommens ein Selbstfinanzierungseffekt ein.

8.5.3 Neuordnung des Niedriglohnsektors: Kombilöhne, Mindestlöhne, Minijobs

Derzeit werden in Deutschland unterschiedliche Maßnahmen zur Neuordnung des Niedriglohnsektors diskutiert.

Arbeitnehmer werden dem Niedriglohnsektor zugeordnet, wenn ihr Lohn zwei Drittel des Durchschnittslohns unterschreitet. Knapp 25 % der Beschäftigten in Deutschland kamen 2010 laut einer Studie des Instituts für Arbeitsmarkt- und Berufsforschung (IAB) auf weniger als 9,54 € brutto je Stunde (= 2/3 des Durchschnittslohns). Damit war der Niedriglohnsektor in Deutschland größer als in allen anderen EU-Staaten (mit Ausnahme von Litauen).

> Als Niedriglohnsektor werden solche Tätigkeiten bezeichnet, deren Arbeitsentgelt erheblich unter dem Tariflohnniveau bzw. dem Durchschnittseinkommen liegt.

Im Jahr 2013 arbeiteten ca. 24,4 % aller Beschäftigten (= ca. 8,12 Mio. Arbeitnehmer) im Niedriglohnsektor. Bei ca. 1,3 Mio. Arbeitnehmern handelte es sich dabei um sogenannte Aufstocker, d. h. um Arbeitnehmer, deren Erwerbseinkommen (großenteils trotz Vollzeitbeschäftigung) so gering ist, dass es durch ergänzende Inanspruchnahme von staatlichen Sozialleistungen (Arbeitslosengeld II) auf das Existenzminimum aufgestockt werden muss (Working Poor).

Kombilöhne

> Bei Kombilöhnen wird das durch Ausübung einer Arbeitnehmertätigkeit erzielte Entgelt durch staatliche Lohnzuschüsse aufgestockt. Es handelt sich somit um eine staatliche Lohnsubvention.

Kombilöhne basieren auf folgenden Beobachtungen: Menschen mit geringer Qualifikation finden auf dem Arbeitsmarkt nur schwer eine Beschäftigung, mit der sie ein für den Lebensunterhalt ausreichendes Einkommen erzielen können. Die zur Deckung des Lebensunterhalts notwendige Lohnhöhe liegt bei gering Qualifizierten über deren Produktivität, sodass derartige Arbeitsplätze aus Sicht der Arbeitgeber unrentabel sind und nur zu niedrigen Löhnen angeboten werden. Ein weiteres Absinken der Löhne wird aber durch staatliche Sozialleistungen (ALG II[1], Sozialhilfe) verhindert, da kaum ein Arbeitnehmer eine Tätigkeit zu einem Lohn aufnimmt, der unter dem Niveau der staatlichen Sozialleistungen liegt. Diese Kluft zwischen der zur Existenzsicherung notwendigen Lohnhöhe einerseits und der sich aus der niedrigen Arbeitsproduktivität von gering Qualifizierten ergebenden Lohnhöhe andererseits soll durch eine **Kombination** von **Arbeitslohn** und **staatlichem Zuschuss** überbrückt werden.

Wird der Zuschuss an den Arbeitnehmer gezahlt, kann dieser auch mit einem Arbeitslohn unterhalb der staatlichen Sozialleistungen (Regelsatz ALG II 2016: 404 € monatlich für Alleinstehende zusätzlich Wohnungskosten) ein ausreichendes und über den Sozialleistungen liegendes Einkommen erzielen. Wird der Zuschuss dagegen an den Arbeitgeber gezahlt, kann dieser für einfache Tätigkeiten einen höheren Lohn bieten. Die Nachfrage nach gering qualifizierter Arbeit steigt dadurch.

In der Praxis führen Kombilöhne aber zu erheblichen Problemen. Sie verleiten zu **„Mitnahmeeffekten"**, indem für bereits bestehende Arbeitsplätze die Löhne gesenkt und Zuschüsse beansprucht werden. Das Lohnniveau für noch nicht subventionierte einfache Tätigkeiten verringert sich und muss möglicherweise durch Steuermittel aufgestockt werden. Es kann zu einer Umwandlung von regulären Arbeitsverhältnissen (= erster Arbeitsmarkt) in staatlich subventionierte Arbeitsverhältnisse (= zweiter Arbeitsmarkt) kommen, mit deren Finanzierung der Staat überfordert ist.

---

[1] ALG II (Arbeitslosengeld II): staatliche Sozialleistung für bedürftige erwerbsfähige Personen

Mindestlöhne

Ein Mindestlohn ist ein Arbeitsentgelt, dessen Höhe bei der Entlohnung eines Arbeitnehmers nicht unterschritten werden darf. Die Höhe des Mindestlohns wird durch den Staat oder durch einen Tarifvertrag festgelegt.

Mit **Mindestlöhnen** werden hauptsächlich **sozialpolitische Ziele** verfolgt, um Arbeitnehmern ein Mindestmaß an Einkommen zu sichern und sie vor Armut zu schützen. Über die **wirtschaftlichen Auswirkungen** von Mindestlöhnen herrscht Uneinigkeit.

Vertreter einer **angebotsorientierten Wirtschaftspolitik** (neoklassische Arbeitmarkttheorie) kritisieren, dass durch die Einführung von Mindestlöhnen der **Gleichgewichtslohn,** bei dem die Menge der angebotenen Arbeit mit der der nachgefragten Arbeit übereinstimmt, überschritten wird.

Das führt zu einem Anstieg der Arbeitslosigkeit, weil alle Beschäftigungsverhältnisse mit einem Arbeitsentgelt unterhalb des Mindestlohns bedroht sind. Vertreter einer **nachfrageorientierten Wirtschaftspolitik** (keynesianische Arbeitsmarkttheorie) gehen dagegen bei Einführung eines Mindestlohnes von sinkender Arbeitslosigkeit aus. Sie verweisen auf den mit einer Erhöhung des Lohnniveaus einhergehenden Anstieg der Kaufkraft und der gesamtwirtschaftlichen Nachfrage **(Kaufkrafttheorie).**

Zum 1. Januar 2015 wurde in Deutschland ein gesetzlicher Mindestlohn von 8,50 € brutto pro Stunde eingeführt. Nach mehr als einem Jahr lassen sich die von vielen liberalen Wirtschaftswissenschaftlern vorhergesagten negativen Beschäftigungseffekte nicht feststellen.

2014 beruhten ca. 846 000 Arbeitsverhältnisse – vornehmlich im Niedriglohnsektor – auf sogenannter **Leiharbeit.** Dabei werden Arbeitnehmer von Zeitarbeitsfirmen (Leiharbeitsfirmen) zeitweise an Arbeitgeber vermittelt („ausgeliehen"). Ihr Lohn ist häufig trotz gleicher Qualifikation und gleicher Arbeit um bis zu 40 % niedriger als die Entlohnung der Stammbelegschaft. Auch für solche Leiharbeitsverhältnisse gilt seit 2015 der gesetzliche Mindestlohn. Der Mindestlohn und die Forderung nach gleicher Bezahlung von Stammbelegschaft und Leiharbeiter (equal pay) führt aus unternehmerischer Sicht zu einer Erhöhung der Lohnkosten für Leiharbeiter. Um diese Kostenerhöhung zu umgehen, werden häufig Leiharbeitsverträge durch Werkverträge ersetzt.

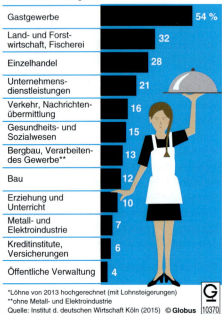

Wer profitiert vom Mindestlohn?
So viel Prozent der Arbeitnehmer in diesen Branchen würden im Jahr 2015 weniger als 8,50 Euro je Stunde bekommen, wenn es den seit Anfang 2015 geltenden Mindestlohn nicht gäbe*:

- Gastgewerbe: 54 %
- Land- und Forstwirtschaft, Fischerei: 32
- Einzelhandel: 28
- Unternehmensdienstleistungen: 21
- Verkehr, Nachrichtenübermittlung: 16
- Gesundheits- und Sozialwesen: 15
- Bergbau, Verarbeitendes Gewerbe**: 13
- Bau: 12
- Erziehung und Unterricht: 10
- Metall- und Elektroindustrie: 7
- Kreditinstitute, Versicherungen: 6
- Öffentliche Verwaltung: 4

*Löhne von 2013 hochgerechnet (mit Lohnsteigerungen)
**ohne Metall- und Elektroindustrie
Quelle: Institut d. deutschen Wirtschaft Köln (2015) © Globus 10370

Bei einem Werkvertrag (BGB § 631 ff.) verpflichtet sich ein Werkunternehmer (Auftragnehmer) dazu, für einen Besteller (Auftraggeber) ein „Werk" zu erstellen. Dabei kann es sich beispielsweise um Reparaturen, Baupläne, Transportleistungen o. Ä. handeln. Daher eignet sich ein Werkvertrag z. B. für Aufträge an selbstständige Handwerker, Architekten und andere Personen, die einen eigenen Entscheidungsspielraum haben. Der Auftragnehmer kann erst dann Geld verlangen, wenn das „Werk" fertig ist. Er trägt somit das wirtschaftliche Risiko. Für normale Arbeitnehmer eines Betriebes eignet sich diese Regelung nicht. Trotzdem wird vielfach von Arbeitgebern versucht, diese Vertragskonstruktion missbräuchlich für sich zu nutzen, um beispielsweise den gesetzlichen Mindestlohn und andere Regelungen zur Arbeitnehmerüberlassung zu umgehen (z. B. Abführung von Sozialversicherungsbeiträgen, Urlaubsanspruch, Lohnfortzahlung im Krankheitsfall, Kündigungsvorschriften).

Instruments und Maßnahmen zur Beschäftigungsförderung

Aus der folgenden Grafik wird deutlich, dass die Lohnschere in Deutschland immer weiter auseinanderklafft. Diese zunehmende Ungleichheit der Löhne wird als Lohnspreizung bezeichnet. Demnach sind seit Ende der 1990er-Jahre die Reallöhne im Niedriglohnsektor ständig gesunken. Dies bedeutet, dass sich diese Arbeitnehmer aufgrund der gesunkenen Kaufkraft ihrer Löhne 2010 mit ihrem Einkommen weniger kaufen konnten als 1998.

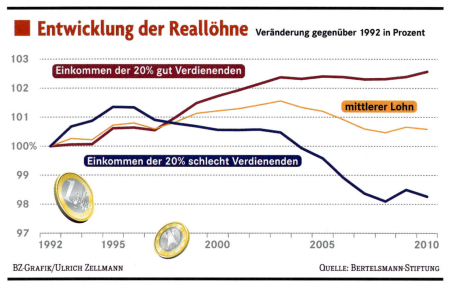

Ein Grund für diese auffällige Entwicklung wird darin gesehen, dass seit Mitte der 1990er-Jahre immer mehr Unternehmen aus dem für ihre Branche zuständigen Arbeitgeberverband ausgetreten sind. Somit haben die zwischen Arbeitgebern und Gewerkschaften ausgehandelten Tarifverträge für die Beschäftigten dieser Unternehmen keine Gültigkeit. Während Mitte der 1990er-Jahre ca. 60 % der Unternehmen der Tarifbindung unterlagen, sind es derzeit (2016) nur noch ca. 32 %. Für die nicht tarifgebundenen Unternehmen können die Gewerkschaften keine Lohnerhöhungen und sonstigen Verbesserungen durchsetzen. Im Jahr 1999 erhielten die Beschäftigten tarifgebundener Unternehmen im Durchschnitt 8 % mehr Lohn als die anderen Arbeitnehmer. Im Jahr 2010 betrug dieses Plus bei den Mitarbeitern mit Tarifvertrag bereits durchschnittlich 19 %.[1]

8.6 Aktuelle Arbeitsmarktprobleme: Zukunft der Arbeit – Arbeit der Zukunft[2]

Die meisten Vorschläge zur Bekämpfung der Arbeitslosigkeit gehen direkt oder indirekt davon aus, dass durch verstärktes **Wirtschaftswachstum** neue Arbeitsplätze geschaffen werden können. Aber selbst wenn entsprechend hohe Wachstumsraten des Inlandsprodukts tatsächlich erreichbar wären, wäre damit nicht unbedingt ein zusätzlicher Beschäftigungseffekt verbunden. Die in allen Industrieländern aufgrund von technischem Fortschritt und damit einhergehender Automation ständig steigende **Arbeitsproduktivität** führt nämlich dazu, dass dieselbe Produktionsmenge in kürzerer Zeit und/oder mit weniger Arbeitskräften hergestellt werden kann. Da nicht davon auszugehen ist, dass Unternehmen auf technische Möglichkeiten und Investitionen zur Steigerung der Arbeitsproduktivität und damit zur Senkung der Lohnstückkosten verzichten, wird von Zukunftsforschern prognostiziert, dass künftig selbst bei steigender Güterproduktion immer weniger menschliche Arbeitskraft gebraucht wird. Arbeitsformen und Arbeitsinhalte werden einem radikalen Wandel unterworfen sein.

---

1 Vgl. G. Felbermayr u. a., Wachsende Lohnungleichheit in Deutschland, Bertelsmann Stiftung, Gütersloh 2014, S. 24 ff.

2 Unter diesem und ähnlichen (Buchtitel-)Schlagworten (z. B. „Das Ende der Arbeit und ihre Zukunft", „Die Virtualisierung der Arbeit", „Vision einer Tätigkeitsgesellschaft: Neue Tätigkeits- und Lebensmodelle im 3. Jahrtausend", „Szenarien künftiger Arbeit", „Auf dem Weg in die Tätigkeitsgesellschaft", „Neue Arbeit, neue Kultur", …) werden Szenarien und Prognosen über künftige Arbeits- und Lebensformen entwickelt. Stellvertretend für viele Veröffentlichungen sei hier das Buch eines der bekanntesten deutschen Zukunftsforscher erwähnt: Opaschowski, H. W., Deutschland 2010 – Wie wir morgen arbeiten und leben. Voraussagen der Wissenschaft zur Zukunft unserer Gesellschaft, Hamburg 2001; siehe auch: www.opaschowski.de.

Schon heute zeigt der Vergleich mit anderen Ländern, dass auch in entwickelten Volkswirtschaften ein gewisses Maß an struktureller Arbeitslosigkeit als Folge des Wandels von der Industrie- zur Dienstleistungsgesellschaft und der Globalisierung der Wirtschaftsbeziehungen unvermeidbar zu sein scheint. Zeiten der Vollbeschäftigung, wie sie zwischen 1960 und 1974 in Deutschland annähernd erreicht wurden, erscheinen für die Zukunft utopisch.

Perspektive 2025: mehr Fachkräfte			
Jugendliche/ junge Erwachsene	**Frauen**	**Ältere**	**Zuwanderer**
WENIGER SCHUL-, AUSBILDUNGS- UND STUDIENABBRECHER	(VOLLZEIT-)ERWERBSTÄTIG-KEIT ERMÖGLICHEN	ERWERBSTÄTIGKEIT AB 55 STÄRKEN	ZUWANDERUNG VON FACHKRÄFTEN FÖRDERN
• verbesserter Übergang Schule/Beruf • Jugendliche aus sozial schwachen Familien fördern • Teilzeitausbildung für junge Eltern • Teilzeitstudiengänge für berufstätige Studierende	• mehr Kinderbetreuung • flexiblere Arbeitszeiten, Telearbeit • mehr Unterstützung bei der Pflege Angehöriger • Perspektiven für den Wiedereinstieg • Diskriminierung am Arbeitsplatz bekämpfen	• Weiterbildung fördern • Gesundheitsmanagement • Arbeitswelt altersgerecht gestalten • Vorurteile abbauen • Zertifizierung als Anreiz für Unternehmen	• Zuwanderung qualifizierter Arbeitskräfte gesetzlich regeln • ausländische Berufs- und Studienabschlüsse anerkennen • Deutschkenntnisse verbessern • Integration fördern

Quelle: Bundesagentur für Arbeit, Perspektive 2025, Januar 2011

Der Arbeitnehmer von morgen ...	
Chancen	**Herausforderungen**
• hat sein Büro mit Notebook und Mobiltelefon immer dabei. • ist höher qualifiziert, da viele einfache Arbeiten von Maschinen ausgeführt werden. • hat mehrere Arbeitgeber und arbeitet abwechselnd Vollzeit, Teilzeit, befristet oder selbstständig. • verbindet Familien- und Berufsleben durch flexible Arbeitsverhältnisse und Home-Office-Zeiten. • arbeitet vernetzt mit internationalen Unternehmen in unterschiedlichen Projekten.	• ist ständig erreichbar für seine Arbeitgeber und Kunden. • muss sich auf immer wieder wechselnde Arbeits- und Lebensumstände einstellen. • ist ohne qualifizierten Schulabschluss und Ausbildung häufiger arbeitslos. • ist selbst für mehr Weiterbildung und soziale Absicherung verantwortlich. • muss sich intensiver privat um seine Alterssicherung kümmern. • braucht zunehmend soziale und interkulturelle Kompetenzen.

Quelle: Schülermagazin „Sozialpolitik", Ausgabe 2013/2014, S. 13, Wiesbaden 2013

Zukunft der Arbeit

Im September 1995 trafen sich namhafte Politiker, Topmanager und führende Wissenschaftler zu einer Konferenz in San Francisco, um über die Zukunft der Welt im 21. Jahrhundert zu diskutieren. Das Ergebnis lautete: Künftig werden weltweit 20 % der arbeitsfähigen Bevölkerung ausreichen, um alle in der Welt benötigten Waren und Dienstleistungen zu produzieren. Die restlichen 80 % der Arbeitswilligen finden keinen Job. Sie sind überflüssig (80/20-Regel). Während ein wohlhabendes Fünftel der Weltbevölkerung demnach auf der Sonnenseite des Lebens am Konsum und am Reichtum teilhaben wird, muss der Rest der Bevölkerung ruhig gestellt werden, damit er nicht aufmüpfig wird. In diesem Zusammenhang wurde der Begriff „tittytainment" geprägt – eine Wortschöpfung aus „entertainment" und „tits", dem englischen Slangwort für Busen. Dabei ist aber weniger an Sex als vielmehr an die Milch einer stillenden Mutter gedacht. „Titty-" steht für das Durchfüttern und „-tainment" für das Unterhalten der 80 % der Bevölkerung auf der Schattenseite, die am Leben und bei Laune gehalten werden müssen.

Beschäftigungs- und Arbeitsmarktpolitik

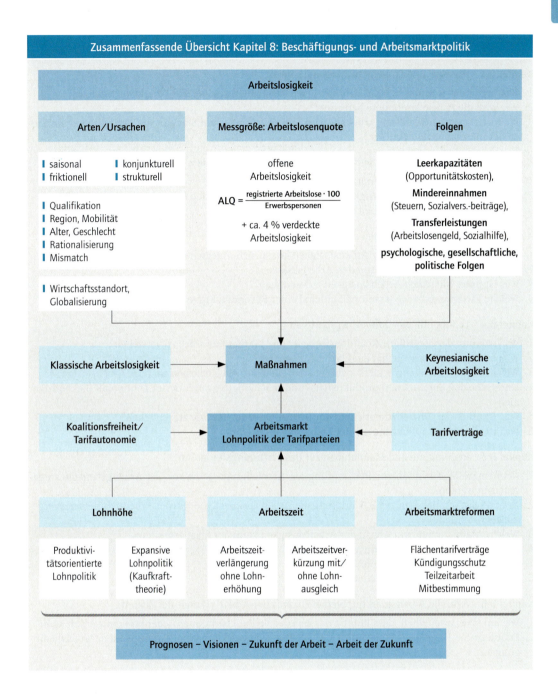

Fragen zur Wiederholung

Kapitel 8.1   Ausmaß und Struktur der Arbeitslosigkeit

1. Wodurch unterscheidet sich die Zahl der Erwerbspersonen von der Zahl der Erwerbstätigen?
2. Wie wird die Arbeitslosenquote berechnet?
3. Wodurch unterscheiden sich Arbeitslose im Sinne der deutschen Statistik von Erwerbslosen im Sinne der internationalen Statistik?

Kapitel 8.2   Arbeitslosigkeit als wirtschaftliches und soziales Problem

1. Welche wirtschaftlichen Folgen hat die Arbeitslosigkeit?
2. Welche Folgen kann Arbeitslosigkeit für den einzelnen Betroffenen haben?
3. Welche Bedeutung hat die Arbeit für den Menschen?

Kapitel 8.3   Ursachen und Formen der Arbeitslosigkeit

1. Welche Ursachen/Formen der Arbeitslosigkeit lassen sich unterscheiden?
2. Nennen Sie Formen der strukturellen Arbeitslosigkeit.
3. Was ist unter Mismatch-Arbeitslosigkeit zu verstehen?
4. Welche Zusammenhänge lassen sich anhand einer Beveridge-Kurve darstellen?

Kapitel 8.4   Lohnpolitik der Tarifvertragsparteien

1. Was ist unter den Begriffen „Koalitionsfreiheit" und „Tarifautonomie" zu verstehen?
2. Welche Vor- und Nachteile hat ein Flächentarifvertrag?
3. Welcher Zusammenhang besteht zwischen der Höhe der Arbeitskosten und der Arbeitslosigkeit?
4. Unterscheiden Sie zwischen produktivitäts- und beschäftigungsorientierter Lohnpoltik (Eekhoff-Formel).
5. Was ist unter der Effizienztheorie und der Insider-Outsider-Theorie zu verstehen?
6. Was ist unter der Kaufkrafttheorie der Löhne zu verstehen?

Kapitel 8.5   Instrumente und Maßnahmen zur Beschäftigungsförderung

1. Nennen Sie Maßnahmen zur Bekämpfung der Arbeitslosigkeit, die von der Arbeitgeberseite vorgeschlagen werden.
2. Nennen Sie Maßnahmen zur Bekämpfung der Arbeitslosigkeit, die von der Arbeitnehmerseite vorgeschlagen werden.
3. Welche Maßnahmen zum Abbau der Arbeitslosigkeit kann der Staat ergreifen?
4. Was ist unter einem Kombilohn zu verstehen?
5. Was ist unter einem Mindestlohn zu verstehen?
6. Was ist unter einem Niedriglohnsektor zu verstehen?

Kapitel 8.6   Aktuelle Arbeitsmarktprobleme: Zukunft der Arbeit – Arbeit der Zukunft

1. Warum ist es zweifelhaft, dass künftig das Ziel der Vollbeschäftigung wieder erreicht werden kann?
2. Erläutern Sie Prognosen hinsichtlich der künftigen Entwicklung von Arbeitsformen/Arbeitsbedingungen.

Beschäftigungs- und Arbeitsmarktpolitik

Aufgaben und Probleme zur Erarbeitung und Anwendung von Wissen

8.1 Arbeitslosigkeit in Deutschland – Arbeitslosenquote – Arten und Ursachen der Arbeitslosigkeit

	2009	2010	2011	2012	2013	2014	2015
zivile Erwerbspersonen (Tsd.)	42 160	42 052	41 915	42 603	42 910	42 000	43 671
registrierte Arbeitslose (Tsd.)	3 415	3 238	2 976	2 897	2 950	2 898	2 795
offene Stellen (Tsd.)	301	359	466	478	434	490	569
Erwerbstätige im Baugewerbe (Tsd.)	2 355	2 371	2 423	2 460	2 480	2 450	2 431
Erwerbstätige im Dienstleistungsgewerbe (Tsd.)	29 622	29 970	30 331	30 642	30 869	31 286	31 886
Langzeitarbeitslose in % aller AL	33,3	34,9	35,4	35,6	35,9	36,6	37,2
ALQ bei Erwerbspersonen ohne Beruf in %	21,9	20,5	19,8	19,7	20,0	19,9	20,0
ALQ neue Bundesländer	14,5	13,4	12,6	11,9	11,6	11,0	10,3
Bruttolöhne/-gehälter je Arbeitnehmerstunde in Euro	21,48	21,68	22,32	23,18	23,85	24,35	24,94
Arbeitsproduktivität je Erwerbstätigenstunde (2010 = 100)	97,6	100,0	102,1	102,6	103,3	103,6	104,2

Quelle: Statistisches Bundesamt, VGR 2015, April 2016

1. Ermitteln Sie die Quoten der registrierten Arbeitslosen für die Jahre 2009 bis 2015.
2. Wodurch ist die Abweichung zur Quote der offenen und verdeckten Arbeitslosigkeit bedingt?
3. Warum hat sich trotz steigender Arbeitslosigkeit gleichzeitig die Zahl der offenen Stellen erhöht?
4. Prüfen Sie anhand der Zahlen und der Abbildungen auf S. 308 sowie der oben stehenden Tabelle, inwieweit verschiedene Arten der Arbeitslosigkeit erkennbar sind.
5. Analysieren Sie die aktuelle Situation und Entwicklung auf dem Arbeitsmarkt (Arbeitslosenquoten der einzelnen Bundesländer, Zugang und Abgang an Arbeitslosen während der letzten Monate, Bestand an Arbeitslosen):
   http://statistik.arbeitsagentur.de
   www.sozialpolitik-aktuell.de

8.2 Mismatch-Arbeitslosigkeit – Beveridge-Kurve – Unterscheidung zwischen konjunktureller und struktureller Arbeitslosigkeit

Beantworten Sie anhand der beiden Abbildungen auf S. 313 und S. 314 folgende Fragen:

1. Welcher Zusammenhang wird durch eine Beveridge-Kurve dargestellt?
2. Welche Arbeitsmarktsituationen werden durch die 45°-Linie dargestellt?
3. Erläutern Sie die Arbeitsmarktlage in den Punkten 1, 2, 3 und 4 in der Abb. auf S. 313.
4. In welchem Fall kommt es zu einer Bewegung auf einer Beveridge-Kurve nach rechts?
5. In welchem Fall kommt es zu einer Verschiebung einer Beveridge-Kurve nach rechts oben?
6. Erläutern Sie anhand der Beveridge-Kurve die Gemeinsamkeiten und Unterschiede zwischen Mismatch-Arbeitslosigkeit und konjunktureller Arbeitslosigkeit.
7. Welche Arten der Arbeitslosigkeit lassen sich anhand der Beveridge-Kurve für Deutschland feststellen?

8.3 Arbeitslosigkeit: Struktur – Ursachen – Formen – Folgen

Erstellen Sie in Arbeitsgruppen eine Mindmap zum Thema Arbeitslosigkeit. Nehmen Sie dabei auf die Darstellungen auf S. 306 bis 329 dieses Buches Bezug.

8.4 Flächentarifvertrag – Firmentarifvertrag

Nach Auslaufen des Tarifvertrags stehen in der Automobilindustrie neue Tarifverhandlungen an. Zu den durch den zuständigen Arbeitgeberverband vertretenen Unternehmen gehören auch vier Produzenten von Autoreifen. Diese vier Zuliefererbetriebe stellen Autoreifen des gleichen Typs her, die zum Preis von 130 € je Stück verkauft werden können.

Für die vier Zuliefererbetriebe gelten folgende Daten:

Betrieb	A	B	C	D
fixe Kosten in Mio. € pro Jahr	100	82,5	72,0	65,0
variable Kosten je Reifen in €	50	55	60	70
davon Lohnkosten je Reifen in €	20	25	30	40
Absatzmenge pro Jahr in Mio. Stück	2,0	1,5	1,2	1,1

1. Ermitteln Sie für die vier Unternehmen die Umsatzerlöse, die Gesamtkosten und den Gewinn.

2. Bei den Tarifverhandlungen fordert die Gewerkschaft eine Lohnerhöhung von 5 %. Diese wird mit einer Produktivitätssteigerung von 2 %, die während der Laufzeit des Tarifvertrags erwartet wird, und einer erwarteten Inflationsrate von 2 % begründet. Außerdem weisen die Gewerkschaftsvertreter daraufhin, dass in einigen Betrieben der Branche im vergangenen Jahr erhebliche Gewinnsteigerungen eingetreten seien. Zur gerechten Beteiligung der Mitarbeiter an dieser Gewinnentwicklung sei eine über den Produktivitätsfortschritt und die Inflationsrate hinausgehende Lohnerhöhung nötig. Daraus ergibt sich die Forderung von 5 % mehr Lohn.

   Der Arbeitgeberverband bezeichnet die Forderung als maßlos und weist sie entschieden zurück. Eine Tariflohnerhöhung in diesem Umfang könne von der Branche nicht verkraftet werden und würde zu Entlassungen führen.

   a) Überprüfen Sie den Einwand des Arbeitgeberverbandes am Beispiel der vier Reifenhersteller. Ermitteln Sie dazu, wie sich die Gewinne der einzelnen Unternehmen bei einer Lohnerhöhung von 5 % entwickeln, wenn alle anderen Daten unverändert bleiben.

   b) Welche Änderung würde sich für den Betrieb D ergeben, wenn nach der Lohnerhöhung
   ▎ die Reifenpreise in Höhe der erwarteten Inflationsrate von 2 % steigen,
   ▎ zusätzlich aufgrund des erwarteten Produktionsfortschritts die Lohnkosten je Reifen (= Lohnstückkosten) um 2 % sinken?

3. Der Betriebsrat des Betriebs A schlägt der Gewerkschaft vor, für die Mitarbeiter dieses Betriebs mit ihrem Arbeitgeber über einen besonderen Firmentarifvertrag (Haustarifvertrag) zu verhandeln.
   a) Welche Absicht verfolgen die Arbeitnehmer des Betriebs A damit?
   b) Beurteilen Sie den Vorschlag aus der Sicht der Gewerkschaftsführung.

8.5 Auswirkungen von Lohnerhöhungen auf Kosten, Gewinne und Einkommensverteilung in einem Betrieb – Produktivitätsorientierte Lohnpolitik – Expansive[1] Lohnpolitik

Für einen Textilbetrieb, der Herrenhemden herstellt, liegen für eine Abrechnungsperiode die in folgender Tabelle angegebenen Daten vor.[2] Ermitteln Sie in einer entsprechenden Tabelle die sich in folgenden Fällen gegenüber der Ausgangssituation ergebenden Datenänderungen und analysieren Sie die Ergebnisse anhand der Fragen.

Fall 1: Produktivitätsorientierte Lohnpolitik
Bei unveränderter Arbeitszeit von 1000 Stunden steigt die Arbeitsproduktivität um 5 %. Um diesen Prozentsatz wird der Stundenlohn erhöht. Der Absatzpreis bleibt unverändert.

---

[1] expansiv *(lat.)*: ausdehnend, erweiternd; hier: über den Produktivitätsfortschritt hinausgehend
[2] In Anlehnung an: Wirtschaft und Unterricht – Informationen aus dem Institut der deutschen Wirtschaft Köln für Pädagogen, Nr. 5/1999.

1. Wie wirken sich die Produktivitäts- und Lohnerhöhung jeweils auf
   a) die Lohnstückkosten,
   b) den Gewinn,
   c) die Einkommensverteilung (Verhältnis von Gewinn zu Lohnsumme)
   aus?

2. Wie verteilt sich in diesem Fall der Produktivitätszuwachs auf Unternehmer- und Arbeitnehmereinkommen?

		Ausgangslage
1	Produktionsergebnis (Hemden in Stück)	4 000
2	Arbeitsstunden	1 000
3	Arbeitsproduktivität (Z1 : Z2)	4,00
4	Bruttostundenlohn (einschl. Nebenkosten) €	16,00
5	Lohnsumme (Z2·Z4) €	16.000,00
6	Lohnkosten pro Stück €	4,00
7	Materialkosten pro Stück €	25,00
8	sonstige Kosten pro Stück €	10,00
9	gesamte Stückkosten (Z6 + Z7 + Z8) €	39,00
10	Verkaufspreis €	40,00
11	Gesamterlös (Z10·Z1) €	160.000,00
12	Gesamtkosten (Z9·Z1) €	156.000,00
13	Gewinn/Verlust (Z11 − Z12) €	4.000,00
14	Verhältnis Gewinn: Lohnsumme (Z13 : Z5)	0,25

Fall 2: Produktivitätsorientierte Lohnpolitik und Erhöhung der Energiekosten bei unverändertem Absatzpreis

Bei unveränderter Arbeitszeit von 1 000 Stunden steigt die Arbeitsproduktivität um 5 %. Um diesen Prozentsatz wird der Stundenlohn erhöht. Zusätzlich steigen die sonstigen Kosten je Stück (z. B. Energiekosten je Stück) um 0,50 €. Der Absatzpreis bleibt unverändert.

1. Wie wirken sich die Produktivitäts-, Lohn- und Energiekostenerhöhung auf a) den Gewinn, b) die Einkommensverteilung (Verhältnis von Gewinn zu Lohnsumme) aus?

2. Wie müssten sich die Löhne im vorliegenden Fall verändern, wenn die Höhe des Gewinns gegenüber der Ausgangssituation unverändert bleibt und eine Erhöhung der Stückkosten vermieden werden soll (= kostenniveauneutrale Lohnpolitik)?

Fall 3: Expansive Lohnpolitik bei unverändertem Absatzpreis

Bei unveränderter Arbeitszeit von 1 000 Stunden steigt die Arbeitsproduktivität um 5 %. Die Stundenlöhne werden aber aufgrund von Tarifverhandlungen um 10 % erhöht. Der Absatzpreis bleibt unverändert.

Wie wirken sich die Produktivitäts- und Lohnerhöhung auf
a) den Gewinn,   b) die Einkommensverteilung (Verhältnis von Gewinn zu Lohnsumme) aus?

8.6 Lohnpolitische Konzepte im Vergleich

Für bevorstehende Tarifverhandlungen liegen für das Jahr 01 nebenstehende Daten/Prognosen vor. Ermitteln Sie, um wie viel Prozent sich das Lohnniveau jeweils verändern würde, wenn sich die Tarifparteien an folgenden lohnpolitischen Konzepten orientieren würden:

a) Produktivitätsorientierte Lohnpolitik: Produktivitätssteigerung (BIP_{real}/Erwerbstätige) plus Inflationsausgleich.

b) Kostenneutrale Lohnpolitik: Gestiegene Rohstoffpreise haben zu einer Erhöhung der Gesamtkosten um 4 % geführt. Durch den Lohnabschluss sollen die Gesamtkosten trotz dieser Erhöhung unverändert bleiben.

c) Beschäftigungsfördernde Lohnpolitik (Eekhoff-Formel): 1 % Lohnabschlag für je 2 % vermeidbare ALQ.

Jahr	00	01
Erwerbspersonen (in Mio.)	44	44
Erwerbstätige (in Mio.)	39,78	40
BIP_{real}/Erwerbstätige in €	49.020	50.000
Arbeitslose (in Mio.)	4,84	4,40
unvermeidbare Sockel-ALQ in %	6 %	6 %
BIP_{real} (in Mrd. €)	1.950	2.000
Inflationsrate in %	2	2

8.7 Lohnpolitik – Beschäftigungspolitik

Bei der Diskussion um den Zusammenhang zwischen Lohnerhöhungen und Arbeitslosigkeit werden folgende Positionen vertreten:

Unternehmer: Lohnerhöhungen erhöhen die Produktionskosten und führen dadurch zu noch mehr Arbeitslosigkeit **(Kosteneffekt)**.

Gewerkschaften: Lohnerhöhungen führen zu einer Erhöhung der Konsumgüternachfrage und bewirken eine Verringerung der Arbeitslosigkeit **(Kaufkrafteffekt)**.

1. Aus Unternehmersicht wird behauptet, der Kosteneffekt einer Lohnerhöhung sei wesentlich höher als der direkte Nachfrageeffekt.

    Überprüfen Sie diese Behauptung, indem Sie die Kostenbelastung sowie die Wirkung auf die Nachfrage nach inländischen Konsumgütern ermitteln, wenn eine Bruttolohnerhöhung um 100,00 € vereinbart wird und folgende Annahmen gelten: Sozialversicherungsbeiträge (je zur Hälfte vom Arbeitgeber und Arbeitnehmer getragen): ca. 40 %; Lohnsteuer (einschl. Solidaritätszuschlag): ca. 25 %; Sparquote: 5 %; Anteil importierter Konsumgüter an den gesamten Konsumausgaben: 11 %.

2. Erstellen Sie aus den folgenden Elementen je eine Wirkungskette, die die Argumentation der Unternehmer bzw. der Gewerkschaften stützt. (Es müssen nicht alle Elemente verwendet werden.)

    Elemente: (1) Tariflöhne, (2) Volkswirtschaftliche Lohnsumme, (3) Gewinne, (4) Erweiterungsinvestitionen, (5) Produktion, (6) Produktionskosten, (7) Konsum, (8) gesamtwirtschaftliche Nachfrage, (9) (internationale) Wettbewerbsfähigkeit, (10) Rationalisierung, (11) Beschäftigung.

    Verbinden Sie die von Ihnen ausgewählten Elemente mit Pfeilen und versehen Sie die Pfeilspitze nach folgender Regel mit einem Plus- oder Minuszeichen:

    Pluszeichen: gleichgerichtete (verstärkende) Wirkung (je mehr – desto mehr bzw. je weniger – desto weniger)

    Minuszeichen: entgegengesetzte (abschwächende) Wirkung (je mehr – desto weniger bzw. je weniger – desto mehr)

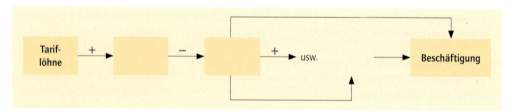

3. Erstellen Sie unter Verwendung der Elemente von Aufgabe 2 und weiterer Elemente (s. u.) ein Vernetzungsdiagramm, das Zusammenhänge und Abhängigkeiten zwischen verschiedenen Faktoren und Prozessen aufzeigt, die zur Arbeitslosigkeit bzw. deren Behebung beitragen.

    Weitere Elemente, die im Vernetzungsdiagramm berücksichtigt werden können: Lohnnebenkosten, Flexibilisierung von Arbeitszeiten und Lohntarifen, Unternehmenssteuern, Exporte, staatliche Zuschüsse zur Arbeitslosenversicherung, staatliche Maßnahmen zur Arbeitsbeschaffung, Sozialhilfe, Belastung des Staatshaushaltes, Verbrauchsteuern, Kaufkraft, …

    Symbolisieren Sie dazu Wirkungen, die ein Element **direkt** auf ein anderes Element ausübt, durch einen Pfeil und kennzeichnen Sie die Wirkungsrichtung mit einem Plus- bzw. Minuszeichen (vgl. Aufgabe 2).

4. Stellen Sie im Vernetzungsdiagramm Wirkungsketten fest, bei denen sich bestimmte Elemente selbst indirekt beeinflussen (Rückkopplungskreisläufe).

8.8 Maßnahmen zur Bekämpfung der Arbeitslosigkeit

1. Ordnen Sie den folgenden 20 Maßnahmen die verschiedenen Zuständigkeits- und Interessenbereiche a) bis e) zu:
   a) Bundesagentur für Arbeit
   b) Bundesregierung
   c) Tarifpolitik
   d) arbeitgeberfreundlich
   e) arbeitnehmerfreundlich

   1. Lohnerhöhung zur Steigerung der Konsumgüternachfrage (expansive Lohnpolitik)
   2. Senkung der Lohnnebenkosten durch Streichung des Arbeitgeberanteils zur Sozialversicherung
   3. Beschäftigung unter Tariflohn (Niedriglohnsektor)
   4. Senkung der Unternehmenssteuern und der Lohnnebenkosten
   5. Lockerung des Kündigungsschutzes
   6. bessere Qualifizierung der Arbeitskräfte
   7. keine Lohnerhöhungen (Nullrunde)
   8. Flexibilisierung der Arbeitszeit, längere Maschinenlaufzeiten
   9. Teilzeitarbeit
   10. Abschaffung der Flächentarifverträge
   11. Kürzung von Arbeitslosengeld, Arbeitslosenhilfe und Sozialhilfe als Anreiz zur Arbeitsaufnahme
   12. Verlängerung der Arbeitszeit ohne Lohnausgleich
   13. befristete Arbeitsverträge
   14. kreditfinanzierte staatliche Bildungs-, Forschungs-, Umwelt- und Infrastrukturinvestitionen
   15. Verhinderung/Abschaffung von Mindestlöhnen
   16. Öffnungsklauseln bei Tarifverträgen („Einsteigertarife"), aufgrund derer auch Arbeitskräfte zu niedrigeren als den tarifvertraglich vereinbarten Löhnen beschäftigt werden dürfen
   17. Verringerung der Wochenarbeitszeit (z. B. 35-Stunden-Woche) und der Lebensarbeitszeit (z. B. Beginn des Renteneintrittsalters mit 60 Jahren)
   18. staatlich subventionierte Nachfrage nach Arbeitskräften (z. B. Kombilohn)
   19. Senkungen der Einkommen- und Körperschaftsteuern zur Erhöhung der Investitions- und Konsumgüternachfrage
   20. Neueinstellungen durch Abbau/Vermeidung von Überstunden

2. Das nebenstehende Marktmodell für den Arbeitsmarkt zeigt drei Strategien zur Verringerung der Arbeitslosigkeit.
   a) Erläutern Sie, welchem der drei Akteure (Arbeitgeber, Gewerkschaften, Regierung) die Strategien (1), (2) und (3) jeweils zuzuordnen sind.
   b) Überprüfen Sie, welche der unter 1. genannten Maßnahmen sich möglicherweise zur Verfolgung einer der drei Strategien eignen. Ordnen Sie die Maßnahmen den jeweiligen Strategien zu und begründen Sie anhand des Marktmodells die Wirkung dieser Maßnahmen.

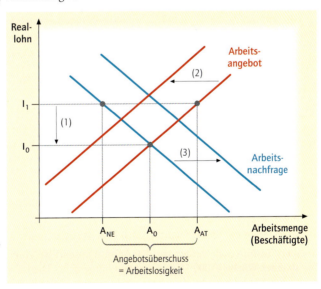

3. Welche der unter 1. genannten Vorschläge sind nach Ihrer Meinung besonders Erfolg versprechend? Begründen Sie Ihre Aussagen.

8.9 Fallstudie: Stabilitätspolitik bei struktureller Arbeitslosigkeit[1]

Für eine Volkswirtschaft liegen die in der folgenden Tabelle dargestellten Zahlen vor.

Indikatoren	Vorjahr	laufendes Jahr
Veränderung des realen BIP	+ 2,5 %	+ 2,5 %
Veränderung des Preisniveaus	+ 2,0 %	+ 1,0 %
Veränderung der Nominallöhne	+ 3,5 %	+ 2,5 %
Veränderung der Gewinneinkommen (nominal)	+ 3,5 %	+ 4,0%
Zahl der Arbeitslosen	2,0 Mio.	2,4 Mio.
Erwerbspersonen	22,0 Mio.	23,0 Mio.
Struktur der Arbeitslosigkeit	Arbeitslose aus Baubranche und Bauzulieferindustrie 650 000	750 000
Lohnquote	66 %	64 %
Veränderung der Geldmenge M3	+ 2 %	+ 2 %
Kapitalmarktzins im Inland	8 %	9 %
Kapitalmarktzins im Ausland	5,5 %	6 %
Sparquote	20 %	22 %
Exportquote (Anteil der Exporte am BIP)		31 %
Importquote (Anteil der Importe am BIP)		33 %
Veränderung der Staatsausgaben		+ 3 %
Veränderung der Steuereinnahmen		+ 1,5 %
Leitzinsen der Zentralbank		4 %
Kapazitätsauslastung		Konsumgüter u. Ausrüstungs-investitionen: 90 % Baubranche: 75 %
Private Investitionen (real)		Ausrüstungsinvestitionen real + 3,5 % Bauinvestitionen real − 6 %
Haushaltslage des Staates	Die Nettoverschuldung ist seit längerem unverändert hoch. Zinsen und Tilgung machen ca. 30 % des Staatshaushalts aus.	

Analysieren Sie die Situation und prüfen Sie die Erfolgschancen der vorgeschlagenen Maßnahmen im Hinblick auf die Ziele Preisniveaustabilität, hoher Beschäftigungsstand und angemessenes Wirtschaftswachstum. vgl. Lösungshinweise im Anhang S. 434

Folgende stabilitätspolitische Vorschläge liegen für das kommende Jahr vor:
a) deutliche Senkung der Einkommensteuer bei gleichzeitigem Abbau von Subventionen
b) Regierung, Gewerkschaften und Arbeitgeber einigen sich im Rahmen eines Bündnisses für Arbeit für zwei Jahre auf Lohnerhöhungen in Höhe der Inflationsrate (reale Nullrunden).
c) Ausweitung der Geldmenge durch vermehrte Kreditvergabe des ESZB an die Geschäftsbanken im Rahmen der Offenmarktpolitik
d) Vergabe zusätzlicher Staatsaufträge, die durch Kreditaufnahme im Inland finanziert werden sollen

8.10 Erhöhung der Beschäftigung durch Arbeitszeitverlängerung oder Arbeitszeitverkürzung?

In einem Textilbetrieb werden von 100 Arbeitnehmern bei einer wöchentlichen Arbeitszeit von 38 Stunden in einer Woche 10 000 Herrenhemden hergestellt. Die Lohnkosten betragen 16,00 € je Stunde. Aufgrund des Konkurrenzdrucks wird eine Erhöhung der Arbeitszeit auf 42 Wochenstunden ohne Lohnausgleich vereinbart.

---

[1] in Anlehnung an Möller, H. W., Angewandte Volkswirtschaftslehre, a. a. O., S. 128

Beschäftigungs- und Arbeitsmarktpolitik

1. Wie viel Euro beträgt der Stundenlohn nach der Arbeitszeitverlängerung und um wie viel Prozent hat er sich verändert?
2. Wie hoch waren die Lohnstückkosten vor der Arbeitszeitverlängerung?
3. Wie viele Hemden können aufgrund der verlängerten Arbeitszeit insgesamt produziert werden, wenn eine entsprechende Verlängerung der Maschinenlaufzeiten problemlos möglich ist?
4. Wie hoch sind die Lohnstückkosten nach der Arbeitszeitverlängerung und um wie viel Prozent haben sie sich verändert?
5. Um wie viel Prozent muss der Hemdenabsatz steigen, wenn durch die Arbeitszeitverlängerung keiner der bisherigen Arbeitnehmer überflüssig werden soll?
6. Um wie viel Prozent muss der Hemdenabsatz steigen, wenn nach der Arbeitszeitverlängerung keine Entlassungen vorgenommen und zusätzlich 10 Neueinstellungen vorgenommen werden sollen?
7. Der bisherige Absatzpreis betrug 40,00 € je Stück. Aus Konkurrenzgründen wird der Absatzpreis um die sich durch die Arbeitszeitverlängerung ergebende Senkung der Lohnstückkosten verringert. Wie hoch muss die Preiselastizität der Nachfrage sein, um bei dieser Preissenkung die sich
    a) bei der ursprünglichen Belegschaft von 100 Arbeitnehmern,
    b) nach der Neueinstellung mit 110 Arbeitnehmern
   ergebende Mehrproduktion absetzen zu können?
8. In Anlehnung an das berühmte „Stecknadelbeispiel", an dem Adam Smith (1723–1790) die Vorteile der Arbeitsteilung aufgezeigt hat, kritisiert der britische Mathematiker und Philosoph Bertrand Russell (1872–1970) im folgenden Text die Logik des Markt- und Konkurrenzsystems.
    a) Erläutern Sie an diesem Beispiel und anhand der Ergebnisse der Teilaufgaben 1 bis 7 die Bedingungen, unter denen eine Arbeitszeitverkürzung zu mehr Beschäftigung führt.
    b) Prüfen Sie, ob die Aussagen aus Ihrer Sicht schlüssig sind.

> „Nehmen wir an, dass gegenwärtig eine bestimmte Anzahl von Menschen mit der Herstellung von Nadeln beschäftigt ist. Sie machen so viele Nadeln, wie die Weltbevölkerung braucht, und arbeiten acht Stunden täglich. Nun macht jemand eine Erfindung, die es ermöglicht, dass dieselbe Zahl von Menschen doppelt so viel Nadeln herstellen kann. Aber die Menschen brauchen nicht doppelt so viel Nadeln. Sie sind bereits so billig, dass kaum noch eine zusätzliche Nadel verkauft würde, wenn sie noch billiger werden. In einer vernünftigen Welt würde jeder, der mit der Herstellung von Nadeln beschäftigt ist, jetzt eben vier statt acht Stunden täglich arbeiten und alles ginge weiter wie zuvor. Aber in unserer realen Welt betrachtet man so etwas als demoralisierend. Die Nadelmacher arbeiten immer noch acht Stunden. Es gibt zu viele Nadeln. Einige Nadelfabrikanten machen Konkurs, und die Hälfte der Leute, die Nadeln machen, verlieren ihre Arbeitsplätze. Es gibt jetzt, genau betrachtet, genauso viel Freizeit wie bei halber Arbeitszeit; denn jetzt hat die Hälfte der Leute überhaupt nichts mehr zu tun, und die andere überarbeitet sich. Auf diese Weise ist sichergestellt, dass die unvermeidliche Freizeit Elend hervorruft, statt dass sie eine Quelle des Wohlbefindens werden kann. Kann man sich noch etwas Irrsinnigeres vorstellen?"
>
> *Bertrand Russell*

8.11 Aktuelle Entwicklung auf dem Arbeitsmarkt

Informieren Sie sich über aktuell geplante, von verschiedenen Interessengruppen geforderte und bereits von Regierung und Tarifparteien realisierte arbeitsmarktpolitische Maßnahmen (z. B. Maßnahmen im Niedriglohnsektor wie Mindestlohn, Kombilohn, Minijobs).

Wägen Sie unter Berücksichtigung der unterschiedlichen Interessen der Beteiligten Vor- und Nachteile von Mindestlöhnen ab und halten Sie dazu ein Kurzreferat.

Aktuelle Informationen finden sich u. a. unter: www.sozialpolitik-aktuell.de (Auswahl: Arbeitsmarkt)

8.12 Zukunft der Arbeit – Arbeit der Zukunft

Recherchieren Sie im Internet zu den Themen „Zukunft der Arbeit" – „Arbeit der Zukunft" und halten Sie dazu ein Kurzreferat.

9 Sozial- und Verteilungspolitik

Warum ist dieses Kapitel wichtig?

Problem

Die Preisbildung auf Märkten erfolgt nicht unter sozialen Gesichtspunkten, sondern einzig und allein in Abhängigkeit von Angebot und Nachfrage. Die sich am Markt ergebenden Güterpreise und Einkommen haben daher nichts mit sozialer Gerechtigkeit zu tun. In einer Marktwirtschaft ist es deshalb Aufgabe des Staates, solche Marktergebnisse, die als sozial ungerecht und nicht akzeptabel empfunden werden, durch eine Einkommensumverteilung zu korrigieren. Dies dient auch der Wahrung des sozialen Friedens in einem Land. Zudem sind nicht alle Mitglieder der Gesellschaft gleichermaßen leistungsfähig, um am Arbeitsmarkt ein ausreichendes Einkommen zu erzielen (z. B. Alte, Kranke, Behinderte, Kinder) oder finanzielle Notlagen aus eigener Kraft zu bewältigen. Der Staat muss daher für solche Fälle eine Möglichkeit zur Abdeckung von Lebens- und Beschäftigungsrisiken im Rahmen einer gesetzlichen Sozialversicherung bieten. Neben dem Wettbewerbsprinzip wird dieses Prinzip des sozialen Ausgleichs (Sozialprinzip) in der Wirtschaftsordnung der sozialen Marktwirtschaft besonders betont. Allerdings zeigte sich in den letzten Jahrzehnten, dass die sozialen Sicherungssysteme in Deutschland aus vielfältigen Gründen in große Finanzierungsschwierigkeiten geraten sind. Ursachen sind u. a. die bereits lange andauernde hohe Arbeitslosigkeit und die Bevölkerungsentwicklung (immer mehr Alte und immer weniger Junge). Die Reform der Sozialversicherungssysteme ist eine der größten politischen Aufgaben, die die derzeitige Regierung zu bewältigen hat. Dabei ist offensichtlich, dass eine Lösung ohne erhebliche Stärkung der Eigenverantwortung des Einzelnen durch private Vorsorge und Selbstbeteiligung nicht möglich ist. Dies gilt insbesondere für die Altersversorgung der jungen Generation, die private Vorsorgemaßnahmen zwingend nötig macht Die Fragestellungen dieses Kapitels lauten daher:

Wie sind die Einkommen und Vermögen in Deutschland verteilt und wie kommt diese Verteilung zustande?

Wie greift der Staat korrigierend in die ursprüngliche Einkommensverteilung ein und welche sozialen Sicherungssysteme bestehen?

Welche Probleme des Sozialstaates sind im Rahmen der sozialen Marktwirtschaft in den letzten Jahren aufgetreten und welche Lösungsmöglichkeiten gibt es?

Überblick und Zusammenhänge

9.1 Einkommensentstehung – Einkommensverteilung – Einkommensumverteilung

Entstehung und Verteilung des Volkseinkommens – funktionelle Einkommensverteilung

Für die erbrachte Arbeitsleistung und die Nutzung der anderen im Produktionsprozess eingesetzten Produktionsfaktoren erhalten deren Inhaber von den Unternehmen ein Entgelt in Form von Lohn, Pacht, Zinsen, Gewinn. Diese Entlohnung der Produktionsfaktoren wird als **Faktoreinkommen** bezeichnet.

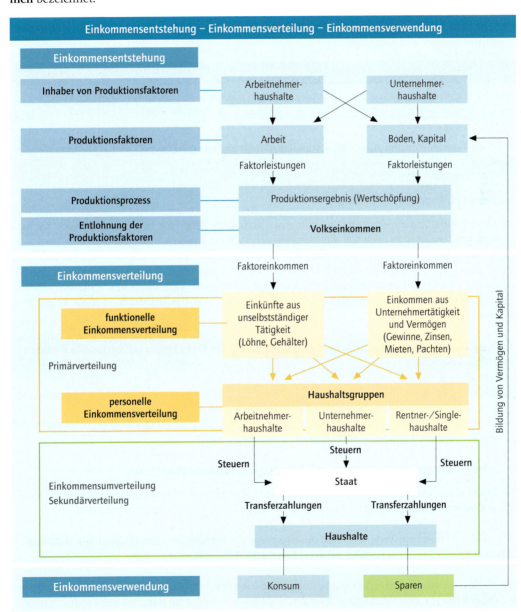

Faktoreinkommen sind die Entgelte, die die Inhaber der Produktionsfaktoren für deren Einsatz im Produktionsprozess erhalten.

9 Sozial- und Verteilungspolitik

> Die Summe aller von Inländern in einer Volkswirtschaft bezogenen Faktoreinkommen ergibt das Volkseinkommen.

Die Verteilung des Volkseinkommens auf die unterschiedlichen Produktionsfaktoren wird als **funktionelle**[1] (oder: funktionale) **Einkommensverteilung** bezeichnet.

> Die funktionelle Einkommensverteilung zeigt die Aufteilung des Volkseinkommens auf die Produktionsfaktoren Arbeit, Boden und Kapital.

Da eine genaue statistische Aufteilung des Volkseinkommens auf die einzelnen Produktionsfaktoren sehr schwierig wäre, werden im Rahmen der funktionellen Einkommensverteilung nur zwei Einkommensarten unterschieden:

Volkseinkommen	
Einkommen aus unselbstständiger Arbeit (Löhne und Gehälter)	Einkommen aus Unternehmertätigkeit und Vermögen (Gewinne, Zinsen, Pachten, Mieten)

> Der Anteil der Einkommen aus unselbstständiger Arbeit am Volkseinkommen wird als Lohnquote bezeichnet.

Personelle Einkommensverteilung

Das Gesamteinkommen einer Person oder eines Haushalts setzt sich in vielen Fällen aus mehreren Einkommensarten zusammen. Beispielsweise erzielt ein Arbeitnehmerhaushalt neben seinem Lohneinkommen möglicherweise auch noch Zinsen und Dividenden aus den in Wertpapieren angelegten Ersparnissen oder Mieteinkünfte aus einer vermieteten Wohnung. Dies wird bei der **personellen Einkommensverteilung** berücksichtigt, indem die Verteilung des Einkommens auf einzelne Personen und Personengruppen (z. B. Familien, Rentnerhaushalte, soziale Schichten) dargestellt wird.

> Die personelle Einkommensverteilung zeigt die Verteilung des Einkommens auf bestimmte Personen und Personengruppen.

Bei der Ermittlung der personellen Einkommensverteilung bleibt die Art der Einkommensentstehung (z. B. Arbeits- oder Gewinneinkommen) also unberücksichtigt. Die personelle Einkommensverteilung lässt beispielsweise Aussagen darüber zu, wie viel Prozent des Volkseinkommens auf wie viel Prozent der Haushalte entfallen.

Einkommensumverteilung: Primäre und sekundäre Einkommensverteilung

Nach dem Zeitpunkt, an dem die Einkommensverteilung betrachtet wird, lässt sich zwischen **primärer Einkommensverteilung** und **sekundärer Einkommensverteilung** unterscheiden.

> Als primäre Einkommensverteilung wird die Einkommensverteilung bezeichnet, die sich unmittelbar aus dem Produktionsprozess aufgrund der erhaltenen Faktoreinkommen ergibt.

Die primäre Einkommensverteilung beruht auf den an den Faktormärkten erzielten Einkommen. Sie spiegelt die von den Produktionsfaktoren geleisteten Beiträge im Rahmen des Produktionsprozesses wider und entspricht einer Einkommensverteilung nach dem **Leistungsprinzip**. Aufgrund von Alter, Krankheit, unterschiedlicher Intelligenz und anderen Faktoren sind aber nicht alle Men-

---

[1] funktionell *(lat.)*: eine Tätigkeit betreffend

Einkommensentstehung – Einkommensverteilung – Einkommensumverteilung

schen gleichermaßen leistungsfähig. Außerdem bestehen je nach sozialer Herkunft und Bildungsstand höchst unterschiedliche Startchancen im Berufsleben. Eine ausschließlich leistungsabhängige und dem Prinzip der **Leistungsgerechtigkeit** entsprechende Einkommensverteilung wird daher allgemein als sozial unverträglich und ungerecht empfunden. In Abhängigkeit von den in der Bevölkerung vorherrschenden Gerechtigkeitsvorstellungen soll der Staat daher eine **Umverteilung** dieser Leistungseinkommen zugunsten derjenigen vornehmen, die aus verschiedenen Gründen nicht oder nicht in ausreichendem Maße für sich selbst aufkommen können **(Bedarfsgerechtigkeit)**. Wenn der Staat die primäre Einkommensverteilung mittels verteilungspolitischer Maßnahmen mit dem Ziel einer größeren **Bedarfsgerechtigkeit** und **Chancengleichheit** korrigiert, ergibt sich die **sekundäre Einkommensverteilung**.

> Als sekundäre Einkommensverteilung wird die Einkommensverteilung bezeichnet, die sich nach staatlichen Umverteilungsmaßnahmen ergibt.

Es gibt aber keinen allgemein anerkannten Maßstab für eine gerechte Einkommensverteilung. Vielmehr ist dieses Ziel an bestimmten Gerechtigkeitsvorstellungen orientiert, die auf Werturteilen beruhen und nicht messbar sind.

Unterschied zwischen ungleich und ungerecht

Der Unterschied zwischen **wissenschaftlichen Aussagen** und **Werturteilen** lässt sich anhand der **Einkommensverteilung** zeigen.

Die Feststellung, die Verteilung der Einkommen in Deutschland sei **ungleich,** ist eine wissenschaftliche Aussage, die sich durch entsprechende Statistiken und Darstellungen (vgl. Lorenz-Kurve S. 331) belegen lässt. Die Aussage, die Verteilung sei **ungerecht,** ist hingegen eine Wertung, die auf der persönlichen Meinung desjenigen beruht, der sie äußert. Während manche die aktuelle Einkommensverteilung in Deutschland als ungerecht empfinden und eine stärkere Umverteilung fordern, sind andere der Meinung, es werde genug umverteilt und die bestehende Verteilung sei durchaus angemessen.

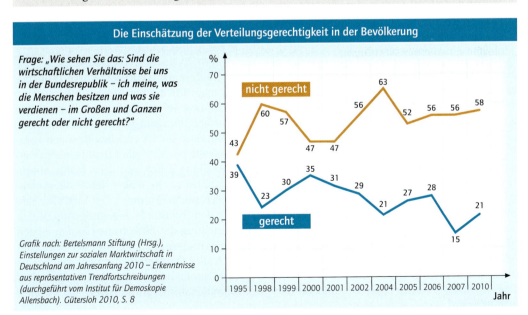

Die Einschätzung der Verteilungsgerechtigkeit in der Bevölkerung

Frage: „Wie sehen Sie das: Sind die wirtschaftlichen Verhältnisse bei uns in der Bundesrepublik – ich meine, was die Menschen besitzen und was sie verdienen – im Großen und Ganzen gerecht oder nicht gerecht?"

Grafik nach: Bertelsmann Stiftung (Hrsg.), Einstellungen zur sozialen Marktwirtschaft in Deutschland am Jahresanfang 2010 – Erkenntnisse aus repräsentativen Trendfortschreibungen (durchgeführt vom Institut für Demoskopie Allensbach). Gütersloh 2010, S. 8

> Mittel zur Einkommensumverteilung von der Primär- zur Sekundärverteilung sind von der Einkommenshöhe abhängige Steuern und Sozialabgaben sowie Transferzahlungen (z. B. Kindergeld, Krankengeld, Renten, Arbeitslosengeld, Sozialhilfe, Wohngeld, Ausbildungsförderung).

9.2 Einkommens- und Vermögensverteilung in Deutschland

Lohnquote als Maßstab für die funktionelle Einkommensverteilung

Bezüglich der **funktionellen Einkommensverteilung** in Deutschland lässt sich folgende Feststellung treffen: Die **Lohnquote**, d. h. der Anteil der Einkommen aus unselbstständiger Arbeit am Volkseinkommen, hat in den Jahren 1993 bis 1998 ständig abgenommen. Danach ist sie wieder leicht gestiegen.

Allerdings lässt sich mit der Lohnquote allein die Einkommensverteilung nicht messen. Einerseits werden die Vermögenseinkommen der Arbeitnehmer (z. B. Zinseinkünfte, Erträge aus Immobilien) ebenso den Einkommen aus Unternehmertätigkeit und Vermögen zugerechnet wie die Einkommen von Landwirten und

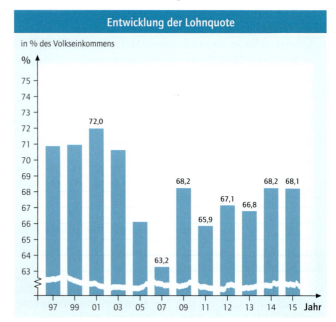

anderen Kleingewerbetreibenden. Die sich teilweise auf mehrere Millionen Euro jährlich belaufenden Bezüge der Vorstandsvorsitzenden deutscher Aktiengesellschaften gehören dagegen zu den Einkommen aus unselbstständiger Arbeit und gehen in die Lohnquote ein. In den letzten Jahrzehnten haben die Einkommen aus Vermögen ständig zugenommen (von 5 % des Volkseinkommens 1970 auf inzwischen über 10 %). Dadurch nimmt die Lohnquote zwangsläufig ab, ohne dass damit zugleich eine Schlechterstellung der Arbeitnehmer einhergehen muss.

Ungleiche Einkommensverteilung

Die **personelle Einkommensverteilung** lässt sich u. a. mithilfe einer **LORENZ**[1]-Kurve (Konzentrationskurve) darstellen. Die nachstehenden LORENZ-Kurven für die personelle Einkommensverteilung in der Bundesrepublik Deutschland zeigen u. a., dass bei der Primärverteilung (= vor der Umverteilung durch Steuern, Sozialabgaben und Transferzahlungen) 50 % der einkommensschwächsten Haushalte nur über knapp 15 % aller in der Bundesrepublik erzielten Bruttoeinkommen verfügten, während auf die restlichen 50 % der Haushalte ca. 85 % aller Bruttoeinkommen entfielen. Bei der Sekundärverteilung (= nach der Umverteilung durch staatliche Maßnahmen) verfügten die einkommensschwächsten 50 % der Haushalte über ca. 30 % aller Nettoeinkommen. Andererseits vereinigten die 20 % der Haushalte mit den höchsten Einkommen fast 40 % aller Nettoeinkommen auf sich. Nach dem neuerdings regelmäßig von der Bundesregierung vorgelegten „Armuts- und Reichtumsbericht" hat sich die Ungleichverteilung der Einkommen in den letzten Jahren und Jahrzehnten erheblich erhöht. 2013 betrug die Armutsrisikoquote, d. h. der Anteil der Personen in Haushalten, deren Einkommen (einschließlich aller Transfereinkommen) weniger als 60 % des Durchschnittseinkommens (d. h. weniger als 940 € monatlich) beträgt, 16,1 %. Insbesondere Arbeitslose, Alleinerziehende und Familien mit Migrationshintergrund haben ein erhöhtes Armutsrisiko[2].

---

[1] nach dem amerikanischen Statistiker Max O. Lorenz benannte grafische Darstellung einer Häufigkeitsverteilung, die insbesondere die Konzentration veranschaulicht

[2] Statistisches Bundesamt, Pressemitteilung vom 28.10.2014

Einkommens- und Vermögensverteilung in Deutschland

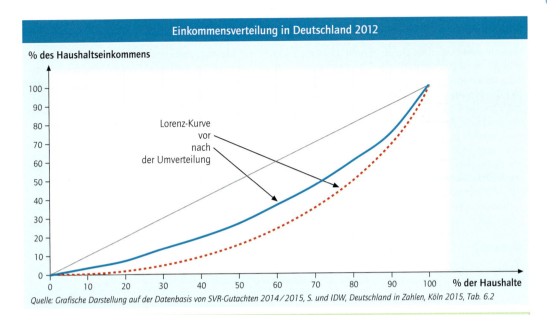

Quelle: Grafische Darstellung auf der Datenbasis von SVR-Gutachten 2014/2015, S. und IDW, Deutschland in Zahlen, Köln 2015, Tab. 6.2

Beispiel: Manager mit Spitzenverdienst 2014

Deutsche Top-Manager verdienen prächtig: Durchschnittlich 5,27 Mio. Euro erhielt der Chef eines DAX-Konzerns 2014. Die Vergütung der Vorstände setzt sich aus variablen Posten wie Boni und Prämien sowie einem Fixgehalt zusammen.

Absoluter Top-Verdiener war mit mehr als 15 Mio. Euro VW-Chef Martin Winterkorn. An zweiter Stelle der Spitzenverdiener stand Bill McDermott (SAP) mit 7,9 Mio. Euro, gefolgt von Karl-Ludwig Kley (Merck) mit 7,8 Mio. Euro und Norbert Reihofen (BMW) mit 7,3 Mio. Euro. Weitere Spitzenplätze nahmen Dieter Zetsche (Daimler: 7,1 Mio. Euro), die ehemaligen Deutsche Bank Vorstände Jürgen Fitschen und Anshuman Jain (je 7,1 Mio. Euro), Kasper Rorsted (Henkel: 6,7 Mio. Euro) und Michael Diekmann (Allianz: 5,9 Mio. Euro) ein.

Im internationalen Vergleich ist die Vergütung der deutschen Vorstandsvorsitzenden mit durchschnittlich 5,3 Mio. Euro allerdings bescheiden. In den USA lag sie 2013 bei durchschnittlich 13 Mio. Euro. Spitzenverdiener bei den im Dow-Jones-Index notierten Unternehmen war Disney-Chef Robert Iger mit 25 Mio. Euro.

Quelle: Deutsche Schutzgemeinschaft für Wertpapierbesitz e.V. (DSW), 2015

Die reichsten Deutschen 2015

Rang	Person bzw. Familie	Branche bzw. Unternehmen	Vermögen in Mrd. Euro
1	Stefan Quandt, Johanna Quandt und Susanne Klatten	BMW (46,7 %), Altana, Delton, SGL Carbon, Nordex SE, BHF-Bank	31,0
2	Familien Albrecht und Heister	Aldi Süd, Einzelhandel und Immobilien	18,3
3	Georg und Maria-Elisabeth Schaeffler	Schaeffler-Gruppe (100 %), Continental AG (46 %)	17,6
4	Familie Theo Albrecht Jr.	Aldi Nord, Einzelhandel und Immobilien	16,5
5	Dieter Schwarz	Lidl, Kaufland	14,5
6	Familie Reimann	JAB Holdings, Coty, Reckitt Benchiser (11 %)	14,0
7	Michael, Wolfgang, Petra und Ingeburg Herz	Maxingvest, Tchibo (100 %), Beiersdorf (51 %)	11,0
8	Familie Otto	Otto-Versand, ECE, Hermes Versand	9,5
9	Familie Würth	Würth-Gruppe	8,2
10	Familie Oetker	Oetker, Bankhaus Lampe, Reederei Hamburg Süd, Radeberger	7,7

Quelle: Manager Magazin Spezial, Die reichsten Deutschen 2015, Hamburg 2015

Einkommens- und Vermögensverteilung in Deutschland

Einkommen sind nicht gleich verteilt. Die Ungleichheit der Einkommen ergibt sich aus dem Marktprozess. Sie wird allerdings durch Transferleistungen einerseits sowie Steuern und Sozialversicherungsbeiträge andererseits wesentlich reduziert. [...] [Trotzdem] hat von 1983 bis 2003 im früheren Bundesgebiet die **Einkommensungleichheit** leicht, aber kontinuierlich zugenommen. Auch zwischen 2002 und 2005 hat die Ungleichverteilung der Einkommen weiter zugenommen. Eine vergleichbare Entwicklung war auch für die neuen Länder feststellbar. Allerdings sind die **Privatvermögen** in Deutschland sehr ungleichmäßig verteilt. Die reichsten 10 % der Haushalte besitzen [...] mehr als 55 % des gesamten Vermögens. Die untere Hälfte der Haushalte verfügt dagegen [...] über kaum mehr als 1 % des gesamten Vermögens. Die **Ungleichheit der Vermögensverteilung** beruht zu einem erheblichen Teil auf der **ungleichmäßigen Einkommensverteilung**. Vom Einkommen hängt die Sparfähigkeit ab, die neben Erbschaften und Wertzuwächsen die Entwicklung der individuellen Vermögensbestände im Lebensverlauf bestimmt. [...] Zusammenfassend ist festzustellen, dass sich die Ungleichheit der Einkommen langfristig verstärkt hat. Die Schere zwischen arm und reich hat sich weiter geöffnet. Inzwischen ist das Ausmaß der Einkommensungleichheit auf einem der höchsten Niveaus der vergangenen Jahrzehnte angelangt.

Quellen: Der erste, zweite und dritte Armuts- und Reichtumsbericht der Bundesregierung, Bonn 2001, 2005, 2008 und 2013, DIW, Anhaltend hohe Vermögensungleichheit in Deutschland, Wochenbericht 9/2014, S. 151 ff.

Ungleiche Vermögensverteilung

Das Reinvermögen eines Haushalts ergibt sich aus der Summe von Geld- und Sachvermögen (Immobilien- und Gebrauchsvermögen) abzüglich der **Schulden**. Die **Vermögensverteilung** lässt sich ebenfalls in Form einer **LORENZ**-Kurve darstellen. Hier zeigt sich für die Bundesrepublik eine noch ungleichmäßigere Verteilung als bei den Einkommen. Die ärmsten 50 % der Haushalte verfügen nur über 1 %, die reichsten 10 % der Haushalte dagegen über 58 % des Gesamtvermögens.

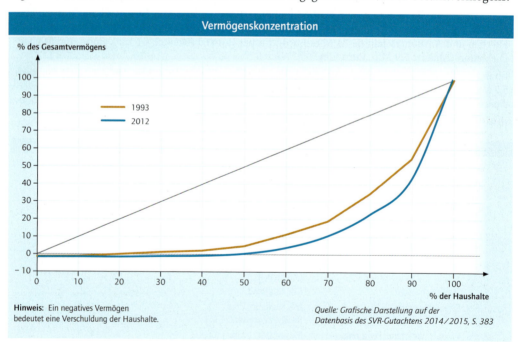

Hinweis: Ein negatives Vermögen bedeutet eine Verschuldung der Haushalte.

Quelle: Grafische Darstellung auf der Datenbasis des SVR-Gutachtens 2014/2015, S. 383

Vermögen werden derzeit in Deutschland lediglich im Fall einer Vererbung (geringfügig) besteuert. Daher liegen keine offiziellen Zahlen zur Höhe privater Vermögen vor. Die meisten Angaben beruhen vielmehr auf Umfragen. Dazu werden Haushalte nach dem Zufallsprinzip ausgewählt. Die Wahrscheinlichkeit, dass die Auswahl auf einen Multimillionär fällt, ist sehr gering. Außerdem erfolgt die Beantwortung der Fragen freiwillig. Daher sind die offiziell erhobenen Daten insbesondere für die reichsten Haushalte höchst lückenhaft und ungenau. Zwar zeigen schon die durch Befragung erhobenen Daten für Deutschland eine im internationalen Vergleich extrem hohe Ungleichverteilung der Vermögen. In Wirklichkeit dürfte diese Vermögensungleichheit in Deutschland noch wesentlich größer sein. Es wird geschätzt, dass die obersten 10 % der Vermögensbesitzer nicht nur – wie in der Lorenz-Kurve dargestellt- knapp 60 %, sondern über mehr als 2/3 des Gesamtvermögens aller Haushalte verfügen.[1] Für das oberste Promille, d.h. 0,1 % der Bevölkerung oder ca. 40 000 Haushalte, gilt sogar, dass sie über ca. 17 % des Gesamtvermögens (= 11 Mio. € je Haushalt) verfügen.

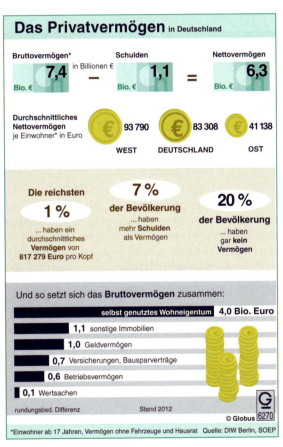 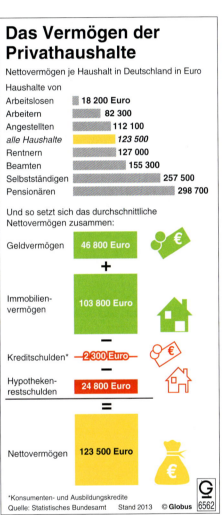

Die Angaben in der linken Abbildung geben das jeweilige Vermögen pro Kopf (= je Einwohner) an. Die Zahlen der rechten Abbildung beziehen sich dagegen auf einen einzelnen Haushalt. Jeder Bundesbürger verfügt durchschnittlich über ein Vermögen von rund 83.308 € (siehe linke Abbildung). Diese Zahl erscheint auf den ersten Blick überraschend hoch. Sie sagt aber nichts darüber aus, wie dieses Vermögen in Deutschland verteilt ist. So gibt es deutliche Unterschiede zwischen den alten und den neuen Ländern: Während der Durchschnittswert für Westdeutschland bei 93.790 € liegt, beträgt er in den neuen Ländern nur 41.138 €. Das reichste Prozent der Bevölkerung kommt auf ein Vermögen von durchschnittlich 817.279 €. Demgegenüber verfügen 27 % der Bevölkerung weder über Geld- noch Sachvermögen. 7 % der Bevölkerung haben sogar nicht nur kein Vermögen, sondern nur Schulden (="negatives Vermögen").

---

[1] Deutsche Bundesbank, Monatsbericht März 2016, S. 62 ff.

9.3 Ziele, Ansatzpunkte und Maßnahmen der Sozial- und Verteilungspolitik

Ziele der Sozialpolitik

Die **Sozialordnung**, die neben der Wettbewerbsordnung das zentrale Element der am Leitbild der **sozialen Marktwirtschaft** orientierten Wirtschaftsordnung in Deutschland ist, wird wesentlich durch die **Sozialpolitik** gestaltet.

> Sozialpolitik umfasst alle Maßnahmen in verschiedenen gesellschaftlichen Bereichen, die einer Angleichung der Lebenschancen sowie der Verbesserung und Absicherung der Lebensbedingungen der Bevölkerung dienen.

Die Sozialpolitik in Deutschland verfolgt zwei wesentliche Ziele:

Soziale Gerechtigkeit	Soziale Sicherheit
▪ Startgerechtigkeit durch möglichst gleiche materielle Ausgangsbasis für alle (Chancengleichheit) ▪ Ausgleich starker Einkommens- und Vermögensunterschiede (z. B. wegen unterschiedlicher Familienlasten wie bei kinderreichen Familien) ▪ Hilfe für sozial Schwache (z. B. Behinderte, Personen mit geminderter Leistungsfähigkeit)	Sicherung der wirtschaftlichen und sozialen Lebensbedingungen bestimmter sozialer Gruppen gegen allgemeine Lebensrisiken wie Unfall, Krankheit, Invalidität, Alter, Arbeitslosigkeit, Tod des Ernährers.

Einkommensumverteilung

Kapitel 9.1

Durch den Leistungswettbewerb auf Güter- und Faktormärkten wird auch die Verteilung von Löhnen und Gewinnen bestimmt (Verteilungsfunktion des Preiswettbewerbs). Diese **primäre Einkommensverteilung** ist ausschließlich leistungsabhängig und wird deswegen als ungerecht empfunden. Sie kann durch staatliche Umverteilungsmaßnahmen nach bestimmten Gerechtigkeitsvorstellungen korrigiert werden (**= sekundäre Einkommensverteilung**).

Aufgrund der Tarifautonomie ist eine Einkommenspolitik des Staates im Sinne einer **direkten Beeinflussung** von Löhnen und Gehältern (funktionelle Einkommens- und Primärverteilung) nur im öffentlichen Dienst möglich, wo der Staat selbst als Arbeitgeber auftritt. Im Zusammenhang mit der Sozialpolitik ist unter Einkommenspolitik daher vor allem eine **Einkommensumverteilungspolitik** des Staates zu verstehen.

> Einkommensumverteilungspolitik umfasst alle Maßnahmen, die in eine auf den Marktergebnissen beruhende primäre Einkommensverteilung eingreifen und durch Umverteilung eine Sekundärverteilung herbeiführen.

Ziele, Ansatzpunkte und Maßnahmen der Sozial- und Verteilungspolitik

In Deutschland erfolgt die Einkommensumverteilung insbesondere durch folgende Maßnahmen:

Einkommensteuer	Sozialversicherungsbeiträge	Transferzahlungen
Besteuerung nach der Leistungsfähigkeit aufgrund eines Einkommensteuertarifs, der ab einem unversteuerten Grundfreibetrag bei zunehmender Einkommenshöhe progressiv ansteigt (2012 Eingangssteuersatz 14 %, Spitzensteuersatz 45 %). Bei den meisten Steuerexperten ist unbestritten, dass ein progressiver Einkommensteuertarif der Besteuerung nach dem Leistungsfähigkeitsprinzip am ehesten entspricht. Auch die „Väter der sozialen Marktwirtschaft" hielten eine solche progressive Einkommensbesteuerung für den in einer Marktwirtschaft nötigen Einkommensausgleich ausdrücklich für sinnvoll.[1]	Einkommensabhängige Pflichtbeiträge zur Renten-, Arbeitslosen-, Kranken- und Pflegeversicherung der Arbeitnehmer, die in den meisten Fällen vom Arbeitgeber und Arbeitnehmer je zur Hälfte getragen werden. Geringfügige Ausnahmen von dieser jeweils hälftigen Beitragszahlung bestehen lediglich beim Sonderbeitrag der Arbeitnehmer von 0,9 % für Zahnersatz und Krankengeld sowie in der Pflegeversicherung beim Zuschlag von 0,25 % für kinderlose Arbeitnehmer, die älter als 23 Jahre sind. In beiden Fällen entfällt der Arbeitgeberanteil.	aus Steuern, Sozialversicherungsbeiträgen oder staatlicher Kreditaufnahme finanzierte Zahlungen an private Haushalte (u. a. Alters- und Erwerbsminderungsrenten, Sozialhilfe, Deckung der Krankheitskosten, Kranken-, Arbeitslosen-, Kinder-, Erziehungs- und Wohngeld, Ausbildungsförderung, Förderung der Vermögensbildung)

> Das **Leistungsfähigkeitsprinzip** besagt, dass jeder Bürger entsprechend seinen finanziellen Möglichkeiten zur Finanzierung staatlicher Leistungen herangezogen werden soll. Dieses Prinzip kommt in einem progressiven Einkommensteuertarif zum Ausdruck.

Progressiver Einkommensteuertarif als Beispiel für Einkommensumverteilung

Ein **progressiver** Einkommensteuertarif zeichnet sich dadurch aus, dass bei steigendem Einkommen der **Steuersatz** immer höher wird. Das führt dazu, dass ein Steuerpflichtiger, der ein doppelt so hohes zu versteuerndes Einkommen wie sein Nachbar hat, **mehr als doppelt so viel** Einkommensteuer zahlen muss. Ein solcher Steuertarif wir damit begründet, dass aus Gerechtigkeitsgründen eine Besteuerung nach der Leistungsfähigkeit des Steuerpflichtigen erfolgen soll. Dieses Ziel ist mit einem progressiven Einkommensteuertarif am ehesten erreichbar.

Aufgabe 9.3, S. 365

Einkommensteuertarif (für Alleinstehende)	
Tarifaufbau	Tarif von 2016
Grundfreibetrag	8.652 €
Progressionszone mit ansteigenden Grenzsteuersätzen	14 % bis 42 %
erste obere Proportionalstufe mit gleichbleibendem Grenzsteuersatz	42 % ab 53.666 €
zweite obere Proportionalstufe mit gleichbleibendem Grenzsteuersatz[2]	45 % ab 254.447 €

---

[1] Vgl. Eucken, W., Grundsätze der Wirtschaftspolitik, Tübingen, 2. Aufl. 1955, S. 300–304 und Müller-Armack, A., Genealogie der Sozialen Marktwirtschaft, Bern/Stuttgart 1981, S. 99

[2] Diese 2007 eingeführte Erhöhung des Spitzensteuersatzes wird als **Reichensteuer** bezeichnet. Der Begriff „Reichensteuer" (polemisch auch als Millionärs- oder Neidsteuer bezeichnet) ist ein politisches Schlagwort, das nicht aus dem Steuerrecht stammt.

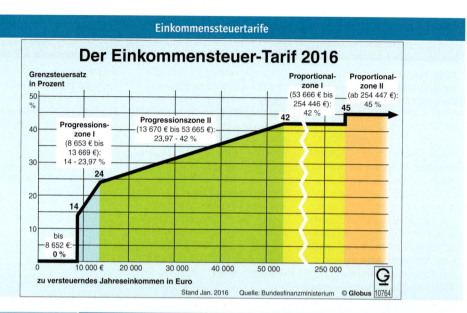

zu versteuerndes Einkommen in €	2016 gültiger Einkommensteuertarif		
	Einkommensteuer in €	Durchschnittssteuersatz in %[1]	Grenzsteuersatz in %[2]
7.000	0	0	0
8.000	0	0	0
9.000	49	0,5	14,7
10.000	206	2,1	16,7
20.000	2.560	12,8	26,8
30.000	5.438	18,2	31,3
40.000	8.826	22,1	35,8
50.000	12.636	25,3	40,4
60.000	16.805	28,0	42,0
70.000	21.005	30,0	42,0
300.000	118.972	39,7	45,0

Hinweis zum Grenzsteuersatz

Viele Steuerzahler glauben, sie müssten ihr gesamtes zu versteuerndes Einkommen mit einem einheitlichen Steuersatz versteuern (z. B. 60.000 € mit 42 %). Diese Auffassung ist falsch. Die unterschiedlichen Steuersätze des Einkommensteuertarifs beziehen sich vielmehr jeweils nur **auf den zuletzt hinzuverdienten Euro** (Grenzsteuersatz).

Einkommensteuerpflichtige erhalten demnach – unabhängig von der Höhe des zu versteuernden Einkommens – den Grundfreibetrag (8.652 €). Der erste darüber hinausgehende Euro an Einkommen wird bei **allen** Steuerpflichtigen lediglich mit dem niedrigen Eingangssteuersatz (14 %) besteuert usw.

---

[1] Durchschnittssteuersatz: Einkommensteuer im Verhältnis zum zu versteuernden Einkommen

[2] Grenzsteuersatz: Prozentsatz, mit dem (theoretisch beliebig kleine) Einkommenszuwächse bzw. -verringerungen be- bzw. entlastet werden.

Ziele, Ansatzpunkte und Maßnahmen der Sozial- und Verteilungspolitik

Aufgrund des progressiven Steuersatzes wirkt sich eine Steuerentlastung bei Beziehern höherer Einkommen wesentlich stärker aus als bei Beziehern niedriger Einkommen. Wenn beispielsweise ein steuerpflichtiger Arbeitnehmer sein zu versteuerndes Einkommen durch Steuervergünstigungen um 1.000 € mindern kann (z. B. durch Geltendmachung der sogenannten „Pendlerpauschale" für Fahrtkosten zwischen Wohnung und Arbeitsstätte oder andere steuermindernde Ausgaben), so bewirkt das nach dem 2016 gültigen **Einkommensteuertarif** je nach Einkommenshöhe folgende Steuerersparnis:

zu versteuerndes Einkommen vorher	Einkommensteuer vorher	Minderung des zu versteuernden Einkommens	zu versteuerndes Einkommen nachher	Einkommensteuer nachher	Steuerersparnis in €	in % der Minderung
20.000 €	2.560 €	1.000 €	19.000 €	2.294 €	266 €	26,6
60.000 €	16.805 €	1.000 €	59.000 €	16.385 €	420 €	42,0 %

Vermögensumverteilung durch Vermögen- und Erbschaftsteuer

Während sich eine progressive Einkommensteuer zur Einkommensumverteilung eignet, kommen u. a. die Vermögen- und Erbschaftsteuer für eine Vermögensumverteilung in Frage. In beiden Fällen handelt es sich um eine Substanzsteuer, die – im Unterschied zu einer Ertragsteuer (z. B. Einkommensteuer) – auf ein bestehendes Vermögen erhoben wird.

Allerdings wurde die in Deutschland bis 1997 erhobene Vermögensteuer in der damaligen Form wegen der günstigeren Besteuerung von Immobilienvermögen im Vergleich zu Geldvermögen vom Bundesverfassungsgericht für verfassungswidrig erklärt und ist seitdem ausgesetzt. Um die Wiedereinführung gibt es politische Auseinandersetzungen. Die Erbschaftsteuer ist in Deutschland im Vergleich zu den Substanzsteuern anderer Länder (z. B. Großbritannien, USA, Japan) äußerst niedrig und hat daher nur geringe Umverteilungswirkungen. Diese wurden im Rahmen der ab 2009 geltenden Erbschaftsteuerreform noch weiter abgeschwächt und vom Bundesverfassungsgericht angemahnt.

Verteilungswirkungen der Umsatzsteuer

Die Umsatzsteuer hat grundsätzlich negative Auswirkungen für die Einkommensverteilung. Die Steuersätze von Verbrauchsteuern (so z. B. auch die Mineralöl- und Tabaksteuer) sind nicht von der Einkommens- oder Vermögenshöhe der Konsumenten abhängig, sondern für alle Konsumenten gleich. Diese Steuern haben daher eine **regressive[1] Wirkung**, indem sie Bezieher höherer Einkommen relativ weniger belasten als Bezieher niedrigerer Einkommen. Das liegt daran, dass die Konsumquote, d. h. der Anteil des Einkommens, der für Konsumzwecke ausgegeben wird, bei zunehmendem Einkommen abnimmt. Die Sparquote, d. h. der Anteil des Einkommens, der nicht für Konsumausgaben verwendet wird, nimmt bei steigendem Einkommen dementsprechend zu.

Für eine genaue Berechnung muss u. a. berücksichtigt werden, dass wichtige Güter und Dienstleistungen entweder von der Umsatzsteuer befreit sind (z. B. Miete) oder nur mit dem ermäßigten Umsatzsteuersatz von 7 % belegt werden (z. B. Grundnahrungsmittel, Bücher).

Verfügbares Monatseinkommen	Konsumausgaben und Konsumquote	in den Konsumausgaben enthaltene USt. (19 %)	Umsatzsteuer in % des verfügbaren Einkommens	Ergebnis
1.000 €	900 € (90 %)	144 €	$\frac{144 \cdot 100}{1.000} = 14,4 \%$	USt. beträgt 14,4 % des verfügbaren Einkommens
5.000 €	2.500 € (50 %)	400 €	$\frac{400 \cdot 100}{5.000} = 8 \%$	USt. beträgt 8 % des verfügbaren Einkommens

Aufgabe 9.4, S. 367

---

[1] regressiv *(lat.)*: Gegenteil von progressiv; zurückgehend, rückschrittlich

Arbeitnehmerschutz, Betriebs- und Unternehmensverfassung, Arbeitsmarktpolitik

Neben den genannten Transferzahlungen, die der **sozialen Sicherung** sowie der **Familien-, Bildungs- und Vermögenspolitik** dienen, stellen auch folgende Maßnahmen wichtige sozialpolitische Ansätze im Rahmen der Sozialordnung der Bundesrepublik Deutschland dar:

- **Arbeitnehmerschutz im Betrieb:** Kündigungsschutz, Arbeitszeitschutz, Lohnfortzahlung im Krankheitsfall, Unfallschutz

- **Betriebs- und Unternehmensverfassung:** Mitbestimmung der Arbeitnehmer (Regelung der Mitwirkung und Mitentscheidung von Arbeitnehmervertretern in wirtschaftlichen, personellen und sozialen Belangen des Unternehmens, z. B. im Betriebsverfassungsgesetz und im Mitbestimmungsgesetz)

- **Arbeitsmarktpolitik:** Arbeitsvermittlung, Berufsberatung, Arbeitsförderung, Tarifvertragswesen, Vollbeschäftigungspolitik

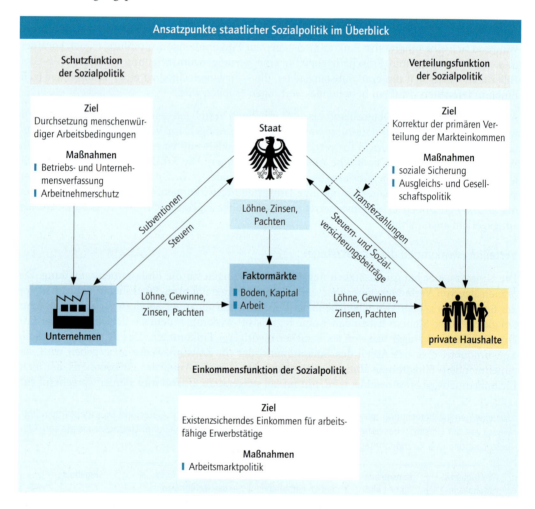

9.4 Grundprinzipien und Einrichtungen der sozialen Sicherung

Leistungen nach dem Versicherungsprinzip: Sozialversicherung

Wesentlicher Bestandteil der **sozialen Sicherung** in Deutschland ist die **gesetzliche Sozialversicherung**. Grundgedanke ist es, solchen Personenkreisen, die nicht in der Lage sind, besondere finanzielle Notlagen aus eigener Kraft zu bewältigen, eine Vorsorge zur Abdeckung von Lebensrisiken (z. B. Krankheit, Unfall, Alter, Tod eines Familienangehörigen) und Beschäftigungsrisiken (z. B. Arbeitslosigkeit, Arbeitsunfall) durch eine staatliche Pflichtversicherung zu bieten.

Das deutsche Sozialversicherungssystem geht in seinen Grundzügen (Krankenversicherung, Unfallversicherung, Invaliden- und Altersversicherung) auf die sozialpolitischen Reformen des deutschen Reichskanzlers Otto von Bismarck (1815–1898) zurück. Bismarck verfolgte mit der Sozialgesetzgebung damals allerdings nicht in erster Linie humanitäre Ziele. Vielmehr wollte er die Arbeiterschaft, die der von ihm geführten Regierung ablehnend gegenüberstand, stärker an den Staat binden.

Aufgabe 9.5, S. 367
Aufgabe 9.6, S. 367
Aufgabe 9.7, S. 367

Heute besteht das deutsche Sozialversicherungssystem aus fünf Versicherungszweigen.[1]

gesetzliche Krankenversicherung (GKV) seit 1883 SGB V	soziale Pflegeversicherung (PflV) seit 1995 SGB XI	gesetzliche Unfallversicherung (GUV) seit 1884 SGB VII	gesetzliche Rentenversicherung (GRV) seit 1889 SGB VI	Arbeitslosenversicherung (ALV) seit 1927 SGB III
Wichtige Leistungen				
Förderung der Gesundheit, Verhütung und Früherkennung von Krankheiten, im Krankheitsfall: ärztliche Behandlung, Medikamente, Krankenhausbehandlung, Krankengeld …	häusliche Pflege, Pflegegeld für Pflegehilfen, vollstationäre Pflege, …	Verhütung von Arbeitsunfällen und Berufskrankheiten, im Versicherungsfall: Heilbehandlung, Rehabilitation, Geldleistungen (Verletztengeld, Rente bei geminderter Erwerbsfähigkeit, Hinterbliebenenrente)	Rehabilitation (Erhaltung und Besserung der Erwerbsfähigkeit), Rente wegen Erwerbsminderung, Altersrente, Witwen-/Witwerrente, Waisenrente	Arbeitslosengeld höchstens 12 Monate (für über 55-jährige höchstens 18 Monate) 60 % (mit Kind 67 %) des Nettolohns (Durchschnitt der letzten 52 versicherungspflichtigen Wochen)

> Im Mittelpunkt der sozialen Sicherung in Deutschland steht das aus Renten-, Arbeitslosen-, Kranken-, Pflege- und Unfallversicherung bestehende Sozialversicherungssystem.

In allen Versicherungszweigen besteht **Versicherungszwang**, von dem nur bestimmte Gruppen (z. B. Selbstständige) ausgenommen sind. Bei der Unfallversicherung erfolgt die Beitragszahlung ausschließlich durch den Arbeitgeber. In den anderen Fällen werden die **Beiträge derzeit noch größtenteils je zur Hälfte von Arbeitnehmer und Arbeitgeber** getragen und als **Prozentsatz vom Brutto-Arbeitsverdienst** berechnet.

Seit 2015 können die gesetzlichen Krankenkassen von ihren Mitgliedern einen kassenindividuellen Zusatzbeitrag erheben. Im Rahmen der Pflegeversicherung zahlen kinderlose Arbeitnehmer, die älter als 22 Jahre sind, einen Zuschlag von 0,25 %. In beiden Fällen entfällt der Arbeitgeberanteil.

Die Höhe der Sozialversicherungsbeiträge richtete sich somit bisher nach der finanziellen Leistungsfähigkeit des Versicherten. Dessen Risikomerkmale (Alter, Geschlecht, Vorerkrankungen, Gesundheitszustand usw.) sind für die Beitragshöhe unerheblich. Das darin zum Ausdruck kommende **Solidaritätsprinzip** („einer für alle, alle für einen") stellt den entscheidenden Unterschied zum **Individualprinzip** („jeder für sich") einer privaten (Kranken-, Pflege-, Unfall-, Renten-)Versicherung dar.

---

[1] Eine ausführliche schülergemäße Darstellung der einzelnen Versicherungszweige und weitere aktuelle Informationen zur Sozialpolitik finden sich in der jährlich neu erscheinenden kostenlosen Broschüre „Sozialpolitik – Ein Heft für die Schule". Bestellung und/oder Download unter www.sozialpolitik.com

Beispiel

Berechnung des Nettolohns – Sozialversicherungsbeiträge ab 01. Jan. 2016

Krankenversicherung: 14,6 % + 1,1 %[1] Zuschlag für Arbeitnehmer   Arbeitslosenversicherung: 3,0 %
Rentenversicherung: 18,7 %   Pflegeversicherung: 2,35 %

Auszüge aus monatlichen Entgeltabrechnungen

Manuela Spicker, 3. Ausbildungsjahr im Ausbildungsberuf Industriekauffrau, 20 Jahre, ledig		Werner Hauser, Abteilungsleiter in einem Kunststoffwerk, 43 Jahre, verheiratet, 2 Kinder	
Ausbildungsvergütung brutto	**700,00 €**	**Monatsgehalt brutto**	**3.400 €**
– Lohnsteuer	0,00 €	– Lohnsteuer (StKL III)	295,663 €
– Solidaritätszuschlag	0,00 €	– Solidaritätszuschlag	0,00 €
– Kirchensteuer (8 %)	0,00 €	– Kirchensteuer (8 %)	2,18 €
Zwischensumme (nach Steuern)	700,00 €	Zwischensumme (nach Steuern)	3.102,16 €
– Krankenvers. 8,4 % (½ von 14,6 % + 1,1 %)	58,80 €	– Krankenvers. 88,4 % (½ von 14,6 % + 1,1 %)	285,60 €
– Rentenvers. 9,35 % (½ von 18,7 %)	65,45 €	– Rentenvers. 9,35 % (½ von 18,7 %)	317,90 €
– Arbeitslosenvers. 1,5 % (½ von 3,0 %)	10,50 €	– Arbeitslosenvers. 1,5 % (½ von 3,0 %)	51,00 €
– Pflegevers. 1,175 % (½ von 2,35 %)	8,23 €	– Pflegevers. 1,175 % (½ von 2,35 %)	39,95 €
Nettobezüge	**557,03 €**	**Nettobezüge**	**2.407,71 €**
Der Ausbildungsbetrieb (Arbeitgeber) muss insgesamt **278,25 € Gesamtsozialversicherungsbeitrag** (142,98 € Arbeitnehmeranteil + 135,28 € Arbeitgeberanteil) abführen.		Der Arbeitgeber muss insgesamt **1.351,50 € Gesamtsozialversicherungsbeitrag** (694,45 € Arbeitnehmeranteil + 657,05 € Arbeitgeberanteil) abführen.	

Aufgrund seines höheren Einkommens muss Herr Hauser 297,84 € mehr Steuern und 551,48 € mehr Sozialversicherungsbeiträge zahlen als Frau Spicker. Bei Herrn Hauser betragen die gesamten Abzüge (Lohn- und Kirchensteuer, Arbeitnehmeranteil zur Sozialversicherung) 29,19 % seines Bruttogehalts, bei Frau Spicker dagegen nur 20,43 %. Allerdings genießt Herr Hauser wegen seiner beiden Kinder gegenüber einem Kinderlosen folgende Vorteile: Er zahlt keinen Solidaritätszuschlag sowie eine geringere Kirchensteuer. Außerdem erhält er monatlich 384,00 € Kindergeld (194,00 € für jedes Kind). Seine Kinder und seine Ehefrau (sofern diese kein eigenes Einkommen erzielt) sind ohne zusätzlichen Beitrag in der gesetzlichen Krankenversicherung mitversichert (Familienversicherung).

Leistungen nach dem Fürsorgeprinzip: Arbeitslosengeld II und Sozialhilfe

Die **Leistungen** aus den fünf Säulen **der Sozialversicherung** werden nach dem **Versicherungsprinzip** gewährt, d. h., die Finanzierung der Leistungen erfolgt aus den Beiträgen der Versicherten. (Allerdings waren in den letzten Jahren erhebliche staatliche Zuschüsse aus Steuermitteln nötig, um die Defizite in der gesetzlichen Renten- und Arbeitslosenversicherung decken zu können.) Trotz der Leistungen der Sozialversicherung gibt es aber Menschen, die in materielle Not geraten und ihren Lebensunterhalt nicht decken können, weil sie z. B. keinen Anspruch auf Leistung der Sozialversicherung (mehr) haben (z. B. Ablauf der Bezugsdauer des Arbeitslosengeldes) oder die Höhe der Leistung für ihren Bedarf nicht ausreicht (z. B. kinderreiche Familien). Für solche Personen besteht die Möglichkeit, staatliche Leistungen, die **aus dem Staatshaushalt finanziert** werden, zur Deckung des Lebensunterhalts zu beantragen. Zu solchen Leistungen nach dem **Fürsorgeprinzip**, die nur dann gewährt werden, wenn der Empfänger als bedürftig gilt (also kein eigenes Einkommen oder Vermögen in größerem Umfang hat), gehören das **Arbeitslosengeld II** und die **Sozialhilfe**.

Das **Arbeitslosengeld II** ist eine Sozialleistung für **bedürftige erwerbsfähige Personen**. Die Hilfe ist mit einer Unterstützung bei der Arbeitssuche durch die **Agenturen für Arbeit** verbunden und von der Bereitschaft des Hilfeempfängers zur **Arbeitsaufnahme** abhängig.

Sozialhilfe wird **nicht erwerbsfähigen bedürftigen Personen** (z. B. Kranken) zur Deckung der materiellen Grundbedürfnisse (wie Ernährung, Kleidung und Wohnung) gewährt **(Hilfe zum Lebensunterhalt)**. Daneben kann auch **Hilfe in besonderen Lebenslagen** für Personen gewährt werden, deren Einkommen oder Vermögen nicht ausreicht, um außerordentliche Notsituationen (wie schwere Krankheit oder Behinderung) zu bewältigen.

---

[1] Jede Krankenkasse kann einen Zusatzbeitrag erheben, der nur vom Arbeitnehmer zu tragen ist. Dieser Zusatzbeitrag beläuft sich in vielen Fällen auf 1,1 %.

9.5 Probleme des Systems der sozialen Sicherung

9.5.1 Grenzen des Sozialstaates

Anspruchshaltung der Bevölkerung gegenüber dem Staat

Vertreter der Grundkonzeption der sozialen Marktwirtschaft kritisieren, dass in Deutschland seit Langem eine Abkehr von den Grundgedanken der sozialen Marktwirtschaft stattgefunden habe. Durch die ausufernde Ausdehnung der **staatlichen Sozialleistungen** nach dem **Solidaritätsprinzip** (Hilfsbedürftigkeit des Einzelnen als Verantwortung der Gesellschaft) sei inzwischen die Grenze vom verfassungsrechtlich verankerten **Sozialstaatsgebot** (Grundgesetz Art. 20 und 28) zu einem **Wohlfahrts- und Versorgungsstaat**, in dem nahezu jedem das Existenzrisiko abgenommen wird, längst überschritten. Dies führe zu einer „Vollkaskomentalität" der Bevölkerung und zu einer Lähmung von Leistungsbereitschaft und Eigeninitiative. Als Beleg für die stark ausgeprägte

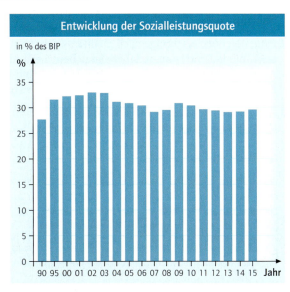

Anspruchshaltung gegenüber dem Staat wird die starke Ausweitung der Staats- und Sozialleistungsquote angeführt. Die Abkehr von der Grundkonzeption der sozialen Marktwirtschaft sei ursächlich für die gegenwärtige Krise der Sozialversicherung.

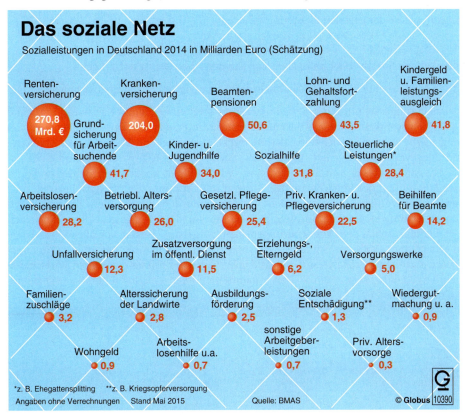

Fehlanreize

Als eine Ursache für die Anspruchshaltung im Rahmen der Sozialversicherung wird die bei einer solidarischen Finanzierung fehlende Gleichwertigkeit von Leistung und Gegenleistung nach dem **Äquivalenzprinzip**[1] angeführt. Davon können beispielsweise folgende **Fehlanreize** ausgehen:

- Wenn die Unterstützungszahlungen für Arbeitslose zu hoch sind, gibt es keinen Anreiz zur Arbeitsaufnahme.

- Patienten üben Nachfrage nach medizinischen Leistungen aus, ohne dass ihnen die Kosten dafür bekannt sind. Sie können daher versuchen, Gesundheitsleistungen in übermäßigem Umfang in Anspruch zu nehmen, bis sie zumindest das Gefühl haben, dass die in Anspruch genommene Leistung den von ihnen erbrachten Beiträgen entspricht (Äquivalenzprinzip).

- Ärzte entscheiden bei der Diagnose und Behandlung ihrer Patienten zugleich über die Nachfrage der von ihnen angebotenen Leistung und über ihr eigenes Einkommen.

Fehlanreize: Der Kobra-Effekt

Während der englischen Kolonialzeit soll es in Indien zu viele Kobras gegeben haben, sodass das Land unter einer Plage dieser Giftschlangen litt. Um der Plage Herr zu werden, setzte der zuständige Gouverneur für jede getötete Kobra, deren Kopf abgeliefert wurde, eine Prämie aus. Was geschah? Die Inder begannen, Kobras zu züchten und dann zu töten, um die Prämie zu kassieren.

Ob bei Steuern, Krankenversicherung, Arbeitslosenunterstützung oder Sozialhilfe: Die Frage nach richtigen oder verfehlten Anreizen ist ein Kernproblem der Wirtschaftspolitik.

Siebert, H., Der Kobra-Effekt, München 2003

Ursachen und Folgen der Finanzierungsprobleme

Zu den wesentlichen – eng miteinander zusammenhängenden – Ursachen für die derzeitigen Finanzierungsprobleme der sozialen Sicherung gehören:

- die bereits lange andauernde hohe Arbeitslosigkeit in Deutschland

- die Abhängigkeit der Sozialversicherungsbeiträge von der Höhe des Arbeitsentgelts

- die paritätisch (von Arbeitgebern und Arbeitnehmern) finanzierten Sozialversicherungsbeiträge

Das Sozialversicherungssystem in der derzeitigen Form setzt einen hohen Beschäftigungsstand und geringe Arbeitslosigkeit voraus. Andernfalls nimmt einerseits die Zahl der Bezieher von Arbeitslosengeld zu, während gleichzeitig das Beitragsaufkommen für Arbeitslosen-, Kranken-, Renten- und Pflegeversicherung sinkt. Das Sozialversicherungssystem wird aufgrund eines zunehmenden Missverhältnisses zwischen dem vom Arbeitsentgelt abhängigen Beitragsaufkommen und der Ausweitung der Versicherungsleistungen seit geraumer Zeit so stark belastet, dass in einzelnen Versicherungszweigen erhebliche Finanzierungsdefizite auftreten, die nur durch staatliche Zusatzleistungen aus Steuermitteln gedeckt werden können. Die gesetzliche Sozialversicherung ist eigentlich nach dem **Versicherungsprinzip** aufgebaut. Sie hat sich aber schon lange zu einer in erheblichem Maß aus Steuermitteln finanzierten Einrichtung gewandelt (**Fürsorgeprinzip**). Diesen staatlichen Zusatzleistungen sind aber wegen der mit dem geringen Wirtschaftswachstum einhergehenden sinkenden Steuereinnahmen und der ohnehin hohen Staatsverschuldung enge Grenzen gesetzt.

---

1 Äquivalenz *(lat.):* Gleichwertigkeit

Als Folge davon sind neben den erhöhten Bundeszuschüssen auch die Beitragssätze zur Sozialversicherung im Laufe der Zeit stark gestiegen. Aus Sicht der Arbeitnehmer sinkt dadurch das Nettoeinkommen. Aus Arbeitgebersicht bedeuten steigende Sozialabgaben eine **Erhöhung der Personalzusatzkosten**, da die Sozialversicherungsbeiträge größtenteils zur Hälfte vom Arbeitgeber getragen werden. Dadurch wird der Produktionsfaktor Arbeit gegenüber dem Produktionsfaktor Kapital (z. B. Maschinen) teurer, mit der Folge, dass möglicherweise Arbeitskräfte durch Maschinen ersetzt werden und die **Arbeitslosigkeit** weiter steigt.

*) Die Krankenkassen können einen Zusatzbeitrag erheben, der nur von den Arbeitnehmern zu zahlen ist.

9.5.2 Alterssicherung: Probleme und Lösungsansätze

Bevölkerungsentwicklung als Problem der Rentenversicherung

Für die langfristigen Finanzierungsprobleme in der gesetzlichen Rentenversicherung ist die Bevölkerungsentwicklung von besonderer Bedeutung.

Die Finanzierung der gesetzlichen Rente erfolgt im **Umlageverfahren**, d. h., die Rentenversicherungsbeiträge der derzeit aktiven Arbeitnehmer werden nicht zu deren Gunsten angespart, sondern sofort wieder für die laufenden Rentenzahlungen an die derzeitige Rentnergeneration ausgegeben. Die heutigen Beitragszahler erwerben mit ihren Beiträgen wiederum einen Anspruch an die nächste Generation, im Alter selbst in gleicher Weise unterstützt zu werden (**Generationenvertrag**). Dieses System kann aber bei der derzeitigen ungünstigen Bevölkerungsentwicklung auf Dauer nicht funktionieren. Die Bevölkerung in Deutschland sinkt in den kommenden Jahrzehnten. Gleichzeitig nimmt aufgrund der steigenden Lebenserwartung und der niedrigen Geburtenrate der Anteil der Alten im Vergleich zu den Jungen ständig zu.

Der Altersaufbau der Bevölkerung lässt sich bildlich als die Entwicklung von einer „Pyramide" (um 1910) über verschiedene Stufen einer „zerzausten Tanne" hin zu einer „Urne" (2050) beschreiben. Für die Rentenversicherung bedeutet das, dass das Verhältnis zwischen der Zahl der Beitragszahler und der Zahl der Rentenempfänger immer ungünstiger wird. Zusätzlich nimmt die Rentenbezugsdauer wegen der steigenden Lebenserwartung ständig zu.

9 Sozial- und Verteilungspolitik

Die Probleme der Rentenversicherung

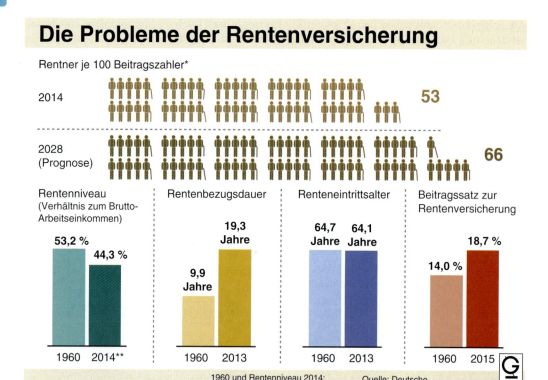

Weitere Ursachen für die Finanzierungsprobleme der Rentenversicherung

Die krisenhafte Situation der Rentenversicherung ist jedoch nicht zwingend auf einen Konstruktionsfehler des Umlageverfahrens, das nur durch die Bevölkerungsentwicklung ins Wanken gerät, zurückzuführen. Wesentliche weitere Verursachungsfaktoren sind vielmehr:

- die hohe Arbeitslosigkeit mit der Folge sinkender Rentenversicherungsbeiträge
- die Tendenz zur Frühverrentung mit der Folge sinkender Rentenversicherungsbeiträge und gleichzeitig zunehmender Rentenleistungen

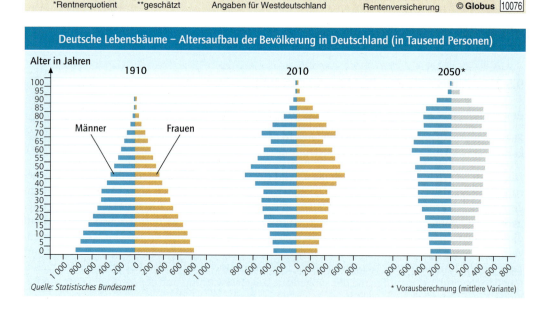

I die lange Ausbildungsdauer in Deutschland mit der Folge, dass die Zeit zwischen Eintritt ins Erwerbsleben und Eintritt ins Rentenalter in Deutschland vergleichsweise kurz ist („alte Studenten und junge Rentner")

I die umfangreichen versicherungsfremden Leistungen

Versicherungsfremde Leistungen liegen beispielsweise dann vor, wenn

I bei der Rentenberechnung die Beitragszahlungszeiten berücksichtigt werden, für die in Wirklichkeit keine Beiträge gezahlt worden sind,

I höhere Rentenleistungen gewährt werden, als es aufgrund der gezahlten Beiträge gerechtfertigt wäre.

Das ist beispielsweise beim Bestandsschutz für die ehemaligen DDR-Renten, bei Renten für Aussiedler, bei der Rentenzahlung zur Vermeidung von Arbeitslosigkeit und bei den Anrechnungszeiten für Ausbildung, Kindererziehung, Ausbildung und Arbeitslosigkeit der Fall. Bei einer verursachungsgerechten Zuordnung von Beitragszahlung und Rentenleistung müssten diese Leistungen eigentlich aus der gesetzlichen Rentenversicherung ausgegliedert und aus Steuermitteln finanziert werden.

Reformmaßnahmen – Reformvorschläge

Inzwischen sind verschiedene Reformen zur Sanierung der gesetzlichen Rentenversicherung beabsichtigt oder teilweise bereits umgesetzt. Dazu gehören u. a. die:

I Senkung der Rentenansprüche (Absenkung des Versorgungsniveaus)

I Erhöhung der Lebensarbeitszeit: Rente mit 67 (bzw. höhere Abschläge bei vorzeitigem Ausscheiden aus dem Erwerbsleben)

I Verringerung der Anrechnung von Ausbildungszeiten

I Einschränkung der Möglichkeiten zur Frühverrentung

Trotz dieser Maßnahmen ist offensichtlich, dass bei der derzeitigen Bevölkerungsentwicklung das Niveau der Renten aus der gesetzlichen Rentenversicherung nur dann zur Deckung des Lebensunterhalts im Alter ausreicht, wenn das Beitragsaufkommen aufgrund höherer Beiträge erheblich steigt. Das würde aber wegen der lohnbezogenen Arbeitgeberbeiträge zur Rentenversicherung die Arbeitskosten weiter in die Höhe treiben und noch mehr Arbeitsplätze gefährden. Die einzige Alternative zur Sicherung des Alterseinkommens liegt daher in einer erheblich verstärkten **privaten Altersvorsorge.** Im Rahmen der sogenannten „Riester-Rente" wird dieser Weg der privaten Altersvorsorge bereits durch Zulagen oder Steuervergünstigungen staatlich gefördert. Kritiker des gesetzlichen Rentensystems fordern aber darüber hinaus eine Abschaffung des bisherigen **Umlageverfahrens** zugunsten eines **Kapitaldeckungsverfahrens.** Daneben wird auch eine **steuerfinanzierte Grundsicherung** (Existenzminimum) ergänzt um eine Versicherungspflicht für die zusätzliche private Absicherung vorgeschlagen.

Rentenversicherung	
Kapitaldeckungsverfahren	**Steuerfinanzierte Grundrente**
Die Beiträge zur Rentenversicherung werden – im Gegensatz zum Umlageverfahren – für die später fälligen Rentenzahlungen des Versicherten selbst mit Zins- und Zinseszins angespart. Unter Berücksichtigung der Sterbewahrscheinlichkeit aller Versicherten sind die Beiträge so kalkuliert, dass eine lebenslange Rente in vereinbarter Höhe garantiert werden kann. Diese Finanzierung macht die Rentenversicherung von der Bevölkerungsentwicklung unabhängig. **Individualprinzip statt Solidarprinzip.**	Konzept zur sozialen Sicherung, wonach jeder Bürger aus Steuermitteln eine Grundrente zur Absicherung des Existenzminimums erhält. Die Sicherung des Lebensstandards beruht aber auf privater Vorsorge. Diese Grundrente soll durch höhere indirekte Steuern finanziert werden. Insbesondere die Umsatzsteuer müsste dazu erheblich angehoben werden. Die Trennung zwischen Grundrente und Beitragszahlung kann aber **Fehlanreize** beinhalten. Aus Sicht der Rentner ist diese Grundsicherung kostenlos, sodass kein Anreiz zur weiteren Alterssicherung besteht.

Bei den Forderungen zur Umstellung der Rentenversicherung auf ein Kapitaldeckungsverfahren und den Hinweisen auf die Notwendigkeit einer privaten Altersvorsorge ist aber auch zu berücksichtigen, dass die private Versicherungswirtschaft und die von ihr bezahlten Lobbyisten ein massives Interesse an einer Abschaffung der gesetzlichen Rentenversicherung in der bisherigen Form haben. Die private Versicherungsbranche verspricht sich davon eine enorme Ausweitung ihrer Geschäftstätigkeit durch den zusätzlichen Verkauf privater Renten- und Lebensversicherungen sowie anderer Altersvorsorgeprodukte.

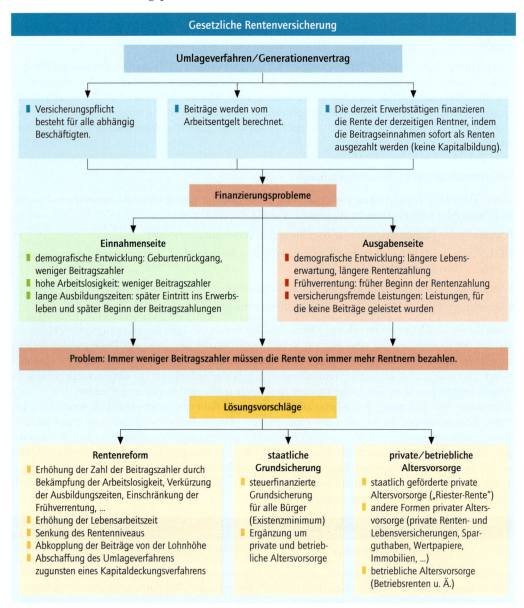

9.5.3 Gesundheitssystem: Probleme und Lösungsansätze

Finanzierungsprobleme

Ähnlich wie die gesetzliche Rentenversicherung leidet auch die gesetzliche Krankenversicherung unter der Bevölkerungsentwicklung: Einerseits bedingt die steigende Lebenserwartung eine Zunahme des Anteils älterer Menschen, die in vermehrtem Umfang Leistungen der Krankenversicherung in Anspruch nehmen. Andererseits nimmt die Zahl der beitragspflichtigen Erwerbstätigen ab. Für Bezieher von Arbeitslosengeld II werden die Mindestbeiträge zur Krankenversicherung von der Arbeitsagentur übernommen. Weitere Ursachen für die Ausgabensteigerung in der Krankenversicherung sind u. a.:

- zunehmende Inanspruchnahme der vermeintlich kostenlosen Gesundheitsleistungen aufgrund von Fehlanreizen (u. a. fehlende Sparanreize und geringe Selbstbeteiligung)
- stärkeres Gesundheitsbewusstsein
- Qualitäts- und Kostensteigerung im medizinischen Bereich (medizinische Technik, Arzneimittel)

> **Die Anatomie des Versagens**
>
> **Patienten, Ärzte und Kliniken haben keinen Anreiz zur Sparsamkeit.**
>
> Wirklich? „Die Zahlen sind plausibel", sagt Eberhard Wille, Chef des Sachverständigenrats für das Gesundheitswesen. „Doch das deutsche Gesundheitssystem sei sehr ineffizient. Und das sei teuer für die Volkswirtschaft. „Denn Leistungen, die zu teuer produziert werden oder nutzlos für die Patienten sind, binden Ressourcen, die für andere, sinnvollere Verwendungszwecke fehlen." Und das Dumme ist: Diese Ressourcenverschwendung wächst mit, und zwar umso schneller, je dynamischer Pharmaindustrie, Kliniken, Medizingerätehersteller und das Angebot an Arztpraxen sich entwickeln.
>
> Hauptgrund für die mangelnde Effizienz ist das Grundprinzip der deutschen Krankenversicherung: Die Patienten kaufen ihre Gesundheitsleistungen über einen monatlichen Kassenbeitrag ein und erhalten daher jede Einzelleistung quasi umsonst. Deren Preis interessiert sie also nicht, selbst wenn sie ihn kennen oder – wie bei den privaten Versicherungen üblich – sogar vorstrecken müssen.
>
> Das schafft für Ärzte und Kliniken Anreize, so viel wie möglich zu behandeln. „Ein Arzt macht nicht in erster Linie, was der Patient braucht, sondern was er abrechnen kann", gibt sogar der Chef der deutschen Hausärzte, Ulrich Weigeldt, zu. Und so kommt es, dass Deutschland […] Weltmeister bei Hüftoperationen und teurer bildgebender Diagnostik wie MRT ist.
>
> *R. Thelen, Handelsblatt Nr. 067, 05.04.2011, S. 6*

Reformmaßnahmen – Reformvorschläge

Bereits 2004 wurden verschiedene Maßnahmen zur Reform der gesetzlichen Krankenversicherung eingeleitet und durch die 2007 begonnene Gesundheitsreform fortgeführt. Dazu gehören u. a.:

- Einführung einer Praxisgebühr von 10,00 € pro Quartal *(2013 abgeschafft)*
- Zuzahlungspflicht bei Arznei-, Verband- und Heilmitteln sowie bei Krankenhausaufenthalten
- keine Leistung für Brillen (außer bei Kindern und Jugendlichen)
- Einrichtung eines Gesundheitsfonds ab 2008
- Erhebung eines nur vom Arbeitnehmer zu tragenden kassenindividuellen Zusatzbeitrages

Versicherung oder Umverteilung?

Wenn die Beiträge zur gesetzlichen Krankenversicherung als Prozentsatz vom Arbeitsentgelt erhoben werden, zahlen Besserverdienende zwar höhere Beiträge, können aber trotzdem keine höheren Leistungen beanspruchen. Das entspricht dem **Solidaritätsprinzip** („einer für alle, alle für einen") und einer Umverteilung nach dem **Leistungsfähigkeitsprinzip**.

> Das Leistungsfähigkeitsprinzip besagt, dass jeder Bürger entsprechend seinen finanziellen Möglichkeiten zur Finanzierung staatlicher Leistungen beitragen soll.

Das Ziel, dass im Rahmen der gesetzlichen Krankenversicherung gleichzeitig versichert und umverteilt werden soll, wird aber von Kritikern als ein nicht zu lösendes Grundproblem angesehen. Um Widerstand und Ausweichreaktionen der Beitragspflichtigen zu vermeiden, soll die **Finanzierung von Leistungen** zweckmäßigerweise nach dem **Äquivalenzprinzip** (= Gleichwertigkeit von Beitragszahlung und in Anspruch genommener Leistung) erfolgen.

> Das Äquivalenzprinzip besagt, dass jeder Bürger, der von einer Leistung einen Vorteil hat, über eine Abgabe, die der Höhe dieses Vorteils entspricht, zur Finanzierung der Leistung beitragen soll.

Eine **Einkommensumverteilung** muss dagegen nach dem **Leistungsfähigkeitsprinzip** erfolgen, indem ein höheres Einkommen auch höhere Beiträge nach sich zieht. Beide Prinzipien – Äquivalenzprinzip und Leistungsfähigkeitsprinzip – schließen sich aber gegenseitig aus. Daher wird vorgeschlagen, die Umverteilung aus dem System der sozialen Sicherung vollständig herauszulösen.[1] Insbesondere in der Krankenversicherung soll die Leistung möglichst stark nach dem Äquivalenzprinzip gestaltet werden. Die Einkommensumverteilung soll dagegen ausschließlich im Rahmen des Steuersystems (progressive Einkommensteuer und Transferzahlungen) erfolgen. Dies wird wie folgt begründet:

- Die Umverteilungswirkungen innerhalb der Sozialversicherung sind nicht transparent. Die vielfältigen direkten und indirekten verteilungspolitischen Effekte in den einzelnen Zweigen der Sozialversicherung sind in ihrer Gesamtwirkung letztlich nicht mehr erfassbar und kontrollierbar und daher nicht zielgenau (z. B. willkürliche Verteilungseffekte in der gesetzlichen Krankenversicherung aufgrund der beitragsfreien Mitversicherung von nicht erwerbstätigen Ehepartnern im Vergleich zu Doppelverdienern).

- Von der beabsichtigten solidarischen Finanzierung nach dem Leistungsfähigkeitsprinzip wird beim derzeitigen System ohnehin bereits an vielen Stellen abgewichen, sodass es sich um ein wenig transparentes und wenig effizientes Mischsystem handelt. Die Bezieher hoher Einkommen sind daher ohnehin nicht entsprechend ihrer Leistungsfähigkeit an der Umverteilung im Rahmen der gesetzlichen Krankenversicherung beteiligt.

Eingeschränkte Verteilungswirkung der Sozialversicherung

- Eine solidarische Finanzierung der Sozialversicherung würde bedeuten, dass höhere Einkommen auch höhere Beiträge leisten müssten. Dem steht aber gegenüber, dass in Deutschland die Bezieher der höchsten Einkommen (Selbstständige, Freiberufler, Beamte) nicht Mitglieder der Sozialversicherung sind.

- Die Beitragsbemessungsgrenze (gesetzliche Krankenversicherung 2016: 4.237,50 € mtl.) bewirkt, dass Einkommen über diesem Betrag für die Höhe des Beitrags keine Rolle mehr spielen. Bei einem Einkommen, das 1.000 € über der Beitragsbemessungsgrenze liegt, wird also der gleiche Beitrag fällig wie bei einem Einkommen, das exakt der Beitragsbemessungsgrenze entspricht. Die Folge ist, dass ab der Beitragsbemessungsgrenze die Beitragsbelastung in Prozent des Einkommens mit zunehmendem Einkommen sinkt. Verschärft wird dieses Problem dadurch, dass Einkommensbezieher oberhalb der Versicherungspflichtgrenze (2016: 4.687,50 € mtl.) die Möglichkeit haben, aus der gesetzlichen Krankenversicherung auszuscheiden und sich anderweitig (bei einem privaten Versicherungsunternehmen) zu versichern.

- Da sich die Höhe der Sozialversicherungsbeiträge ausschließlich nach dem Arbeitseinkommen richtet, kann es vorkommen, dass jemand, der nur ein geringes Arbeitseinkommen, dafür aber hohe Einkünfte in Form von Zinsen, Dividenden oder Mieten erzielt, geringere Sozialversicherungsbeiträge zahlt, als jemand, der zwar ein höheres Arbeitseinkommen erzielt, insgesamt aber ein geringeres Einkommen hat.

---

[1] so z. B. der Sachverständigenrat in seinem Jahresgutachten 1996/1997

Probleme des Systems der sozialen Sicherung

Gesundheitsprämie oder Bürgerversicherung?

Vor dem Hintergrund einer stärkeren Anwendung des Äquivalenzprinzips zur Lösung der Probleme in der gesetzlichen Krankenversicherung werden die beiden gegensätzlichen Reformmodelle „Gesundheitsprämie" und „Bürgerversicherung" diskutiert.

Gesundheitsprämie („Kopfpauschale")	Bürgerversicherung
Merkmale	
▌ Pauschalbeitrag: Alle Versicherten der gesetzlichen Krankenversicherung zahlen die gleiche Monatsprämie. ▌ Äquivalenzprinzip: Wer gut verdient, soll nicht mehr Beiträge zahlen als jemand, der wenig verdient. Besserverdienende verursachen keine höheren Krankheitskosten (eher im Gegenteil). „Krankheit hat nichts mit Einkommen zu tun." ▌ Abschaffung der beitragsfreien Mitversicherung von Ehepartnern und Kindern ▌ Trennung von Krankenversicherung und Umverteilung: Der soziale Ausgleich für diejenigen, die die Pauschale nicht aufbringen können, erfolgt aus Steuermitteln. Aufgrund des progressiven Einkommensteuertarifs wird dadurch die Einkommensumverteilung durch das Steuersystem und nicht durch die Sozialversicherung vorgenommen.	▌ Alle Bürger (nicht nur die abhängig Beschäftigten und deren Arbeitgeber) zahlen Beiträge zur Krankenversicherung (auch die bisher nicht pflichtversicherten Selbstständigen, Freiberufler und Beamte). ▌ Grundlage für die Beiträge ist das Gesamteinkommen. Berücksichtigt wird also nicht mehr nur das Arbeitseinkommen, sondern auch Zinsen, Mieten und Gewinne. ▌ Die Ausdehnung der Bemessungsgrundlage auf das Gesamteinkommen entspricht dem Leistungsfähigkeitsprinzip „Wer ein höheres Einkommen hat, soll höhere Beiträge leisten." ▌ Die Beitragsbemessungsgrenze bleibt bestehen (andernfalls würde der Krankenkassenbeitrag eines Einkommensmillionärs über 100.000 € betragen).
Besonderheiten/Vorteile/Nachteile/Probleme	
▌ Gesundheitsprämie ist vollkommen von der Höhe des Arbeitseinkommens abgekoppelt. Der Arbeitgeberbeitrag wird auf dem derzeitigen Stand „eingefroren" und ist künftig in Form eines festen Monatsbeitrags ebenfalls von der Höhe des Arbeitseinkommens unabhängig. ▌ Entkoppelung von Lohnkosten und Beiträgen zur gesetzlichen Krankenversicherung. Dadurch positive Effekte auf die Arbeitskosten und die Beschäftigungssituation, da Kostenerhöhungen im Gesundheitswesen zwar die Prämie, nicht aber die Arbeitskosten erhöhen. ▌ Umverteilung von Reich zu Arm soll nicht im Gesundheitswesen, sondern im Rahmen des Steuersystems erfolgen. ▌ Personen mit mittlerem und niedrigem Einkommen werden verhältnismäßig stärker belastet als gut Verdienende. ▌ Das System kommt ohne massive Steuerzuschüsse nicht aus und ist damit von der Einnahmesituation des Staatshaushalts abhängig.	▌ Wegen der erhöhten Zahl der Beitragszahler und der verbreiterten Bemessungsgrundlage (Gesamteinkommen) wird eine Senkung der Lohnnebenkosten erwartet. ▌ Bei mehr Beitragszahlern (Selbstständige, Freiberufler, Beamte) gibt es auch mehr Anspruchsberechtigte. ▌ Die derzeitigen Beamten und privat Versicherten genießen einen Bestandsschutz und können nicht zwangsweise gesetzlich versichert werden. ▌ Belastung der Kapitaleinkünfte (Zinsen, Dividenden) mit Sozialversicherungsbeiträgen führt möglicherweise zur Abwanderung von Kapitalanlagen ins Ausland. ▌ Bei künftigen Kostensteigerungen im Gesundheitswesen müssen die Beiträge erhöht werden. Wenn nicht die Arbeitgeberbeiträge auf dem derzeitigen Stand „eingefroren" werden, ergibt sich daraus auch wieder eine Erhöhung der Personalneben- und der Arbeitskosten. ▌ Private Krankenversicherungen verlieren ihre Geschäftsgrundlage und müssen sich auf Zusatzversicherungen beschränken.

Während CDU und FDP eindeutig für die Gesundheitsprämie plädieren, wird von SPD, Grünen und der Linken die Bürgerversicherung favorisiert.

Der zum 01.01.2009 eingeführte **Gesundheitsfonds** kombiniert Elemente der Kopfpauschale und der Bürgerversicherung.

Funktionsweise des Gesundheitsfonds

1. Arbeitgeber- und Arbeitnehmerbeiträge werden nicht mehr an die Krankenkassen, sondern direkt in den Gesundheitsfonds eingezahlt. Die Arbeitgeber- und Arbeitnehmerbeiträge belaufen sich auf jeweils 7,3 % der Bruttolöhne (bis zur Beitragsbemessungsgrenze). Von den Arbeitnehmern kann ein kassenindividueller Zusatzbeitrag erhoben werden.

2. Der Staat leistet aus Steuermitteln einen Zuschuss (u. a. für die Mitversicherung von Kindern).

3. Die Krankenkassen (z. B. AOK, DAK, TK usw.) erhalten je Versichertem einen Einheitsbeitrag. Daneben sind Zuschläge zum Ausgleich der zwischen den Krankenkassen unterschiedlich verteilten Krankheitsrisiken möglich.

4. Zusatzbeiträge und Rückerstattung (Bonus-Malus-System): Wenn die Krankenkassen Überschüsse erwirtschaften, können diese an die Versicherten zurückerstattet werden. Kommen die Krankenkassen hingegen mit den finanziellen Mitteln nicht aus, können Zusatzbeiträge erhoben werden.

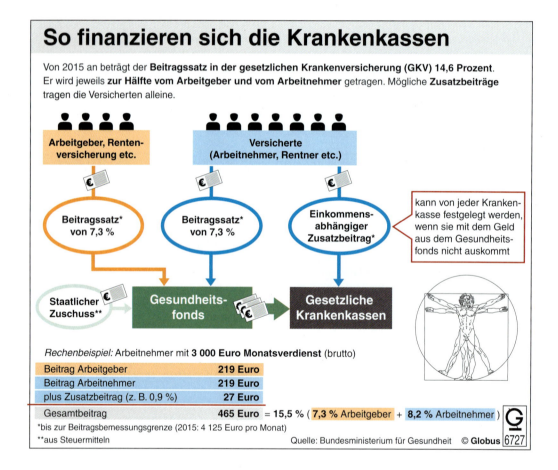

Sozial- und Verteilungspolitik

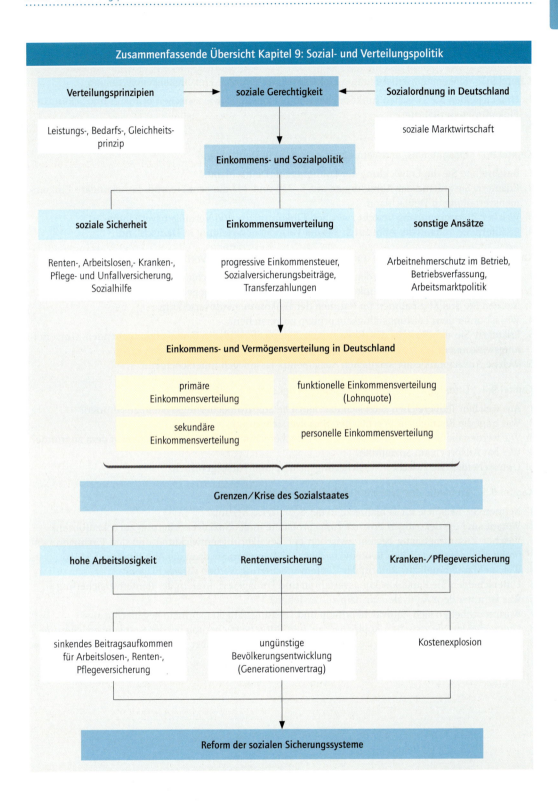

Fragen zur Wiederholung

Kapitel 9.1 Einkommensentstehung – Einkommensverteilung – Einkommensumverteilung

1. Unterscheiden Sie zwischen funktioneller und personeller sowie zwischen primärer und sekundärer Einkommensverteilung.
2. Was ist die Lohnquote?

Kapitel 9.2 Einkommens- und Vermögensverteilung in Deutschland

1. Beschreiben Sie die Entwicklung der Lohnquote in Deutschland.
2. Erläutern Sie anhand der Abbildungen auf S. 339 und 343 die primäre und die sekundäre Einkommensverteilung in Deutschland.
3. Welcher Zusammenhang besteht zwischen Einkommens- und Vermögensverteilung?
4. Erläutern Sie anhand der Abb. auf S. 344 die Vermögensverteilung in Deutschland.

Kapitel 9.3 Ziele, Ansatzpunkte und Maßnahmen der Sozial- und Verteilungspolitik

1. Welche beiden Hauptziele werden mit der Sozialpolitik in Deutschland verfolgt?
2. Warum wird eine Politik der Einkommensumverteilung für nötig gehalten?
3. Nennen Sie drei Maßnahmen im Rahmen der Einkommensumverteilung.
4. Was ist unter dem Leistungsfähigkeitsprinzip zu verstehen?
5. Erläutern Sie den Verlauf des Einkommensteuertarifs und die damit einhergehenden Umverteilungswirkungen.
6. Welche Ansatzpunkte der staatlichen Sozialpolitik lassen sich unterscheiden?

Kapitel 9.4 Grundprinzipien und Einrichtungen der sozialen Sicherung

1. Aus welchen Teilbereichen setzt sich das deutsche Sozialversicherungssystem zusammen?
2. Wer trägt die Beiträge zur gesetzlichen Sozialversicherung?
3. Wie werden die Beiträge zur Sozialversicherung berechnet und welches Prinzip liegt dem zugrunde?
4. Wer hat Anspruch auf Sozialhilfe?
5. Unterscheiden Sie zwischen Versicherungsprinzip und Fürsorgeprinzip.

Kapitel 9.5 Probleme des Systems der sozialen Sicherung

1. Nennen Sie Beispiele für Fehlanreize in der Sozialversicherung.
2. Worauf sind die derzeitigen Finanzierungsprobleme in der Sozialversicherung zurückzuführen?
3. Welcher Zusammenhang besteht zwischen der Bevölkerungsentwicklung und den Finanzierungsproblemen der gesetzlichen Rentenversicherung? Benutzen Sie dazu die Abbildung auf S. 356.
4. Welche Maßnahmen zur Reform der Rentenversicherung werden vorgeschlagen?
5. Unterscheiden Sie Kapitaldeckungsverfahren und Umlageverfahren in der Rentenversicherung.
6. Was ist unter dem Äquivalenzprinzip zu verstehen?
7. Warum schließen sich Äquivalenzprinzip und Leistungsfähigkeitsprinzip gegenseitig aus?
8. Unterscheiden Sie zwischen Kopfpauschale und Bürgerversicherung bei der Krankenversicherung.
9. Erläutern Sie die Funktionsweise des Gesundheitsfonds gegenüber dem bisherigen Finanzierungssystem.

Sozial- und Verteilungspolitik

Aufgaben und Probleme zur Erarbeitung und Anwendung von Wissen

9.1 Rollenspiel: Grundprobleme einer gerechten Einkommensverteilung

Führen Sie in Ihrer Klasse das Rollenspiel „Gerechte Einkommensverteilung" durch und diskutieren Sie vor diesem Hintergrund verschiedene Prinzipien der Einkommensverteilung. Die Spielbeschreibung befindet sich auf der Begleit-CD (Best.-Nr. 6082).

9.2 Einkommensverteilung in Deutschland

Für die Messung der Einkommenskonzentration werden die privaten Haushalte häufig entsprechend der Höhe ihres Einkommens in 10 Gruppen (= Dezile) eingeteilt. Für jede Gruppe wird der prozentuale Anteil am Gesamteinkommen aller Haushalte wie folgt ausgewiesen: Anteil der ärmsten 10 % der Haushalte (= 1. Dezil) am Gesamteinkommen, Anteil der zweitärmsten 10 % der Haushalte (= 2. Dezil) am Gesamteinkommen usw. bis zum Anteil der reichsten 10 % der Haushalte (= 10. Dezil) am Gesamteinkommen. Entsprechend dieser Gliederung liegen für die BRD für die Jahre 1991 und 2009 folgende Zahlen vor:

Haushaltsgruppen nach Einkommenshöhe (Dezile)			1. 10 %	2. 10 %	3. 10 %	4. 10 %	5. 10 %	6. 10 %	7. 10 %	8. 10 %	9. 10 %	10. 10 %
% Anteil am Gesamteinkommen aller Haushalte	1991	vorher	0,2	1,4	3,4	5,7	7,9	9,7	11,6	14,1	17,7	28,3
		nachher	4,0	5,9	6,9	7,7	8,5	9,4	10,4	12,0	14,2	21,0
	2012	vorher	0,1	1,2	2,8	5,1	7,2	9,2	11,3	13,6	17,7	31,8
		nachher	3,6	5,3	6,3	7,2	8,2	9,1	10,4	12,0	14,4	23,5

1. Erstellen Sie in Anlehnung an die Abb. auf S. 343 für die Einkommensverteilung in Deutschland zwei Abbildungen mit je zwei LORENZ-Kurven für 1991 (vor und nach der Einkommensumverteilung) und 2012 (vor und nach der Einkommensumverteilung).
2. Vergleichen Sie die Kurvenverläufe miteinander und erläutern Sie die Aussagekraft der von Ihnen erstellten LORENZ-Kurven.
3. Stellen Sie fest, wie viel Prozent des Gesamteinkommens jeweils die ärmsten 20 % und die reichsten 20 % der Haushalte in den Jahren 1991 und 2012 (jeweils vor und nach der Einkommensumverteilung) auf sich vereinigt haben.
4. Wie viel Euro haben die in der Zeitungsmeldung auf S. 343 erwähnten Top-Manager pro Tag/pro Stunde verdient, wenn 230 Arbeitstage pro Jahr und ein 8-h-Tag zugrunde gelegt werden? Vergleichen Sie das Ergebnis mit dem Durchschnittseinkommen eines Bankangestellten, einer Krankenschwester und eines Hartz-IV-Empfängers.
5. Bilden Sie sich in Anlehnung an die Grafiken und die Texte auf S. 343 und 344 eine Meinung zu der Frage: „Ist die Einkommensverteilung in Deutschland gerecht?"

9.3 Einkommensteuertarif – Einkommensumverteilung

1. Beschreiben Sie anhand der Tabelle und der Abb. auf S. 348 die Entwicklung des Grenz- und Durchschnittssteuersatzes bei zunehmendem zu versteuernden Einkommen. Welche Besonderheiten lassen sich feststellen?
2. Angenommen, bei einem ledigen Steuerpflichtigen erhöht sich das zu versteuernde Einkommen um 100,00 €. Ermitteln Sie mithilfe der Grenzsteuersätze, wie viel Euro von diesen 100,00 € Zusatzeinkommen als Einkommensteuer abgeführt werden müssen, wenn das bisherige zu versteuernde Einkommen folgende Höhe hat:
a) 5.000 € b) 10.000 € c) 20.000 € d) 40.000 € e) 50.000 € f) 60.000 € g) 70.000 €
3. Ist es Ihrer Meinung nach gerecht, dass Grenz- und Durchschnittssteuersatz bei zunehmendem zu versteuernden Einkommen steigen (= progressiver Einkommensteuertarif)?
4. Von verschiedenen politischen Parteien wird häufig eine Entlastung der „unteren und mittleren Einkommensbezieher" von der Einkommensteuer gefordert. Angenommen beim gegenwärtigen Einkommensteuertarif würde der Grundfreibetrag auf 10.000 € erhöht und der Eingangssteuersatz auf 12 % gesenkt. Prüfen Sie, welche Einkommensbezieher dadurch begünstigt würden.

365

5. In der steuerpolitischen Diskussion wird häufig die **kalte Progression** des derzeitigen Einkommensteuertarifs beklagt.

> **Kalte Progression** ist die Steuermehrbelastung, die dann eintritt, wenn Lohnsteigerungen lediglich zu einem Inflationsausgleich führen und gleichzeitig die Einkommensteuersätze nicht der Inflationsrate angepasst werden. Durch den progressiven Einkommensteuertarif wird für jeden über dem Grundfreibetrag verdienten Euro ein höherer Einkommensteuersatz (Grenzsteuersatz) fällig – das Realeinkommen sinkt.

Überprüfen Sie diesen Effekt anhand des folgenden Beispiels:

Ein einkommensteuerpflichtiger Angestellter (ledig) hat ein zu versteuerndes Jahreseinkommen von 50.000 €. Im letzten Jahr lag die Preissteigerungsrate bei 4 %. Als Inflationsausgleich erhält er eine Gehaltserhöhung, durch die sein zu versteuerndes Einkommen ebenfalls um 4 % auf jetzt 52.000 € steigt.

a) Wie hoch ist sind jeweils die Einkommensteuerbelastung in €, der Durchschnittssteuersatz und das Resteinkommen?
Hinweis: Nach dem ESt-Tarif 2016 ergibt sich folgende ESt:
zu versteuerndes Einkommen (zvE) von 50.000 €: ESt 12.636 €
zu versteuerndes Einkommen (zvE) von 52.000 €: ESt 13.452 €
Die Einkommensteuer kann u.a. mithilfe des Abgabenrechners des Bundesfinanzministeriums im Internet ermittelt werden. Suchbegriff: Abgabenrechner (www.abgabenrechner.de/ekst)

b) Wie hoch sind die Realwerte des zu versteuernden Einkommens und des Resteinkommens nach der Gehaltserhöhung? Geben Sie die Höhe des durch die Steuerprogression verursachten Einkommensnachteils des Steuerpflichtigen an.

c) Wie müsste der Steuertarif ausgestaltet sein, um die negativen Auswirkungen der „kalten Progression" zu vermeiden?

6. In der steuerpolitischen Diskussion wird von verschiedenen Parteien und Interessengruppen immer wieder die Einführung eines Stufentarifs nach folgendem Muster vorgeschlagen:

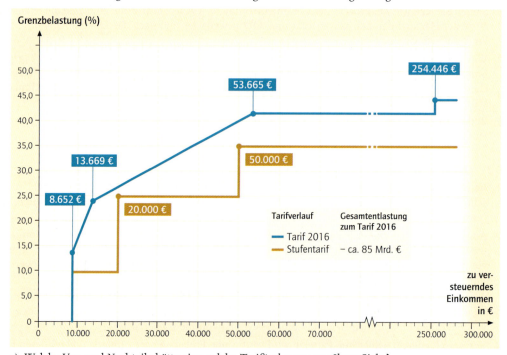

a) Welche Vor- und Nachteile hätte eine solche Tarifänderung aus Ihrer Sicht?

b) Prüfen Sie, ob durch die Einführung eines solchen Stufentarifs das Problem der „kalten Progression" (vgl. Aufgabe 5) gelöst würde.

Sozial- und Verteilungspolitik

9.4 Verteilungswirkungen der Umsatzsteuer

Für zwei Konsumenten liegen folgende Angaben vor:

Leitender Angestellter, ledig, verfügbares Monatseinkommen 5.000 €	Bezieher von Arbeitslosengeld II, ledig, verfügbares Monatseinkommen 404 € (Hartz-IV-Regelsatz)
50 % des verfügbaren Einkommens werden für Ersparnisse, Zins- und Tilgungsleistungen für die kreditfinanzierte Eigentumswohnung, Kapitalbildung im Rahmen der Altersvorsorge, nicht umsatzsteuerpflichtige Dienstleistungen (z. B. Versicherungen) verwendet. Von den verbleibenden Konsumausgaben entfallen 30 % auf Güter mit einem ermäßigten Umsatzsteuersatz von 7 %. Die restlichen Konsumausgaben unterliegen einem Umsatzsteuersatz von 19 %.	Kostenlos zur Verfügung gestellte Wohnung, Sparquote 0 %. Von den Konsumausgaben entfallen 60 % auf Güter mit einem ermäßigten Umsatzsteuersatz von 7 %. Die restlichen Konsumausgaben unterliegen einem Umsatzsteuersatz von 19 %.

1. Ermitteln Sie für die beiden Konsumenten, wie hoch der prozentuale Anteil der Umsatzsteuer an ihrem jeweiligen verfügbaren Monatseinkommen ist.
2. Erläutern Sie an diesem Beispiel die „regressive Wirkung" einer Umsatzsteuer.

9.5 Soziale Gerechtigkeit – Utopie oder Herausforderung?

Bearbeiten Sie das Arbeitsblatt zum Thema „Soziale Gerechtigkeit – Utopie oder Herausforderung?". Das Arbeitsblatt befindet sich als PDF-Datei auf der Begleit-CD (Best.-Nr. 6082).

Quelle: Bundeszentrale für politische Bildung, Themenblätter im Unterricht Nr. 102, Best.-Nr. 5995
http://www.bpb.de/publikationen

9.6 Armut – hier und weltweit

Bearbeiten Sie das Arbeitsblatt zum Thema „Armut – hier und weltweit". Das Arbeitsblatt befindet sich als PDF-Datei auf der Begleit-CD (Best.-Nr. 6082).

Quelle: Bundeszentrale für politische Bildung, Themenblätter im Unterricht Nr. 77. Best.-Nr. 5995
http://www.bpb.de/publikationen

9.7 System der sozialen Sicherung in Deutschland

Halten Sie ein Kurzreferat über das System der sozialen Sicherung in Deutschland.
Welche grundlegenden Probleme des Sozialstaates in Deutschland lassen sich feststellen?
Welche Reformvorschläge werden diskutiert oder wurden bereits umgesetzt?

www.sozialpolitik.com
www.sozialpolitik-aktuell.de   (Themenfeld: Einkommen, Einkommensverteilung, Armut)

9.8 Steuererhebung zur Senkung der Lohnnebenkosten – Finanzierung der Sozialversicherungsbeiträge

Der ehemalige Präsident des Instituts für Klima, Umwelt und Energie in Wuppertal, Prof. ERNST ULRICH VON WEIZSÄCKER, hat folgenden Vorschlag zur Bekämpfung der Arbeitslosigkeit gemacht:

> „Energie soll beim Endverbraucher jedes Jahr inflationsbereinigt um 5 % teurer werden. Dafür sollen andere Abgaben, die die Lohnnebenkosten erhöhen (z. B. Beiträge zur Arbeitslosenversicherung), in gleichem Umfang gesenkt werden. Dies soll dazu führen, dass der Rationalisierungsprozess zulasten des teuren Faktors Arbeit gebremst wird. Es würde dann in Zukunft rentabler, Kilowattstunden arbeitslos zu machen, als Menschen."

1. Handelt es sich hierbei um eine marktkonforme oder eine marktkonträre Maßnahme? Begründen Sie Ihre Aussage.
2. Prüfen Sie die mögliche Wirkung einer solchen Energieverbrauchsteuer auf die Höhe des Energieverbrauchs und des Steueraufkommens. Skizzieren Sie dazu eine normal verlaufende Angebots- und

367

Nachfragekurve (Preis-Mengen-Diagramm) und tragen Sie die sich durch die Steuererhebung ergebenden Veränderungen in die Skizze ein.

3. Wie würde sich das Ergebnis von Aufgabe 2 ändern, wenn die Nachfrageelastizität sehr hoch ist?

4. Beurteilen Sie den Vorschlag, indem Sie mögliche Vor- und Nachteile einander gegenüberstellen.

5. Ein anderer Vorschlag zur Finanzierung von Sozialversicherungsbeiträgen und Senkung der Lohnnebenkosten lautet:

> Die Sozialversicherungen werden vor allem durch die von der Lohnsumme abhängigen Beiträge finanziert – je zur Hälfte von Arbeitgebern und Arbeitnehmern. Von diesen Lohnzusatzkosten sind vor allem Betriebe mit hoher Arbeitsintensität betroffen. Die Sozialabgaben stellen daher einen Anreiz zur Rationalisierung, d. h. den Ersatz von Arbeitnehmern durch Maschinen dar. Jede Entlassung senkt die sozialen Aufwendungen des Betriebes, weil auf diese Weise Sozialversicherungsbeiträge gespart werden können. Die **Arbeitgeberbeiträge** zur Sozialversicherung sollen daher in eine Abgabe umgewandelt werden, die sich an der Leistung der Menschen (= Lohnsumme) **und** der Maschinen orientiert. Es handelt sich um eine **Wertschöpfungsabgabe.** (Die Wertschöpfung eines Betriebes entspricht der Summe der Faktoreinkommen, d. h. der Summe aus Löhnen, Zinsen, Pachten und Gewinnen.)

a) Wie würde sich eine solche Abgabe auf die Angebotskurve auswirken?

b) Beurteilen Sie den Vorschlag im Hinblick auf die Zielsetzung, den Arbeitsplatzabbau zu stoppen.

9.9 Probleme der gesetzlichen Rentenversicherung

1. Vergleichen Sie die mithilfe der deutschen Lebensbäume in der Abb. auf S. 356 dargestellte Bevölkerungsentwicklung. Beschreiben Sie das jeweilige Verhältnis der älteren Bevölkerung (ab 65 Jahre) und der erwerbsfähigen jüngeren Generation (20 bis 65 Jahre).

2. Welche Auswirkungen hat die dargestellte Bevölkerungsentwicklung für die auf dem Umlageverfahren (Generationenvertrag) beruhende Finanzierung der gesetzlichen Rentenversicherung in Deutschland?

3. Machen Sie Lösungsvorschläge für das Finanzierungsproblem der gesetzlichen Rentenversicherung und beurteilen Sie die Folgen der vorgeschlagenen Maßnahmen.

9.10 Bevölkerungsentwicklung und Renten

Bearbeiten Sie das Arbeitsblatt „Bevölkerungsentwicklung und Renten".

Das Arbeitsblatt befindet sich als PDF-Datei auf der Begleit-CD (Best.-Nr. 6082).

Quelle: Bundeszentrale für politische Bildung, Themenblätter im Unterricht Nr. 99, Best.-Nr. 5992
http://www.bpb.de/publikationen

9.11 Vernetzungsdiagramm: Finanzierungsprobleme der gesetzlichen Rentenversicherung

Stellen Sie anhand eines Vernetzungsdiagramms fest, welche Einflüsse, Zusammenhänge und Abhängigkeiten zwischen den Faktoren, die auf die Finanzierung der gesetzlichen Rentenversicherung einwirken, bestehen. Verbinden Sie dazu Elemente, die sich direkt beeinflussen, mit einem Pfeil. Kennzeichnen Sie gleichgerichtete Wirkungen (je mehr – desto mehr) mit einem Pluszeichen und entgegengesetzte Wirkungen (je mehr – desto weniger) mit einem Minuszeichen.

Erläutern Sie alle durch Pfeile dargestellten Abhängigkeiten.

Folgende Elemente können berücksichtigt werden: Finanzierungsdefizit, Beitragseinnahmen, Ausgaben der Rentenversicherung, Beitragssatz, Personalkosten, Arbeitslosigkeit, künftige Rentenzahlung, Altersarmut, Tendenz zur Teil- statt Vollzeitarbeit, Geburtenzahl, Lebenserwartung, Verhältnis zwischen Zahl der Beitragszahler und Zahl der Rentner, Dauer der Ausbildung, versicherungsfremde Leistungen (z. B. Krankenversicherung der Rentner, DDR-Folgekosten), vorzeitiges Ausscheiden aus dem Erwerbsleben (Frühverrentung), ...

Sozial- und Verteilungspolitik

9.12 Menschliches Verhalten als Problem der Sozialversicherung – Gesetzliche Krankenversicherung

Wesentliche Probleme von Sozialversicherungssystemen sind auf das Verhalten der Versicherten zurückzuführen.[1]

Moral Hazard (moralische Versuchung)	Restaurantrechnungsproblem
Erfahrungen aus der Versicherungswirtschaft zeigen, dass sich das Verhalten der Menschen ändert, wenn sie versichert sind. Sie verhalten sich einem Risiko gegenüber nachlässiger, wenn sie sich durch eine Versicherung abgesichert haben (z. B. Sicherung von gegen Diebstahl versicherten Fahrrädern). Dieser Mangel an Anreiz zur Sorgfalt wird als „Moral Hazard" bezeichnet. Dadurch erhöht sich der Bedarf an Versicherungsleistungen.	Die Alltagserfahrung belegt, dass beispielsweise die Rechnung in einem Restaurant erheblich höher ausfällt, wenn eine Gruppe vor dem Essen beschlossen hat, die Rechnung gemeinsam zu gleichen Teilen zu bezahlen. Jeder bestellt dann ein teureres Menü, als wenn er nur seinen eigenen Verzehr bezahlen müsste. Es liegt also eine Situation vor, bei der jeder jeden ausbeutet. Auf den Bereich der Versicherung übertragen erhöht sich dadurch die beanspruchte Versicherungsleistung.

1. Wie lassen sich die geschilderten Verhaltensweisen begründen? Wie würde Ihr eigenes Verhalten in ähnlichen Situationen aussehen?

2. Übertragen Sie die Ergebnisse dieser Verhaltensweisen auf das System einer gesetzlichen Krankenversicherung. Wieso kann es dadurch zu einer Überbeanspruchung der Leistungen kommen.

3. Welche Konsequenzen müsste die Versichertengemeinschaft daraus für Personen, die nicht sorgsam mit ihrer Gesundheit umgehen und ein erhöhtes gesundheitliches Risiko eingehen (z. B. Rauchen, Ausübung von Extremsportarten, wegen Bewegungsmangels und falscher Ernährung Übergewichtige) ziehen?

9.13 Probleme der Sozialversicherung – Moral-Hazard-Phänomen – Dilemmasituation

Zehn Bewohner eines Landes vereinbaren, zur Abdeckung des Krankheitskostenrisikos eine Versicherung einzurichten. Die Krankheitskosten jedes Einzelnen sollen von allen Versicherten gemeinsam zu gleichen Teilen getragen werden.

Das Versicherungsmitglied E würde, wenn es die Kosten in vollem Umfang selbst zu tragen hätte, normalerweise medizinische Leistungen im Wert von 100 Nutzeneinheiten pro Periode in Anspruch nehmen und bezahlen.

Alle übrigen Versicherten (Ü) würden genauso handeln. Wenn dagegen alle in diesem Land vorhandenen medizinischen Versorgungs- und Betreuungsangebote über das gesundheitlich unbedingt notwendige Maß hinaus in Anspruch genommen werden, könnten die Bewohner ihren medizinischen Nutzen von 100 Einheiten auf 120 Einheiten pro Periode erhöhen. Diese erhöhte Inanspruchnahme würde aber wegen der durch die Nachfragesteigerung ausgelöste Preiserhöhung 150 Geldeinheiten pro Person und Periode kosten. Der durch die erhöhte Inanspruchnahme entstehende zusätzliche Nutzen (20) ist für den Einzelnen also geringer als die ihm dadurch entstehenden zusätzlichen Kosten (50).

Jeder Versicherte hat zwei Strategien zur Auswahl:
Strategie 1 (S_1): normale Inanspruchnahme der medizinischen Versorgung
Strategie 2 (S_2): erhöhte Inanspruchnahme der medizinischen Versorgung

Es ergeben sich somit vier mögliche Strategiekombinationen. Die jeweiligen Nutzensituationen werden für E (= Einzelner) in die linke untere Ecke und für Ü (= Übrige) in die rechte obere Ecke der vier Felder eingetragen.

---

1 Vergleiche Koslowski, P., Die Ordnung der Wirtschaft, Tübingen 1994, S. 305 ff.

369

Beispiel: Bei Strategiekombination (SE$_1$/SÜ$_2$) beträgt die Nutzenminderung von E 45 und die von Ü 25. Die Gesamtkosten betragen 1.450 (9 · 150 + 1 · 100). Jedes der 10 Versicherungsmitglieder muss davon vereinbarungsgemäß 1/10, also 145 zahlen. Der Nutzen des E beträgt aber nur 100, d. h., er hat einen Nutzenverlust von 45. Der Nutzen von Ü beträgt jeweils 120, d. h. alle übrigen Versicherungsmitglieder haben jeweils einen Nutzenverlust von 25.

| | | Inanspruchnahme der medizinischen Versorgung durch die übrigen Versicherten Ü (= Übrige) ||
		normal (S$_{Ü1}$)	erhöht (S$_{Ü2}$)
Inanspruchnahme der medizinischen Versorgung durch den Versicherten E (= Einzelner)	normal (S$_{E1}$)	0 / 0	−25 / −45
	erhöht (S$_{E2}$)		

1. Ermitteln Sie für die übrigen Strategiekombinationen die Nutzenänderungen für den Einzelnen E und die Übrigen Ü nach obigem Muster.
2. Erläutern Sie die Strategiekombination, die aus Sicht der Allgemeinheit am günstigsten ist.
3. Erläutern Sie die Strategiekombination, die aus Sicht des Einzelnen E am günstigsten ist.
4. Zu welcher Strategiekombination wird das Verhalten der Versicherungsmitglieder führen, wenn alle die für sie persönlich günstigste Lösung verfolgen? Begründen Sie dieses Verhalten und erläutern Sie das Ergebnis.
5. Das zu erwartende Verhalten der Versicherten wird auch als **Moral-Hazard** bezeichnet. Erläutern Sie diesen Begriff anhand des vorliegenden Beispiels und der folgenden Abbildung.

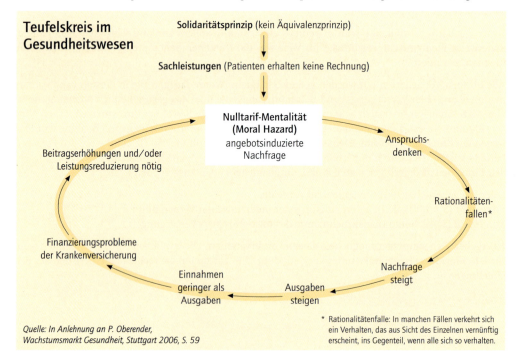

10 Außenwirtschaft

Warum ist dieses Kapitel wichtig?

Problem

Deutschland gehört zu den wichtigsten Exportländern der Welt. Auch in der gegenwärtigen Zeit wäre beispielsweise die Situation auf dem Arbeitsmarkt ohne den positiven Einfluss der Exportwirtschaft noch wesentlich schlechter. Andererseits macht die hohe Exportlastigkeit einer Volkswirtschaft auch von weltwirtschaftlichen Entwicklungen abhängig, die ein einzelnes Land nicht beeinflussen kann. Es ist daher wichtig, zu wissen, wie internationale Handelsbeziehungen gestaltet werden können, damit möglichst alle am Welthandel beteiligten Länder daraus Vorteile ziehen. Obwohl die Außenhandelstheorie nahelegt, dass internationaler Handel allen daran beteiligten Ländern Vorteile bringt, zeigt die Realität, dass dies nur unter bestimmten Bedingungen der Fall ist. In den letzten Jahren haben die internationalen Wirtschaftsbeziehungen im Rahmen der als Globalisierung bezeichneten starken weltweiten Verflechtung von Güter- und Finanzmärkten eine neue Dimension erfahren. Diese Entwicklungen bringen auch für Deutschland erhebliche Veränderungen in Wirtschaft und Gesellschaft mit sich. Die Weltwirtschaft wächst mehr und mehr zu einer politischen, ökologischen und ökonomischen Einheit mit gegenseitigen Abhängigkeiten zusammen.

Überblick und Zusammenhänge

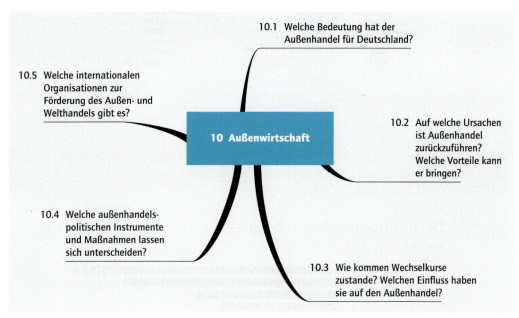

10 Außenwirtschaft

10.1 Außenhandel und Zahlungsbilanz in Deutschland

Aufgabe 10.1, S. 424

> Außenhandel ist der grenzüberschreitende Waren- und Dienstleistungsverkehr einer Volkswirtschaft. Er umfasst den Kauf ausländischer Güter (Import) und den Auslandsabsatz inländischer Güter (Export).

Deutschland gehört neben China, den USA und Japan zu den exportstärksten Volkswirtschaften der Welt. Annähernd jeder vierte Arbeitsplatz in Deutschland ist exportabhängig. Die Absatzmärkte deutscher Güter im Ausland konzentrieren sich auf die Mitgliedsstaaten der Europäischen Union und die USA. Andererseits ist Deutschland als dicht besiedeltes Industrieland mit geringen Rohstoffvorkommen auf die Einfuhr vieler Güter angewiesen.

Außenhandel ist in der Regel dann vorteilhaft, wenn
- bestimmte Rohstoffe und andere Güter im Inland nicht verfügbar sind,
- aufgrund der unterschiedlichen Ausstattung mit Produktionsfaktoren bestimmte Güter in bestimmten Ländern kostengünstiger als anderswo hergestellt werden können und sich deswegen Preisunterschiede zwischen In- und Ausland ergeben.

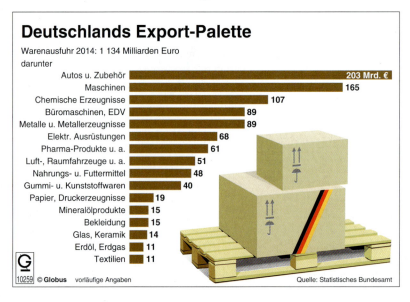

372

Außenhandel und Zahlungsbilanz in Deutschland

> In der Zahlungsbilanz werden die wirtschaftlichen Vorgänge (Transaktionen), die während eines bestimmten Zeitraums zwischen Inländern und Ausländern stattfinden, erfasst.

Der Begriff „Bilanz" ist in diesem Zusammenhang missverständlich, weil – anders als beim üblichen Bilanzbegriff – keine **Bestände** zu einem bestimmten **Zeitpunkt**, sondern Geld**ströme** während eines bestimmten **Zeitraums** dargestellt werden.

> Die Zahlungsbilanz besteht aus mehreren Teilbilanzen (Leistungsbilanz, Vermögensübertragungen, Kapitalbilanz, Devisenbilanz, Restposten).

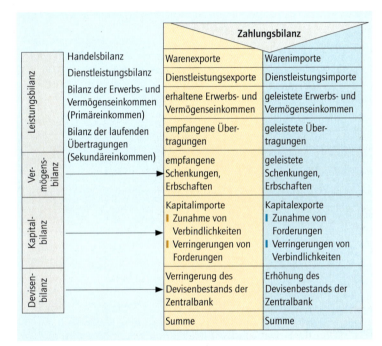

Handelsbilanz:
Die Warenexporte sind in Deutschland üblicherweise höher als die Warenimporte **(= aktive Handelsbilanz)**.

Dienstleistungsbilanz:
Exporte und Importe von Dienstleistungen (u. a. Transport- und Versicherungsleistungen, Auslandsreisen). Auslandsreisen bedeuten einen Dienstleistungsimport. Der Saldo der deutschen Dienstleistungsbilanz ist wegen der zahlreichen Auslandsreisen der deutschen Bevölkerung traditionell negativ (= Importüberschuss).

Bilanz der Erwerbs- und Vermögenseinkommen (Primäreinkommen): grenzüberschreitendes Faktoreinkommen (Kapitalerträge und Arbeitseinkommen)

Bilanz der laufenden Übertragungen (Sekundäreinkommen): Beiträge an Internationale Organisationen (z. B. EU), grenzüberschreitende Renten, Pensionen und Unterstützungszahlungen (z. B. die Überweisungen der in Deutschland lebenden ausländischen Arbeitnehmer in ihre Heimatländer) sowie Zahlungen im Rahmen der Entwicklungshilfe, sofern es sich nicht um Kredite handelt. Der Saldo der deutschen Übertragungsbilanz ist insbesondere wegen hohen Leistungen an die EU üblicherweise negativ.

Kapitalbilanz: Kapitalexporte und Kapitalimporte wie z. B. grenzüberschreitende Kreditgeschäfte, Wertpapierkäufe oder Direktinvestitionen (= Unternehmensgründung oder Kapitalbeteiligung an Unternehmen). **Kapitalimporte** führen zu einer Zunahme der Verbindlichkeiten gegenüber dem Ausland oder zu einer Abnahme der Forderungen an das Ausland. Kauft ein deutscher Importeur Waren aus dem Ausland auf Kredit, so liegt ein Kapitalimport in Höhe der Verbindlichkeit vor. Ebenso stellen der Erwerb von deutschen Wertpapieren durch Ausländer und die Auflösung von Beteiligungen inländischer Unternehmen an ausländischen Unternehmen **Kapitalimporte** dar. **Kapitalexporte** führen zu einer Zunahme der Forderungen an das Ausland oder zu einer Abnahme der Verbindlichkeiten gegenüber dem Ausland. Dazu gehören z. B. Liefererkredite, die inländische Exporteure ihren Kunden einräumen, der Erwerb von Wertpapieren im Ausland sowie Kapitalbeteiligungen an ausländischen Unternehmen.

Restposten (Saldo der statistisch nicht aufgliederbaren Transaktionen): Da nicht alle außenwirtschaftlichen Vorgänge genau erfasst werden können (z. B. nicht oder falsch deklarierte Auslandsgeschäfte, Schmuggel, Kapitalflucht), enthält die Zahlungsbilanz die Position „Saldo der statistisch nicht aufgliederbaren Transaktionen". Dabei handelt es sich um einen Restposten, der ungeklärte Beträge umfasst.

Die Zahlungsbilanz ist statistisch immer ausgeglichen. Die Teilbilanzen weisen jedoch üblicherweise Ungleichgewichte und damit positive oder negative Salden auf.

Zahlungsbilanz für Deutschland 2013–2015 in Mrd. €			
	2013	2014	2015
I. Leistungsbilanz			
1. Außenhandel			
Ausfuhr	*1.078,4*	*1.114,0*	*1.178,4*
Einfuhr	*868,2*	*888,0*	*917,2*
Saldo	210,3	226,0	261,2
2. Dienstleistungen			
Einnahmen	*200,8*	*209,3*	*230,3*
Ausgaben	*245,6*	*249,3*	*267,5*
Saldo	−44,8	−40,0	−37,2
3. Erwerbs- und Vermögenseinkommen (Saldo der Primäreinkommen)	59,9	66,7	65,2
4. Laufende Übertragungen (Saldo der Sekundäreinkommen)	−43,0	−40,7	−40,2
Saldo der Leistungsbilanz	**182,4**	**212,1**	**249,1**
II. Vermögensübertragungen (Saldo)	**1,1**	**2,8**	**1,2**
III. Kapitalbilanz (Export +, Import −)			
Direktinvestitionen	9,0	83,2	59,7
Wertpapiere	164,5	127,8	224,6
Finanzderivate u. Mitarbeiteroptionen	24,3	31,8	25,5
Übriger Kapitalverkehr	9,3	3,1	−47,4
Saldo der Kapitalbilanz (Export +, Import −)	**207,1**	**245,9**	**262,5**
IV. Restposten (statistisch nicht aufgliederbar)	**−24,2**	**−28,4**	**−9,9**
V. Veränderung der Währungsreserven (Devisenbilanz)	**0,8**	**−2,6**	**−2,2**
Bilanzgleichung: I. + II. = III. + IV. + V.			
I. Saldo der Leistungsbilanz	182,4	212,1	249,1
+ II. Saldo der Vermögensübertragungen	1,1	2,8	1,2
= Saldo insgesamt	**183,6**	**214,9**	**250,3**
III. Saldo der Kapitalbilanz	207,1	245,9	262,5
+ IV. Saldo Restposten	−24,2	−28,4	−9,9
+ V. Saldo der Devisenbilanz	0,8	−2,6	−2,2
= Saldo insgesamt	**183,6**	**214,9**	**250,3**
Volkswirtschaftliche Gesamtrechnung			
Exporte von Waren und Dienstleistungen	1.283,1	1.333,2	1.419,6
Importe von Waren und Dienstleistungen	1.113,7	1.136,8	1.183,5
Außenbeitrag	**169,4**	**196,4**	**236,1**
Terms of Trade (2010 = 100)	**98,26**	**99,73**	**102,43**

Quelle: Deutsche Bundesbank, Zahlungsbilanzstatistik März 2016

10.2 Ursachen und Vorteile des Außenhandels

10.2.1 Unterschiedliche Produktionskosten

Absolute Kostenvorteile

An einem **Modell**, in dem zwei Länder jeweils zwei Güterarten herstellen, lässt sich zeigen, dass die Gesamtproduktion erhöht werden kann, wenn sich jedes Land auf die Herstellung des Gutes spezialisiert, das es kostengünstiger herstellen kann als das jeweils andere Land.

Zwei-Güter-Modell: Absolute Kostenvorteile

Es wird angenommen, dass sowohl im Inland als auch im Ausland pro Periode 100 Arbeitseinheiten (AE) zur Verfügung stehen, mit denen **alternativ** die folgenden Mengen (ME) Weizen oder Stahl produziert werden können:

Ausland		Inland	
Stahl	Weizen	Stahl	Weizen
12 ME	0 ME	16 ME	0 ME
0 ME	24 ME	0 ME	10 ME

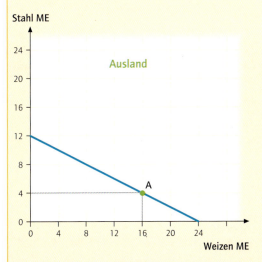
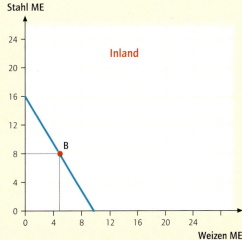

Im Ausland kann mit gleich großem Arbeitseinsatz mehr Weizen erzeugt werden als im Inland. Das bedeutet, dass im Ausland für die gleiche Weizenmenge weniger Arbeitseinheiten als im Inland benötigt werden. Für eine ME Weizen werden im Ausland 4,167 AE (100 : 24) und im Inland 10 AE (100 : 10) benötigt. Die Arbeitsproduktivität bei der Weizenproduktion ist im Ausland – möglicherweise aufgrund der besseren Bodenqualität – um 140 % höher als im Inland. Das **Ausland** hat also bei der Erzeugung von **Weizen** einen **absoluten Kostenvorteil gegenüber dem Inland.**

Das Inland kann dagegen mit gleich großem Arbeitseinsatz mehr Stahl herstellen als das Ausland. Das bedeutet, dass im Inland für die gleiche Menge Stahl weniger Arbeitseinheiten als im Ausland benötigt werden. Für eine ME Stahl werden im Inland 6,25 AE (100 : 16) und im Ausland 8,33 AE (100 : 12) benötigt. Die Arbeitsproduktivität bei der Herstellung von Stahl ist im Inland – aufgrund effizienterer Produktionsmethoden – um 33 $^1/_3$ % höher als im Ausland. Das **Inland** hat also bei der Herstellung von **Stahl** einen **absoluten Kostenvorteil gegenüber dem Ausland.**

Es wird weiter angenommen, dass aufgrund der Bedürfnisstruktur und der Nachfrageverhältnisse im Ausland bisher $^1/_3$ der dort verfügbaren Arbeitseinheiten für die Herstellung von 4 ME Stahl und $^2/_3$ der verfügbaren Arbeitseinheiten für die Herstellung von 16 ME Weizen eingesetzt werden (Punkt A auf der Produktionsmöglichkeitskurve). Im Inland werden mit der Hälfte der verfügbaren Arbeitseinheiten 8 ME Stahl und mit der anderen Hälfte 5 ME Weizen produziert (Punkt B auf der Produktionsmöglichkeitskurve). Anstatt in beiden Ländern weiterhin sowohl Weizen als auch Stahl zu produzieren, wäre es günstiger, wenn sich das Inland auf die Produktion von Stahl und das Ausland auf die Produktion von Weizen spezialisieren würden, um dann Handel miteinander zu treiben. Durch eine **internationale Arbeitsteilung** könnte die Gesamtproduktion erhöht werden.

375

Gesamtproduktion vor der internationalen Arbeitsteilung (Autarkie)[1]					Gesamtproduktion nach der internationalen Arbeitsteilung			
Vor der Spezialisierung ergeben sich aufgrund der Annahmen für beide Länder folgende Produktionsmengen:					Wenn sich beide Länder auf die Produktion des Gutes spezialisieren, bei dem sie einen absoluten Kostenvorteil haben, ergeben sich folgende Produktionsmengen:			
Land Gut	Ausland	Inland	Gesamt-produktion		Land Gut	Ausland	Inland	Gesamt-produktion
Stahl	4 ME	8 ME	12 ME		Stahl	0 ME	16 ME	16 ME
Weizen	16 ME	5 ME	21 ME		Weizen	24 ME	0 ME	24 ME

Wenn sich jedes Land auf die Produktion der Güter spezialisiert, bei denen es gegenüber dem anderen Land absolute Kostenvorteile hat, kann durch internationale Arbeitsteilung die Gesamtproduktion gesteigert werden.

Komparative[2] (relative) Kostenvorteile

In einem weiteren Modell kann gezeigt werden, dass ein Güteraustausch zwischen zwei Ländern auch dann noch vorteilhaft sein kann, wenn ein Land **keine absoluten**, sondern lediglich **relative (komparative) Kostenvorteile** hat.

Es wird angenommen, dass im In- und Ausland nach wie vor Weizen und Stahl produziert werden können. Allerdings hat sich im Ausland die Arbeitsproduktivität bei der Herstellung von Stahl erhöht. Die Situation im Inland ist unverändert geblieben. Jedem Land stehen weiterhin pro Periode 100 Arbeitseinheiten (AE) zur Verfügung, mit denen **alternativ** die folgenden Mengen Weizen oder Stahl produziert werden können:

Ausland		Inland	
Stahl	Weizen	Stahl	Weizen
18 ME	0 ME	16 ME	0 ME
0 ME	24 ME	0 ME	10 ME

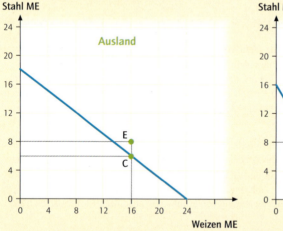
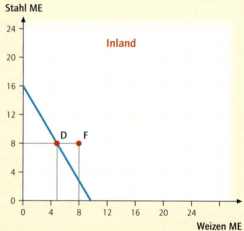

Das Ausland kann mit gleich großem Arbeitseinsatz jetzt mehr Weizen und mehr Stahl produzieren als das Inland. Das bedeutet, das Ausland benötigt für die gleiche Weizen- und Stahlmenge weniger Arbeitseinheiten als das Inland. Für eine ME Stahl werden im Ausland 5,56 AE (100 : 18) und im Inland 6,25 AE (100 : 16) benötigt. Für eine ME Weizen werden im Ausland 4,167 AE (100 : 24) und im Inland 10 AE (100 : 10) benötigt. Die Arbeitsproduktivität ist im Ausland bei Stahl um 12,5 % und bei Weizen um 140 % höher als im Inland.

---

1 Autarkie *(gr.)* = Selbstgenügsamkeit, wirtschaftliche Unabhängigkeit vom Ausland
2 komparativ = vergleichsweise

Das Ausland hat also **sowohl bei der Erzeugung von Weizen als auch bei der Erzeugung von Stahl** einen **absoluten Kostenvorteil im Vergleich zum Inland.**

Der Vorteil des Auslands gegenüber dem Inland ist aber bei der Weizenerzeugung größer als bei der Stahlproduktion, da im Ausland in einer Periode 140 % mehr Weizen, aber nur 12,5 % mehr Stahl als im Inland produziert werden können. Das Ausland hat also im **Vergleich** bei der Weizenerzeugung einen **relativen** oder **komparativen Kostenvorteil.** Die unterschiedlichen Kostenverhältnisse für die beiden Länder und Produkte lassen sich mithilfe der **Opportunitätskosten** (Verzichtskosten) wie folgt ausdrücken:

Komparative Kostenunterschiede (Opportunitätskosten) der Güterproduktion im Ausland und Inland		
Land **Kosten der Güter**	**Ausland**	**Inland**
Kosten für 1 ME Stahl ausgedrückt in ME Weizen, auf die verzichtet werden muss	$\dfrac{\text{Verzicht auf Weizen}}{\text{Mehrproduktion Stahl}} = \dfrac{24\text{ ME}}{18\text{ ME}} = 1{,}33$	$\dfrac{\text{Verzicht auf Weizen}}{\text{Mehrproduktion Stahl}} = \dfrac{10\text{ ME}}{16\text{ ME}} = 0{,}625$
Kosten für 1 ME Weizen ausgedrückt in ME Stahl, auf die verzichtet werden muss	$\dfrac{\text{Verzicht auf Stahl}}{\text{Mehrproduktion Weizen}} = \dfrac{18\text{ ME}}{24\text{ ME}} = 0{,}75$	$\dfrac{\text{Verzicht auf Stahl}}{\text{Mehrproduktion Weizen}} = \dfrac{16\text{ ME}}{10\text{ ME}} = 1{,}6$

Das **Ausland** hat im Vergleich zum Inland bei der **Weizenproduktion** einen **relativen Kostenvorteil,** da für die Mehrproduktion von einer ME Weizen im Ausland nur auf 0,75 ME Stahl, im Inland dagegen auf 1,6 ME Stahl verzichtet werden muss. Das **Inland** hat im Vergleich zum Ausland bei der Herstellung von Stahl einen **relativen Kostenvorteil,** da für die Herstellung einer ME Stahl nur auf 0,625 ME Weizen, im Ausland dagegen auf 1,33 ME Weizen verzichtet werden muss.

Es wird weiter angenommen, dass aufgrund der Bedürfnisstruktur und der Nachfrageverhältnisse im Ausland bisher 6 ME Stahl (= 33 $^1/_3$ AE) und 16 ME Weizen (= 66 $^2/_3$ AE) (Punkt C auf der Produktionsmöglichkeitskurve) und im Inland weiterhin 8 ME Stahl (= 50 AE) und 5 ME Weizen (= 50 AE) (Punkt D auf der Produktionsmöglichkeitskurve) hergestellt werden. Wenn sich jedes der beiden Länder auf die Produktion des Gutes spezialisiert, für das es einen **relativen Kostenvorteil** hat, kann durch internationale Arbeitsteilung die Gesamtproduktion erhöht werden.

Gesamtproduktion vor der internationalen Arbeitsteilung (Autarkie)

Vor der Spezialisierung ergeben sich aufgrund der Annahmen für beide Länder folgende Produktionsmengen:

Land Gut	Ausland	Inland	Gesamt-produktion
Stahl	6 ME	8 ME	14 ME
Weizen	16 ME	5 ME	21 ME

Gesamtproduktion nach der internationalen Arbeitsteilung

Wenn sich beide Länder auf die Produktion des Gutes spezialisieren, bei dem sie einen komparativen (relativen) Kostenvorteil haben, ergeben sich folgende Produktionsmengen:

Land Gut	Ausland	Inland	Gesamt-produktion
Stahl	0 ME	16 ME	16 ME
Weizen	24 ME	0 ME	24 ME

Wenn sich jedes Land auf die Produktion der Güter spezialisiert, bei denen es gegenüber dem anderen Land komparative (relative) Kostenvorteile hat, kann durch internationale Arbeitsteilung die Gesamtproduktion gesteigert werden.

Terms of Trade

Ob tatsächlich für alle Länder mit absoluten oder relativen Kostenvorteilen die Teilnahme am internationalen Handel vorteilhaft ist, hängt vom Austauschverhältnis zwischen den Export- und Importgütern auf dem Weltmarkt ab. Dieses reale Austauschverhältnis, das u. a. von der Marktmacht der beteiligten Länder abhängt, wird auch als *terms of trade* bezeichnet.

Die terms of trade geben an, wie viele Importgüter ein Land für eine Einheit seines Exportgutes erhält.

Außenwirtschaft

Vorteilhaftigkeit des Außenhandels bei unterschiedlichen Austauschverhältnissen

Die Spezialisierung aufgrund der relativen Kostenvorteile führt im vorliegenden Beispiel zu folgenden Ergebnissen:
- Das Inland importiert Weizen und exportiert Stahl. Es werden jetzt 8 ME Stahl mehr als vorher produziert (16 ME statt 8 ME).
- Das Ausland importiert Stahl und exportiert Weizen. Es werden jetzt 8 ME Weizen mehr als vorher produziert (24 ME statt 16 ME).

Beispiel: Austauschverhältnis zwischen Stahl und Weizen 1 : 1

Auswirkungen für das Inland: Die zusätzlichen 8 ME Stahl können gegen 8 ME Weizen getauscht werden, sodass insgesamt 8 ME Stahl (vorher ebenfalls 8 ME) und 8 ME Weizen (vorher 5 ME) zur Verfügung stehen (Punkt F in der Abbildung auf S. 376).

Auswirkungen für das Ausland: Die zusätzlichen 8 ME Weizen können gegen 8 ME Stahl getauscht werden, sodass insgesamt 16 ME Weizen (vorher ebenfalls 16 ME) und 8 ME Stahl (vorher 6 ME) zur Verfügung stehen (Punkt E in der Abbildung auf S. 376).

Ergebnis: Das Versorgungsniveau hat sich in beiden Ländern erhöht (Punkte E und F rechts von den Produktionsmöglichkeitskurven in den Abbildungen auf S. 376). Der Außenhandel bringt beiden Ländern Vorteile.

Ursache: Das **Inland** erhält für den Export (= Verzicht) von 1 ME Stahl als Gegenleistung 1 ME Weizen. Die Produktion von 1 ME Stahl bedingt aber lediglich den Verzicht auf die Produktion von 0,625 ME Weizen (Opportunitätskosten für das Exportgut Stahl: 0,625).

Fall		1	2	3	4	5	6	7
tot Inland: ME Weizenimport je ME Stahlexport	Weizenimport ME	0,25	0,50	0,625	1	1,33	1,5	2
	Stahlexport ME	1	1	1	1	1	1	1
					oder			
tot Ausland: ME Stahlimport je ME Weizenexport	Stahlimport ME	4	2	1,6	1	0,75	0,67	0,5
	Weizenexport ME	1	1	1	1	1	1	1
Situation für Inland (Stahlexporteur)		← Nachteil für Inland Export von 1 ME Stahl → Import von weniger als 0,625 ME Weizen			weder Vor- noch Nachteil für Inland (Opportunitätskosten Inland)	Vorteil für Inland Export von 1 ME Stahl → Import von mehr als 0,625 ME Weizen →		
Situation für Ausland (Weizenexporteur)		← Vorteil für Ausland Export von 1 ME Weizen → Import von mehr als 0,75 ME Stahl			Vorteil für In- und Ausland	weder Vor- noch Nachteil für Ausland (Opportunitätskosten Ausland)	Nachteil für Ausland Export von 1 ME Weizen → Import von weniger als 0,75 ME Stahl →	

Ursachen und Vorteile des Außenhandels

Für das **begünstigte Inland** sind die *terms of trade* **höher** als die **Opportunitätskosten** von 0,625, die für die Produktion von 1 ME des Exportgutes Stahl anfallen (vgl. S. 379).

Für das **begünstigte Ausland** sind die *terms of trade* **höher** als die **Opportunitätskosten** von 0,75, die für die Produktion von 1 ME des Exportgutes Weizen anfallen (vgl. S. 379).

Wenn das Austauschverhältnis aber nicht zwischen den Opportunitätskosten, die dem jeweiligen Exportland für den Export (= Verzicht) einer ME entstehen, liegt, erzielt nur ein Land Vorteile, während sich in dem anderen Land die Versorgungssituation verschlechtert (oder unverändert bleibt).

Gesamtergebnis

Für das Inland ist die Teilnahme am Außenhandel nur dann sinnvoll, wenn es für den Export von einer Einheit Stahl mehr als 0,625 Einheiten Weizen importieren kann (*terms of trade* > 0,625). Ohne Außenhandel könnte das Inland nämlich durch den Verzicht auf eine Einheit Stahl 0,625 Einheiten Weizen selbst herstellen. Voraussetzung für die Vorteilhaftigkeit des Außenhandels für das Inland ist also, dass seine *terms of trade* höher als seine Opportunitätskosten für das Exportgut Stahl sind.

Für das Ausland ist die Teilnahme am Außenhandel nur dann sinnvoll, wenn es für den Export von einer Einheit Weizen mehr als 0,75 Einheiten Stahl importieren kann (*terms of trade* > 0,75). Ohne Außenhandel könnte das Ausland nämlich durch den Verzicht auf eine Einheit Weizen 0,75 Einheiten Stahl selbst herstellen. Voraussetzung für die Vorteilhaftigkeit des Außenhandels für das Ausland ist also, dass seine *terms of trade* höher als seine Opportunitätskosten für das Exportgut Weizen sind.

Allgemein gilt:

$$\text{terms of trade (tot)}^1 = \frac{\text{Importmenge}}{\text{Exportmenge}}$$

Nur wenn die Gütermenge, die für eine Einheit des Exportgutes als Gegenleistung importiert werden kann (= *terms of trade*) größer ist als die Opportunitätskosten für eine Einheit des Exportgutes, ist der Außenhandel für das Exportland vorteilhaft.

Außenhandel bringt nur unter folgender Bedingung für beide Handelspartner Vorteile: Das Austauschverhältnis *(terms of trade)* muss zwischen den Opportunitätskosten liegen, die den Beteiligten ohne Außenhandel (Autarkie) für die Produktion des gleichen Gutes jeweils entstehen würden.

Eingeschränkte Aussagekraft und negative Folgen der Theorie der komparativen (relativen) Kostenvorteile

Unrealistische Modellannahmen

Die erstmals von DAVID RICARDO (1772–1823)[2] am Beispiel von Portugal und England für die Güter Tuch und Wein formulierte Theorie der komparativen Kostenvorteile beruht u. a. auf folgenden Annahmen (Prämissen) und Einschränkungen:

❙ Es handelt sich um ein Modell mit nur zwei Ländern und zwei Gütern.

❙ Auf den nationalen Güter- und Faktormärkten herrschen die Bedingungen der vollständigen Konkurrenz.

❙ Es wird nur ein Produktionsfaktor (Arbeit) berücksichtigt. Das Austauschverhältnis auf den Binnenmärkten wird durch die zur Gütererzeugung benötigte Arbeitsmenge bestimmt (Arbeitswertlehre).

---

1 Aus Vereinfachungsgründen werden die *terms of trade* in der internationalen Handelsstatistik nicht durch das Verhältnis von Import- und Exportmengen, sondern durch das Verhältnis der Exportpreisindizes zu den Importpreisindizes ausgedrückt.

Steigen beispielsweise die Exportgüterpreise, während die Importgüterpreise weniger stark oder gar nicht steigen, so verbessern sich die *terms of trade*, weil in diesem Fall jetzt für eine Einheit Exportgüter mehr Importe getätigt werden können.

2 Vgl. Ricardo, D., On the Prinicples of Political Economy and Taxation; deutsch: Über die Grundsätze der politischen Ökonomie und der Besteuerung, Berlin (Ost) 1979 (7. Kapitel)

- Es herrscht Vollbeschäftigung aller Produktionsfaktoren, die auch nach Aufnahme des internationalen Handels erhalten bleibt.
- Die Produktionsfaktoren sind nur innerhalb eines Landes, nicht aber zwischen den beteiligten Ländern beweglich. Mit anderen Worten: Es besteht nur eine nationale, nicht aber eine internationale Mobilität der Produktionsfaktoren.
- Transportkosten werden nicht berücksichtigt. Der nationale und internationale Handel findet in Form des Naturaltauschs statt.

Unter diesen Annahmen sind die Aussagen der Theorie der komparativen Kostenvorteile schlüssig. Solange die Produktionsfaktoren nicht über die Landesgrenzen hinweg mobil sind, können die Vorteile des Außenhandels mit der unterschiedlichen Faktorausstattung der beteiligten Länder erklärt werden.

Eine Übertragung auf die heutige weltwirtschaftliche Situation scheitert aber allein schon daran, dass die Produktionsfaktoren (insbesondere das **Geldkapital**) – anders als im Modell angenommen – auch **international** sehr **mobil** sind. Da Kapital aufgrund moderner Kommunikationsmittel in Sekundenschnelle von einem Land in ein anderes transferiert werden kann, besteht für einen Investor keine Veranlassung, sich mit den **relativen Kostenvorteilen** der Güterproduktion in einem bestimmten Land zu begnügen. Er hat vielmehr die Möglichkeit, sein Kapital dort zu investieren, wo die Produktion absolut am kostengünstigsten ist, wo also im internationalen Vergleich **absolute Kostenvorteile** vorliegen. **Standortwettbewerb** und **internationale Kostensenkungswettläufe** zur Schaffung günstiger Investitionsbedingungen für Auslandskapital als Folge der **Globalisierung** belegen diese Entwicklung. Im theoretischen Extremfall kann das bedeuten, dass aus Ländern, die für keine Güter absolute Kostenvorteile aufweisen, die gesamte Produktion ins Ausland verlagert wird.

Daneben schränkt auch die Nichtberücksichtigung der energieintensiven **Transportkosten** die Aussagekraft des Modells ein. Würden die Transportkosten in ihrer tatsächlichen Höhe, also einschließlich der **sozialen Kosten**, die für Infrastruktur, Unfälle, Umweltbelastung usw. entstehen, berücksichtigt, würde dadurch ein erheblicher Teil der vermeintlichen Vorteile internationaler Arbeitsteilung aufgewogen.

Keine Erklärung für Außenhandelsstrukturen in der EU

Die Gültigkeit der Theorie der komparativen Kostenvorteile lässt sich heute empirisch häufig nicht nachweisen.

Deutschlands wichtigste Handelspartner sind Industrieländer, insbesondere die der EU (vgl. Abb. S. 372). Der deutsche Außenhandel ist mit solchen Ländern besonders intensiv, in denen die Arbeitsproduktivität annähernd gleich hoch ist wie in Deutschland (z. B. Frankreich, Niederlande, Italien, Großbritannien, USA). Der überwiegende Teil der deutschen Warenexporte entfällt auf die Kategorien Fahrzeuge, Maschinen und chemische Erzeugnisse (vgl. Abb. S. 372).

Auch bei den Importen haben diese Güterkategorien den größten Anteil. Damit ist der deutsche Außenhandel in hohem Maße ein **intrasektoraler Handel** (z. B. Export deutscher Autos und Import französischer Autos), der **nicht auf Spezialisierung** beruht. Die große Bedeutung des Handels mit Ländern, die eine ähnliche Produktions- und Kostenstruktur wie Deutschland aufweisen, ist ein weiterer Hinweis dafür, dass der überwiegende Teil des deutschen Außenhandels **nicht durch komparative Kostenunterschiede erklärt** werden kann.

> **In der Theorie verdienen alle am Welthandel Beteiligten. Doch die Realität ist komplizierter.**
> **„Wenn arme Länder Ricardo folgen und sich gemäß der komparativen Kostenvorteile spezialisieren, dann spezialisieren sie sich auf das Armsein."**
>
> Das sagt der norwegische Wirtschaftshistoriker Erik Reinert. Ricardos Theorie gilt nämlich nur bei echtem Wettbewerb. Bei Produkten des primären Sektors, also Landwirtschaft und Rohstoffe, sind die Ricardianischen Voraussetzungen oft erfüllt. Der Wettbewerb ist scharf, die Gewinnmargen gering,

zumal die nötigen Maschinen oft importiert werden. Ganz anders bei Industriegütern: Dort gibt es Größenvorteile, die es den jeweiligen Marktführern ermöglichen, hohe Gewinnspannen zu verteidigen. Diese sind die Basis für hohe Löhne und Wohlstand in den jeweiligen Produzentenländern. Das war schon zu Ricardos Zeiten so, als Großbritannien dank der industriellen Tuchproduktion viel reicher war als Portugal, das Anfang des 19. Jahrhunderts seine Importzölle für britisches Tuch abbauen und sich ganz auf den Weinanbau spezialisieren sollte.

In Anlehnung an: N. Häring, Komparative Kostenvorteile: Die Theorie gilt nur bei echtem Wettbewerb, in: Handelsblatt vom 04. Januar 2016, S. 11

Historischer Hintergrund

Die historischen Erfahrungen aus der Kolonial- und Industrialisierungszeit zeigen, dass eine Spezialisierung gemäß der Theorie der komparativen Kostenvorteile wegen der damit einhergehenden Abhängigkeiten sowohl wirtschaftlich als auch politisch sehr risikoreich sein kann.

Obwohl die 1817 von RICARDO formulierte Theorie der komparativen Kostenvorteile die Forderung nach **Freihandel** und die **Abschaffung von Zöllen** und sonstigen protektionistischen Maßnahmen nach sich zieht, verhinderte England im 19. Jahrhundert die Einfuhr indischer Textilien, die der aufkeimenden englischen Textilindustrie hätten gefährlich werden können. Während die indische Baumwoll- und Seidenmanufaktur Anfang des 19. Jahrhunderts hoch entwickelt war und einen Exportüberschuss bei Textilerzeugnissen ermöglichte, mussten gegen Ende des 19. Jahrhunderts bereits drei Viertel des indischen Textilbedarfs aus England eingeführt werden, obwohl England sich nach der Theorie der komparativen Kosten eigentlich auf Schafzucht und Whiskeybrennen hätte spezialisieren müssen. Die Industrialisierung Englands war für Indien aufgrund des Außenhandels mit der englischen Kolonialmacht mit einer Zerstörung der Textilmanufaktur („De-Industrialisierung") verbunden. Indien konnte lediglich noch textile Rohstoffe (z. B. Baumwolle) produzieren und musste die Weiterverarbeitung England überlassen. Da Indien zudem aus klimatischen Gründen einen absoluten Kostenvorteil beim Anbau von Baumwolle, Jute und anderen Nutzpflanzen hat, wurde deren Anbau zulasten der Erzeugung von Grundnahrungsmitteln forciert. Zu Beginn des 19. Jahrhunderts galt Indien noch als Getreidespeicher Asiens. Die Spezialisierung auf den Anbau anderer Pflanzenarten führte aber dazu, dass schon bald Nahrungsmittel eingeführt werden mussten und Indien bis heute immer wieder von Hungersnöten betroffen ist.

Deutsche Karikatur aus dem Jahr 1897: Englands Königin Victoria und Kaiserin von Indien „füttert" die hungernden Inder.

10.2.2 Verfügbarkeit von Rohstoffen und anderen Produktionsfaktoren

Handel zwischen Industrie- und Entwicklungsländern

Die Importe der Industrieländer aus den Entwicklungsländern sind zum großen Teil darauf zurückzuführen, dass in den Industrieländern zwar eine Nachfrage für bestimmte Güter besteht, diese aber aus klimatischen, geologischen oder anderen Gründen nur im Ausland produziert werden. In Deutschland gehören neben tropischen Früchten vor allem **Rohstoffe** für die industrielle Produktion dazu.

Von den mehr als 190 Ländern der Welt hat annähernd die Hälfte keinerlei Reserven an nicht erneuerbaren Rohstoffen. Die bedeutenden Rohstoffvorkommen konzentrieren sich auf etwas mehr als 30 Länder.

Die Nichtverfügbarkeit von Gütern in einem Land kann auch dadurch bedingt sein, dass die Menge und Qualität der Produktionsfaktoren nicht ausreichend ist (z. B. Mangel an *Know-how*, qualifizierten Arbeitskräften und modernen Technologien). Viele Entwicklungsländer müssen aus diesem Grund Investitionsgüter aus den Industrieländern importieren.

Die heute noch vielfach vorherrschende Form internationaler Arbeitsteilung zwischen Entwicklungsländern als Rohstofflieferanten und Industrieländern als Kapital- bzw. Konsumgüterproduzenten ist wesentlich durch die Kolonialzeit bedingt. Damals wurde den heutigen Entwicklungsländern diese Form der Arbeitsteilung aufgezwungen, indem beispielsweise die Kolonialmächte den Aufbau von Handwerksbetrieben und Industrien systematisch unterbunden haben (z. B. Verbot der Seiden- und Tuchproduktion in Mexiko durch die Spanier im 16. Jh., Zerstörung der indischen Textilindustrie durch die englischen Kolonialherren im 19. Jh.). Diese traditionelle Struktur wird auch heute noch teilweise durch die Außenhandelspolitik der Industrieländer gefestigt (z. B. Zollschranken und Mengenbeschränkungen für Importe aus Entwicklungsländern zum Schutz der heimischen Industrie). Die gegenwärtige Form der internationalen Arbeitsteilung zwischen Entwicklungs- und Industrieländern führt dazu, dass in vielen Fällen der Wert der Handelsströme aus den Industrie- in die Entwicklungsländer wesentlich größer ist als umgekehrt. Um diese Importe bezahlen zu können, müssen die betroffenen Entwicklungsländer sich immer weiter verschulden.

Arbeitsintensive und kapitalintensive Exportgüter

Die mengenmäßige Ausstattung eines Landes mit Produktionsfaktoren hat Auswirkungen auf die Preise der Produktionsfaktoren (Faktorkosten) und bestimmt, auf welche Güterarten sich einzelne Länder bei der Teilnahme am internationalen Handel spezialisieren (Faktorproportionentheorie, HECKSCHER-OHLIN-Theorem). In bevölkerungsreichen Ländern ist das Lohnniveau tendenziell niedriger, sodass hier **arbeitsintensive** Produktionszweige zu Exportsektoren heranreifen. In kapitalreichen Industrieländern, in denen sich ein hohes Lohn- und relativ niedriges Zinsniveau einstellt, entwickeln sich dagegen **kapitalintensive** Industrien zu Exportsektoren. Durch diese Spezialisierung wird in jedem Land der relativ knappe und damit teure Faktor sparsam verwendet. Ursache für die Vorteilhaftigkeit des Außenhandels sind auch in diesem Fall wieder die Unterschiede bei den Produktionskosten.

Wassily Leontief (1906–1999), Harvardprofessor und Nobelpreisträger für Wirtschaftswissenschaften 1973

Allerdings wies der Nobelpreisträger W. LEONTIEF[1] für den Außenhandel der USA nach, dass die USA – ein im Vergleich zum Rest der Welt kapitalreiches Land – arbeitsintensive Waren exportierten und kapitalintensive importierten. Dieses Ergebnis wurde als **LEONTIEF-Paradoxon** bezeichnet, weil es der Theorie widerspricht, dass sich der internationale Handel durch die Faktorausstattung und die Faktorpreise in den beteiligten Ländern erklären lässt.

---

1 Wassily Leontief (1906–1999), in Russland geborener und später in den USA tätiger Wirtschaftswissenschaftler, der insbesondere durch seine Input-Output-Analyse (Analyse der sektoralen Verflechtungen einer Volkswirtschaft) bekannt wurde.

10.3 System freier Wechselkurse

10.3.1 Kursbildung

Wechselkurs (Devisenkurs)

Es gibt keine **Währung** (= gesetzliches Zahlungsmittel eines Staates oder einer Staatengemeinschaft), die in allen Volkswirtschaften der Welt Gültigkeit hat. Außenhandel, bei dem Im- und Exportgüter gegen Geld getauscht werden, ist deshalb nur möglich, wenn die Währungen verschiedener Länder untereinander austauschbar sind. Das Austauschverhältnis zwischen zwei Währungen wird als **Wechselkurs** *(exchange rate)* bezeichnet.

Der Begriff **Wechselkurs** stammt aus der Zeit, als der internationale Zahlungsverkehr noch vornehmlich mithilfe von Wechseln abgewickelt wurde, die an einem ausländischen Ort in ausländischer Währung zahlbar waren. Gleichbedeutend wird auch der Begriff **Devisenkurs** benutzt. **Devisen** sind kurzfristige Forderungen (Sichtguthaben, Schecks und Wechsel) in fremder Währung. Ausländische Noten und Münzen werden dagegen als **Sorten** bezeichnet.

> Der Wechselkurs gibt den Preis für eine bestimmte Menge einer Währung (z. B. 1 Euro) ausgedrückt in einer anderen Währung (z. B. US-$) an. Er ist Maßstab für den Außenwert des Geldes.

Mengennotierung

Seit Einführung des Euro wird bei Kursangaben offiziell nur die sogenannte **Mengennotierung** verwendet. Sie gibt an, welchen Betrag einer ausländischen Währung man für einen Euro erhält bzw. bezahlen muss.

Wie aus der unten stehenden Kurstabelle ersichtlich ist, benutzen die Banken für die Umrechnung der Währung zwei Kurse. Der **niedrigere Geldkurs** (Ankaufskurs) wird angewandt, wenn die Bank ausländische Zahlungsmittel verkauft und **Euro ankauft**. Der Kunde erhält in diesem Fall für 1 Euro die kleinere Menge ausländischer Zahlungsmittel. Der **höhere Briefkurs** (Verkaufskurs) wird angewandt, wenn die Bank ausländische Zahlungsmittel ankauft und **Euro verkauft**. Der Kunde muss in diesem Fall für 1 Euro die größere Menge an ausländischen Zahlungsmitteln bereitstellen. Der Unterschied zwischen Geld- und Briefkurs ist die Verdienstspanne der Banken für ihre Dienstleistungen im Devisen- und Sortenhandel.

Die Umrechnung der Kurse für Währungen der Nicht-Euro-Staaten erfolgt auf der Basis von Kurstabellen. Darin sind die an der Frankfurter oder Düsseldorfer Devisenbörse festgestellten Kurse der Währungen enthalten. Diese Kurse werden jedoch nicht mehr ausschließlich an den Devisenbörsen, sondern auch zwischen den Kreditinstituten ausgehandelt. Sie werden auch als Referenzkurse bezeichnet. Da die Tabellen nur unverbindliche Orientierungswerte darstellen, können die Kursangaben einzelner Kreditinstitute von den **Referenzkursen** abweichen.

21.03.2016	Devisenkurse Referenzkurse Euro[1]		Sortenpreise am Bankschalter[2]	
	Geld	Brief	Ankauf	Verkauf
USA	1,1241	1,1301	1,0776	1,1902
Japan	125,4400	125,9200	119,8890	133,0834
GB	0,7805	0,7845	0,7483	0,8265
Schweiz	1,0903	1,0943	1,0448	1,1568
Kanada	1,4661	1,4781	1,4022	1,5602
Schweden	9,2346	9,2826	8,8435	9,7843
Norwegen	9,4079	9,4553	8,9296	10,0810
Dänemark	7,4334	7,4734	7,1198	7,8687
Australien	1,4831	1,4834	1,4077	1,5717
Neuseeland	1,6643	1,6648	1,5770	1,7689
Tschechien	27,0140	27,0440	25,3598	29,2019
Polen	4,2550	4,2580	3,9655	4,6027
Südafrika	17,7002	17,1249	15,7821	18,9145
Honkong	8,7274	8,7296	8,1180	9,4883
Singapur	1,5291	1,5604	1,4414	1,6504

Devisen- und Sortenkurse für 1 Euro

1 mitgeteilt von vwd group, LBBW
2 Frankfurter Sortenkurse aus Sicht der Bank

Quelle: Handelsblatt, Finanzzeitung, 22. März 2016, S. 30

10 Außenwirtschaft

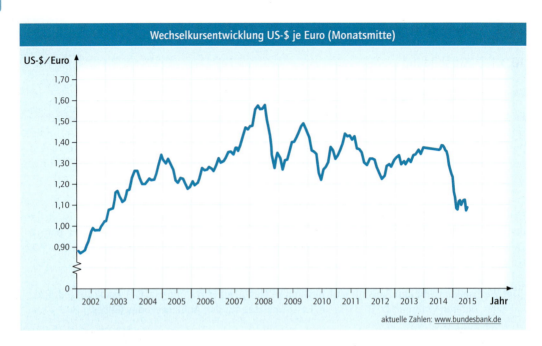

Devisenmarkt

Ein System freier Wechselkurse liegt vor, wenn sich der Wechselkurs als Gleichgewichtspreis durch Angebot und Nachfrage auf dem Devisenmarkt bildet.

Die Preisbildung auf dem **Devisenmarkt** vollzieht sich wie beim **Polypol auf dem vollkommenen Markt**. Es werden aber keine Waren und Dienstleistungen gehandelt.

Auf dem Devisenmarkt werden Guthaben in Inlandswährung (z. B. Euro) gehandelt, deren Preis in Auslandswährung (z. B. US-$) ausgedrückt wird.

Die Grafik stellt im üblichen Preis-Mengen-Diagramm das Zustandekommen des Wechselkurses (w_0 = Gleichgewichtspreis) zwischen US-$ und Euro dar.

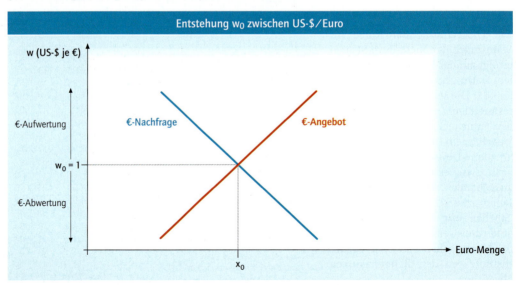

384

System freier Wechselkurse

Jeder Nachfrage nach Euro entspricht gleichzeitig ein Angebot an Devisen (hier: US-$). Die Nachfragekurve für Euro hat im Normalfall eine negative Steigung. Das bedeutet:

Je höher der Kurs, d. h. je mehr US-$ für einen Euro bezahlt werden müssen, umso geringer ist die geplante Nachfragemenge nach Euro. Je niedriger der Kurs, d. h. je weniger US-$ für einen Euro bezahlt werden müssen, umso höher ist die geplante Nachfragemenge nach Euro.

Wirkung einer Kurssteigerung

Würde der **Kurs steigen** (z. B. von 1,40 US-$ je € auf 1,50 US-$ je €), müssten je Euro mehr US-$ bezahlt werden. Wenn deutsche Exporteure nach wie vor denselben Gegenwert in Euro erlösen wollen, müssen die in US-$ ausgedrückten Preise für deutsche Exportgüter in den USA erhöht werden. In den USA würden durch diese Verteuerung weniger deutsche Exportgüter nachgefragt. Daher benötigen die amerikanischen Importeure weniger Euro zur Bezahlung der Importe. Da sie weniger US-$ gegen Euro tauschen, würde die angebotene Menge an US-$ und damit die **nachgefragte Menge nach Euro sinken**.

Jedem Angebot an Euro entspricht gleichzeitig eine Nachfrage nach Devisen (z. B. US-$). Die Angebotskurve für Euro hat im Normalfall eine positive Steigung. Das bedeutet:

Je höher der Kurs, d. h. je mehr US-$ für einen Euro bezahlt werden müssen, umso höher ist die geplante Angebotsmenge für Euro. Je niedriger der Kurs, d. h. je weniger US-$ für einen Euro bezahlt werden müssen, umso geringer ist die geplante Angebotsmenge für Euro.

Wirkung einer Kurssenkung

Würde der **Kurs sinken** (z. B. von 1,50 US-$ je € auf 1,40 US-$ je €), müssten je Euro weniger US-$ bezahlt werden. Wenn Exporteure aus den USA nach wie vor denselben Gegenwert in US-$ erlösen wollen, müssen die Euro-Preise für amerikanische Exportgüter in Deutschland erhöht werden. In Deutschland würden durch diese Verteuerung weniger amerikanische Exportgüter nachgefragt. Daher benötigen die deutschen Importeure weniger US-$ zur Bezahlung der Importe. Da sie weniger Euro gegen US-$ tauschen, würde die nachgefragte Menge nach US-$ und damit die **angebotene Menge an Euro sinken**.

Der Schnittpunkt zwischen Euro-Angebots- und Euro-Nachfragekurve bestimmt den Gleichgewichtskurs und die Gleichgewichtsmenge.

Auch die übrigen Gesetzmäßigkeiten der Preisbildung bei vollständiger Konkurrenz gelten für den Devisenmarkt.

Eine Verschiebung der Euro-Nachfragekurve ergibt sich, wenn sich nicht der Wechselkurs, sondern ein anderer Bestimmungsfaktor der Euro-Nachfrage ändert.

Eine Rechtsverschiebung (= Zunahme der Nachfrage nach Euro) ergibt sich z. B. in folgenden Fällen:
- Wert der Exporte in die USA steigt.
- Kapital aus dem außereuropäischen Ausland wird im Euro-Währungsgebiet wegen hoher Zinsen angelegt.
- Das ESZB verkauft aus seinen Währungsreserven US-$ gegen Euro, um den Euro-Kurs zu stützen.

385

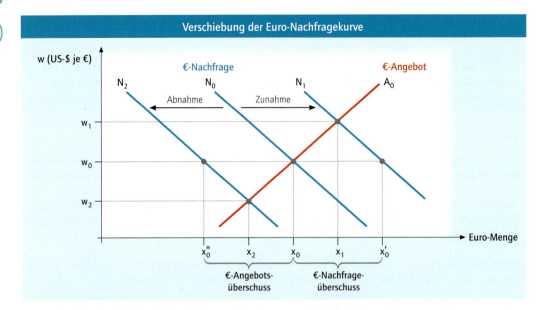

Steigt die Nachfrage nach Euro (= Rechtsverschiebung der Nachfragekurve) bei unverändertem Angebot, so steigt aufgrund des Nachfrageüberschusses der Wechselkurs.

Sinkt die Nachfrage nach Euro (= Linksverschiebung der Nachfragekurve) bei unverändertem Angebot, so sinkt aufgrund des Angebotsüberschusses der Wechselkurs.

Eine Verschiebung der Euro-Angebotskurve ergibt sich, wenn sich nicht der Wechselkurs, sondern ein anderer Bestimmungsfaktor des Euro-Angebots ändert.

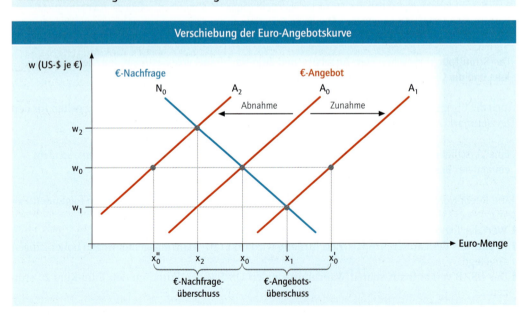

Eine Rechtsverschiebung (= Zunahme des Angebots an Euro) ergibt sich z. B. in folgenden Fällen:
- Wert der Importe, die in US-$ bezahlt werden müssen (z. B. Rohöl), steigt.
- Kapital aus dem Euro-Währungsgebiet wird wegen höherer Zinsen im außereuropäischen Ausland angelegt.

System freier Wechselkurse

10

▌ Eine ausländische Zentralbank verkauft aus ihren Devisenreserven Euro, um den Kurs der eigenen Währung zu stützen.

> Steigt das Angebot an Euro (= Rechtsverschiebung der Angebotskurve) bei unveränderter Nachfrage, so sinkt aufgrund des Angebotsüberschusses der Wechselkurs.

> Sinkt das Angebot an Euro (= Linksverschiebung der Angebotskurve) bei unveränderter Nachfrage, so steigt aufgrund des Nachfrageüberschusses der Wechselkurs.

Wechselkursschwankungen (Aufwertung und Abwertung)

> Steigt der Wechselkurs US-$/Euro, liegt eine Aufwertung des Euro und eine Abwertung des US-$ vor.
> Sinkt der Wechselkurs US-$/Euro, liegt eine Abwertung des Euro und eine Aufwertung des US-$ vor.

Bei den **Ursachen für Wechselkursschwankungen** können güterwirtschaftliche Faktoren (Handelsströme) und finanzwirtschaftliche Faktoren (Kapitalströme) unterschieden werden.

▌ **Inflationsdifferenzen zwischen einzelnen Ländern**
Steigen die Preise im Ausland stärker als im Inland, kann es zu einer Zunahme der Exporte und Abnahme der Importe kommen. Zur Bezahlung der steigenden Exporte werden mehr Devisen (z. B. US-$) in Euro und wegen der sinkenden Importe weniger Euro in Devisen (z. B. US-$) umgetauscht. Auf dem Devisenmarkt führt das in Bezug auf den Euro zu einer Nachfrageerhöhung bzw. zu einer Angebotssenkung und damit zu einer Euro-Aufwertung.

▌ **Produktivitätsentwicklung und internationale Wettbewerbsfähigkeit**
Ein Land mit hohem technologischem Niveau und Produktivitätswachstum im Bereich der Exportgüterindustrie weist eine Tendenz zur Aufwertung seiner Währung auf, da die internationale Wettbewerbsfähigkeit nicht nur vom Preis, sondern auch von der Qualität der Exportgüter abhängt.

▌ **Vermögensumschichtungen**
Vermögensumschichtungen international operierender Kapitalanleger führen zu Wechselkursänderungen. Ursache können veränderte Risikoeinschätzungen und Ertragserwartungen sein. Für den erwarteten Ertrag sind nicht nur die **Zinserträge**, sondern vor allem auch die zukünftigen **Wechselkursentwicklungen** maßgebend. Erträge aus Zinsdifferenzen zwischen Inland und Ausland können nämlich durch entgegengerichtete Wechselkursentwicklungen wieder zunichtegemacht werden. Die **Erwartungen von Wechselkursänderungen** gehen auch auf **Änderungen der politischen Verhältnisse** in einem Land zurück, wenn deshalb wirtschaftliche Stabilität, internationale Wettbewerbsfähigkeit und Wirksamkeit der Wirtschaftspolitik von den Anlegern anders eingeschätzt werden.

▌ **Spekulation**
Wechselkursschwankungen können durch sogenannte **Seifenblaseneffekte** *(bubbles)* verstärkt werden. Damit ist das spekulative Verhalten von Anlegern gemeint, die beispielsweise – obwohl alle ökonomischen Daten gegen einen weiteren Kursanstieg sprechen – weiterhin auf einen Kursanstieg spekulieren und ihr Geld in der aufwertungsverdächtigen Währung anlegen. Je mehr Anleger sich so verhalten, umso eher kommt es tatsächlich zu der erwarteten Wechselkursveränderung.

Ein wesentliches wirtschaftliches Argument für die Einführung des Euro als gemeinsame Währung im Rahmen der Europäischen Währungsunion war der dadurch bedingte Wegfall des Wechselkursrisikos zwischen den beteiligten Ländern. Das soll den innereuropäischen Handel erleichtern und so durch zusätzliche Investitionen und Produktivitätsfortschritte zu positiven Wachstumseffekten führen.

387

Zwischen dem Euro und den Währungen einiger EU-Mitgliedstaaten, die (noch) nicht an der Währungsunion teilnehmen (z. B. Dänemark), besteht ein **System fester Wechselkurse mit Bandbreiten** (= Kombination fester und freier Wechselkurse). Dazu wird ein **Leitkurs** zwischen der jeweiligen Währung (z. B. Dänische Krone) und dem Euro vereinbart sowie eine **Bandbreite** (z. B. ± 15 %) festgelegt. Weicht der sich auf dem Devisenmarkt ergebende Wechselkurs um mehr als die festgelegte Bandbreite vom Leitkurs ab, intervenieren die Zentralbanken durch den Kauf bzw. Verkauf der betroffenen Währung so lange am Devisenmarkt, bis der Wechselkurs wieder innerhalb der Bandbreite liegt.

10.3.2 Zusammenhang zwischen Wechselkurs und Außenhandel

Einerseits beeinflusst der Wechselkurs den Außenhandel, da Wechselkursänderungen Preisänderungen für Import- und Exportgüter bedeuten. Andererseits entstehen aber Angebot und Nachfrage auf dem Devisenmarkt auch durch internationale Güterströme, sodass der Wechselkurs auch vom Außenhandel beeinflusst wird.

Abhängigkeit des Außenhandels vom Wechselkurs

Steigt der Wechselkurs (Aufwertung), müssen für eine inländische Währungseinheit mehr ausländische Währungseinheiten bezahlt werden (z. B. mehr US-$ je Euro). Dies hat eine Verteuerung der inländischen Güter im Ausland (Exportgüter) und eine Verbilligung der ausländischen Güter im Inland (Importgüter) zur Folge.

Situation	Export Export deutscher Luxusautos im Wert von 50.000 € je Stück in die USA	Import Rohölimporte, die in US-$ bezahlt werden 1 Barrel (159 l) Rohöl kostet 60,00 US-$.
vor der Aufwertung: Kurs 1,00 US-$/€	Bei einem Kurs von 1,00 muss der Exporteur ein Auto in den USA für 50.000 US-$ verkaufen, um als Gegenwert 50.000 € zu erhalten.	Bei einem Kurs von 1,00 erhält der Importeur für 60,00 € den Gegenwert von 60,00 US-$ zur Bezahlung von 1 Barrel Rohöl.
nach der Aufwertung: Kurs 1,50 US-$/€	Bei einem Kurs von 1,50 muss der Exporteur ein Auto in den USA für 75.000 US-$ verkaufen, um als Gegenwert 50.000 € zu erhalten. Würde er ein Auto weiterhin für 50.000 US-$ verkaufen, erhielte er nur 33.333 €.	Bei einem Kurs von 1,50 erhält der Importeur für 40,00 € den Gegenwert von 60,00 US-$ zur Bezahlung von 1 Barrel Rohöl. Für 60,00 € würde er jetzt 90,00 US-$ erhalten.

> **Bei einer Kurssteigerung (Aufwertung) nehmen die Exporte tendenziell ab und die Importe tendenziell zu.**

Sinkt der Wechselkurs (Abwertung), müssen für eine inländische Währungseinheit weniger ausländische Währungseinheiten bezahlt werden (z. B. weniger US-$ je Euro). Dies hat eine Verbilligung der inländischen Güter im Ausland (Exportgüter) und eine Verteuerung der ausländischen Güter im Inland (Importgüter) zur Folge.

> **Bei einer Kurssenkung (Abwertung) nehmen die Exporte tendenziell zu und die Importe tendenziell ab.**

Abhängigkeit des Wechselkurses vom Außenhandel

Werden deutsche Exportgüter in die USA verkauft, tauschen die Exporteure die US-$, die sie zur Bezahlung erhalten haben, in Euro um. Das Angebot an US-$ und damit die Nachfrage nach Euro steigt. Bei unverändertem Euro-Angebot steigt dann der Wechselkurs US-$/Euro.

> **Warenexporte führen zu einem Steigen des Wechselkurses.**

System freier Wechselkurse

Werden ausländische Güter, die in US-$ bezahlt werden müssen, importiert, tauschen die deutschen Importeure für die Bezahlung Euro in US-$ um. Die Nachfrage nach US-$ und damit das Angebot an Euro steigt. Bei unveränderter Euro-Nachfrage sinkt dann der Wechselkurs US-$/Euro.

> Warenimporte führen zu einem Sinken des Wechselkurses.

Wechselkursmechanismus und Leistungsbilanzungleichgewichte

Durch die gegenseitige Beeinflussung von Wechselkurs und Außenhandel bei flexiblen Wechselkursen **(Wechselkursmechanismus)** besteht unter bestimmten Voraussetzungen eine Tendenz zum Abbau von Leistungsbilanzungleichgewichten (Export- oder Importüberschüssen).

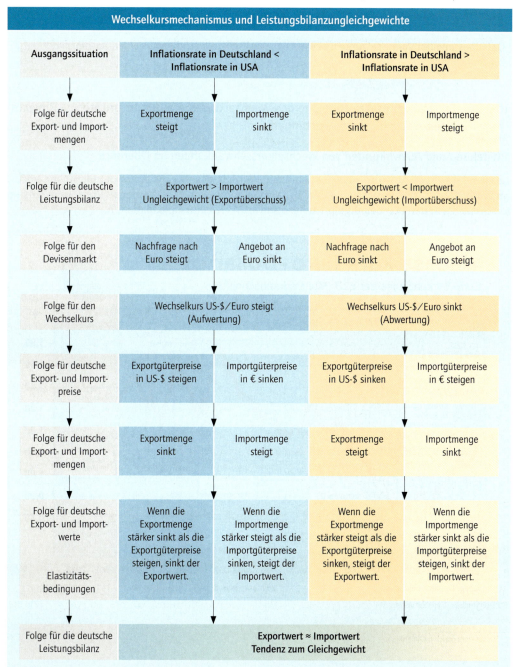

Für den **Ausgleich der Leistungsbilanz** durch den **Wechselkursmechanismus** müssen u. a. folgende Voraussetzungen erfüllt sein:

- Güterimporte und -exporte reagieren auf Wechselkursänderungen normal, d. h., eine Abwertung bewirkt eine Importsenkung und Exporterhöhung, während eine Aufwertung zu einer Importerhöhung und Exportsenkung führt. Diese Reaktion tritt aber nur dann ein, wenn die Nachfrage nach Im- und Exporten hinreichend preiselastisch ist (Elastizitätsbedingungen).
- Devisenangebot und Devisennachfrage müssen maßgeblich aus Güterexporten und Güterimporten stammen. In Wirklichkeit haben aber zwischenzeitlich die internationalen Kapitalströme einen viel größeren Einfluss auf Angebot und Nachfrage am Devisenmarkt als die internationalen Warenströme. Daher können Wechselkursveränderungen unabhängig von Güterex- und -importen auftreten, sodass der Wechselkursmechanismus von anderen Faktoren überlagert wird und nicht zum Ausgleich der Leistungsbilanz führt.

> Unter bestimmten Voraussetzungen bewirkt der Wechselkursmechanismus einen Ausgleich der Leistungsbilanz.

10.3.3 Erklärungsansätze zur Höhe des Wechselkurses: Kaufkraftparitäten[1] – Zinsparitäten – spekulative Erwartungen

Entstehung und Auswirkungen von Wechselkursschwankungen im Überblick

Aus den bisherigen Ausführungen ist deutlich geworden, dass Wechselkursveränderungen höchst unterschiedliche Ursachen haben können. Dazu gehören u. a. Einkommens-, Preis- und Zinsunterschiede zwischen den beteiligten Ländern sowie Wechselkursspekulationen.

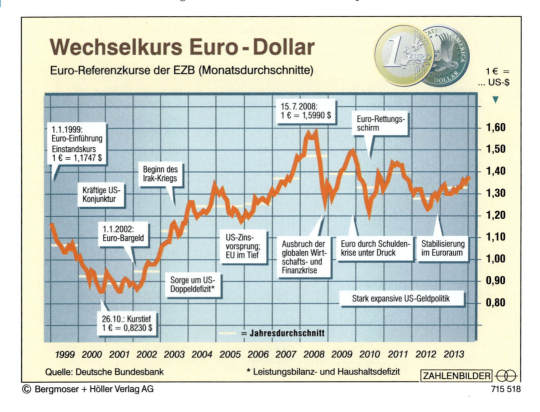

---
[1] Parität *(lat.: paritas)*: Gleichheit

System freier Wechselkurse

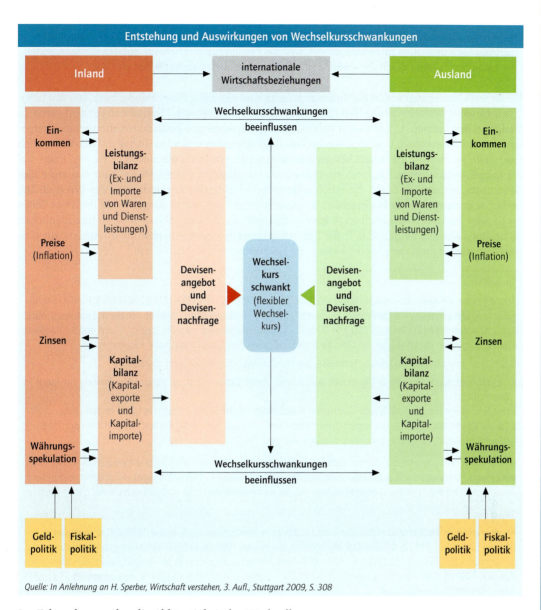

Quelle: In Anlehnung an H. Sperber, Wirtschaft verstehen, 3. Aufl., Stuttgart 2009, S. 308

Im Folgenden werden die Abhängigkeit des Wechselkurses von

| Preisniveauunterschieden | Zinsniveauunterschieden | spekulativen Erwartungen

näher analysiert.

Wichtiger Hinweis: *In der Fachliteratur wird für die Erläuterung der Kaufkraft- und Zinsparitätentheorie meistens die* **Preisnotierung des Wechselkurses** *zugrunde gelegt (z. B. 0,80 € für 1,00 US-$). In den folgenden Kapiteln wird dagegen konsequent von der seit Einführung des Euro auch in Deutschland üblichen* **Mengennotierung** *(z. B. 1,25 US-$ für 1,00 €) ausgegangen.*

Kaufkraftparitätentheorie: Abhängigkeit des Wechselkurses von internationalen Preisniveauunterschieden

Absolute (naive) Kaufkraftparitätentheorie

Die **Kaufkraftparitätentheorie** (*purchasing power parity*) setzt zur Erklärung von Wechselkursschwankungen an den unterschiedlichen Inflationsraten und Preisniveaus der beteiligten Länder an.

Die Kaufkraftparitätentheorie besagt, dass Wechselkursschwankungen zwischen zwei Währungen hauptsächlich deswegen zustandekommen, weil die Preisniveauunterschiede auf den Binnenmärkten der beteiligten Länder durch die Veränderung des Wechselkurses ausgeglichen werden.

Bei diesen Überlegungen wird davon ausgegangen, dass ein völlig freier Handel zwischen den beteiligten Ländern besteht und die Transport- und Versicherungskosten (Transaktionskosten) vernachlässigt werden können. Unter diesen Voraussetzungen müsste eine bestimmte Gütermenge (Warenkorb) nach Umrechnung über den Wechselkurs aus folgenden Gründen überall auf der Welt gleich teuer sein: Ist ein Gut im Inland billiger als im Ausland, wird sich die ausländische Nachfrage auf das Inland konzentrieren. Dadurch steigt der Preis im Inland, während der Preis im Ausland sinkt. Gleichzeitig ändert sich durch die erhöhte Devisennachfrage des Auslands auch der Wechselkurs, und zwar so lange, bis der in derselben Währungseinheit (z. B. Euro) ausgedrückte Preis des Gutes im In- und Ausland gleich hoch ist (= **Kaufkraftparität**). In diesem Fall haben die unterschiedlichen Währungen dieselbe Kaufkraft, d. h. für 100,00 € kann nach ihrer Umwechslung im Ausland die gleiche Gütermenge (bzw. der gleiche Warenkorb) gekauft werden wie im Inland.

Situation 1:

Angenommen, ein gleichartiges Auto kostet in Deutschland 15.000 € und in den USA 22.500 US-$. Wird in der Ausgangssituation von einem Wechselkurs in Höhe von 1,20 US-$/€ ausgegangen, beläuft sich der in Euro ausgedrückte Preis des Autos in den USA auf 18.750 € (= 22.500/1,20). Vernachlässigt man die Transport- und andere Transaktionskosten, müssten die US-Bürger verstärkt die preisgünstigeren Autos aus Deutschland nachfragen.

Dabei sind verschiedene Anpassungsprozesse, die gleichzeitig ablaufen können, denkbar:

- Die erhöhte Nachfrage nach deutschen Autos und deren Export führt zu steigenden Preisen (in Euro) in Deutschland.
- Der Nachfragerückgang nach amerikanischen Autos führt zu sinkenden Preisen (in US-$) in den USA.
- Da die Käufer aus den USA die importierten Autos mit Euro bezahlen, steigt die Nachfrage nach Euro. Dadurch steigt der Kurs US-$/€. Der Euro wird dadurch auf- und der Dollar abgewertet.

Alle drei Anpassungsprozesse führen dazu, dass das deutsche Auto im Verhältnis zum amerikanischen Auto teurer wird. Die Möglichkeit zur Ausnutzung von Preisunterschieden (= **Preisarbitrage**) endet dann, wenn der in der selben Währung (z. B. Euro) ausgedrückte Preis für das Auto in den USA und in Deutschland gleich hoch ist.

Situation 2:

Angenommen, in Deutschland würde der Preis für das betreffende Auto um 5 % auf 15.750 € steigen und in den USA um 5 % auf 21.375 US-$ fallen. Der Wechselkurs, der bewirkt, dass die Autos in beiden Ländern gleich teuer sind, beträgt dann 21.735 US-$/15.750 € = 1,38 (= KKP-Kurs). Im Verhältnis zu dem in der Ausgangssituation unterstellten Kurs von 1,20 US-$/€ wäre der Euro somit um (1,20 − 1,38) · 100/1,38 = −13,04 % unterbewertet . Der US-$ wäre demzufolge überbewertet.

Nach der Kaufkraftparitätentheorie führt die Ausnutzung von internationalen Preisdifferenzen bei gleichartigen Gütern (= Preisarbitrage)[1] so lange zu einer Veränderung des Wechselkurses bis sich die Preise in den beteiligten Ländern angeglichen haben (= Gesetz des einheitlichen Preises).

Als **Gleichgewichtsbedingung** für die Kaufkraftparität ergibt sich aus dem obigen Beispiel:

Preisniveau des Inlands (p^{Inl}) · Wechselkurs (w) = Preisniveau des Auslands (p^{Ausl})
15.750 €   ·   1,38   =   21.735 US-$

Durch Umformung der Gleichung ergibt sich der der Kaufkraftparität (KKP) entsprechende Wechselkurs (w) wie folgt:

$$\text{KKP-Kurs } w = \frac{p^{Ausl}}{p^{Inl}} = \frac{21.375 \text{ US-\$}}{15.750 \text{ US-\$}} = 1,38 \text{ US-\$/€}$$

---

[1] Arbitrage *(franz.)*: Schlichtung, Schiedsverfahren

System freier Wechselkurse

Situation 3:
Angenommen, zwei Liter Coca-Cola kosten in Europa durchschnittlich 2,00 € und in den USA durchschnittlich 2,25 US-$. Eine Kaufkraftparität für dieses homogene Gut würde dann vorliegen, wenn der Wechselkurs bei 2,25 US-$ /2,00 € = 1,125 liegt. In Europa müssten demzufolge für jeden Dollar, der in den USA für Coca-Cola ausgegeben werden soll, 1,00 € /1,125 US-$ = 0,89 € bezahlt werden.

Die Realität zeigt aber, dass die Wechselkurse nicht immer der Kaufkraftparität entsprechen, sodass mit der selben Geldmenge im Ausland nicht die gleiche Gütermenge gekauft werden kann wie im Inland (oder umgekehrt). Die tatsächlichen Wechselkurse weichen offensichtlich von den Kaufkraftparitäten ab. Dies liegt an den **unrealistischen Annahmen der Kaufkraftparitätentheorie**. Abweichend von diesen Annahmen gilt nämlich u. a.:

- Nicht alle Güter sind international handelbar (z. B. Grundstücke, Immobilien, bestimmte Dienstleistungen wie Friseurbesuch, Autoreparatur). Diese Güter beeinflussen zwar das Preisniveau im In- und Ausland, nicht aber den Wechselkurs.
- Die international handelbaren Güter sind nicht völlig gleichartig (z. B. fehlende Homogenität zwischen deutschem und amerikanischem Bier).
- Transportkosten, Zölle, Steuern und andere Handelshemmnisse können nicht vernachlässigt werden.
- Die meisten Devisentransaktionen sind nicht auf die Bezahlung von Im- und Exportgütern, sondern auf internationale Finanzströme und Kapitalanlagen zurückzuführen. Daher werden die Wechselkurse weitaus mehr durch internationale Finanztransaktionen als durch den Waren- und Dienstleistungshandel beeinflusst.

Ein bekanntes Beispiel zur Anwendung der Kaufkraftparitätentheorie ist der sog. **Big Mac-Index**. Dabei handelt es sich um eine Messgröße zum Vergleich der **Kaufkraft** von Verbrauchern weltweit. Ein Big Mac von McDonald's schmeckt in allen McDonald's-Restaurants nahezu gleich. Trotzdem variieren die zu den aktuellen Wechselkursen in Dollar umgerechneten Preise zwischen den einzelnen Ländern erheblich.

Zur Ermittlung des **Big Mac-Index** werden die Preise für einen Big Mac in unterschiedlichen Ländern in der inländischen Währung erhoben und durch die Umrechnung zum aktuellen US-$-Kurs vergleichbar gemacht.

	Big Mac-Index (Juli 2014)				
	Big Mac-Preis		Wechselkurs US-$ je Währungseinheit (Mengennotierung)	KKP-Kurs (4,80 US-$/ Preis in lokaler Währung)	Unter-/ Überbewertung gegenüber US-$ in %
Land	in lokaler Währung	in US-$			
USA	4,80 US-$	4,80			
Deutschland	3,67 €	4,94	1,3460	1,3079	+2,91
China	16,90 Yuan	2,73	0,1615	0,2840	−43,13
Schweiz	6,16 SFR	6,83	1,1088	0,7792	+42,30
Japan	370 Yen	3,64	0,0098	0,0130	−24,62
Großbritannien	2,89 GBP	4,93	1,7059	1,6609	+2,71
Polen	9,20 Zloty	3,00	0,3261	0,5217	−37,49
Mexiko	42 Pesos	3,25	0,0774	0,1143	−32,28

Quelle: http://www.economist.com/content/big-mac-index

Außenwirtschaft

Berechnung der Über- und Unterbewertung in Prozent:

$$\frac{(\text{aktueller Wechselkurs} - \text{KKP-Wechselkurs}) \cdot 100}{\text{KKP-Wechselkurs}}$$

Ein Big Mac kostete zum Zeitpunkt der Erhebung in Deutschland umgerechnet 4,94 US-$. In den USA kostete der Burger dagegen nur 4,80 US-$. Der Wechselkurs US-$ je €, bei dem der Burger in Deutschland und in den USA gleich teuer gewesen wäre, betrug 4,80 US-$/3,67 € = 1,3079 US-$ je € (= **Kaufkraftparität: KKP-Kurs**). Der KKP-Kurs von 1,3079 bedeutet, dass ein Deutscher 1,3079 US-$ für 1,00 € erhalten musste, um damit in den USA die gleiche Menge an Big Macs kaufen zu können wie zu Hause. Tatsächlich lag der Dollarkurs aber bei 1,3460 US-$ je €, d. h., in Deutschland erhielt man für 1,00 € nicht nur 1,3079 US-$, sondern sogar 1,3460 US-$. Dies bedeutet, dass sich ein Deutscher in den USA mehr Big Macs leisten konnte als in Deutschland. Der Kauf in den USA war somit für ihn preisgünstiger.

Deutschland Überbewertung des Euro gegenüber dem US-$	China Unterbewertung des Yuan gegenüber dem Dollar
$\frac{1{,}3460 - 1{,}3079}{1{,}3079} \cdot 100 = +\,2{,}91\,\%$ Überbewertung	$\frac{0{,}1615 - 0{,}2840}{0{,}2840} \cdot 100 = -\,43{,}13\,\%$ Unterbewertung

In China war der Burger mit umgerechnet nur 2,73 US-$ am billigsten, in der Schweiz mit umgerechnet 6,83 US-$ dagegen am teuersten. Dementsprechend wies der chinesische Yuan (auch: *Renminbi*) die höchste Unterbewertung gegenüber dem US-$ auf (− 43,13 %). Am stärksten überbewertet war der Schweizer Franken mit + 42,30 %. Um diesen Preisunterschied (= **Arbitrage**) auszunutzen, müssten entsprechend der Kaufkraftparitätentheorie clevere Außenhändler Big Macs zu umgerechnet 2,73 US-$ in China kaufen und für umgerechnet 6,38 US-$ in der Schweiz verkaufen. Die Undurchführbarkeit dieses Handels zeigt die Grenzen der Kaufkraftparitätentheorie auf. Aber auch wenn sich kein Burger von China in die Schweiz exportieren lässt, ist der Big Mac-Index doch erstaunlich zuverlässig, um herauszufinden, ob eine Währung gegenüber dem US-$ über- oder unterbewertet ist (siehe rechte Spalte in der Tabelle auf der vorherigen Seite).

Das Big Mac-Beispiel zeigt, dass die Theorie der absoluten Kaufkraftparität zumindest kurz- und mittelfristig nicht zutrifft und in bestimmten Fällen trotz international unterschiedlicher Preise für homogene Güter aus verschiedenen Gründen (u. a. Transportkosten, Handelshemmnisse, mangelnde Handelbarkeit vieler Güter) keine Preisarbitrage stattfindet.

Relative Kaufkraftparitätentheorie

Um die teilweise unrealistischen Annahmen der absoluten (naiven) Kaufkraftparitätentheorie zu umgehen, berücksichtigt die **relative Kaufkraftparitätentheorie** die prozentuale **Veränderung des Wechselkurses** (Δw) wie folgt:

Angenommen, die Inflationsrate beträgt in Deutschland 5 %, in der Schweiz aber nur um 2 %. In diesem Fall müsste nach der relativen Kaufkraftparitätentheorie der Wert des Schweizer Franken gegenüber dem Euro um 3 % steigen, um die in Euro ausgedrückten Preise der Güter in beiden Ländern anzugleichen.

Die relative Kaufkraftparitätentheorie besagt, dass die erwartete prozentuale Änderung des Wechselkurses dem Unterschied der erwarteten Inflationsraten der betroffenen Länder entspricht.

$$\Delta w \text{ in } \% = \Delta P^{Inl} \text{ in } \% - \Delta P^{Ausl} \text{ in } \%$$

Die relative Kaufkraftparitätentheorie ist zwar weniger umstritten als die absolute Form, aber auch die Gültigkeit dieses Erklärungsversuchs lässt sich empirisch nicht eindeutig nachweisen. Vielmehr deuten die Ergebnisse darauf hin, dass neben den unterschiedlichen Inflationsentwicklungen noch andere Faktoren zur Wechselkurserklärung berücksichtigt werden müssen.

Zinsparitätentheorie: Abhängigkeit des Wechselkurses von internationalen Zinsniveauunterschieden

Die Zinsparitätentheorie beschreibt den Zusammenhang zwischen dem Wechselkurs zweier Währungen und den Zinsen (Renditen)[1] für Finanzanlagen im In- und Ausland.

> **Die Zinsparitätentheorie geht davon aus, dass Finanzanlagen der gleichen Risikoklasse trotz unterschiedlicher Währungen im In- und Ausland die gleiche Rendite erzielen.**

Bei diesen Überlegungen wird unterstellt, dass internationale Finanzströme durch Ertragserwartungen und Risikoüberlegungen beeinflusst werden. Zusätzlich liegen u.a. folgende Annahmen zugrunde:

- Es liegt ein freier und vollkommener internationaler Kapitalmarkt vor (gleichartige Finanzprodukte, vollständige Markttransparenz, vollständige Kapitalmobilität, d.h. ohne Kapitalverkehrskontrollen, ...)
- Es gibt Wertpapiere im In- und Ausland, die völlig gleichartig und daher austauschbar (substituierbar) sind.
- Transaktionskosten und Handelshemmnisse werden vernachlässigt.

Unter diesen Annahmen ist ein Wechsel zwischen in- und ausländischen Kapitalanlagemöglichkeiten (z.B. Wertpapieren) problemlos möglich.

Angenommen, ein deutscher Anleger, der 100.000 € für ein Jahr in Wertpapieren anlegen möchte, steht vor folgender Entscheidung:

Alternative A: Anlage in auf Euro lautenden Wertpapieren in Euro-Land
Alternative B: Anlage in auf US-Dollar lautenden Wertpapieren in den USA.
Die Risikoklasse der in- und ausländischen Wertpapiere ist gleich.
Der aktuelle Umtauschkurs (w) beträgt 1,20 US-\$/€

Der Anleger wird bei seiner Entscheidung neben den zu erwartenden Renditen auch das Wechselkursrisiko berücksichtigen. Für die folgenden drei Fälle, die sich durch unterschiedliche Rücktauschkurse unterscheiden, wird angenommen, dass die Verzinsung der beiden Anlagealternativen jeweils 4 % beträgt.

Fall (1): Sind der aktuelle Wechselkurs w und der am Ende der Laufzeit erwartete Rücktauschkurs w^e gleich hoch, entsteht dem Anleger **weder** ein **Wechselkursgewinn** noch ein **Wechselkursverlust**.

Fall (2): Kommt es während der Anlagedauer zu einer Abwertung des Euro, erzielt der Anleger einen **Wechselkursgewinn**. Bei einer Euro-Abwertung um 5 % würde der Wechselkursgewinn 5.474 € betragen.

Fall (3): Kommt es während der Anlagedauer zu einer Aufwertung des Euro, erleidet der Anleger einen **Wechselkursverlust**. Bei einer Euro-Aufwertung von 5 % würde der Wechselkursverlust 4.952 € betragen.

Anlagebetrag:	100.000 € für 1 Jahr	
Alternative Wertpapieranlagen:	A Anlage in Euro-Land in €	B Anlage in den USA in US-\$
Wechselkurs für Tausch von € in US-\$		1,20 US-\$/€
Anlagebetrag in US-\$		120.000 US-\$
Zinssatz in %	4% p.a.	4 % p.a.
Zinsertrag nach einem Jahr	4.000 €	4.800 US-\$
Rückzahlungsbetrag Alternative (1) (Anlage in € in Euro-Land)	104.000 €	
Rückzahlungsbetrag Alternative (2) (Anlage in US-\$ in USA)		124.800 US-\$

---

[1] Die Rendite gibt das **Gesamtergebnis** einer Finanzanlage an und berücksichtigt z. B. auch Nebenkosten und Kursgewinne bzw. Kursverluste. Der Zinssatz gibt dagegen lediglich die nominale Verzinsung einer Finanzanlage an. Die Verzinsung ist somit Teil der Rendite.

Alternative Wechselkurse für Rücktausch von US-$ in € nach einem Jahr US-$/€	Fall (2) Euro-Abwertung um 5 %[1]	Fall (1) Wechselkurs unverändert	Fall (3) Euro-Aufwertung um 5 %[2]
	1,14 US-$/€	1,20 US-$	1,26 US-$
Rückzahlungsbetrag in € bei Anlage in USA	124.800 /1,14 = 109.474 €	124.800 /1,20 = 104.00 €	124.800 /1,26 = 99.048 €
Rückzahlungsbetrag in € bei Anlage in Euro-Land	104.000 €	104.000 €	104.000 €
Wechselkursgewinn (+)	+ 5.474 €	0 €	
Wechselkursverlust (−)		0 €	− 4.952 €

Um im Fall (3) den durch die fünfprozentige Euro-Aufwertung entstandenen Wechselkursverlust in Höhe von 4.952 € bzw. 6.240 US-$ auszugleichen, müsste die Verzinsung der US-Wertpapiere um 6.240 · 100 / 120.000 = 5,2 Prozentpunkte höher sein. Wenn somit der Zinssatz für die US-Wertpapiere 9,2 % betragen würde, wäre die Rendite der beiden Kapitalanlagen gleich hoch. Daraus folgt nach Auffassung der **Zinsparitätentheorie** auch umgekehrt: Wenn die Verzinsung in den USA höher als in Euroland ist, kommt es durch den Kapitalabfluss so lange zu einer Abwertung des Euro mit entsprechenden Währungsgewinnen, bis die Renditen der beiden Anlagen gleich hoch sind. In diesem Fall wäre die **Zinsparität** erreicht. Der prozentuale Abwertungssatz der Inlandswährung (z.B. Euro-Abwertung um 5%) entspricht annähernd der Differenz (hier: 5,2 Prozentpunkten) zwischen dem ausländischen Zinsniveau (hier: 9,2 %) und dem inländischen Zinsniveau (hier: 4%).[3]

Die gewinnbringende Ausnutzung von internationalen Zinsdifferenzen bei Kapitalanlagen in unterschiedlichen Währungen wird als Zinsarbitrage bezeichnet.

Die Zinsparitätentheorie besagt, dass die Ausnutzung von internationalen Zinsdifferenzen bei risikogleichen Kapitalanlagen (= Zinsarbitrage) so lange zu einer Veränderung des Wechselkurses führt, bis sich die Renditen in den beteiligten Ländern angeglichen haben.

Erst wenn die Renditen internationaler Finanzanlagen keinen Unterschied mehr aufweisen, besteht für die Anleger keine Veranlassung mehr, ihr Vermögen umzuschichten und in einem anderen Land anzulegen. Dann kommen die durch **Zinsarbitrage** bedingten Finanztransaktionen zum Erliegen. Auf dem Devisenmarkt finden dann keine durch internationale Kapitalanlagen ausgelöste Angebots- und Nachfrageänderungen mehr statt, sodass der Wechselkurs unbeeinflusst bleibt (= **Gleichgewicht des Wechselkurses**).

Die **Gleichgewichtsbedingung** für die Zinsparität lautet somit:

Die für die inländische Währung erwartete prozentuale Wechselkursänderung entspricht im Gleichgewicht annähernd der Differenz zwischen dem Auslandzinssatz und dem Inlandszinssatz.

Bei **mengennotierten Wechselkursen** lässt sich aus dem obigen Beispiel unter Verwendung der folgenden Variablenbezeichnungen die auf der nächsten Seite stehende Formel ableiten:

w: aktueller Kurs (Kassakurs) *w^e: erwarteter Kurs bei Fälligkeit (Terminkurs)*
i: Zinssatz in der Schreibweise i = (1 + Jahreszinssatz/100)
i^{Inl}: Inlandszinssatz p. a. *i^{Ausl}: Auslandszinssatz p.a.*
Δw: Auf- oder Abwertungssatz der inländischen Währung in der Schreibweise (1 + Prozentsatz/100)

---

1 Die Abwertung des Euro um 5 % entspricht einer Aufwertung des US-$ um (0,877 *100/ 0,833) −100 = +5,28 %

2 Die Aufwertung des Euro um 5 % entspricht einer Abwertung des US-$ um (0,794 * 100 /0,833) − 100 = −4,72%.

3 Aus Vereinfachungsgründen bleibt die geringfügige Abweichung (hier: 0,2 Prozentpunkte) häufig unberücksichtigt. Es wird vielmehr davon ausgegangen, dass der Abwertungsprozentsatz (hier: 5%) *annähernd* dem Unterschied zwischen in- und ausländischem Zinsniveau (hier: 5,2 Prozentpunkte) entspricht.

System freier Wechselkurse

inl. Zinssatz (i^{Inl}) + Wechselkursveränderung der inl. Währung (Δw)[1] ≈ ausl. Zinssatz (i^{Ausl})

i^{Inl}	+	$(w^e - w)/w$	≈	i^{Ausl}
0,04	+	0,05	≈	0,09

Durch Umformung der Gleichung ergibt sich der der Zinsparität entsprechende Wechselkurs:

Wechselkursveränderung der inl. Währung (Δw) ≈ ausl. Zinssatz (i^{Ausl}) – inl. Zinssatz (i^{Inl})

$$\Delta w = \frac{w^e - w}{w} \approx i^{Ausl} - i^{Inl}$$

Devisentermingeschäft

Anleger können das Währungsrisiko durch ein sog. **Devisentermingeschäft** ausschalten (= Wechselkurssicherung).

Ein Devisentermingeschäft ist eine vertragliche Vereinbarung, eine Währung gegen eine andere Währung zu einem vorher bestimmten Termin und zu einem vorher vereinbarten Kurs (= Devisenterminkurs) zu tauschen.

Bei einem Devisentermingeschäft verkauft ein Anleger den am Ende der Laufzeit fälligen Rückzahlungsbetrag schon zu Beginn der Laufzeit „per Termin zum Terminkurs" (z. B. an eine Bank). Am Fälligkeitstag tauschen die Vertragspartner vereinbarungsgemäß die jeweiligen Währungsbeträge aus.

Spekulative Erwartungen

Neben der Preis- und Zinsarbitrage werden Wechselkurse auch durch **spekulative Erwartungen** beeinflusst. Während Zinsarbitragegeschäfte auf die vorteilhafte Ausnutzung international bestehender Zinsdifferenzen gerichtet sind, geht es bei **Devisenspekulationsgeschäften** um die Gewinnerzielung aus **erwarteten Wechselkursänderungen**.

Zur Einschätzung erwarteter Wechselkursschwankungen werden von Anlegern u. a. folgende wirtschaftliche Daten der betroffenen Länder herangezogen:

- Wirtschaftswachstum
- Leistungsbilanzsalden
- Inflationserwartungen
- Defizit des Staatshaushalts
- wirtschaftspolitische Maßnahmen

Daneben spielen aber auch politische Ereignisse (z. B. Wahlergebnisse, politische Krisen, kriegerische Auseinandersetzungen) eine Rolle.

Devisenspekulationen können als **Kassageschäft** oder als **Termingeschäft** durchgeführt werden.

Ein Devisenkassageschäft liegt vor, wenn zwischen dem Geschäftsabschluss und der Lieferung der der verkauften bzw. gekauften Devisen ein kurzer Zeitraum (i. d. R. bis zu 2 Geschäftstagen) liegt. Die Währungsumrechnung erfolgt zum Devisenkassakurs (= aktueller Wechselkurs, der für sofort durchgeführte Währungstransaktionen zugrunde gelegt wird).

Ein Devisentermingeschäft liegt vor, wenn zwischen dem Geschäftsabschluss und der Lieferung der verkauften bzw. gekauften Devisen ein längerer Zeitraum (mehr als 2 Geschäftstage, z. B. 3 Monate) liegt. Die Währungsumrechnung am Fälligkeitstag erfolgt zu dem bei Geschäftsabschluss vereinbarten Wechselkurs (= Devisenterminkurs).

---

[1] Bei einer Aufwertung der inländischen Währung ergibt sich für diesen Ausdruck ein positives Vorzeichen, bei einer Abwertung dagegen ein negatives.

Aufgabe 10.13, S. 429

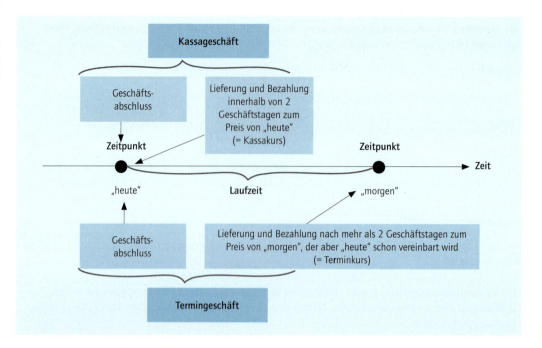

Beim **Kassageschäft** (Kassaspekulation) kauft ein Spekulant, der z. B. 100.000 € einsetzen will, heute am Kassamarkt Devisen. Bei einem Kassakurs von z.B. 1,20 US-$/€ erhält er somit 120.000 US-$. Er erwartet dabei, aus der Differenz zwischen dem aktuellen Kassakurs und dem künftigen Kassakurs einen Spekulationsgewinn zu erzielen. Wenn der Spekulant beispielsweise davon ausgeht, dass die Inlandswährung in Zukunft abwertet (= Aufwertung der Auslandswährung), wird er seine Devisen zu dem dann günstigeren Kassakurs verkaufen. Liegt der Kassakurs dann beispielsweise bei 1,10 US-$/€, erhält er für die 120.000 US-$ den Gegenwert von 109.091 € (= 120.000/1,10). Sein Spekulationsgewinn beträgt dann 9.091 € (= 109.091 € − 100.000 €).

Bei einem **Termingeschäft** (Terminspekulation) handelt ein Spekulant unterschiedlich, je nachdem ob er davon ausgeht, dass der heutige Terminkurs unter oder über dem künftigen Kassakurs liegt.

Angenommen, ein Spekulant, der 100.000 € einsetzen möchte, geht davon aus, dass der zukünftig **erwartete Kassakurs unter** dem **heutigen Terminkurs** liegt. Er rechnet also damit, dass der Euro künftig weniger wert sein wird als heute. In diesem Fall wird er heute per Termin (z. B. 3 Monate) zum aktuellen Terminkurs Devisen (z. B. US-$) im Gegenwert von 100.000 € kaufen. Bei einem derzeitigen Terminkurs von beispielsweise 1,26 US-$/€ erhält er dafür in drei Monaten 126.000 US-$ (100.000 · 1,26). Diese 126.000 US-$ verkauft er dann zu dem dann geltenden niedrigeren Kassakurs. Liegt der Kassakurs beispielsweise bei 1,20 US-$/€, erhält für die 126.000 US-$ den Gegenwert von 105.000 € (= 126.000/1,20). Dies entspricht einem Spekulationsgewinn von 5.000 € (= 105.000 € − 100.000 €).

Liegt bei einer Devisenspekulation der erwartete Kassakurs unter dem heutigen Terminkurs, lohnt sich der Kauf von Devisen per Termin zum heutigen Terminkurs.

Angenommen, ein Spekulant, der 100.000 € einsetzen möchte, geht davon aus, dass der zukünftig **erwartete Kassakurs über** dem **heutigen Terminkurs** liegt. Er rechnet also damit, dass der Euro künftig mehr wert sei wird als heute. In diesem Fall wird er heute per Termin (z. B. 3 Monate) zum aktuellen Terminkurs Devisen (z. B. US-$) **verkaufen**. Bei einem derzeitigen Terminkurs von beispielsweise 1,26 US-$/€ muss er in drei Monaten 126.000 US-$ (= 100.000 · 1,26) liefern. Für die Erfüllung des Termingeschäfts (Lieferung von 126.000 US-$) wird er sich dann am Kassamarkt die entsprechenden Devisen zu dem erwarteten höheren Kassakurs beschaffen. Liegt der Kassakurs beispielsweise bei 1,30 US-$/€, muss er für die Lieferung der 126.000 US-$ nur 96.923 € (= 126.000/1,30) aufbringen. Dies entspricht einem Spekulationsgewinn von 3.077 € (= 100.000 € − 96.923 €).

System freier Wechselkurse

> Liegt bei einer Devisenspekulation der erwartete Kassakurs über dem heutigen Terminkurs, lohnt sich der Verkauf von Devisen per Termin zum heutigen Terminkurs.

Bei Informationen, die von den Anlegern als Wechselkurs beeinflussend angesehen werden, kann es zu unterschiedlichen Interpretationen und damit zu unterschiedlichen Reaktionen auf dem Devisenmarkt kommen. Wenn z. B. in einem Land die Zinsen für festverzinsliche Wertpapiere steigen, könnte man davon ausgehen, dass vermehrt ausländische Finanzanlagen in dieses Land strömen (Zinsarbitrage). Dies würde auf dem Devisenmarkt zu einer vermehrten Nachfrage nach Zahlungsmitteln dieses Landes führen, sodass **Aufwertungserwartungen** für diese Währung geschürt werden. Handelt es sich aber bei dieser Zinserhöhung lediglich um die eingepreisten Inflationserwartungen, so könnten mit dieser Zinsentwicklung auch **Abwertungserwartungen** verbunden sein, die als Folge eines „**Herdentriebs**[1]" tatsächlich zu Vermögensumschichtungen führen, sodass sich die Erwartungen bewahrheiten.

Je unsicherer die Informationsgrundlagen und damit die Erwartungen der Anleger im Hinblick auf Wechselkursentwicklungen sind, desto eher werden sie ihre Erwartungen tatsächlich ändern und dadurch Wechselkursveränderungen auslösen (= **Volatilität**[2] der Märkte). Unsichere und falsche Erwartungen sind ursächlich für das Entstehen sog. „**spekulativer Blasen**" (speculative **bubble**). Damit sind Marktsituationen gemeint, in denen die Preise der gehandelten Güter oder Vermögensgegenstände (hier: Devisen) bei hohen Umsätzen erheblich über ihrem tatsächlichen Wert (Fundamentalwert) liegen.

Da Devisenspekulationen äußerst risikoreich sind, hat beispielsweise das Bundesaufsichtsamt für das Kreditwesen für deutsche Banken den Umfang von Devisenspekulationen der Höhe nach beschränkt.

10.3.4. Internationale Finanzmärkte

Beeinflussung der Wechselkurse durch Devisentransaktionen

Auf den Finanzmärkten für Wertpapiere, Geld- und Devisengeschäfte sowie Kredite ist die Globalisierung am weitesten fortgeschritten. Durch freiwillige oder von internationalen Organisationen erzwungene Liberalisierungs- und Deregulierungsmaßnahmen in einer Vielzahl von Ländern wurde inzwischen ein international weitgehend freier Geld- und Kapitalverkehr erreicht. Kapitalanleger haben aufgrund moderner Kommunikationstechniken weltweit ähnlich umfassende Informationen. Da zudem die Kosten im internationalen Kapitalverkehr niedrig sind, können Preis- und Renditeunterschiede schnell ausgenutzt und Finanzkapital innerhalb weniger Sekunden per Mausklick an nahezu jedem Platz der Welt zur Verfügung gestellt werden. Finanzkapital ist daher äußerst mobil und reagiert enorm schnell auf veränderte Anlagebedingungen („Es ist scheu wie ein Reh, schnell wie eine Gazelle und hat das Gedächtnis eines Elefanten."). Durch den Ab- und Zufluss von spekulativen Geldanlagen kann es zu unerwünschten Wechselkursschwankungen mit teilweise verheerenden Folgen auch für den Warenhandel kommen.

Noch nie hat es nach dem Zweiten Weltkrieg so viele internationale Finanzkrisen gegeben wie seit den 1990er-Jahren. Besonders bedeutsam war die Währungskrise, die 1997 in Thailand begann und sich 1998 über Russland nach Lateinamerika zur bis dahin schwersten weltweiten Finanzkrise der Nachkriegszeit ausweitete. Damit waren für die betroffenen Länder enorme Abwertungen der Landeswährungen, die teilweise durch Devisenspekulationen ausgelöst und verstärkt wurden, verbunden.

---

1 Als Herdentrieb wird auf Finanzmärkten das Verhalten von Anlegern bezeichnet, sich bei ihren Anlageentscheidungen ähnlich wie eine (Tier-)Herde zu verhalten. Sie reagieren dann so, wie „alle" reagieren. Bei Devisenmarktspekulationen kaufen bzw. verkaufen sie mehrheitlich die gleichen Währungen. Als Folgen eines solchen Herdenverhaltens ergeben sich auf Finanzmärkten starke Preisschwankungen. Ein solches Verhalten kann eine Ursache für Finanzmarktkrisen sein.

2 Volatilis (lat.): fliegend, flüchtig. In der Finanzmathematik ist die Volatilität ein Maß für den Schwankungsbereich von Kursen, Zinsen u. Ä.

Außenwirtschaft

Auch im Rahmen der sich 2008 ausgehend von den USA weltweit verbreitenden stärksten Finanzkrise der letzten Jahrzehnte unterlagen die Wechselkurse aufgrund der Anspannung an den internationalen Finanzmärkten hohen Schwankungen. Die Währungen von Staaten, in denen die Zinsen vergleichsweise hoch sind, werten in solchen Fällen erfahrungsgemäß stark und abrupt auf. Das Gegenteil ist bei Niedrigzinswährungen zu beobachten. Im Zuge der globalen Finanzkrise werteten beispielsweise Währungen wie der Schweizer Franken, der Yen oder der US-Dollar zumindest phasenweise auf, während andere Währungen wie der australische Dollar, der kanadische Dollar und die Währungen vieler Schwellenländer deutlich abwerteten. Als sich die Staatsschuldenkrise im Euro-Raum im Verlauf des Jahres 2011 zuspitzte, gewann der Schweizer Franken gegenüber dem Euro so stark an Wert, dass die Schweizerische Nationalbank im Herbst 2011 sogar ankündigte, im Bedarfsfall unbeschränkt Devisen zu kaufen, um einen Mindestkurs von 1,20 Franken je Euro durchzusetzen. Im Januar 2015 musste die Schweizerische Nationalbank allerdings vor dem Devisenzufluss und dem schwachen Euro kapitulieren. Danach stieg der Kurs des Schweizer Franken abrupt um bis zu 20 % an und erreichte zeitweise ein Parität zum Euro (1,00 CHF = 1,00 €).

Die Globalisierung der Finanz- und Kapitalströme und die wachsende Bedeutung der internationalen Spekulation haben dazu geführt, dass 2013 allein an den internationalen Devisenmärkten **täglich** im Durchschnitt 5,3 Billionen US-$ umgesetzt wurden.

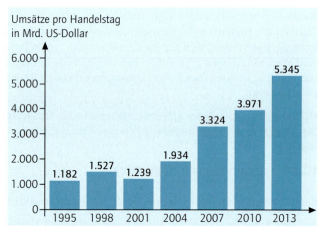

Quelle: Bank für internationalen Zahlungsausgleich (BIZ), 85. Jahresbericht, Basel, 28. Juni 2015, S. 103 sowie ältere Jahrgänge der BIZ-Jahresberichte

Mehr als 80 % dieser Devisentransaktionen haben eine Verweildauer von weniger als sieben Tagen. Von diesen Finanzmitteln dienen allenfalls 5 % unmittelbar der Bezahlung von Waren- und Dienstleistungen. Etwa 15 % entfallen auf die Absicherung real-wirtschaftlicher Geschäfte (Handel mit Sachwerten) gegen Wechselkursrisiken. Bei den restlichen Beträgen handelt es sich in erster Linie um spekulative Gelder, die auf der Suche nach rentablen Anlagemöglichkeiten ständig um den Globus zirkulieren.

Wechselkursschwankungen sind also in erster Linie durch internationale Finanzströme und nicht durch Handelsströme bedingt. Der Außenhandel wird durch Wechselkursschwankungen aber erheblich behindert, da die Unternehmen keine sichere Kalkulationsgrundlage haben und ihnen für die Minderung der Währungsrisiken erhebliche Kurssicherungskosten entstehen.

Auslöser dieser Devisenströme sind – neben multinationalen Unternehmen und einzelnen Staaten – vor allem die sogenannten „institutionellen Anleger". Dabei handelt es sich um Banken, Versicherungen, Allfinanzkonzerne und Investmentfonds, die für sich und ihre Kunden solche Geldanlagen tätigen. Eine besondere Rolle spielen dabei die besonders riskanten und hoch spekulativen Hedgefonds[1], die an den Finanz- und Währungskrisen der 1990er-Jahre maßgeblich beteiligt waren. Die Kapitalströme und Devisenumsätze werden steuerlich nicht erfasst. Außerdem sind die Grenzen zwischen legalen und illegalen, „gewaschenen" und „ungewaschenen"[2] Geldströmen oft fließend.

---

1 Ein Hedgefonds ist eine Gesellschaft, die hoch spekulative Gelder verwaltet und anlegt. Sie unterliegt i. d. R. keinen staatlichen Beschränkungen und Kontrollen.

2 „Geldwäsche" ist die Verwendung krimineller Einkommen (z. B. aus Drogen- und Waffenhandel) mit dem Zweck, die illegale Herkunft zu verschleiern.

System freier Wechselkurse

Stabilisierung der internationalen Finanzmärkte[1]

Tobin-Steuer

Vor dem Hintergrund der gigantischen internationalen Finanztransaktionen ist ein Vorschlag zur Besteuerung der internationalen Devisentransaktionen zur Eindämmung kurzfristiger Spekulationen und zur Stabilisierung der Wechselkurse von Bedeutung (TOBIN-Steuer)[2] .

Ziel dieser Steuer ist es, insbesondere die kurzfristigen Spekulationen („hot money") einzudämmen. Diese sollen durch eine Umsatzsteuer, die jeweils beim Hin- und Herwechseln der Devisen zu entrichten ist, verteuert werden. Je öfters ein Investor kurzfristige Spekulationsgeschäfte tätigt, desto teurer und damit unrentabler werden diese Geschäfte. Eine solche Steuer könnte eine Maßnahme zur Eindämmung unkontrollierter Finanzströme darstellen. Aus dem Steueraufkommen könnten weltweite Entwicklungs- und Umweltmaßnahmen finanziert werden. Trotz zahlreicher (großenteils interessengeleiteter) Argumente gegen eine solche Steuer haben einige Länder (z. B. Kanada, Belgien) bereits gesetzliche Maßnahmen ergriffen, die aber erst wirksam werden, wenn auch die anderen EU- und Industrieländer eine solche Steuer beschließen.

> Ziel der TOBIN-Steuer ist es, Devisenankäufe und Devisenverkäufe mit einer Umsatzsteuer zu belegen, um dadurch kurzfristige Devisenspekulationen und Wechselkursschwankungen einzudämmen.

Internationaler Währungsfonds (IWF)

Der Internationale Währungsfonds (IWF) ist eine Sonderorganisation der Vereinten Nationen mit Sitz in Washington. Er wurde im Juli 1944 auf der Währungskonferenz von Bretton Woods (USA) gegründet. 2015 waren 188 Staaten Mitglied des IWF. Ihre Stimmrechte orientieren sich an ihrem Kapitalanteil.

Die Hauptaufgaben des IWF bezüglich der Finanzmarktstabilisierung bestehen darin,

❚ die Funktionsfähigkeit und Stabilität des internationalen Währungs- und Finanzsystems zu gewährleisten,

❚ die Entstehung internationaler Währungskrisen zu verhüten,

❚ zur Überwindung bereits eingetretener Krisen beizutragen,

❚ sich an Maßnahmen des Währungsunion-Finanzstabilitätsgesetzes[3] zu beteiligen.

Ein weitere wesentlich Aufgabe des IWF ist es, Mitgliedsstaaten, die in Zahlungsschwierigkeiten gegenüber internationalen Gläubigern geraten sind, durch Finanzhilfen zu unterstützen, damit sie wieder am internationalen Handel und Kapitalverkehr teilnehmen können.

Auswirkungen von internationalen Kapitalströmen auf die Kapitalbilanz

Die Kapitalbilanz ist das **Spiegelbild** der Leistungsbilanz. Beide Bilanzen sind Teilbilanzen der Zahlungsbilanz. Die Zahlungsbilanz muss statistisch immer ausgeglichen sein. Nur die Teilbilanzen weisen üblicherweise Ungleichgewichte (Überschüsse oder Defizite) auf. Ist beispielsweise der Leistungsbilanzsaldo wegen eines Exportüberschusses an Waren und Dienstleistungen positiv (= aktive Leistungsbilanz), führt dies entweder zu einer Erhöhung der Kreditforderungen gegenüber dem Ausland oder zu einem Devisenzufluss. In beiden Fällen nehmen die Forderungen gegenüber dem Ausland zu.[4] In einer um die Devisenbilanz erweiterten Kapitalbilanz (= Kapitalbilanz im weiteren Sinne) schlägt sich das als Kapitalexport (= Zunahme der Forderungen gegenüber dem

---

1 Die Rolle der EZB im Zusammenhang mit der Finanzmarktstabilisierung wird in Kap. 10.5.2 behandelt.

2 Dieser Vorschlag wurde von dem amerikanischen Wirtschaftswissenschaftler und Nobelpreisträger James Tobin bereits 1979 unterbreitet und inzwischen von globalisierungskritischen Gruppen wieder aufgegriffen. Vgl. www.attac.de Suchwort: Tobin-Steuer

3 Das Währungsunion-Finanzstabilitätsgesetz (WFStG) vom 7. Mai 2010 ermöglicht Kredite für Griechenland, um die griechische Finanzkrise zu überwinden und den Euro zu stabilisieren. An dem Finanzhilfepaket für Griechenland im Umfang von 110 Mrd. € beteiligte sich auch der IWF mit 30 Mrd. €.

4 Devisen (Währungsreserven, z. B. auf US-$ lautende Guthaben) sind Forderungen auf die jeweilige ausländische Währung.

Ausland) oder als Erhöhung des Devisenbestandes (= Zunahme der Forderungen auf ausländische Währung) nieder. Das führt zu einem Defizit in der Kapitalbilanz (Kapitalexport und Devisenzufluss > Kapitalimport und Devisenabfluss).

Da Deutschland schon seit vielen Jahren einen Leistungsbilanzüberschuss (Güterexporte > Güterimporte) erwirtschaftet („Exportweltmeister"), weist die deutsche Kapitalbilanz tendenziell ein Defizit auf (Kapitalexporte > Kapitalimporte).

Aufgabe 10.15, S. 430

Die Leistungs- und Kapitalbilanz für Deutschland für die Jahre 2013 bis 2015 zeigt, dass hohe Exportüberschüsse im Außenhandel erzielt und zugleich in erheblichem Umfang Mittel im Ausland angelegt wurden. Die deutschen Kapitalexporte schlagen sich in den Kapitalbilanzen der entsprechenden Länder als Kapitalimporte nieder.

Deutschland (in Mrd. €)	2013	2014	2015
Saldo der Leistungsbilanz (Überschuss +, Defizit −)	+182,4	+212,1	+249,1
Saldo der Kapitalbilanz ohne Währungsreserven (Export +, Import −)	+207,1	+245,9	+262,5
davon:			
Direktinvestitionen	+9,0	+83,2	+59,7
Wertpapiere	+164,5	+127,8	224,6
Übriger Kapitalverkehr Kredite, Finanzderivate	+33,6	+34,9	−21,9

Quelle: Deutsche Bundesbank, Zahlungsbilanzstatistik, Februar 2016, Tab. I

Hinweis: *Trotz der positiven Vorzeichen bei den Zahlen der Kapitalbilanz handelt es sich in allen Fällen um ein Defizit (Kapitalexport > Kapitalimport).*

Die **internationalen Finanzströme** beeinflussen die jeweiligen **Kapitalbilanzen** der beteiligten Länder wie folgt:

> **Kapitalzuflüsse (= Kapitalimporte)** wirken sich in der Kapitalbilanz als Erhöhung der Verbindlichkeiten gegenüber dem Ausland bzw. als Verringerung der Forderungen gegenüber dem Ausland aus.

> **Kapitalabflüsse (= Kapitalexporte)** wirken sich in der Kapitalbilanz als Erhöhung der Forderungen gegenüber dem Ausland bzw. als Verringerung der Verbindlichkeiten gegenüber dem Ausland aus.

Beispiel

> Wenn ein deutscher Anleger Wertpapiere (z. B. Staatsanleihen) in den USA kauft, handelt es sich im Rahmen der Zahlungsbilanz um einen Kapitalexport, weil der Anleihenkauf zu einer **Zunahme der Forderungen** gegenüber den USA führt. Werden die Wertpapiere mit Euro bezahlt, die in den USA umgetauscht werden, steht der Zunahme der Forderungen ein wertmäßig gleich hoher Abfluss von inländischen Zahlungsmitteln (= **Zunahme der Verbindlichkeiten** gegenüber den USA) gegenüber. Der Saldo der Kapitalbilanz ändert sich somit nicht. Genau derselbe Effekt tritt ein, wenn die Wertpapiere mit einem in den USA aufgenommenen Kredit (= **Zunahme der Verbindlichkeiten** gegenüber den USA) bezahlt werden.
>
> Wird dagegen die für den Wertpapierkauf benötigte Menge an US-$ in Deutschland gegen Euro getauscht und in die USA transferiert, findet in wertmäßig gleicher Höhe ein Devisenabfluss (= **Verringerung der Forderungen** gegenüber den USA) statt. Auch in diesem Fall ändert sich der Saldo der um die Devisenbilanz erweiterten Kapitalbilanz (= **Kapitalbilanz im weiteren Sinne**) nicht.

Derselbe Effekt ergibt sich u. a. auch bei ausländischen Direktinvestitionen, internationalen Finanzströmen wegen Zinsarbitrage, Zu- und Abflüssen von Spekulations- und Kapitalfluchtgeldern.

> **Bei reinen Finanztransaktionen ändert sich der Saldo der um die Devisenbilanz erweiterten Kapitalbilanz (= Kapitalbilanz im weiteren Sinne) nicht.**

10.4 Instrumente der Außenwirtschaftspolitik

10.4.1 Überblick über Bereiche, Ziele und Maßnahmen der Außenwirtschaftspolitik

Unter Außenwirtschaftspolitik ist die Gesamtheit aller Maßnahmen zur Beeinflussung und Steuerung der außenwirtschaftlichen Beziehungen eines Landes zu verstehen. Sie umfasst sowohl die Außenhandelspolitik (Ordnung und Lenkung der internationalen Warenströme) als auch die Währungs- und Wechselkurspolitik (Ordnung und Lenkung der internationalen Kapitalströme).

Außenhandelspolitik zwischen Protektionismus[1] und Freihandel

Außenhandelspolitik ist der Teil der Außenwirtschaftspolitik, der sich auf die Beeinflussung des Warenverkehrs mit dem Ausland (Außenhandel) bezieht. Dazu gehören Maßnahmen zur Beschränkung des Imports und zur Förderung des Exports, der Abschluss von Handelsverträgen sowie die Beteiligung an internationalen Organisationen zur Liberalisierung des internationalen Handels.

Unter Protektionismus sind alle außenwirtschaftspolitischen Maßnahmen zu verstehen, mit denen versucht wird, die eigene Volkswirtschaft oder bestimmte inländische Industriezweige vor ausländischer Konkurrenz zu schützen.

Die Beeinflussung des Außenhandels zum Schutz der inländischen Wirtschaft vor ausländischer Konkurrenz kann durch **tarifäre Handelshemmnisse** (z. B. Preispolitik mittels Zöllen, Steuern und Subventionen) oder **nichttarifäre Handelshemmnisse** (z. B. mengenmäßige Beschränkungen wie Export-/Importkontingente, technische Normen und Standards) erfolgen.

Soll durch solche Maßnahmen der Beschäftigungsstand des eigenen Landes auf Kosten anderer Länder verbessert werden, wird auch von *„beggar-my-neighbour*-Politik" gesprochen (Export von Arbeitslosigkeit).

Protektionistische Eingriffe in den Außenhandel gehen aber seit einiger Zeit weltweit zurück, weil zunehmend internationale Vereinbarungen zum Abbau von Zöllen und anderen Handelshemmnissen getroffen und von der Welthandelsorganisation **WTO**[2] überwacht werden (Ziel: **Liberalisierung des Welthandels**). Wegen ihrer Mitgliedschaft in der EU stehen der Bundesrepublik Deutschland solche Maßnahmen ohnehin nicht zur Verfügung, da für diese Bereiche der Außenwirtschaftspolitik übergeordnete Organe der EU zuständig sind.

Insbesondere im Handel mit den Entwicklungsländern üben die Industrieländer aber nach wie vor erhebliche Handelsbeschränkungen zum Schutz ihrer eigenen Wirtschaft aus.

Strafzölle gegen die USA als Reaktion auf unzulässige Handelshemmnisse

Das amerikanische Steuerrecht ermöglicht es US-Konzernen, über Briefkastenfirmen in Steueroasen bis zu 30 Prozent Abgaben zu sparen. Dies wirkt nach Auffassung der WTO wie Ausfuhrsubventionen und führt dazu, dass die US-Unternehmen auf Auslandsmärkten deutlich günstiger anbieten können als die Konkurrenz. Es handelt sich also um ein Handelshemmnis. Nach einer Beschwerde ermächtigte die WTO die Europäer zur Erhebung von Strafabgaben.

Die EU darf nun Strafzölle in Höhe von bis zu 3,2 Milliarden Euro gegen US-Produkte verhängen. Betroffen sind u. a. Milchprodukte, Getreide, Papier, Textilien, Rohstoffe und Maschinen.

aus: Badische Zeitung, 24. Febr. 2004, S. 7

---

1 Protektionismus *(lat.)*: Schutz, Schutz der inländischen Wirtschaft vor ausländischer Konkurrenz
2 **W**orld **T**rade **O**rganization mit 157 Mitgliedstaaten (2012)

10 Außenwirtschaft

Überblick über protektionistische Maßnahmen der Außenwirtschaftspolitik			
Ziel	Maßnahme	Wirkung	Zweck
Importbeschränkung	Importzölle erhöhen, Importsubventionen senken (Preispolitik)	Verteuerung der Importe	Inlandsproduktion wird vor ausländischer Konkurrenz geschützt.
	Importverbote bzw. Importkontingentierung einführen (Mengenpolitik)	Beschränkung der Importe	Strukturpolitik
	Abwertung der Inlandswährung (Devisenkäufe der Zentralbank bei flexiblen Wechselkursen)	Verteuerung der Importe	Konjunkturförderung
Importförderung	Importsubventionen erhöhen, Importzölle senken (Preispolitik)	Verbilligung der Importe	vermehrte Verwendung von Auslandsgütern im Inland
	Importverbote bzw. Importkontingentierung abschaffen (Mengenpolitik)	Ausweitung der Importe	Konjunkturdämpfung
	Aufwertung der Inlandswährung (Devisenverkäufe der Zentralbank bei flexiblen Wechselkursen)	Verbilligung der Importe	
Exportförderung	Exportsubventionen erhöhen, Exportzölle senken (Preispolitik)	Verbilligung der Exporte	vermehrte Güterproduktion im Inland für den Export
	staatliche Bürgschaften und Garantien zur Absicherung von Exportrisiken ausweiten (z. B. Forderungsausfälle)	Ausweitung der Exporte	Strukturpolitik
	Exportverbote bzw. Exportkontingentierung abschaffen (Mengenpolitik)	Ausweitung der Exporte	Konjunkturförderung
	Abwertung der Inlandswährung (Devisenkäufe der Zentralbank bei flexiblen Wechselkursen)	Verbilligung der Exporte	
Exportbeschränkung	Exportsubventionen senken, Exportzölle erhöhen (Preispolitik)	Verteuerung der Exporte	verminderte Güterproduktion im Inland für den Export
	staatliche Bürgschaften und Garantien zur Absicherung von Exportrisiken abbauen	Beschränkung der Exporte	Strukturpolitik
	Exportverbote bzw. Exportkontingentierung einführen (Mengenpolitik)	Beschränkung der Exporte	Konjunkturdämpfung
	Aufwertung der Inlandswährung (Devisenverkäufe der Zentralbank bei flexiblen Wechselkursen)	Verteuerung der Exporte	

10.4.2 Wirkung von Importzöllen – Wohlfahrtsverluste

Vergleich zwischen Autarkie und Freihandel

Situation 1: Kein Import (Autarkie)
In einem Land ohne Außenhandel (Autarkie) ergibt sich für ein landwirtschaftliches Produkt (z. B. Weizen) die in der nachfolgenden Abb. dargestellte Marktsituation. Beim Marktgleichgewicht (G^0) betragen der Gleichgewichtspreis (p^0) 250 € je t und die Gleichgewichtsmenge (x^0) 4 Mio. t. Es wird angenommen, dass dieser Inlandspreis über dem Weltmarktpreis liegt.

Situation 2: Import ohne Zoll (Freihandel)
Wird nun der Inlandsmarkt für Weizenimporte geöffnet (Freihandel), treten zusätzlich zu den inländischen Produzenten Importeure als Anbieter auf. Die Importeure sind in der Lage und bereit, zum Weltmarktpreis (hier: 100,00 €/t) jede beliebige Menge anzubieten. Würde der Inlandspreis dagegen unter dem Weltmarktpreis liegen, würde sich ein Import nicht lohnen. Die importierte Angebotsmenge wäre dann null.

| Instrumente der Außenwirtschaftspolitik | 10 |

Daraus folgt:*

> Die Angebotskurve der Importeure verläuft in Höhe des Weltmarktpreises waagerecht. Sie ist eine Parallele zur Mengenachse.

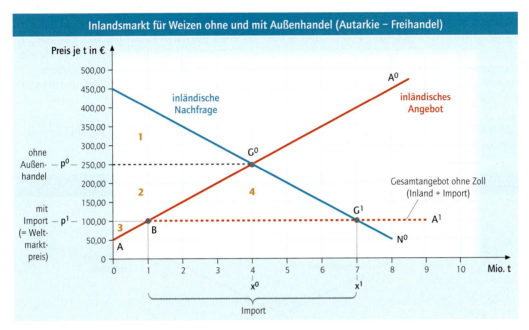

Der Zustrom von Getreideimporten führt zu einem Preisverfall auf dem Inlandsmarkt. Der Preissenkungsprozess und die sich daraus ergebenden Reaktionen der Marktteilnehmer halten so lange an, bis auf dem Inlandsmarkt das Niveau des Weltmarktpreises p^1 erreicht ist.

Die Nachfrager reagieren auf die Preissenkung mit einer Ausdehnung der nachgefragten Menge (Bewegung auf der Nachfragekurve von G^0 nach G^1). Die inländischen Anbieter reagieren auf die Preissenkung mit einer Verringerung der angebotenen Menge (Bewegung auf der inländischen Angebotskurve A^0 von G^0 nach B). Der dadurch entstehende Nachfrageüberhang in Höhe von 6 Mio. t (Strecke BG^1) wird durch Importe gedeckt (Bewegung auf der Importangebotskurve von B nach G^1). Die neue Gesamtangebotskurve A^1 setzt sich aus inländischem Angebot (Abschnitt AB der inländischen Angebotskurv A^0) und Importangebot (Abschnitt BG^1 der Importangebotskurve) zusammen.

Als Ergebnis dieser durch den Freihandel ausgelösten Anpassungsprozesse entsteht ein neues Marktgleichgewicht G^1 mit der Preis-Mengen-Kombination p^1 = 100,00 € je t (= Weltmarktpreis) und x^1 = 7 Mio. t. Von dieser Gleichgewichtsmenge bieten die inländischen Produzenten 1 Mio. t und die Importeure 6 Mio. t an.

Beim neuen Marktgleichgewicht G^1 sind die inländischen Nachfrager besser gestellt als vorher: Die Marktversorgung ist besser und der Preis niedriger. Die inländischen Anbieter sind dagegen schlechter gestellt als vorher: Im Vergleich zur Situation ohne Import sind sowohl ihre Absatzmenge als auch der erzielte Preis niedriger.

> Importe führen zu einer Senkung des Inlandspreises auf das Niveau des Weltmarktpreises. Die im Inland umgesetzte Menge steigt.

---

* Ein Anbieterverhalten, bei dem zu einem bestimmten (und jedem darüber liegenden) Preis eine beliebig große Menge angeboten wird und bei dem eine Preissenkung zu einem Rückgang der angebotenen Menge auf null führt, spiegelt eine völlig elastische Angebotsreaktion wider (Angebotselastizität = ∞). Eine solche Angebotskurve verläuft parallel zur Mengenachse.

> Importe bewirken, dass im Vergleich zur Situation ohne Außenhandel (= Autarkie) die inländischen Nachfrager besser und die inländischen Anbieter schlechter gestellt werden.

Vergleich zwischen Freihandel und Protektionismus

Situation 3: Importzoll (Protektionismus)

Angenommen, die Regierung erhebt zum Schutz der einheimischen Landwirtschaft auf jede importierte Mengeneinheit Weizen einen Zoll in Höhe von 100,00 €/t. Ein solcher Zoll wirkt wie eine Mengensteuer. Für die Importeure bedeutet die Zollerhebung eine Erhöhung der Stückkosten. Ein Import lohnt sich für sie nur dann noch, wenn der Inlandspreis auf ein Niveau steigt, das dem um den Zoll erhöhten Weltmarktpreis entspricht.

> Ein je Mengeneinheit erhobener Importzoll wirkt wie eine Mengensteuer auf die im Ausland produzierten und im Inland verkauften Güter.

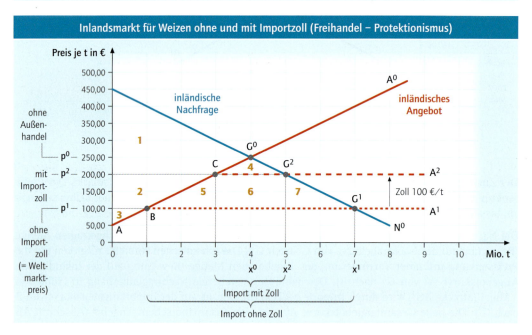

Die Importangebotskurve verschiebt sich im vorliegenden Fall um die Höhe des Zolls (100,00 € je t) parallel nach oben.*

Die Nachfrager reagieren auf die Preiserhöhung mit einer Einschränkung der nachgefragten Menge (Bewegung auf der Nachfragekurve von G^1 nach G^2). Die inländischen Anbieter reagieren auf die Preiserhöhung mit einer Ausweitung der angebotenen Menge (Bewegung auf der inländischen Angebotskurve A^0 von B nach C). Bei dem um den Zoll erhöhten Preis p^2 = 200 €/t liegt ein Nachfrageüberhang in Höhe von 2 Mio. t (Strecke CG^2) vor. Dieser wird durch Importe gedeckt (Bewegung auf der neuen Importangebotskurve von C nach G^1). Die neue Gesamtangebotskurve A^2 setzt sich aus inländischem Angebot (Abschnitt AC der inländischen Angebotskurv A^0) und Importangebot (Abschnitt CG^2 der neuen Importangebotskurve) zusammen.

> Importzölle erhöhen die Preise der importierten und der inländischen Güter um den Zollbetrag.

---

* Wegen des völlig elastischen Importangebots sind die Importeure in der Lage, die durch den Zoll entstandenen höheren Kosten in voller Höhe im Preis auf die Nachfrager zu überwälzen. Dabei wird zur Vereinfachung angenommen, dass sich die Zollerhebung und die sich daraus ergebenden Nachfrageänderungen nicht auf den Weltmarktpreis auswirken.

Instrumente der Außenwirtschaftspolitik

Als Ergebnis dieser durch die Zollerhebung ausgelösten Anpassungsprozesse entsteht ein neues Marktgleichgewicht G^2 mit der Preis-Mengen-Kombination $p^2 = 200$ € je t (= Weltmarktpreis + Zoll) und $x^2 = 5$ Mio. t. Von dieser Gleichgewichtsmenge bieten die inländischen Produzenten 3 Mio. t und die Importeure 2 Mio. t an.

Durch die Zollerhebung hat sich das neue Marktgleichgewicht (G^2) an das ursprüngliche Gleichgewicht G^0 (ohne Importe) angenähert. Beim neuen Marktgleichgewicht G^2 (mit Importzoll) sind die inländischen Nachfrager schlechter gestellt als beim Gleichgewicht G^1 (ohne Importzoll): Die Marktversorgung ist schlechter und der Preis höher. Die inländischen Anbieter sind dagegen besser gestellt als vorher: Im Vergleich zur Situation ohne Importzoll sind sowohl ihre Absatzmenge als auch der erzielte Preis höher. Genau das wurde mit der Zollerhebung zum Schutz der inländischen Landwirtschaft beabsichtigt.

Importzölle bewirken, dass im Vergleich zum Freihandel (= Außenhandel ohne Zölle) die inländischen Nachfrager schlechter und die inländischen Anbieter besser gestellt werden.

Wohlfahrtswirkungen von Freihandel und Protektionismus im Importland

Welche Marktteilnehmer in welchem Umfang durch die Zulassung von Importen (= Freihandel) und die Erhebung von Importzöllen (= Protektionismus) begünstigt oder belastet werden, lässt sich durch die **Veränderung der Konsumenten- und Produzentenrente** erfassen. Dabei wird die Summe aus Konsumenten- und Produzentenrente als Ausdruck der **Gesamtwohlfahrt** der Marktteilnehmer angesehen.

Die zu klärende Frage lautet somit: Wie verändert sich die Gesamtwohlfahrt durch Einführung von Freihandel oder Protektionismus?

Fall 1: Wohlfahrtsänderungen durch Übergang von Autarkie zu Freihandel

Die folgende Tabelle bezieht sich auf die Abbildung Inlandsmarkt für Weizen ohne und mit Außenhandel (S. 405) und zeigt die durch den Freihandel entstehenden Wohlfahrtsänderungen.

	ohne Außenhandel (Autarkie)	mit Außenhandel (Freihandel)	Unterschied
Konsumentenrente	Fläche 1	Fläche 1 + 2 + 4 *(vgl. S. 405)*	+ Fläche (2 + 4)
	4,0 Mio. t · 200 €/t/2 = 400 Mio. €	7 Mio. t · 350 €/t/2 = 1.225 Mio. €	+ 825 Mio. €
Produzentenrente (Inland)	Fläche 2 + 3	Fläche 3	– Fläche 2
	4,0 Mio. t · 200 €/t/2 = 400 Mio. €	1 Mio. t · 50,00 €/t/2 = 25 Mio. €	– 375 Mio. €
Gesamtwohlfahrt	Fläche 1 + 2 + 3	Fläche 1 + 2 + 3 + 4	+ Fläche 4
	800 Mio. €	1.250 Mio. €	+ 450 Mio. €

Durch den Freihandel hat sich die Gesamtwohlfahrt des Importlandes gegenüber der ursprünglichen Situation ohne Außenhandel (Autarkie) um 450 Mio. € erhöht.

> Durch Importe steigt die Konsumentenrente und sinkt die Produzentenrente. Die Gesamtwohlfahrt steigt, weil die Zunahme der Konsumentenrente größer ist als die Abnahme der Produzentenrente.

Fall 2: Wohlfahrtsänderungen durch Übergang von Freihandel zu Protektionismus (Importzoll)

Die folgende Tabelle bezieht sich auf die Abbildung Inlandsmarkt für Weizen ohne und mit Importzoll (S. 406) und zeigt die durch einen Importzoll entstehenden Wohlfahrtsänderungen.

Wohlfahrtsänderungen durch Übergang von Freihandel zu Protektionismus (Importzoll)			
	Außenhandel ohne Zoll (Freihandel)	**Außenhandel mit Zoll (Protektionismus)**	**Unterschied**
Konsumenten-rente	Fläche 1 + 2 + 4 + 5 + 6 + 7	Fläche 1 + 4 *(vgl. S. 406)*	− Fläche (2 + 5 + 6 + 7)
	7,0 Mio. t · 350 €/t / 2 = 1.225 Mio. €	5,0 Mio. t · 250 €/t / 2 = 625 Mio. €	− 600 Mio. €
Produzenten-rente (Inland)	Fläche 3	Fläche 2 + 3	+ Fläche 2
	1,0 Mio. t · 50,00 €/t / 2 = 25 Mio. €	3,0 Mio. t · 150 €/t / 2= 225 Mio. €	+ 200 Mio. €
Staats-einnahmen	–	Fläche 6	+ Fläche 6
	0 Mio. €	2 Mio. t · 100,00 €/t = 200 Mio. €	+ 200 Mio. €
Gesamt-wohlfahrt	Fläche 1 + 2 + 3 + 4 + 5 + 6 + 7	Fläche 1 + 2 + 3 + 4 + 6	− Fläche (5 + 7)
	1.250 Mio. €	1.050 Mio. €	− 200 Mio. €

Durch den Importzoll (Protektionismus) hat sich die Gesamtwohlfahrt des Importlandes gegenüber der Situation ohne Zoll (Freihandel) um 200 Mio. € verringert. Der Wohlfahrtsverlust entspricht der Summe der Flächen der beiden Dreiecke 5 und 7.

> Durch Importzölle sinkt die Konsumentenrente und steigt die Produzentenrente. Außerdem fallen Staatseinnahmen durch die Zollerhebung an. Trotzdem sinkt die Gesamtwohlfahrt, weil die Abnahme der Konsumentenrente größer ist als die Zunahme der Produzentenrente und die Staatseinnahmen.

Argumente für Importzölle

Trotz dieser Überlegungen wird ein völliger Freihandel häufig mit folgenden Argumenten abgelehnt:

❚ **Beschäftigungsargument:** Importe gefährden Arbeitsplätze im Inland.

❚ **Sicherheitsargument:** Schutz der inländischen Landwirtschaft und inländischer Schlüsselindustrien ist aus Gründen der Versorgungssicherheit nötig (Vermeidung der Abhängigkeit vom Ausland).

❚ **Schutzargument:** Für den Aufbau neuer inländischer Industriezweige ist der Schutz vor ausländischer (Billig-)Konkurrenz nötig.

❚ **Unfairer Wettbewerb:** Freihandel ist nur dann erwünscht, wenn sich alle Handelspartner an die gleichen Regeln halten. Das ist im internationalen Handel aber nicht der Fall, weil die Unternehmen in den verschiedenen Ländern unterschiedlichen Gesetzen und Regulierungen unterliegen.

10.5 Außenwirtschaftliche Ziele und Probleme der Europäischen Union

10.5.1 Integrationsstufen und EU-Erweiterung

Ziele der Europäischen Union

Die Bundesrepublik Deutschland hat im Rahmen des europäischen Einigungsprozesses von Anfang an eine bedeutende Rolle gespielt. Endziel dieser Integrationsbestrebungen ist der Zusammenschluss europäischer Staaten zu einer **politischen Union.** Neben dem wirtschaftlichen Bereich sollen dann auch alle sonstigen zentralen Politikfelder wie z. B. Außen- und Verteidigungspolitik gemeinsam gestaltet und vereinheitlicht werden. Politisches Oberziel ist dabei die Friedenssicherung.

Bisher waren es aber vor allem wirtschaftliche Gründe, die sich als Motor des Einigungsprozesses erwiesen haben. Die Schaffung eines großen einheitlichen europäischen Marktes ohne wirtschaftliche Beschränkungen (u. a. freier Waren-, Kapital- und Personenverkehr, Niederlassungs- und Beschäftigungsfreiheit) soll Wirtschaftswachstum und Wohlstand erzeugen und gleichzeitig die Basis für einen erfolgreichen Wettbewerb mit anderen Regionen der Weltwirtschaft wie Nordamerika und Asien schaffen.

Stufen der Europäischen Integration						
Stufen Merkmale	Freihan-delszone	Zoll-union	gemeinsamer Binnenmarkt	Wirtschafts-union	Währungs-union	politische Union
Abbau der Binnenzölle (freier Warenverkehr)	1951 für Kohle und Stahl	1968 für Ge-werbe 1970 für Land-wirtschaft	1993 freier Per-sonen- und Kapitalverkehr, Niederlas-sungs- u. Beschäfti-gungsfreiheit	1997 Angleichung von Preis- u. Zinsniveau, Haushaltsdefizi-ten, Staatsver-schuldung (Konvergenzkri-terien); weitere Harmonisierung ist geplant.	1999 durch Einführung des Euro und Übertragung der Geldpolitik an die EZB ab **2002** Euro einziges gesetzliches Zahlungs-mittel	? Zeitpunkt der Verwirk-lichung des Endziels der Integration ist unge-wiss.
einheitlicher Außenzoll gegenüber Drittländern						
Mobilität der Produktions-faktoren Arbeit und Kapital						
Harmonisierung der Wirtschaftspolitik						
gemeinsame Währung und Zentralbank						
Harmonisierung aller Politikbereiche						

Von der Freihandelszone zur Währungsunion

Ein freier Warenverkehr zwischen den Mitgliedstaaten ohne Zollschranken und andere Handelshemmnisse war bereits 1957 bei der Gründung der **Europäischen Wirtschaftsgemeinschaft** (EWG) ein wesentliches Ziel. Dies wurde für den gewerblichen Bereich 1968 und für die Landwirtschaft 1970 durch die Errichtung einer **Zollunion** erreicht. Allerdings behinderten nach wie vor sogenannte nichttarifäre Handelshemmnisse (z. B. unterschiedliche Normen, technische Vorschriften und Qualitätsstandards) den Warenverkehr.

1957	Gründung der **Europäischen Wirtschaftsgemeinschaft (EWG)** sechs Mitglieder: Bundesrepublik Deutschland, Italien, Frankreich, Belgien, Niederlande, Luxemburg Ziel: Intensivierung des Wirtschaftsaustauschs zwischen den Mitgliedstaaten und dadurch Erhöhung des Lebensstandards

Durch weitere **Harmonisierung** und **gegenseitige Anerkennung** einzelstaatlicher Vorschriften und Regelungen konnte 1993 der **gemeinsame Binnenmarkt** eingeführt werden.

1993	Beginn des **europäischen Binnenmarktes** durch Verwirklichung der „vier Freiheiten"
	❙ freier Personenverkehr: Wegfall von Grenzkontrollen, Niederlassungs- und Beschäftigungsfreiheit für EG-Bürger
	❙ freier Warenverkehr: Wegfall von Grenzkontrollen, Harmonisierung von Normen, Steuern usw.
	❙ freier Dienstleistungsverkehr: Liberalisierung der Finanzdienstleistungen, Harmonisierung der Banken- und Versicherungsaufsicht
	❙ freier Kapitalverkehr: größere Freizügigkeit für Geld- und Kapitalbewegungen, Liberalisierung des Wertpapierverkehrs

Kapitel 5.2

Mit dem europäischen Einigungsprozess geht gleichzeitig eine zunehmende Verlagerung von Zuständigkeiten für bestimmte Politikbereiche von Mitgliedstaaten an übergeordnete Organe der EU einher. So hat die Deutsche Bundesbank seit 1999 das Recht verloren, unabhängige geldpolitische Entscheidungen für die Bundesrepublik Deutschland zu treffen. Die Geldpolitik der Mitgliedstaaten wird seitdem vom Europäischen Zentralbankrat (EZB-Rat), dem Entscheidungsgremium der **Europäischen Zentralbank** (EZB), bestimmt.

1999	Beginn der **Europäischen Währungsunion** mit elf der damals 15 EU-Mitgliedstaaten (Deutschland, Frankreich, Italien, Niederlande, Belgien, Luxemburg, Irland, Spanien, Portugal, Österreich, Finnland). Unwiderrufliche Festlegung der Umrechnungskurse für die Währungen der Teilnehmerstaaten untereinander und zum Euro. Seit 2001 gehören auch Griechenland und seit 2007 Slowenien zur Währungsunion. Der Euro wurde eine eigenständige Währung und ist seit 2002 alleiniges gesetzliches Zahlungsmittel.

Kapitel 4.2.1

Kapitel 6.5.3

Von den 27 EU-Mitgliedern nehmen bisher lediglich 17 (2012) an der Europäischen Währungsunion mit der gemeinsamen Euro-Währung und der gemeinsamen Geldpolitik der EZB teil. Voraussetzung für die Teilnahme an der Währungsunion ist die Erfüllung der sogenannten **Konvergenzkriterien**[1].

Konvergenzkriterien für den Beitritt zur Europäischen Währungsunion (EWU)			
stabiles Preisniveau	gesunde Staatsfinanzen	stabile Wechselkurse	Zinsniveau
Die Inflationsrate darf höchstens 1,5 Prozentpunkte über dem Durchschnitt der drei preisstabilsten Mitgliedsländer liegen.	Die jährliche Neuverschuldung des Staates (Defizit der öffentlichen Haushalte) darf höchstens 3 %, die Gesamtverschuldung höchstens 60 % des BIP betragen.	Teilnahme in den letzten zwei Jahren am Europäischen Währungssystem (EWS) ohne starke Kursschwankungen.	langfristige Zinsen höchstens 2 Prozentpunkte über dem Zinssatz der drei preisstabilsten Mitgliedsländer

Überschreitet ein Land nach Aufnahme in die Währungsunion beispielsweise die Vorgaben für die Staatsverschuldung, drohen ihm seitens der EU-Kommission Abmahnungen („blaue Briefe"), Defizitverfahren (= Verpflichtung, Sparbeschlüsse vorzulegen und einzuhalten) und letztlich Geldbußen bis zu 0,5 % des jeweiligen BIP.

---

1 Konvergenz *(lat.):* Annäherung, Übereinstimmung

EU-Erweiterungen

1. Mai 2004: EU-Osterweiterung
Beitritt von zehn neuen Mitgliedsstaaten. Wegen des teilweise erheblichen Lohn-, Einkommens- und Produktivitätsgefälles zwischen den bisherigen und den neuen EU-Ländern ergeben sich in Zukunft erhebliche wirtschaftliche Herausforderungen für die alten EU-Länder (z. B. Druck auf das Lohnniveau bzw. steigende Arbeitslosigkeit in den alten EU-Ländern durch vermehrte Zuwanderung von Arbeitskräften aus den mittel- und osteuropäischen Ländern).
1. Januar 2007: Erhöhung der EU-Länder auf 27
Beitritt von Bulgarien und Rumänien
1. Juli 2013
Beitritt von Kroatien als 28. Mitgliedsstaat
zukünftige EU-Erweiterungen
Aktuell werden Beitrittsverhandlungen mit Island, Mazedonien, Montenegro und der Türkei geführt. Serbien ist seit März 2012 offizieller Beitrittskandidat.

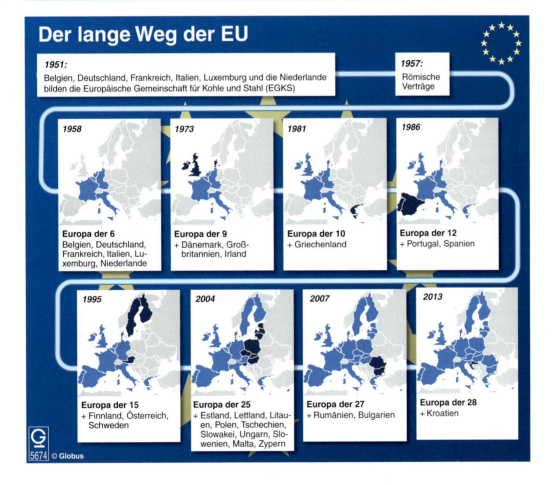

10.5.2 Ziele und Konstruktionsmängel der Europäischen Währungsunion (EWU)

Ziele der Euro-Einführung

Mit der Euro-Einführung wurden u. a. folgende Ziele verfolgt:

- Vollendung des gemeinsamen Binnenmarktes (freier Verkehr von Waren, Dienstleistungen, Kapital und Arbeitskräften) durch ein einheitliches Zahlungsmittel
- Verstärkung des Handels und der wirtschaftlichen Zusammenarbeit zwischen den Mitgliedsstaaten durch Wegfall von Wechselkursrisiken sowie der Kosten für Währungsumtausch und Wechselkursabsicherungen
- Abbau von Preisunterschieden, da die Preise in einem gemeinsamen Währungsraum leicht miteinander verglichen werden können. Das sollte wiederum zur Stärkung des Wettbewerbs zwischen den beteiligten Ländern, zu niedrigen Inflationsraten und zu Wohlstandssteigerungen aufgrund einer Ausdehnung des Binnenhandels führen.
- Euro als zweite internationale Leitwährung und Gegengewicht zum Dollar
- Förderung der wirtschaftlichen und politischen Stabilität als weiterer Schritt zu einer politischen Union

Konstruktionsmängel der europäischen Währungsunion (EWU)

- **Falsche Reihenfolge: Zuerst Politische Union nötig – dann Währungsunion**
  Nach der sogenannten **Krönungstheorie** hätte der **Währungsunion** unbedingt eine **politische Union** vorausgehen müssen, in der insbesondere auch die **Wirtschafts-, Sozial- und Finanzpolitik** der einzelnen Mitgliedsstaaten aufeinander abgestimmt ist **(Harmonisierung)**. Diese politische Union wäre nach dieser Theorie dann von der gemeinsamen Währung „gekrönt" worden. In der EWU ist derzeit aber nur die Geldpolitik durch die EZB vereinheitlicht. Die Zuständigkeiten für die anderen Politikbereiche liegen dagegen nach wie vor bei den Regierungen der einzelnen Mitgliedsstaaten.

- **Einheitliche Geldpolitik trotz unterschiedlicher konjunktureller Entwicklung**
  Die Mitgliedsstaaten unterscheiden sich erheblich in ihrer Wirtschaftsstruktur, dem Stand ihrer wirtschaftlichen Entwicklung sowie hinsichtlich der Art und der Dauer auftretender Konjunkturschwankungen. Nach der **Theorie des optimalen Währungsraumes** entspricht die EWU daher nicht den wesentlichen Erfordernissen für das Funktionieren einer Währungsunion. Die **EZB** kann nämlich nur eine **gemeinsame Geldpolitik** betreiben (z. B. **einheitliche** Leitzinsänderung für das **gesamte** Währungsgebiet). Die besonderen Erfordernisse der einzelnen Mitgliedsstaaten bleiben dabei unberücksichtigt.

- **Mangelnde Haushaltsdisziplin**
  Trotz des Stabilitäts- und Wachstumspaktes und der darin vorgesehenen Sanktionsmöglichkeiten ist es der EU nicht gelungen, die Mitgliedsstaaten zu ausreichender Disziplin bei der Staatsverschuldung zu bewegen.

Zielerreichung

Bisher wurden u.a. folgende Ziele der Währungsunion erreicht:

- Der Handel innerhalb der Euro-Zone hat sich erheblich erhöht. Das gilt insbesondere für Deutschland, das mehr als 60 % seiner Exporte in EU-Staaten und über 40 % in Mitgliedsstaaten der Euro-Zone absetzt.

- Die EZB konnte ihre Hauptaufgabe, die durchschnittliche Inflationsrate bei „unter, aber nahe bei zwei Prozent" zu halten, in den meisten Jahren erreichen. Allerdings ist die Bandbreite teilweise erheblich (z. B. 2010: Griechenland 4,7 %, Niederlande 0,9 %).
- Der Euro konnte sich neben dem Dollar als zweite Weltwährung durchsetzen.

Außenwirtschaftliche Ziele und Probleme der Europäischen Union

Folgen der Euro-Einführung: Probleme in einigen Mitgliedsstaaten

❙ Niedrige Zinsen als Anreiz für überhöhte Verschuldung

Vor der Euro-Einführung wurden die staatlichen Schuldverschreibungen (Bonds) in Landeswährungen ausgegeben. Daher gab es bei den Auslandsschulden der einzelnen Staaten erhebliche Zinsunterschiede, da sich der Zinssatz auch nach der Höhe des vom Investor zu tragenden Währungsrisikos bemisst. Diese Unterschiede waren seit der Euro-Einführung bis zum Ausbruch der Staatsschuldenkrise 2009 nahezu verschwunden (**Zinskonvergenz**). Auch die Geldpolitik der EZB trug zu einem relativ niedrigen Zinsniveau im Euro-Raum bei. Das war in vielen Ländern ein Anreiz für eine zunehmende öffentliche und private Verschuldung. Die Kredite wurden aber vielfach nicht für wachstumsfördernde Investitionen, sondern für konsumtive Zwecke und zur Aufblähung der Staatsausgaben (z. B. Personalerhöhung im öffentlichen Dienst) verwendet.

❙ Schwierigkeiten einer einheitlichen Geldpolitik *(one size fits all policy)*

Die Geld- und Zinspolitik für einen solch heterogenen Wirtschaftsraum wie die EWU hat sich als schwierig erwiesen: Für einige Mitgliedsstaaten mit hohen Wachstums- und Inflationsraten wäre zeitweise eine Leitzinserhöhung und Geldmengenverknappung nötig gewesen. Gleichzeitig wären aber für andere Mitgliedsstaaten mit niedrigen Wachstumsraten und hoher Arbeitslosigkeit Zinssenkungen sinnvoll gewesen. Solche regionalen Unterschiede lassen sich aber mit der einheitlichen Geldpolitik nicht hinreichend berücksichtigen.

> **Kapitel**
> ↔
> 5.9

❙ Handelsungleichgewichte zwischen den Mitgliedsstaaten

Der Handel innerhalb der EWU ist durch erhebliche Ungleichgewichte geprägt: Deutschland erwirtschaftet beispielsweise erhebliche Handelsbilanzüberschüsse, während die südeuropäischen EWU-Mitglieder hohe Defizite aufweisen. Ein Land, das mehr importiert als exportiert verschuldet sich in der Regel im Ausland, um seine Importe bezahlen zu können. Außerdem hat die Deutsche Bundesbank im Rahmen des europäischen Zahlungsausgleichssystems Forderungen in Höhe von mehr als 600 Mrd. € (März 2012) gegenüber den Zentralbanken anderer EWU-Mitglieder, weil deren Banken teilweise ihren internationalen Zahlungsverpflichtung nicht nachkommen (sogenannte **Target2-Salden**).

❙ Keine Anpassungsmöglichkeiten durch Abwertung der Währungen

Normalerweise würden die beschriebenen Handelsbilanzungleichgewichte dadurch abgebaut, dass die Währung eines Landes mit wirtschaftlichen Problemen und Exportschwäche gegenüber der Währung der boomenden Exportnation abgewertet wird. Dadurch würden sich die Exportgüter des abwertenden Landes verbilligen und die gesamtwirtschaftliche Nachfrage angekurbelt. Durch die Euro-Einführung können die Mitgliedsstaaten ihre Wettbewerbsfähigkeit aber nicht mehr durch eine Abwertung der eigenen Währung verbessern.

> **Kapitel**
> ↔
> 10.3.2

❙ Andere Anpassungsmechanismen versagen

Weil die Euro-Staaten in der Krise weder die Möglichkeit zur Abwertung haben, um ihre Exporte zu erhöhen, noch die Geldpolitik zum Aufschwung beitragen kann, bleibt nur die Möglichkeit, dass die Erzeugnisse über günstigere Preise konkurrenzfähig werden. Um das zu erreichen, dürften die Löhne nicht zu stark steigen bzw. müssten sogar sinken. Wirtschaftswissenschaftler sprechen in diesem Zusammenhang von einer „inneren Abwertung". Eine solche Lohnpolitik ist jedoch oft nur schwer durchsetzbar.

Zusammenhang zwischen Finanzmarktkrise, Staatsschuldenkrise und Euro-Krise

Die Verschuldung der als instabil geltenden Mitgliedsstaaten (Griechenland, Portugal, Irland, Spanien, Italien) ist inzwischen so hoch, dass Anleger eine Zahlungsunfähigkeit dieser Länder nicht ausschließen. Das veranlasst die Rating-Agenturen[1], die Kreditwürdigkeit dieser Krisenländer herabzustufen. Dadurch steigt der Risikoaufschlag, den ein Land in Form erhöhter Zinsen *(Spread)* für seine Schulden an die Käufer der staatlichen Schuldverschreibungen bezahlen muss. Das führt dazu, dass das betroffene Land keine neuen Kredite mehr zu tragbaren Zinsen für die Ablösung

---

[1] Ratingagenturen sind private, gewinnorientierte Unternehmen, die die Kreditwürdigkeit (Bonität) von Unternehmen und Staaten bewerten.

der fälligen alten Kredite aufnehmen kann (= Umschuldung). Vielfach wird behauptet, die Staatsschuldenkrise sei die Hauptursache für die gegenwärtige Euro-Krise. Es lässt sich aber auch argumentieren, dass die Staatsschuldenkrise wiederum die Folge der Gemeinschaftswährung mit ihren zur übermäßigen Verschuldung einladenden niedrigen Zinsen und den nicht funktionierenden Sanktionsmechanismen ist.

Ansätze zur Lösung der Schuldenkrise im Euro-Raum

Neben den Versuchen, durch Sparprogramme eine **Haushaltskonsolidierung** zu erreichen und Strukturreformen für mehr Wirtschaftswachstum einzuleiten, werden derzeit folgende Lösungsansätze diskutiert, teilweise bereits praktiziert und miteinander kombiniert:

- **Umschuldung**
Bei einer „sanften" Umschuldung gewähren die Gläubiger den Schuldnerländern mehr Zeit für die Schuldentilgung (Tilgungsstreckung) und/oder räumen ihnen nachträglich einen niedrigeren Zinssatz ein. Eine „harte" Umschuldung ist dagegen mit einem Schuldenerlass (Schuldenschnitt, *haircut*) verbunden. In diesem Fall verzichten die Gläubiger auf einen Teil ihrer Forderungen. Das bringt schlagartig eine sinkende Schuldenlast für das umschuldende Land mit sich. Ein solcher Schuldenerlass wurde im März 2012 für Griechenland vereinbart.

- **Umstrittener Ankauf von Staatsanleihen durch die EZB**

- **Eurobonds**
Durch die Einführung von sogenannten **Eurobonds** müsste sich nicht mehr jedes Mitglied der EWU alleine am Kapitalmarkt zu höchst unterschiedlichen Zinssätzen verschulden. Vielmehr würden die beteiligten Staaten gegen Ausgabe von **gemeinsamen** Schuldverschreibungen (Eurobonds) Kredite zu einem einheitlichen Zinssatz aufnehmen, die benötigten Kreditmittel untereinander zuteilen und gesamtschuldnerisch für die Zahlung von Zinsen und Tilgung haften. Da in diesem Fall die Staaten mit hoher Kreditwürdigkeit (z. B. Deutschland) für Staaten mit niedriger Kreditwürdigkeit (z. B. Portugal) haften, würde sich der Zinssatz für solche Euro-Bonds zwischen den Extremen einpendeln. Er wäre höher als der für deutsche staatliche Schuldverschreibungen und niedriger als der für portugiesische Schuldverschreibungen. Neben den Zinserhöhungen für die kreditwürdigen EWU-Mitglieder wird an diesem Vorschlag insbesondere kritisiert, dass die Krisenländer durch die Vergemeinschaftung von Schulden und Zinsen keinen Anreiz mehr zur Sanierung ihrer Staatsfinanzen hätten. Eine Einführung solcher Eurobonds müsste daher mit verstärkten Kontrollen der EU zur Einhaltung von Verschuldungsgrenzen bis hin zur Möglichkeit, in die jeweiligen nationalen Staatshaushalte einzugreifen, verbunden sein.

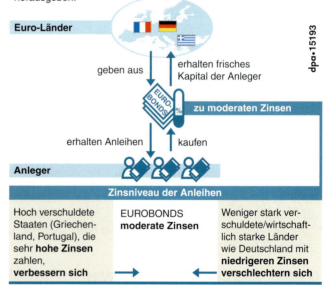

Austritt aus der Euro-Zone

Ein Austritt schwacher Mitgliedsstaaten (z. B. Griechenland) würde in diesen Staaten eine massive Abwertung der neuen Währung mit sich bringen. Dadurch könnten zwar die internationale Wettbewerbsfähigkeit verbessert und die Exportmöglichkeiten erhöht werden, gleichzeitig würden aber die Importe erheblich teurer. Den Wert ihrer Auslandsschulden könnten diese Länder zudem nicht durch eine Abwertung senken, da es sich um Euro-Schuldverschreibungen handelt. Da diese Euro-Schulden vermutlich nicht getilgt werden können, wäre eine **Staatsinsolvenz** (Staatsbankrott) die unausweichliche Folge. Außerdem würde es zu einer massiven Kapitalflucht aus diesen Staaten hin in Staaten mit stabilen Währungen kommen. Das könnte zu einem Zusammenbruch des inländischen Bankensystems führen, wodurch wiederum die Lohn- und Rentenzahlungen gefährdet wären. Soziale Unruhen bis hin zur Gefährdung der Demokratie sind daher nicht ausgeschlossen. Für die Euro-Zone bestünde die Gefahr eines sogenannten **Domino-Effekts**, indem durch eine Kettenreaktion weitere instabile Mitgliedsstaaten betroffen würden.

Europäischer Stabilitätsmechanismus („Euro-Rettungsschirm")

Im Oktober 2012 wurde der Europäische Stabilitätsmechanismus (ESM) als dauerhafter Hilfsfonds eingerichtet. Der ESM hat ein Stammkapital in Höhe von 700 Mrd. Euro (620 Mrd. Euro als Bürgschaften und 80 Mrd. Euro in bar). Der deutsche Anteil beträgt 27,1 %. In gegenseitigem Einvernehmen sollen aus diesem Fonds unter bestimmten Bedingungen zahlungsunfähigen Mitgliedsstaaten der Euro-Zone Kredite gewährt werden. Die Möglichkeiten, durch einen solchen „Rettungsschirm" die Krise zu beheben, werden höchst unterschiedlich eingeschätzt. Kritiker vermuten, dass weder der bisherige Rettungsfonds noch weitere Bürgschaften ausreichen, um die Probleme zu lösen. Sie sehen vielmehr die Gefahr, dass sich durch diese Maßnahmen (wie auch durch den Ankauf von Staatsanleihen durch die EZB) die Währungsunion in eine **Transferunion** mit deutlich höheren Nettozahlungen der Geberländer als bisher verwandelt. Aus ihrer Sicht wird durch den ESM insbesondere das Grundproblem nicht gelöst, dass einzelne Staaten immer neue Mittel und Wege finden, um die Verschuldungsregeln zu umgehen.

Europäischer Fiskalpakt (Europäische Fiskalunion)

An der fehlenden Haushaltsdisziplin einiger Mitgliedsstaaten setzt der sogenannte **Europäische Fiskalpakt** (Europäische Fiskalunion) an. Dieser Pakt wurde im März 2012 von allen EU-Mitgliedern mit Ausnahme von Großbritannien und Tschechien unterzeichnet. Dadurch soll eine verstärkte Zusammenarbeit aller EU-Mitgliedsstaaten in Bezug auf öffentliche Ausgaben, Steuern und Abgaben bis hin zu einer in der Verfassung verankerten Schuldenbremse ermöglicht werden. Staaten, die sich nicht an die Haushaltsdisziplin halten und den gemeinsam vereinbarten Stabilitäts- und Wachstumspakt verletzen, sollen neben Strafzahlungen auch einen Teil ihrer souveränen Hoheitsrechte verlieren.

10 Außenwirtschaft

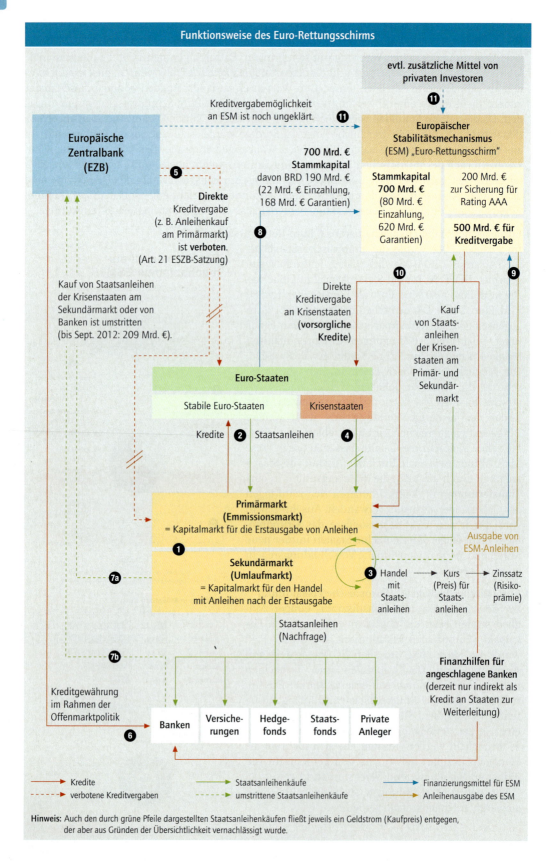

416

Außenwirtschaftliche Ziele und Probleme der Europäischen Union

Erläuterungen zu den Nummerierungen in der Grafik

❶ Begriffsabgrenzung: Finanzmarkt – Kapitalmarkt – Primärmarkt – Sekundärmarkt
Finanzmarkt ist ein Oberbegriff für internationale Märkte, an denen Kredite, Wertpapiere, Devisen und andere Finanzinstrumente (Derivate) gehandelt werden. Staatsanleihen (und andere Wertpapiere) werden auf dem **Kapitalmarkt** (= Finanzmarkt für mittel- und langfristige Kapitalbeschaffung) gehandelt. Der **Primärmarkt** (Emissionsmarkt) ist der Kapitalmarkt für die Erstausgabe von Wertpapieren. Der **Sekundärmarkt** (Umlaufmarkt) ist der Kapitalmarkt für den Handel mit bereits in Umlauf befindlichen Wertpapieren.

❷ Staatsverschuldung durch Ausgabe von Staatsanleihen am Primärmarkt
Staaten verschulden sich durch Kreditaufnahme gegen Ausgabe von Anleihen (= festverzinsliche Wertpapiere in Form von Schuldverschreibungen). Die **Erstausgabe** solcher **Staatsanleihen** erfolgt am **Primärmarkt** (Emissionsmarkt). Dadurch fließt den Schuldnerstaaten „frisches" Geld in Form neuer Kredite zu. Ob aber Investoren bereit sind, diese Anleihen zu kaufen und entsprechende Kredite zu gewähren, hängt im Wesentlichen von der Höhe des gebotenen Zinssatzes ab. Für die von den Investoren erwartete Zinshöhe ist neben der Kreditsumme und der Laufzeit insbesondere die Kreditwürdigkeit des Staates und damit das vom Investor zu tragende Risiko entscheidend. Je länger die Laufzeit der Anleihe und je höher das Risiko einer Zahlungsunfähigkeit des betreffenden Staates, desto höher ist der von den Investoren geforderte Risikoaufschlag in Form erhöhter Zinsen.

> Bei einem Nominalzins von 4 % muss der Schuldnerstaat dem jeweiligen Inhaber einer Staatsanleihe mit einem Nominalwert von 100,00 € jährlich 4,00 € Zinsen bezahlen.

❸ Handel mit Staatsanleihen am Sekundärmarkt
Die bereits in **Umlauf** befindlichen Anleihen können **zwischen Kapitalanlegern** am **Sekundärmarkt** (Umlaufmarkt) gehandelt werden. Den **Schuldnerstaaten** fließt dadurch aber **kein Geld** zu. Vielmehr bildet sich am Sekundärmarkt durch Angebot und Nachfrage ein Preis (Kurs) für die Anleihen. Das Verhalten der Kapitalanleger (Anbieter und Nachfrager) wird maßgeblich durch folgende Faktoren beeinflusst:
- Zinsentwicklung für gleichartige Anlageformen am Kapitalmarkt (allgemeines Zinsniveau),
- Kreditwürdigkeit des Schuldnerlandes, die sich möglicherweise während der Laufzeit der Anleihen verändert,
- Restlaufzeit der Anleihen.

Von dem sich am Kapitalmarkt ergebenden Kurs hängt die tatsächliche Verzinsung (Effektivzins, Rendite) der Anleihen ab. Dabei lassen sich zwei Fälle unterscheiden.

a) Die Nachfrage nach der Anleihe nimmt zu, weil neuen Anlegern (= Nachfrager) die Nominalverzinsung (z. B. 4 %) vergleichsweise günstig erscheint und/oder weil das Ausfallrisiko (Zahlungsunfähigkeit des Schuldners) vergleichsweise gering eingeschätzt wird. Die bisherigen Inhaber der Anleihe (Anbieter) sind aber nur bereit, diese zu einem höheren als dem ursprünglichen Preis zu verkaufen. Der Preis (Kurs) für die Anleihe steigt. Dadurch sinkt für die neuen Anleger die tatsächliche Verzinsung (Effektivzins, Rendite).

> Aufgrund der erhöhten Nachfrage muss ein Anleger (Nachfrager) am Sekundärmarkt für eine Anleihe mit einem Nominalwert von 100,00 € und einem Zinssatz von 4 % jetzt 105,00 € bezahlen (= Kurswert). Dafür erhält er vom Schuldner jährlich 4,00 € Zinsen. Wegen des von 100,00 € auf 105,00 € gestiegenen Kurses hat sich die tatsächliche Verzinsung aber verringert:
>
> $$\frac{4,00 \text{ € Zinsen}}{105,00 \text{ € Kapitaleinsatz}} \cdot 100 = 3,81 \text{ \% Rendite}$$

b) Das Angebot für die Anleihe nimmt zu, weil den bisherigen Anlegern (= Anbieter) die Nominalverzinsung (z. B. 4 %) inzwischen vergleichsweise ungünstig erscheint und/oder das Ausfallrisiko (Zahlungsunfähigkeit des Staates) vergleichsweise höher eingeschätzt wird. Die neuen

Anleger (Nachfrager) sind aber nur bereit, diese Anleihen zu einem niedrigeren als dem ursprünglichen Preis zu kaufen. Der Preis (Kurs) für die Anleihe sinkt. Dadurch steigt die tatsächliche Verzinsung (Effektivzins, Rendite).

> Aufgrund des erhöhten Angebots kann ein Anleger (Nachfrager) am Sekundärmarkt eine Anleihe mit einem Nominalwert von 100,00 € und einem Zinssatz von 4 % jetzt für 95,00 € kaufen (= Kurswert). Dafür erhält er vom Schuldner jährlich 4,00 € Zinsen. Wegen des von 100,00 € auf 95,00 € gesunkenen Kurses hat sich die tatsächliche Verzinsung aber erhöht:
>
> $$\frac{4{,}00\ \text{€ Zinsen}}{95{,}00\ \text{€ Kapitaleinsatz}} \cdot 100 = 4{,}21\ \%\ \text{Rendite}$$

Die sich aus dem Nominalzinssatz und dem Kurs ergebende aktuelle **Rendite** der **umlaufenden Anleihen** ist Orientierungsgröße für den Zinssatz, mit dem zum gegenwärtigen Zeitpunkt neu auszugebende Anleihen mindestens ausgestattet sein müssen, damit sie am Primärmarkt verkäuflich sind.

❹ Probleme der Krisenstaaten bei der Neuverschuldung am Kapitalmarkt
Einige Euro-Staaten haben aufgrund der steigenden Verschuldung ihre Kreditwürdigkeit eingebüßt, sodass die Ausgabe neuer Staatsanleihen zu tragbaren Zinsen nicht mehr möglich ist (z. B. Griechenland). Seit 2010 benötigen diese Krisenstaaten Finanzhilfen zur Vermeidung einer Staatsinsolvenz.

❺ Verbotene Staatsfinanzierung der EZB
Der EZB ist eine **direkte** Finanzierung von Euro-Staaten (z. B. Kauf von Staatsanleihen am Primärmarkt oder anderweitige Kreditvergabe) verboten (Art. 21 ESZB-Satzung).

❻ Zinsgünstige Kredite der EZB an die Geschäftsbanken im Rahmen der Offenmarktpolitik
Die EZB stellt im Rahmen der Offenmarktpolitik als außergewöhnliche Maßnahme den Geschäftsbanken zinsgünstige Kredite (z. B. 1 % Zinsen bei einer Laufzeit von 3 Jahren) mit der Erwartung zur Verfügung, dass die Geschäftsbanken damit Staatsanleihen kaufen und so zur Zinssenkung beitragen. Verpflichtet sind die Geschäftsbanken dazu allerdings nicht.

❼ Kauf von Staatsanleihen am Sekundärmarkt durch die EZB
Zwischen Mai 2010 und September 2012 hat die EZB am Sekundärmarkt oder direkt von gefährdeten Geschäftsbanken in Umlauf befindliche Staatsanleihen von Krisenstaaten im Wert von ca. 209 Mrd. € gekauft. Am 06. September 2012 kündigte die EZB an, bei Bedarf künftig Staatsanleihen der Krisen-Staaten „in unbegrenzter Höhe" am Sekundärmarkt zu kaufen.

❽ Euro-Rettungsschirm: Europäischer Stabilitätsmechanismus (ESM)
Zur Aufrechterhaltung der Zahlungsfähigkeit der Krisenstaaten und ihrer Banken haben die Euro-Staaten den „Europäischen Stabilitätsmechanismus" (ESM, *European Stability Mechanism*) geschaffen (Beginn: 8. Okt. 2012).

❾ Umfang der Kreditvergabemöglichkeit durch den ESM
Die für die Finanzierungshilfen nötigen Mittel soll sich der ESM durch Ausgabe eigener Anleihen am Kapitalmarkt beschaffen. Aufgrund der Garantien der Euro-Staaten und der „Übersicherung" in Höhe von 200 Mrd. € (Kapitalausstattung 700 Mrd. € − maximales Kreditvolumen 500 Mrd. € = 200 Mrd. € „Übersicherung") soll gewährleistet werden, dass der ESM von den Ratingagenturen die höchste Bonitätsstufe (AAA) erhält und sich somit im Bedarfsfall durch die Ausgabe eigener Anleihen zinsgünstige Finanzierungsmittel auf dem Kapitalmarkt beschaffen kann. Allerdings hat die Ratingagentur Moody's Anfang Dezember 2012 dem ESM bereits die Spitzenbonität entzogen.

❿ Voraussetzungen und Formen der Hilfeleistungen durch den ESM
Ein Krisenstaat kann unter bestimmten Voraussetzungen Hilfe beim ESM beantragen. Ein Gremium aus Vertretern der EU-Kommission, der Europäischen Zentralbank und des Internationalen Währungsfonds beurteilt, ob eine solche Hilfe möglich bzw. nötig ist und überwacht gegebenen-

falls die Einhaltung der Bedingungen (u. a. Ratifizierung des Fiskalpakts mit Schuldenbremse usw., Reform- und Anpassungsmaßnahem, „Strukturreformen", ...),

Ein Krisenstaat kann unter bestimmten Bedingungen Hilfe des ESM in verschiedener Form erhalten.

⓫ Ungeklärte Fragen
Ungeklärt ist noch, ob der ESM
- wie eine Geschäftsbank Kredite bei der EZB aufnehmen können soll;
- zusätzliche Mittel privater Investoren und institutioneller Anleger (z. B. Hedgefonds, Pensionskassen, ...) aufnehmen können soll, um die Kreditvergabemöglichkeit auf bis zu 2 000 Mrd. € zu erhöhen. Um solchen Anlegern einen Anreiz zu bieten, soll der ESM deren Risiken teilweise absichern. Die größten Risiken (z. B. die ersten 30 % eines möglichen Forderungsverlusts bei einem Schuldenschnitt für einen der Krisenstaaten) werden dabei aus dem Stammkapital des ESM getragen.

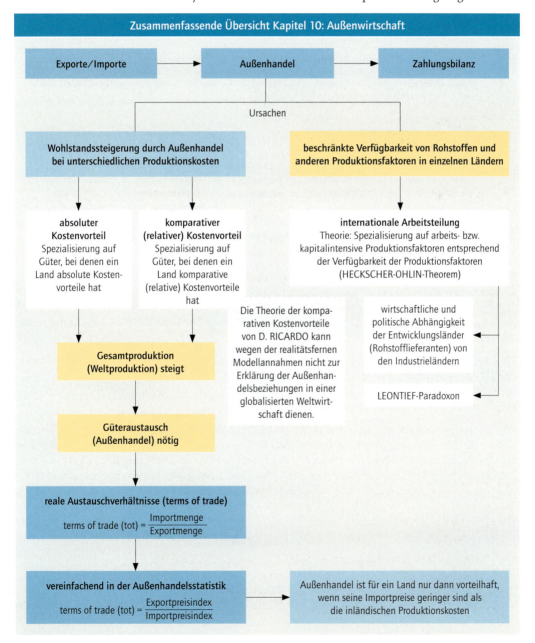

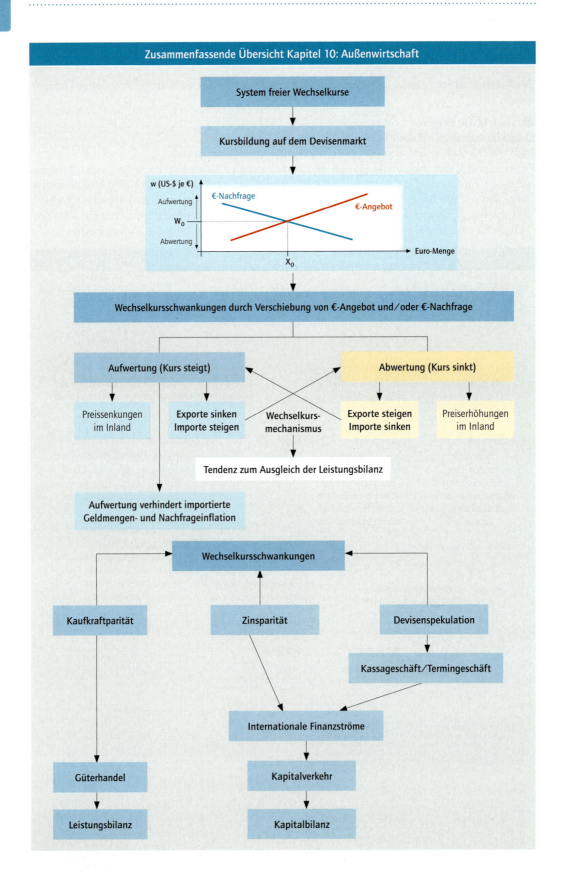

Außenwirtschaft

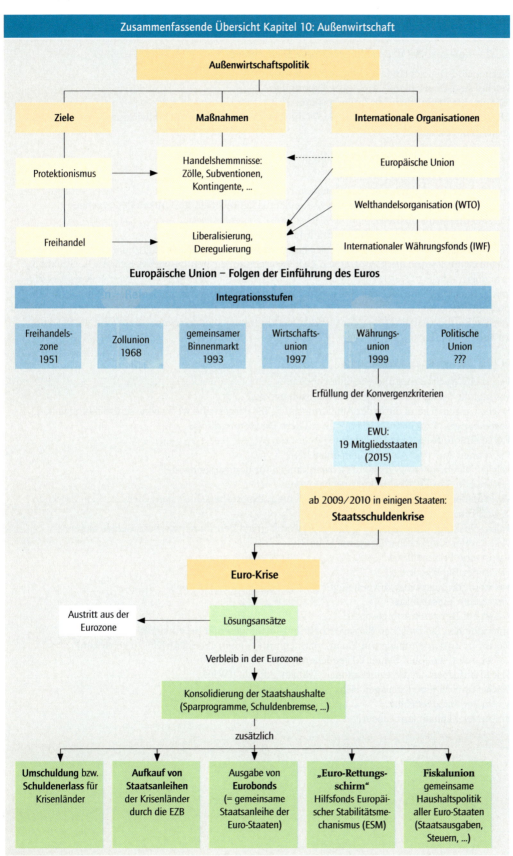

10 Außenwirtschaft

Fragen zu Wiederholung

Kapitel 10.1 Außenhandel und Zahlungsbilanz in Deutschland

1. Welches sind Deutschlands wichtigste Handelspartner?
2. Welches sind Deutschlands wichtigste Exportgüter?
3. Erläutern Sie den Aufbau der Zahlungsbilanz.
4. Erläutern Sie anhand der Tabelle auf S. 374 die Zusammensetzung und Entwicklung des deutschen Leistungsbilanzsaldos.

Kapitel 10.2 Ursachen und Vorteile des Außenhandels

1. Warum wird Außenhandel betrieben?
2. Wann hat ein Land einen komparativen (relativen) Kostenvorteil?
3. Welche Wirkungen können sich durch Außenhandel bei relativen Kostenvorteilen ergeben?
4. Was sind die Terms of Trade?
5. In welchem Fall ist Außenhandel für das Importland vorteilhaft?
6. Welche Annahmen liegen der Theorie des komparativen Kostenvorteils zugrunde?
7. Warum ist die Theorie des komparativen Kostenvorteils auf die heutige weltwirtschaftliche Situation nicht übertragbar?
8. Welche Nachteile kann eine Spezialisierung im Rahmen der internationalen Arbeitsteilung für ein Land mit sich bringen?
9. Welchen Einfluss hat die Menge der verfügbaren Produktionsfaktoren eines Landes auf die Struktur des Außenhandels?

Kapitel 10.3 System freier Wechselkurse

1. Was ist ein Wechselkurs und wie bildet er sich?
2. Was sagt die Mengennotierung beim Wechselkurs aus?
3. Welche Ursachen kann die in der Abbildung auf S. 384 dargestellte Wechselkursentwicklung haben?
4. Wovon hängen Angebot und Nachfrage auf dem Devisenmarkt ab?
5. Was ist eine Aufwertung (Abwertung)?
6. Wie können Auf- und Abwertungen entstehen?
7. Welche Folgen haben Wechselkursschwankungen für den Außenhandel?
8. Beschreiben Sie den Wechselkursmechanismus.
9. Wie kann der Wechselkursmechanismus bei einem Exportüberschuss zum Gleichgewicht zwischen Ex- und Importen führen?
10. Welche Wirkung kann eine Aufwertung (Abwertung) auf den Binnenwert des Geldes haben?
11. Was ist unter Kaufkraftparität zu verstehen?
12. Was ist eine Preisarbitrage?
13. Was ist der Big Mac-Index?
14. Was ist unter Zinsparität zu verstehen?
15. Was ist eine Zinsarbitrage?
16. Was ist ein Devisentermingeschäft?
17. Unterscheiden Sie zwischen Kassageschäft und Termingeschäft bei einer Devisenspekulation.
18. Was ist im Zusammenhang mit Finanzmärkten unter einem „Herdentrieb" zu verstehen?
19. Was ist unter der Tobin-Steuer zu verstehen?
20. Welche Aufgaben hat der Internationale Währungsfonds (IWF)?
21. Welche Transaktionen schlagen sich
    a) in der Handelsbilanz
    b) in der Kapitalbilanz nieder?

Außenwirtschaft

Kapitel 10.4 Instrumente der Außenwirtschaftspolitik

1. Was ist unter Außenwirtschaftspolitik zu verstehen?
2. Was ist unter Protektionismus zu verstehen?
3. Unterscheiden Sie zwischen tarifären und nichttarifären Handelshemmnissen.
4. Unterscheiden Sie protektionistische Maßnahmen der Außenwirtschaftspolitik hinsichtlich Zweck und Wirkung.
5. Wie wirken sich Importe und Importzölle auf die Marktsituation im Inland aus?

Kapitel 10.5 Außenwirtschaftliche Ziele und Probleme der Europäischen Union

1. Unterscheiden Sie folgende Integrationsformen: Freihandelszone, Zollunion, Gemeinsamer Markt, Wirtschaftsunion, Währungsunion.
2. Beschreiben Sie die Entwicklung in Europa von der Freihandelszone bis zur Währungsunion.
3. Welche Länder gehören der EU an? Welche dieser Länder gehören zur Europäischen Währungsunion?
4. Beschreiben Sie Ursachen und Folgen der EURO-Krise.

10 Außenwirtschaft

Aufgaben und Probleme zur Erarbeitung und Anwendung von Wissen

10.1 Außenhandel Deutschland – Zahlungsbilanz

1. Deutschland galt in den letzten Jahren als Exportweltmeister. Stellen Sie anhand der Abbildung auf S. 360 fest, welches die wichtigsten Exportgüter waren und in welche Länder vornehmlich exportiert wurde.

2. Stellen Sie anhand der Zahlungsbilanz auf S. 374 fest, in welchen Teilbilanzen der Zahlungsbilanz sich der Außenhandel niederschlägt. In welchen Teilbilanzen werden folgende Vorgänge erfasst?
   a) Export von Maschinen
   b) Import von Südfrüchten
   c) Ausgaben für Auslandsurlaub
   d) Erwerb ausländischer Wertpapiere

3. Wie hoch war der Außenbeitrag (= Beitrag des Ex- und Imports von Waren und Dienstleistungen zum BIP) in den angegebenen Jahren in € und in % des BIP (siehe auch S. 150)?

4. Worauf ist die Veränderung des Außenbeitrags in den einzelnen Jahren zurückzuführen?

5. Ermitteln Sie anhand der folgenden Zahlen, wie hoch das reale Wirtschaftswachstum in Deutschland in den Jahren 2012 und 2013 gewesen wäre, wenn der Außenbeitrag 0,00 € betragen hätte. Vergleichen Sie die Ergebnisse mit dem tatsächlichen Wirtschaftswachstum in diesem Zeitraum und geben Sie den Wachstumsbeitrag des Außenhandels in %-Punkten an.

Index 2010 = 100	2013	2014	2015
Inländische Verwendung des realen BIP (ohne Außenbeitrag) in Mrd. €	2.512,7	2.545,7	2.586,3
reales BIP (Inländische Verwendung + Außenbeitrag) in Mrd. €	2.693,4	2.736,46	2.782,7

10.2 Theorie der komparativen (relativen) Kostenvorteile

Mit 8 Arbeitseinheiten (= Arbeitseinsatz von 8 Stunden) können im In- und Ausland die in nebenstehender Tabelle angegebenen **alternativen** Mengenkombinationen von Textilien und Getreide produziert werden. Bisher werden im Ausland 6 ME Getreide und 2 ME Textilien und im Inland 4 ME Getreide und 6 ME Textilien produziert.

Land	Güterart	Mengeneinheiten		
Ausland	Getreide	12	6	0
	Textilien	0	2	4
Inland	Getreide	16	4	0
	Textilien	0	6	8

1. Zeichnen Sie die linearen Produktionsmöglichkeitskurven für beide Länder in zwei getrennte Koordinatensysteme ein.

2. Berechnen Sie die Produktionskosten in Form der für 1 ME Getreide und 1 ME Textilien in beiden Ländern benötigten Arbeitseinheiten und ermitteln Sie die Produktivitätsunterschiede.
   Hinweis: Es wird angenommen, dass nur Arbeitskosten anfallen.

3. Welche Aussagen lassen sich hinsichtlich der absoluten und komparativen (relativen) Kostenunterschiede zwischen beiden Ländern machen?

4. Berechnen Sie nach folgendem Muster die komparativen Kostenunterschiede mithilfe der Opportunitätskosten:

Komparative Kostenunterschiede (Opportunitätskosten) der Güterproduktion		
Kosten der Güter \ Land	Ausland	Inland
Kosten für 1 ME Getreide ausgedrückt in ME Textilien, auf die verzichtet werden muss	$\frac{\text{Verzicht auf Textilien}}{\text{Mehrproduktion Getreide}} =$	$\frac{\text{Verzicht auf Textilien}}{\text{Mehrproduktion Getreide}} =$
Kosten für 1 ME Textilien ausgedrückt in ME Getreide, auf die verzichtet werden muss	$\frac{\text{Verzicht auf Getreide}}{\text{Mehrproduktion Textilien}} =$	$\frac{\text{Verzicht auf Getreide}}{\text{Mehrproduktion Textilien}} =$

5. Angenommen, beide Länder spezialisieren sich auf die Produktion des Gutes, bei dem sie komparative Kostenvorteile haben, und treiben bei einem Austauschverhältnis von
$$2,5 \text{ ME Getreide} = 1 \text{ ME Textilien}$$
miteinander Handel. Das Ausland importiert 2 ME Textilien.
Beurteilen Sie für diesen Fall die Versorgungslage beider Länder anhand ihrer Produktionsmöglichkeitskurven.

6. Beurteilen Sie, ob und ggf. für welches Land der Außenhandel vorteilhaft ist, wenn die Annahmen von Aufgabe 5 weiterhin gelten und sich folgende Austauschverhältnisse ergeben:
   a) 1 ME Getreide = 1 ME Textilien
   b) 2 ME Getreide = 1 ME Textilien
   c) 3 ME Getreide = 1 ME Textilien
   d) 4 ME Getreide = 1 ME Textilien

7. Fassen Sie die Ergebnisse zusammen, indem Sie den Lückentext auf dem Arbeitsblatt ausfüllen.

10.3 Angebot und Nachfrage auf dem Devisenmarkt – Wechselkursveränderungen

1. Stellen Sie anhand der Abbildung auf S. 372 die Veränderung des Wechselkurses US-$/€ für Anfang 2002 im Vergleich zu Anfang 2008 durch Angebots- und Nachfragekurven dar und erläutern Sie Ursachen, die zu dieser Wechselkursänderung geführt haben können.

2. Welche Wechselkursveränderungen (US-$/€) werden in folgenden Fällen ausgelöst? Begründen Sie Ihre Aussagen.
   a) Das Zinsniveau in den USA liegt über dem in Europa. Es werden weitere Zinserhöhungen in den USA erwartet.
   b) Amerikanische Unternehmen investieren vermehrt in Deutschland.
   c) Internationale Unternehmen und Kapitalanleger haben größeres Vertrauen in die amerikanische als in die deutsche Wirtschaftspolitik. Die Gewinnerwartungen in den USA sind daher größer als in Deutschland.
   d) Die EZB verkauft US-$, um die Gefahr einer importierten Kosteninflation zu senken.
   e) Devisenspekulanten vermuten, dass der Euro seinen Tiefpunkt noch nicht erreicht hat und weiter fällt.
   f) Devisenspekulanten vermuten, dass der Euro zum Jahresende 1,30 US-$ statt derzeit 1,00 US-$ kosten wird.
   g) Der Preis für Rohöl, das in US-$ abgerechnet wird, sinkt weltweit.
   h) Kapitalanleger und Devisenspekulanten rechnen damit, dass der Euro nicht so hart und stabil bleibt. Für den Euro-Währungsraum werden höhere Inflationsraten als für die USA vorhergesagt.
   i) Gemessen an den Auftragseingängen und der Industrieproduktion zeichnet sich für die USA ein schnellerer und stärkerer Konjunkturaufschwung als in Europa ab.
   j) Lohnstückkosten, Arbeitslosenquote und Neuverschuldung des Staates sind in den USA geringer als in den europäischen Staaten.
   k) Die Preise in den USA steigen schneller als im Euro-Währungsraum.
   l) Die EZB schwenkt auf eine restriktive Geldpolitik um.
   m) Das Handelsbilanzdefizit (Importüberschuss) der USA wird kleiner.

3. Welche der in Aufgabe 2 a)–m) genannten Wechselkursveränderungen können Kurssteigerungen bei Aktien exportorientierter deutscher Unternehmen auslösen?

10.4 Intervention der Zentralbank am Devisenmarkt

> Die Nachfrage nach japanischen Yen am Devisenmarkt stieg nach den BIP-Zahlen für das erste Quartal in Japan rapide an. Um diese erhöhte Nachfrage befriedigen zu können, bat die Bank vom Japan die EZB, in ihrem Namen japanische Yen gegen Euro zu verkaufen. Am Tag der Durchführung dieser Devisenmarktgeschäfte eröffnete der Wechselkurs bei 123,55 JPY/€ und schloss bei 125,15 JPY/€. Da die Geschäfte zwischen der Bank von Japan und den beteiligten Geschäftsbanken abgewickelt wurden, war zur Durchführung kein Einsatz von Währungsreserven der EZB nötig.
>
> *Quelle: Europäische Zentralbank, Monatsbericht Juli 1999, S. 29*

1. Beurteilen Sie, ob es sich bei den erwähnten BIP-Zahlen für Japan um positive oder negative Entwicklungen des BIP gehandelt hat. Begründen Sie Ihre Aussage.

2. Skizzieren Sie die beschriebene Kursveränderung in einem Preis-Mengen-Diagramm (y-Achse: Wechselkurs JPY/€, x-Achse: Menge €).

3. Liegt im vorliegenden Fall eine Aufwertung oder Abwertung des Yen gegenüber dem Euro vor?

4. Aus welchen Gründen kann die Stärke des japanischen Yen (JPY) gegenüber dem US-Dollar sowohl für Japan als auch für die USA unerwünscht sein?

5. Angenommen, die Aufwertung des Yen gegenüber dem US-Dollar soll in einer gemeinsamen Aktion der Zentralbanken beider Länder gestoppt werden.

   a) Welche Maßnahmen müssten die beiden Zentralbanken jeweils ergreifen, wenn beide in den Devisenmarkt eingreifen wollen? Begründen Sie Ihre Aussage.

   b) Welche Veränderung des Leitzinses müssten die beiden Zentralbanken jeweils vornehmen, wenn der Wechselkurs durch Zinsänderungen in beiden Ländern beeinflusst werden soll? Begründen Sie Ihre Aussage.

6. Erläutern Sie, welche Voraussetzungen vorliegen müssen, damit der in folgendem Zeitungsartikel beschriebene Zusammenhang zwischen Wechselkurs und Leistungsbilanz eintritt.

Starker Yen drückt Japans Leistungsbilanz-Überschuss

Do, 12. Aug. 99, TOKIO. Japan konnte im ersten Halbjahr 1999 seinen chronischen Überschuss in der Leistungsbilanz deutlich abbauen. Die Ursache dafür war in erster Linie die Verteuerung der japanischen Währung. Der Yen hat innerhalb dieser sechs Monate gegenüber dem US-Dollar 10 % an Wert gewonnen. Infolgedessen gingen die Exporte um 9,2 % zurück. Besonders stark schlugen die rückläufigen Ausfuhren nach Europa und in die USA zu Buche.   *HB v. 13. Aug. 99, S. 1*

10.5   Auswirkungen freier Wechselkurse – Aufwertung – Handelsbilanzungleichgewicht

1. Angenommen, auf dem Devisenmarkt ergibt sich ein Wechselkurs zwischen Schweizer Franken (sfr) und Euro von 1,50 sfr/€. Deutsche Exporteure haben Güter im Wert von 100 Mio. € in die Schweiz exportiert. Aus der Schweiz wurden Güter im Wert von 80 Mio. sfr. importiert. Diese Handelsströme tragen zu einem bestehenden Ungleichgewicht in der deutschen Handelsbilanz (Exportüberschuss) bei. Die deutschen und schweizerischen Importeure bieten auf einem gemeinsamen Devisenmarkt jeweils ihre inländische Währung an und fragen die zur Bezahlung der Importe benötigte ausländische Währung nach. Wie groß sind in diesem Fall das Angebot an Euro und die Nachfrage nach Euro?

2. Angenommen, aufgrund der Angebots- und Nachfragesituation auf dem Devisenmarkt ändert sich der Wechselkurs um 20 %. Welcher neue Wechselkurs ergibt sich?

3. Ein schweizerischer Hersteller exportiert Armbanduhren nach Deutschland. Um wie viel Prozent kann er nach der Kursänderung den Preis in Deutschland verändern, wenn er nach wie vor 200 sfr. je Stück erlösen möchte?

4. Ein deutscher Autoexporteur liefert in die Schweiz. Um wie viel Prozent muss er nach der Kursänderung den Preis in der Schweiz verändern, wenn er nach wie vor 15.000 € je Auto erlösen möchte?

5. Wie kann sich die Änderung des Wechselkurses im vorliegenden Fall auf die deutsche Handelsbilanz auswirken?

6. Der Höchststand des Wechselkurses sfr/€ betrug 1,68 (2007). Im Zusammenhang mit der Staatsschuldenkrise im Euro-Währungsgebiet 2010/2011 fiel der Kurs 2011 zeitweise bis auf 1,04 sfr/€. Im September 2011 kündigte die Schweizerische Nationalbank daraufhin an, künftig keinen Kurs mehr unter 1,20 sfr/€ zu dulden und notfalls in entsprechender Weise am Devisenmarkt einzugreifen.

   a) Erläutern Sie, worauf der starke Kursverlust des Euro gegenüber dem Schweizer Franken im Jahr 2011 zurückzuführen sein könnte.

   b) Aus welchen Gründen könnte die Schweizerische Nationalbank einen Kurs unter 1,20 sfr/€ verhindern wollen?

   c) Welche Maßnahmen muss die Schweizerische Nationalbank am Devisenmarkt ergreifen, wenn der Kurs auf unter 1,20 sfr/€ abzusinken droht und sie das verhindern will?

Außenwirtschaft

10.6 Vernetzungsdiagramm: Terms of Trade – Wechselkurs – Weltmarktpreise

1. Stellen Sie anhand der nachstehenden Zahlen fest, ob sich die terms of trade für Deutschland in den einzelnen Jahren günstig oder ungünstig entwickelt haben.

Indizes der Preise im Außenhandel (2010 = 100)												
Jahr	2004	2005	2006	2007	2008	2009	2010	2011	2012	2013	2014	2015
Ausfuhr	93,8	94,7	96,3	97,5	99,2	97,0	100,0	103,3	104,9	104,3	104,0	104,9
Einfuhr	89,9	92,9	97,0	97,6	102,1	93,4	100,0	106,4	108,7	105,9	103,6	100,9

2. Stellen Sie anhand eines Vernetzungsdiagramms fest, welche Einflüsse, Zusammenhänge und Abhängigkeiten zwischen den Faktoren, die auf die terms of trade einwirken, bestehen. Verbinden Sie dazu Elemente, die sich direkt beeinflussen, mit einem Pfeil.
Kennzeichnen Sie gleichgerichtete Wirkungen (je mehr – desto mehr) mit einem Pluszeichen und entgegengesetzte Wirkungen (je mehr – desto weniger) mit einem Minuszeichen.
Folgende Elemente, die direkten oder indirekten Einfluss auf die terms of trade haben, können berücksichtigt werden: Wechselkurs, Einfuhrpreise, Ausfuhrpreise, Güterknappheit auf dem Weltmarkt, Produktionskosten im Inland, Produktionskosten im Ausland.

3. Auf welche Ursachen könnte die unter 1. ermittelte Entwicklung der terms of trade für Deutschland zurückzuführen sein?

$$\text{terms of trade (tot)} = \frac{\text{Exportpreisindizes}}{\text{Importpreisindizes}}$$

10.7 Außenhandel und Wettbewerbsfähigkeit

Ein deutscher Werkzeugmaschinenhersteller exportiert den größten Teil seiner Produkte in Länder, in denen die Kunden eine Rechnungsstellung in US-$ wünschen. Die großenteils importierten Rohstoffe muss der Maschinenhersteller ebenfalls in US-$ bezahlen.

Wie wirken sich folgende Entwicklungen auf die Wettbewerbssituation des Maschinenherstellers aus?

1. Der Wechselkurs zwischen Euro und US-$ hat sich verändert. Bisher mussten für 1,00 € 1,10 US-$ bezahlt werden. Der neue Wechselkurs ist 1,25.
2. Der Wechselkurs zwischen Euro und US-$ hat sich verändert. Bisher mussten für 1,00 € 1,10 US-$ bezahlt werden. Der neue Wechselkurs ist 0,90.
3. Wegen weltweit abnehmender Nachfrage sinken die Preise der in Dollar bewerteten Rohstoffe.
4. Die Tarifverhandlungen in der Metallindustrie führen zu einer Lohnsteigerung von 2,5 %.
5. Anbieter aus Niedriglohnländern bieten vergleichbare Werkzeugmaschinen auf dem Weltmarkt zum gleichen Preis wie der deutsche Hersteller an.

10.8 Wechselkurse – Arbeitskosten – Internationale Wettbewerbsfähigkeit

Für Deutschland und die USA liegen bei einem Wechselkurs von 1,20 US-$ je € folgende Ausgangssituationen vor:

	Deutschland	USA
Arbeitskosten je Stunde	20,00 €	18,00 US-$
Arbeitsproduktivität (Stück je Stunde)	10	10

1. Berechnen Sie:
   - die Lohnstückkosten in Deutschland in Euro
   - die Lohnstückkosten in den USA in US-$
   - die Arbeitskosten in Deutschland in US-$
   - die Lohnstückkosten in Deutschland in US-$
   - die Differenz der Lohnstückkosten zwischen Deutschland und den USA in US-$.

2. Beurteilen Sie anhand der Veränderung der Lohnstückkosten, welche Folgen sich für die deutsche Wettbewerbsfähigkeit ergeben, wenn gleichzeitig folgende Entwicklungen eintreten:
   - Aufwertung des Euro gegenüber dem US-$ um 25 %
   - Lohnerhöhung in den USA um 10 % und konstante Löhne in Deutschland
   - Erhöhung der Arbeitsproduktivität in Deutschland um 5 % und in den USA um 10 %.

3. Vergleichen Sie die Ergebnisse von 1. und 2. Beurteilen Sie vor diesem Hintergrund die Forderungen der Arbeitgeber nach niedrigeren Löhnen zur Stärkung der Wettbewerbsfähigkeit.

4. Wie hat sich die in der Abbildung auf S. 384 dargestellte Wechselkursentwicklung US-$/€ auf die internationale Wettbewerbsfähigkeit deutscher Unternehmen ausgewirkt? Begründen Sie Ihre Antwort.

5. Wie ist es zu erklären, dass trotz dieser Entwicklung die deutschen Exporte im Zeitablauf sogar gestiegen sind und Deutschland zeitweise „Exportweltmeister" war?

10.9 Leistungsbilanz und Wechselkurs

Es liegt folgende Ausgangssituation vor: Für die USA gilt, dass der Wert der Warenimporte aus der EU größer als der Wert der Warenexporte in die EU ist. Als Folge davon steigt das Leistungsbilanzdefizit der USA.

Es wird angenommen, dass der Wechselkursmechanismus tendenziell zu einem Ausgleich der amerikanischen Leistungsbilanz führt.

1. Bringen für diesen Fall die folgenden Elemente in eine geordnete Reihenfolge, aus der Ursachen und Wirkungen ersichtlich sind (vgl. Abbildung auf S. 389).
2. Geben Sie für die sich verändernden Größen jeweils auch die Entwicklungsrichtung (Steigen oder Fallen) an.

sich verändernde Größe	(Zwischen-)Ergebnisse
- Preise in US-$ für amerikanische Importgüter - Leistungsbilanzdefizit - Exportmenge der USA - Nachfrage nach Devisen - Wert der US-Importe - Importmenge der USA - Preise für amerikanische Exportgüter in € - Wechselkurs US-$ je Euro - Wert der US-Exporte	- Abwertung des US-$ - Annäherung von Exportwerten und Importwerten - Aufwertung des Euro - Tendenz zum Ausgleich der Leistungsbilanz

10.10 Kaufkraftparitätentheorie

1. Erläutern Sie, wie die Kaufkraftparitätentheorie das Zustandekommen des Wechselkurses zu erklären versucht.
2. Erläutern Sie den Unterschied zwischen absoluter und relativer Kaufkraftparitätentheorie.
3. Aussagekraft der KKP-Kurse
   a) Ermitteln Sie anhand der folgenden Tabelle die jeweiligen Wechselkurse des US-$, die sich aufgrund der Kaufkraftparitätentheorie ergeben müssten (KKP-Kurse).
   b) Stellen Sie fest, um wie viel Prozent die jeweiligen Währungen demnach gegenüber dem US-$ über- oder unterbewertet waren.

Außenwirtschaft

Land	Big Mac-Preis		Wechselkurs US-\$ je Währungseinheit (Mengennotierung)	KKP-Kurs (4,80 US-\$/ Preis in lokaler Währung)	Unter-/ Überbewertung gegenüber US-\$ in %
	in lokaler Währung)	in US-\$			
USA	4,80 \$	4,80			
Deutschland	3,67 €		1,3514		
Russland	89 Rubel		0,0287		
Indien	105,00 Rupien		0,0166		
Schweden	40,70 Kronen		0,1462		
Südafrika	24,50 Rand		0,0951		

4. Begründen Sie die Abweichungen zwischen tatsächlichem Wechselkurs und KKP-Kurs, indem Sie die Annahmen der Kaufkrafttheorie kritisch hinterfragen.

10.11 Zinsparität – Wechselkursänderungen

Angenommen, zwischen Euro-Land und den USA gilt die Zinsparitätentheorie.

1. In Euro-Land beträgt der Zinssatz 5 % und in den USA 8 %. Welche Wechselkursveränderungen sind in diesem Fall im Laufe eines Jahres zu erwarten?
2. Angenommen, der Wechselkurs US-\$/€ beträgt am Anfang des Jahres 1,20. Ein Anleger möchte 100.000 € für ein Jahr in Wertpapieren anlegen. Er steht vor der Alternative, Wertpapiere derselben Risikoklasse entweder in Euro-Land (5 % Zinsen) oder in den USA (8 % Zinsen) zu kaufen. Ermitteln Sie den Wechselkurs, bei dem Zinsparität herrscht.

10.12 Zinsparitätentheorie

Ein Anleger möchte 100.000 € investieren. Er vergleicht den Kauf von risikogleichen Anleihen mit einer Restlaufzeit von einem Jahr in Deutschland und in den USA. Der Zinssatz beträgt in Deutschland 4 % und in den USA 6 %. Der aktuelle Wechselkurs liegt bei 1,30 US-\$/€.

Hinweis: *Kursunterschied beim Devisenan- und -verkauf (Geld/Brief) sind nicht zu berücksichtigen.*

1. Weisen Sie rechnerisch nach, welche Anlage günstiger ist, wenn der Wechselkurs bis zum Rückzahlungszeitpunkt unverändert bleibt.
2. Begründen Sie, welche Entscheidung der Anleger treffen sollte, wenn er die Möglichkeit hat, durch ein Termingeschäft die Rückzahlung am Ende der Laufzeit zu einem Terminkurs von Kurs 1,35 US-S/€ vorzunehmen.
3. Ermitteln Sie den Kurs, der zu einer Zinsparität führt.
4. Das Zinsniveau in Deutschland steigt auf 4,5 %. Um wie viel Prozent müsste welche Währung gegenüber dem derzeitigen Kurs von 1,30 US-\$/€ aufgewertet werden, um eine Zinsparität zu erreichen?

10.13 Spekulative Erwartungen: Devisenspekulation – Devisentermingeschäfte

Der Devisenterminmarkt ist ein Markt, auf dem man Devisen z. B. für ein Jahr im Voraus zu einem heute festgelegten Kurs kaufen und verkaufen kann. Der sich auf diesem Markt ergebende Wechselkurs ist der Terminkurs (w^e). Dagegen wird der aktuelle Tageskurs als Kassakurs bezeichnet.

Angenommen, die Entscheidung eines Anlegers beruht auf folgenden Daten:

aktueller Kassakurs:	1,30 US-\$/€
vom Anleger erwarteter Kassakurs in einem Jahr:	1,25 US-\$/€
aktueller Terminkurs für Fälligkeit in einem Jahr:	1,27 US-\$/€

Berechnen Sie, welche der beiden folgenden Anlagealternativen für einen Anleger, der 100.000 € einsetzen möchte, günstiger ist.

429

Hinweis: *Kursunterschied beim Devisenan- und -verkauf (Geld/Brief) sind nicht zu berücksichtigen.*

a) **Kassamarktspekulation:**
   (1) Kauf von Devisen (US-$) auf dem Kassamarkt
   (2) Anlage zu 6 % p. a. im Ausland
   (3) Verkauf nach einem Jahr auf dem Kassamarkt zu dem von ihm erwarteten Kurs (1,25 US-$/€)

b) **Terminmarktspekulation:**
   (1) Kapitalanlage im Inland zu 4 % p. a. für ein Jahr
   (2) Kauf von US-$ per Termin in Höhe des nach einem Jahr aus der Kapitalanlage (1) zurückfließenden Euro-Betrages
   (3) Bezahlung der nach einem Jahr abzunehmenden US-$ zum Termin mit dem Euro-Rückzahlungsbetrag aus der Kapitalanlage (1)
   (4) Verkauf der erhaltenen US-$ (3) zu dem vom Anleger erwarteten Kassakurs (1,25 US-$/€)

10.14 Devisentransaktionssteuer (Tobin-Steuer) zur Stabilisierung der Finanzmärkte

Situation

Phase I (10:00 Uhr):
In Erwartung, dass der Euro gegenüber dem US-$ am Nachmittag um 0,01 € nachgibt, tauscht ein Anleger 10 Mio. € zum Kurs von 1,20 US-$/€ in US-Dollar um.

Phase II (14:00 Uhr):
Der Kurs verändert sich am frühen Nachmittag tatsächlich wie erwartet und beträgt jetzt 1,19 US-$/€

Phase III (14:03 Uhr):
Der Anleger tauscht die US-$ vom Vormittag zum Kurs von 1,19 US-$/€ wieder in Euro zurück.

Hinweis: *Kursunterschied beim Devisenan- und -verkauf (Geld/Brief) sind nicht zu berücksichtigen.*

1. Ermitteln Sie Gewinn aus dem Spekulationsgeschäft (ohne Spesen und Provisionen), wenn der Steuersatz der auf die Umsätze erhobenen Devisentransaktionssteuer

   a) 0 %   b) 0,1 %   c) 0,5 %

   beträgt.

   Hinweis: *Die Steuer wird nicht aus dem Anlagebetrag bezahlt, sondern aus anderen Mitteln zusätzlich aufgebracht.*

2. Beurteilen Sie, ob Ihrer Meinung nach eine Devisentransaktionssteuer geeignet ist, das Ausmaß der Devisenspekulation zu verringern.
3. Recherchieren Sie im Internet warum in Deutschland eine solche Steuer bisher (im Gegensatz z. B. zu Frankreich) noch nicht eingeführt wurde. Sehen Sie hierzu bei folgenden Internetadressen nach:
   https://de.wikipedia.org/wiki/Finanztransaktionssteuer
   www.finanztransaktionssteuer.de www.steuer-gegen-armut.org

10.15 Auswirkungen von Transaktionen auf die Zahlungsbilanz

1. Die Zahlungsbilanz eines Landes ist immer ausgeglichen.
   a) In welchen Teilbilanzen schlägt sich ein Überschuss bei den Güterimporten eines Landes nieder? Geben Sie jeweils an, ob es sich dabei um einen Überschuss oder ein Defizit handelt.
   b) Weisen Sie anhand selbstgewählter Beispiele nach, dass sich durch reine Finanztransaktionen der Saldo der Kapitalbilanz i. w. S. nicht ändert.
2. Für die Beurteilung der Leistungs- und Kapitalbilanz der USA liegen folgende Daten vor:

USA: Entwicklung wichtiger außenwirtschaftlicher Indikatoren 2011 – 2014

	2011	2012	2013	2014
BIP-Wachstum real in %	1,6	2,3	2,2	2,4
Handelsbilanzsaldo (Mrd. US-$)	– 725,45	– 730,45	– 689,93	– 727,15
Handelsbilanzsaldo in % des BIP	– 3,1	– 2,7	– 2,4	– 2,4
Leistungsbilanzsaldo in % des BIP	– 3,0	– 2,9	– 2,4	– 2,4

	2011	2012	2013	2014
Nettoauslandsposition[1] (Mrd. US-$)	+ 47	+ 154	− 297	− 441
Haushaltsdefizit in % des BIP	− 8,59	− 5,76	− 5,33	− 4,18
Auslandsverschuldung (Mrd. US-$)	− 300	− 500	− 500	− 550

Euro-Zone und Japan: Entwicklung des realen BIP 2011 – 2015

Jahre Länder	2011	2012	2013	2014	2015
Eurozone	1,6	0,9	− 0,3	0,9	1,6
Japan	-0,5	1,8	1,8	-0,1	0,6

Euro-und japanischer Yen: Wechselkursentwicklung gegenüber dem US-$ 2011 – 2015

Jahre Kurse	2011	2012	2013	2014	2015
US-$/€	1,39	1,28	1,32	1,32	1,10
US-$/Yen	0,010260	0,012546	0,010260	0,009476	0,008261

http://www.factfish.com/de/   http://de.tradingeconomics.com/united-states/external-debt
http://fxtop.com/de/historische-wechselkurse

a) Erläutern Sie, auf welche Ursachen das dauerhafte Leistungsbilanzdefizit der USA zurückzuführen sein kann. Berücksichtigen Sie dabei auch
   - die Entwicklung des Wirtschaftswachstums in den USA einerseits und in der Eurozone bzw. Japan andererseits,
   - die Entwicklung der Wechselkurse zwischen US-$ und Euro bzw. japanischem Yen,
   - dass die meisten Güter auf dem Weltmarkt mit US-Dollar bezahlt werden.

b) Erläutern Sie, anhand der vorliegenden Zahlen welche Auswirkungen das dauerhafte Leistungsbilanzdefizit der USA auf andere Teilbilanzen
   - der Zahlungsbilanz hat,
   - wie die Finanzierung des Leistungsbilanzdefizits erfolgt,
   - welche Auswirkungen sich dadurch für den US-Dollar-Kurs ergeben.

c) Angenommen die internationalen Anleger – allen voran China – wären nicht mehr bereit, das Leistungsbilanzdefizit der USA zu finanzieren.

   Erläutern Sie,
   - wie in diesem Fall der Ausgleich der Zahlungsbilanz erfolgen müsste,
   - welche Auswirkungen sich daraus für die Zahlungsbilanz ergeben würden.

3. Kritiker des amerikanischen Handelsbilanzdefizits interpretieren den Sachverhalt als Beweis dafür, dass die amerikanische Wirtschaft nicht mehr wettbewerbsfähig ist. Befürworter sehen dagegen in den hohen Nettokapitalzuflüssen ein Zeichen dafür, dass die amerikanische Wirtschaft attraktiv für ausländische Anleger ist. Wer hat recht?

---

1 Die Nettoauslandsposition (bzw. das Nettoauslandsvermögen) eines Landes ist der Saldo zwischen den Vermögensansprüchen, die Inländer zu bestimmten Zeitpunkt gegenüber dem Ausland haben und den Vermögensansprüchen, die Ausländer zum selben Zeitpunkt gegenüber dem Inland haben. Eine negative Nettoauslandsposition wird oft als „Verschuldung" interpretiert. Das ist aber nicht in jedem Fall zutreffend. Die Nettoauslandsposition eines Landes kann auch ohne jegliche Auslandsverschuldung (also ohne Zins- und Tilgungsverpflichtungen gegenüber dem Ausland) negativ sein. Das trifft zu, wenn ausländische Unternehmen in hohem Maße Direktinvestitionen im Inland getätigt haben (=Vermögensansprüche des Auslands gegenüber dem Inland).

10.16 Abbau von internationalen Handelsbeschränkungen

Die USA und China treiben miteinander Handel. Beide haben dabei die Wahl, entweder auf Handelsbeschränkungen (z. B. Importzölle) zu verzichten (Freihandel) oder zum Schutz der eigenen Wirtschaft und aus anderen Gründen Zollbarrieren sowie andere Handelshemmnisse zu errichten (Protektionismus).

Jedes Land hat somit zwei Strategien zur Auswahl: Freihandel oder Protektion
Strategie 1 (S1): Freihandel
Strategie 2 (S2): Protektionismus

Die jeweiligen Ergebnisse der vier möglichen Strategiekombinationen sind in der folgenden Matrix wiedergegeben. Die Vor-/Nachteile für die USA sind jeweils in die linke untere Ecke, die Vor-/Nachteile für China sind jeweils in die rechte obere Ecke der vier Felder eingetragen.

		China Freihandel ($S1_{China}$)	China Protektionismus ($S2_{China}$)
USA	Freihandel ($S1_{USA}$)	10 / 10	20 / −10
USA	Protektionismus ($S2_{USA}$)	−10 / 20	−5 / −5

1. Erläutern Sie die Strategiekombination, die aus Sicht der USA am günstigsten ist.
2. Erläutern Sie die Strategiekombination, die aus Sicht Chinas am günstigsten ist.
3. Zu welcher Strategiekombination wird das Verhalten der beiden Länder führen, wenn jedes die für sich günstigste Lösung verfolgt?
   Begründen Sie dieses Verhalten und erläutern Sie das Ergebnis.
4. Welche Konsequenzen ergeben sich aus den Ergebnissen für den internationalen Handel?

10.17 Vergleich von Autarkie, Freihandel und Protektionismus – Wohlfahrtswirkungen von Importzöllen

Für ein bestimmtes im Land A erzeugtes landwirtschaftliches Produkt liegen auf dem inländischen Agrarmarkt folgende Angebots- und Nachfragefunktionen vor.

Angebotsfunktion: $X^A = p - 40$ Nachfragefunktion: $X^N = -0{,}5\,p + 65$

1. Zeichnen Sie entsprechende Angebots- und Nachfragefunktionen in ein Preis-Mengen-Diagramm ein und bestimmen Sie das Marktgleichgewicht (Gleichgewichtspreis und Gleichgewichtsmenge).
2. Ermitteln Sie für diesen Markt rechnerisch die Konsumenten- und Produzentenrente sowie die Gesamtwohlfahrt.
3. Angenommen, das Land A hat bisher keinen Außenhandel betrieben (Autarkie) und ermöglicht jetzt den Import des landwirtschaftlichen Erzeugnisses (Freihandel). Der Weltmarktpreis liegt bei 50,00 € je Tonne.[1]
   Stellen Sie die neue Marktsituation in dem Preis-Mengen-Diagramm dar und begründen Sie die Veränderungen.
4. Ermitteln Sie für den Inlandsmarkt unter Berücksichtigung der Importe rechnerisch die Konsumentenrente, die Produzentenrente der inländischen Anbieter sowie die Gesamtwohlfahrt. Vergleichen Sie das Ergebnis mit dem von Aufgabe 2.
5. Zum Schutz der inländische Landwirtschaft und aus Gründen der Versorgungssicherheit erhebt das Land A künftig einen Importzoll in Höhe von 10,00 € für jede Tonne des importierten Erzeugnisses. Stellen Sie die beiden Marktsituationen für Importe ohne Zoll (Freihandel) und Importe mit Zoll (Protektionismus) in einem zusätzlichen Preis-Mengen-Diagramm dar und begründen Sie die Veränderungen.
6. Ermitteln Sie für diesen Inlandsmarkt unter Berücksichtigung des Importzolls rechnerisch die Konsumentenrente, die Produzentenrente der inländischen Anbieter, die Zolleinnahmen des Staates sowie die Gesamtwohlfahrt.

---

[1] Es wird angenommen, dass die Importmenge des Landes im Verhältnis zur weltweiten Nachfrage so gering ist, dass sich durch die zusätzliche Importnachfrage des Landes keine Auswirkungen auf den Weltmarktpreis ergeben.

Außenwirtschaft

7. Vergleichen Sie die drei Situationen Autarkie, Freihandel und Protektionismus anhand der Gesamtwohlfahrt miteinander. Begründen Sie die Unterschiede.

8. Nennen Sie Gründe, warum trotz der damit verbundenen Wohlfahrtsverluste von vielen Ländern Importzölle erhoben werden.

10.18 Wohlfahrtseffekte durch Freihandel und Importzölle

In einem Land, das sich bisher nicht am Außenhandel beteiligt, liegt der gegenwärtige Marktpreis für eine bestimmte Art modischer Textilien bei 8,00 € je Stück. Die Regierung erwägt, die Autarkie aufzugeben und den Freihandel einzuführen. Der Weltmarktpreis für die entsprechende Art modischer Textilien liegt bei 4,00 € pro Stück.

1. Skizzieren Sie die Marksituation vor Einführung des Freihandels in einem Preis-Mengen-Diagramm (siehe Arbeitsblatt).

2. Kennzeichnen Sie (möglichst mit unterschiedlichen Farben) die Flächen, die der Konsumenten- bzw. der Produzentenrente vor der Einführung des Freihandels entsprechen.

3. Das Land tritt der Welthandelsorganisation bei und lässt künftig den ungehinderten Import von Textilien zu.
Skizzieren Sie in einem zweiten Preis-Mengen-Diagramm die Marktsituation nach Einführung des Freihandels (vgl. Arbeitsblatt).
Beschreiben Sie die durch den Freihandel eintretende Änderung der Marktsituation im Vergleich zur Autarkie (vgl. Aufg. 1).

4. Kennzeichnen Sie in diesem zweiten Diagramm die Flächen, die der Konsumenten- bzw. der Produzentenrente nach der Einführung des Freihandels entsprechen.
Vergleichen Sie die Größe der Flächen mit dem Ergebnis von Aufg. 1.

5. Geben Sie an, welcher Fläche im zweiten Preis-Mengen-Diagramm die durch den Freihandel ausgelöste Wohlfahrtssteigerung entspricht.

6. Zum Schutz der einheimischen Textilindustrie erhebt das Land künftig einen Zoll von 2,00 € je Stück auf die importierten Textilien (Protektionismus).
Skizzieren Sie die neue Marksituation nach Einführung des Importzolls in einem dritten Preis-Mengen-Diagramm (vgl. Arbeitsblatt).
Beschreiben Sie durch die Zollerhebung eintretende Änderung der Marktsituation im Vergleich zum Freihandel (vgl. Aufg. 3).

7. Kennzeichnen Sie in diesem dritten Preis-Mengen-Diagramm die Flächen, die der Konsumenten- bzw. der Produzentenrente nach der Zollerhebung entsprechen.
Vergleichen Sie die Größe der Flächen mit dem Ergebnis von Aufg. 4.

8. Geben Sie an,
   - welche Größe zur Ermittlung der gesamten Wohlfahrtsveränderung nach der Zollerhebung noch zusätzlich berücksichtigt werden muss;
   - wie sich die Berücksichtigung dieser Größe auf den bei Aufg. 7 festgestellten Wohlfahrtsverlust auswirkt;
   - welcher Fläche im Preis-Mengen-Diagramm diese Größe entspricht.

9. Geben Sie an,
   - welchen Flächen die durch den Importzoll ausgelöste Wohlfahrtsminderung entspricht;
   - welcher Fläche die trotz der Zollerhebung verbleibende Wohlfahrtssteigerung im Vergleich zur Autarkie entspricht.

10. Erläutern Sie die Folgen der Zollerhebung im Vergleich zum Freihandel (ohne Zoll) und zur Autarkie (ohne Außenhandel).

10.19 Europäische Währungsunion (EWU)

Informieren Sie sich über die aktuellen Entwicklungen der Europäischen Währungsunion. Bereiten Sie ein Referat vor zum Thema „Ursachen und Folgen der EURO-Krise".

Hinweise zur Problemlösetechnik bei wirtschaftspolitischen Fallstudien

Zur Bearbeitung wirtschaftspolitischer Fallstudien (z. B. Aufgaben Nr. 6.7, 6.8 und 8.9) bietet sich folgende Vorgehensweise an, die auch bei der Analyse und Lösung wirtschaftspolitischer Probleme in der Praxis zur Anwendung kommt[1]:

1. Lageanalyse/Problemdefinition

▎ Welche stabilitätspolitischen Ziele sind nicht realisiert?
▎ Bei welchen Zielen ist eine Verbesserung oder Verschlechterung im Zeitablauf zu erkennen?

2. Ursachenanalyse/Prognose

▎ Sind die Probleme auf binnen- und/oder außenwirtschaftliche Ursachen zurückzuführen?
▎ Wo liegen die Ursachen?

Nachfrageseite

Konsumnachfrage: (Löhne, Lohnquote, Arbeitslosigkeit, Zinsen, Preise, ...)
Investitionsnachfrage: (Gewinn- und Absatzerwartungen, Zinsen, Kapazitätsauslastung, ...)
Staatsnachfrage: (Haushaltspolitik, Staatsverschuldung, prozyklische/antizyklische Wirkung, *crowding out*, ...)

Angebotsseite

Entwicklung von Gewinnen, Löhnen, Produktivität, ...
Entwicklung von Zinsen, Steuern
Veränderung der Einfuhrpreise

Liquiditätsversorgung

Wachstum der Geldmenge im Verhältnis zum Preisanstieg und zum Wachstum des realen BIP
Höhe der Leitzinsen und ihre Wirkung auf die Nachfrage

3. Zielbildung/Zielkonflikte

▎ Welches Ziel soll angesichts bestehender Zielkonflikte vorrangig verfolgt werden?

4. Alternativen/Maßnahmen

▎ Welche Maßnahmen kommen infrage?
▎ Welche Kombination (Maßnahmebündel) ist zweckmäßig?
▎ Wer sind die Träger dieser Maßnahmen?
▎ Welche Rahmenbedingungen (z. B. Zinsniveau im Ausland) sind zu berücksichtigen?
▎ Maßnahmen nachfrageorientierter Wirtschaftspolitik
▎ Maßnahmen angebotsorientierter Wirtschaftspolitik
▎ Geldpolitik der Zentralbank

5. Bewertung/Kontrolle

▎ Welche Konflikte zwischen den Trägern der wirtschaftspolitischen Maßnahmen sind zu erwarten?
▎ Welche Vollzugsprobleme können auftreten (time lags, Abstimmungsprobleme, Dosierung)?
▎ Sind die Maßnahmen politisch durchsetzbar?
▎ Wessen Interessen werden mit diesen Maßnahmen vorrangig vertreten?

---

1 Vgl. H. W. Möller, Angewandte Volkswirtschaftslehre, a. a. O., S. 41 ff.

Einsatz eines grafikfähigen Taschenrechners (GTR) Texas Instruments TI-84

A Beispiele zu Kapitel 2: Angebot privater Unternehmen am Gütermarkt

1. Gewinnmaximum und Angebotsverhalten eines Unternehmens bei linearem Verlauf der Gesamtkostenkurve (Kap. 2.3, S. 45 ff.)

a) **Gesamtbetrachtung:** (S. 45)

(1) Erlös in €: $E = p \cdot x = 1 \cdot x = x$

(2) Kosten in €: $K = K_f + k_v \cdot x = 150 + 0{,}50\,x$

(3) Gewinn in €: $G = E - K = x - (150 + 0{,}50\,x) = -150 + 0{,}5\,x$

  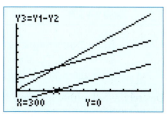

Der Gewinn ergibt sich aus der Differenz zwischen Erlös und Kosten (mittlerer Bildschirm). Eingabe mit: *Vars, Y-Vars, Function*. Das rechte Schaubild gibt die Erlös-, Kosten- und Gewinnkurve wieder. Die Gewinnschwelle von 300 Stück kann entweder mit der Gewinnfunktion *(2nd, Calc, zero)* oder als Schnittpunkt von Erlös- und Kostenkurve *(2nd, Calc, intersect)* ermittelt werden.

b) **Stückbetrachtung:** (S. 46)

Werden die Gesamtgrößen (E, K, G) durch die Menge x geteilt, ergeben sich die Funktionen (4) bis (6):

(4) Stückerlös in €: $E/x = p = (x \cdot 1)/x = 1$

(5) Stückkosten in €: $k_g = (K_f + k_v \cdot x)/x = k_f + k_v = 150/x + 0{,}5$

(6) Stückgewinn in €:   Stückerlös (p) – Stückkosten (k_g) = $1 - (150/x + 0{,}5) = 150/x + 0{,}5$

Hinweis: Im GTR die Kurven Y1 bis Y3 auf dem Gleichheitszeichen demarkieren (2nd, Calc, value, X = 1 000).

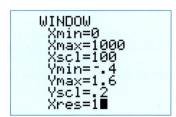 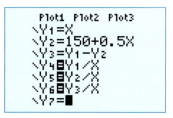 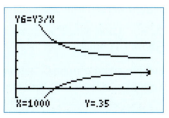

Das rechte Schaubild zeigt den Verlauf der Stückgrößen. Der höchste Stückgewinn von 0,35 € je Stück ergibt sich an der Kapazitätsgrenze bei x = 1000.

2. Gewinnmaximum und Angebotsverhalten eines Unternehmens bei s-förmigem Verlauf der Gesamtkostenkurve (Kap. 2.4, S. **48** ff.)

a) Gesamtbetrachtung (S. 48 ff.)

(1) Erlös in €: $E = p \cdot x = 1 \cdot x = x$

(2) Kosten in €: $K = K_f + k_v \cdot x = 150 + 1x - 0{,}003 x^2 + 0{,}000004 x^3$

(3) Gewinn in €: $G = E - K = -150 + 0{,}003x^2 - 0{,}000004x^3$

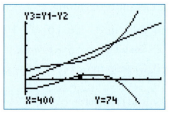

Hinweis: In der Mathematik werden Funktionen 3. Grades üblicherweise wie folgt dargestellt: $y = ax^3 + bx^2 + cx + d$. Diese von der Darstellung entsprechender Kostenkurven in der Betriebswirtschaftslehre abweichende Reihenfolge der Terme wurde bei der Eingabe in den GTR beibehalten.

Das rechte Schaubild gibt den Verlauf der Erlös-, Kosten- und Gewinnkurve wieder. Bei einer Menge von 400 Stück beträgt der Gewinn 74,00 € (vgl. Tab. S. 48). Eingabe mit: *trace, Gewinnfunktion mit dem Cursor auswählen, 400 für x eingeben, Enter.*

▌Gewinnschwelle und Gewinngrenze

Die Bedingung für Gewinnschwelle und Gewinngrenze lautet:

(4) $G = 0$ hier: $G = -150 + 0{,}003x^2 - 0{,}000004x^3 = 0$

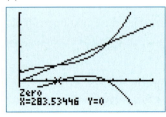
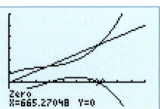

Gemäß dem Schaubild der Gewinnfunktion ist die Gewinnschwelle die kleinere positive Nullstelle von G. Die Gewinngrenze ist die größere positive Nullstelle von G. Beide Nullstellen können bestimmt werden mit: *2nd Calc, zero*

Da nur ganze Stück produziert werden, beträgt die Gewinnschwelle 284 Stück und die Gewinngrenze 665 Stück.

Entsprechend können Gewinnschwelle und -grenze auch anhand der Schnittpunkte von Erlös- und Kostenkurve bestimmt werden. Eingeben: *2nd Calc, intersect:*

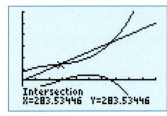
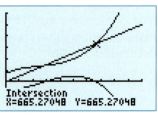

(5) $E = K$ hier: $x = 150 + x - 0{,}003x^2 + 0{,}000004x^3$

Anhang

Gewinnmaximum

Das Gewinnmaximum von 100,00 € bei einer Ausbringung von 500 Stück ist das Maximum der Gewinnkurve.

Eingeben: *2nd, Calc, maximum*

Mit dem GTR ist somit die Errechnung des Gewinnmaximums **ohne** Betrachtung der Grenzkosten und Grenzerlöse möglich.

Die G_{max}-Stelle (Hochpunkt der G-Kurve) kann wie folgt bestätigt werden: An der Stelle $x = 500$ gilt $G' = 0$. Entsprechend sind die Steigungen der Erlös- und Kostenkurve an dieser Stelle identisch: $E' = K' = 1$

Die Tangente an die Kostenkurve ist parallel zur Erlöskurve.

Eingabe: *2nd, Calc, dy/dx* auf der jeweiligen Funktion für $x = 500$ bzw. Tangente an die Kostenkurve mit *2nd, Draw, Tangent* bei $x = 500$.

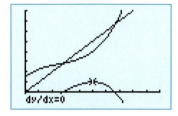 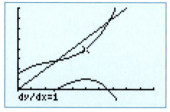 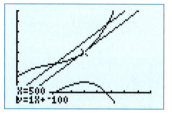

b) Stückbetrachtung (S. 49 ff.)

Die Grenzkosten ergeben sich mathematisch als Ableitung der Kostenfunktion nach der Variablen x, also $K'(x) = dK/dx$. Im GTR kann die Kurve der Grenzkosten K' direkt aus der Kostenkurve gezeichnet werden.[1]

Eingaben im Y-Editor bei Y5: *Math, nDeriv auswählen, dann eingeben Y2, X, X.*

  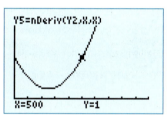

Bei einer Menge von $x = 500$ Stück betragen die Grenzkosten demnach $K' = 1,00$ €/St.

Stückerlös (p) und gesamte Stückkosten kg ergeben sich, indem jeweils die Gesamtgrößen E und K durch die Menge x dividiert werden (Y4 und Y6). Die variablen Stückkosten k_v lassen sich aus den Gesamtkosten berechnen, indem die fixen Kosten von 150 € abgezogen und die Differenz durch die Menge x geteilt wird (Y7).

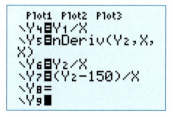

Mithilfe dieser Funktionen können wichtige kritische Kosten- und Gewinnpunkte mit dem GTR ermittelt werden.

---

[1] Der GTR TI-84 kann – im Gegensatz zum TI-Voyage – den Funktionsterm von K' nicht bestimmen. Gemäß der Ableitungsregel lautet er: $K'(x) = 0{,}000012x^2 - 0{,}006x + 1$.

Minimum der Grenzkosten	Gewinnschwelle	Gewinngrenze
Entspricht dem Wendepunkt der Gesamtkostenkurve. Eingabe: *2nd, Calc, minimum*	Erster Schnittpunkt zwischen der Stückerlöskurve (p) und der Stückkostenkurve (k_g) Eingabe: *2nd, Calc, intersect*	Zweiter Schnittpunkt zwischen der Stückerlöskurve (p) und der Stückkostenkurve (k_g)

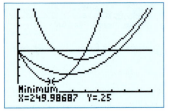 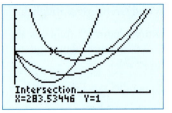 

Betriebsminimum	Betriebsoptimum	Gewinnmaximum
Minimum der variablen Stückkosten k_v, $k_v = K'$	Minimum der Stückkosten k_g, $k_g = K'$	Schnittpunkt von E' mit dem aufsteigenden Ast von K' $E' = K'$ bzw. $p = K'$

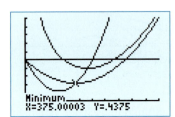 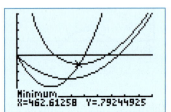 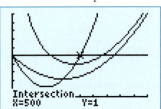

B Beispiele zu Kapitel 3.4: Preisbildung des Angebotsmonopols

Gewinnmaximum des Angebotsmonopolisten (Kap. 3.4.3, S. 95 ff.)

1. Analyse der Erlösfunktion

Die Umkehrung der Preis-Absatz-Funktion

(1) $x = x(p) = 10\,000 - 400p$

in

(2) $p = p(x) = (10\,000 - x)/400 = 25 - 0{,}0025x$

leistet der GTR (ohne zusätzliche Programmierung) nicht.

Die Erlösfunktion

(3) $E(x) = p \cdot x = p(x) \cdot x = (25 - 0{,}0025x)x = -0{,}0025x^2 + 25x$

stellt sich im GTR wie folgt dar (Eingabe als $p(x) \cdot x$):

 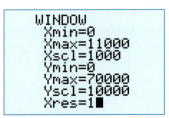 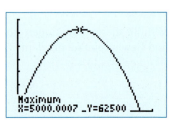

Das Erlösmaximum beträgt 62.500 € bei 5 000 St. Der Grenzerlös dE/dx ist an dieser Stelle gleich null.

Eingabe: *2nd, Calc, dy/dx*

Das zeigt auch die Tangentengleichung.

Eingabe: *2nd, Draw, Tangent bei x = 5 000*

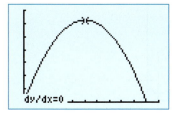 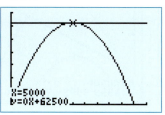

Die erlösmaximale Menge liegt bei einer quadratischen Erlösfunktion immer in der Mitte ihrer Nullstellen. Werden für (3) die Nullstellen abgelesen (hier: 0 und 10 000) und durch 2 dividiert, ergibt sich ebenfalls die erlösmaximale Menge von 5 000 Stück.

Eingabe: *2nd, Calc, zero*

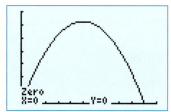 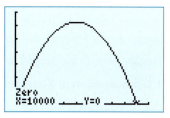

2. Gewinnschwelle und Gewinngrenze (Gesamtbetrachtung)

Die Eingabe der Kostenfunktion

(4) $K(x) = K_f + k_v \cdot x = 15\,000 + 5x$

und die Schnittpunktberechnung mit der Erlösfunktion liefert eine Gewinnschwelle von 536 Stück und eine Gewinngrenze von 7 464 Stück.

Die Werte können auch über eine Nullstellenbestimmung der Gewinnfunktion ermittelt werden. Die Gewinnfunktion ist ebenfalls eine Parabel (vgl. Gleichung (5) unten).

Eingabe des Gewinns als Differenz von Erlös (Y2) und Kosten (Y3): *Vars, Y-Vars, Function*.

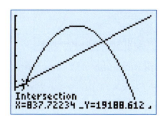 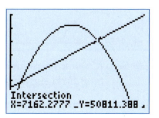

3. Gewinnmaximum (Gesamtbetrachtung)

Die Gewinnfunktion

(5) $G(x) = E(x) - K(x) = -0{,}0025x^2 + 25x - 15\,000 - 5x$

$\qquad\qquad\quad = -0{,}0025x^2 + 20x - 15\,000$

ergibt sich aus der Differenz der Erlös- und Kostenfunktion.

Eingabe: *Y4: Vars, Y-Vars, Function*

Die Bestimmung des Maximums der Gewinnfunktion ergibt als gewinnmaximale Menge 4000 Stück bei einem Gewinn von 30.000 €:

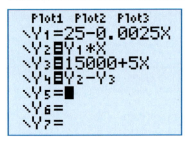 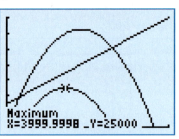

Durch Einsetzen der gewinnmaximalen Menge von 4000 Stück in die (aktivierte) Preis-Absatz-Funktion Y1 (Y2, 3, 4 demarkiert) ergibt sich der gewinnmaximale Preis von 15,00 €. Der Cournotsche Punkt ist also mit dem GTR **ohne** eine Grenzbetrachtung ermittelbar.

Anhand der Gesamtgrößen lässt sich bestätigen, dass der Grenzgewinn bei der gewinnmaximalen Menge gleich null ist. Eingabe: *2nd, Calc,* auf der Gewinnkurve Y4 *dy/dx bei x = 4000*.

Die Tangente an die Erlösfunktion an dieser Stelle zeigt, dass ihre Steigung den Wert 5 hat. Dies entspricht der Steigung der Kostenfunktion (= k$_v$). Es gilt also: E' = K' = 5,00 €/Stück

Eingabe: *2nd, Draw, Tangent bei x = 4000*

4. Gewinnmaximum (Grenzbetrachtung)

Das Gewinnmaximum lässt sich auch aus den Stück- bzw. Grenzgrößen wie folgt errechnen:

 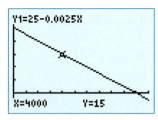

Y1: Preis-Absatz-Funktion

Y5: Grenzerlösfunktion (E')

Y6: Grenzkostenfunktion (K')

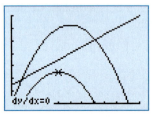 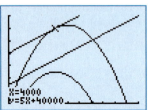

Hinweis: K' wurde im vorliegenden Fall nicht über nDerive ermittelt, sondern wegen der einfachen Ableitung direkt eingegeben.

Die Schnittpunktberechnung von E' und K' liefert die gewinnmaximale Menge von x = 4000 Stück. Dort betragen Grenzerlös und Grenzkosten 5,00 €.

Durch Einsetzen der gewinnmaximalen Menge von 4000 Stück in die (aktivierte) Preis-Absatz-Funktion Y1 ergibt sich – wie in Abschnitt 3 (s. o.) – der gewinnmaximale Preis von 15,00 €.

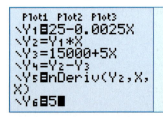  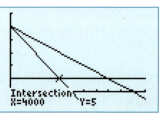

Sachwortverzeichnis

A

Ablaufpolitik 152, 245
Abschreibung 137
Abschwung 145, 147
Abwertung 387, 404, 413
Aggregation 19, 60
Akquisitorisches Potenzial 108
Aktionsparameter 111
Allgemeine Angebotsfunktion 42
Allgemeine Nachfragefunktion 11
Altersaufbau 355
Alterssicherung 355
Angebot 40
 – Gesamt- 60, 70, 75, 83
 – gesamtwirtschaftliches- 194
 – individuelles- 56
Angebotsbedingte Inflation 231
Angebotsdruckinflation 195
Angebotskurve 42, 46, 53, 56, 75, 193
Angebotslücke 72, 77
Angebotsmonopol 90
Angebotsmonopolisten 91
Angebotsoligopol 70, 111, 133
Angebotsorientierte Wirtschafts-
 politik 238, 241, 256, 272
Angebotstheorie 41
Angebotsüberschuss 72, 76
Anpassungsprozesse
 – bei Ungleichgewichten 76
Antizyklische Fiskalpolitik 248
Äquivalenzprinzip 360
Arbeit
 – der Zukunft 327
Arbeitgeberverbände 254, 315
Arbeitnehmerschutz 350
Arbeitskosten 291, 316
Arbeitslosengeld 246, 308, 323, 341, 351
Arbeitslosenquote 251, 258, 266, 306, 329, 331
Arbeitslosenversicherung 351
Arbeitslosigkeit 309
 – friktionelle 313
 – keynesianische 311
 – klassische 311
 – konjunkturelle 312, 322
 – strukturelle 312, 322
Arbeitsmarkt 239, 305
Arbeitsproduktivität 243, 317, 319, 327
Arbeitsteilung 163
Arbeitszeit 315
 – verkürzung 322, 336
 – verlängerung 323, 329, 336
Aufschwung 144, 147
Aufwertung 198, 387
Außenbeitrags 149
Außenhandel 371
Außenwert des Geldes 182
Außenwirtschaftspolitik 403
Autonomie der Zentralbank 254

B

Banknoten 169, 173
Bargeld 173, 176
Barreserve 177

Basisjahr
 – für Verbraucherpreisindex 183
Bedarfsgerechtigkeit 341
Bedürfnisstruktur 11, 18
Berichtsjahr
 – für Verbraucherpreisindex 183
Beschäftigungsförderung 321
Beschäftigungspolitik 321
Beschäftigungsprogramm 324
Beschäftigungsschwelle 246, 258
Betriebsminimum 54
Betriebsoptimum 54, 58
Betriebsverfassung 363
Beveridge-Kurve 314
Bevölkerungsentwicklung 338, 355
Big Mac-Index 393
Bildungspolitik 246
Billiglohnländer 317
Binnenwert des Geldes 182
BIP-Deflator 140
Bogenelastizität 28
Boom 145
Börse 71, 73
Brüning, Heinrich 166
Bruttoinlands-produkt 257
Bruttoinlandsprodukt 138, 139, 157, 242, 140
Bruttowertschöpfung 137
Buchgeld 173
Buchgeldschöpfung 176
Bundesagentur für Arbeit 153
Bundeshaushalt 170, 260
Bundeskartellamt 153
Bürgerversicherung 361

C

Ceteris-paribus-Bedingung 12, 42
Chancengleichheit 341, 346
Club of Rome 282
CO2-Steuer 290
Cournotscher Punkt 96, 99, 113
Crowding out 252, 263, 269

D

Deckungsbeitrag 55
Deficit Spending 241
Defizit
 – des Staatshaushalts 152
Deflation 163, 166, 200
Deutsche Bundesbank 206, 410, 413
Devisenbilanz 402
Devisenkassageschäft 397
Devisenkurs 383
Devisenmarkt 70, 384, 420
Devisentermingeschäft 397
Devisentransaktionen 399
Differentialrechnung 52
Dilemmasituation 369
Direkte Preiselastizität 23, 32
Direktinvestition 373
Disparitäten 265

E

Eekhoff-Formel 319
Effizienzlohntheorie 319
Einheitlichkeit der Lebensver-
 hältnisse 267

Einheitspreis 74, 103
Einkommenselastizität 30
Einkommensentstehung 254, 339
Einkommens-Konsum-Kurve 12, 17
Einkommensnverteilung 220
Einkommenspolitik 254
Einkommensteuer 348
Einkommensumverteilung 247, 339
Einkommensumverteilungspolitik 341
Einkommensverteilung 142, 147, 247, 256, 339
Elastizität
 – Einkommens- 30
 – Preis- 23
Emission 281, 287
Emissionshandel 294, 303
Energiesteuer 259, 290
Entstehungsrechnung 136
Entwicklungsländer 141
Erbschaftsteuer 349
Erhard, Ludwig 251
Erlös 27, 29, 43, 48, 91
Erstrundeneffekte 196
Erwerbspersonen 161, 307, 312, 331
Eucken, Walter 247
Eurobonds 414
Euro-Einführung 412
Europäischer Fiskalpakt 415
Europäischer Stabilitätsmechanis-
 mus (ESM) 415
Europäisches System der
 Zentralbanken (ESZB) 153, 168, 220
Europäische Union 153, 294, 421
Europäische Wirtschafts- und
 Währungsunion 151, 168, 262
Europäische Zentralbank
 (EZB) 168, 173, 201, 214
Expansive Lohnpolitik 332
Exponentielles Wachstum 282, 295
Export 166, 404
Externe Kosten 286, 290, 297

F

Faktoreinkommen 163, 339, 373
Federal Reserve System 214
Fehlanreize 246, 324, 354, 357, 359
Feinsteuerungsnoperationen 205
Festpreis 85
Finanzmärkte 399
Finanzmarktstabilisierung 401
Finanzpolitik 241
Finanztransaktionen 393
Firmentarifvertrag 316, 332
Fishersche Verkehrsgleichung 166
Fiskalismus 239
Fiskalpolitik 149, 241, 248
Fixkosten 47, 55
Fixkostendegression 47
Flächentarifvertrag 245, 316, 324, 329, 332
Flächentarifverträge 324
Freihandel 392, 403
Freihandelszone 409
Freizeit 141
Friedman, Milton 191, 215, 240, 247
Friktionelle Arbeitslosigkeit 313

Frühindikatoren 146
Fürsorgeprinzip 352

G

Gegenwartsindikatoren 146
Geldmarkt 203
Geldmarktsätze 203, 210
Geldmenge 163, 190
Geldmengenbegriffe 171
Geldmengeninflation 198
Geldmengenwachstum 215
Geldmengenziel 172
Geldpolitik 149, 162, 168
Geldproduzenten 173
Geldschöpfung 173
Geldschöpfungsmultiplikator 178
Geldtheorie 162
Geldwert 162, 139, 220
Gemeinlastprinzip 286, 300
Generationenvertrag 355
Gesamtwirtschaftliche
    Nachfrage 192, 213, 239, 248, 253,
    270, 311, 413
Gesamtwirtschaftliches
    Angebot 194, 200, 248, 270
Gesamtwirtschaftliches
    Gleichgewicht 149
Gesamtwirtschaftliches
    Produktionskonto 137
Gesamtwohlfahrt 80
Geschäftsbankengeld 171
Gesetz der Massenproduktion 47
Gesetz vom abnehmenden Nutzen-
    zuwachs 14
Gesundheitsfonds 361
Gesundheitsprämie 361
Gesundheitssystem 359
Gewerkschaft 315, 319, 323
Gewinn 45, 48
Gewinninflation 195
Gewinnmaximierungsregel 51
Gewinnmaximum 42, 45, 48, 53,
    56, 61, 95, 104, 108
Gewinnschwelle 45, 49, 96
Gleichgewicht bei Unterbeschäfti-
    gung 240
Gleichgewichtsmenge 72, 75, 78,
    84, 385
Gleichgewichtspreis 72
Globalisierung 257, 328, 380, 400
Globalsteuerung 241, 251, 276
Grenzanbieter 47, 76
Grenzen des Wachstums 281
Grenzerlös 49, 97, 109
Grenzkosten 49, 53, 56, 95, 97
Grenznachfrager 76
Grundgesetz 254, 262, 285, 315
Grundsicherung 357
Güter
    – indifferente 16
    – inferiore 11, 17
    – Substitutions- 11, 15, 30, 90
    – superiore 11, 17
Gütersteuern 138

H

Handelsbilanz 373, 413
Handelshemmnisse 393, 403,
    409, 421
Harmonisierter Verbraucherpreisin-
    dex (HVPI) 169, 183
Hausfrauenarbeit 141
Hedonische Preismessung 187
Herdentrieb 399
Hochkonjunktur 248
Höchstpreis 71, 85, 87

I

Import 372
Importzölle 403
Indirekte Preiselastizität 29
Individualprinzip 351
Inflation 151, 161, 163, 186, 190
    – angebotsbedingte 194, 197
    – importierte 198
    – lohnkostenbedingte 195
Inflationswirkungen 198
Inlandsprodukt 136, 139, 141
Insider-Outsider-Theorie 319
Instabilitätshypothese 239, 241
Internationale Organisationen 421
Internationaler Währungsfonds 401
Internationaler Währungsfonds
    (IWF) 153, 401, 421
Interventionismus 240

K

Kapazitätsgrenze 45
Kapitalbilanz 401
Kapitaldeckung 357
Kapitalexporte 402
Kapitalgesellschaften i. d. VGR 136
Kapitalimporte 402
Kartell 90, 101, 112, 133
Kassageschäft 397
Kaufkraft 147, 182, 186, 190, 219,
    319, 326
Kaufkraftparität 392
Kaufkraftparitäten 390
Kaufkraftparitätentheorie 391
Kaufkrafttheorie 241, 320
Keynes, John Maynard 239, 244,
    251, 269, 311, 320, 323
KKP-Wechselkurs 394
Klimagase 283
Klimaveränderung 280, 284
Koalitionsfreiheit 315
Kobra-Effekt 354
Kollektivmonopole 90
Kombilohn 325
Komparative Kosten 376, 424
Komplementärgüter 11, 16, 30
Konjunktur 135, 154
Konjunkturausgleichsrücklage 248
Konjunkturdiagnose 146
Konjunkturindikatoren 146
Konjunkturpolitik 248, 253, 258
Konjunkturprognose 146
Konjunkturzyklen 144, 147

K (Fortsetzung)

Konkurrenz
    – vollständige 70, 74
Konsolidierung 137
Konsumenten 10
Konsumentenrente 76, 80, 103
Konvertibilität 174
Kooperationsprinzip 286
Kopfpauschale 361
Kosten 42, 48
Kostendruckinflation 195
Kostenfunktion 49, 52, 98
Kosteninflation 195, 198
Kostenverläufe 43, 64
Kostenvorteile 375, 419
Krankenversicherung 351, 359
Kreditinstitute 171
Kreuzpreiselastizität 29
Kündigungsschutz 245, 324, 329
Kurvenverschiebung 80
Kurzfristige Preisuntergrenze 54
Kyoto-Protokoll 295

L

Laffer-Theorem 244, 246, 269
Länderfinanzausgleich 267
Längerfristige Refinanzierungsge-
    schäfte 205
Langfristige Preisuntergrenze 47,
    53, 56
Laspeyres-Index 184
Lebensstandard 141
Leistungsbilanz 373, 401
Leistungsfähigkeitsprinzip 347, 359
Leistungsgerechtigkeit 341
Leitzinsen 211, 253
Lenkungsfunktion des Preises 62, 80
Leontief-Paradoxon 382
Leontief, Wassily 382
Liberalisierung
    – des Welthandels 403
Lohnkosten 317, 323
Lohnnebenkosten 361
Lohnpolitik 315, 319
Lohn-Preis-Spirale 197, 220
Lohnquote 247, 319, 340, 342
Lohnstückkosten 245, 317, 327
Lohntheorien 319
Lorenz-Kurve 342

M

Magisches Viereck 151, 155
Makler 71
Malthus, Robert 282
Malthus'sches Bevölkerungsge-
    setz 282
Markt 70
    – unvollkommener 74, 103, 106,
    111, 113
    – vollkommener 41, 73, 101,
    103, 113
Marktangebot 60
Marktformen 70
Marktformenschema 70
Marktgleichgewicht 75

442

Sachwortverzeichnis

Marktkonforme Eingriffe 113
Marktkonträre Maßnahmen 85, 254
Marktmacht 70, 90, 94, 102, 195
Marktnachfrage 19, 31
Marktsegmentierung 104
Markttransparenz 74
Marktunvollkommenheit 106
Marktversagen 152, 241, 245, 284, 291, 297
Marktversorgung 93, 99, 101
Meistausführungsprinzip 71
Mengenanpasser 41, 43, 51, 56, 92, 196
Mengennotierung 383
Mengensteuer 81
Mindestbietungssatz 206
Mindestlöhne 323
Mindestpreis 85
Mindestreserve 177
Mindestreservepolitik 203, 211
Mindestreservesatz 177, 180, 211
Minijob 325
Misery-Index 258
Mismatch-Arbeitslosigkeit 312
Monetäre Finanzinstitute (MFI) 172
Monetarismus 192, 247
Monopol 70, 90, 95, 101, 103, 106
Monopolistische Konkurrenz 106
Monopolistischer Bereich 107
Monopolpreisbildung 90, 95
Moral Hazard 369
Münzen 171, 173, 383
Münzgewinn 173
Münzregal 173

N

Nachfrage 10
 – Gesamt- 19, 31
 – gesamtwirtschaftliche 218, 239, 247, 248, 252, 253
 – individuelle 12, 14, 19, 31
Nachfragefunktion 11
Nachfrageinflation 192, 198
Nachfragekurve 13, 73
Nachfragelücke 72, 76, 200, 240
Nachfrageorientierte Wirtschaftspolitik 269
Nachfrageorientierte Wirtschaftspolitik 240
Nachfragesteuerung 241, 246
Nachfragetheorie 10
Nachfrageüberschuss 72, 77, 386
Nachhaltige Entwicklung 285
Neoklassische Theorie 240, 323
Neoliberalismus 247
Nettoinlandsprodukt 142
Nettolohn 323
Nichtkooperatives Verhalten 111
Niedriglohnsektor 323
Nominaleinkommen 188
Nutzenmaximierung 10

O

Offenmarktgeschäfte 203, 206
Offenmarktkredite 206
Offenmarktpolitik 204, 220
Öffnungsklausel 316, 324
Ökosteuer 246, 290
Okunsches Gesetz 258
Oligopol 111
Opportunitätskosten 329, 377
Optimale Faktorallokation 291
Optimaler Konsumplan 10
Optimaler Kostenpunkt 54
Optimaler Produktionsplan 43
Ordnungspolitik 149, 152, 155, 245
Ordnungsrecht 287
Ordoliberalismus 247, 251
Outsourcing 316

P

Parabel 92
Parallelverhalten 112
Passive Buchgeldschaffung 176
Personalzusatzkosten 291, 316, 355
Personelle Einkommensverteilung 340
Pfandkredite 204, 206
Pflegeversicherung 309, 351, 355, 363
Pigou-Steuer 290
Pionierunternehmer 243
Policy Mix 256
Polypol 41, 70, 74, 90, 99, 101, 106, 196, 384
Preis-Absatz-Funktion 90
Preis-Absatz-Kurve 90, 107
Preisabsprachen 112
Preisarbitrage 392
Preisbildung 108, 384
Preisdifferenzierung 103, 113
Preiselastizität der Nachfrage 23, 29, 82, 94, 102, 108
 – direkte 23
 – indirekte 29
Preisführerschaft 112
Preisindex für das BIP 140
Preiskartell 112
Preis-Konsum-Kurve 13
Preiskrieg 111
Preis-Lohn-Spirale 197
Preismechanismus 80, 85
Preisnehmer 41
Preisniveau 152, 163, 177, 182
Preisniveaustabilisierung 245
Preisniveaustabilität 169, 177, 201, 214, 245, 220
Preisstarrheit 112
Preis- und Lohnstopp 254
Preisuntergrenze 47, 53
Produktionsfaktoren 58, 61
Produktionspotenzial 144, 154, 240, 242, 245
Produktionswert 137
Produktivität 197
Produktivitätsorientierte Lohnpolitik 245, 254, 269, 319
Produzentenrente 76, 80
Prohibitivpreis 14
Protektionismus 403

Prozesspolitik 149, 152

Q

Quantitätsgleichung 166, 190
Quantitätstheorie 190

R

Reaktionsparameter 111
Realeinkommen 188, 197, 199, 219
Reichensteuer 347
Reichsbankgesetz 174
Rentenversicherung 291, 309, 351, 355
Repartierung 207
Restaurantrechnungsproblem 369
Rezession 145, 237, 240, 248, 250, 261, 276
Ricardo, David 239, 379, 381
Rohstoffe 381

S

Sättigungsgut 11, 17
Sättigungsmenge 14, 17
Saysches Theorem 243, 269
Schattenwirtschaft 141
Schiller, Karl 251
Schuldenkrise 152, 214, 263, 270, 400
Schumpeter, Joseph-Alois 243, 252
Schwarzarbeit 141
Sektoren 136
S-förmiger Kostenverlauf 66
Smith, Adam 99, 239
Solidaritätsprinzip 351, 353, 359
Sortenkurs 383
Soziale Kosten 286
Soziale Marktwirtschaft 247, 257
Soziale Sicherung 350
Sozialhilfe 352
Sozialleistungsquote 264, 353
Sozialordnung 346
Sozialpolitik 246, 346
Sozialstaat 257, 353, 363
Sozialversicherung 256, 259, 261, 291, 351
Sozialversicherungsbeitrag 261, 324, 326, 334, 344, 347, 351, 352, 355
Sozialversicherungsbeiträge 360
Spätindikatoren 146
Spekulative Blasen 399
Spekulative Erwartungen 397
Staatsausgaben 199, 239, 241, 245, 248, 250, 252, 264, 413
Staatseinnahmen 81, 245, 248
Staatshaushalt 259
Staatsquote 264
Staatsverschuldung 151, 170, 199, 245, 251, 256, 259, 354, 409
Stabilisierungspolitik 239
Stabilitätsgesetz 149, 248, 251, 254
Stabilitätshypothese 240, 243
Stabilitätspolitik 152, 243
Stabilitäts- und Wachstumspakt 151, 262, 412
Stagflation 194
Standardtender 207
Ständige Fazilitäten 203, 210, 220

443

Standortwettbewerb 380
Steuern 81, 244, 250, 255, 259, 265,
    309, 341
Stop-and-go-Politik 252
Strukturelle Operationen 205
Strukturkrisen 154
Strukturpolitik 153
Strukturwandel 153, 291, 312
Subsidaritätsprinzip 246
Substitutionsgüter 11, 15, 30,
    90, 196
Subventionen 81, 83, 85, 245, 250,
    403
Sucharbeitslosigkeit 313
Sustainable development 295

T

Tarifautonomie 254, 315, 329, 346
Tarifpartner 136
Tarifvertrag 245, 315
Tarifvertragsparteien 321
Tenderverfahren 207, 220
Termingeschäft 397
Terms of Trade 374, 377
Time Lag 213, 221, 252
Tobin-Steuer 401
Transferzahlung 199, 255, 339, 341,
    347, 350
Transportkosten 74, 196, 380
Treibhauseffekt 304
Trittbrettfahrern 267
Trittbrettfahrerproblem 286

U

Überschussreserve 177
Umlageverfahren 355
Umlaufgeschwindigkeit 195
Umlaufgeschwindigkeit des
    Geldes 166, 191, 200
Umsatzsteuer 259, 349, 357
Umwelt 150, 155, 284
Umweltbelastung 151, 255, 281,
    284, 286
Umweltlizenz 292
Umweltpolitik 152, 246, 280, 285,
    288
Unfallversicherung, 363

Unterbeschäftigung 145, 163
Unternehmenssteuer 238, 245, 324
Unternehmensverfassung 350

V

Veblen-Effekt 30
Verbraucher 10
Verbraucherpreisindex 169, 182,
    202, 216
Verbrauchsplan 13
Verdrängungseffekt 269
Verdrängungswettbewerb 111
Verkehrsgleichung
    – Fishersche 166
Vermögensteuer 324, 349
Vermögensverteilung 20, 150, 155,
    198, 342, 363
Verschmutzungsrechte 292, 297
Versicherung 351
Versicherungsprinzip 351, 354
Verteilungspolitik 152, 338
Verursacherprinzip 286
Volatilität 399
Volkseinkommen 339
Volkswirtschaftliche Gesamtrech-
    nung 136
Vorleistungen 137
Vorsorgeprinzip 286

W

Wachstum 20, 144, 148, 238, 261
    – qualitatives 150, 295
    – quantitatives 150
    – exponentielles 282, 295
Wachstumspakt 151, 262, 412
Wachstumspolitik 153, 242, 246
Wachstumsraten 214
Wägungsschema 184
Währungsunion 205, 214, 387,
    401, 409
Warenkorb 183, 187
Wechselkurs 192, 250, 317, 383
Wechselkursmechanismus 389
Wechselkursschwankungen 390,
    392
Wechselkurssicherung 397
Welthandel 371, 380, 403

Welthandelsorganisation
    (WTO) 153, 403, 421
Weltwirtschaftskrise
    (1929-1933) 166
Wertschöpfung 137
Wertschöpfungsabgabe 368
West-Ost-Gefälle 265
Wettbewerbsmärkte 69
Wettbewerbspolitik 243
Wiedervereinigung 261, 265
Wirkungsverzögerungen 213,
    221, 252
Wirtschaftskreislauf 163
Wirtschaftspolitik 135, 148, 151,
    237, 238, 240, 256, 269
Wirtschaftspolitische Ziele 148, 150
Wirtschaftswachstum 136, 242,
    258, 281
Wirtschaftswunder 257
Wohlfahrt 80, 135, 148, 353, 407
Wohlfahrtminderung 82
Wohlfahrtsminderung 89
Wohlfahrtsverluste 80, 404
Wohlfahrtswirkungen 82, 87, 89
Wohlstand 136, 141
Wohlstandsindikator 141
Wohnungsmarkt 124
WTO 153, 403, 421

Z

Zahlungsbilanz 372
Zahlungsmittelfunktion 163
Zentralbank 168, 173, 201, 253
Zentralbankgeld 171
Zentralbankgeldmenge 173
Ziele
    – wirtschaftspolitische 148, 150
Zielharmonie 151, 155, 258
Zielkonflikt 155, 258
Zinsarbitrage 396
Zinsparitäten 390
Zinsparitätentheorie 395
Zinstender 206
Zollunion 409, 421
Zwei-Säulen-Konzept 201, 220
Zweitrundeneffekte 196

Bildquellenverzeichnis

akg-images GmbH, Berlin: 165.1, 165.2; alamy images, Abingdon/Oxfordshire: 41.1 (steve bly); Bergmoser + Höller Verlag AG, Aachen: 200.1, 201.1, 266.1, 390.1; Bertelsmann Stiftung, Gütersloh: 327.1 (Ulrich Zellmann); bpk - Bildagentur für Kunst, Kultur und Geschichte, Berlin: 381.1; Dägling, Andreas, Wardenburg: 55.1; Feldhaus, Hans-Jürgen, Münster: 69.1; fotolia.com, New York: 13.1 (Karin Jähne), 393.4 (moonrun), 393.6 (moonrun); Getty Images, München: 240.1 (BNP); Haitzinger, Horst, München: 28.1, 256.1, 283.1, 283.2; iStockphoto.com, Calgary: Titel; Karto-Grafik Heidolph, Dachau: 429.4; Leemage, Berlin: 243.1 (MP); Picture-Alliance GmbH, Frankfurt/M.: 22.1, 146.1, 168.1, 185.1, 189.1, 215.1, 260.1, 261.1, 267.1, 268.1, 284.1, 284.2, 290.1, 293.1, 296.1, 306.1, 306.2, 308.1, 308.2, 309.1, 315.1, 317.1, 318.1, 321.1, 326.1, 345.1, 345.2, 348.1, 353.1, 356.1, 362.1, 372.1, 382.1, 411.1, 414.1, 415.1; StockFood GmbH, München: 62.1 (Davorin Marjanovic); Stuttmann, Klaus, Berlin: 296.2; Süddeutsche Zeitung - Photo, München: 239.1 (Scherl); Umweltgutachterausschuss (UGA), Berlin: 287.1; Universität Duisburg-Essen Institut Arbeit und Qualifikation FB Gesellschaftswissenschaften, Duisburg: 266.2; Verbraucherzentrale Nordrhein-Westfalen e.V., Düsseldorf: 21.1 (Ralf Liedtke u.a., Im Dschungel des Kleingedruckten, Stiftung Verbraucherinstitut, 3. Aufl. 1993, S. 68-71); Werbefotografie Weiss GmbH, Gersthofen: 286.1; wikimedia.commons: 429.6.
Alle weiteren Grafiken: Claudia Hild, Angelburg; Daniela Ringhut, Dreieich.

Formelsammlung

Seite	Kapitel 1: Nachfrage privater Haushalte
Nachfragefunktionen	
11	allgemeine individuelle Nachfragefunktion $x_1^N = f(p_1, p_2, ...p_n, y,$ Bedürfnisstruktur, Nutzen, Zukunftserwartungen, ...$)$
12	spezielle Nachfragefunktion: Preis-Konsum-Funktion $x_1^N = (p_1)$
17	spezielle Nachfragefunktion: Einkommens-Konsum-Funktion $x^N_1 = f(y)$
20	allgemeine Gesamtnachfragefunktion $X^N_1 = f(p_1, p_2, ...p_n, Y, U, D,$ Zahl der Haushalte, ...$)$ U: utility (Nutzen), D: distribution (Einkommens-verteilung)
Elastizitäten	
24	Direkte Preiselastizität der Nachfrage $El_{dir} = \dfrac{\text{Änderung der nachgefragten Menge in \%}}{\text{Preisänderung in \%}}$ $= \dfrac{\frac{\Delta x \cdot 100}{x}}{\frac{\Delta p \cdot 100}{p}} = \dfrac{\Delta x}{\Delta p} \cdot \dfrac{p}{x}$
28	Bogenelastizität $= \dfrac{\Delta x}{\Delta p} \cdot \dfrac{\frac{(p_{alt} + p_{neu})}{2}}{\frac{(x_{alt} + x_{neu})}{2}}$
29	Indirekte Preiselastizität der Nachfrage (Kreuzpreiselastizität) $El_{indir} = \dfrac{\text{Änderung der nachgefragten Menge für Gut 1 in \%}}{\text{Preisänderung für Gut 2 in \%}}$ $= \dfrac{\frac{\Delta x \cdot 100}{x_1}}{\frac{\Delta p_2 \cdot 100}{p_2}} = \dfrac{\Delta x_1}{\Delta p_2} \cdot \dfrac{p_2}{x_1}$
30	Einkommenselastizität $= \dfrac{\Delta x}{\Delta y} \cdot \dfrac{y}{x}$
Kapitel 2: Angebot privater Unternehmen	
Erlöse, Kosten, Gewinn	
43	**Gewinn (G)** = Erlös (E) − Kosten (K)
43	**Erlös (E)** = Preis (p) · Absatzmenge (x)
43	Gesamtkosten $\quad$ = fixe Kosten + variable Kosten $K_g = K_f + K_v \qquad K_g = K_f + k_v \cdot x$
44	Variable Gesamtkosten (K_v) $\quad$ = Prod. Menge · var. Kosten pro Stück $K_v = \qquad x \qquad \cdot \qquad k_v$
46	Stückerlöse $= \dfrac{E}{x} = \dfrac{p \cdot x}{x} = p$
46	Stückkosten $= \dfrac{K_g}{x} = \dfrac{K_f + k_v \cdot x}{x} = \dfrac{K_f}{x + k_v}$
46	Gewinnschwelle (Break-even-Point) bei linearem Kostenverlauf $x_0 \dfrac{K_f}{p - k_v}$
48	Kostenfunktion 3. Grades $K_g = K_f + a \cdot x - b \cdot x^2 + c \cdot x^3$

49	Grenzkosten
	$K' = \dfrac{\Delta K}{\Delta x}$
51	Gewinnmaximierungsregel $E' = K'$
Angebotsfunktionen	
56	allgemeine individuelle Angebotsfunktion $x_1^A = f(p_1, q_1, ...q_n,$ techn. Wissen, Erwartungen, ...$)$
57	spezielle Angebotsfunktion $x_1^A = (p^1)$
62	allgemeine Gesamtangebotsfunktion $X_1^A = f(p_1 ... p_n, q_1, ... q_n, T, G,$ Zahl der Unternehmen, ...$)$ T: Produktionstechnik, G: Absatz- und Gewinn-erwartungen
Kapitel 4: Konjunktur- und Strukturkrisen	
140	reales Inlandsprodukt $BIP_r = \dfrac{(BIP_n \cdot 100)}{\text{Preisindex (BIP-Deflator)}}$
Kapitel 5: Geldtheorie und Geldpolitik	
Quantitätsgleichung	
166	Quantitätsgleichung (Fischersche Verkehrsgleichung) $M \cdot U = H \cdot P$ M: Geldmenge, U: Umlaufgeschwindigkeit H: Handelsvolumen, P: Preisniveau
190	Klassische Quantitätstheorie $P_y = \dfrac{M \cdot U_y}{Y_r}$ U_y: Umlaufgeschwindigkeit des Volkseinkommens Y_r: reales Inlandsprodukt bzw. Volkseinkommen P_y: Preisniveau des Inlandsprodukts
Geldmenge	
172	Bargeldumlauf / täglich fällige Bankguthaben → M1 Einlagen mit Laufzeit bis 2 Jahre / Einlagen mit Kündigungsfrist bis 3 Monate → M2 vom Bankensektor ausgegebene kurzfr. Wertpapiere (z. B. Geldmarktfonds, Schuldverschreibungen bis 2 Jahre) → M3
Geldschöpfung	
177	Überschussreserve einer Bank $Ü = ZBG - (BR + MR)$ ZBG: Zentralbankgeld, BR: Barreserve, MR: Mindestreserve
181	Geldschöpfungsmultiplikator $m = \dfrac{1}{r}$ r: Reservesatz

181	Kreditschöpfungsmöglichkeit des Bankensystems $Kr = m \cdot \text{Ü}1 = \frac{1}{r} \cdot \text{Ü}1$

Binnenwert des Geldes

182	**Kaufkraft des Geldes** $= \frac{1}{\text{Preisniveau}}$
184	**Verbraucherpreisindex (Laspeyres-Index)** $P = \frac{\sum p_1 \cdot q_0}{\sum p_0 \cdot q_0} \cdot 100$
186	**Inflationsrate** $= \frac{\text{Index}_{neu} - \text{Index}_{alt}}{\text{Index}_{alt}} \cdot 100$
186	**Kaufkraft** $= \frac{\text{Index}_{alt}}{\text{Index}_{neu}} \cdot 100$
188	**Realeinkommen** $= \frac{\text{Nominaleinkommen}}{\text{Verbraucherpreisindex}} \cdot 100$

Geldpolitik

209	**Zinstender** Zuteilungssatz (%) beim marginalen Zinssatz $= \frac{\text{zuzuteilender Gesamtbetrag} - \text{Betrag der voll zugeteilten Gebote}}{\text{Gesamtbetrag der Gebote zum marginalen Zinssatz}} \cdot 100$

Kapitel 6: Wirtschaftspolitische Konzepte

Gesamtwirtschaftliche Kennzahlen

261	**Schuldenstandsquote** $= \frac{\text{Schuldenstand} \cdot 100}{\text{BIP}}$
264	**Staatsquote** $= \frac{\text{Staatsausgaben} \cdot 100}{\text{BIP}}$
265	**Abgabenquote** $= \frac{(\text{Steuern} + \text{Sozialabgaben}) \cdot 100}{\text{BIP}}$
265	**Sozialleistungsquote** $= \frac{\text{Sozialleistungen}}{\text{BIP}} \cdot 100$

Wirtschaftspolitische Ziele

278	**Okunsches Gesetz** $\Delta \text{ALQ} = -\frac{1}{2} (\Delta \text{BIP}_r - 3)$ Δ ALQ: Veränderung der ALQ (Prozentpunkte) Δ BIP$_r$: Wachstum des realen BIP

Kapitel 7: Ökonomie und Ökologie – Umweltpolitik

Wirtschaftswachstum

282 299	**Arithmetisches Wachstum** $K_n = K_0 \cdot (1 + n \cdot p / 100)$ K_n: Endwert, K_0: Anfangswert, n: Laufzeit, p: Wachstumssatz (Zinssatz)
282 299	**Geometrisches (exponentielles) Wachstum** $K_n = K_0 \cdot (1 + p / 100)^n$

Kapitel 8: Beschäftigungs- und Arbeitsmarktpolitik

Beschäftigung – Arbeitslosigkeit

307	**Erwerbspersonen** = Einwohner – Nicht-Erwerbspersonen (Kinder, Rentner, ...)
307	**Erwerbsquote** $= \frac{\text{Erwerbspersonen}}{\text{Einwohner}} \cdot 100$
307	**Arbeitslosenquote (ALQ)** $= \frac{\text{registrierte Arbeitslose}}{\text{(zivile) Erwerbspersonen}} \cdot 100$

Lohnpolitik

319	**Arbeitsproduktivität** $= \frac{\text{Produktionsergebnis (Output)}}{\text{Arbeitseinsatz}}$
319	**Eekhoff-Formel** $L = P + I - 0{,}5\,(\text{ALQ} - \text{ALQ}_n)$ L: Lohnerhöhung, P: Produktivitätszuwachs, I: Inflationsausgleich, ALQ$_n$: unvermeidbare ALQ

Kapitel 9: Sozial- und Verteilungspolitik

Einkommensverteilung

342	**Lohnquote** $= \frac{\text{Arbeitnehmerentgelt} \cdot 100}{\text{Volkseinkommen}}$

Kapitel 10: Außenwirtschaft

379	***terms of trade (tot)*** $= \frac{\text{Importmenge}}{\text{Exportmenge}}$
392	**Absolute Kaufkraftpariätentheorie:** Kaufkraftparität (KKP-Kurs) $\text{KP-Kurs (w)} = \frac{\text{Preisniveau im Ausland } (P^{Ausl})}{\text{Preisniveau im Inland } (p^{Inl})}$
394	**Kaufkraftparitätentheorie:** Berechnung der Über- und Unterbewertung in %: **(aktueller Wechselkurs – KKP-Wechselkurs) • 100 / KKP-Wechselkurs**
394	**Relative Kaufkraftpariätentheorie:** prozentuale Wechselkursveränderung (Δw in %) = erwartete Inflationsrate im Inland (ΔP^{Inl} in %) – erwartete Inflationsrate im Ausland (ΔP^{Ausl} in %)
396	**Zinsparitätentheorie:** Gleichgewichtsbedingung Wechselkursveränderung der inl. Währung (Δ w) = ausl. Zinssatz (i^{Ausl}) – inl. Zinssatz (i^{Inl}) $\Delta w = \frac{w^e - w}{w} = i^{Ausl} - i^{Inl}$